COMENTARIO EXEGÉTICO AL TEXTO GRIEGO DEL NUEVO TESTAMENTO

1ª, 2ª y 3ª JUAN y JUDAS

COMENTARIO EXEGÉTICO AL
EXTO GRIEGO DEL NUEVO TESTAMENTO

1ª, 2ª y 3ª
JUAN y JUDAS

editorial clie

Samuel Pérez Millos, Th.M.

EDITORIAL CLIE
C/ Ferrocarril, 8
08232 VILADECAVALLS (Barcelona) ESPAÑA
E-mail: clie@clie.es
Internet: http://www.clie.es

COMENTARIO EXEGÉTICO AL TEXTO GRIEGO DEL NUEVO TESTAMENTO
1ª, 2ª, 3ª JUAN y JUDAS

ISBN: 978-84-16845-47-7

ISBN obra completa: 978-84-8267-547-3

Impreso en USA / *Printed in USA*

Depósito Legal: B 21156-2018

Clasifíquese:
REL006070
Comentarios bíblicos
Nuevo Testamento
Referencia: 225029

DEDICATORIA

A los pastores que, amando al rebaño puesto a su cuidado, instruyen a todos en las verdades absolutas de la Palabra, para que sean firmes en la fe y constantes en el amor, en medio de un mundo que sucumbe a los valores relativos.

ÍNDICE

I JUAN

II JUAN

III JUAN

JUDAS

PRÓLOGO

Conozco a Samuel Pérez Millos desde hace años, tuve y tengo el privilegio de estudiar Biblia con él. Además de eso es mi pastor y amigo. Ha atravesado conmigo valles profundos, pero también hemos paseado por las cimas de las montañas. Su equilibrio entre gracia y verdad siempre me ha inspirado. Su lema *"Porque para mí el vivir es Cristo"* (Fil. 1:21) lo ha guiado a una comprensión y vivencia profundas de la persona de nuestro Señor Jesucristo que ha marcado totalmente su vida, es por eso que su mensaje es eminentemente *cristológico* y *soteriológico"*.

Después de haber disfrutado de la lectura de este comentario puedo exponerte varias razones en las que se basa la bendición que he recibido ante su lectura.

Es un comentario eminentemente práctico. En cada versículo hay esperándonos una bendición que vivir en nuestra vida al lado de Cristo. Por esto, este comentario es tanto para personas que quieran profundizar en el conocimiento bíblico como para las que quieren ser bendecidas buscando algo que vivir cada día al lado del Señor, basta una frase para entender esto: *"La provisión de la gracia será más que suficiente para escalar la más alta montaña de la dificultad o superar las más profundas simas de la angustia. Dios da el auxilio necesario en los momentos de prueba. El auxilio de Dios es poderoso, porque en él está empeñada la gracia, y es oportuno porque llega en el momento de la necesidad"*. Esto ha generado una profunda preocupación en mí, ya que hay personas que por el hecho de ser un comentario bíblico nunca accederán a él, perdiéndose increíbles bendiciones que contiene cada versículo para sus vidas. Espero que tú, que tienes el comentario en tus manos, las compartas con todos aquellos que te rodean.

No hay diferencia entre teología y vida cristiana. La teología esta para ser vivida y este comentario nos facilita este camino. Dicho en palabras del propio autor: *"La práctica del amor es la manifestación de la fe en vivencia de Cristo que se da y entrega a los hermanos"*. Cada una de las verdades divinas debe trasformar nuestros corazones y renovar nuestras mentes para la realidad de la vida al lado de Cristo. Este es un mensaje poderoso y necesario para la iglesia de nuestro Señor Jesucristo hoy. No se trata de cuánta Biblia sabemos, sino de cuánta Biblia vivimos; no se trata de tener muchas Biblias, sino que la Biblia nos tenga a nosotros. Todo el comentario está comprometido con esta necesidad: *"Conocer a Dios es aceptar sin reservas su soberanía, reconociendo que le debemos obediencia incondicional. Juan no enseña que la obediencia sea el modo para conocer a Dios, sino que le obedecemos porque le conocemos a Él y nos conocemos a nosotros".*

Dicho coloquialmente: el autor del comentario *se moja*. No hay tema que quede sin tratar, no hay concepto que quede sin dar, no hay opiniones en las que el propio autor no se defina. Esto representa una gran ayuda ya que todos los temas actuales de discusión se encuentran en los comentarios. *"El legalismo trata de que el cristiano se vea envuelto en el cumplimiento de mandatos establecidos. El verdadero discípulo no sigue las demandas divinas por imposición, sino por comunión con Dios".*

Las herramientas que provee este precioso comentario, para aquel que desea profundizar en el conocimiento bíblico, facilitan enormemente esta labor al tener en el libro, el interlineal, las notas y el análisis al texto griego. Todos los libros consultados y referencias tomadas están fácilmente localizables a través de los apuntes del comentario bíblico.

Por último, uno de los temas principales de las *Epístolas*, el amor entre hermanos, hace que este comentario sea una carta urgente a las iglesias de nuestro Señor Jesucristo. Nada ha hecho más daño al pueblo de Dios y a su testimonio que los problemas entre hermanos e incluso entre iglesias. Para el autor del comentario *"el amor fraterno es el mejor respaldo a la proclamación del evangelio, que expresa el amor de Dios hacia el pecador, buscándolo, salvándolo, y haciéndolo hijo suyo. Un mensaje de amor, sin que quien lo proclama lo manifieste personalmente, es contrario al testimonio, y un obstáculo para que los que oigan el mensaje lo acepten... La vida cristiana debe estar asentada en el amor, que es la mejor evidencia de que Cristo se ha hecho vida en el creyente... El amor mutuo no es una opción, sino que es la única manera de vivir la vida cristiana. Por eso Jesús lo estableció como un mandamiento... Nada puede ser de aceptación para Dios, en cualquier tipo de ministerio, que no esté fundado en el amor".* Este es un tema de vital importancia para el apóstol Juan, hasta el punto que *"la evidencia del nuevo nacimiento la hace recaer sobre la práctica del amor".*

Si tienes este comentario en tus manos déjame felicitarte por tu elección, sin lugar a dudas te espera un precioso camino de conocimiento y bendición para la gloria de nuestro Dios.

Para acabar nada mejor que un texto del autor Samuel Pérez Millos: *"**el creyente no es un esclavo que gime bajo una carga, sino un***

hijo de Dios que vive bajo el respeto a los mandamientos de Dios, inflamado en la fe y con el corazón gozoso por la acción del amor".

A Dios sea toda la gloria.

Eliseo Martínez Pascali
Miembro del cuerpo pastoral
Iglesia Evangélica en Gijón (España)
Junio del 2018

CAPÍTULO I

LA RELACIÓN CON DIOS

Introducción.

Los escritos epistolares de Juan han sido estudiados, comentados y predicados a lo largo de los siglos, con todo, no se les ha dedicado tanta atención como a las llamadas *Grandes Epístolas* del Nuevo Testamento. Acaso no haya una razón bien definida para esa situación. No son muy extensos, están situados en la colección de libros bíblicos e inspirados del canon casi al final de todos los escritos de esta segunda sección de la Biblia. Tal vez los dos grandes escritos del mismo autor, El Evangelio y Apocalipsis, dejan por extensión y temática muy en un aparente segundo plano a las tres *Epístolas.*

Por otro lado, el desafío continúa siendo grande al hacer una aproximación exegética a los mismos, debido al gran cuestionamiento que en el último siglo y medio se hizo de ellos. De forma especial en las últimas décadas del s. IXX y todo el s. XX, la llamada *Alta Crítica*, ha dedicado sus esfuerzos a negar la autoría y la datación de estas *Epístolas*. De forma muy especial influyó en todo esto la posición de Bultman, que arrastró consigo a un buen número de *críticos*, luchando inicialmente por demostrar que el *Evangelio* no pudo haber salido del apóstol Juan, ofreciendo una serie de propuestas que condujesen a dos conclusiones: Establecer la imposibilidad de la autoría, y conducir a una demitologización del escrito. A esto se añadieron los muchos estudios de datación, situando todos los escritos de Juan en fechas posteriores a su muerte. Si se pudiese demostrar lo anterior, se verían involucrados todos los restantes escritos atribuidos al apóstol Juan, entre los que están las tres *Epístolas* que son objeto de este comentario.

A estas dificultades se agregan el orden de los escritos y el motivo de ellos. En cuanto al *Evangelio* y *Apocalipsis*, remitimos al lector a la introducción de los mismos[1]. Aunque la datación de las mismas se considera más adelante, sería bueno recordar que, en el Nuevo Testamento, los *Evangelios* no fueron los primeros escritos. Luego de iniciarse en Jerusalén la evangelización del mundo, las iglesias nacieron en los territorios nacionales de los años treinta y cuatro hasta el sesenta, aproximadamente, creciendo por todo el Imperio Romano. Durante este primer periodo la enseñanza bíblica era, sobre todo al principio, una

[1] Ver la introducción en los correspondientes volúmenes de esta misma serie.

transmisión oral de las verdades esenciales de la fe cristiana. La doctrina se enseñaba a los creyentes por los apóstoles o sus compañeros de ministerio. En este tiempo fueron surgiendo los problemas naturales de la falta de formación profunda en los creyentes que les permitiese afirmar la fe y rebatir las distintas herejías, más o menos intensas, lo que requirió acudir a los problemas mediante *Epístolas* dirigidas a congregaciones o lugares concretos –la mayoría de ellas– o también a líderes orientándolos en decisiones y formas que debían adoptar. Estos escritos se extendieron desde los años cincuenta hasta el tiempo inmediatamente anterior al s. II. Entre los escritos epistolares de este tiempo, están las tres que se consideran. Los *Evangelios* fueron apareciendo hacia el final de este tiempo, obedeciendo a necesidades de registrar lo referente a Jesucristo, Su obra terrenal, muerte en la Cruz, sepultura, resurrección y glorificación, pero no tanto como esbozos o pinceladas históricas, sino, esencialmente como la respuesta a la pregunta: *¿Quién es Jesús?* La cristología se presenta desde el punto de vista histórico que afirma hechos, lugares y se hace coincidir con fechas concretas y determinadas. Estos escritos cierran el contenido canónico del Nuevo Testamento. Entre los *Evangelios,* el de Juan se ha colocado en el último lugar de ellos. El contenido cristológico y el elevado nivel de la misma hace pensar, con mucha firmeza, que no solo fue el último de los *Evangelios*, sino que, probablemente fue el último escrito de Juan y, con muchas posibilidades el último libro del Nuevo Testamento. Puede considerarse como con muchas posibilidades que Juan escribió primero el Apocalipsis, para dejar constancia de las revelaciones recibidas en Patmos. En este libro se registra la visión del Señor glorificado que se manifiesta con toda la majestad y gloria que le son propias, comunicando a Su siervo Juan, asuntos escatológicos que alcanzan hasta el final de los tiempos y a la creación de cielos nuevos y tierra nueva. Ese primer capítulo, unido a las circunstancias que se estaban dando en relación con la doctrina de Jesucristo, a quienes algunos cuestionaban la verdad de Su plena deidad, por lo que le debió haber llevado a escribir el *Evangelio*. De ahí que las *Epístolas* pudieron ser los primeros escritos del apóstol Juan.

El transcurso de la vida del apóstol Juan –como se considerará más adelante– debió pasar por un tiempo de persecuciones, cuando fue deportado a Patmos, por causa del testimonio de Cristo. De allí salió en libertad y regresó al Asia Menor, probablemente a Éfeso. En ese lugar vivió los problemas que la iglesia atravesó con algunos heresiarcas que, influenciados por la filosofía griega, produjeron serias desviaciones en la doctrina. Esos mismos que se desviaron de la doctrina, estaban *con ellos*, es decir, con los creyentes, pero no eran verdaderos creyentes, surgiendo del entorno de las iglesias con las que Juan estaba vinculado más directamente. Aquello debió llevarle a escribir las tres *Epístolas*. La primera, más extensa, trata asuntos relativos a la deidad de Cristo, introduciendo temas de gran nivel como es la encarnación del Verbo, dando testimonio personal de ello.

Aspectos generales.

Metodología.

Al aproximarse a los escritos de Juan, ha de tenerse en cuenta la metodología que servirá de base para la exégesis del texto. Primeramente, debe entenderse que el escrito bíblico es *plenariamente inspirado*, por tanto, *Palabra de Dios*. En ese sentido ha de tratarse con profunda reverencia, buscando en él la voz del Autor Divino, que por medio del escritor humano, envía un mensaje personal para cada lector y general para la iglesia. Esto supone que la autoridad del texto, como procedente de Dios, ha de ser respetada absolutamente. Es decir, debe hacerse la exégesis y la aplicación entendiendo e interpretando lo que Dios quiso decir, sin condicionante alguno del pensamiento personal del intérprete. No es lo que *yo* quiero que diga, sino lo que realmente dice. Para ello se tendrán en cuenta algunos elementos que se consideran esenciales en el estudio, en áreas determinantes para llegar al propósito final de la *exégesis* del texto bíblico en cuestión.

Canon.

Puesto que el presente trabajo consiste en comentar las *Epístolas de Juan*, comenzando por esta primera, es justo que se indique que, en la metodología, el Canon tiene una importancia capital. Sin embargo, se considerará esto muy brevemente, ya que no es un asunto para estudiar aquí, limitándonos a los conceptos esenciales para que el lector aprecie la importancia que este tema tiene en el trabajo del comentario. En su correspondiente apartado se hará una referencia directa a la historia de la *Epístola* en el tiempo, comenzando por el trato que se le dio en la *iglesia primitiva* y en los tiempos sucesivos.

Los escritos del *Canon Bíblico*, por tanto, también los del Nuevo Testamento, son considerados como *inspirados*, lo que les dio espacio en la colección de los que así fueron considerados. El proceso del *Canon* fue gradual. En distintos documentos y escritos de los padres de la iglesia, se aprecia la incorporación progresiva de los libros del Nuevo Testamento, considerados como inspirados. A modo de ejemplo Ireneo menciona veintiún libros, excluyendo algunas epístolas como la escrita a Filemón,

Hebreos, Santiago, 2 Pedro, 3 Juan y Judas. Más tarde Orígenes de Alejandría reconocía los veintisiete libros, pero todavía se discutía si debían considerarse al mismo nivel Hebreos, Santiago, 2 Pedro, 2 y 3 Juan y Apocalipsis. Sobre el año 200, el conjunto de libros considerados como *inspirados*, era semejante al que hoy es el Nuevo Testamento de veintisiete libros. A pesar de las discusiones que sobre este asunto había en la Iglesia Primitiva, los principales escritos fueron aceptados generalmente en todas las iglesias ya a mediados del s. II. Poco a poco fue cesando el cuestionamiento de los libros sobre los que se discutía, en base a la identidad de pensamiento de toda la Iglesia sobre esto. Ya en un escrito de Pascua en el año 367, Atanasio, obispo de Alejandría, dio una lista de libros canónicos del Nuevo Testamento que es exactamente igual a la que hoy se reconoce para esta parte de la Biblia. La edición de la Vulgata Latina de la Biblia, sobre el año 383, fue decisiva para la fijación del canon del Nuevo Testamento en occidente. El último libro aceptado universalmente fue el de Apocalipsis. en el s. V.

Debe tenerse en cuenta que los escritos del Nuevo Testamento, por haber sido dirigidos a iglesias y personas, no fueron conocidos inmediatamente por toda la iglesia cristiana. Por esa razón no es hasta finales del s. II cuando se encuentra algún catálogo de los libros reconocidos del Nuevo Testamento. Esto no significa que no hubiese antes una lista de libros sagrados, como los escritos de Pablo, citados por Pedro (2 P. 3:15-16). Los *padres de la iglesia*, citan muchos libros en sus escritos que permiten apreciar cómo iba componiéndose el Canon del Nuevo Testamento, considerándolo en un período comprendido entre el s. II y principios del s. IV. con testimonios de gran importancia. Desde principios del s. III hasta la primera mitad del s. IV, los testimonios de la tradición referentes el canon, ponen de manifiesto como las discusiones sobre algunos libros van desapareciendo y estos entran sin reservas a integrarse entre los libros sagrados, reconocidos por la Iglesia. Este proceso se consolida todavía más a partir del s. IV. En contraste con esto se aprecian algunas vacilaciones por parte de la iglesia de oriente, en la aceptación del Apocalipsis. Esta unanimidad entre la iglesia de oriente y de occidente se consigue plenamente durante el s. VI.

Varios concilios discutieron la inclusión y exclusión de los diferentes libros, y finalmente el Concilio de Cartago en el año 397, con la presencia de Agustín, declaró definitivamente que los veintisiete libros que conocemos hoy como *El Nuevo Testamento*, eran los libros canónicos. A pesar de esto, la iglesia tardó tres siglos más para reconocer definitivamente los escritos inspirados de esta parte de la Escritura.

Con la Reforma del s. XVI, se abrió de nuevo el asunto del Canon. Lutero colocó Hebreos, Santiago y Judas, al final de su Nuevo Testamento y los consideraba inferiores, aceptando de hecho un Canon dentro del Canon.

Los criterios originales para determinar la canonicidad de un escrito fueron: 1) Apostolicidad, esto es, un escrito producido por un apóstol, por esa razón Hebreos se admitía porque muchos lo consideraban como de Pablo; por el contrario Apocalipsis se cuestionaba porque algunos no creían que era del apóstol Juan. 2) Catolicidad. Los que eran aceptados por la iglesia tanto oriental como occidental. 3) Ortodoxia. Concordante plenamente con la doctrina universalmente enseñada y transmitida desde los apóstoles. 4) Uso litúrgico. Escritos leídos y enseñados en el culto de la iglesia. 5) Testimonio del Espíritu Santo. Condujo el reconocimiento de la iglesia a los escritos que hoy tenemos en el canon del Nuevo Testamento. Es interesante apreciar cómo los cuatro Evangelios aparecen en el orden cronológico conforme los tenemos, sólo desde la *Alta Crítica*, se propone a Marcos como el primero de ellos. Luego de los Evangelios, está el libro de Hechos, segundo escrito de Lucas. Siguen las trece cartas del apóstol Pablo. A continuación, Hebreos y las *Epístolas Generales* o *Católicas*, agrupadas por escritor; cerrando el *canon* con el Apocalipsis.

El *canon* plantea una cuestión que condiciona la aceptación de los libros, debido a la confusión entre canonicidad y autoridad, es decir: ¿El escrito es autoritativo porque es parte del canon, o es canónico porque la iglesia reconoce su autoridad? Es preciso recordar que las iglesias usaban los escritos del Nuevo Testamento como autoridad mucho antes de que se estableciesen las listas de libros canónicos, especialmente las que salieron de los concilios. De manera que la autoridad es anterior a la canonicidad. El *canon* simplemente reconoce los libros que en la experiencia de la iglesia son inspirados por Dios. Ha de entenderse la autoridad del canon, como que los libros de lo que es el Nuevo Testamento tienen la autoridad en sí mismos. La iglesia primitiva reconocía esa autoridad, concretando ese reconocimiento en la formulación del canon. De manera que, aunque no todos los libros fueron tratados usando los mismos criterios, el Espíritu Santo preservó aquellos que hoy son tenidos como único material divinamente inspirado del Nuevo Testamento. Desde entonces aceptamos los límites del canon reconociendo con ello el testimonio de la iglesia. Por tanto, no estamos bajo la autoridad del Concilio de Cartago, sino bajo la del reconocimiento de la iglesia en cuanto a estos libros.

Las cuatro *Epístolas* que se comentan en este volumen, esto es, las tres de Juan y la de Judas, están en el *canon* de libros reconocidos como Palabra de Dios, por tanto, esto condiciona el tratamiento que ha de dárseles.

Revelación.

Si la Escritura procede de Dios y no depende de voluntad humana, es necesario definir sencillamente este concepto.

La *revelación* es la comunicación voluntaria y amorosa que Dios hace de Sí mismo, de Sus ordenanzas, de la ética, etc. registradas en la Palabra, a fin de que el hombre le conozca, ame y obedezca. Quiere decir que la revelación como procedente de Dios para los hombres, afecta sus vidas y destinos.

Hay distintas posiciones en relación con la *revelación*:

Posición liberal o crítica humanista. Niega la existencia de cualquier clase y modo de revelación que no sea la natural, esto es, la que se aprecia y detecta en la creación (Ro. 1:19-20). Por tanto, no cree que exista ningún tipo de revelación, con lo que niegan también cualquier forma de *inspiración*. Para esta posición la Escritura contiene ideas surgidas y condicionadas por la mente humana, por lo que es la ciencia más que la fe la que determina lo que debe ser aceptado y lo que no.

Posición conservadora. Afirma que la Escritura es el resultado de la *revelación*, de manera que cada palabra es expresión de la verdad que Dios desea comunicar a los hombres. Esta posición tiene, con todo, alguna dificultad añadida como la de hacer literal algún relato, como puede ser la referencia a uso de prendas de vestir o adornos, que tienen que ver como única forma válida en el tiempo histórico y en el entorno social en que se producían.

Posición parcial. Asevera que no toda la Escritura es *revelación* de Dios, pero que toda ella la contiene. Con todo, la Biblia es la única autoridad válida en materia de fe y ética. De esta posición difieren los grupos cristianos especialmente los de occidente, de manera que la Iglesia Católica Romana une a esto y al mismo nivel el *magisterio* de la Iglesia y la autoridad del papa, en materia de fe. Esto trae como consecuencia que se admitan doctrinas que no están en la Escritura, como la *concepción inmaculada de María*, o la *asunción de la Virgen*. Para justificar estas y otras doctrinas apelan a la alegorización buscando un significado profundo en algunos textos que les sirven para sustentarlas como dogmáticas.

Inspiración.

Por *inspiración* se entiende la operación divina ejercida sobre los autores humanos, por la cual Dios les revela el mensaje a escribir, custodia su trabajo para que no haya errores, pero sin alterar su propio estilo personal en la confección del original, comunicando luego al trabajo hecho Su aliento divino para que todo el escrito original sea absolutamente Palabra de Dios, viva y eficiente u operante. La supervisión divina sobre los autores humanos de los escritos bíblicos, trae como consecuencia que éstos, usando sus propias capacidades lingüísticas y personales, escribieran los textos bíblicos sin error alguno en los originales. Equivale esto a una *inspiración verbal y plenaria*, en el sentido de que el Espíritu de Dios conduce al autor humano en la elección de todas las palabras (*verbal*) usadas en los escritos originales, de modo que cada una de ellas es usada también por Dios e inspirada por Él (*plenaria*) siendo toda la Escritura, Palabra de Dios. Quiere decir esto que, tanto los conceptos, como los escritos y las propias letras con que se produjeron, fueron y, por tanto, son plenamente inspirados por Él, lo que supone que toda la Escritura es autoritativa e inerrante. La propia Palabra afirma que Dios es el autor divino de ella como *inspirador* (2 P. 1:21). Esta verdad comprende a toda la Palabra, por tanto, también a estas *Epístolas*.

Sin embargo, hay posiciones distintas en cuanto a la *inspiración*, algunas de ellas se indican seguidamente:

Negación absoluta de la inspiración. Éstos consideran que la inspiración de las Escrituras es solo materia de creencia piadosa, pero sin fundamento teológico serio. Esta es la posición de la *Crítica Alta*, o *Crítica Liberal*. Tal forma de negación corresponde al mismo entorno en el que se niega abiertamente otros muchos aspectos de la *Bibliología* especialmente en lo que tiene que ver con datación y autoría. Tales propuestas han venido mayoritariamente de la llamada *Alta Crítica*, especialmente desde finales del s. XVII y durante el s. XIX, como una reacción extrema a la teología tradicional. Esto sustenta los ataques de algunos que se consideran eruditos en *Bibliología*, negando cualquier posición especial de los escritos bíblicos y en especial a los del Nuevo Testamento. Se entiende que el cristianismo y los escritos cristianos han de ser entendidos e interpretados como referencias sociológicas de un nuevo movimiento religioso menor en relación con la tradicional del Antiguo Testamento.

Generalmente los llamados *liberales* entienden que la aceptación de la *inspiración* es contraria al estudio científico de las *Epístolas* que se tratan aquí. Afirman que tanto el Antiguo como el Nuevo Testamento son escritos de creyentes para creyentes, que tienen la misión de sustentar la fe. El objetivo de esta negación no es otro que considerar irrelevante la doctrina de la inspiración.

Literalidad interpretativa. En sentido marcadamente opuesto al liberalismo está la propuesta de una interpretación literal de tal manera que las limitaciones propias de los autores humanos, su entorno social, sus conocimientos humanos, su edad, sus circunstancias personales, no tienen la más mínima importancia y resultan, por tanto, irrelevantes. Esto trae aparejado que cualquier referencia a un entorno no meramente bíblico como lo relacionado con aspectos y costumbres sociales, son infalibles e incuestionables.

Posición intermedia. Llamada también *centrismo interpretativo*, adopta una posición intermedia entre las dos anteriores. Aceptan la inspiración de toda la Escritura, por lo que es hilo conductor para la exégesis, pero no creen que la acción divina haya eliminado totalmente las limitaciones y, por consiguiente, los errores humanos. Generalmente mantienen sólo la inerrancia teológica, en lo que se limita únicamente a cuestiones religiosas. La posición intermedia circunscribe, cada vez más, la inerrancia a cuestiones de salvación, lo que deja al arbitrio del intérprete determinar que es materia de salvación y lo que no lo es.

Hermenéutica de las Epístolas de Juan y Judas.

Diferentes métodos y formas de *hermenéutica* se han usado a lo largo de los años en la interpretación de estos escritos del Nuevo Testamento. El estudio de las distintas formas es trabajo especializado de la *Hermenéutica*, que no cabe en esta introducción, por lo que sigue una breve referencia a los principales métodos de interpretación usados. En esta aproximación referencial ocupan un lugar destacado las diferentes formas de la *crítica* a los escritos del Nuevo Testamento que, como es natural, incluyen las *Epístolas* que se comentan.

Crítica Textual, llamada también *baja crítica*. Los escritos del Nuevo Testamento han sido producidos en idioma griego koiné. No se poseen los originales, de ningún libro de los veintisiete del *Canon* del Nuevo Testamento. Sin embargo, se pueden encontrar muchas copias manuscritas realizadas en diferentes lugares entre el s. II y el XIV. En ellas se detectan discrepancias textuales, es decir, las copias no son iguales debido a alteraciones a causa de errores y cambios producidos por los copistas. El estudio de estas alteraciones, procurando llegar a la expresión correcta del texto bíblico, es el estudio de la llamada *Crítica Textual*. Esto se considerará un poco más adelante en mayor detalle.

Crítica histórica. Tiene que ver con la comprensión del mensaje del texto griego, en el sentido literal en que fue escrito dentro del marco histórico en que se produjo. Esto es relativamente sencillo aplicando el conocimiento social del entorno textual del pasaje a considerar. Sin embargo, se aprecian referencias a asuntos concretos que deben ser estudiados para conocer lo que el autor quiso decir y a quienes lo dijo.

Crítica de las fuentes. Especialmente necesaria en el estudio hermenéutico del Nuevo Testamento, en que se hace referencia a otros escritos, como se verá en su momento, esto genera la necesidad de determinar los antecedentes de donde los redactores de los escritos obtuvieron los datos que escriben en ellos. De ahí surgió la hipótesis de las fuentes, sin embargo, no dejan de ser meras suposiciones, a las que en ocasión se les presta más atención que a la misma exégesis del texto bíblico en cuestión.

Crítica de las formas. Es el método al que recurre la llamada *Alta Crítica* con la intención de generar dudas sobre la autoría y contenido del texto bíblico. En gran medida se dedican a estudiar los géneros de las formas de los escritos, a fin de incluirlos en un determinado apartado literario. Las propuestas de la *Alta Crítica*, se sustentan en responder peguntas que se formulan desde la suposición, tales como *¿son reales los hechos descritos?* En el caso concreto de las *Epístolas de Juan y Judas*, se valora si las circunstancias sociales, históricas y eclesiales a las que hacen referencia ocurrieron realmente de modo que esos datos *históricos*, no lo son así, sino que son meramente religiosos.

Crítica semiótica o estructuralismo. Este tipo de *crítica* trata de descubrir la intención que tenía el autor para convertirlo en sistema de interpretación del relato. La semiótica es la disciplina que estudia el signo en tanto a elemento esencial en la identidad de un escrito. Podría definirse como que *algo significa algo para alguien*, por tanto, ese significado es clave para la comprensión de lo que ha sido escrito. Toda reflexión personal se materializa en signos que componen una expresión escrita. La peculiaridad del enfoque semiológico responde al siguiente interrogante: *¿Por qué y cómo en un determinado entorno social e histórico algo, como una imagen, una expresión, un comportamiento, etc. adquiere un determinado significado?* Esto tiene importancia para los estructuralistas de manera que lo que vale no es el esquema que se aprecia visualmente en la lectura, porque las estructuras importantes son las que están más profundamente establecidas y que ayudaron, consciente o inconscientemente al autor para el escrito producido por él.

Refiriéndose al *estructuralismo* dice R. Brow:

"Los estructuralistas proponen a menudo unos esquemas de aterradora complejidad, haciendo que los no estructuralistas se pregunten si tales complejidades son útiles y si el análisis semiótico produce resultados que quizá podrían obtenerse por una exégesis de sentido común. Citando a L. Monloubou dice: *Se pregunta directamente si la semiótica añade algo nuevo a la interpretación y se responde a sí mismo: Este océano creciente de la semiótica, cuyas espumosas olas barren las tranquilas playas de la exégesis, se halla ahora en proceso de retirada. Ciertamente ha modificado ciertas zonas de la costa exegética, pero deja también varios desechos. La importancia exagerada otorgada a los elementos formales del texto nos recuerda irresistiblemente los excesos de la lógica formal, tan apreciada por una escolástica decadente"* [2].

Todos estos excesos de la llamada ciencia interpretativa, han producido un grave daño a la exégesis natural del texto bíblico, generando dudas, sospechas, imprecisiones y, lo que es más grave, debilitando la firmeza sobre la inerrancia y autoridad de los escritos del Nuevo Testamento.

Interpretación literal.

Aunque cuestionado por *liberales* –que niegan la *revelación e inspiración plenaria*–, para una gran mayoría es el método interpretativo por excelencia, en cuanto que estudia los textos en los idiomas originales en que fueron escritos, –aunque evidentemente no se conservan los *originales*–, desde su valor histórico, las circunstancias en su composición, los destinatarios, el autor y el propósito del escrito. Los *críticos* que buscan desprestigiar el método en arras de su sistema, luchan afanosamente por eliminar el sentido de interpretación histórico-gramatical del texto bíblico. Pero, éstos no terminan de entender que el Nuevo Testamento y particularmente las *Epístolas*, es una literatura religiosa con una importancia capital en materia de fe. Un destacado

---

[2] Raymond E. Brown. o.c., pág. 71 s.

luchador contra el método interpretativo *literal*, fue Baur, uno de los máximos exponentes de la crítica histórica extrema.

Sobre el ataque de los *críticos*, escribe R. F. Braw:

"En un grado importante la empecinada supervivencia de la crítica histórica se debe a su preocupación por algo muy fundamental a todas las otras formas de interpretación (incluso aunque los ardientes defensores de esos otros métodos críticos no estén de acuerdo). Cuando se eliminan algunos de los abusos (por ejemplo, el entusiasmo exagerado por el descubrimiento de fuentes o los juicios arbitrarios sobre las circunstancias históricas), la crítica histórica (prescindiendo a la vez de su desafortunado bagaje) algunos autores (entre los que me cuento) han elegido hablar de la necesidad esencial de determinar el sentido literal de los pasajes bíblicos"[3].

La interpretación *gramático-histórico-literal* tiene como propósito final dar el significado de lo que los escritores pretendieron comunicar en el tiempo del escrito a los lectores, por medio de lo que escribieron. Las *Epístolas* se redactaron hace unos mil novecientos años en idioma griego koiné. Esto tiene un notable condicionante que es el de la traducción, ya que a pesar de cuantos esfuerzos diligentes se hagan, las lenguas modernas no pueden dar muchas veces con una sola palabra el significado de todos los matices que comporta en el texto griego la palabra traducida. Junto a esto deben tenerse en cuenta también la *cosmovisión* que tenían los lectores, con conocimientos diferentes, y supuestos distintos sobre la realidad. Por esa razón no es posible la lectura de estas cuatro *Epístolas*, desde el texto griego, como se leería un pasaje de la literatura moderna en el idioma del lector. De ahí que sea necesario la búsqueda del trasfondo cultural para una precisa comprensión de algunos pasajes del texto manuscrito. Los escritores tienen distintos trasfondos personales y al mismo tiempo culturales, de manera que las palabras que eran escritas y comprendidas plenamente en el significado de aquel tiempo, tienen que ser *adecuadas* en una *equivalencia dinámica*, para que reflejen el sentido que el escritor quería darles cuando las usó.

Además de esto los escritores se dirigían a determinados *lectores*, que vivían en el s. I y primera mitad del s. II. En ese sentido es preciso determinar qué entendían aquellos por lo que estaba escrito, puesto que era a ellos a quienes se escribía. A esto debe añadirse que actualmente no tenemos un conocimiento profundo de la identidad de los destinatarios inmediatos del escrito bíblico.

---

[3] Raymond E. Brawn. o.c., pág. 84.

Finalmente, en este apartado, es necesario entender que el método de interpretación *histórico-gramático-literal*, solo reconoce los cuatro escritos, –1, 2, 3 Juan y Judas– como libros completos con identidad propia. Esto tiene una gran importancia ya que los *liberales* cambian de posición cada cierto tiempo y proponen *nuevas alternativas* que son tan inciertas como las anteriores. Además de esto, como siempre ha ocurrido, a la negación de la autoría del escrito, sigue la indeterminación del autor, que nunca se precisa y que descansa sólo en suposiciones a las que se da carácter de verdad. Afirmar que un escrito es el resultado de tomar enseñanzas aisladas de un determinado apóstol y compilar con ellas una *Epístola* pseudo-epígrafa, por un autor desconocido en un tiempo posterior como puede ser el s. III, sin más datos probatorios que lo verifiquen, es un absurdo que se acepta por la *credulidad* manifiesta de enemigos de la inspiración bíblica, con el único objeto de que la Biblia se cuestione como libro de Dios.

Metodología aplicada.

Teniendo en cuenta los principios expuestos, se puede sintetizar de la siguiente manera:

a) *Traducción del texto griego.* Utilizando la forma *interlineal*, colocando bajo cada palabra griega, la equivalencia en castellano, en la medida que esto sea posible, usando la *equivalencia dinámica*, cuando sea imprescindiblemente necesaria. La traducción así hecha, dará el significado lo más literal posible.

b) *Análisis gramatical.* Comprende precisar qué es cada palabra, tanto en su clase, como verbo, artículo, preposición, adjetivo, adverbio, conjunción, partícula etc. Dándole su característica específica, como el caso en que se encuentra, modo verbal, significado en caso de declinarse, etc. De esta manera se procura precisar el sentido real de la oración en que está insertada y, por consiguiente, del significado de cada cláusula del texto que se considera.

c) *Critica Textual.* Cuando existan las *alternativas de lectura*, se dará la referencia identificativa del manuscrito que las contiene. Sin duda la exégesis ha de decantarse necesariamente por una de ellas, dejando la opción al lector para que use otra de ellas en su tratamiento personal del texto en cuestión.

d) *Tratamiento hermenéutico.* Para ello se usará siempre el método, *gramático-histórico-literal.* Dando al texto el significado que tiene, respetando los usos históricos del tiempo del escrito. Esto exige definir datación, autor y circunstancias en que se produjo.

e) *Comentario.* Descansando en las conclusiones que se alcanzan por aplicación de los métodos antes citados, se comentará cada uno de los versículos en cada capítulo de las *Epístolas* que se tratan. Dentro del mismo se procura hacer una *aplicación* al contexto eclesial de nuestro tiempo, que haga siempre práctico el estudio y las conclusiones alcanzadas en la exégesis. Cuando, para ampliar algún concepto, sea necesario recurrir a un comentario de los muchos que existen, sobre un texto o sobre un tema, se trasladará literalmente haciendo referencia al autor, y lugar de donde se ha obtenido.

Esta será, en resumen, la *metodología* que se aplicará al comentario de estas cuatro *Epístolas.*

Introducción especial a la 1 Juan.

Generalidades.

En el sentido más amplio del término como una *Epístola Católica* o *Universal*, no se ajusta plenamente, como se considerará más adelante, en el tipo de calificación para ella. No tiene destinatarios concretos como ocurre con la mayoría de las del Nuevo Testamento, iniciándose sin introducción alguna para entrar en el tema cristológico principal.

La *Epístola* debe considerarse dentro de los escritos *no cuestionados*, es decir, entre los que eran reconocidos como apostólicos desde los primeros tiempos de su circulación entre las iglesias, siendo citada por *padres de la iglesia*, figurando ya en los catálogos más antiguos entre los escritos inspirados. Lamentablemente es un escrito que, en cierta manera, no ha sido estudiado profundamente, influyendo en esto la atención que desde la Reforma se dieron a las cartas paulinas. Sin embargo, es una extraordinaria *Epístola* con un alto contenido doctrinal y práctico para la vida cristiana, especialmente en el entorno de la relación con Cristo y la comunión en amor entre los hermanos, que sirve al autor para establecer la seguridad del nuevo nacimiento. Ninguna como ésta aplica de forma precisa la enseñanza de Jesús y los escritos del Antiguo Testamento, para estas circunstancias. Además, trata con todo detalle la forma propia de vivir la vida cristiana, que permanece a lo largo del tiempo y es asumible en cualquier circunstancia y ocasión.

La Epístola en la iglesia primitiva.

La autenticidad como un escrito del apóstol Juan, el hijo de Zebedeo, autor también del cuarto evangelio, consta por los testimonios de la tradición y por la evidencia interna.

En el *Pastor de Hermas*, así como en la *epístola a Diognetes*, Policarpo, Justino hacen alusión a ella en por lo menos dos de sus escritos[4]. Igualmente está presente en escritos de Papías de Jerusalén[5].

Hay testimonios explícitos hechos por hombres de la iglesia antigua. El reconocimiento más antiguo de la autoría procede de Policarpo, obispo de Esmirna, fallecido en el 156 d. C. Del mismo modo Papías, contemporáneo de Policarpo, si bien sus citas pervivieron en escritos posteriores de Eusebio y de Ireneo. Los dos vivieron en Éfeso, lugar donde se supone estuvo Juan huido de la destrucción de Jerusalén por los romanos en el 70 d. C.

Como referencias explícitas, están las de Ireneo (130-202), obispo de Lyon, el principal adversario del gnosticismo en el s. II[6]. Clemente de Alejandría (150-213), padre de la iglesia griega, se refiere a la *1 Juan*, llamándole *"la gran epístola de Juan*[7]. Dionisio de Alejandría, fallecido en 265, usa la 1 Juan, para formular críticas sobre la autoría de Apocalipsis[8]. Otro que alude a la *Epístola* es Tertuliano (160-220), en varios de sus escritos[9]. Se encuentran también en escritos de Cipriano de Cartago (210-258)[10].

Otro elemento de autenticidad consiste en las referencias de *listas de libros canónicos*, entre las que cabe citar aquí, aquellas que proceden de los s. II al IV. como el *Canon de Muratori*; el *Canon de Mommsen*, en la iglesia africana; el de Orígenes y el de Atanasio, los dos de la iglesia Alejandrína de los s. III y IV; el *Canon* de Eusebio de Cesarea, el de Cirilo de Jerusalén, en la iglesia palestinense del s. IV.; el *Canon* 69. 60, del Concilio Laodiceno del 360; el *Canon* de los concilios de África de fines del s. IV, que fue confirmado y aprobado por los papas Dámaso, Inocencio I y Bonifacio I. En todas estas listas se incluyen las tres *Epístolas* de Juan.

---

4 *Apología*, I, 3w, 8. *Diálogo con Trifón*, 123, 9.
5 Citada por Ensebio. HE. III, 39.17.
6 Ireneo. *Adv. Haereses*. III. 16, 5, 8.
7 Clemente de Alejandría. *Stromateis* II 15. 66.
8 Eusebio. HE III. 39. 17.
9 Tertuliano. *Adv. Prax*, 15; *Scorp.*12; *Adv. Marc.* 5, 16.
10 *Epístolas*, 69. 1.

Finalmente, una referencia de Jerónimo, en la que afirma que *"por todas las iglesias y eruditos probado*[11]*"*, refiriéndose a 1 Juan[12].

Género del escrito.

Generalmente se llamó durante años, especialmente desde el Concilio de Trento[13] a la 1 Juan, *Epístola*. Sin embargo, se cuestiona si realmente es de este género de escritos del Nuevo Testamento, por las diferencias comparativas con las otras *Epístolas*. No adopta la forma propia de las *cartas* según la forma helenística, ni tampoco según el modelo cristiano.

El escrito no tiene forma de correspondencia personal, porque en ella no están ni el remitente *(superscriptio)*, ni los destinatarios *(adscriptio)*, ni el saludo introductorio *(salutatio)*, ni la despedida final. Entra directamente con una referencia doctrinal al Verbo de vida, prosigue con una serie de reflexiones, advertencias, denuncias sobre aspectos de enseñanza contrarios a la verdadera fe y concluye con otra exhortación a los creyentes para que se guarden de los ídolos (5:20). Suponer que estos datos han desaparecido en el tiempo, es una suposición falta de toda lógica. Lo más probable es considerar que el autor aborda temas de gran trascendencia, que son asuntos altamente graves, por lo que pasó a abordarlos directamente, dejando a un lado toda otra cosa que no fuesen esos temas.

Lo que resulta cierto es que no se trata de una *Epístola literaria*, en cuyo contenido, un desconocido se pone en contacto con otros que también son para él desconocidos, como alguno del mundo *crítico liberal humanista*, se atreve a sugerir[14]. Los destinatarios son bien conocidos del autor, como se aprecia por las muchas veces que usa el pronombre personal *vosotros*, así como los apelativos de cariño que prodiga llamándoles *hijitos*.

Tampoco puede situarla como *carta circular* o *encíclica*, que el apóstol dirige a los fieles del mundo cristiano en general. Sin embargo, no es un escrito dirigido a una determinada iglesia, aunque se deduce que estaba destinada a las iglesias en Asia Menor.

---

[11] *"ab universis ecclesiasticis et eruditis viris probari"*.

[12] *De vir. Ill.* 9.

[13] Con ciertas interrupciones duró desde 1545 a 1563.

[14] Kunstbrief.

Un asunto que llama la atención son los muchos párrafos parenéticos (cf. 2:15-17; 3:11-24; 4:7-12; 4:19-5:3). Esto hace que se oriente el género del escrito hacia la literatura kerigmática, es decir, la predicación de un apóstol que anuncia verdades sobre Jesucristo. Sin embargo, se aprecia que no es este el único estilo del escrito, porque aun aceptando la exhortación se aprecian también los largos párrafos expositivos, apreciándose que tiene mucho más de contenido procedente de un mensajero del Señor que presenta la revelación Suya.

Con todo, algunos se decantan por considerarla como una *homilía*, que fue escrita para que se leyese en la reunión dominical de las iglesias de Asia Menor, en cuyo caso debiera colocarse en el género de *Carta Homilética*. Sin embargo, no puede negarse que su estructura tiene un carácter eminentemente pastoral, escrita para afirmar la fe y fidelidad de los creyentes a quienes Juan conocía y con las iglesias a las que dedicó gran parte de su ministerio, exhortándoles a perseverar en la fe que les había sido enseñada sobre Jesucristo, a pesar de quienes pretendían destruirla con sus propuestas, tal vez gnósticas, y que era un grupo que había abandonado la iglesia cristiana (2:19). Juan escribe para mantener los principios doctrinales que están desarrollados teológica e históricamente en su *Evangelio*.

A la vista de estas dificultades, que permitiría colocar el escrito en más de una categoría, optamos por seguir la denominación históricamente establecida y situarla en el género *epistolar*, reconociendo las múltiples diferencias existentes con las otras *Epístolas* del Nuevo Testamento. Refiriéndose a ella en el presente comentario como *Epístola*.

Autor.

En base a las *evidencias externas*, consideradas en el apartado sobre la *Epístola en la iglesia primitiva*, se llega a la conclusión de que se trata de un escrito cuyo autor no puede ser otro que el *apóstol Juan*. A esto debe añadirse la principal *evidencia interna* consistente en la comparación con el cuarto *Evangelio*, que se tratará más adelante.

Juan era uno de los hijos de Zebedeo, el hermano de Jacobo que sufrió martirio bajo el poder de Herodes I Agripa (Mt. 4:21; Hch. 12:2). Es muy posible que Juan fuese el menor de los dos. La madre de ellos se llamaba Salomé, y posiblemente era hermana de la madre de Jesús. Pertenecía a la clase social acomodada; su padre tenía barcos de pesca y gente que trabajaba para él, en su negocio de pesca en el Mar de Galilea

(Mr. 1:19-20). Era un seguidor de Juan el Bautista, probablemente discípulo suyo, aunque no estuviese involucrado con él tanto como otros de ellos. Escuchó de él que Jesús era el Cordero de Dios que quitaba el pecado del mundo, en presencia de Andrés y de otro discípulo anónimo que evidentemente era Juan (Jn. 1:35-40). Acompañó al Señor muy al principio de Su ministerio y estuvo con Él en las bodas de Caná de Galilea (Jn. 2:1-11), aunque todavía no había sido llamado a dejar todo y seguir al Maestro. En ocasiones compartía con Pedro lo que tenía que ver con el trabajo de pesca en el Lago de Galilea (cf. Lc. 5:10). Jesús invitó a los dos hermanos Jacobo y Juan para que dejasen sus actividades y le siguieran (Mt. 4:21, 22; Mr. 1:19, 20). Más adelante serían designados apóstoles por el Señor (Mt. 10:2).

A causa del carácter fácilmente irascible, Jesús les puso a los dos el sobrenombre de *Boanerges*, que significa *hijos del trueno* (Mr. 3:17). Este carácter violento se pone de manifiesto en algunas ocasiones como fue cuando en una ciudad de los samaritanos no les dieron hospedaje y Juan quería mandar que descendiese fuego del cielo y la quemase (Lc. 9:54); además era también un sectario, como pone de manifiesto la prohibición al que echaba demonios en nombre de Jesús y se lo prohibieron porque no seguía al grupo de discípulos (Mr. 9:38). Otra característica personal es que tanto él como su hermano tenían deseos egoístas de estar en posiciones elevadas, posiblemente mayores que las que pudieran tener sus otros compañeros de discipulado, en el Reino de los Cielos, sentándose a la diestra y a la siniestra de Jesús, usando también a su madre para que intercediese por ellos ante el Señor (Mt. 20:20-23; Mr. 10:35-41). Sin embargo, el contacto con Jesús y Su gracia transformadora hicieron que se produjese un notable cambio en Juan para pasar a la historia como aquel que demandaba de los cristianos un amor sincero por todos.

Juan fue uno de los tres discípulos a quien Jesús escogió para estar presente en algunas de Sus grandes y poderosas obras. Él presenció la resurrección de la hija de Jairo (Mr. 5:37; Lc. 8:51), contempló la transfiguración (Mt. 17:1; Mr. 9:2; Lc. 9:28), y la agonía de Getsemaní, junto con sus dos compañeros, en un lugar más próximo a Jesús que el resto de los discípulos (Mt. 26:37; Mr. 14:33). Durante la última cena, fue el que estuvo más cercano al Señor (Jn. 13:23). Desde Getsemaní siguió a Jesús al lugar donde le juzgaron, acusaron y maltrataron durante la noche, estando también junto a la Cruz, donde el Señor le confió a su madre María, quien la tomó consigo (Jn. 18:15; 19:27). Ante las noticias que las mujeres llevaron a los apóstoles sobre la resurrección de Jesús y el encuentro con ellas, Juan fue corriendo con Pedro al sepulcro, constatando que el Señor había resucitado (Jn. 20:1-10). La tarde del mismo día en compañía de otros discípulos vio al Resucitado que se les apareció, y nuevamente lo hizo una semana después (Lc. 24:33-43; Jn. 20:19-20; 1 Co. 15:5). Juan fue con los otros discípulos a Galilea, acudiendo a la cita del Señor, donde pudo verle nuevamente (Mt. 26:32; 28:10, 16; Jn. 21:1-7). Las palabras con que Jesús respondió a Pedro sobre Juan, hicieron creer a algunos que no iba a morir (Jn. 21:22).

Después de la ascensión quedó un cierto tiempo con los otros discípulos en un aposento alto en Jerusalén, mientras esperaban el descenso del Espíritu Santo, dedicando el tiempo de espera mayoritariamente a la oración (Hch. 1:13-14).

Al día siguiente a Pentecostés aparece junto con Pedro en el inicio de una importante obra misionera (Hch. 3:1). Tiempo después ambos fueron encarcelados por las autoridades judías, permitiéndoles testificar de su fe en Cristo (Hch. 4:19). Una de sus misiones primeras fue ir con Pedro hasta Samaria para asistir a Felipe el evangelista que había iniciado la tarea de predicar el evangelio en aquella zona (Hch. 8:14).

Durante las persecuciones que se originaron en Jerusalén contra los cristianos, Juan fue uno de los que permaneció en la ciudad. Como columnas de la iglesia estaban allí cuando Pablo acudió a Jerusalén después de su primer viaje misionero (Hch. 15:6; Gá. 2:9).

A Juan se le atribuyen cinco libros del Nuevo Testamento. Además del evangelio, tres epístolas y el Apocalipsis. La tradición dice que su ministerio finalizó en Éfeso. Es muy probable que Juan tomase a su cuidado la labor apostólica y pastoral de las iglesias de Asia Menor (Ap. 1:11). Cuando redactó el Apocalipsis, en torno al año 90, se hallaba desterrado en la isla de Patmos, a causa del testimonio y de su fe en Cristo (Ap. 1:9). La ascensión de Nerva el año 96 le trajo la liberad y pudo volver a Éfeso, según la tradición histórica. Policarpo, Papías e Ignacio fueron los cristianos destacados que estuvieron más próximos a la teología de Juan. Policarpo dice que Juan estuvo en Éfeso hasta su muerte, que se produjo bajo el reinado del emperador Trajano, que gobernó del 98 al 117 y que fue el primero de los emperadores no italianos, nacido en Itálica (España).

Destinatarios.

No hay indicaciones precisas de cuáles son los destinatarios de la *Epístola*, aunque debe considerarse como lo más probable que se trate de las iglesias de Asia Menor, como ocurre con las que el Señor envía por medio de Él recogidas en los dos primeros capítulos de Apocalipsis. Según la historia, Juan estableció su residencia en Éfeso y desde allí ejercía su ministerio en las congregaciones de Asia Menor. Las iglesias no habían sido fundadas por él, pero ministraba entre ellas como, tal vez, el único apóstol vivo.

No cabe duda que los destinatarios procedían del paganismo (5:21), lo que conlleva la aceptación de ser mayoritariamente gentiles. No se trataba de creyentes recién convertidos, sino conocedores del evangelio desde tiempo antes (2:21, 24; 3:11), sin embargo, podían ser considerados como jóvenes en la fe.

Debido a la ausencia directa de destinatarios en la *Epístola*, puede considerarse como una *Epístola Universal*, dirigida a la consolidación de la fe, al mayor conocimiento de Jesucristo, a la exhortación sobre la necesidad de amor entre hermanos, y a la advertencia sobre el peligro de las enseñanzas contrarias a la verdad. Sin duda la autoridad del apóstol era cuestionada por algunos de estos, generando conflictos entre creyentes y distanciando a algunas iglesias entre sí.

Características de la Epístola.

Entre otras hay algunas que son destacables y deben considerarse en este apartado de la introducción:

1) Estructura simple. Las oraciones de la *Epístola* no son complejas, salvo alguna como la primera en que, al referirse al Verbo, adquiere alguna dificultad por lo concerniente a la doctrina de la humanidad de la segunda Persona Divina. En el escrito se aprecian muchas construcciones condicionales, pero no ofrecen problemas para ser entendidas. Una de las formas habituales es la expresión paralela, frecuente en la literatura hebrea, lo que sirve también como elemento interno sobre la autoría, relacionando al autor con un judío, como era el caso de Juan. La construcción recurre en momentos a declaraciones explicativas, a modo de ejemplo: *"esta es la victoria que ha vencido al mundo, nuestra fe"* (5:4).

2) Se aprecia la ausencia de citas del Antiguo Testamento. El testimonio, cuando es necesario, descansa en el apostólico, en lugar de recurrir al Antiguo, como otros escritores del Nuevo. Juan hace sólo una referencia histórica al Antiguo Testamento (3:12).

3) Uno de la repetición. El escritor retorna reiteradamente a ideas y términos principales, como justicia, amor, verdad, luz, etc. pero con aplicaciones distintas en cada ocasión. Como escribía C. H. Dod:

"El argumento no está estrechamente articulado. Hay muy poco progreso directo. El escritor piensa 'en torno a' una sucesión de temas relacionados. El movimiento del pensamiento ha sido aptamente descrito como 'espiral', ya que el desarrollo de un tema frecuentemente nos vuelve casi al punto de partida; casi, pero no completamente, ya que hay un leve cambio de énfasis que aporta una proyección hacia un nuevo tema; o quizás hacia un tema que ya se había aparentemente descartado en un punto anterior, y que ahora vuelve a ser considerado desde un punto de enfoque algo diferente"[15].

4) Uso de la Cristología. Mayormente utiliza la doctrina en relación con controversias breves sobre errores acerca de ella, tal como hace con la *encarnación*, y la *redención* por la sangre. En la *Epístola* no hay referencia a la resurrección.

Relación con el Evangelio según Juan.

Es evidente la relación estrecha que existe entre la *Epístola* y el *Evangelio*, comenzando por el uso de palabras que son comunes a los dos escritos, tales como Padre, Hijo, Espíritu, Palabra (λόγος), verdadero (ληθινός), conocer (γινώσκω, οἶδα), nacer, testificar, Paracleto, creer, eterno, permanecer, guardar, mandamiento mundo, pecado, diablo, etc.

Una relación de vinculación entre los dos escritos se puede apreciar mejor en el cuadro comparativo que sigue, en el texto castellano de la versión RV60:

Epístola	Evangelio
1:1. Lo que era desde el principio, lo que hemos oído, lo que hemos visto con nuestros ojos... tocante al Verbo de Vida.	1:1. En el principio era el Verbo, y el Verbo era con Dios, y el Verbo era Dios. 1:14. Y aquel Verbo fue hecho carne, y habitó entre nosotros...
1:5. Este es el mensaje que hemos oímos de él, y os anunciamos: Dios es luz, y no hay ningunas tinieblas en él.	8:12. ...Yo soy la luz del mundo; el que me sigue, no andará en tinieblas, sino que tendrá la luz de la vida.

[15] Dodd, *The Johannine Epistles*.

1:6. Si decimos que tenemos comunión con él, y andamos en tinieblas, mentimos, y no practicamos la verdad;	321. Mas el que practica la verdad viene a la luz, para que sea manifiesto que sus obras son hechas en Dios.
2:8. …Porque las tinieblas van pasando, y la luz verdadera ya alumbra.	1:5. La luz en las tinieblas resplandece, y las tinieblas no prevalecieron contra ella.
2:8. Sin embargo os escribo un mandamiento nuevo…	13:34. Un mandamiento nuevo os doy.
2:11. Pero el que aborrece a su hermano está en tinieblas, y anda en tinieblas…	8:12. …Yo soy la luz del mundo; el que me sigue, no andará en tinieblas, sino que tendrá la luz de la vida.
3:19. Y en esto conocemos que somos de la verdad...	18:37. …Yo para esto he venido al mundo, para dar testimonio de la verdad. Todo aquel que es de la verdad, oye mi voz.
3:10. En esto se manifiestan los hijos de Dios…	8:47. El que es de Dios, las palabras de Dios oye; por esto no las oís vosotros, porque no sois de Dios.
3:9. Todo aquel que es nacido de Dios… porque es nacido de Dios.	1:13. Los cuales no son engendrados de sangre, ni de voluntad de carne, ni de voluntad de varón, sino de Dios.
3:2. Amados ahora somos hijos de Dios…	1:12. Mas a todos los que le recibieron, a los que creen en su nombre, les dio potestad de ser hechos hijos de Dios. 11:52. Y no solamente por la nación, sino también para congregar en uno a los hijos de Dios que estaban dispersos.
3:4. Todo aquel que comete pecado…	8:34. …todo aquel que hace pecado.
3:5. Y sabéis que él apareció para quitar nuestros pecados…	1:29. …He aquí el Cordero de Dios, que quita el pecado del mundo.
3:10. En esto se manifiestan los hijos de Dios, y los hijos del diablo…	8:44. Vosotros sois de vuestro padre el diablo…
3:14. Nosotros sabemos que hemos pasado de muerte a vida…	5:24. …El que oye mi palabra, y cree al que me envió, tiene vida eterna; y no vendrá a condenación, mas ha pasado de muerte a vida.
3:16. …Él puso su vida por nosotros.	10:11. … su vida da por las ovejas.
3:23. Y este es su mandamiento: Que creamos en el nombre de su Hijo Jesucristo, y nos amemos unos a otros como nos lo ha mandado.	15:12. Este es mi mandamiento: Que os améis unos a otros, como yo os he amado.
3:24. Y el que guarda sus mandamientos, permanece en Dios, y Dios en él. Y en esto sabemos que él	15:7. Si permanecéis en mí, y mis palabras permanecen en vosotros, pedid todo lo que queréis, y os será hecho.

permanece en nosotros, por el Espíritu que nos ha dado.	
4:12. Nadie ha visto jamás a Dios.	1:18. A Dios nadie le vio jamás.
4:16. Y nosotros hemos conocido y creido…	6:69. Y nosotros hemos creído y conocemos…
5:1. Todo aquel que cree que Jesús es el Cristo, es nacido de Dios.	1:12, 13. Mas a todos los que le recibieron, a los que creen en su nombre, les dio potestad de ser hechos hijos de Dios; los cuales no son engendrados de sangre, ni de voluntad de carne, ni de voluntad de varón, sino de Dios.
5:4. Porque todo lo que es nacido de Dios vence al mundo; y ésta es la victoria que vence al mundo, nuestra fe.	16:33. …En el mundo tendréis aflicción; pero confiad, yo he vencido al mundo.
5:13. Estas cosas os he escrito a vosotros que creéis en el nombre del Hijo de Dios, para que sepáis que tenéis vida eterna, y para que creáis en el nombre del Hijo de Dios.	20:31. Pero estas cosas se han escrito para que creáis que Jesús es el Cristo, el Hijo de Dios, y para que creyendo, tengáis vida en su nombre.

Podrían añadirse más similitudes, pero es suficiente esta muestra para establecer la vinculación entre los dos escritos de Juan. Esta relación entre ambos, es una evidencia interna de la identificación del autor de la *Epístola*.

Cuestionamiento de la autoría.

Como no podía ser de otra manera, los *críticos humanistas liberales*, lo que se ha dado en llamar *Alta Crítica*, no podían dejar de cuestionar la autoría de la *Epístola*. Establecida la duda sobre el autor se asienta la duda de la autoridad, e inspiración del escrito.

La identidad de la *Epístola* con el evangelio, hace difícil para ellos asentar bases sólidas que se opongan a que el apóstol Juan fuese el autor. Sin embargo, se buscan elementos para sustentar ese cuestionamiento, de modo que, a la identidad de formas, el abundante uso de la parataxis, del asíndeton, y del paralelismo, se justifica como que el autor de la *Epístola* escribió ésta en un proceso de imitación de la forma propia de Juan. Pero, a su vez, buscan diferencias *notables*, que permitan hacer tal afirmación. Entre ellos cabe destacar a C. H. Dodd, que sugiere que la *Epístola*, al establecer una comparativa con el *Evangelio*, presenta una notable deficiencia en preposición, conjunciones, verbos compuestos, participios adverbiales y expresiones idiomáticas, que ponen de manifiesto una influencia aramea notable. Además, se pretende demostrar que el estilo de la *Epístola* es mucho menos vivo que el del *Evangelio*, lo que hace suponer que el autor es otro distinto. Por otro lado, demostrar su negación en el hecho de la ausencia de por lo menos treinta términos que están presentes reiteradamente en el *Evangelio*, apreciando la ausencia de éstos que debían estar presentes en la *Epístola*, como *gracia, paz, salvar, perecer*, *Escritura, ley, juzgar, Señor, enviar, amar, gloria*, etc.[16].

También el sector *crítico* considera que el pensamiento teológico de la *Epístola* no puede encuadrarse con el punto de vista del *Evangelio*. Entienden que, entre otras divergencias, una marcada tiene que ver con la *escatología*, poniendo de manifiesto la expectación del regreso de Jesucristo, la mención del *anticristo*, contrasta con la del *Evangelio*. Del mismo modo la obra de *propiciación* aparece en la *Epístola*, mientras que, en el *Evangelio*, se presenta como camino de glorificación de Jesús. Se añade a esto que la enseñanza sobre el *Espíritu Santo* es muy limitada en la *Epístola*, en comparación con la extensión que hay al tema en el *Evangelio*.

A la hora de determinar el *otro autor*, como siempre ocurre, la *Alta Crítica* es ambigua, indeterminada e imprecisa, limitándose a sugerir como probable a un discípulo de Juan, lo que explicaría la semejanza entre los dos escritos, pero, a su vez, las diferencias.

Las diferencias entre la teología de ambos escritos, condujo a los *críticos*, especialmente al grupo de la escuela alemana de Tubinga, entre otros además de Dodd, Haenchen, Schmiedel, Barret, Wellhausen, Baur, etc. a afirmar dos autores distintos.

Ya que la segunda y tercera *Epístolas*, tienen como referencia de autor al *anciano*, al que no se identifica, haciendo anónimos esos escritos, entienden que este calificativo no puede aplicarse al apóstol Juan, sino a otra persona, sin embargo, los cristianos han recibido las tres *Epístolas* como procedentes del discípulo de Jesús y apóstol Suyo *Juan,* uno de los hijos de Zebedeo. A esta aparente identificación, se añade –por parte de los críticos– que el título del *discípulo amado*, sea aplicable a Juan, por lo que se ha llegado a proponer cinco autores diferentes para el *Evangelio y las Epístolas*.

Las conclusiones de la *Alta Crítica* son francamente pobres e incluso forzadas como ocurre habitualmente, de modo que en un examen desprejuiciado sobre todo en lo que se refiere a partículas, se aprecian

---

[16] C. H. Dodd. *The First Epistle of Hohn and de Fourth Gospel*. 1937.

mayores variaciones entre las *Epístolas* aceptadas como paulinas. Además, las diferencias que pueden ser notables, como formas verbales usadas en la *Epístola* y en el *Evangelio*, obedecen a los temas tratados en los escritos y las diferencias idiomáticas son de escaso valor. En la investigación de Wilson, sobre este aspecto, llega a la conclusión de que hay menos diferencias entre 1 Juan y el *Evangelio* que entre 1 Corintios y Filipenses[17].

Finalmente cabe añadir un breve párrafo sobre el trato que R. Bultman hace del escrito, afirmando que la *Epístola* es un documento de carácter gnóstico que algún escritor cristiano usó como base para sus propios comentarios –como siempre ocurre, sin precisar de quien se trata, ni del tiempo en que se produjo el texto, ni de las circunstancias que no motivaron, etc. etc.– para construir un texto homilético. Según Bultman, este escrito inicial contenía sobre unos treinta versículos. Este documento original tenía diferencias y un carácter apodíctico diferente al estilo del escritor mismo, al que califica de *documento original*. Sobre este mismo comenta luego para concluir el texto de la *Epístola*. En base a la posición de Bultman relativa a las *fuentes*, entiende que lo que se llega a considerar como la *Epístola* como resultado de una supuesta y no precisada fuente anterior[18].

Teología de la Epístola.

Trasladamos una síntesis precisa del profesor Francisco Rodríguez Molero S.I.

"Respecto a las ideas teológicas, las fundamentales son comunes en la epístola y al evangelio. Así las definiciones de Dios, 1 Jn. 1:5; 4:8, 16; Jn. 4:24. La descripción del reino de tinieblas y muerte y su caracterización por el odio, la mentira, la incredulidad. Los términos cristológicos: 1 Jn. 1:1 y Jn. 1:1; 1 Jn. 5:20 y Hb, 1; 20:29. El énfasis en la encarnación; las fórmulas de inmanencia para designar la comunión con Dios; el papel de la fe y el conocimiento de esa unión. La descripción de la condición cristiana como posesión de la vida y como filiación adoptiva. Cristo como revelador del amor del Padre. El amor fraternal como mandato nuevo y sello del verdadero discípulo de Cristo. Sentido activo y eficiente del amor, que se prueba con la guarda de los mandamientos. En una y otro la adhesión al cristianismo está

[17] Willson. *An Examination of the Linguistic Evidence Adduced Against the Unity of Authorxhip of the First Epistle of John and de Fourth Gospel*. 1948.
[18] Bultmann. *Analys des ersten Johannesbriefes*, 1927.

caracterizada como un paso de la muerte a la vida, como un nacimiento de Dios a una vida de fe y de amor. La epístola concede la misma importancia que el evangelio al papel iluminador del Espíritu Santo. En los puntos esenciales coinciden plenamente la epístola y el evangelio[19]".

Entre los temas de la teología de la *Epístola*, se aprecian como destacables en la Cristología la encarnación del *Unigénito del Padre* (4:2, 9). La presentación de Jesucristo como el Hijo de Dios (5:5), y como fuente de vida eterna (5:11), haciéndose notar que es vida eterna en Él mismo (5:20).

En la *antropología* se hace notar que los creyentes fueron anteriormente *hijos del diablo* (3:8), formando parte del sistema del mundo (4:5). Estos ahora salvos que viven en la luz, anduvieron antes en las tinieblas (1:6), espiritualmente ciegos (2:11) y muertos a causa de su pecado (3:14).

En cuanto a la *soteriología*, Juan hace notar que Dios envió a Su Hijo, en una entrega de amor para dar Su vida por los hombres, llevando el pecado de los creyentes (3:5), muriendo por los hombres y de forma eficaz por los salvos (3:16). Quienes creen en Jesucristo nacen de nuevo (5:1), recibiendo en el acto de la fe, la vida eterna (5:11). El resultado de la obra divina es que podamos conocer a Dios (5:20), esto conlleva necesariamente el conocer la verdad (2:21). Quienes creen pertenece a la verdad y son de ella (3:19). El regenerado es obediente como consecuencia de ella (2:5). Lo mismo que enseñó en el *Evangelio*, también hace firme la verdad de que los salvos son hijos de Dios (3:1-2).

Lugar y fecha de redacción.

Nuevamente debe tenerse en cuenta la comparativa entre la *Epístola* y el *Evangelio*. Según las apreciaciones que se hicieron antes, ésta debió haberse escrito antes del *Evangelio*, pero en fechas muy próximas. El hecho del tratamiento que se hace de la escatología sugiere un tratamiento menos elaborado que el del *Evangelio*, lo que hace suponer que era el conocimiento general que se tenía de ella entre las iglesias del Asia Menor. Sin embargo, no es posible afirmar esta cuestión taxativamente. En los primeros versículos aborda la misma verdad que desarrolla en el *Evangelio*, por lo que este[20], era un tema doctrinal urgente ante los acosos

---

[19] Francisco J. Rodríguez Molero. *La Sagrada Escritura. Juan*, Madrid 1956.
[20] Véase *introducción*, en el capítulo 1 de *Juan*, de esta misma serie.

que los falsos maestros hacían de la verdad sobre la condición divino-humana de Jesucristo.

Según la cronología de la vida de Juan apoyada en la historia de la iglesia, se cree que el apóstol estuvo por tiempo en Éfeso, desde donde ministró entre las iglesias. Al no hacer mención en ella a las persecuciones, debe considerarse que se escribió antes de las que se iniciaron en el tiempo de Domiciano, que comenzaron en el año noventa y cinco, por tanto, podría aceptarse como lo más probable que fue escrita desde Éfeso en la década de los 80 d. C.

Ocasión.

La lectura de la *Epístola* revela claramente que el motivo principal de ella, era advertir a los lectores sobre el peligro de los *falsos maestros*. El perfil personal de tales personas se determina en el escrito, a los que llama, entre otras cosas, *anticristos* (2:18); *apóstatas*, salidos de la iglesia (2:19); *engañadores* que arrastran a los débiles en la fe (2:26; 3:7); *hijos del diablo*, un calificativo sumamente fuerte (3:10); *falsos profetas*, esto es, profetas mentirosos, que se hacen pasar por tales, pero que no lo son (4:1).

Hay otros datos sobre ellos, como la pretensión de no tener pecado (1:8). Además, decían tener un conocimiento especial, de modo que podían permanecer en él sin guardar los preceptos de Dios (2:4-6). Estos *falsos maestros* afirmaban amar a Dios (4:20), pero a su vez odiaban a sus hermanos (2:9-11). El amor a Dios es incompatible con el amor al mundo, pero aquellos a quienes se refiere el apóstol no cumplían eso (2:15), la razón es que ellos eran del mundo (4:5).

Parece ser que, en cuanto a doctrina, negaban que Jesús fuera el Hijo de Dios (2:22-23), poniendo de manifiesto el error al negar la encarnación del Verbo (4:2-3). Es muy probable que estos *falsos maestros*, fuesen en alguna medida *gnósticos* o, por lo menos, inclinados al gnosticismo, sin embargo, pudieran ser del mismo pensamiento que Cerinto, que enseñaba que el Verbo no habitó en Jesús más que ocasionalmente, desde el bautismo hasta la pasión, abandonando al hombre Jesús cuando fue crucificado. Eso supone negar la redención con todo cuanto tiene de consecuencias soteriológicas. Por esa razón el apóstol Juan afirma que Jesús es el Hijo de Dios, quien, por entrega de Su vida, al derramar Su sangre, nos limpia de todo pecado (1:7), constituyéndolo como propiciación potencial para todo el mundo, aunque virtual solo para los creyentes (2:2; 4:10).

¿Es posible asegurar la relación de los *falsos maestros* con alguna herejía concreta? Algunos se afirman en la de Cerinto, al que se opuso el apóstol en primer lugar y luego Policarpo, según testimonio de Ireneo[21]. Otros piensan que se trataba de los *docetas*, que negaban la realidad carnal del cuerpo de Cristo enseñando que se trataba de una mera apariencia. Dos de los oponentes a esa herejía, Ignacio y Policarpo, usan para refutarla expresiones tomadas de esta *Epístola*. Con todo, una lectura desprejuiciada pone de manifiesto que, mientras los docetas negaban la realidad del cuerpo de Jesús, los *falsos maestros* a los que alude aquí niegan la *presencia de Dios* en él. Podrían, como se dice antes, ser alguna manifestación gnóstica, que pretendiendo un conocimiento superior de Dios, convertían Su gracia en lujuria (Jud. 4).

Incluso algunos consideran que se trataba de los judaizantes[22], en cuyo caso la controversia era contra quienes negaban que Jesús era el Mesías y la misión divina que conllevaba. Pero, parece esto lo menos probable porque en el contexto de la *Epístola*, se aprecia que son algunos que se habían unido al cristianismo y que habían salido de la iglesia cristiana. Sus desviaciones, como generalmente ocurre, iban acompañadas de inmoralidades que difícilmente practicarían los judíos. Por tanto, deben ser localizados en círculos procedentes del paganismo.

Estas son las circunstancias que dan lugar a la *Epístola* y ponen de manifiesto la razón de ella.

Texto griego.

El texto de la Epístola.

Como todos los escritos del Nuevo Testamento, también este está en el idioma griego de la *koiné*. Es uno que, sin tratarse de un griego excelente, idiomáticamente hablando, es lo suficientemente correcto, donde los giros idiomáticos son muy abundantes, tales como *nacido de la verdad*, *permanecer en la verdad* y otros que son comunes en el *cuarto evangelio*.

Es de notar el modo de uso de *partículas*, preposiciones, conjunciones, adverbios, etc. La conjunción καὶ es muy utilizada como unidad vinculante, a modo del *wau* hebreo, escaseando las partículas δὲ y γάρ. Por otro lado, las preposiciones más usadas son ἐκ y γάρ. El uso de

---

[21] Ireneo. *Adv. Haer.* I, 21.

[22] Entre otros Wurm, *Die Irrleherer im I. Juhannesbrief.* Freiburg, 1903.

la construcción con el artículo junto al participio, es muy frecuente. Todo esto pone de manifiesto la identidad semita del autor, esto es, un judío que tenía como lengua personal el arameo, pero conocía lo suficientemente bien el *griego koiné*.

En la *Epístola* se encuentran recursos idénticos a los usados en el *Evangelio*, pero, todavía más frecuentes, algunos de los cuales se han indicado anteriormente, tales como la *repetición*, la *antítesis*, el *paralelismo*, la *anáfora*. Estas formas son frecuentes en el griego clásico.

El griego koiné.

La Epístola a los Colosenses está escrita en el griego común, conocido como *koiné*. El origen de esta forma de la lengua griega, se halla en el proyecto de unificación de Grecia bajo Filipo de Macedonia. Aunque existen algunos cambios con relación al griego clásico, las diferencias son mínimas, tales como reducciones fonéticas de base dialectal jónica, pérdida progresiva de la distinción de cantidades vocálicas, etc. En el vocabulario se aprecia la entrada de términos foráneos y remplazo de términos antiguos por otros más expresivos. También la pérdida casi total del modo verbal optativo, así como los matices que diferenciaban en el griego clásico los temas de aoristo y de perfecto en detrimento de este último. La *koiné*, es una lengua cómoda, flexible y perfectamente adaptada para expresar conceptos muy precisos. De ahí que permaneciera junto con el latín como lengua de cultura y comunicación en el Imperio Romano.

Como del resto de los escritos del Nuevo Testamento, no existen tampoco aquí los originales de las *Epístolas* que se comentan esto es, los primeros salidos directamente del autor. Las copias existentes son varias y entre ellas se aprecian diferencias. Debe tenerse en cuenta que para el Nuevo Testamento hay no menos de 5200 manuscritos y entre ellos existen más de doscientas cincuenta mil variantes, acumuladas a lo largo de los catorce siglos en que se han estado produciendo copias del texto griego. A los errores propios de un sistema de copiado, se añadieron variantes consecuentes con correcciones y adaptaciones producidas para determinados lugares geográficos, como era el caso de Alejandría, Antioquia, Constantinopla, Cartago, Roma, etc. en copias que se adaptaron en ocasiones idiomáticamente para las grandes ciudades, dando origen a lecturas especiales.

El texto Alejandrino, el más antiguo para los escritos del Nuevo Testamento, es considerado como uno de los más fiables y fieles en cuanto a la conservación y preservación del texto original. Los dos testimonios derivados del Alejandrino son el *Códice Vaticano* y el *Códice Sinaítico*, manuscritos en pergamino de mediados del s. IV. Con la aparición de importantes papiros a lo largo del s. XX, se puede afirmar que el *Alejandrino* alcanza a épocas con mayor antigüedad, llegando a considerarse como del s. II, más o menos hacia el 125 d. C. El texto *Bizantino*, es el más reciente de los del Nuevo Testamento. En éste se ha intentado pulir lo que pudiera representar alguna forma ruda en el lenguaje, cambiando las lecturas discrepantes o divergentes por otra expandida, armonizando los paralelos.

A los errores propios de un sistema de copiado, se añadieron variantes consecuentes con correcciones y adaptaciones producidas para determinados lugares geográficos, como era el caso de Alejandría, Antioquia, Constantinopla, Cartago, Roma, etc. en copias que se adaptaron en ocasiones idiomáticamente para las grandes ciudades, dando origen a lecturas especiales.

Se han conservado aproximadamente unos 3000 manuscritos copiados entre los s. II y XVII, a lo que debe unirse unos 2200 *leccionarios*, que tienen perícopas dispuestas para la lectura pública litúrgica desde el s. VII en adelante. Entre esta gran colección de mss. se aprecian diferencias de lectura, pero las significativas son relativamente pocas y ninguna de ellas afecta a *doctrinas fundamentales* o, dicho de otro modo, no hay doctrina fundamental de la fe cristiana que pueda establecerse sobre una alternativa de lectura. Las alteraciones de lectura no son causadas sólo por errores de los copistas, sino que algunas se originan por cambios deliberados. En ocasiones los copistas se sentían impulsados a *mejorar* el texto griego, modernizar la ortografía, suplementar el texto con frases explicativas, armonizar los evangelios e incluso omitir algo que para el copista pareciese dudoso. Sin embargo, aunque por lógica las copias más antiguas debieran ser las más seguras, no siempre es así, porque un mss. de siglos posteriores puede ser una copia fiel de un texto muy antiguo, que hoy se haya perdido, estando más cercana al autógrafo que otras copias de siglos anteriores.

Familias textuales.

La investigación procedente de la *Crítica Textual*, ha agrupado los manuscritos en *familias*, que comparten lecturas semejantes o que tienen determinadas peculiaridades. Sin embargo, ninguna de estas copias o grupos textuales tienen garantía de no contener ninguna alteración respecto de los originales. Estas familias comúnmente aceptadas son las siguientes:

Alejandrina. La erudición cristiana a finales del s. II se manifestaba especialmente en Alejandría. En los siglos siguientes, ciertos escribas cuyo conocimiento del griego era excelente, copiaron cuidadosamente los manuscritos. Esta familia se caracteriza por las lecturas más cortas.

Occidental. Se llama así porque algunos de los principales manuscritos griegos circulaban por el mundo llamado *occidental*, que era el Norte de África, Italia y Galia. Pero, también hay en este grupo otros manuscritos que están relacionados con Egipto y las iglesias orientales de lengua siríaca. Como elemento destacable es que la lectura de estos textos son a menudo una paráfrasis, más extensas que las lecturas breves alejandrinas, da la impresión en muchas ocasiones que les fueron añadidas palabras, lo que técnicamente se llaman *interpolaciones*. Es significativo que el texto *occidental*, omite pasajes que aparecen en la familia alejandrina, que se denominan *no interpolaciones occidentales*.

Cesariense. El centro más importante de Palestina durante los s. III y IV fue Cesarea marítima. Tenía el orgullo legítimo de poseer una biblioteca de las más importantes de la época, y también de los estudiosos que la visitaban habitualmente. El texto griego que procede de este grupo es de comienzos del s. III, y fue llevado desde Cesarea a Egipto. Posteriormente las copias llegaron hasta Jerusalén y desde allí por medio de misioneros llegaron hasta Georgia, en el Cáucaso. Por su forma esta tradición cesariense está a medio camino entre la alejandrina y la occidental.

Bizantina. Es un texto mixto, en el que los copistas intentaron suavizar las dificultades y armonizar las diferencias. Era el texto usado generalmente por la iglesia bizantina y el texto normativo desde el s. VI. A este grupo se lo considera tardío y de poca fiabilidad. El *Textus Receptus*, del que se trata más adelante, es un ejemplo de esta tradición textual sobre la que descansa.

Testigos textuales.

Denominamos de esta manera a los diferentes textos que contienen total o parcialmente la *Epístola*. La *Crítica Textual* distingue tres tipos de mss. griegos.

1) *Papiros*. La sigla para el papiro es (P), aunque también se usa en tipo gótico 𝔓, con un número exponencial que lo identifica. El origen de estos es de procedencia egipcia. En papiros se encuentran muchos fragmentos y libros del Nuevo Testamento. Desde 1890, tiempo en que se muestra un creciente interés por los mss. bíblicos, se han descubierto cerca de un centenar de ellos, algunos datados en el s. II. Esta datación de los papiros se basa en la escritura, lo que técnicamente se llama *paleografía*. Entre los más antiguos están los siguientes:

$\mathfrak{P}^{52}$, identificativo del Papiro John Rhylands 457. Es un pequeño fragmento, más pequeño que una ficha, en el que se encuentra parte de Jn. 18:31-34. Está datado hacia el año 135. Este papiro a desacreditado la posición de fecha tardía propuesta por los *críticos*.

$\mathfrak{P}^{46}$, siglas correspondientes al Papiro Cherter Beatty II. Se trata de un *codex*, con 86 páginas, fechado sobre el año 200 o incluso anterior. Contiene epístolas de Pablo, incluye también Hebreos, que aparece detrás de Romanos ya que los escritos están colocados por extensión. No aparecen las pastorales. Pertenece al grupo *cesariense*.

$\mathfrak{P}^{66}$, correspondiente al Papiro Bodmer II, datado sobre el año 200. Contiene un texto con muchas correcciones sobre la mayor parte del *Evangelio según Juan*. Pertenece al grupo *alejandrino*, y es cercano al *Codex Sinaiticus*.

$\mathfrak{P}^{75}$, identificativo de los Papiros Bodmer XIV-XV, datados como del año 225. Contine Lc. 2:18-18:28 y Lc. 22:4-Jn. 15:8. Es también del grupo *alejandrino*, cercano al *Codex Vaticanus*.

2) *Códices unciales*. Estos manuscritos en pergamino o *vellum*, están escritos con letras mayúsculas, usuales entre los s. III al IX. Al proclamar el emperador Constantino al cristianismo como religión tolerada en el Imperio, se crearon centros de estudio y monasterios en donde se copiaron y conservaron muchos de estos códices. En ellos está la Biblia griega completa y, en ocasiones, se acompañan obras cristianas, no canónicas. Se conocen unos 300 códices, que se designan con una letra mayúscula, siendo los más importantes, los que siguen:

B (*Codex Vativanus*), de mediados del s. IV. No tiene una parte del Nuevo Testamento. Se considera como el mejor ejemplo del tipo *alejandrino*. Algunos eruditos lo consideran como el mejor testigo del texto griego original del Nuevo Testamento.

S (*Condes Sinaiticus*), de comienzos del s. IV. Contiene todo el Nuevo Testamento, más la epístola de Bernabé y el Pastor de Hermas. Debe considerársele como de tradición *alejandrina*, especialmente en los evangelios y en Hechos, pero en el resto es mayoritariamente de tradición *occidental*.

A (*Codex Alexandrinus*), de comienzos del s. V. Originalmente contenía todo el Nuevo Testamento, además de 1 y 2 Clemente y los Salmos de Salomón. De él se han perdido algunas páginas. Es de tradición *bizantina* en los evangelios, y *alejandrina* en el resto del Nuevo Testamento.

D (*Codex Bezae*), datado en el s. V. Contiene Mateo, Juan, Lucas, Marcos, 3 Juan y Hechos, en latín y griego colocados en páginas opuestas. Este es el mejor representante de la tradición *occidental*.

3) *Minúsculos*. Llamados así porque se escriben con mayúsculas y minúsculas, proceso de escritura que ocurrió hacia el s. IX. De los *minúsculos* se conservan no menos de 2900 mss. Dos familias de estos manuscritos designados con los nombres de dos investigadores K. Lake y W. H. Ferrar, son testigos de la tradición *cesariense*.

Otras lenguas antiguas ponen también de manifiesto textos del Nuevo Testamento, como traducciones a dichas lenguas del texto griego. Entre ellos cabe destacar las denominadas *Vetus Latina* y *Vetus Syra*, como ejemplos de las versiones latina y siriacas antiguas. Estos títulos permiten distinguirlas de la traducción latina de finales del s. IV, llamada *Vulgata Latina*, obra de Jerónimo, convertida en versión normativa de la iglesia occidental. Igualmente, esta la versión siriaca de los s. IV y V, denominada *Pesitta*, que es la Biblia normativa de la iglesia siríaca.

El *Textus Receptus*.

Como consecuencia de la Reforma, renació el interés por traducir a las lenguas vernáculas la Escritura, en forma especial el Nuevo Testamento. Las traducciones directas de los textos griegos producirían versiones más exactas que la traducción de otra traducción como sería si se tomaban de la *Vulgata Latina*.

La compilación de los distintos manuscritos buscando un refundido que permitiera una más fácil traducción, fue el trabajo al que se dedicó Erasmo de Roterdam, publicando el en 1516. Robert Stephanus, trabajó en una reedición del trabajo de Erasmo editado en 1550-1551, al que se denominó como *Textus Receptus*, en sentido de ser el texto recibido y aceptado del Nuevo Testamento.

Lamentablemente el trabajo de Erasmo se apoyó en manuscritos minúsculos de la tradición bizantina de los s. XII y XIII. No conocía ninguno de los papiros y no utilizó tampoco ninguno de los códices que se han mencionado en el apartado anterior. La versión *Vulgata Latina*, se tradujo de manuscritos griegos más seguros que los que usó Erasmo. Sorprendentemente algunas traducciones hechas de la Vulgata, como es el Nuevo Testamento de Rheims, es en ocasiones más exacto que el *Textus Receptus*.

El *Textus Receptus*, que ha servido de base a las traducciones del *Evangelio* en el mundo *protestante* está tomado mayoritariamente, como se dijo antes, del *Texto Bizantino*. Fue el más expandido y llegó a ser aceptado como el normativo de la Iglesia Reformada, o Iglesia Protestante. De este texto se hicieron muchas ediciones, varias de ellas no autorizadas, produciéndose a lo largo del tiempo una importante serie de alteraciones. Por otro lado, está demostrado que en algunos lugares donde Erasmo no dispuso de textos griegos, invirtió la traducción trasladando al griego desde la Vulgata. A este texto se le otorgó una importancia de tal dimensión que fue considerado como *normativo* del Nuevo Testamento en el mundo protestante, asumiéndose como incuestionable por sectores conservadores y pietistas extremos, llegando a considerase como *cuasi impío* cuestionarlo, a pesar del gran número de manuscritos que se poseen en la actualidad y que ponen de manifiesto los errores del *Receptus*. Como si se quisiera mantenerlo, a pesar de todo, como el mejor de los compilatorios del texto griego del Nuevo Testamento, se ha cambiado el nombre de *Textus Receptus* por el de *Texto Mayoritario*, con el que se procura hacerlo retornar a su antigua supremacía, con lo que se pretende obstaculizar todo esfuerzo en el terreno de la *Crítica Textual*, para alcanzar una precisión mayor de lectura de lo que son los originales de los escritos del Nuevo Testamento.

En los últimos años del s. XIX, la investigación de la Crítica Textual alcanzó un gran prestigio y reemplazó el *Receptus* por nuevas ediciones del Nuevo Testamento griego basadas en los *unciales* y en *testigos* posteriores a la época de Erasmo. Estas ediciones van siendo comparadas con las nuevas alternativas de lectura, a medida que aparecen otros mss.

De los sinceros y honestos esfuerzos de la Crítica Textual, en un trabajo excelente en el campo de los manuscritos que se poseen y que van apareciendo, se tomó la decisión de apartarse del *Receptus* en todo aquello que evidentemente es más seguro, dando origen al texto griego conocido como *Novum Testamentum Groece*, sobre cuyo texto se basa el que se utiliza en el presente comentario de estas *Epístolas.*

Texto griego refundido.

Se darán en la introducción de cada una de las *Epístolas* que se comentan, los datos relativos al texto griego correspondiente a cada una de ellas, siendo, por tanto, la información que sigue a la *Primera Epístola de Juan*.

En ella hay una serie de variantes, conocidas como *lecturas alternativas*. Estas descansan en el uso de los *testigos textuales* procedentes especialmente de dos orígenes, el *alejandrino* y el *occidental.*

El texto griego utilizado en el comentario y análisis de las *Epístolas* que se tratan es el de Nestle-Alan en la vigésimo octava revisión de la Deutsche Biblegesellschaft, D-Stuttgart. Este texto refundido está vinculado a la *recensión alejandrina*. Por tanto, es necesario hacer referencia en el análisis del texto griego a las alternativas de lectura, por lo menos, a las principales que han de hacerse notar para el lector del comentario.

El texto griego se ha conservado en una colección de papiros y pergaminos antiguos, tanto *unciales* como *minúsculos*. La cantidad de *testigos textuales* es tan grande que se hace casi imposible agruparlos y catalogarlos convenientemente. Un intento de catalogación con resultados notables se debe a K. Aland[23].

Algunas partes de diversa extensión del texto griego de la *Epístola primera de Juan*, se han conservado tanto en códices completos, como en soportes de papiro. Ninguno de estos *testigos textuales* tiene toda la *Epístola*. Hay papiros que contienen secciones de ella. Uno se data del s. III y otro de principios del s. VII, catalogados como $\mathfrak{P}^{9}$ y el $\mathfrak{P}^{74}$.

P.	Datación.	Nombre.	Lugar.
$\mathfrak{P}^{74}$	Principios s. VII.	Papiro Bodmer XVII.	Cologny.
$\mathfrak{P}^{9}$	s. III.	Oxirrinco 402. *alejandrino.*	Harvard

---

[23] K. Aland. *Kurzgefasste Liste der griechischen Hadschriften des Neuen Testaments.* I. *Gesamtübersicht*. Berlín 1963.

Los principales mss. que contienen el texto son unciales y están copiados en pergamino. Son los siguientes:

C.	Datación.	Referencia.	Lugar.
A	s. V.	Codex Alexandrinus.	Londres, Museo Británico.
B	s. IV.	Codex Vaticanus.	C.Vatic. Bibl. Apostólica.
C	s. V.	Codex Ephraemi rescip.	París. Biblioteca nacional.
P	s. VI.		Wolfenbüttel. Biblioteca.
R	s. VI	Codex Nitriensis.	Londres, Museo Británico.
T	s. V.	Codex Borgianus	Parte en N. York. Parte en Roma. Coleg. Prop. Fide.
Ψ	s. VIII	Codex Athos	Athos. Bible Society.

Referencias a los textos griegos para la *Epístola*.

Se utilizan los siguientes:

$\mathfrak{P}^{9}$, $\mathfrak{P}^{74}$
א (01), A (02), B (03), C (04), P (025), Ψ (044), 048, 0245, 0296; 5, 33, 81, 307, 436, 442, 642, 1175, 1243, 1448, 1611, 1735, 1739, 1852, 1881, 2344, 2492.

En cuanto a los *papiros*, el $\mathfrak{P}^{74}$, contiene 1 Juan 1:1,6; 2:1-2,7,13-14,18-19,25-26; 3:1-2,8,14,19-20; 4:1,6-7,12,18-19; 5:3-4,9-10,17. En el $\mathfrak{P}^{9}$, el texto que sobrevive es un fragmento de una hoja que contiene los versículos 4:11-12, 14-17, escritos en una columna por página.

Aparato crítico.

En el aparato crítico se ha procurado tener en cuenta la valoración de los estudios de *Crítica Textual*, para sugerir la mayor seguridad o certeza del texto griego. Para interpretar las referencias del aparato crítico, se hacen las siguientes indicaciones:

El aparato crítico, que en el comentario se denomina como *Crítica Textual. Lecturas alternativas*, se sitúan luego del análisis gramatical del texto griego, de modo que el lector pueda tener, si le interesan, las alternativas de lectura que aparezcan en los versículos de la *Epístola*.

Los papiros se designan mediante la letra 𝔭. Los *manuscritos unciales*, se designan por letras mayúsculas o por una 0 inicial. Los unciales del texto bizantino se identifican por las letras *Biz* y los unciales bizantinos más importantes se reflejan mediante letras mayúsculas entre corchetes [ ]. En este escrito se abandona el uso de la identificación de los textos unciales bizantinos, colocándolos como los demás códices salvo en ocasiones en que se requiera por alguna razón.

Los manuscritos minúsculos quedan reflejados mediante números arábigos, y los minúsculos de texto bizantino van precedidos de la identificación *Biz*. La relación de unciales, debe ser consultada en textos especializados ya que la extensión para relacionarlos excede a los límites de esta referencia al aparato crítico.

En relación con los manuscritos griegos aparecen conexionados los siguientes signos:

f^{1} se refiere a la familia 1 de manuscritos.
f^{13} se refiere a la familia 13 de manuscritos.

Biz referencia al testimonio *Bizantinos*, textos de manuscritos griegos, especialmente del segundo milenio.

Biz^{pt} cuando se trata de solo *una parte* de la tradición *Bizantina* cada vez que el testimonio está dividido.

* este signo indica que un manuscrito ha sido corregido.

^{c} aparece cuando se trata de la lectura del *corrector* de un manuscrito.

^{1,2,3,c} indica los sucesivos correctores de un manuscrito en orden cronológico.

( ) indican que el manuscrito contiene la lectura apuntada, pero con *ligeras diferencias* respecto de ella.

[ ] incluyen *manuscritos Bizantinos* selectos inmediatamente después de la referencia *Biz*.

^{txt} indica que se trata del *texto del Nuevo Testamento* en un manuscrito cuando difiere de su cita en el comentario de un Padre de la Iglesia (^{comm}), una variante en el margen (^{mg}) o una variante ($^{v.r.}$).

com (m) se refiere a citas en el curso del *comentario* a un texto cuando se aparta del texto manuscrito.

mg indicación textual contenida en el *margen* de un manuscrito.

v.r. *variante* indicada como alternativa por el mismo manuscrito.
vid indica la lectura más probable de un manuscrito cuando su estado de conservación no permite una verificación.

supp texto suplido por faltar en el original.

𝔐 contiene los textos mayoritarios incluido el Bizantino. Indica la lectura apoyada por la mayoría de los manuscritos, incluyendo siempre manuscritos de koiné en el sentido estricto, representando el testimonio del texto griego koiné. En consecuencia, en los casos de un aparato negativo, donde no se le da apoyo al texto, la indicación 𝔐, no aparece.

Los *Leccionarios* son textos de lectura de la Iglesia Griega, que contienen manuscritos del texto griego y se identifican con las letras *Lect* que representa la concordancia de la mayoría de los Leccionarios seleccionados con el texto de *Apostoliki Diakonia*. Los que se apartan de este contexto son citados individualmente con sus respectivas variantes. Si las variantes aparecen en más de diez Leccionarios, se identifica cada grupo con las siglas ^{pt}. Si un pasaje aparece varias veces en un mismo Leccionario y su testimonio no es coincidente, se indica por el número índice superior establecido en forma de fracción, para indicar la frecuencia de la variante, por ejemplo, *l* $866^{1/2}$. En relación con los Leccionarios se utilizan las siguientes abreviaturas:

Lect para referirse al texto seguido por la *mayoría de los leccionarios*.

l 43 indica el leccionario que se aparta de la lectura de la mayoría.

Lect^{pt} referencia al texto seguido por una parte de la tradición manuscrita de los Leccionarios que aparece, por lo menos, en diez de ellos.

l $593^{1/2}$ referencia a la frecuencia de una variante en el mismo ms.

Las referencias a la Vetus Latina, se identifica por las siglas it (Itala), con superíndices que indican el manuscrito.

La Vulgata se identifica por:

vg para la Vulgata,
vg^{cl} para la Vulgata Clementina,
vg^{ww} para la Vulgata Wordsworth-White,
vg^{st} para la Vulgata de Stuttgart.

Las siglas lat representan el soporte de la Vulgata y parte del Latín Antiguo.

Las versiones Siríacas se identifican por las siguientes siglas:

Syr^{s} para la Sinaítica.
syr^{c}, para la Curetoniana.
syr^{p}, identifica a la Peshita.
sir^{ph} son las siglas para referirse a la Filoxeniana.

La Harclense tiene aparato crítico propio con los siguientes signos:

syr^{h} (White; Bensly, Wööbus, Aland, Aland/Juckel).
$syr^{h\ with*}$, lectura siríaca incluida en el texto entre un asterisco y un metóbelos.
syr^{hmg}, para referirse a una variante siríaca en el margen V syr^{hgr} hace referencia a una anotación griega en el margen de una variante Siríaca.
syr^{pal} son el identificador de la Siríaca Palestina.

Las referencias a la Copta son las siguientes:

cop^{sa} Sahídico.
cop^{bo} Bohäirico.
cop^{pbo} Proto-Bohäirico.
cop^{meg} Medio-Egipto.
cop^{fay} Fayúmico.
cop^{ach} Ajmínico.
cop^{ach2} Sub-Ajmínico.

Para la Armenia, se usan las siglas arm.

La georgiana se identifica:

geo identifica a la georgiana usando la más antigua revisión A^{1}
geo^{1}/geo^{2} identifica a dos revisiones de la tradición Georgiana de los Evangelios, Hechos y Cartas Paulinas.

La etiópica se identifica de la siguiente manera:

eti cuando hay acuerdo entre las distintas ediciones.
eti^{ro} para la edición romana de 1548-49.
eti^{pp} para la Pell Plat, basada en la anterior.
eti^{TH} para Takla Häymänot
eti^{ms} referencia para la de París.

Eslava Antigua, se identifica con esl.

Igualmente se integra en el aparato crítico el testimonio de los Padres de la Iglesia. Estos quedan identificados con su nombre. Cuando el testimonio de un Padre de la Iglesia se conoce por el de otro, se indica el nombre del Padre seguido de una anotación en superíndice que dice *según* y el nombre del Padre que lo atestigua. Los Padres mencionados son tanto los griegos como los latinos, procurando introducirlos en ese mismo orden. En relación con las citas de los Padres, se utilizan las siguientes abreviaturas:

( ) Indican que el Padre apoya la variante pero con ligeras diferencias.

^{vid} probable apoyo de un Padre a la lectura citada.

^{lem} cita a partir de un *lema*, esto es, el texto del Nuevo Testamento que precede a un comentario.

^{comm} cita a partir de la parte de un comentario, cuando el texto difiere del lema que lo acompaña.

^{supp} porción del texto *suplido* posteriormente, porque faltaba en el original.

$^{ms, mss}$ referencia a manuscrito o manuscritos patrísticos cuyo texto se aparta del que está editado.

$mss^{según\ Padre}$ identifica una variante de algún manuscrito según testimonio patrístico.

$^{1/2,\ 2/3}$ variantes citadas de un mismo texto en el mismo pasaje.

^{pap} lectura a partir de la *etapa papirológica* cuando difiere de una edición de aquel Padre.

[ed] lectura a partir de la *edición* de un texto patrístico cuando se aparta de la *tradición papirológica.*

[gr] cita a partir de un fragmento griego de la obra de un Padre Griego cuyo texto se conserva sólo en traducción.

[lat, sir, armn, slav, arab] traducción latina, siríaca, armenia, eslava o araba de un Padre Griego cuando no se conserva en su forma original.

[dub] se usa cuando la obra atribuida a cierto Padre es dudosa.

Con estas notas el lector podrá interpretar fácilmente las referencias a las distintas alternativas de lectura que el aparato crítico introduce en los versículos que las tienen.

Interlineal.

Como ayuda para la traducción, se presenta una traducción literal, palabra a palabra, del texto griego, en forma *interlineal*, esto es debajo de cada palabra griega se escribe la equivalencia en castellano. Se procura mantener esta forma, aunque resulte extraño al idioma, a fin de que el lector pueda entender el alcance semántico de cada voz traducida, permitiéndole establecer por sí mismo las variaciones necesarias en el idioma castellano.

Análisis del texto griego.

Como elemento de ayuda al lector que no tenga un conocimiento alto del griego koiné, se hace el análisis morfológico de cada una de las palabras del texto griego para cada versículo, añadiendo en el comentario las referencias al análisis sintáctico e idiomático cuando se requiera.

En el análisis se procura identificar las palabras con el sentido que tienen en castellano, así se determinan las conjunciones por la forma clásica, indicando si es *copulativa, disyuntiva, causal*, etc. que, aunque no corresponda con la calificación griega, permite al lector castellano identificarlas.

Se ha tenido en cuenta hacer la distinción en el *aoristo* de los verbos, entre el *primero* o el *segundo* que, si bien a efectos de análisis textual no es importante, se precisan las formas para facilitar la identificación al lector del texto.

Alternativas de lectura.

La cantidad de alternativas de lectura del texto griego es cada vez mayor, a medida que se encuentran nuevos mss. Incorporar todas las posibles variantes excede a la capacidad y razón de ser de un comentario. En este caso se dan las más importantes, siguiendo la crítica textual comprendida en el *Novum Testamentum Graece*, Nestle-Alan vigésima octava edición de Deutsche Bibelgesellschaft.

De la misma manera se consulta también el aparato crítico el Texto Griego de Nuevo Testamento Trilingüe de la Biblioteca de Autores Cristianos.

Para ayudar al lector se traducen al castellano la mayor parte de las alternativas de lectura, salvo cuando sean de relativa importancia o excesivamente numerosas, en cuyo caso se traslada simplemente la correspondiente referencia

Otras precisiones sobre el texto griego.

Es sabido que algunos nombres en castellano se escriben con mayúsculas, como Dios, al referirse al verdadero, Espíritu Santo, en relación con la Tercera Persona de la Deidad; en griego no se usan mayúsculas, entre otras cuando son adjetivos vinculados a un nombre. Sin embargo, por respeto especial, cuando se trate de alguno de estos nombres de Dios, se escribirán con mayúscula. De igual manera y por la misma razón en el análisis textual cuando se refiera a Dios no se definirá como *nombre común*, sino como *nombre divino*. Entendemos claramente que en el marco de la gramática estas distinciones no corresponden a la realidad del griego.

Versiones castellanas para el estudio.

Es imposible definir cuáles son las mejores traducciones castellanas para el estudio del *Evangelio*, porque exigiría definir las razones que permiten ese trato, teniendo en cuenta el propósito que el lector pueda tener con ello.

Así escribe Raimond E. Brown:

"¿Cuál es la mejor traducción española de la Biblia? Como respuesta global, se debe juzgar la traducción más apropiada a partir de los propósitos de lectura de cada uno. La liturgia pública tiene por lo

general un tono más solemne; por ello, las traducciones muy coloquiales de la Biblia pueden no ser apropiadas para ese contexto. La lectura privada, por otra parte, con el propósito de la reflexión y el refrigerio espiritual se ayuda a veces mejor con una traducción cuyo texto tenga una disposición intuitiva y fácil de leer"[24]..

Lo que interesa en el estudio bíblico es la traducción hecha con mayor fiabilidad y precisión al texto griego. Sin embargo, ha de entenderse que la traslación no es siempre posible con una sola palabra castellana, y que las figuras de lenguaje usadas en el texto griego, son en ocasiones difíciles de traducir, teniendo que hacer en ocasiones conjeturas sobre lo que el escritor quiso decir. De ahí que debe escogerse entre la traducción literal o la *equivalencia dinámica* del sentido del texto que se traduce. Sin embargo, cuando esa equivalencia supone una aclaración al significado del texto que se traduce, lo que se produce es una exégesis o un comentario al mismo. De ahí que sea necesario acudir a versiones lo más literales posibles.

En la consulta castellana que se hace para este comentario se han usado las siguientes:

Reina Valera 60. De la Sociedad Bíblica. Versión que vierte al castellano el *Textus Receptus*, de Erasmo.

Reina Valera Revisada. Revisión actual del texto castellano de la Reina Valera.

La Biblia. Nueva Versión Internacional. De la Sociedad Bíblica Internacional y de la Sociedad Bíblica de España. Excelente versión con actualización idiomática en la equivalencia del castellano.

La Biblia Textual. De la Sociedad Bíblica Iberoamericana. Versión que se caracteriza por la fidelidad al texto griego, basada en los mss. más seguros. Elimina textos dudosos o que no pueden atestiguarse convenientemente en los mss.

La Biblia de las Américas. De Lockman Foundation. Es una versión fiel a los originales, en un castellano de fácil comprensión.

La Biblia de Jerusalén. Editada en Barcelona en 1967, con sucesivas actualizaciones. Originalmente se tradujo al francés. Tiene un

---

[24] R. E. Brown. o.c., pág. 32.

buen aparato de notas y pasajes paralelos. La traducción al castellano es directa de los textos hebreo y griego, conservando las notas procedentes de la versión francesa.

Sagrada Biblia, de Francisco Cantera y Manuel Iglesias. Editada en Madrid en 1947, tiene un lenguaje un tanto árido pero excelente en cuanto a literalidad de traducción. Tiene notas críticas al texto y lecturas de variantes textuales.

Nueva Biblia Española, traducción del Nuevo Testamento. Dirigida por Alonso Schökel y J. Mateos, con un equipo de destacados escrituristas. Con un excelente castellano y una moderna traducción en *equivalencia dinámica*, que busca acercar con todo rigor científico el sentido antiguo al lenguaje moderno.

La iglesia en el mundo greco-romano.

La predicación del evangelio comenzó en Jerusalén, donde nació la Iglesia en el día de Pentecostés. Aquella primera comunidad, fue fundamentalmente judía, o de ese entorno, con la conversión de miles que habían subido a la ciudad con motivo de Pentecostés. A la luz de escritos del Nuevo Testamento, especialmente de Hechos y también de la *Epístola de Santiago*, la congregación primera tuvo un sistema de gobierno y comportamiento muy semejante al de la sinagoga. Pero el mensaje del evangelio fue proclamado muy pronto en otros lugares fuera del territorio y del entorno de Israel. Cristianos convertidos lo hicieron en Antioquía, donde nació una importante congregación local que envió al primer equipo misionero formado por Pablo y Bernabé (Hch. 13:1 ss.). Iglesias en el territorio de Asia Menor se fundaron pronto. Congregaciones importantes nacieron en distintos lugares, destacando entre otros Corinto, Colosas, el territorio de Galacia, Tesalónica, y otros hasta llegar a Roma. Debido a esto, la iglesia en la sociedad greco-romana, tenía muy distintos entornos. La idolatría era la realidad de entonces, con el culto a centenares de dioses. Los que de ese mundo se convertían, traían con ellos tradiciones y costumbres, muchas de ellas pecaminosas, que tenían que ser resueltas y abandonadas mediante la acción del Espíritu y la aplicación individual y colectiva de la enseñanza apostólica. Esta se produjo inicialmente en modo de tradición, esto es, transmitiéndose de unos a otros siguiendo las verdades expuestas por los apóstoles (2 Ti. 2:2). Pronto comenzaron a circular los escritos del Nuevo Testamento, si bien las dificultades para llegar a cada creyente eran evidentes.

Como se dice antes los creyentes eran mayoritariamente gentiles y salían de un entorno de idolatría e inmoralidad. Muchos de ellos habían practicado las formas pecaminosas propias de aquellos días, y ciertas costumbres no se desarraigaban fácilmente entre ellos. Las distintas formas religiosas y las escuelas filosóficas procuraban alcanzar el mayor número de adictos posibles a su ideología. Una notable influencia la ejercían en aquella sociedad los frigios, cuyos cultos comprendían la promiscuidad en la prostitución sagrada, que no solo afectaba a la relación fornicaria entre hombre y mujer, sino también a prácticas de homosexualidad relacionadas con el culto. Los relatos paganos sobre las muchas deidades, venían a establecer un entorno de magia y ocultismo muy propios de la mitología. Los mismos dioses eran maestros en la pecaminosidad, las orgías, embriagueces y, en general, ejemplo de vida degradada.

No debe olvidarse otra corriente religiosa contraria, opuesta, y beligerante contra el cristianismo, que eran los judíos. Las comunidades estaban presentes en prácticamente todas las ciudades y se establecían religiosamente en torno a la sinagoga. En ese lugar se enseñaba la tradición judía, la ley y las prácticas religiosas propias del judaísmo. Algunos se convertían al cristianismo, pero otros, especialmente los líderes, se radicalizaban contra lo que consideraban una herejía. Hacían circular también la mentira de que Jesús no había resucitado y que había sido muerto por sedicioso. Los judíos procuraban combatir con saña a los cristianos, produciendo cuando les era posible, serias alteraciones en el orden en las ciudades de manera que los cristianos fuesen condenados por las autoridades, acusándolos de delincuentes y seguidores de un sedicioso. Los judíos convertidos y los judaizantes se incorporaban a las iglesias, trayendo con ellos las tradiciones no bíblicas del sistema religioso que llamaban *la tradición de los ancianos*, y forzando a los cristianos a circuncidarse y guardar la ley ceremonial que incluía la celebración de las fiestas solemnes establecidas para Israel.

Otro problema en ciernes, en las fechas de las *Epístolas*, era un nuevo movimiento que había nacido, expresado en muchas formas diferentes, que era el gnosticismo. El movimiento enseñaba, entre otras cosas, que el cuerpo era malo y que la vida espiritual alcanzaba varios niveles progresivos hasta conseguir el desarrollo, *pleroma*, plenitud, que comenzaba por los iniciados y se desarrollaba en el estudio de sus misterios y enseñanzas, contrarias a la verdad bíblica dada por los apóstoles.

La estructura social de cada iglesia era diferente, según los miembros que la integraban. Sin embargo, se ha hecho una excesiva fuerza en que las congregaciones cristianas de los tiempos apostólicos, eran de un bajo nivel social. Basándose en las palabras del apóstol *"no sois muchos sabios según la carne, ni muchos poderosos, ni muchos nobles"* (1 Co. 1:26), algunos entendieron que mayoritariamente eran casi iletrados y de baja condición social. Es cierto que había esclavos y libres, como ocurría en Colosas, donde Filemón, miembro de aquella iglesia, tenía un esclavo llamado Onésimo. Sin embargo, el evangelio alcanzó personas de alto nivel social, gobernadores de territorios, administradores de ciudades e incluso miembros de la *casa del César*, que supone gente relacionada con la administración imperial. Quiere decir esto que las iglesias estaban formadas por creyentes de distinta condición. Otra diferencia social tenía que ver con hombres y mujeres. Habitualmente estas tenían menos instrucción en aquella sociedad que los hombres. Aunque con funciones de autoridad sobre la servidumbre en las casas, tenían muy poco campo social. Generalmente estudiaban hasta cierto nivel quedando en ese conocimiento para orientarlas hacia lo que suponía su principal objetivo, que era ocuparse del marido y de los hijos haciendo funciones en ese terreno en sus casas. La autoridad la ejercía siempre el padre de familia. En ese sentido, cuando una mujer se convertía al cristianismo y era instruida en las verdades bíblicas, entendía que las diferencias sociales delante de Dios daban paso a una relación nueva en donde *"no hay esclavo ni libre, no hay varón ni mujer"* (Gá. 3:28; Col. 3:11). Conocedoras de la importancia que la enseñanza tenía en la iglesia, ellas querían ejercer esa autoridad en las congregaciones, lo que producía dificultades, por lo que los líderes de las iglesias debían estar atentos a estos problemas.

La filosofía producía también su efecto entre los cristianos, puesto que estaban acostumbrados al razonamiento propio de las distintas manifestaciones de la misma. De este modo imprimían la *lógica* para la comprensión de verdades bíblicas, que por ese razonamiento de hombres producían malas consecuencias al aplicarla a la Palabra de Dios. Debe entenderse que los escritos del Nuevo Testamento estaban todavía produciéndose y que el Canon no se cerraría hasta bastante tiempo después.

Estas son algunas de las características que se aprecian en la lectura y estudio de la *Epístola*, teniendo en cuenta lo que se ha dicho antes sobre la condición especial de ésta, que pudiera estar próxima a la *homilética* como sermón pastoral, en una construcción de grandes círculos sobre temas que permiten apreciar el entorno socio-eclesial de los tiempos en que fue producido el escrito.

Bosquejo.

Dada la forma de la *Epístola*, que gira continuamente en torno a temas que se retoman de tanto en tanto, es difícil establecer un bosquejo consecuente con la temática del escrito, proponiendo el que sigue y que será la forma que se usará para el comentario:

I. Prólogo (1:1-4).

1. La Persona que se proclama (1:1-2).
2. El propósito del escrito (1:3-4).

II. La relación con Dios (1:5-2:2).

1. Bases (1:5-10).
   1.1. Lo que es Dios (1:5).
   1.2. Evidencias de la relación con Dios (1:6-7).
   1.3. Confesión (1:8-10).
2. La obra divina (2:1-2).
   2.1. El abogado (2:1).
   2.2. La propiciación (2:2).

III. Estilo de vida (2:3-29).

1. Evidencias de conocer a Dios (2:3-6).
   1.1. Obediencia (2:3-5).
   1.2. Alcance (2:6).
2. Condiciones para la vida cristiana (2:7-11).
   2.1. El mandamiento (2:7-8).
   2.2. La contradicción (2:9-10).
   2.3. La realidad (2:11).
3. Demandas de separación (2:12-17).
   3.1. Características del cristiano (2:12-14).
   3.2. Separación del mundo (2:15-17).
4. Demanda de firmeza (2:18-29).
   4.1. Advertencia sobre los falsos maestros (2:18-19).
   4.2. La unción (2:20).
   4.3. La verdadera fe (2:21-25).
   4.4. La operación de la unción (2:26-27).
   4.5. Firmeza y seguridad (2:28-29).

IV. Condiciones del creyente (3:1-24).

1. Pureza (3:1-3).
2. Justicia y amor (3:4-18).
    2.1. Alejamiento del pecado (3:4-9).
    2.2. Vida en la justicia (3:10).
    2.3. Vida en el amor (3:11-18).
3. Práctica de la oración (3:19-24).
    3.1. En confianza (3:19-21).
    3.2. En obediencia. (3:22-24)

V. Vida vigilante (4:1-21).

1. Advertencias (4:1-6).
    1.1. Como distinguir los engañadores (4:1-3).
    1.2. Certeza y seguridad (4:4-6).
2. La manifestación del amor (4:7-21).
    2.1. El mandamiento (4:7-10).
    2.2. El alcance (4:11-12).
    2.3. Discernimiento (4:13-19).
    2.4. Advertencias (4:20-21).

VI. Consecuencias de la relación con Dios (5:1-21).

1. Amor a los hermanos (5:1-3).
2. Vida victoriosa (5:4-5).
3. Permanencia en la verdad (5:6-12).
4. Seguridad de salvación (5:13).
5. Confianza en la oración (5:14-17).
6. Victoria sobre el pecado (5:18-21).

EXÉGESIS DE LA EPÍSTOLA.

Introducción.

Se ha hecho ya una introducción amplia a la *Epístola* en su totalidad, por lo que aquí debe limitarse al contenido del primer capítulo. Este se inicia con un breve prólogo, muy parecido al del *Evangelio*, pero más breve, en el cual Juan explica el propósito principal del escrito. El apóstol fue testigo presencial de ministerio y obra de Jesucristo, junto con los otros discípulos. Al relato de hechos puntuales correspondientes a aquel tiempo, dedicará el *Evangelio*, que servirá para afirmar la inalterabilidad del mensaje de la fe. Lo que recuerda en esta introducción son las *buenas noticias* que fueron desde el principio y que deben permanecer inalterables, proclamándolas sin cambio, para que los creyentes experimenten la realidad y bendiciones que supone una correcta relación en comunión con Dios.

Como se ha dicho, el prólogo de la *Epístola*, como otras muchas partes de ella, tienen una notoria relación con el *Evangelio*. Es una concordancia íntima y profunda entre los dos escritos que los hacen notoriamente próximos, aunque mantengan sus diferencias en cuanto a propósito y contenido. La *epístola* arranca desde *"el principio"* (v. 1), como lo hace también el *Evangelio*, aunque su distinción es notable, ya que ésta se refiere al origen del mensaje que se proclama. Sin embargo, la buena noticia del evangelio se refiere en ambos casos al *Logos* de Dios que, en un momento de la historia humana, se encarnó para venir al mundo de los hombres y relacionar a Dios directamente con ellos, vinculándolo con la criatura mediante la humanidad del Verbo, que se manifestó en este mundo (v. 2). La profundidad de la cristología de Juan se aprecia con la simple lectura de los textos iniciales, lo que sirve de *evidencia interna* para datar el escrito como uno de los últimos del Nuevo Testamento. La presencia del Hijo de Dios fue una realidad visible, audible y tangible (vv. 2-3a). Sobre la obra de Jesucristo escribe Juan para recordar que es en Cristo y por Él que se alcanza la correcta relación con Dios en plena comunión y que, en razón de la unión en Cristo, se extiende a todos los hermanos, produciendo un gozo profundo al ser disfrutada (vv. 3-4). La experiencia y mantenimiento de la comunión exige que cada creyente se ajuste a una norma de conducta que Dios mismo ha establecido, en identificación con Cristo, viviendo en la verdad y en la luz, como Jesús hizo (vv. 5-7).

Esa realidad de relación en comunión con Dios, debe producir consecuencias claras y precisas en la vida del creyente. Porque viene a hacer sentir la experiencia propia de la *"participación en la divina naturaleza"* (2 P. 1:4) que, entre otras cosas, conduce a la vivencia de la separación del pecado, en consonancia con la identificación con Él. Juan afirma que *"Dios es luz"* (v. 5) y esta verdad no debió haber sido tomada de algo dicho por Jesús mismo, de lo contrario se hubiera conservado en los *Evangelios*, sino más bien en la apreciación de la vida del Verbo encarnado quien, siendo luz, en Él *"no hay ningunas tinieblas"* (v. 5). De tal manera que aquel que vive en identificación con Jesús –base esencial y condición para la comunión con Dios– no debe caminar en tinieblas, de lo contrario se hace mentiroso (vv. 5-6). A este Dios que es luz, en el sentido de poseer una perfección moral absoluta, no puede pretender conocérsele y estar en comunión con Él, desde una vida de indiferencia a la ética establecida en la Escritura (v. 7).

La experiencia y mantenimiento de la comunión con Dios exige que cada creyente se ajuste a una norma de conducta que Dios mismo ha establecido, en identificación con Cristo, viviendo en la verdad y en la luz, como Jesús hizo. Esta relación exige santidad, que se puede ver enturbiada por el pecado que, en ocasiones, afecta al creyente. Por tanto, es precisa la confesión y rectificación para el sostenimiento de la vida en la esfera de la correcta relación con Dios. Finalmente, los fracasos que todo cristiano puede experimentar no deben desalentarle, sino que la gracia hace provisión de recursos y da completa seguridad para el que está en Cristo Jesús. Dios ha dispuesto el modo de resolver el problema que el pecado causa en el creyente mediante la *confesión*, que restaura la comunión interrumpida a causa de él (vv. 8-10).

Para el comentario del pasaje se sigue el *bosquejo* indicado antes en la *introducción*, como sigue:

I. Prólogo (1:1-4).

1. La Persona que se proclama (1:1-2).
2. El propósito del escrito (1:3-4).

II. La relación con Dios (1:5-2:2).

1. Bases (1:5-10).
   1.1. Lo que es Dios (1:5).
   1.2. Evidencias de la relación con Dios (1:6-7).
   1.3. Confesión (1:8-10).

Prólogo (1:1-4).

La Persona que se proclama (1:1-2).

1. Lo que era desde el principio, lo que hemos oído, lo que hemos visto con nuestros ojos, lo que hemos contemplado, y palparon nuestras manos tocante al Verbo de vida.

Ὃ ἦν ἀπ' ἀρχῆς, ὃ ἀκηκόαμεν, ὃ ἑωράκαμεν τοῖς
Lo que era desde principio, lo que hemos oído, lo que hemos visto con los
ὀφθαλμοῖς ἡμῶν, ὃ ἐθεασάμεθα καὶ αἱ χεῖρες ἡμῶν
ojos de nosotros, lo que contemplamos y las manos de nosotros
ἐψηλάφησαν περὶ τοῦ λόγου τῆς ζωῆς–
tocaron acerca del Verbo - de vida.

Análisis y notas del texto griego.

Análisis: Ὃ, caso nominativo neutro singular del pronombre relativo *lo que*; ἦν, tercera persona singular del imperfecto de indicativo en voz activa del verbo εἰμί, *ser, estar*, aquí *era*; ἀπ', preposición propia de genitivo ἀπό, con el grafismo que adopta por elisión de la o final ante vocal o diptongo sin aspiración, que equivale a *de, desde, procedente de, por medio de, con, por*; ἀρχῆς, caso genitivo femenino singular del nombre común *principio*; ὃ, caso nominativo neutro singular del pronombre relativo *lo que*; ἀκηκόαμεν, primera persona plural del perfecto de indicativo en voz activa del verbo ἀκούω, *oír, escuchar*, aquí *hemos oído*; ὃ, caso nominativo neutro singular del pronombre relativo *lo que*; ἑωράκαμεν, primera persona plural del perfecto de indicativo en voz activa del verbo ὁράω, *ver, mirar*, lo que *hemos visto*; τοῖς, caso dativo masculino plural del artículo determinado declinado *con los*; ὀφθαλμοῖς, caso dativo masculino plural del nombre común *ojos*; ἡμῶν, caso genitivo de la primera persona plural del pronombre personal declinado *de nosotros*; ὃ, caso nominativo neutro singular del pronombre relativo *lo que*; ἐθεασάμεθα, primera persona plural del aoristo primero de indicativo en voz media del verbo θεάομαι, *contemplar*, aquí *contemplamos*; καὶ, conjunción copulativa *y*; αἱ, caso nominativo femenino plural del artículo determinado *las*; χεῖρες, caso nominativo femenino plural del nombre común *manos*; ἡμῶν, caso genitivo de la primera persona plural del pronombre personal declinado *de nosotros*; ἐψηλάφησαν, tercera persona plural del aoristo primero de indicativo en voz activa del verbo ψηλαφάω, *tocar, buscar a tientas, palpar*, aquí *tocaron*; περὶ, preposición propia de genitivo *acerca de*; τοῦ, caso genitivo masculino singular del artículo determinado *el*; λόγου, caso genitivo masculino singular del nombre divino *Verbo, Palabra*; τῆς, caso genitivo femenino singular del artículo determinado *la*; ζωῆς–, caso genitivo femenino singular del nombre común declinado *de vida*.

Ὃ ἦν ἀπ' ἀρχῆς, La expresión *lo que era desde el principio*, constituye en sí misma la primera dificultad interpretativa de la *Epístola*, ya que este primer versículo condiciona en gran medida la interpretación de cuanto sigue. El pronombre relativo neutro ὃ, *lo que*, aparece cuatro veces en el texto y se repite pasado el versículo dos. La presencia de la forma en materias religiosas permite indeterminar aquello que no puede entenderse con la mente humana. En este caso podría usarse para expresar aquello que tiene relación con el *Verbo de vida*. Sin embargo, no es fácil determinar a quién se está refiriendo con estos pronombres relativos. Si lo que sigue tuviese que ver directamente con Jesús, tendrían que ser *masculinos* y no *neutros*, por lo que sugiere entender que Juan no está refiriéndose tanto a Jesús como al mensaje del evangelio anunciado por Él. Pero el hecho de que se refiera a acciones como *ver* y *tocar*, entra en conflicto para determinar el sujeto de esas acciones. De ese modo el escritor pudiera estar refiriéndose al mensaje que se proclamó sobre Jesús desde el principio de la historia de la iglesia. En medio de las discusiones sobre la construcción de la cláusula, Juan destaca lo que se había enseñado sobre Jesús desde el principio en el mensaje evangelizador.

Si es dificultosa la explicación del pronombre relativo neutro *lo que*, lo mismo ocurre con lo que sigue *"era desde el principio"*. Esto sugiere la pregunta *¿Desde el principio de qué?* Primeramente, debe observarse que el verbo traducido por *era*, es un imperfecto en griego. Eso confirma que Juan está pensando en cómo expresar la existencia sin principio del *Verbo*. La *Cristología* está presente continuamente en la mente de Juan. De ahí que el verbo *ser* –tan expresivo en ese sentido en el idioma castellano– es útil para expresar la significación metafísica de la verdad sobre Jesucristo.

Esta forma *desde el principio*, es semejante al inicio del Génesis en griego ἀπ' ἀρχῆ y, también, el comienzo del *Evangelio*, ἐν ἀρχῇ, muy semejante aquí, con ligera modificación. Sin embargo, aunque podría aplicarse al origen de todo donde ya el Verbo existía en forma eterna, lo que sigue hace difícil considerarlo aquí de esta manera. No se trata de la naturaleza eterna del Verbo, a lo que Juan desea referirse, como la base ontológica y no cronológica que desemboca en la realidad de Jesucristo como fuente de la vida eterna. En este escrito de Juan, aparece varias veces la expresión relativa a la doctrina que se enseñaba desde el principio, como tradición primitiva de la iglesia, lo que estaría preparando ya desde el inicio de la *Epístola* la apologética que vendrá luego relativa a los *falsos maestros* que enseñaban una doctrina diferente, por tanto, no era doctrina procedente de Dios.

Obsérvese nuevamente que Juan no dice *el que era desde el principio*, sino *lo que era*. Luego, lo que desea el escritor es puntualizar el mensaje completo acerca del Verbo, desde la eternidad hasta Su manifestación como hombre y, sobre todo, de la obra realizada por Él. Es lo que se proclamó desde el principio en el *Evangelio*, que trata de las verdades bíblicas sobre el Verbo, que era *desde el principio*. Lo que desde el comienzo de la proclamación del *Evangelio* se comunicó como la única verdad tocante al Verbo de vida. Algunos querían modificar el mensaje cambiándolo en diversos puntos, como ocurría en otros lugares donde se establecían iglesias con firmes bases doctrinales (Gá. 1:7).

La expresión *"desde el principio"* aparece ocho veces en la *Epístola* (1:1; 2:7, 13, 14, 24 dos veces; 3:8, 11), y debe interpretarse conforme al contexto en cada ocasión. En este caso, desde el principio se enseñó, por los apóstoles la preexistencia de Cristo. Tal vez la densidad mayor de esta verdad cristológica está en el pensamiento de Juan, lo que hace suponer que sus escritos fueron los últimos del Nuevo Testamento por la reflexión sobre esta verdad que aparece en ellos. Con todo, *lo que era desde el principio* referido al mensaje primitivo, contenía la verdad de la preexistencia del Verbo, tratada magistralmente en el prólogo del *Evangelio*. Antes se ha hecho referencia al inicio del Génesis y aquí se confirma el paralelismo entre ellas. Sin embargo, *principio*, en el *Evangelio*, no tiene que ver tanto con el origen de todas las cosas, sino que exige que se considere como una existencia anterior a él. De otro modo, *principio* es una forma útil para referirse a un existir eterno de la Segunda Persona Divina, ya que antes de la creación, Dios vive en Sí mismo eternamente. Sólo el *Verbo* podía decir *"antes que Abraham fuese, yo soy"* (Jn. 8:58). La vida procede y está en Él, por tanto, esa preexistencia eterna dispone al lector para unir esta declaración con lo que sigue. La forma del verbo *ser*, en imperfecto se contrapone a lo que hubiera sido si utilizase el aoristo, que es una expresión puntual y definitiva de algo que ha pasado. De ahí que no pueda vincularse con lo que comienza, sino con la eternidad atemporal a la que el tiempo no le afecta, de otro modo, es la forma que permite apreciar la visibilidad temporal de lo eterno, donde la *atemporalidad* se manifiesta y donde el tiempo no corre. A Éste eterno, Juan llama *Logos*, con artículo determinado en el *Evangelio*. Título que es propio de Juan para referirse a Jesús. Este asunto se ha tratado con cierta amplitud en el comentario al *Evangelio* a donde se remite al lector[25].

La *Palabra*, el Λόγος, está relacionada muchas veces con el *Evangelio*, que proclamado por los apóstoles es esencialmente *Cristo mismo*. Esta verdad, aunque en Juan alcanza una elevada dimensión, está presente en otros lugares, como es el caso del escrito del apóstol Pablo a los creyentes en Colosas, que presenta a Jesús como el Creador y dador de la paz, que reconcilia consigo todas las cosas en base a la obra de la Cruz (Col. 1:15-20). De igual modo es el pensamiento del escritor de la *Epístola a los Hebreos* (He. 1:1-4). Quiere decir esto que el término, aunque típico de Juan, tiene una aplicación teológica por otros escritores del Nuevo Testamento.

ὃ ἀκηκόαμεν, De la preexistencia del Verbo, Juan pasa al testimonio personal de la relación con Él. Estas experiencias son de todos los otros discípulos que estuvieron con Jesús durante el tiempo de Su ministerio. Aquel que es el Verbo eterno, se hizo hombre en el momento oportuno (Gá. 4:4). Algunos de los *falsos maestros* de los tiempos de Juan, negaban que la humanidad de Jesucristo fuese real, enseñando que era una mera *forma* o *apariencia*. Tal vez por esa razón el apóstol pone especial

---

[25] Ver comentario a Juan 1:1, en el volumen correspondiente de esta serie.

firmeza en aquello que demuestra la realidad humana del Verbo encarnado. El Altísimo y eterno Dios, pudo ser oído por los hombres. No en el sentido en que lo hizo en la antigua dispensación, con voz tronante que generaba temor reverente en quienes la oían, sino con palabras de hombre, dicho de otro modo, Dios habló en Cristo tomando boca y lengua humanas para expresar palabras divinas en lenguaje humano, para eso el *"Verbo fue hecho carne"* (Jn. 1:14).

Juan usa ahora el pronombre personal plural *nosotros*, refiriéndose a sus compañeros apostólicos, los discípulos de Jesús. Todos ellos oyeron las palabras del Maestro que, como *Verbo de vida*, eran palabras de *vida eterna* (Jn. 6:63). El *Logos encarnado*, viene con misión reveladora (Jn. 1:18), de manera que lo que el hombre debe hacer es prestar atención, *oír* lo que Jesús como *Verbo* decía. Pero, todavía más. Juan no está refiriéndose al hecho de oír las palabras dichas, sino de oírle a *Él mismo*, como Palabra de Dios encarnada, discurso supremo en que Dios habla (He. 1:2). Esas palabras de vida, están plenamente vinculadas al *Evangelio* que Jesús proclamó personalmente y que los discípulos lo oyeron, mensaje único que ha de ser proclamado inalterable (Mt. 28:20; Gá. 1:11-12). Siendo el mensaje *desde el principio* no puede ser alterado. La expresión alcanza una dimensión muy alta, puesto que los discípulos que ahora dan testimonio y junto con ellos muchas personas en distintos lugares de Galilea y Judea oyeron a Dios, no sólo *por medio*, sino *en* la Palabra encarnada, de manera que oyeron la revelación plena de Dios (He. 1:1).

ὃ ἑωράκαμεν τοῖς ὀφθαλμοῖς ἡμῶν, Además de *oír*, Juan afirma que *han visto* al Verbo con sus propios ojos. El uso del perfecto de indicativo en voz activa del verbo *ver*, expresa la idea de haberlo visto en todo el alcance de la palabra. Los ojos físicos de ellos vieron al *Verbo de vida*, lo que exige, necesariamente que estaba revestido de humanidad, de otro modo, el *Verbo* fue hecho carne. La realidad de lo que había ocurrido en Él, sustenta y afirma la fe. El verbo tiene la connotación del sentido físico de ver, es decir, la realidad tangible de aquello que se estaba viendo. No se trata de una metáfora, sino de la realidad física que acentúa el hecho de la encarnación.

El Verbo se hizo visible a los ojos de los hombres. No solo fue una voz audible, sino un hombre visible en cuerpo humano. No es un *ver* metafórico, sino una realidad física captada por los ojos: *"con nuestros ojos"*. Los que negaban la humanidad de Cristo son confrontados ahora por la realidad visible de Dios manifestado en Él. Jesús está vinculado con el *Verbo de Dios*, por tanto, la deidad de Jesucristo es afirmada. El mensaje expresa la humanidad del Señor como algo real, atestiguada por muchos. El pronombre personal en plural, tiene aquí el aspecto de disociar, es decir, separar un grupo de otro, en este caso el apóstol se asocia al resto de los discípulos, pero separa este grupo del conjunto de los hermanos a quienes se dirige y de los que también todos ellos forman parte. Se trata del testimonio de un conjunto de personas que apreciaron personalmente lo que Juan escribe acerca de Jesús. Juan acentúa aquí de forma clara la realidad de la encarnación del Verbo.

ὃ ἐθεασάμεθα, Una cuarta afirmación precedida también por el pronombre relativo *lo que*, dice que además de *verlo*, también lo *contemplaron*. Este es el segundo verbo que tiene que ver con el ejercicio de la visión. El anterior se refiere a la sensación visual propia de alguien que ve a otro, con el aspecto que tiene visiblemente hablando. Este segundo, θεάομαι, traducido por *contemplar*, expresa también la idea de *percibir*, por tanto, no se trata sólo de una percepción sensorial, sino que puede contener una percepción no sensorial, es decir, discernir algo más que lo que se aprecia con la visión natural. Nótese que esta introducción culmina en el hecho de que el Verbo encarnado es también *Verbo de vida*, por lo que se debe entender como que el autor ha descubierto en la humanidad del Verbo en que se hizo visible, que mediante esa humanidad instrumental, hizo posible la comunicación de la vida a todo aquel que cree, por Su muerte, resurrección y exaltación. De manera que, *contemplándolo* a Él, se distingue la grandeza de Su obra redentora, misión para la que fue enviado al mundo. Este sentido se puede apreciar en ocasiones en que aparece el verbo en los escritos de Juan (cf. Jn. 1:14, 32, 38; 4:35; 6:5; 11:45; 1 Jn. 4:12, 14), en algunos casos la percepción de una realidad va más allá de la realidad física que se ve (cf. 4:14).

Aquellos a quienes se refiere el apóstol vieron a Jesús con los ojos físicos y fue una apreciación admirable para sus espíritus. Con los ojos del alma entendieron que Jesús era Dios manifestado en carne (Mt. 16:16; Jn. 1:14). Contemplar es una observación atenta. Estaban atónitos porque lo que se veía era el Dios de la gloria actuando entre los hombres (Jn. 1:14b). Esto nos lleva a una conclusión consecuente con los hechos referidos, que el *Evangelio* que era desde el principio, no es simplemente una referencia a hechos históricos, sino a una realidad trascendente que se aprecia bajo ellos. Es necesario entender bien la dimensión que Juan desea comunicar a los lectores con esta afirmación: *"lo que contemplamos"*, a modo de ejemplo, Jesús alimentó a una multitud (Jn. 6:5), este sería el modo *visual* de la historia, pero alimentó a la multitud *porque tenía compasión de ella*, esta es la percepción resultante de la observación profunda sobre la revelación física. Este es el uso del verbo en esta ocasión. Una observación más es que el verbo está en *aoristo* y no en *perfecto*, lo que expresa algo hecho que persiste en el tiempo, lo que significaría que es una contemplación con los ojos de la fe, producida por el conocimiento relacionado con Jesús. Este verbo expresa la idea de *mirar* más que la de *ver*, es decir, observar detenidamente e incluso con fruición algo que es de importancia capital.

καὶ αἱ χεῖρες ἡμῶν ἐψηλάφησαν Mediante el uso de la conjunción *y*, cierra las experiencias que tuvieron con Jesús, cuando escribe literalmente *y las manos de nosotros palparon*. El progreso es evidente, primeramente, *oyeron, luego vieron, después contemplaron* y ahora *palparon*. El Verbo, que es infinito, pudo ser *tocado* o *palpado*, esto es *comprendido* por manos humanas limitadas. Cristo mismo preguntó un día quién le había tocado (Mr. 5:30). Juan debe referirse aquí a momentos concretos en que el Señor mismo les invitó a *paparle* para que verificasen que tenía realmente un cuerpo humano, aún después de Su resurrección (Lc. 24:39; Jn. 20:20, 25, 27). En el trasfondo de esto está una verdad difícilmente entendible, *lo que era desde el principio*, en relación con la eterna preexistencia del Verbo, que como Dios es *infinito* e *impalpable*, se manifestó en limitación asumida voluntariamente, que permite a los hombres acercarse a Él, oírlo, verlo, contemplarlo y palparlo. Esta observación permite a Juan establecer una cristología de singular altura en el Nuevo Testamento.

Con el tiempo aparecieron contradicciones y falsedades en contra de esta doctrina, a las que el apóstol confronta un poco más adelante como será considerado en su momento.

περὶ τοῦ λόγου τῆς ζωῆς– Todo esto está relacionado a lo que interesa especialmente a Juan: *"Tocante al Verbo de vida"*. Todo cuanto predica y enseña es relativo al *Verbo de vida*. Ya se ha dicho que el término *Verbo* es típico en Juan para referirse al Señor Jesús (Jn. 1:1, 14; 1 Jn. 1:1; Ap. 19:13). En la *Epístola* se ocupa del tema de la seguridad de la *vida eterna* (5:13). En relación con el *Evangelio*, Juan se refirió al *Verbo*, la *Palabra* que se hizo carne, mientas que en la *Epístola* hace notar que la *vida* que antes había estado con el Padre, ahora se manifestó. Este calificativo en genitivo *de vida*, se convierte en el sujeto de la afirmación que hace en el versículo siguiente. Este *Verbo*, *Palabra* es vida en Él mismo, porque reside, radica, se manifiesta y se hace objeto de donación para quien cree (Jn. 1:4). Jesús, como Dios, tiene y comunica la vida eterna, privativa de la Deidad y comunicada al hombre por vinculación con el *Verbo* (Jn. 3:15, 16, 36; 5:24; 6:27, 40, 47, 68; 10:28; 17:2; 1 Jn. 1:2; 2:25; 5:11-13, 20).

No cabe duda que para Juan Cristo es la vida (Jn. 14:6). La presencia del artículo determinado que antecede al sustantivo *vida*, excluye cualquier otra clase de vida que no sea Él mismo. Es la *vida eterna* que Dios otorga por medio de Cristo y que hace a la criatura que cree, partícipe de la naturaleza divina del Creador (2 P. 1:4). Juan vincula a Cristo con la vida, para él Jesús es el *"pan de vida"* (Jn. 6:35, 48); es *"la luz del mundo"* (Jn. 8:12); es la *"palabra de vida"* (1 Jn. 1:1). La vida eterna se alcanza en la vinculación con Cristo, comenzando por la iluminación interior (Ef. 1:18); se sustenta al incorporar a Cristo por la acción del Espíritu (Jn. 6:54-56); produce la comunión con Dios y la vida eterna (2 P. 1:4). Dios es luz gloriosa que infunde temor a quienes lo contemplan (Is. 6:5), pero se hace pan para quienes aceptan la invitación al banquete de Su amor (Jn. 6:27-58).

Sin duda hay una progresión en el uso de los verbos de este primer párrafo de la *Epístola*. Comienza por *oír* que es una experiencia menor que *ver*, y a su vez *contemplar* es superior a ver (ya que requiere tiempo para realizarlo), pero, es inferior a *palpar,* que supone familiaridad con el Verbo de vida. Por esa razón no podían –como dijo el apóstol Pedro– *"dejar de hablar acerca de lo que hemos visto y oído"* (Hch. 4:20).

2. (porque la vida fue manifestada, y la hemos visto, y testificamos, y os anunciamos la vida eterna, la cual estaba con el Padre, y se nos manifestó);

καὶ ἡ ζωὴ ἐφανερώθη, καὶ ἑωράκαμεν καὶ μαρτυροῦμεν καὶ
Y la vida fue manifestada, y hemos visto y testificamos y
ἀπαγγέλλομεν ὑμῖν τὴν ζωὴν τὴν αἰώνιον ἥτις ἦν πρὸς τὸν
anunciamos os la vida - eterna, la que estaba con el
Πατέρα καὶ ἐφανερώθη ἡμῖν–
Padre y se manifestó a nosotros.

Análisis y notas del texto griego.

Análisis: καὶ, conjunción copulativa *y*; ἡ, caso nominativo femenino singular del artículo determinado *la*; ζωὴ, caso nominativo femenino singular del nombre común *vida*; ἐφανερώθη, tercera persona singular del aoristo primero de indicativo en voz pasiva del verbo φανερόω, *manifestarse*, aquí *fue manifestada*; καὶ, conjunción copulativa *y*; ἑωράκαμεν, primera persona plural del perfecto de indicativo en voz activa del verbo ὁράω, *ver, mirar*, aquí *hemos visto*; καὶ, conjunción copulativa *y*; μαρτυροῦμεν, primera persona plural del presente de indicativo en voz activa del verbo μαρτυρέω, *testificar, dar testimonio*, aquí *testificamos*; καὶ, conjunción copulativa *y*; ἀπαγγέλλομεν, primera persona plural del presente de indicativo en voz activa del verbo ἀπαγγέλω, *proclamar, anunciar, informar*, aquí *anunciamos*; ὑμῖν, caso dativo de la segunda persona plural del pronombre personal *os*; τὴν, caso acusativo femenino singular del artículo determinado *la*; ζωὴν, caso acusativo femenino singular del nombre común *vida*; τὴν, caso acusativo femenino singular del artículo determinado *la*; αἰώνιον, caso acusativo femenino singular del adjetivo *eterna*; ἥτις, caso nominativo femenino singular del pronombre relativo *la que, la cual*; ἦν, tercera persona singular del imperfecto de indicativo en voz activa del verbo εἰμί, *ser, estar*, aquí *estaba*; πρὸς, preposición propia de acusativo *con*; τὸν, caso acusativo masculino singular del artículo determinado *el*; Πατέρα, caso acusativo masculino singular del nombre divino *Padre*; καὶ, conjunción copulativa *y*; ἐφανερώθη, tercera persona singular del aoristo primero de indicativo en voz pasiva del verbo φανερόω, *manifestarse*, aquí *se manifestó*; ἡμῖν–, caso dativo de la primera persona plural del pronombre personal declinado *a nosotros*.

καὶ ἡ ζωὴ ἐφανερώθη, La conjunción *y* con que se abre el versículo, establece también el comienzo del paréntesis que lo comprende, de modo que puede traducirse por *pues* explicativo. En él se detalla a qué vida estaba refiriéndose en el versículo anterior. Juan afirma que esa *vida* que es *eterna* se manifestó. No cabe duda que esa manifestación de la vida eterna no es posible sin la manifestación del *Verbo de vida* en quien está (Jn. 1:4). La *Palabra de vida*, con que concluye el versículo anterior es el mensaje de Jesucristo, pero para recibir en él la seguridad de la vida eterna, el mensajero también se hizo carne como Juan enseña en el prólogo del *Evangelio* (Jn. 1:14). Jesucristo, *la Palabra encarnada*, declara lo sublime de Dios con toda autoridad, de manera que no solo revela a Dios, sino también Su voluntad, dando testimonio al hombre de lo que Él ha visto y oído en la presencia del Padre (Jn. 8:38). Ahora bien, no solo tiene Jesús *palabras de vida*, sino que Él es la *vida eterna*, poseedor de ella (Jn. 1:4; 11:25; 14:6), otorgándola en gracia a quienes creen, como el *dador* de la vida.

καὶ ἑωράκαμεν. El grupo a quien Juan hace referencia con el uso del pronombre personal en plural *nosotros*, han visto *la vida* manifestada. Esta vida estaba en Cristo que, como Verbo de vida, la hizo posible desde la creación y la da como promesa de la proclamación del evangelio. De manera que, desde toda la eternidad, hasta el presente y el futuro, la vida que se manifiesta estaba en el *Verbo*, que fue oído, visto, palpado y contemplado en este mundo. Debe tenerse en cuenta que la vida no fue puesta en el Verbo, sino que el Verbo era en Sí mismo la vida. Por consiguiente, al ver al Verbo vieron también *la vida*.

καὶ μαρτυροῦμεν. En base a la manifestación de la vida que ellos vieron, se convierten en testigos acerca del *Verbo de vida*. Esta vida que aparece y de la que testifican comienza a hacerse presente entre los hombres desde el momento de la encarnación. De esa *Vida* encarnada que han visto, dan testimonio ante los hombres. Es interesante notar que Juan usa un pasado para referirse a lo que vieron en relación con Jesucristo y un presente para el ministerio testimonial, esto es, *lo que vimos* ahora *testificamos*. El apóstol no solo ha visto la *Vida*, sino que proclama este testimonio a los hombres.

καὶ ἀπαγγέλλομεν ὑμῖν τὴν ζωὴν τὴν αἰώνιον. El mensaje de Juan tiene que ver con la proclamación de la *vida eterna*. En este sentido cabe también preguntarse a que se está refiriendo con el término. Pudiera pensarse que estaba anunciando la vida eterna que Jesús prometió a cuantos creen en Él, como dirá al final de la *Epístola*: *"Y este es el testimonio: que Dios nos ha dado vida eterna; y esta vida está en su Hijo. El que tiene al Hijo, tiene la vida; el que no tiene al Hijo de Dios no tiene la vida"* (5:11-12). De otro modo en el *Evangelio*: *"Para que todo aquel que en Él cree, no se pierda, mas tenga vida eterna"* (Jn. 3:15), por eso *"el que cree en el Hijo tiene vida eterna"* (Jn. 3:36). Sin embargo, no puede proclamarse la vida eterna, sin vincularla a quien la tiene en Sí mismo, el Verbo de vida. Una proclamación del evangelio que no sea *Cristo-céntrica*, no tiene base alguna eficaz para salvación. De manera que el testimonio de la vida eterna para quien cree está vinculado íntimamente a depositar la fe en el Verbo de vida.

ἥτις ἦν πρὸς τὸν Πατέρα καὶ ἐφανερώθη ἡμῖν– No es posible para Juan desvincular al Verbo de Su condición preexistente en el seno trinitario. La afirmación es precisa: *La vida eterna estaba con el Padre*. Es una forma idéntica a la que aparece en el *Evangelio* (Jn. 1:1). La preposición πρὸς, traducida como *con*, literalmente es *cabe*, en desuso que equivale a *cerca de, junto a*, en una posición de comunión en frontalidad, el Padre y el Hijo estaban frente a frente en un vínculo de amor y relación eterna en el Ser Divino. Se está refiriendo a la posición eterna del Verbo, en la que se puntualiza la comunión, relación y consustancialidad con el Padre. El eterno *engendrar* del Padre que se personaliza en el Hijo, sin término de generación, tiene la consecuencia propia de que cuanto está en el Padre, está también en el Hijo, al ser una generación *inmanente* y no *transeúnte*, lo que hace que el Verbo tenga vida en Sí mismo (Jn. 5:26). No existe causa ni persona que *origine* al Verbo que es eterno y, por tanto, sin origen, pero, la verdad –siempre difícil de entender– es que el Padre lo engendra *hoy* (He. 1:5). En ese texto sigue presente el *hoy* eterno de Dios, sin origen y término en la Trinidad. La vida eterna, vida divina, es comunicada al Verbo por el Padre (Jn. 5:26; 6:57). Debe estar presente que, aunque la vida biológica de hombre comenzó en Cristo por la encarnación, la vida divina está presente en la

Persona del Verbo en donde la naturaleza humana de Jesús subsiste en dos hipóstasis de naturaleza, la divina que eternamente le corresponde porque es Dios, y la humana asumida en la temporalidad de las criaturas, inseparable ya definitivamente de Su Persona. Es interesante que cuando Juan se refiere a la vida de Dios utiliza el término ζωή, mientras que cuando lo hace para la vida humana de Jesús, usa ψυχή, que tiene que ver con la vida que puede ser entregada a la muerte (cf. Jn. 10:11, 15), esa misma palabra la usa para hablar de la vida de los hombres (Jn. 12:25). En este versículo el apóstol usa el término que le es habitual para referirse a la vida de Dios. Esta vida divina y eterna, se *manifestó* en Jesucristo. De otro modo, el Verbo eterno, Hijo de Dios, al tomar nuestra propia naturaleza haciéndose *carne*, pone de manifiesto el misterio de la verdadera vida, que sólo existe en Dios.

La vida eterna tiene aquí, como se está considerando, un sentido personal, que es identificable o, si se prefiere equivalente, al *Verbo de vida*, ya que el Hijo es el *"verdadero Dios y la vida eterna"* (5:20). Al afirmar que estaba *con* el Padre, en sentido de estar *junto a Él*, confirma el sentido personal que adquiere aquí. La preposición πρός, con acusativo, en los dos casos, permite construir un paralelismo entre ambas expresiones, poniendo de relieve la comunión activa en el seno de la Santísima Trinidad, expresada en una relación entre las Personas Divinas. La locución relativa ἥτις ἦν, pone una mayor puntualización al sentido personal, que debe entenderse como *la Vida,* en cuanto *portador de ella* y único *Mediador*, estaba junto al Padre, como Persona divina, en la unidad divina.

El propósito del escrito (1:3-4).

3. Lo que hemos visto y oído, eso os anunciamos, para que también vosotros tengáis comunión con nosotros; y nuestra comunión verdaderamente es con el Padre, y con su Hijo Jesucristo.

ὃ ἑωράκαμεν καὶ ἀκηκόαμεν, ἀπαγγέλλομεν καὶ ὑμῖν[1],
Lo que hemos visto y hemos oído, anunciamos también os,
ἵνα καὶ ὑμεῖς κοινωνίαν ἔχητε μεθ' ἡμῶν.
para que también vosotros comunión tengáis con nosotros;
καὶ ἡ κοινωνία δὲ[2] ἡ ἡμετέρα μετὰ τοῦ Πατρὸς καὶ μετὰ τοῦ
y también la comunión - nuestra con el Padre y con el
Υἱοῦ αὐτοῦ Ἰησοῦ Χριστοῦ.
Hijo de Él, Jesucristo.

Análisis y notas del texto griego.

Análisis: ὃ, caso nominativo neutro singular del pronombre relativo *lo que*; ἑωράκαμεν, primera persona plural del perfecto de indicativo en voz activa del verbo ὁράω, *ver, mirar*, aquí *hemos visto*; καὶ, conjunción copulativa *y*; ἀκηκόαμεν, primera persona plural del perfecto de indicativo en voz activa del verbo ἀκούω, *oír, escuchar*, aquí *hemos oído*; ἀπαγγέλλομεν, primera persona plural del presente de indicativo en voz activa del verbo ἀπαγγέλω, *proclamar, anunciar*, aquí *anunciamos*; καὶ, adverbio de modo *también*; ὑμῖν, caso dativo de la segunda persona plural del pronombre personal declinado *a vosotros, os*; ἵνα, conjunción causal *para que*; καὶ, adverbio de modo *también*; ὑμεῖς, caso nominativo de la segunda persona plural del pronombre personal *vosotros*; κοινωνίαν, caso nominativo femenino singular del nombre común *comunión*; ἔχητε, segunda persona plural del presente de subjuntivo en voz activa del verbo ἔχω, *tener*, aquí *tengáis*; μεθ', forma escrita ante vocal aspirada de la preposición de genitivo μετά, *con*; ἡμῶν, caso genitivo de la primera persona plural del pronombre personal *nosotros*; καὶ, conjunción copulativa *y*; ἡ, caso nominativo femenino singular del artículo determinado *la*; κοινωνία, caso nominativo femenino singular del nombre común *comunión*; δὲ, partícula conjuntiva que hace las veces de conjunción coordinante, con sentido de *pero, más bien, y, y por cierto, antes bien, entonces*; ἡ, caso nominativo femenino singular del artículo determinado *la*; ἡμετέρα, caso nominativo femenino singular del adjetivo posesivo *nuestra*; μετὰ, preposición propia de genitivo *con*; τοῦ, caso genitivo masculino singular del artículo determinado *el*; Πατρὸς, caso genitivo masculino singular del nombre divino *Padre*; καὶ, conjunción copulativa *y*; μετὰ, preposición propia de genitivo *con*; τοῦ, caso genitivo masculino singular del artículo determinado *el*; Υἱοῦ, caso genitivo masculino singular del nombre divino *Hijo*; αὐτοῦ, caso genitivo masculino singular del pronombre personal declinado *de Él*; Ἰησοῦ, caso genitivo masculino singular del nombre propio *Jesús*; Χριστοῦ, caso genitivo masculino singular del nombre propio *Cristo*.

Notas. Crítica Textual. Lecturas alternativas.

1 καὶ ὑμῖν, *también os*, lectura atestiguada en ℵ, A, B, C, P, Ψ, 33, 81, 442, 1175*, 1739, 2344 z, vgst, sy$^{p, h**}$, sa^{mss}.

No figura καὶ, en 5, 307, 436, 642, 1175^{c}, 1243, 1448, 1611, 1735, 1852, 1881, 2492, Byz, t, vg$^{cl, ww}$, sy^{h}, sa^{mss}, bo.

2 δὲ, *y*, según lectura en ℵ, A, B, C, P, Ψ, 33, 81, 442, 1175*, 1739, 2344 z, vgst, sy$^{p, h**}$, sa^{mss}.

No aparece en C*, P, 33, 81, 436, 1175, 1611, 1739, 1852, 1881, 2344, sy^{h}, sa, cv.

ὃ ἑωράκαμεν καὶ ἀκηκόαμεν, ἀπαγγέλλομεν καὶ ὑμῖν, Concluido el paréntesis explicativo, retoma nuevamente el tema que dejó en el v. 1. La proclamación del Evangelio, que es doctrina en sí mismo, no procede de enseñanza teológica, sino de vivencias personales relacionadas con quien es *la Verdad*, el *Verbo de vida*. La manifestación histórica de la Vida Eterna es ahora proclamada. Eso tuvo que ver con los *apóstoles*, aquí nuevamente incluidos en el pronombre personal *nosotros* y se proclamó al mundo, *vosotros*. Es un mensaje concreto, la realidad de la Vida Eterna en Cristo Jesús, que vino al mundo para darla a todo el que cree. Juan precisa que lo que predican es aquello que *hemos visto y oído*. Las dos fuentes del testimonio son aquí el *ver* y el *oír*, en modo inverso a la presentación del primer versículo en que está primero el *oír* y luego el *ver*. Aquí se expresa en modo lógico conforme se produjo en la historia ya que el Verbo encarnado se *vio* antes de que se *oyera*, cuando nació en Belén. Esta es la tercera vez que el apóstol utiliza el verbo *ser*. Esa iteración pone de manifiesto el problema que está en su mente y que abordará en el siguiente capítulo, relativo a quienes negaban la encarnación de Dios. De ahí que insista en lo que *vieron y oyeron*, que constituye el mensaje apostólico: *"Jesús, el Verbo eterno, el Hijo de Dios, se manifestó en carne humana"*. Como testigo presencial de aquel milagro de la gracia, Juan puede dar testimonio de esa verdad que predica, sobre la que otros pueden dar testimonio también juntamente con él, sus compañeros de discipulado, ahora apóstoles de Jesucristo. Lo que Juan anuncia es el mensaje de salvación. Debe apreciarse aquí el uso del presente *anunciamos*, ya que tanto el mensaje como la misión de proclamarlo es continua, confirmándose día a día en la fe de los creyentes. Se aprecia la urgencia de Juan en relación con el mensaje a proclamar, puesto que tenía razones para ello. Primeramente, había recibido el mandato de Jesús (Mt. 28:19, 20); luego está el impulso para darse a los demás, como Dios mismo hizo en Cristo (Jn. 3:16), por tanto, quienes están en comunión con Dios, compartiendo con Él y en Él la divina naturaleza (2 P. 1:4), tienen la urgencia de darse a los demás en un mensaje de vida; en tercer lugar, por la bendición de aumento cuando otros creen, es decir, la comunión se incrementa cuantos más comunicantes haya. Hay cosas que disminuyen con la participación, cuando se trata, a modo de ejemplo, en compartir un pan, cuantos más participantes, menor cantidad a distribuir, en cambio cuando con una vela se encienden otras, la luz no disminuye, sino que aumenta. Así ocurre con la comunión.

ἵνα καὶ ὑμεῖς κοινωνίαν ἔχητε μεθ' ἡμῶν. El propósito del apóstol es el disfrute de algo en común. Es el resultado de la experiencia en común de la vida eterna en Cristo. La comunión entre creyentes es posible en razón de la comunión con Dios en Cristo. Requiere una semejanza de naturaleza que transcienda a las diferencias externas y temporales. La verdadera comunión sólo puede existir entre creyentes verdaderos, los que tienen la misma *vida eterna*. El propósito de Juan es invitar a los destinatarios para que tengan comunión íntima, compañerismo de testimonio, con los apóstoles que eran los testigos presenciales de la vida terrenal y del ministerio de Jesucristo. Comunión de vida, es también de fe. De otro modo, la comunión de todos los cristianos, aquellos que habían tenido la experiencia de haber visto y oído al Verbo de vida, y los destinatarios de la *Epístola,* es que tengan parte en la vida que vino en el Hijo de Dios y fue transmitida por Él a los que creen en Su nombre. Se trata de una relación común con Cristo y auténtica tanto de los apóstoles como del resto de los creyentes (Gá. 2:9; 6:6; 1 Ti. 6:18; Tit. 1:4; Flm. 6; 1 P. 4:13; Jud. 3).

καὶ ἡ κοινωνία δὲ ἡ ἡμετέρα μετὰ τοῦ Πατρὸς καὶ μετὰ τοῦ Υἱοῦ αὐτοῦ Ἰησοῦ Χριστοῦ. La comunión a la que Juan se refiere no es tan solo horizontal, esto es, entre los creyentes incluidos los apóstoles, sino vertical, con el Padre y con Su Hijo Jesucristo. Se trata de una unión común con la fuente de la *vida eterna*, que no solo está en el Padre y en el Hijo, sino que se participa de ella en la medida en que se les *conoce*. Así lo enseñó Jesús: *"Y esta es la vida eterna: que te conozcan a ti, el único Dios verdadero, y a Jesucristo, a quien has enviado"* (Jn. 17:3). Es, pues, en palabras de Jesús, el *conocimiento* de Dios y de Cristo. Conocer no tiene en la Biblia una exclusiva relación intelectual, aunque la comprende, sino vivencial. Se trata de un conocimiento de intimidad que genera la participación en la vida *eterna*, común en las Personas Divinas y comunicada a los creyentes por vinculación personal con Cristo en quien estaba la vida (Jn. 1:4). Entender este aspecto de lo que es la vida eterna, requiere entender la experiencia de la salvación. En la Cruz, Jesús hace la obra de salvación muriendo por el pecado del hombre y abriendo la experiencia del perdón de pecados y vida eterna para todo el que cree. Este llamamiento a salvación *operación del Padre*, se proclama hoy en el mensaje del evangelio, que es hecho comprensible, no tanto intelectualmente sino como mensaje vital, por la obra de convicción del Espíritu Santo (Jn. 16:7-9). Por esa operación iluminadora del Espíritu, el mensaje de la Cruz, que es locura para los que se están perdiendo, se transforma en poder de Dios para los que creen (1 Co. 1:18). El evangelio es, por tanto, poder de Dios para salvación al que cree (Ro. 1:16). En la aplicación de la salvación, Dios toma la iniciativa en todo. El hombre natural, no regenerado, enemigo de Dios en malas obras, ni quiere ni puede buscar a Dios, por cuya razón la obra de salvación es aplicada al pecador que va a creer buscándole en el lugar de perdición en donde se encuentra. La unión vital con Cristo, produce la unión vital con el Padre, comprendida en lo que Jesús dice en la oración *"que te conozcan a ti... y a Jesucristo"*. Nadie puede conocer al Padre sin conocer al Hijo, por consiguiente, la vinculación existencial con Dios es sólo posible por el único Mediador entre Dios y los hombres que es Jesucristo, hombre. La consecuencia de esta unión con Dios en Cristo es la *comunión* con las Personas Divinas (2 P. 1:4). La vida eterna, *común* a todos los creyentes, consiste en el conocimiento vivencial, experimental y personal de Dios y de Jesucristo, quien murió para *llevarnos a Dios* (He. 2:10). Por esa razón, puesto que cada miembro del cuerpo de Cristo, tiene la misma vida eterna dada por Dios al creer en Cristo, la comunión de los creyentes entre sí, debido a este vínculo común, procede de la comunión con el Padre y con Su Hijo Jesucristo. La conclusión es evidente, la comunión horizontal es el resultado de la comunión vertical, no se puede tener comunión entre hermanos si no descansa en la comunión con Dios, de donde procede toda relación espiritual entre los creyentes.

4. Estas cosas os escribimos, para que vuestro gozo sea cumplido.

καὶ ταῦτα γράφομεν ἡμεῖς[1], ἵνα ἡ χαρὰ ἡμῶν[2] ᾖ
Y estas cosas escribimos os, para que el gozo de nosotros sea
πεπληρωμένη.
cumplido.

Análisis y notas del texto griego.

Análisis: καὶ, conjunción copulativa *y*; ταῦτα, caso acusativo neutro plural del pronombre demostrativo *estos*, en sentido de *estas cosas*; γράφομεν, primera persona plural del presente de indicativo en voz activa del verbo γράφω, *escribir*, aquí *escribimos*; ἡμεῖς, caso nominativo de la segunda persona plural del pronombre personal *os*; ἵνα, conjunción causal *para que*; ἡ, caso nominativo femenino singular del artículo determinado *el*; χαρὰ, caso nominativo femenino singular del nombre común *gozo*; ἡμῶν, caso genitivo de la primera persona plural del pronombre personal declinado *de nosotros*; ᾖ, tercera persona singular del presente de subjuntivo en voz activa del verbo εἰμί, *ser, estar*, aquí *sea*; πεπληρωμένη, caso nominativo femenino singular del participio perfecto en voz pasiva del verbo πληρόω, *llenar, cumplir, completar*, aquí *cumplido*.

Notas. Crítica Textual. Lecturas alternativas.

[1] ἡμεῖς, *nosotros*, según lectura en ℵ, A^{*vid}, B, P, Ψ, 33, z* sa^{mss}.

ὑμῖν, *os*, conforme a A^{c}, C, 5, 81, 307, 436, 442, 642, 1175, 1243, 1448, 1611, 1735, 1739, 1852, 1881, 2344, Byz, t, vg, sy, sa^{sa}, bo, cv.

[2] ἡμῶν, *de nosotros*, ℵ, A^{*vid}, B, P, Ψ, 33, z* sa^{mss}.

ὑμῶν, *de vosotros*, A, C, P, 5, 33, 81, 307, 442, 642, 1243, 1448, 1611, 1735, 1739, 1852, 1881, 2344, Byz^{pt}, t, vg^{cl}, sy^{h}, bo, cv, Agustín.

καὶ ταῦτα γράφομεν ἡμεῖς, Juan pone de manifiesto el propósito que tiene al escribir, realmente está en plural *escribimos*, lo que sorprende, generando la pregunta sobre *quiénes* son los que escriben. Realmente se trata de Juan que lo hace presentando el testimonio del resto de los que pueden testificar sobre *"lo que era desde el principio"* (v. 1). Esta es la única vez en la *Epístola* en que aparece el pronombre en plural, mientras que otras doce veces aparece en singular, *escribo* (cf. 2:1, 7, 8, 12, 13 –tres veces–, 21, 26; 5:13).

ἵνα ἡ χαρὰ ἡμῶν ᾖ πεπληρωμένη. La comunión con Dios y con los hermanos es motivo de gozo. Primeramente, el gozo es del que escribe la *Epístola*, al ver la realidad de la comunión entre hermanos (2 Jn. 4; 3 Jn. 4; 1 Ts. 2:19; Fil. 2:2; 2 Co. 2:3). Por extensión el gozo alcanza a todos los creyentes como operación del Espíritu en la vida cristiana (Gá. 5:22). Es consecuencia de la comunión con Cristo, como aparece en el *Evangelio*, donde se lee: *"Estas cosas os he hablado, para que mi gozo esté en vosotros, y vuestro gozo sea cumplido"* (Jn. 15:11). El gozo de Jesús, lo mismo que Su paz, son experiencias que sólo pueden hacerse realidad en la vida de los creyentes en la medida en que permanezcan en Él. El gozo de Jesús consistía también en saberse amado del Padre. Esta misma podía ser la experiencia de ellos en relación con Jesús. El gozo que Cristo prometió a los discípulos no es posible en el mundo, donde no hay semejanza. Todo esto es posible como acción del Espíritu que lo produce en cada creyente, al reproducir el gozo del Señor, como se ha dicho antes. No se trata de una bendición que nace del Espíritu, sino que *"tomará de lo mío"*, dijo Jesús. Este gozo no se da en una determinada dimensión, sino que se otorga en plenitud, *"para que vuestro gozo sea cumplido"*. El verbo πληρόω, que Juan usa expresa la idea de *plenitud*, con una extensa gama de acepciones, como *llenar, cumplir, llevar a la perfección,* etc. Nunca Dios da poco, sino que cuando otorga algo lo hace en plenitud. El único gozo que satisface es el de Cristo, de ahí que el apóstol Pablo invite a los creyentes a *gozarse en el Señor, siempre* (Fil. 4:4). No puede haber gozo en la vida cristiana sin comunión con Cristo, con lo que el final del versículo enlaza con lo que antecede relativo a la comunión con el Padre y con Su Hijo Jesucristo. No pueden buscarse manifestaciones *subjetivas* de gozo, sino la realidad experimental del gozo de Jesús en la vida cristiana. Ningún conflicto externo debiera privarnos del gozo, porque la dificultad está fuera, pero el gozo dentro, éste es permanente, la dificultad transitoria.

Todo esto está dentro de la *comunión* con Dios. A través de Cristo, el creyente entra en una comunión de ser y de vida con Dios, en una unión plena con Él. El camino hacia esta experiencia de vida, está abierto a todos por medio de la fe, aceptando el testimonio de Dios y creyendo en el Hijo (5:9 s.), recibiendo el mensaje de quienes son testigos de la presencia, obra y enseñanza del Verbo encarnado. Esa bendición no está reservada para algunos, sino abierta para todos.

La relación con Dios (1:5-2:2).

Bases (1:5-10).

Lo que es Dios (1:5).

5. Éste es el mensaje que hemos oído de él, y os anunciamos: Dios es luz, y no hay ningunas tinieblas en él.

Καὶ ἔστιν αὕτη ἡ ἀγγελία[1] ἣν ἀκηκόαμεν ἀπ' αὐτοῦ καὶ
Y es éste el mensaje que hemos oído procedente de Él, y
ἀναγγέλλομεν ὑμῖν, ὅτι ὁ Θεὸς φῶς ἐστιν καὶ σκοτία ἐν αὐτῷ
anunciamos os, que - Dios luz es y tiniebla en Él
οὐκ ἔστιν οὐδεμία
no hay ninguna.

Análisis y notas del texto griego.

Análisis: Καὶ, conjunción copulativa *y*; ἔστιν, tercera persona singular del presente de indicativo en voz activa del verbo εἰμί, *ser, estar*, aquí *es*; αὕτη, caso nominativo femenino singular del pronombre demostrativo *éste*; ἡ, caso nominativo femenino singular del artículo determinado *la*; ἀγγελία, caso nominativo femenino singular del nombre común *mensaje*; ἣν, caso acusativo femenino singular del pronombre relativo *la que, la cual, que*; ἀκηκόαμεν, primera persona plural del perfecto de indicativo en voz activa del verbo ἀκούω, *oír, escuchar*, aquí *hemos oído*; ἀπ', preposición propia de genitivo ἀπό, con el grafismo que adopta por elisión de la o final ante vocal o diptongo sin aspiración, que equivale a *de, desde, procedente de, por medio de, con, por*; αὐτοῦ, caso genitivo masculino de la tercera persona singular del pronombre personal *Él*; καὶ, conjunción copulativa *y*; ἀναγγέλλομεν, primera persona plural del presente de indicativo en voz activa del verbo ἀναγγέλλω, *proclamar, anunciar*, aquí *anunciamos*; ὑμῖν, caso dativo de la segunda persona plural del pronombre personal *os*; ὅτι, conjunción *que*; ὁ, caso nominativo masculino singular del artículo determinado *el*; Θεὸς, caso nominativo masculino singular del nombre divino *Dios*; φῶς, caso nominativo neutro singular del nombre común *luz*; ἐστιν, tercera persona singular del presente de indicativo en voz activa del verbo εἰμί, *ser, estar*, aquí *es*; καὶ, conjunción copulativa *y*; σκοτία, caso nominativo femenino singular del nombre común *tiniebla*; ἐν, preposición propia de dativo *en*; αὐτῷ, caso dativo de la primera persona singular del pronombre personal *Él*; οὐκ, forma escrita del adverbio de negación *no*, con el grafismo propio ante una vocal con espíritu suave o una enclítica; ἔστιν, tercera persona singular del presente de indicativo en voz activa del verbo εἰμί, *ser, estar, haber*, aquí *hay*; οὐδεμία, caso nominativo femenino singular del adjetivo indefinido *ninguna*.

Notas. Crítica Textual. Lecturas alternativas.

[1] ἀγγελία, *mensaje*, conforme a la lectura en [2]א, A, B, 5, 307, 642, 1175, 1448, 1735, Byz.

ἐπαγγελία, *promesa*, de acuerdo con C, P, 33, 81, 436, 442, 1243, 1611, 1739, 1852, 1881, 2344, sy[h].

ἀγάπη τῆς ἐπαγγελίας, *de amor las promesas*, según se lee en [1]א, A, B, 5, 307, 642, 1175, 1448, 1735, Byz.

Καὶ ἔστιν αὕτη ἡ ἀγγελία ἣν ἀκηκόαμεν ἀπ' αὐτοῦ. Juan ha presentado desde el inicio de la *Epístola* que ésta está íntimamente relacionada con el mensaje de quien es *Palabra de vida*. Pero, Jesús no es solo vida, sino también *luz*. El apóstol afirma que este es el mensaje. Éste no procede de otras personas o instituciones, sino de Jesucristo mismo, de manera que el mensaje que transmite procede de Él, por tanto, es un mensaje verdadero, que anuncian todos los apóstoles. Esta es la tercera vez que utiliza la construcción *"hemos oído"* (cf. vv. 1, 3). El mensaje tiene origen en el Maestro de donde procede, como expresa claramente la preposición ἀπο, *procedente de*, que usa en la frase. No es un descubrimiento de Juan o una deducción que hace sobre Cristo, sino que procede del Señor.

καὶ ἀναγγέλλομεν ὑμῖν, El mensaje que proclama y lo que escribe en la *Epístola*, procedente de Jesús, limita el mensaje. No está diciendo más que lo que el Maestro les comunicó cuando estaba con ellos. Es la condición que establece la Escritura para el maestro o el pastor, dar al pueblo de Dios la Palabra de Dios exclusivamente. De ahí la defensa de la verdad que seguirá en el escrito y, por consiguiente, la oposición al error que algunos pretendían introducir desvirtuando la enseñanza proclamada por los apóstoles.

Antes habló de la comunión entre los creyentes como resultado de la comunión con el Padre y con Su Hijo Jesucristo (v. 3), ahora va a introducir la vida de comunión como caminar en la luz. Para eso advertirá también a los lectores del error que enseñan los *falsos maestros*, introduciéndolos con expresiones condicionales: *"Si decimos"* (vv. 6, 8, 10). El hilo conductor del pensamiento descansa en el caminar en la luz.

ὅτι ὁ Θεὸς φῶς ἐστιν καὶ σκοτία ἐν αὐτῷ οὐκ ἔστιν οὐδεμία. El mensaje se sustancia en una verdad teológica que *Dios es luz*. La revelación inicial de Dios, como Creador, está ligada a la luz (Gn. 1:3). En esta manifestación divina se hace posible sustentar la vida y permite al hombre conocer que, como *luz*, nada hay que pueda ocultarse de Él. No se trata una consideración metafísica de Dios, sino de una manifestación esencial de Él. Como la luz no puede existir en la oscuridad ni ésta puede estar presente en la luz, así también, siendo Dios luz en Él mismo, ninguna tiniebla puede haber en Él, ni puede existir oscuridad en Su presencia. De ahí que la comunión entre hermanos, consecuente de la relación con Dios, sólo sea posible en la luz, propia de la naturaleza divina. El uso de la palabra *luz*, está veintitrés veces en el *Evangelio*, en dieciséis versículos (cf. Jn. 1:4, 5, 7, 8, 9; 3:19, 20, 21; 5:35; 8:12; 9:5; 11:9, 10; 12:35, 36, 46).

El apóstol relacionó la luz con Cristo cuando escribió en el prólogo del *Evangelio* que *"en él estaba la vida, y la vida era la luz de los hombres"* (Jn. 1:4). Pero, aún más, cuando añade que *"aquella luz verdadera, que alumbra a todo hombre, venía a este mundo"* (Jn. 1:9). Luego, la luz que es Dios mismo, vino a este mundo revestida de humanidad en la Persona Divino-humana del Hijo de Dios. Sin embargo, no era preciso una *aplicación* de la luz a Jesucristo, puesto que Juan oyó de Él esto cuando dijo: *"Yo soy la luz del mundo; el que me sigue, no andará en tinieblas, sino que tendrá la luz de la vida"* (Jn. 8:12). Como Verbo hay una relación con el Padre siendo el agente de la creación y guardando una relación cosmológica con los hombres y con el mundo. El Verbo es el revelador del Padre, en una actividad inmanente, guardando una relación epistemológica con los hombres, como relevador de Dios (Jn. 1:18). La equiparación de la luz es la vida. Ambas cosas, luz y vida, concurren en el Verbo encarnado. Jesús es la luz porque en Él resplandecen con la infinita dimensión de Dios encarnado, las perfecciones o atributos divinos. Es luz, por cuanto en Él se manifiesta la *plenitud* de la Deidad (Col. 2:9). De Él se anunció proféticamente que sería *"luz a los gentiles"* (Lc. 2:32). Esa luz de Dios disipa todas las tinieblas que son normales y propias del mundo, que vive de espaldas a la luz divina, porque ama sus obras que son malas, en un estado de rebeldía contra Él. La luz, por ende, tiene que ver con la restauración de un estado de oscuridad, por tanto, se trata del ministerio soteriológico de Cristo, en Su obra salvadora y vivificadora. El término κόσμõς, *mundo*, tiene que ver con los hombres, que a causa del pecado viven en tinieblas y están entenebrecidos. A estos Jesús se hace luz iluminadora, no solo desde el exterior, sino algo más importante, desde el interior, ya que *"Dios que mandó que de las tinieblas resplandeciese la luz, es el que resplandeció en nuestros corazones, para iluminación del conocimiento de la gloria de Dios en la faz de Jesucristo"* (2 Co. 4:6). Como aspecto de la fe cristiana se debe decir que Jesús que es Dios de Dios, es también Luz de Luz. La luz de Dios irrumpe en la carne de Jesucristo, y viene a nosotros para darnos en la luz, la vida eterna. Por esa razón el salmista dice: *"porque contigo está el manantial de la vida; en tu luz veremos la luz"* (Sal. 36:9). De modo que, si Cristo es luz, Juan puede decir aquí que *"Dios es luz"*.

Todo cuanto sigue en la *Epístola*, la defensa de la verdad, la vida de comunión, la separación del pecado, etc. tienen su asiento en el hecho definitorio de que *"Dios es luz"*. De ahí que los que viven la vida eterna, en una relación de comunión con Dios, tienen una experiencia luminosa en el presente que procede de una tenebrosa del pasado: *"Porque en otro tiempo erais tinieblas, mas ahora sois luz en el Señor; andad como hijos de luz"* (Ef. 5:8-9). Los pecados son obras de las tinieblas (Ro. 13:12; Ef. 5:11); las malas obras se hacen en la oscuridad (1 Ts. 5:4); las tinieblas son símbolo del mal (Lc. 22:53).

Evidencias de la relación con Dios (1:6-7).

6. Si decimos que tenemos comunión con él, y andamos en tinieblas, mentimos, y no practicamos la verdad.

’Εὰν εἴπωμεν ὅτι κοινωνίαν ἔχομεν μετ’ αὐτοῦ καὶ ἐν τῷ
Si decimos que comunión tenemos con Él y en -
σκότει περιπατῶμεν, ψευδόμεθα καὶ οὐ ποιοῦμεν τὴν
tinieblas andemos mentimos y no hacemos la
ἀλήθειαν·
verdad.

Análisis y notas del texto griego.

Análisis: ’Εὰν, conjunción *sí*; εἴπωμεν, primera persona plural del aoristo segundo de indicativo en voz activa del verbo λέγω, *hablar, decir*, aquí *decimos*; ὅτι, conjunción *que*; κοινωνίαν, caso acusativo femenino singular del nombre común *comunión*; ἔχομεν, primera persona plural del presente de indicativo en voz activa del verbo ἔχω, *tener*, aquí *tenemos*; μετ’, forma escrita por elisión ante vocal con espíritu suave de la preposición propia de genitivo μετά, *con*; αὐτοῦ, caso masculino de la tercera persona singular del pronombre personal *Él*; καὶ, conjunción copulativa *y*; ἐν, preposición propia de dativo *en*; τῷ, caso dativo neutro singular del artículo determinado *lo*; σκότει, caso dativo neutro singular del nombre común *tiniebla*; περιπατῶμεν, primera persona plural del presente de subjuntivo en voz activa del verbo περιπατέω, *andar*, aquí *andemos*; ψευδόμεθα, primera persona plural del presente de indicativo en voz media del verbo ψεύδυμαι, *mentir*, aquí *mentimos*; καὶ, conjunción copulativa *y*; οὐ, adverbio de negación *no*; ποιοῦμεν, primera persona plural del presente de indicativo en voz activa del verbo ποιέω, *hacer, realizar*, aquí *hacemos*; τὴν, caso acusativo femenino singular del artículo determinado *la*; ἀλήθειαν, caso acusativo femenino singular del nombre común *verdad*.

'Εὰν εἴπωμεν. En el escrito aparecen tres frases condicionales, la primera en este versículo, en las que supuestamente se hacen tres afirmaciones: *"Si decimos"*. ¿Por qué este condicional? ¿Quiénes son los que hacen la afirmación? Juan está refiriéndose a los oponentes a la fe, quienes enseñan doctrinas distorsionadas y mentiras contrarias a la verdad. Nótese aquí el presente de indicativo del verbo λέγω, *decir*, en la construcción de una expresión condicional de tercera clase, con ἐάν, más el verbo en subjuntivo, que a menudo es una condición futura probable, o incluso una condición general, pero esto no impide que se trate también de una forma presente continuado, como ocurre aquí.

ὅτι κοινωνίαν ἔχομεν μετ' αὐτοῦ. Estos falsarios son los que afirman que tienen comunión con Dios. Viven vidas contrarías a Él, pero manifiestan que a pesar de ello tienen comunión con Dios. Estos que afirman esto pueden ser aquellos que han salido de la congregación (2:19), o también otros que estando todavía en ella estaban engañados por las falsas enseñanzas.

καὶ ἐν τῷ σκότει περιπατῶμεν, Sin embargo, la contradicción a esa afirmación se presenta de inmediato. Los que dicen que tienen comunión con Dios, *andan en tinieblas*, o mejor tal vez, *andan en oscuridad*. Este verbo sobre todo en el contexto semítico expresa la idea de *comportarse* o del *estilo de vida* que se está llevando (cf. Gn. 5:24; Dt. 5:33; Sal. 1:1). La comunión con Dios demanda un estilo de vida concordante con Él. Anticipando a este condicional, Juan afirmó que en *Dios no hay ninguna tiniebla*, por tanto, es imposible caminar en la oscuridad y tener relación con la luz. Quien afirma que tiene comunión con Dios tiene, necesariamente, que *andar en la luz*. Andar en *tinieblas* es vivir en el error, por tanto, en el pecado. Es posible que algunos de estos fuesen de los nicolaitas a quienes menciona en Apocalipsis, que como otros herejes consideraban que no era pecado participar en las orgías y prácticas abominables de los cultos paganos, habiendo alcanzado para justificarlo un conocimiento superior a la doctrina cristiana. No tiene tanta importancia una identificación puntual, baste con incluirlos dentro de aquellos de quienes la *Epístola de Judas*, dice que son *"impíos que convierten en libertinaje la gracia de nuestro Dios* (Jud. 4). El que se niega a armonizar su vida con la voluntad de Dios, no puede decir que está en comunión con Dios. El que tiene a Cristo y sigue a Cristo no puede andar en tinieblas (Jn. 8:12). La comunión significa compartir plenamente la luz de la presencia de Dios. La condición con Dios hace necesario seguir la conducta de Jesucristo.

ψευδόμεθα καὶ οὐ ποιοῦμεν τὴν ἀλήθειαν· Ahora bien, quien diga que tiene esa relación con Dios, pero vive en una esfera totalmente opuesta a la luz que es Él mismo, solo puede ser un mentiroso, porque la afirmación que hace es mentira. La consecuencia es inevitable, *no practica la verdad.* Es interesante apreciar que no es suficiente con *conocer* la verdad, es necesario *practicarla.* Practicar la verdad es vivir a Cristo, siguiendo fielmente Sus enseñanzas, en el poder del Espíritu. Practicar la verdad exige al mismo tiempo una conducta acorde con la verdad que se expresa (Jn. 3:21).

7. Pero si andamos en luz, como él está en luz, tenemos comunión unos con otros, y la sangre de Jesucristo su Hijo nos limpia de todo pecado.

ἐὰν δὲ[1] ἐν τῷ φωτὶ περιπατῶμεν ὡς αὐτός ἐστιν ἐν τῷ φωτί,
Pero si en la luz andamos cómo Él está en la luz,
κοινωνίαν ἔχομεν μετ' ἀλλήλων καὶ τὸ αἷμα 'Ιησοῦ τοῦ Υἱοῦ
comunión tenemos unos con otros y la sangre de Jesús el Hijo
αὐτοῦ[2] καθαρίζει ἡμᾶς ἀπὸ πάσης ἁμαρτίας.
de Él limpia nos de todo pecado.

Análisis y notas del texto griego.

Análisis: ἐὰν, conjunción condicional *si*; δὲ, partícula conjuntiva que hace las veces de conjunción coordinante, con sentido de *pero, más bien, y, y por cierto, antes bien, entonces*; ἐν, preposición propia de dativo *en*; τῷ, caso dativo neutro singular del artículo determinado *el*; φωτὶ, caso dativo neutro singular del nombre común *luz*; περιπατῶμεν, primera persona plural del presente de subjuntivo en voz activa del verbo περιπατέω, *andar*, aquí *andamos, andemos*; ὡς, adverbio de modo, *como*, que hace las veces de conjunción comparativa; αὐτός, caso nominativo masculino singular del pronombre intensivo *él, el mismo*; ἐστιν, tercera persona singular del presente de indicativo en voz activa del verbo εἰμί, *ser, estar*, aquí *está*; ἐν, preposición propia de dativo *en*; τῷ, caso dativo neutro singular del artículo determinado *el*; φωτὶ, caso dativo neutro singular del nombre común *luz*; κοινωνίαν, caso acusativo femenino singular del nombre común *comunión*; ἔχομεν, primera persona plural del presente de indicativo en voz activa del verbo ἔχω, *tener*, aquí *tenemos*; μετ', forma escrita por elisión ante vocal con espíritu suave de la preposición de genitivo μετά, *con*; ἀλλήλων, caso genitivo masculino plural del pronombre recíproco *unos/otros*; καὶ, conjunción copulativa *y*; τὸ, caso nominativo neutro singular del artículo determinado *el*; αἷμα, caso nominativo neutro singular del nombre común *sangre*; 'Ιησοῦ, caso genitivo masculino singular del nombre propio declinado *de Jesús*; τοῦ, caso genitivo masculino singular del artículo determinado *el*;

Υἱοῦ, caso genitivo masculino singular del nombre *Hijo*; αὐτοῦ, caso genitivo masculino singular del pronombre personal declinado *de Él*; καθαρίζει, tercera persona singular del presente de indicativo en voz activa del verbo καταρίζω, *limpiar*, aquí *limpia*; ἡμᾶς, caso acusativo de la primera persona plural del pronombre personal declinado *a nosotros, nos*; ἀπὸ, preposición propia de genitivo *de*; πάσης, caso genitivo femenino singular del adjetivo indefinido *toda*; ἁμαρτίας, caso genitivo femenino singular del nombre común *falta, delito,* pecado.

Notas. Crítica Textual. Lecturas alternativas.

[1] ἐὰν δὲ, *pero si*, según lectura en Ψ, 1243, 1739, 1881, l, z*, bo[mss], Cirilo.

δὲ, *y*, según א, A, B, C, P, 5, 33, 81, 307, 436, 442, 642, 1175, 1448, 1611, 1735, 1852, 2344, 2492, Byz, sy, co, Clemente.

[2] 'Ιησοῦ τοῦ Υἱοῦ αὐτοῦ, *de Jesús el Hijo de Él*, como se lee en א, B, C, P, Ψ, 1243, 1611, 1739, 1852, 1881, l, vg[st], sy, Clemente.

'Ιησοῦ Χριστοῦ τοῦ Υἱοῦ αὐτου, *Jesucristo el Hijo de Él*, según lectura en A, 5, 33, 81, 307, 436, 442, 642, 1175, 1448, 1735, 2344, 2492, Byz, t, w, z, vg[cl], [ww], sy[h**].

ἐὰν δὲ ἐν τῷ φωτὶ περιπατῶμεν. No se trata de la repetición de lo afirmado en el versículo anterior, sino la expresión de un modo de vida que es propio de un cristiano. Andar en la luz es lo contrario a caminar en tinieblas. Andar en la luz es vivir conforme a la doctrina y a la moral que Dios ha establecido.

ὡς αὐτός ἐστιν ἐν τῷ φωτί, Es necesario entender que Dios *está* en luz, mientras que el creyente *anda* en la luz. Dios es el único que *"habita en luz inaccesible"* (1 Ti. 6:16). De modo que, para mantener *comunión* con Él, es imprescindible participar de Su verdad y santidad. De ahí la exhortación que el apóstol Pablo escribe a los efesios: *"Porque en otro tiempo erais tinieblas, mas ahora sois luz en el Señor; andad como hijos de luz"* (Ef. 5:8). Los creyentes alcanzan la posición de *ser luz* en Cristo. Él afirmó que era la *luz del mundo* (Jn. 8:12), pero, al mismo tiempo afirmó que los creyentes son también la *"luz del mundo"* (Mt. 5:14). En ese sentido, quien está en Dios y Dios en él por Cristo, se convierte en un luminar al resplandecer en él la luz de Dios (Fil. 2:15). Solo es posible brillar como un luminar en las tinieblas del mundo, cuando se *vive a Cristo* (Gá. 2:20; Fil. 1:21). Solo es luminosa la vida de aquél en quien Dios mismo se hace vida y luz por Su presencia vivencial. El creyente no es luz por sí mismo, sino que la luz de Dios le es comunicada por la presencia de Cristo en él. El Señor es la única y verdadera luz. Por eso el salmista dice que *"el Señor es mi luz y mi salvación"* (Sal. 27:1) y, por tanto, solo en Él *"veremos luz"* (Sal. 36:9). La luz necesaria para el camino santo y sin tropiezo del creyente procede de Dios, a quién se dirige la súplica: *"Envía tu luz y tu verdad; estas me guiarán; me conducirán a tu santo monte, y a tus moradas"* (Sal. 43:3). Mientras el mundo desorientado es conducido por sendas que concluyen en la muerte, el creyente alumbrado por Dios es conducido a Dios mismo, su alegría y su gozo (Sal. 43:4). Dios ha dado a Cristo por luz y salvación a todas las naciones (Is. 49:6). De ahí que el profeta diga al pueblo que estaba en la esperanza del Mesías, que Su llegada traería consigo la luz y la gloria de Dios (Is. 60:1). La irrupción del *Verbo de vida* hecho carne, en el mundo de los hombres, hizo resplandecer la luz de Dios como la aurora naciente del día de salvación, para dar luz a los que estaban en tinieblas y alumbrar el camino de la paz (Lc. 1:78-79). Por esa razón Jesús podía decir: *"Yo soy la luz del mundo; el que me sigue, no andará en tinieblas, sino que tendrá la luz de la vida"* (Jn. 8:12), de otro modo: *"Yo, la luz, he venido al mundo, para que todo aquel que cree en mí no permanezca en tinieblas"* (Jn. 12:35, 46).

El *andar en la luz*, como Juan establece aquí, esto es, en el estilo de vida que no solo es luminoso, sino que es luz, requiere una vida que corresponda a esa condición, en contraste con quienes, aunque afirmen otra cosa, están en tinieblas, de modo que *"Así alumbre vuestra luz delante de los hombres, para que vean vuestras buenas obras, y glorifiquen a vuestro Padre que está en los cielos"* (Mt. 5:16).

κοινωνίαν ἔχομεν μετ' ἀλλήλων. La consecuencia de *andar* en la luz es la comunión entre los cristianos. Es necesario entender bien que el *andar* en la luz no consigue la comunión con Dios, sino con los hermanos, porque todos viven en la misma dinámica de vida en la luz. No puede haber comunión entre hermanos sino la hay con Dios, porque la comunión horizontal es consecuencia de la comunión vertical (v. 3). Pero, también expresa la verdad de que la comunión entre creyentes es una realidad indeclinable. La comunión cristiana se establece entre miembros del cuerpo de Cristo, por la cabeza que es Cristo mismo, de modo que sólo puede interrumpirse cuando queda cortada entre un creyente y el Señor a causa de pecado oculto sin confesar en su vida, de ahí que cuando un cristiano interrumpe voluntariamente la comunión con otro sin otra razón que su deseo personal, está poniendo a Cristo fuera de comunión en su vida. El amor a Dios, que expresa comunión con Él, vincula también el amor al prójimo (Mt. 22:37-38). No es posible hablar de comunión con Dios y, como se dijo antes, negarla a los hermanos. La comunión eclesial es posible para los que *andan en luz*. El pecado es un obstáculo a la comunión con Dios (Sal. 5:4; 66:18; Is. 59:1-2). Quien vive en pecado no puede tener comunión con Él, ni con los hermanos. La obra expiatoria de Jesucristo restablece, mediante la reconciliación, la comunión con Dios. Juan desarticula el argumento gnóstico que se gloriaba de una unión con Dios sin necesidad de comunión con los creyentes.

καὶ τὸ αἷμα Ἰησοῦ τοῦ Υἱοῦ αὐτοῦ καθαρίζει ἡμᾶς ἀπὸ πάσης ἁμαρτίας. La limpieza del pecado personal, es una operación posible y real en base a la *sangre de Jesús* el *Hijo de Dios*, esto es, como resultado de la muerte del Salvador (2 Co. 5:21). La sangre *purifica* porque es la del Hijo de Dios, única que tiene virtud redentora. La muerte de Cristo no sería eficaz si no fuera el Hijo de Dios. Aparece aquí la primera referencia al pecado en la *Epístola*. Andar en la luz significa haber sido limpiado de pecado. Juan traslada en el versículo la gloriosa certeza en relación con el pecado. La redención hace posible la limpieza de *todo pecado*. Es interesante apreciar el presente del verbo καταρίζω, *limpiar*, que expresa la idea de una acción continuada, es decir, la obra de Cristo limpia continuamente al creyente de todo el pecado. Es notable la precisión de la *Cristología* de Juan, que una vez más presenta en el Verbo las dos naturalezas, divina y humana del Señor. Solo por medio de Su humanidad pudo dar Su vida, derramando Su sangre. El alcance de esa obra limpia de *todo* pecado, pasados, presentes y futuros. Tal operación divina hace posible que posicionalmente los creyentes seamos santos delante de Dios y que un día seamos presentados sin mancha delante de Su gloria (Ef. 5:27).

Confesión (1:8-10).

8. Si decimos que no tenemos pecado, nos engañamos a nosotros mismos, y la verdad no está en nosotros.

ἐὰν εἴπωμεν ὅτι ἁμαρτίαν οὐκ ἔχομεν, ἑαυτοὺς πλανῶμεν
Si dijésemos que pecado no tenemos, a nosotros mismos engañamos
καὶ ἡ ἀλήθεια[1] οὐκ ἔστιν ἐν ἡμῖν.
y la verdad no está en nosotros.

Análisis y notas del texto griego.

Análisis: ἐὰν, conjunción condicional *si*; εἴπωμεν, primera persona plural del aoristo segundo de indicativo en voz activa del verbo λέγω, *hablar, decir*, aquí *decimos*; ὅτι, conjunción *que*; ἁμαρτίαν, caso acusativo femenino singular del nombre común *pecado*; οὐκ, forma escrita del adverbio de negación *no*, con el grafismo propio ante una vocal con espíritu suave o una enclítica; ἔχομεν, primera persona plural del presente de indicativo en voz activa del verbo ἔχω, *tener*, aquí *tenemos*; ἑαυτοὺς, caso acusativo masculino plural del pronombre reflexivo declinado *a nosotros mismos*; πλανῶμεν, primera persona plural del presente de indicativo en voz activa del verbo πλανάω, *engañar*, aquí *engañamos*; καὶ, conjunción copulativa *y*; ἡ, caso nominativo femenino singular del artículo determinado *la*; ἀλήθεια, caso nominativo femenino singular del nombre común *verdad*; οὐκ, forma escrita del adverbio de negación *no*, con el grafismo propio ante una vocal con espíritu suave o una enclítica; ἔστιν, tercera persona singular del presente de indicativo en voz activa del verbo εἰμί, *ser, estar*, aquí *está*; ἐν, preposición propia de dativo *en*; ἡμῖν, caso dativo de la primera persona plural del pronombre personal *nosotros*.

Notas. Crítica Textual. Lecturas alternativas.

[1] ἡ ἀλήθεια, *la verdad*, como se lee en ℵ, B, Ψ, 81, 436, 442, 1175, 2492, Byz.

ἡ ἀλήθεια τοῦ Θεου, *la verdad de Dios*, según lectura en 1448, 1611, sy[h].

ἐὰν εἴπωμεν ὅτι ἁμαρτίαν οὐκ ἔχομεν, Una nueva expresión condicional introduce una supuesta forma expresiva de alguien, que no puede ser, como antes se dijo de otra procedencia que los *falsos maestros*. La afirmación es no solo incorrecta sino engañosa: *"Si decimos que no tenemos pecado"*. Ningún hombre está exento, puesto que todos somos pecadores. Solo el Hombre perfecto, Jesucristo, el Mediador, no tuvo pecado (Jn. 8:46; 2 Co. 5:21; 1 P. 2:22). Juan se está refiriendo aquí a negar el principio del pecado que está en todo hombre. El pecado, inductor a las malas obras, está en todo hombre, regenerado o no (Ro. 5:12; 7:14-20). Esta expresión puede referirse al pecado en general, que está presente en todo hombre, pero también, a la luz del versículo siguiente, pudiera tratarse de pecados sin confesar, cometidos por los creyentes. No cabe duda que el justo puede caer en pecado y de hecho cae. El creyente no es impecable. No es necesario establecer aquí una discusión sobre cuál era el pensamiento de Juan en estas palabras, o qué clase de pecado es aquel a que se refiere. Solo Jesús es el que pudo decir: *"¿Quién de vosotros me redarguye de pecado?"* (Jn. 8:46).

ἑαυτοὺς πλανῶμεν καὶ ἡ ἀλήθεια οὐκ ἔστιν ἐν ἡμῖν. Una afirmación semejante es una expresión engañosa. El corazón del hombre puede engañarle con un falso razonamiento (Jer. 17:9). Los gnósticos enseñaban que el espíritu era libre de pecado, por tanto, no importaba lo que se hiciera con el cuerpo. Sin embargo, la Escritura enseña la universalidad del pecado (Sal. 14:3; 53:1-3; Ro. 3:12).

La consecuencia del engaño es que *"la verdad no está en nosotros"*. Verdad, aquí tiene el sentido de la verdad revelada en el mensaje. El que hace tal afirmación no está controlado por la verdad, sino que se opone a ella. La verdad no puede estar en aquellos que niegan tener pecado.

9. Si confesamos nuestros pecados, él es fiel y justo para perdonar nuestros pecados, y limpiarnos de toda maldad.

ἐὰν ὁμολογῶμεν τὰς ἁμαρτίας ἡμῶν, πιστός ἐστιν καὶ
Si confesamos los pecados de nosotros fiel es y
δίκαιος, ἵνα ἀφῇ ἡμῖν τὰς ἁμαρτίας καὶ καθαρίσῃ ἡμᾶς
justo, para perdonar nos los pecados y limpiar nos
ἀπὸ πάσης ἀδικίας.
de toda maldad.

Notas y análisis del texto griego.

Análisis: ἐὰν, conjunción *si*; ὁμολογῶμεν, primera persona plural del presente de subjuntivo en voz activa del verbo ὁμολογέω, *confesar*, aquí *confesamos, confesemos*; τὰς, caso acusativo femenino plural del artículo determinado *las*; ἁμαρτίας, caso acusativo femenino plural del nombre común *pecados*; ἡμῶν, caso genitivo de la primera persona plural del pronombre personal declinado *de nosotros*; πιστός, caso nominativo masculino singular del adjetivo *fiel*; ἐστιν, tercera persona singular del presente de indicativo en voz activa del verbo εἰμί, *ser, estar*, aquí *es*; καὶ, conjunción copulativa *y*; δίκαιος, caso nominativo masculino singular del adjetivo *justo*; ἵνα, conjunción causal *para*; ἀφῇ, tercera persona singular del aoristo segundo de indicativo en voz activa del verbo ἀφίημι, *perdonar*, aquí *perdonar*; ἡμῖν, caso dativo de la primera persona plural del pronombre personal declinado *a nosotros, nos*; τὰς, caso acusativo femenino plural del artículo determinado *las*; ἁμαρτίας, caso acusativo femenino plural del nombre común *pecados*; καὶ, conjunción copulativa *y*; καθαρίσῃ, tercera persona singular del aoristo primero de indicativo en voz activa del verbo καταρίζω, *limpiar*, aquí *limpiar*; ἡμᾶς, caso acusativo de la primera persona plural del pronombre personal *nos*; ἀπὸ, preposición propia de genitivo *de*; πάσης, caso genitivo femenino singular del adjetivo indefinido *toda*; ἀδικίας, caso genitivo femenino singular del nombre común *maldad.*

ἐὰν ὁμολογῶμεν τὰς ἁμαρτίας ἡμῶν, Nadie puede negar que lamentablemente el pecado afecta ocasionalmente la vida del creyente. Se ha considerado también que la vida de Cristo ofrecida en sustitución es el medio que permite a Dios cancelar la responsabilidad penal del pecador que cree y perdonarle *todos* los pecados, de modo que puede decir con gratitud, reverencia y seguridad, que *"no hay condenación para los que están en Cristo"* (Ro. 8:1).

La *confesión* es una palabra que equivale literalmente a *decir lo mismo*, es decir, el que confiesa no relata el pecado cometido, que ya es conocido por Dios, sino que se identifica con lo que Él determina para el pecado. El que confiesa dice *lo mismo* que dice Dios, que la acción o las acciones son pecado. Aunque realmente los pecados, tanto pasados como presentes y aun los futuros, han sido ya perdonados, puesto que fueron puestos sobre Cristo en la sustitución en la Cruz, cualquier pecado cometido supone una interrupción de la comunión con Dios, que se restaura por medio de la confesión.

El pecado del cristiano afecta a él mismo y también a Dios. El efecto del pecado en el cristiano tiene la peculiaridad de que no disuelve los lazos de relación que lo unen al Padre del cielo, sino como una limitación o perjuicio de las experiencias de relaciones normales con Él. El apóstol presenta por lo menos siete efectos aflictivos o juicios sobre el pecado del creyente. Primeramente, el pecado no confesado se vuelve en tinieblas en la mente del cristiano (1:6). En ese sentido pone de manifiesto que el cristiano puede *andar* en tinieblas o *en luz*, de modo que cuando anda en luz tiene la posesión de las bendiciones espirituales, además, cuando se anda en luz no se presenta ocasión para tropezar (2:10). Una segunda advertencia es que el pecado causa en el cristiano la pérdida del gozo (1:4). Como se ha considerado antes, el gozo es el celestial de Cristo (Jn. 15:11; Gá. 5:22). Por esa causa David pide en su confesión a Dios que le vuelva el gozo de la salvación (Sal. 51:12). Cuando el cristiano peca, no pierde su salvación, pero sí el gozo que se alcanza en el poder del Espíritu, por comunión con Cristo. También el pecado produce la *pérdida de la comunión* con el Padre y, por consiguiente, con Su Hijo, con todos los que andan en tinieblas, mientras que la comunión está reservada para los que andan en luz (1:3, 6, 7). Una cuarta consecuencia es la de la pérdida de la experiencia del amor de Dios (2:5, 15.17; 4:12). En quinto lugar, una sanción espiritual por el pecado es la pérdida de la paz (3:4-10). El cristiano no puede practicar el pecado o cometer la acción pecaminosa sin que sienta inquietud en su corazón, que no es otra cosa que la pérdida de la paz. La sexta consecuencia es que el pecado sin confesar trae como resultado la pérdida de confianza en Dios, de forma especial en la respuesta a la oración (3:19-22). Por último, en séptimo lugar, el pecado en el creyente le hace perder la *confianza* en relación con la segunda venida del Señor (2:28). El apóstol enseña en esta *Epístola* que el cristiano tendrá *confianza*, o se *sentirá avergonzado* en el día de la venida del Señor (4:17).

πιστός ἐστιν καὶ δίκαιος, ἵνα ἀφῇ ἡμῖν τὰς ἁμαρτίας καὶ καθαρίσῃ ἡμᾶς ἀπὸ πάσης ἀδικίας. El cristiano está relacionado con Dios por el *Nuevo Pacto*, formalizado con la *sangre* de Cristo. La restauración de la comunión con Dios se consigue mediante la *confesión*. El apóstol Juan dice que *"Dios es fiel y justo para perdonar nuestros pecados, y limpiarnos de toda maldad"*. La confesión es la manifestación externa del arrepentimiento que se produce en el corazón regenerado y que supone un cambio de pensamiento y de propósito, que hace que el cristiano vuelva a estar de acuerdo con Dios. El creyente no puede estar en comunión con Dios, que es luz y andar en tinieblas. Se ha dicho antes que *andar en luz* no significa *ser la luz*, puesto que requeriría una santidad absoluta. Solo Dios es luz. No significa tampoco que no se comenta falta alguna, pero cuando la luz divina ilumina el corazón cristiano y pone de manifiesto alguna suciedad espiritual en él, la confesión restaura la limpieza íntima y concede la plena comunión con Dios. De ahí que Juan diga que la sangre de Jesucristo lo limpia de *toda maldad*, esto es, de *toda contaminación*. En la confesión se produce una nueva experiencia de relación con Dios en el camino de la luz. Este perdón no descansa tanto en la misericordia, sino en *la justicia* de Dios, ya que es mediante la justicia de Cristo que se hace posible, porque todo castigo por el pecado recayó sobre Jesús en la Cruz. De ahí que Dios se manifiesta como *justo* cuando perdona el pecado del creyente, porque Él es *"la propiciación por nuestros pecados"* (2:2). Mediante Su muerte, hizo que Dios sea propicio y se sienta libre para perdonar al creyente que confiesa su pecado. Es necesario entender que el *perdón de todos los pecados* (Col. 3:13) hace posible que el cristiano llegue a la posición de *hijo de Dios*, para el que ya no hay condenación por el pecado. La unión vital con Cristo es definitiva y nunca podrá ser quebrantada en la relación con el cristiano (Ro. 8:1). Pero la confesión demandada aquí es la renovación del camino de comunión con Dios. Él restaura *limpiando* de maldad para que el pecador pueda restablecer la plena comunión con Él (Is. 1:18). Lo hace porque es fiel y justo. La fidelidad de Dios es una de sus gloriosas perfecciones (2 Ti. 2:13). Lo hace en razón al compromiso del nuevo pacto que se ha mencionado antes, donde afirma: *"... porque perdonaré la maldad de ellos, y no me acordaré más de su pecado"* (Jer. 31:34b). Pero, ¿cómo puede ser justo perdonando el pecado para el que establece la condenación? La razón por la que puede hacerlo es en base al sacrificio de Cristo (1:7).

Se dijo antes que el pecado en el creyente afecta a éste, pero también afecta al que siendo *santísimo* no puede tener comunión con el pecado. Juan escribe a quienes llama *hijitos míos*, lo que quiere decir que son creyentes en Cristo. El aspecto de la consecuencia del pecado en relación con Dios, será objeto de estudio más adelante (2:1), en donde se considerará con la extensión propia de este comentario.

10. Si decimos que no hemos pecado, le hacemos a él mentiroso, y su palabra no está en nosotros.

ἐὰν εἴπωμεν ὅτι οὐχ ἡμαρτήκαμεν, ψεύστην ποιοῦμεν αὐτὸν
Si dijésemos que no hemos pecado, mentiroso hacemos Le
καὶ ὁ λόγος αὐτοῦ οὐκ ἔστιν ἐν ἡμῖν.
y le palabra de Él no está en nosotros.

Análisis y notas del texto griego.

Análisis: ἐὰν, conjunción condicional *si*; εἴπωμεν, primera persona plural del aoristo segundo de indicativo en voz activa del verbo λέγω, *hablar, decir*, aquí *decimos*; ὅτι, conjunción *que*; οὐχ, forma escrita del adverbio de negación *no*, con el grafismo propio ante vocal con espíritu áspero; ἡμαρτήκαμεν, primera persona plural del perfecto de indicativo en voz activa del verbo ἁμαρτάνω, *pecar*, aquí *hemos pecado*; ψεύστην, caso acusativo masculino singular del nombre común *mentiroso*; ποιοῦμεν, primera persona plural del presente de indicativo en voz activa del verbo ποιέω, *hacer*, aquí *hacemos*; αὐτὸν, caso acusativo masculino de la tercera persona singular del pronombre personal declinado *a Él, Le*; καὶ, conjunción copulativa *y*; ὁ, caso nominativo masculino singular del artículo definido *el*; λόγος, caso nominativo masculino singular del nombre común *dicho, palabra*; αὐτοῦ, caso genitivo masculino de la tercera persona singular del pronombre personal declinado *de él*; οὐκ, forma escrita del adverbio de negación *no*, con el grafismo propio ante una vocal con espíritu suave o una enclítica; ἔστιν, tercera persona singular del presente de indicativo en voz activa del verbo εἰμί, *ser, estar*, aquí *está*; ἐν, preposición propia de dativo *en*; ἡμῖν, caso dativo de la primera persona plural del pronombre personal *nosotros*.

ἐὰν εἴπωμεν ὅτι οὐχ ἡμαρτήκαμεν, Juan cierra el párrafo con una tercera cláusula condicional, que contiene una afirmación incorrecta. Corresponde a una contradicción de la enseñanza anterior, que Dios es fiel y justo para perdonar nuestros pecados. Aquí se pretende que haya alguno que *no ha pecado*, esto es, una persona que se considera santa por sí misma y no cae nunca en el pecado, o de otro modo, que no ha caído nunca en el pecado. El perfecto del verbo, expresa la idea de una negación continua de ausencia de pecado.

ψεύστην ποιοῦμεν αὐτὸν. Esta negación es ya un pecado consistente en llamar *mentiroso* a Dios mismo, quien afirma que todos los hombres son pecadores. El que afirme que no tiene, o que no ha pecado, no es un cristiano firme y lleno de fe, sino alguien que llama mentiroso a Dios. Este es un proceso más grave que engañarse a sí mismo. Es acusar a Dios de mentiroso ya que Su Palabra afirma que todos pecamos, en alguna medida (Pr. 20:9; Sal. 51:2, 6; Ro. 3:10). Por tanto, es una negación de la verdad de Dios (5:10). Hacer a Dios mentiroso es afirmar que Él miente. De este modo Le ofendemos, al afirmar que hay hombres que no pecan ni pecaron. Es una forma expresiva del pensamiento gnóstico. El enviar Dios a Su Hijo para salvar a los pecadores, hay –según esta afirmación mentirosa– hombres que no necesitan salvación porque no son pecadores.

καὶ ὁ λόγος αὐτοῦ οὐκ ἔστιν ἐν ἡμῖν. El segundo problema que ocasiona una afirmación semejante es que *la Palabra no está en nosotros*. La contradicción a la verdad revelada en la Escritura sobre la universalidad del pecado, se contradice y, por tanto, no encuentra lugar en la vida del que afirma lo contrario a la revelación. La negación del pecado pone de manifiesto la actitud arrogante del que no se arrepiente por aferrarse, no a la Palabra, sino al pecado. Hay una correlación de afirmaciones que terminan en esto: *"mentimos"* (v. 6); *"nos engañamos"* (v. 8); *"hacemos a Dios mentiroso"* (v. 10).

Podemos cerrar el capítulo destacando dos lecciones entre las muchas que encontramos en él. Primero la realidad de la vida de comunión con Dios, que solo es posible cuando se ajusta a Sus demandas. Es una vida que se desarrolla en la esfera de la luz, siguiendo fielmente al Señor. Quien vive en la realidad de la comunión con Dios, no anda en tinieblas, esto es, no vive en la práctica del pecado, cualquiera que sea la forma de expresión del mismo.

La vida de comunión exige la confesión del pecado. Como se ha considerado, confesar indica *decir la misma cosa*, esto es, aceptar para la vida lo que Dios establece como separación del pecado. No sólo debe confesarse, sino que es imprescindible separarse de la práctica del pecado. Este es cuanto sea contrario a la voluntad de Dios, entre los que están la falta de amor hacia los hermanos, que será uno de los temas más destacables de la *Epístola*. El remedio para restaurar la comunión con Dios, interrumpida por el pecado, es la confesión. Esto debiera ser una de las ocupaciones diarias de cada creyente. Como el publicano escucho a Dios decir: *"tú eres pecador"*, reconozco la verdad, y oro diciendo *"Dios, se propicio a mí, pecador"*.

CAPÍTULO II

LA CONDUCTA CRISTIANA

Introducción.

La división de la *Epístola* en forma temática es relativamente difícil, puesto que Juan pasa de un tema a otro para regresar otra vez al origen. Por esa causa, la división lógica sería extender el capítulo anterior hasta 2:2, ya que el párrafo sobre el pecado llega hasta esta cita. Con todo, para aprovechar la división natural de los capítulos, ha de tomarse el tema anterior para iniciar el análisis, teniendo en cuenta que procede sin interrupción del fin del capítulo anterior.

El apóstol trató de la condición divina al afirmar que *"Dios es luz, y no hay ningunas tinieblas en él"* (1:5), por consiguiente, el creyente que anda en la luz, debe vivir una vida consecuente con lo que el Padre es. Sin embargo, por la presencia del pecado en cada persona, incluyendo los creyentes, produce desviaciones de la luz, con aproximación puntual a las tinieblas que son expresión del pecado. A este problema responde el apóstol con la exhortación a la confesión (1:9). Tratar el pecado a la ligera o negar su existencia en la vida del creyente, afirmando que el creyente *no peca*, es llamar a Dios mentiroso, porque es la negación consciente de la revelación de lo que Él enseña en la Palabra.

Al entrar en el primer párrafo del capítulo que se considera, se aprecia que sigue la enseñanza anterior. En ella se consideró la consecuencia del pecado en el creyente en relación con él mismo. Ahora pasa Juan a manifestar el modo de resolver ese problema en relación con Dios. Si para el creyente se demanda la confesión, para Dios está la obra del *abogado* que es Jesucristo (v. 1). Pero, a su vez, el santísimo Dios, no puede estar en relación con el pecador, a no ser por la obra de propiciación que también ha realizado en Cristo, quien muriendo por nuestros pecados en forma de expiación virtual, lo ha hecho también por los de todo el mundo en expiación potencial (v. 2).

La comunión exige obediencia (v. 3), que certifica o evidencia la realidad de *conocer* a Jesús, que significa vivir en armonía con Él. Esta comunión se manifiesta en un modo de conducta, haciendo lo que el Señor estableció. Tal expresión de obediencia manifiesta la realidad del amor que se proclama. Por consiguiente, la profesión de amor hacia el Señor no consiste en palabras, sino en obras que se hacen visibles a todos y autentifican la verdad que se expresa (v. 5). La vida cristiana es un *caminar* en seguimiento, que es imitación a Cristo (v. 6).

Ser cristiano, caminar en la luz, no consiste solamente en evitar caer o practicar el pecado, sino en asumir la vida de obediencia a los mandamientos de Dios. Del mismo modo que Jesucristo vino al mundo sujeto en obediencia al Padre, así también quien vive a Cristo ha de expresarlos en una esfera de sujeción a lo que Dios ha establecido en la Palabra. Una de las manifestaciones de obediencia tiene que ver con el mandamiento que es núcleo central de la vida cristiana e informa la ética del creyente. El mandamiento que Jesucristo dijo que era *nuevo*, no porque se formulara por primera vez en Sus días, sino porque es inalterable en el tiempo, es decir, no queda envejecido y en desuso. Es el mandamiento del amor fraterno, establecido *"desde el principio"*, esto es, desde que se comenzó a proclamar el evangelio. Quien no persevera en él no sigue la verdad, porque no sigue a Cristo (vv. 7-10).

La vida victoriosa corresponde a todo creyente y debe ser experimentada por cada uno, no importa la edad espiritual que tenga. Aquellos cuyos pecados han sido perdonados en la justificación, están llamados a vivir una vida victoriosa en la santificación (vv. 11-14). El párrafo entra de lleno en la necesidad de que el creyente viva separado del mundo y sus cosas, como esfera en contraposición a Dios. No puede hablarse de comunión con Él y al mismo tiempo de amistad con el mundo y sus cosas. No es posible hablar de amor a Dios, amando al mundo (vv. 15-17).

Ahora bien, la conducta del cristiano está regulada por la Palabra, que es la única norma de fe y conducta que informa y orienta la vida cristiana. El apóstol Juan, al establecer las características de los *últimos tiempos*, precisa la presencia del *espíritu del anticristo*, presente en un gran número de personas (v. 18). Tal espíritu es una manifestación abierta de oposición contra el Señor y Su autoridad. Este hecho había sido ya anunciado por Cristo durante Su ministerio. La iglesia tendrá que pasar por las dificultades propias de este *último tiempo*, especialmente por la presencia en su medio de personas que, siendo aparentemente cristianas, no lo han sido por nacimiento espiritual. Para los tales, la norma de conducta y de vida que la Palabra demanda, no les es aceptable ni están dispuestos a sujetarse a ella, por lo que abandonan la congregación de creyentes (v. 19).

Tales deserciones no deben inquietar a los santos, ya que son la consecuencia lógica de una situación espiritual contraria a los nacidos de nuevo. Los creyentes, capacitados por el Espíritu Santo, son capaces de discernir la verdad del error, manteniéndose en la doctrina establecida y viviendo consecuentemente con ella (vv. 20-23). Por consiguiente, la principal característica de un creyente es la permanencia en la doctrina (vv. 24-25). La fidelidad en la vida cristiana tiene gran importancia ante la inminente venida del Señor. Aquellos que hayan permanecido en la norma de fe, desarrollarán su vida en la esfera de la justicia, con lo que el retorno de Cristo representará un momento de gozo. Contrariamente, los que hayan vivido desvinculados de ella se avergonzarán en aquel día (vv. 28-29).

Para el análisis del capítulo se sigue el *bosquejo* que está en la *introducción*, como sigue:

2. La obra divina (2:1-2).
    2.1. El abogado (2:1).
    2.2. La propiciación (2:2).

III. Estilo de vida (2:3-29).

1. Evidencias de conocer a Dios (2:3-6).
    1.1. Obediencia (2:3-5).
    1.2. Alcance (2:6).
2. Condiciones para la vida cristiana (2:7-11).
    2.1. El mandamiento (2:7-8).
    2.2. La contradicción (2:9-10).
    2.3. La realidad (2:11).
3. Demandas de separación (2:12-17).
    3.1. Características del cristiano (2:12-14).
    3.2. Separación del mundo (2:15-17).
4. Demanda de firmeza (2:18-29).
    4.1. Advertencia sobre los falsos maestros (2:18-19).
    4.2. La unción (2:20).
    4.3. La verdadera fe (2:21-25).
    4.4. La operación de la unción (2:26-27).
    4.5. Firmeza y seguridad (2:28-29).

La obra divina (2:1-2).

El abogado (2:1).

1. Hijitos míos, estas cosas os escribo para que no pequéis; y si alguno hubiere pecado, abogado tenemos para con el Padre, a Jesucristo el justo.

Τεκνία μου, ταῦτα γράφω ὑμῖν ἵνα μὴ ἁμάρτητε. καὶ
Hijitos de mí, estas cosas escribo os para que no pequéis. Y
ἐάν τις ἁμάρτῃ, παράκλητον ἔχομεν πρὸς τὸν Πατέρα
si alguno peca, abogado tenemos para con el Padre
Ἰησοῦν Χριστὸν δίκαιον·
a Jesucristo justo.

> Análisis y notas del texto griego.
>
> Análisis: Τεκνία, caso vocativo neutro plural del nombre común *hijitos*; μου, caso genitivo de la primera persona singular del pronombre personal declinado *de mí*; ταῦτα, caso acusativo neutro plural del pronombre demostrativo *estos*, en sentido de *estas cosas*; γράφω, primera persona singular del presente de indicativoen voz activa del verbo γράφω, *escribir*, aquí *escribo*; ὑμῖν, caso dativo de la segunda persona plural del pronombre personal declinado *a vosotros*; ἵνα, conjunción causal *para que*; μὴ, partícula negativa que hace las funciones de adverbio de negación condicional, *no*; ἁμάρτητε, segunda persona plural del aoristo segundo de subjuntivo en voz activa del verbo ἁμαρτάνω, *pecar*, aquí *pequéis*; καὶ, conjunción copulativa *y*; ἐάν, conjunción condicional *si*; τις, caso nominativo masculino singular del pronombre indefinido *alguno*; ἁμάρτῃ, tercera persona singular del aoristo segundo de subjuntivo en voz activa del verbo ἁμαρτάνω, *pecar*, aquí *peca*; παράκλητον, caso acusativo masculino singular del nombre común *abogado, intercesor*; ἔχομεν, primera persona plural del presente de indicativo en voz activa del verbo ἔχω, *tener*, aquí *tenemos*; πρὸς, preposición propia de acusativo *para con*; τὸν, caso acusativo masculino singular del artículo determinado *el*; Πατέρα, caso acusativo masculino singular del nombre divino *Padre*; Ἰησοῦν, caso acusativo masculino singular del nombre propio declinado *a Jesús*; Χριστὸν, caso acusativo masculino singular del nombre propio *Cristo*; δίκαιον, caso acusativo masculino singular del adjetivo *justo*.

Τεκνία μου, El apóstol sigue el tema del pecado, con que termina el capítulo anterior, para dirigirse a los lectores con una forma afectuosa llamándoles *hijitos*. Es posible que en la mente de Juan estuviesen presentes las palabras de Jesús en la última noche con ellos, a quienes llamó de este mismo modo (Jn. 13:33). Es una forma típica de Juan. Refiriéndose a ellos de este modo hace notar que, aunque eran *niños* en la comprensión de muchas de las verdades doctrinales, especialmente en lo relativo al pecado y a Jesucristo, pero, al mismo tiempo le son muy amados. Pero, no solo está el sustantivo *hijitos* sino el pronombre personal que actúa aquí como *posesivo*, por tanto, son *sus hijitos*. Acaso la mayoría de ellos han tenido una relación con Juan, no solo como apóstol, sino como *pastor* de la comunidad.

Aunque *hijitos* son también hermanos con el apóstol, término que generalmente usa Pablo al referirse a los creyentes. No son conceptos distintos, sino idénticos. Los cristianos en las iglesias locales forman núcleos más pequeños que, para los pastores y los apóstoles, son como *padres espirituales* de cada uno de ellos. Juan se dirige de este modo a los que para él son como hijos pequeños que necesitan una relación personal y afectiva en medio de los problemas que comportan.

ταῦτα γράφω ὑμῖν ἵνα μὴ ἁμάρτητε. El apóstol les recuerda el propósito de cuanto ha escrito hasta aquí, todas esas cosas tienen la intención de evitar que *pequen*. Orientarlos o dirigirlos a la luz. Quien camina en la luz no está en tinieblas, es decir, la vida conforme a Dios demanda y se manifiesta en santidad.

καὶ ἐάν τις ἁμάρτῃ, παράκλητον ἔχομεν πρὸς τὸν Πατέρα Ἰησοῦν Χριστὸν δίκαιον· Con todo, el pecado forma parte de la experiencia de todos los hombres, incluyendo a los creyentes. La solución para el problema del pecado es la confesión (1:9). Pero, el apóstol presenta aquí otra realidad como es la condición de *Abogado* de Jesucristo. Primeramente, el apóstol se refiere a la posibilidad de un salvo que ha caído en pecado. El hecho de que los creyentes pecamos es una lamentable evidencia.

El término griego παράκλητος, denota el oficio de *intercesor, defensor*. El término se usa para designar tanto al Espíritu Santo (Jn. 16:7), como a Cristo, tal como ocurre en este lugar. Cristo se refirió al Espíritu como a *otro* intercesor, lo que implícitamente lo sitúa a Él mismo como un verdadero intercesor o ayudador para Sus discípulos. En Su oficio celestial, Jesucristo se presenta exponiendo la causa de otro delante del tribunal de Dios. Mientras que Satanás efectúa su oficio de *acusador* de los creyentes, Jesús ejerce el oficio de *defensor* de quienes ha salvado. De manera que defiende a cada creyente, aunque esté acusado de pecado que verdaderamente cometió. Ahora bien, ¿cuándo lo hace? Sin duda alguna en el mismo instante en que está pecando, y no cuando el cristiano confiesa su pecado. De otro modo, el oficio de *abogado* de Jesucristo no es algo que ocurre una vez para siempre, sino que continuamente está ejerciendo ese oficio por los creyentes que viven en el mundo, en la vida de santificación, esperando la glorificación que los liberará de la presencia del pecado.

Pero, es necesario entender que el *Abogado* celestial, no *implora* el perdón del ofensor, ya que Dios no puede ser clemente con el pecado. Todavía más, no está presentando como hace en ocasiones un abogado, justificación al pecado cometido, ya que legalmente no hay disculpa alguna para el pecado, que es un delito cometido contra Dios. No puede haber *injusticia* alguna en la realización del oficio de *abogado*, porque el que aboga es llamado por Juan *Jesucristo el justo*. No se trata de calificar de *justo* al Señor Jesucristo, que es justo en grado infinito, sino que actúa en plena justicia en la *intercesión* por los santos. El acusador de los hermanos lo hace en justicia, denunciando el pecado y poniendo de manifiesto que la muerte es la única forma para el delito cometido, pero, Jesucristo, el *abogado* presenta la defensa basada en la *sustitución* que del pecador llevó a cabo en la Cruz, llevando sobre Sí el castigo por ese pecado. Al haber sufrido el castigo por el pecado demandado por la justicia de Dios, demanda la aplicación de justicia para la transgresión del pecador. Esta admirable verdad debiera conducir nuestros deseos personales a la práctica de la santidad y al alejamiento del pecado. Cada creyente es mantenido sin la responsabilidad penal del pecado en razón de la propiciación operada en la muerte de Cristo. Ese abogado *Jesucristo justo*, está a la diestra del Padre, intercediendo por nosotros (Ro. 8:34; He. 7:25).

El Espíritu Santo es nuestro *abogado* en la tierra, junto a cada creyente (cf. Jn. 14:16; Ro. 8:9, 11, 16, 26, 27), mientras que Jesucristo lo es en el cielo junto al Padre. No es un amor que *aboga* ante el ejercicio de la justicia, sino que es la justicia que aboga ante el amor de Dios, porque ya no puede ejecutar la pena del pecado cometido ya que fue cargado sobre el Cordero de Dios, que ocupó nuestro lugar en la Cruz. Este *Abogado*, habla al Padre en defensa del que pecó. La persona que cree, tiene vida eterna y ya no viene a condenación (Jn. 5:24; Ro. 8:1, 33, 34; 1 Jn. 3:14; 5:12). El pecador justificado viene a pertenecer a la familia de Dios, como hijo en Su casa (Ef. 2:19). Este que peca no necesita la justificación del juez, sino el perdón del Padre. Basta con que restaure una correcta relación mediante la confesión. La obra de salvación es absoluta, completa y definitiva, por tanto, nadie que haya recibido el perdón de pecados y la vida eterna, puede venir a condenación, porque ha pasado de muerte a vida.

La propiciación (2:2).

2. Y él es la propiciación por nuestros pecados; y no solamente por los nuestros, sino también por los de todo el mundo.

καὶ αὐτὸς ἱλασμός ἐστιν περὶ τῶν ἁμαρτιῶν ἡμῶν, οὐ περὶ
Y Él propiciación es por los pecados de nosotros, y no por
τῶν ἡμετέρων δὲ μόνον ἀλλὰ καὶ περὶ ὅλου τοῦ κόσμου.
los nuestros - solamente, sino también de todo el mundo.

Análisis y notas del texto griego.

Análisis: καὶ, conjunción copulativa *y*; αὐτὸς, caso nominativo masculino singular del pronombre intensivo *Él*; ἱλασμός, caso nominativo masculino singular del nombre común *propiciación*; ἐστιν, tercera persona singular del presente de indicativo en voz activa del verbo εἰμί, *ser, estar*, aquí *es*; περὶ, preposición propia de genitivo *acerca de*, *por*; τῶν, caso genitivo femenino plural del artículo determinado *las*; ἁμαρτιῶν, caso genitivo femenino plural del nombre común *pecados*; ἡμῶν, caso genitivo de la primera persona plural del pronombre personal declinado *de nosotros*; οὐ, adverbio de negación *no*; περὶ, preposición propia de genitivo *acerca de, por*; τῶν, caso genitivo femenino plural del artículo determinado *las*; ἡμετέρων, caso genitivo femenino plural del pronombre posesivo *nuestras*; δὲ, partícula conjuntiva que hace las veces de conjunción coordinante, con sentido de *pero, más bien, y, y por cierto, antes bien, entonces*; μόνον, adverbio de modo *sólo, solamente*; ἀλλὰ, conjunción adversativa *sino*; καὶ, adverbio *también*; περὶ, preposición propia de genitivo *de*; ὅλου, caso genitivo del adjetivo *todo*; τοῦ, caso genitivo masculino singular del artículo determinado *el*; κόσμου, caso genitivo masculino singular del nombre común *mundo*.

καὶ αὐτὸς ἱλασμός ἐστιν. El abogado es también propiciación o, si se prefiere mejor, es abogado porque es propiciación. El término significa dejar a un lado la ira por una ofrenda. En el mundo antiguo se refería a una divinidad ofendida que se amistaba en razón de la ofrenda recibida. En la Biblia, la propiciación, como desviación de la ira de Dios, se produce por la expiación que causaba toda demanda de pena por el pecado. El pecador espera la retribución debida por su pecado y la ira de Dios se orienta hacia él por su maldad (Ro. 1:18, 24, 26, 28; Ef. 2:2-3). La muerte de Cristo es primero el modo de la expiación, al llevar sobre sí el pecado del mundo (2 Co. 5:21). Esa obra remueve la ira de Dios para todo aquel que cree, en base a la muerte de Cristo (Ro. 3:25). La expiación enfatiza la retirada del pecado mediante un sacrificio que satisface las demandas de la justicia de Dios. El pecado que interrumpía la relación con Dios, al ser retirado permite la restauración de la comunión con Él. La muerte de Cristo representa el acto de obediencia a las demandas de Dios en Su ley que los pecadores han quebrantado, cuyo hecho constituye una propiciación, al satisfacer las demandas justas de Dios sobre el pecado (Ro. 3:25-26).

La propiciación es Cristo mismo. El término usado expresa la idea del sacrificio propiciatorio. Juan no dice que Jesucristo es el *propiciador*, esto es, el que ofrece el sacrificio de propiciación, sino que es *la propiciación*, esto es, la víctima ofrecida en sacrificio, la ofrenda expiatoria que propicia. Jesús es la propiciación. Esta es la reconciliación del amor y la justicia de Dios en el seno de Dios mismo. La propiciación nace en Dios que, como en todo lo que es de salvación, toma la iniciativa, ofreciendo a Su Hijo como propiciación, expiación y reconciliación (2 Co. 5:18, 21; 1 Jn. 4:10). La propiciación en plenitud es Cristo mismo puesto que es *el propiciatorio*, en griego ἱλαστήριον, el lugar donde se ofrece o presenta el sacrificio de propiciación. La soberanía de Dios en la salvación se pone de manifiesto por la acción en la que Dios pone a Cristo como propiciatorio. La idea es que Dios designó al que había de redimir. En el programa de redención Dios tuvo en cuenta todo esto, de modo que la salvación es el resultado de la soberanía divina, sin atender a circunstancias humanas y determinada antes de la creación (2 Ti. 1:9). El apóstol Pedro enseña que el Cordero Redentor, había sido *predestinado* para ello antes de la creación del mundo (1 P. 1:18-20). Quiere decir esto que la salvación que es de Dios (Sal. 3:8; Jon. 2:9), quedó determinada y establecida en todos sus detalles y alcance en razón a la soberanía divina. En esta manifestación de la obra divina de salvación, Dios puso a Cristo como *propiciatorio*, que habla del lugar en que se exhibía delante de Dios la sangre del sacrificio de expiación por el pecado. Sin duda el propiciatorio quedaría sin efecto alguno sin el sacrificio de la propiciación. En el Antiguo Testamento, Dios había establecido un sacrificio anual de expiación por el pecado del pueblo (Lv. 16:9). La sangre del sacrificio era llevada por el sumo sacerdote al interior del lugar santísimo y se extendía sobre la plancha de oro situada en la cubierta del arca, donde había dos querubines, cuyos rostros miraban hacia ella (Ex. 25:20). Los querubines son ángeles que velan por la santidad y justicia de Dios, impidiendo que todo pecador pueda acceder a Su presencia a causa del pecado que lo contamina (Gn. 3:24). La ley de Dios, que acusa al hombre de pecado, estaba guardada en el interior del arca, bajo esa cubierta. Los querubines, simbólicamente hablando, miraban continuamente al propiciatorio y la sangre del sacrificio de la expiación que *cubría* el pecado del pueblo. En base al sacrifico expiatorio, Dios era propicio al pueblo (He. 8:12). Jesucristo es el antitipo de la plancha de oro sobre la cubierta del arca de la alianza (Ex. 25:17).

Esto se cumple plenamente puesto que El mismo penetró los cielos y se sentó a la diestra de Dios para interceder por los salvos.

Pero, como enseña el apóstol Juan, es también *propiciación.* En el Nuevo Testamento, el sacrificio de la Cruz satisface todas las demandas de Dios en cuanto al juicio por el pecado. Así se lee en Hebreos: *"porque seré propicio a sus injusticias, y nunca más me acordaré de sus pecados y de sus iniquidades"* (He. 8:12). La obra del Sumo Sacerdote, Jesucristo, lleva a cabo en plenitud el sacrificio de propiciación delante de Dios. Es más, el Salvador cumple absolutamente los tres aspectos de la obra de propiciación, siendo el propiciatorio en que se exhibe el sacrificio, y también *propiciador*, como sacerdote que ofrece el sacrificio. Como se indicó antes, en la figura del Antiguo Pacto, la Ley de Dios, que acusa al hombre de pecado, estaba guardada en el interior del arca, bajo su cubierta. En base al sacrificio expiatorio, Dios era propicio al pueblo y por esa razón oraba y fue justificado el publicano (Lc. 18:13). El sacrificio de la Cruz satisface todas las demandas de Dios en cuanto al juicio por el pecado. Cristo mismo es, como ya se ha dicho, *propiciación, propiciatorio y propiciador*. El Resucitado tiene en sí las señales del sacrificio realizado (Lc. 24:40; Jn. 20:27; Ap. 5:6), Para el creyente, el trono de juicio se transforma por el sacrificio de Cristo, en un trono de gracia (He. 4:16). Al encontrarse con Dios en Cristo, el cristiano experimenta completa confianza (Ro. 8:33).

περὶ τῶν ἁμαρτιῶν ἡμῶν, La propiciación tiene relación con *nuestros* pecados, esto es, con los de los creyentes. El autor se incluye con los destinatarios, de modo que comprende a todos los que han creído en Cristo. Por ser un aspecto de la obra salvadora, alcanza y comprende a todos los que, por gracia, mediante la fe, están en comunión con el Padre, con Su Hijo Jesucristo y unos con otros (1:3-7).

οὐ περὶ τῶν ἡμετέρων δὲ μόνον ἀλλὰ καὶ περὶ ὅλου τοῦ κόσμου. El apóstol cierra el aspecto propiciatorio, refiriéndose al alcance de la propiciación. La salvación es potencialmente para todo el mundo (Jn. 3:16). El Salvador es solidario con todos los hombres (He. 2:14). De modo que, en la obra de la Cruz, Dios hace *salvable* a todo pecador que acude al Salvador por fe. En la Cruz, Dios reconcilió consigo al mundo (2 Co. 5:19), donde se alcanzó el precio del rescate por todos (1 Ti. 2:6). La redención limitada no se puede sustentar en base a este y otros versículos del Nuevo Testamento, donde está claramente enseñado (Jn. 1:29; 3:16; 4:42; 12:47; 1 Ti. 2:4-6; 4:10; etc.). Sin embargo, es necesario entender que si bien la propiciación como un aspecto de la obra salvadora, es *potencial*, solo se convierte en *virtual* o eficaz para los que creen, ya que la fe es la demanda para la justificación, de modo que *"el que cree en el Hijo tiene vida eterna; pero el que rehúsa creer en el Hijo no verá la vida, sino que la ira de Dios está sobre él"* (Jn. 3:36).

La muerte de Cristo como acto de obediencia plena a la Ley que los pecadores quebrantaron, constituye una propiciación o satisfacción de todas las demandas justas que Dios estableciera sobre el pecador por su pecado. Por la redención y propiciación hay plena seguridad para el creyente en el sentido de que la deuda por el pecado, y con ello la responsabilidad penal del mismo, ha sido plenamente cancelada, y no hay para él ninguna condenación (Ro. 8:1). El perdón pleno se expresa con toda claridad: *"Y nunca más me acordaré de sus pecados y de sus iniquidades"* (He. 8:12; 10:17). No acordarse o acordarse del pecado era algo más que un asunto mental; llevaba aparejada una determinada actuación divina. En el caso de Cornelio, *la memoria* fue para salvación (Hch. 10:4, 31; 11:13), pero para la Gran Babilonia, *el recuerdo* será para juicio (Ap. 16:19). Bajo el antiguo pacto había un sacrificio anual como consecuencia de la *memoria* que Dios tenía de los pecados, trayéndolos simbólicamente a juicio en la figura de ese sacrificio anual (He. 10:3). Tanto pecados como iniquidades no estarán más *presentes* delante de Dios para el salvo, en sentido de responsabilidad penal, como consecuencia del sacrificio de Cristo (He. 7:27). La ira divina por el pecado queda fuera para quienes entran en el vínculo del Nuevo Pacto (Ro. 8:1). Cristo fue *exhibido* por Dios como ofrenda de propiciación y como Resucitado pone de manifiesto eternamente que Dios puede ser propicio al pecador en base al sacrificio que Él hizo, entregándose a Sí mismo en precio del rescate *por todos*. De otro modo, la muerte de Cristo es suficiente para todo el mundo, pero eficiente solo para los que verdaderamente creen.

Es necesario añadir aquí una consideración más sobre los aspectos *potencial* y *virtual* de la propiciación. Tanto los *limitacionistas*, aquellos que creen que la obra de salvación es hecha solo a favor de algunos que han sido eternamente elegidos para ello, como los *universalistas*, aquellos que creen que la obra de salvación tiene un alcance universal y que solo se condenan los que rechazan esa obra[1], tienen un problema de enfoque que es un error básico, todos ellos, unos y otros entienden que la obra de salvación es solo de una *sustitución virtual*, esto es, personal, en lugar de entenderla como una *sustitución potencial*, con capacidad salvadora para todos. Cristo no sustituyó personalmente en la Cruz, ni expió virtualmente los pecados de todos, puesto que en ese caso ya naceríamos justificados, sino que proveyó una salvación *potencial* para todos, propiciando a Dios

[1] Entre ellos K. Barth.

globalmente *"por el pecado del mundo,"* de tal modo que, satisfecha la justicia divina, Él mismo cambia contractualmente, esto es *en general*, la *posición* del mundo respecto a Dios. Pero, cuando una persona acepta el llamado de Dios y se apropia de la salvación *por la fe*, la obra de la Cruz se convierte para él en una obra *sustitutoria virtual*, por eso, sólo a los creyentes se les aplica en plural la sustitución por *sus pecados* (1 P. 2:24, 25). Dios en Su amor para todo el mundo ha hecho una provisión suficiente y abundante, *"para que todo aquel que cree en él, no se pierda, sino que tenga vida eterna"* (Jn. 3:16). Con el texto que se comenta y otros que se han citado antes, es suficiente para entender el alcance *potencial* de la salvación que no es limitado para algunos, sino que comprende a todos. Juan en este texto escoge el adjetivo ὅλου, *todos* que se refiere a totalidad de algo. Sobre esto escribió J. Stott al comentar el versículo: *"Este texto no puede ser forzado a indicar que todos los pecados quedan automáticamente perdonados mediante la propiciación de Cristo, sino que se ofrece un perdón universal por los pecados de todo el mundo, perdón que es disfrutado por los que se acogen a él"*[2]. La posición de las escuelas teológicas influencia grandemente en la aceptación de la potencialidad y virtualidad de la propiciación.

Estilo de vida (2:3-29).

Evidencias de conocer a Dios (2:3-6).

Obediencia (2:3-5).

3. Y en esto sabemos que nosotros le conocemos, si guardamos sus mandamientos.

Καὶ ἐν τούτῳ γινώσκομεν ὅτι ἐγνώκαμεν αὐτόν, ἐὰν τὰς
Y en esto conocemos que hemos conocido Le, si los
ἐντολὰς αὐτοῦ τηρῶμεν.
mandamientos de Él guardamos.

Análisis y notas del texto griego.

Análisis: Καὶ, conjunción copulativa *y*; ἐν, preposición propia de dativo *en*; τούτῳ, caso dativo neutro singular del pronombre demostrativo *esto*; γινώσκομεν, primera persona plural del presente de indicativo en voz activa del verbo γίνωσκω, *conocer*, aquí *conocemos*; ὅτι, conjunción *que*; ἐγνώκαμεν, primera persona plural del perfecto de indicativo en voz activa del verbo γίνωσκω, *conocer*, aquí *hemos conocido*; αὐτόν, caso acusativo masculino de la tercera persona singular del pronombre personal *le*; ἐὰν, conjunción

[2] J. Stott. *Epistles of Honh*, Tyndale Press, Londres 1966, pág. 84.

condicional *si*; τὰς, caso acusativo femenino plural del artículo determinado *las*; ἐντολὰς, caso acusativo femenino plural del nombre común *mandamientos*; αὐτοῦ, caso genitivo masculino de la tercera persona singular del pronombre personal declinado *de Él*; τηρῶμεν, primera persona plural del presente de subjuntivo en voz activa del verbo τηρέω, *guardar*, aquí *guardamos*.

Καὶ ἐν τούτῳ γινώσκομεν ὅτι ἐγνώκαμεν αὐτόν, La comunión exige obediencia. *Conocer* al Salvador es vital para la salvación y la vida eterna. El mismo apóstol escribe que: *"ésta es la vida eterna: que te conozcan a ti, el único Dios verdadero, y a Jesucristo, a quien has enviado"* (Jn. 17:3). Juan construye una cláusula usando dos veces en la frase el verbo γίνωσκω, *conocer*, la primera en presente de indicativo y la segunda en perfecto de indicativo. La traducción de la frase puede hacerse así: *"en esto conocemos que hemos llegado a conocerle"*. La primera alude a una percepción mental que asevera lo que dice, de modo que podría traducirse usando el verbo *saber*. La segunda es un *conocimiento íntimo y experimental*, que equivale a un amor vinculante. Conocer a Dios significa que se sabe de Él, que se le ama y que se experimenta con Él una relación de comunión íntima, al estar unidos a Él (Gá. 4:9). Esto comporta necesariamente vivir en armonía con Él. Tener la seguridad de la vida eterna y, por tanto, de la salvación, es un tema que interesa profundamente al apóstol, de ahí que quiere dar a los lectores una forma segura de tener esa certeza. Conocer a Dios es clave en la *Epístola* (2:4, 13; 3:1, 6; 4:6, 7, 8; 5:20). De forma especial para puntualizar la verdad en relación con corrientes gnósticas que comenzaban a manifestarse en los tiempos de Juan. Jesús no es el *maestro* que enseña el conocimiento para alcanzar la perfección después de la muerte, sino que es quien revela a Dios en Sí mismo, expiando en Su muerte la sentencia penal que el pecado produce en relación con el pecador. El propósito divino es levantar para Sí mismo un pueblo que viva cada día en el conocimiento de Su voluntad revelada. De ahí que el apóstol diga que *"nosotros sabemos que hemos llegado a conocerle"*.

ἐὰν τὰς ἐντολὰς αὐτοῦ τηρῶμεν. La evidencia del conocimiento consiste en que *guardamos sus mandamientos*. La comunión con Dios se manifiesta en un modo de conducta, y esta se informa en lo que Cristo ordenó, aún más, en el modo de vida de Cristo mismo que deja reflejado el que debe ser propio para Sus seguidores, aquellos que le *conocen* y por tanto *conocen* también al Padre. El que sigue la norma, el camino de Cristo, va en el que lleva a la comunión con el Padre (Jn. 14:6; Col. 2:6, 7). El Señor estableció esto para todos los discípulos (Mt. 28:20). El conocimiento experimental se basa en el amor y la única prueba fehaciente del amor a Dios es la obediencia a Sus mandamientos (Jn. 14:15, 21, 23, 24; 15:10). El que Le conoce y obedece está en comunión con Él, porque hace las cosas que le agradan (3:22-24). *Guardar* no significa no quebrantar jamás los mandamientos, sino la constante vigilancia sobre ellos para ajustar la vida a sus demandas. La conducta cristiana se informa en la Biblia, que revela la conducta a imitar de Cristo (1 Co. 11:1; Ef. 5:1; Fil. 3:17). El secreto de la vida cristiana consiste en *vivir a Cristo* (Fil. 1:21).

Es necesario entender bien el pensamiento del apóstol. *Conocer* a Dios es aceptar sin reservas Su soberanía, reconociendo que le debemos obediencia incondicional. Juan no enseña que la obediencia sea el modo para conocer a Dios, sino que le obedecemos porque le conocemos a Él y nos conocemos a nosotros (2 Jn. 4-6). El *gnosticismo* enseñaba que la auténtica vida estaba después de la muerte, de ahí que el mundo material, sus cosas y sus costumbres, no tenían gran importancia. Esta enseñanza permitía una vida licenciosa donde se manifestaba todo tipo de pasiones carnales y mundanas. Por otro lado, una misma falsedad, pero en sentido contrario, procedía de la filosofía ascética que infringía un duro trato al cuerpo, que era realmente un maltrato corporal con lo que se ganaba la meta deseada. Juan, enseña que la vida cristiana es de una forma totalmente diferente, donde el conocimiento de Dios se manifiesta en la obediencia a Sus mandamientos, que conducen y condicionan la expresión de vida. Ahora bien ¿a qué mandamientos se refiere? ¿está pensando en algo semejante a las normativas legales del Antiguo Testamento? ¿acaso debe conformarse a las directrices del Sermón del Monte? Sin duda alguna hay *mandamientos* en este sentido en el Nuevo Testamento, pero, lo que con toda probabilidad estaba en la mente del apóstol al escribir el texto sea el ejemplo de Jesús, ya que *"el que dice que permanece en él, debe andar como él anduvo"* (v. 6). Cristo es el gran discurso de Dios (He. 1:2), y la voz del Padre ha establecido una condición para los que le siguen: *"Este es mi Hijo amado, en quien tengo complacencia; a Él oíd"* (Mt. 17:5), de modo que Jesús está continuamente en la mente de Juan en el conjunto de la *Epístola*. Pero, con todo señala su pensamiento relativo a los mandamientos: *"Y este es su mandamiento: Que creamos en el nombre de su Hijo Jesucristo, y nos amemos unos a otros como nos lo ha mandado"* (3:23), añadiendo seguidamente: *"Y el que guarda sus mandamientos, permanece en Dios, y Dios en Él"* (3:24). En el pensamiento de Juan no hay diferencia alguna entre los mandamientos de Dios y los mandamientos de Cristo, que para él son uno (cf. Jn. 5:19; 10:30). Así que la vida cristiana no es tanto el conjunto de instrucciones que han de ser cumplidas, sino la aceptación de una relación espiritual con Dios, respondiendo a cuanto Dios exige y ha establecido. Quien conoce a Dios, reconoce que Sus mandamientos son como Él, excelentes y preciosos, y así los acata. El legalismo trata de que el cristiano se vea envuelto en el *cumplimiento* de mandatos establecidos, el verdadero discípulo no sigue las demandas divinas por imposición, sino por comunión con Dios. De otro modo, no obedecemos porque se mande, sino por necesidad de expresar nuestro amor a Dios, porque la verdadera prueba de un amor sincero es complacer al Amado.

No se debe olvidar que, en base al Nuevo Pacto, la ley de Dios no está escrita en tablas de piedra, sino en el corazón del cristiano: *"Os daré corazón nuevo, y pondré espíritu nuevo dentro de vosotros, y quitaré de vuestra carne el corazón de piedra, y os daré un corazón de carne. Y pondré dentro de vosotros mi Espíritu, y haré que andéis en mis estatutos, y guardéis mis preceptos, y los pongáis por obra"* (Ez. 36:26-27), y como escribe Jeremías refiriéndose al Nuevo Pacto: *"Pero éste es el pacto que haré con la casa de Israel después de aquellos días, dice Jehová: Daré mi ley en su mente, y la escribiré en su corazón; y yo seré a ellos por Dios, y ellos me serán por pueblo. Y no enseñará más ninguno a su prójimo, ni ninguno a su hermano, diciendo: Conoce a Jehová; porque todos me conocerán, desde el más pequeño de ellos hasta el más grande, dice Jehová; porque perdonaré la maldad de ellos, y no me acordaré más de su pecado"* (Jer. 31:33-34). El corazón lleno de la Palabra, conduce a acciones conformes a ella: *"Porque cual es su pensamiento en su corazón, tal es él"* (Pr. 23:7). De ahí que la obediencia a la que Juan se está refiriendo no es la legalista revestida siempre de hipocresía, sino activa que descansa en la verdad aceptada y cuya vida es conducida por el Espíritu Santo.

En su orientación pastoral el apóstol lleva a los lectores a la reflexión práctica, que conduce a un cristianismo verdaderamente dinámico, alejado del misticismo y del legalismo, cuya vida discurre conforme a la voluntad de Dios. La prueba personal de que amamos a Dios está en la obediencia.

4. El que dice: Yo le conozco, y no guarda sus mandamientos, el tal es mentiroso, y la verdad no está en él;

ὁ λέγων ὅτι ἔγνωκα αὐτόν καὶ τὰς ἐντολὰς αὐτοῦ μὴ τηρῶν,
El que dice: - He conocido le y los mandamientos de Él no guarda,
ψεύστης ἐστίν καὶ ἐν τούτῳ ἡ ἀλήθεια οὐκ ἔστιν·
mentiroso es y en éste la verdad no está.

Análisis y notas del texto griego.

Análisis: ὁ, caso nominativo masculino singular del artículo determinado *el*; λέγων, caso nominativo masculino singular del participio presente en voz activa del verbo λέγω, *hablar, decir*, aquí *que dice*; ὅτι, conjunción *que*; ἔγνωκα, primera persona singular del perfecto de indicativo en voz activa del verbo γίνωσκω, *conocer*, aquí *he conocido*; αὐτόν, caso acusativo masculino de la tercera persona singular del pronombre personal *le*; καὶ, conjunción copulativa *y*; τὰς, caso acusativo femenino plural del artículo determinado *las*; ἐντολὰς, caso acusativo femenino plural del nombre común *mandamientos*; αὐτοῦ, caso genitivo de la tercera persona singular del pronombre personal declinado *de él*; μὴ, partícula que hace funciones de adverbio de negación *no*; τηρῶν, caso nominativo masculino singular del participio presente en voz activa del verbo τηρέω, *guardar*, aquí *que guarda, guardando*, mejor en este caso *guarda*; ψεύστης, caso nominativo masculino singular del nombre común *embustero, trapacero*, si se trata de adjetivo *mentiroso*; ἐστίν, tercera persona singular del presente de indicativo en voz activa del verbo εἰμί, *ser, estar*, aquí *es*; καὶ, conjunción copulativa *y*; ἐν, preposición propia de dativo *en*; τούτῳ, caso dativo masculino singular del pronombre demostrativo *éste*; ἡ, caso nominativo femenino singular del artículo determinado *la*; ἀλήθεια, caso nominativo femenino singular del nombre común *verdad*; οὐκ, forma escrita del adverbio de negación *no*, con el grafismo propio ante una vocal con espíritu suave o una enclítica; ἔστιν, tercera persona singular del presente de indicativo en voz activa del verbo εἰμί, *ser, estar*, aquí *está*.

ὁ λέγων ὅτι ἔγνωκα αὐτόν. Juan presenta aquí un caso de *profesión* falsa, mediante una supuesta manifestación personal de alguien que afirma *conocer* a Dios. Sin duda está en su pensamiento alguno de los *falsos maestros*. El apóstol se refiere a alguien que dice tener un verdadero conocimiento de Dios, pero no vive una vida consecuente con ese conocimiento, como ha escrito en el versículo anterior. De nuevo cabe preguntarse quién está en la mente del apóstol cuando escribe esto. Probablemente se trata de un gnóstico que hace esa afirmación. Es la forma expresiva natural en los *falsos maestros*, por cuyo testimonio personal tienen acceso más fácilmente a los cristianos que pretenden engañar.

καὶ τὰς ἐντολὰς αὐτοῦ μὴ τηρῶν, Dice que conoce a Dios, pero no guarda Sus mandamientos. El significado de esta expresión se ha considerado en el texto anterior. Es un conocimiento engañoso, puesto que no se puede conocer a Dios y continuar ignorando Su voluntad moral. La obediencia a Dios es la expresión visible de conocerle (Jn. 17:3). De otro modo, conocimiento y obediencia van unidos. Las condiciones del *nuevo pacto* vinculan conocimiento, comunión y obediencia (Jer. 31:33-34; He. 8:10-11).

ψεύστης ἐστίν. Juan es firmemente explícito por la concreción que manifiesta aquí en relación al *que dice* conocer a Dios y no vive conforme a lo dispuesto por Él: *"mentiroso es"*. El apóstol usa aquí un sustantivo, en lugar del adjetivo *mentiroso*, el término debiera traducirse por *embustero*, lo que hace más fuerte la expresión. La afirmación de *conocer* a Dios, es una afirmación mentirosa.

καὶ ἐν τούτῳ ἡ ἀλήθεια οὐκ ἔστιν· Por tanto, *la verdad* no está en él. Esta es la tercera vez que menciona *la verdad*; primeramente, el que camina en tinieblas no *hace* la verdad (1:6); luego el que afirma no pecar la verdad *no está* en él (1:8); aquí la verdad no está en quien dice conocer a Dios y vive contrariamente a Él. Los gnósticos se sentían libres por el conocimiento para practicar cualquier tipo de inmoralidad, pero, para ser verdaderamente libre hay que ser de la verdad, como el Señor mismo hizo notar: *"Si el Hijo os libertare, seréis verdaderamente libres"* (Jn. 8:36). Aún más, *"... Todo aquel que es de la verdad, oye mi voz"* (Jn. 18:37b). Las palabras que afirman una relación con Dios, tienen que ser probadas por las obras consecuentes con la misma. Hablar de piedad y vivir contrariamente a ella es una forma abierta de mentir (2 Ti. 3:5). Una conducta que contradice la profesión muestra que es falsa.

Como escribe el profesor José Salguero, O. P.:

"El que pretenda conocer a Dios sin observar sus mandamientos es un mentiroso. Es de la misma calaña que aquel que camina en las tinieblas y, sin embargo, se cree en comunión con Dios"[3].

Estos son los *falsos maestros*, que afirman conocer a Dios, mientras niegan las formas más elementales de la vida cristiana, convirtiendo la libertad en libertinaje, en base a un pretendido conocimiento de Dios.

5. Pero el que guarda su palabra, en éste verdaderamente el amor de Dios se ha perfeccionado; por esto sabemos que estamos en él.

ὃς δ' ἂν τηρῇ αὐτοῦ τὸν λόγον, ἀληθῶς ἐν τούτῳ ἡ
Pero el que - guarde de Él la palabra, verdaderamente en éste el
ἀγάπη τοῦ Θεοῦ τετελείωται, ἐν τούτῳ γινώσκομεν ὅτι ἐν
amor - de Dios ha sido perfeccionado en esto conocemos que en
αὐτῷ ἐσμεν.
Él estamos.

Análisis y notas del texto griego.

Análisis: ὃς, caso nominativo masculino singular del pronombre relativo *el que*; δ', partícula conjuntiva que hace las veces de conjunción coordinante, con el

[3] José Salguero. *Biblia Comentada*. Vol. VII. Madrid, 1965.

grafismo por elisión de la ὲ final ante vocal o diptongo sin aspiración, con sentido de *pero, más bien, y, y por cierto, antes bien*; ἂν, partícula que no empieza nunca frase y que da a ésta carácter condicional o dubitativo, o expresa una idea de repetición. Se construye con todos los modos menos el imperativo y acompaña a los pronombres relativos para darles un sentido general; en algunas ocasiones no tiene traducción; τηρῇ, tercera persona singular del presente de subjuntivo en voz activa del verbo τηρέω, *guardar*, aquí *guarde*; αὐτοῦ, caso genitivo masculino de la tercera persona singular del pronombre personal declinado *de Él*; τὸν, caso acusativo masculino singular del artículo determinado *el*; λόγον, caso acusativo masculino singular del nombre común *palabra, discurso*; ἀληθῶς, adverbio de modo *verdaderamente*; ἐν, preposición propia de dativo *en*; τούτῳ, caso dativo masculino singular del pronombre demostrativo *éste*; ἡ, caso nominativo femenino singular del artículo determinado *la*; ἀγάπη, caso nominativo femenino singular del nombre común *amor*; τοῦ, caso genitivo masculino singular del artículo determinado *el*; Θεοῦ, caso genitivo masculino singular del nombre divino declinado *de Dios*; τετελείωται, tercera persona singular del perfecto de indicativo en voz pasiva del verbo τελειόω, *cumplir, completar, llevar a término, perfeccionar*, aquí *ha sido perfeccionado*; ἐν, preposición propia de dativo *en*; τούτῳ, caso dativo neutro singular del pronombre demostrativo *esto*; γινώσκομεν, primera persona plural del presente de indicativo en voz activa del verbo γινώσκω, *conocer*, aquí *conocemos*; ὅτι, conjunción *que*; ἐν, preposición propia de dativo *en*; αὐτῷ, caso dativo masculino de la tercera persona singular del pronombre personal *él*; ἐσμεν, primera persona plural del presente de indicativo en voz activa del verbo εἰμί, *ser, estar*, aquí *estamos*.

ὃς δ’ ἂν τηρῇ αὐτοῦ τὸν λόγον, Mediante el uso de la partícula δὲ, *pero*, se establece un contraste entre el que dice que es creyente pero cuyo estilo de vida lo niega y el que realmente es un creyente genuino, manifestado por su forma de obrar que lo acredita. La primera evidencia es que *guarda la Palabra*. Contrasta profundamente con el que dice que es cristiano y no guarda los mandamientos de Dios. La realidad de la fe va unida siempre a la obediencia (1 P. 1:2). El campo de obediencia es amplio ya que los *mandamientos* son parte de la Palabra, que comprende toda la revelación escrita. Como revelación de la voluntad de Dios obliga totalmente al creyente y se convierte en juez de quien no la obedece (Jn. 12:48). El que realmente es cristiano sintoniza su vida en torno a ella (cf. Jn. 5:38; 8:31; 1 Jn. 1:10; 2:14). Éste expresa que realmente ama al Señor porque obedece Sus mandamientos (Jn. 14:23). Para Juan el creyente es aquel que se deja conducir por la Palabra (Jn. 5:38; 8:31; 1 Jn. 1:10; 2:14).

ἀληθῶς ἐν τούτῳ ἡ ἀγάπη τοῦ Θεοῦ τετελείωται, El que vive en obediencia a lo revelado por Dios se ha *perfeccionado*, es decir, es un creyente que camina hacia la perfección espiritual. Esta es la primera vez en la *Epístola* que ocurre la palabra *amor*, que es uno de los temas capitales en el escrito. El amor de Dios se comunica al creyente por Él mismo (Ro. 5:5), siendo una manifestación del fruto del Espíritu (Gá. 5:22). El apóstol explica el origen y la relación del amor, cuando enseña que *proviene* de Dios (4:7); que es consecuencia de la presencia de Dios (4:12); la confianza del creyente está en el conocimiento del amor de Dios (4:16). Es necesario entender que el amor *de* Dios, conduce al amor *a* Dios, de ahí que el sentido genitivo τοῦ Θεου, *de Dios*, sea tanto *subjetivo*, esto es *el amor de Dios en el creyente*, como *objetivo*, el amor del creyente *hacia Dios*. Ambos están presentes en la *Epístola*, el amor de Dios (4:9), y el amor de los creyentes por Dios (5:3). La perfección del amor no indica que haya alcanzado su máxima expresión, sino que indica que es *sincero*, *genuino* y *auténtico*. El amor perfecto está en el creyente por la presencia y actividad de Dios, que lo comunica y produce (Gá. 5:22). De otro modo, el amor de Dios que es perfecto, debe vivirse como base de la vida cristiana, que se expresa palpablemente en la manifestación del trato entre los hermanos. Este amor aumenta en la medida que el creyente camina hacia la madurez, alcanzando un desarrollo consonante con la Cabeza, que es Cristo (Ef. 4:12-13). Se perfecciona en proporción al hecho de *andar en el Espíritu*, que lo hace posible (Gá. 5:16).

ἐν τούτῳ γινώσκομεν ὅτι ἐν αὐτῷ ἐσμεν. El apóstol enseña la vinculación del amor, relacionando al creyente con Dios (4:16). Se está en Él cuando se tiene íntima comunión por medio de Jesucristo (1:3). Estar *en Él* es la posición consecuente de que realmente se conoce a Dios y se es conocido por Él. Estar en Dios es la firme seguridad de salvación (Ro. 8:1). *Estar* en Él permite y produce la justificación, *permanecer* en Él es el modo de llevar a cabo la *santificación.* El amor de Dios hacia el creyente tiene en el escrito el propósito de una transformación en la vida. De ahí el contraste con que se abrió el versículo, de alguien que dice conocer a Dios, pero no cumplía Sus mandamientos. El enfoque se establece y orienta la vida cristiana en relación con quienes no obedecen a la Palabra. No se trata de una aceptación de verdades teológicas que quedan retenidas en un *saber* de la mente, sino en las verdades que comprendidas exigen un estilo de vida nuevo. No es cuestión de una vida legalista lo que importa, como se ha considerado antes, sino que creer en Jesucristo como el Hijo de Dios, trae aparejado el amor entre todos los que le conocen de este modo, respondiendo en obediencia a Su enseñanza (3:23). El mandamiento de Jesús en la carta es especialmente marcado en el amor de relación unos con otros. Por tanto, vivir de acuerdo con ese mandamiento es el cumplimiento de los *mandamientos* a que se refiere en el escrito. Baste con una relación de esto: *"Porque este es el mensaje que habéis oído desde el principio: Que nos amemos unos a otros"* (3:11); *"Y este es su mandamiento: Que creamos en el nombre de su Hijo Jesucristo, y nos amemos unos a otros como nos lo ha mandado"* (3:23); *"Amados, amémonos unos a otros; porque el amor es de Dios. Todo aquel que ama, es nacido de Dios, y conoce a Dios"* (4:7); *"Amados, si Dios nos ha amado así, debemos también nosotros amarnos unos a otros"* (4:11); *"Nadie ha visto jamás a Dios. Si nos amamos unos a otros, Dios permanece en nosotros, y su amor se ha perfeccionado en nosotros"* (4:12). Igualmente ocurre en su segunda epístola: *"Y ahora te ruego, señora, no como escribiéndote un nuevo mandamiento, sino el que hemos tenido desde el principio, que nos amemos unos a otros"* (2 Jn. 5). El creyente se perfecciona en el amor en la medida en que esté cumpliendo el mandato del amor fraterno. Este es el amor que perfecciona, que fluye de Dios hacia los cristianos y de los cristianos a los otros cristianos. El verdadero amor a Dios es que guardemos Sus palabras, y en la *Epístola* está ligado continuamente a amarnos unos a otros, que se considerará en los siguientes capítulos. El resumen del apóstol es sencillo: *si amamos sabemos que estamos en Él.*

Alcance (2:6).

6. El que dice que permanece en él, debe andar como él anduvo.

ὁ λέγων ἐν αὐτῷ μένειν ὀφείλει καθὼς ἐκεῖνος περιεπάτησεν
El que dice en Él permanece debe lo mismo que él anduvo,
καὶ αὐτὸς [οὕτως][1] περιπατεῖν.
también él mismo así andar.

Análisis y notas del texto griego.

Análisis: ὁ, caso nominativo masculino singular del artículo determinado *el*; λέγων, caso nominativo masculino singular del participio de presente en voz activa del verbo λέγω, *hablar, decir*, aquí *que dice*; ἐν, preposición propia de dativo *en*; αὐτῷ, caso dativo masculino de la tercera persona singular del pronombre personal *él*; μένειν, presente de infinitivo en voz activa del verbo μένω, *permanecer*; ὀφείλει, tercera persona singular del presente de indicativo en voz activa del verbo ὀφείλω, *deber, tener obligación*, aquí *debe*; καθὼς, conjunción *según que, lo mismo que, como*; ἐκεῖνος, caso nominativo masculino singular del pronombre demostrativo *él*; περιεπάτησεν, tercera persona singular del aoristo primero de indicativo en voz activa del verbo περιπατέω, *andar, conducirse*, aquí *anduvo*; καὶ, adverbio *también*; αὐτὸς, caso nominativo masculino singular del pronombre intensivo *él, él mismo*; οὕτως, adverbio demostrativo *así, de esta manera*; περιπατεῖν, presente de infinitivo en voz activa del verbo περιπατέω, *andar*.

Notas. Crítica Textual. Lecturas alternativas.

[1] οὕτως, *así*, no está en A, B, 5, 33, 436, 642, 1735, 2344, w, z, vg, Clemente, Cipriano, Cirilo.

ὁ λέγων ἐν αὐτῷ μένειν. Nuevamente se usa una expresión condicional *"él que dice"*. Suponiendo la confesión de alguien. Esta confesión expresa una condición posicional: *"permanece en Él"*. Esto expresa la idea de una comunión activa con Dios, ya que en Él *"vivimos, nos movemos y somos"* (Hch. 17:28). No es sólo que Dios permanece en el creyente, sino que el creyente también permanece en Dios, en una relación de comunión personal. El verbo μένω, *permanecer*, es favorito de Juan; más de la mitad de las ciento dieciocho veces que aparece en el Nuevo Testamento, están en el *Evangelio* o en las *Epístolas* de Juan, de ellas veintiuna veces está en las *Epístolas*, para referirse a la permanencia del creyente en Dios (p. Ej. 2:6, 10, 14, 17, 19, 24, 27, 28; 3:6, 9, 24; 4:15; 2 Jn. 9). En el *Evangelio*, se enseña la permanencia mutua del creyente en Cristo y de Éste en el creyente en la ilustración de la parábola de la vid y los pámpanos (Jn. 15:10-11). En las *Epístolas*, se hace mención a la presencia del Espíritu en el creyente, que como consecuencia expresa la fe continuada del mismo en el evangelio de Cristo (4:15), y en su comportamiento hacia los demás manifestando el amor de Dios (4:12). En los versículos anteriores alguno decía lo mismo, pero despreciaba el compromiso de la santificación. El que afirma la relación con Dios está obligado a imitar al Hijo, que es la expresión suprema de la voluntad divina, ya que esa *imitación* o mejor *conformación* a la imagen del Hijo es la predestinación establecida por el Padre para cada creyente (Ro. 8:29). El apóstol establece un proceso en esta relación: Primero *conocer* a Dios, quien le conoce *guarda* Sus mandamientos (v. 3); en segundo lugar, *estar* en Dios, en el sentido de mantener relación vivencial continua con Él y vivir la vida Suya, manifestada por *guardar* la Palabra (v. 5); en tercer lugar, *permanecer* en Dios, manteniendo una continua comunión con Él, expresada en una conducta semejante a la Suya (v. 6). Los creyentes en los que el amor de Dios se manifiesta, alcanzando el propósito de reproducirlos en ellos por la acción del Espíritu, pueden saber que *están* en Dios. Este *permanecer en Dios*, es posiblemente una forma de controversia contra los gnósticos que enseñaban la *permanencia* de Dios por el conocimiento, pero negaban la obligación moral de vivir en santidad. Quien hace esa afirmación se obliga a vivir como Jesús, expresión encarnada de la voluntad del Padre.

ὀφείλει καθὼς ἐκεῖνος περιεπάτησεν καὶ αὐτὸς οὕτως περιπατεῖν. El seguimiento a Cristo es la forma natural de vida de quien dice tener comunión con Dios, de otro modo, la consecuencia de estar en Cristo es vivir a Cristo. De ahí que el apóstol afirme que el que *"permanece en Él, debe andar como Él anduvo"*, es decir, reproducir el modo de vida de Jesús, que *"anduvo haciendo bienes"* (Hch. 10: 38), no teniendo relación con el pecado (1 P. 2:21, 22). Al creyente se le demanda ese *modo de vida*, aunque no alcanzará aquí la perfección del mismo (Fil. 2:5). La forma de cumplir lo que el apóstol dice es *conformarse* al ejemplo de Cristo y guardar Sus mandamientos (Jn. 13:15; 1 Jn. 2:29; 3:3, 7; 1 P. 2:21). Lo que Juan está formulando es que hay que demostrar con la vida lo que se expresa en palabras. La santificación, proceso de la salvación en la vida del creyente, consiste en la imitación de Cristo, viviendo como Él hizo. Sin embargo, debe notarse que esa *imitación* es imposible por el esfuerzo humano, pero la forma propia de quien vive en el poder del Espíritu, reproduce a Jesús en cada uno de los que han creído en Él. Debe recordarse que Dios *predestinó*, esto es *estableció* un destino a quienes conoció de antemano, esto es, a los creyentes (Ro. 8:29). El destino establecido para los salvos es que sean *"hechos conformes a la imagen de su Hijo"*. No se trata de *conformar*, sino de *ser hechos conformes*, esto es que el creyente adquiera una forma. Jesucristo es la imagen de Dios en quien se manifiesta la esencia divina (2 Co. 4:4, 6; Col. 1:15; He. 1:3), esto es, la *irradiación* de Su gloria y la *expresión* de Su esencia. En Cristo, que es imagen de Dios, hemos sido puestos los creyentes, no sólo en posición, sino también en comunión de vida. Esto implica ya una transformación compatible y amoldable a la divina, en la que participamos (2 P 1:4). El llamamiento de Dios a salvación adquiere indefectiblemente esta orientación: *"Fiel es Dios, por el cual fuisteis llamados a la comunión con su Hijo Jesucristo nuestro Señor"* (1 Co. 1:9). La transformación a la imagen del Hijo permite al cristiano *reflejar* en el mundo en tinieblas la luz de Dios, en una transformación progresiva que opera el Espíritu Santo en cada cristiano: *"Por tanto, nosotros todos, mirando a cara descubierta como en un espejo la gloria del Señor, somos transformados de gloria en gloria en la misma imagen, como por el Espíritu del Señor"* (2 Co. 3:18). Por esta razón, nadie puede afirmar que tiene comunión con Dios y está en Él, sin que en su vida se manifieste la operación transformadora del Espíritu Santo, de modo que sigamos el ejemplo de Jesús y caminemos como Él hizo.

Esta enseñanza debe ser asumida con determinación por todos los que afirmamos haber nacido de nuevo. En un mundo relativista, los valores absolutos de la Escritura han de marcar el camino del cristiano. No es posible hablar de Cristo sin vivir a Cristo. No es posible testificar de la salvación, sin que la regeneración se aprecie en el comportamiento de cada cristiano. El mundo no necesita tanto un discurso sobre Cristo, sino la manifestación visible de Él en cada creyente.

Condiciones para la vida cristiana (2:7-11).

El mandamiento (2:7-8).

7. Hermanos, no os escribo mandamiento nuevo, sino el mandamiento antiguo que habéis tenido desde el principio; este mandamiento antiguo es la palabra que habéis oído desde el principio.

Ἀγαπητοί[1], οὐκ ἐντολὴν καινὴν γράφω ὑμῖν ἀλλ' ἐντολὴν
Amados, no mandamiento nuevo escribo os, sino mandamiento
παλαιὰν ἣν εἴχετε ἀπ' ἀρχῆς· ἡ ἐντολὴ ἡ παλαιά ἐστιν ὁ
antiguo el que teníais desde principio; el mandamiento el antiguo es la
λόγος ὃν ἠκούσατε[2].
palabra que oísteis.

Análisis y notas del texto griego.

Análisis: Ἀγαπητοί, caso vocativo masculino plural del adjetivo *amados*; οὐκ, forma escrita del adverbio de negación *no*, con el grafismo propio ante una vocal con espíritu suave o una enclítica; ἐντολὴν, caso acusativo femenino singular del nombre común *ordenanza, mandamiento*; καινὴν, caso acusativo femenino singular del adjetivo *nueva*; γράφω, primera persona singular del presente de indicativo en voz activa del verbo γράφω, *escribir*, aquí *escribo*; ὑμῖν, caso dativo de la segunda persona plural del pronombre personal *os*; ἀλλ', forma escrita ante vocal de la conjunción adversativa ἀλλά que significa *pero, sino*; ἐντολὴν, caso acusativo femenino singular del nombre común *ordenanza, mandamiento*; παλαιὰν, caso acusativo femenino singular del adjetivo *antigua*; ἣν, caso acusativo femenino singular del pronombre relativo *la que, que*; εἴχετε, segunda persona plural del imperfecto de indicativo en voz activa del verbo ἔχω, *tener*, aquí *teníais*; ἀπ', preposición propia de genitivo ἀπό, con el grafismo que adopta por elisión de la o final ante vocal o diptongo sin aspiración, que equivale a *de, desde, procedente de, por medio de, con, por*; ἀρχῆς, caso genitivo femenino singular del nombre común *principio*; ἡ, caso nominativo femenino singular del artículo determinado *la*; ἐντολὴ, caso nominativo femenino singular del nombre común *ordenanza, mandamiento*; ἡ, caso nominativo femenino singular del artículo determinado *la*; παλαιά, caso nominativo femenino singular del adjetivo *antigua*; ἐστιν, tercera persona singular del presente de indicativo en voz activa del verbo εἰμί, *ser, estar*, aquí *es*; ὁ, caso nominativo masculino singular del artículo definido *el*; λόγος, caso nominativo masculino singular del nombre común *discurso, palabra, enseñanza*; ὃν, caso acusativo masculino singular del pronombre relativo *el que, el cual, que*; ἠκούσατε, segunda persona plural del aoristo primero de indicativo en voz activa del verbo ἀκούω, *oír, escuchar*, aquí *que oísteis*.

Notas. Crítica Textual. Lecturas alternativas.

[1] ’Αγαπητοί, *amados*, según lectura en ℵ, B, Ψ, 81, 436, 442, 1175, 2492, Byz.

’Αδελφοί, *hermanos*, lectura conforme a 1175, 1448, 2492, Byz.

[2] Se añade al fin del texto ἀπ’ ἀρχῆς, *desde el principio*, según se lee en 81, 307, 1175, 1448, 1611, 1735, 2492, Byz.

’Αγαπητοί, οὐκ ἐντολὴν καινὴν γράφω ὑμῖν ἀλλ ἐντολὴν παλαιὰν ἣν εἴχετε ἀπ ἀρχῆς· Un contraste vuelve a aparecer en el versículo entre un mandamiento *antiguo* y *nuevo* a la vez. Juan, en expresión de un corazón de pastor, se dirige a los lectores con el vocativo *amados*, que en algunos textos griegos se lee *hermanos*. Esta forma se hará notar en la *Epístola* a medida que se desarrolla el tema del amor, apareciendo cinco veces en ella (3:2, 21; 4:1, 7, 11). A estos les recuerda que la verdad está expresada en lo antiguo, esto es, en lo que era desde el principio (1:1). Algunos intentaban dejar esa verdad para introducir *lo nuevo* que no era verdad, porque no se ajustaba al evangelio proclamado en el principio y recibido del Señor.

ἡ ἐντολὴ ἡ παλαιά ἐστιν ὁ λόγος ὃν ἠκούσατε. El origen del mandamiento es seguro. Es el que tenían desde que se convirtieron al Señor, el que les había sido enseñado por los apóstoles al predicarles el evangelio. Cabe preguntarse a qué mandamiento se refiere, pudiera ser a la demanda del seguimiento de Cristo, considerado en el versículo anterior, pero, también puede tratarse, y es lo más seguro, al amor fraterno. Sin embargo, ambas cosas son parte del mandamiento. Si se trata del amor al prójimo o al hermano, es tan antiguo como la humanidad y recogido en la ley (Lv. 19:18), si es referencia al amor a Dios ocurre de idéntica manera (Dt. 6:5). El resumen de toda la Ley descansa en el amor, como el Señor mismo enseñó, respondiendo a la pregunta del intérprete de la ley sobre cuál era el gran mandamiento: *“Jesús le dijo: Amarás al Señor tu Dios con todo tu corazón, y con toda tu alma, y con toda tu mente. Este es el primero y grande mandamiento. Y el segundo es semejante: Amarás a tu prójimo como a ti mismo. De estos dos mandamientos depende toda la ley y los profetas”* (Mt. 22:37-40).

La forma en que se dirige Juan a los lectores llamándoles *amados*, o como traducen algunas versiones apoyándose en la equivalencia dinámica: *“queridos amigos”*, para evitar la confusión que algunos términos pudieran inducir a los lectores, conecta con uno de los temas principales de la *Epístola* que es el amor. Si realmente son objeto del amor del apóstol, cuanto les escriba será positivo y pensando siempre en su bien.

En versículos anteriores (vv. 2-6) se ocupó del primer mandamiento, el amor a Dios; ahora trata del segundo que es el amor al prójimo, esto es, el amor a los demás. Porque estaba en la enseñanza de Jesús y en la predicación del evangelio, es el *mandamiento* que tienen desde el principio, pero, no cabe duda que las palabras de Jesús tienen su base en la Ley. Por eso no se trata de una enseñanza nueva o innovadora, sino de la que transciende al tiempo y es siempre actual, a pesar de haber sido registrada antiguamente. Suenan en las palabras del apóstol, las de Jesús: *"Un mandamiento nuevo os doy: que os améis unos a otros; como yo os he amado, que también os améis unos a otros"* (Jn. 13:34). Juan hace notar a los lectores que ellos han tenido este mandamiento antiguo desde el principio, por eso termina el versículo escribiendo: *"este mandamiento antiguo es la palabra que habéis oído desde el principio"*. Ahora bien, no se trata de un mandamiento *viejo*, sino *antiguo*, pero a la vez es *nuevo*, aunque no es una *novedad* para los lectores, es *nuevo* porque no pasa de actualidad, aun no gastado, excelente. Este mandamiento lo *tenían* desde el principio de sus vidas cristianas. No se trata de algo añadido por el apóstol, como tal vez pretenderían los *falsos maestros*, que los cristianos creyesen, por tanto, como *nuevo* carecía de la autoridad de los mandamientos *antiguos* y se trata de la Palabra del Señor.

8. Sin embargo, os escribo un mandamiento nuevo, que es verdadero en él y en vosotros, porque las tinieblas van pasando, y la luz verdadera ya alumbra.

πάλιν ἐντολὴν καινὴν γράφω ὑμῖν, ὅ ἐστιν ἀληθὲς ἐν αὐτῷ
De nuevo mandamiento nuevo escribo os, que es verdadero en Él,
καὶ ἐν ὑμῖν, ὅτι ἡ σκοτία παράγεται καὶ τὸ φῶς τὸ ἀληθινὸν
y en vosotros, porque la oscuridad está pasando y la luz - verdadera
ἤδη φαίνει.
ya brilla.

Análisis y notas del texto griego.

Análisis: πάλιν, adverbio de modo, *nuevamente, de nuevo, otra vez*; ἐντολὴν, caso acusativo femenino singular del nombre común *mandamiento*; καινὴν, caso acusativo femenino singular del adjetivo *nuevo*; γράφω, primera persona singular del presente de indicativo en voz activa del verbo γράφω, *escribir*, aquí *escribo*; ὑμῖν, caso dativo de la segunda persona plural del pronombre personal declinado *a vosotros, os*; ὅ, caso nominativo masculino singular del pronombre relativo *él que, el cual, que*; ἐστιν, tercera persona singular del presente de indicativo en voz activa del verbo εἰμί, *ser, estar*, aquí *es*; ἀληθὲς, caso nominativo neutro singular del adjetivo *verdadero*; ἐν, preposición propia de dativo *en*; αὐτῷ, caso dativo masculino de la tercera persona singular del pronombre personal *él*; καὶ, conjunción copulativa *y*; ἐν, preposición propia de dativo *en*; ὑμῖν, caso dativo de la segunda persona plural del pronombre personal *vosotros*; ὅτι, conjunción causal *porque*; ἡ, caso nominativo femenino singular del artículo determinado *la*; σκοτία, caso nominativo femenino singular del nombre común *oscuridad, tinieblas*; παράγεται, tercera persona singular del presente de indicativo en voz pasiva del verbo παράγω, *pasar*, aquí *está pasando*; καὶ, conjunción copulativa *y*; τὸ, caso nominativo neutro singular del artículo determinado *el*; φῶς, caso nominativo neutro singular del nombre común *luz*; τὸ, caso nominativo neutro singular del artículo definido *el*; ἀληθινὸν, caso nominativo neutro singular del adjetivo *verdadero*; ἤδη, adverbio *ya*; φαίνει, tercera persona singular del presente de indicativo en voz activa del verbo φαίνω, *brillar, alumbrar*, aquí *brilla*.

πάλιν ἐντολὴν καινὴν γράφω ὑμῖν, El apóstol reitera la referencia al *mandamiento nuevo* que escribe. Como es habitual en él, establece también aquí un nuevo contraste. En el versículo anterior hizo referencia al mandamiento como *no nuevo*, en sentido de *una novedad* que sale de su pensamiento o incluso producido en el tiempo del escrito, sino de uno que es antiguo en el tiempo. Ahora afirma que ese antiguo mandamiento es *nuevo*, como algo que no queda afectado por el tiempo, una demanda siempre actual. De otro modo, lo que era antiguo por haberlo recibido antes, es también nuevo. Dicho de otro modo, era *viejo* pero no anticuado, que queda en desuso. De manera que no se trata de algo *novedoso*, sino de lo que no se gasta ni deteriora con el tiempo (Jn. 13:34; 1 Co. 11:25; Gá. 6:14; Ef. 4:24: 2 P. 3:13). La *novedad* del mandamiento descansa en ser el elemento esencial del *nuevo pacto* (Lc. 22:20; 1 Co. 11:25). Es también *nuevo* por ser la expresión moral de la nueva creación en Cristo (2 Co. 5:17). Además, debe ser considerado como *nuevo* porque de ese modo lo calificaba el Señor (Jn. 13:34, 35). El apóstol enseña que, aunque el mandamiento es *antiguo*, y tiene continuidad en el tiempo, la relación con Cristo le da una aplicación nueva, por lo que ha venido a ser un mandamiento *nuevo*, ya que la luz está brillando. Es un cambio en la economía de la redención, expresión del *nuevo pacto*, el mandamiento viene a ser definitivamente *nuevo*. La novedad del mandamiento radica en su procedencia de Jesucristo, que está en el centro del mandato, puesto que el amor que demanda a los Suyos es Su mismo amor.

ὅ ἐστιν ἀληθὲς ἐν αὐτῷ καὶ ἐν ὑμῖν, Este mandamiento no solo es nuevo, sino *verdadero*, tanto en los lectores de la *Epístola* como en el Señor. Lo que era antiguo es renovado en Cristo y Su obra. El Señor enseña el amor al prójimo como comprensible al enemigo (Mt. 5:43-44). Este amor demandado a los cristianos estuvo primero en Jesucristo (Ro. 5:8, 10). De otra manera, la novedad del mandamiento consiste en que, formulado en la Ley desde antiguo, obligaba a la práctica del amor, siempre imperfecto por parte del hombre, pero la vida de Cristo, ejemplo admirable del cumplimiento de las demandas establecidas en la Palabra (Jn. 13:1; 15:13; Hch. 10:38; 2 Co. 8:9) enseña como es el modo de satisfacer las demandas del mandamiento de amor, que se hacen posibles en los creyentes por la vida de Cristo en ellos (Gá. 2:20). Ese mismo amor y las consecuencias que se derivan de él, por la acción del Espíritu que lo produce, está también en los cristianos, a los que se les exhorta a que *"haya en ellos el sentir de Jesús"* (Fil. 2:5). Relacionado con la luz que brilla en el mundo, anticipa lo que afirma en la siguiente oración. Dios es luz (1:5), y vino al mundo en Cristo, cuya luz resplandece en las tinieblas. Esta manifestación del Verbo encarnado en la historia de los hombres, da al tiempo, que la Escritura llama *los postreros días*, un significado nuevo, por eso el antiguo mandamiento se hace también nuevo. Esa luz que Jesús trae al mundo brilla tanto en Él como en los que son Suyos, de ahí que las tinieblas del mundo van disminuyendo en la medida en que la luz de Dios aumenta sustentada en las vidas de los creyentes.

ὅτι ἡ σκοτία παράγεται καὶ τὸ φῶς τὸ ἀληθινὸν ἤδη φαίνει. Este nuevo mandamiento se exterioriza y se hace visible en la vida del cristiano. Las tinieblas propias del mundo van siendo disipadas a medida que la conducta del cristiano resplandece. El creyente, unido vitalmente a Cristo, es luz en Él (Ef. 5:8). En medio de la noche del mundo toma las armas de la luz, en un testimonio de vida luminosa (Ro. 12:13-14). De manera que en unión de vida con Aquel que dijo *"Yo soy la luz del mundo"*, brilla por su testimonio personal, como luz en las tinieblas (1 Ts. 5:5-8). Esta luz verdadera no tiene un sentido escatológico como algo que ocurrirá, sino como algo que está ocurriendo. De otro modo, las tinieblas no han desaparecido, pero están siendo disipadas por de la luz del evangelio de Cristo que ilumina a los creyentes. No se trata de una luz religiosa, sino de la luz verdadera, que alumbra en las tinieblas.

La contradicción (2:9-10).

9. El que dice que está en la luz, y aborrece a su hermano, está todavía en tinieblas.

Ὁ λέγων ἐν τῷ φωτὶ εἶναι καὶ τὸν ἀδελφὸν αὐτοῦ μισῶν[1] ἐν
El que dice en la luz estar y al hermano de él aborrece en
τῇ σκοτίᾳ ἐστὶν ἕως ἄρτι.
la oscuridad está hasta ahora.

Análisis y notas del texto griego.

Análisis: Ὁ, caso nominativo masculino singular del artículo determinado *el*; λέγων, caso nominativo masculino singular del participio presente en voz activa del verbo λέγω, *hablar, decir*, aquí *que dice*; ἐν, preposición propia de dativo *en*; τῷ, caso dativo neutro singular del artículo determinado *el*; φωτὶ, caso dativo neutro singular del nombre común *luz*; εἶναι, presente de infinitivo en voz activa del verbo εἰμί, *ser, estar*; καὶ, conjunción copulativa *y*; τὸν, caso acusativo masculino singular del artículo definido declinado *al*; ἀδελφὸν, caso acusativo masculino singular del nombre común *hermano*; αὐτοῦ, caso genitivo masculino de la tercera persona singular del pronombre personal declinado *de él*; μισῶν, caso nominativo masculino singular del participio presente en voz activa del verbo μισέω, *aborrecer, odiar*, aquí *aborreciendo*; ἐν, preposición propia de dativo *en*; τῇ, caso dativo femenino singular del artículo determinado *la*; σκοτίᾳ, caso dativo femenino singular del nombre común *oscuridad, tiniebla*; ἐστὶν, tercera persona singular del presente de indicativo en voz activa del verbo εἰμί, *ser, estar*, aquí *está*; ἕως, preposición propia de genitivo *hasta*; ἄρτι, adverbio demostrativo *ahora*.

Notas. Crítica Textual. Lecturas alternativas.

[1] μισῶν, *aborrece*, lectura según א, B, Ψ, 81, 436, 442, 1175, 2492, Byz.

ψεύστης ἐστὶν καὶ, *mentiroso es y*, sigue en א, 307.

Ὁ λέγων ἐν τῷ φωτὶ εἶναι. La frase condicional que anteriormente usó, vuelve a repetirla para exponer un supuesto caso de afirmación personal. Alguno asevera que está en la luz. Posiblemente en el pensamiento del apóstol estén los gnósticos que afirmaban que por el conocimiento al que habían llegado, estaban en la posesión de la luz que alumbra interiormente, sin embargo, Juan observa que a esa afirmación corresponde una acción contraria como era *aborrecer, despreciar* a los hermanos. Es, por tanto, una mera profesión de amor contenida en palabras, que no son ciertas. La fórmula *el que dice*, pudiera referirse a la realidad de alguno que Juan conocía, pero también puede ser una expresión hipotética, a fin de exhortar a los lectores a que no menosprecien a sus hermanos.

καὶ τὸν ἀδελφὸν αὐτοῦ μισῶν. El apóstol hace notar que tal persona *aborrecía* a su hermano. Este término se utiliza en el Nuevo Testamento para referirse a pensamientos y sentimientos maliciosos e injustificables hacia otros, como expresión de animosidad, por tanto, contraria al amor (Mt. 10:22; 24:10; Lc. 6:22, 27; 19:14; Jn. 7:7; 15:18, 19, 23, 25; Tit. 3:3). El mundo y, por consiguiente, los que son del mundo, *aborrece, menosprecia*, la luz porque sus obras son malas (Jn. 7:7), por tanto, cualquier vida luminosa que brilla en las tinieblas es *odiada, aborrecida, menospreciada* por los que están en ellas. El que odia la luz, aborrece sin motivo al revelador de ella (Jn. 15:25). Ese odio alcanza a los que son verdaderamente cristianos, discípulos de Jesús (Mt. 10:22; Mr.

13:13; Lc. 21:17; Jn. 15:23 s.; 17:14; 1 Jn. 3:13). *Aborrecer*, es también preferir una cosa sobre otra, lo que ocasiona una manifestación de *menosprecio*. Es manifestar preferencias despreciando a otros hermanos. No significa que Juan esté pensando que el amor debe manifestarse sólo a los *hermanos*, cuyo término se usa para referirse a los que son de la familia de la fe e hijos de Dios (Jn. 1:12). Pero, el propósito del apóstol en esta *Epístola* dirigida a creyentes es que la práctica del amor sincero entre todos los hermanos, pone de manifiesto la realidad de estar en la luz, esto es, de estar en Cristo.

ἐν τῇ σκοτίᾳ ἐστὶν ἕως ἄρτι. La realidad de ese comportamiento es evidente, quien está en la luz ama como ha sido amado, quien *aborrece*, u *odia*, actuación contraria al amor y a la luz, está en tinieblas. Jesucristo es luz y amor, permanecer en Él, que es luz, exige andar en amor. El verdadero cristiano que vive en luz ama a su hermano. *Estar en tinieblas* es manifestar una conducta malvada, tenebrosa y desobediente (1:6; 2:4). La profesión de fe del que dice que vive en la luz, pero *aborrece*, a su hermano, confirma que *todavía* no ha pasado de las tinieblas a la luz. Las palabras del testimonio de quien dice *estar* en la luz, pero *menosprecia* a su hermano, es posiblemente el mismo que ha dicho también que tiene *comunión* con Dios (1:6), y que *conoce* a Dios (2:4). Son meras palabras con apariencia de piedad, pero que niegan la eficacia de ella (2 Ti. 3:5). Tales personas, conforme al mandamiento del apóstol Pablo, deben ser *evitadas*.

Todavía más, de acuerdo con el pensamiento de Juan, el que *aborrece* a su hermano es un *asesino* (3:15), y un mentiroso (4:20). Es, por eso, hijo del demonio, que es *homicida y mentiroso* (Jn. 8:44) y en ningún modo hijo de Dios, que es amor y verdad. Nadie puede juzgar las intenciones del corazón, asunto que sólo es conocido por Dios, pero, la realidad espiritual de quien *aborrece* a su hermano, entra de lleno en lo que el apóstol afirma en el versículo. El mundo religioso evangélico está lleno de quienes se jactan en amar la verdad y la defienden, si fuese posible con cualquier tipo de arma moral a fin de hacer que otros consideren pernicioso a quien no piensa como él. Estos debieran preguntarse a la luz del versículo si son verdaderamente creyentes y han sido engendrados por Dios. No debe olvidarse que la profesión de fidelidad a la Palabra y la de conocimiento del Señor no son los instrumentos de salvación, ya que, según las palabras de Jesús, algunos que le llamaban *Señor, Señor*, y se enorgullecían de haber actuado en Su nombre, nunca fueron conocidos por Él (Mt. 7:22-23). No es posible estar en la luz y en las tinieblas, no es posible estar en el amor y en el odio, o es una cosa o es otra. Donde el amor no está presente, el odio gobierna las tinieblas en que esa persona se encuentra, a pesar de sus sentidas profesiones de fidelidad a la Escritura. Son los que afirman obediencia y lealtad a cuanto está en la Biblia, pero quebrantan el mandamiento del amor que identifica la realidad de ser cristiano (Jn. 13:35). Sólo donde prevalece el amor se está en la luz.

Es notable el uso de la expresión ἕως ἄρτι, *hasta ahora* o *aun hasta ahora*, está en tinieblas, afirmando que la apariencia es de creyente, pero los hechos evidencian su hipocresía, porque no ha salido *todavía* de las tinieblas. La lección es importante: a pesar de que la luz ya está brillando, ese hombre que no ama, está aún en tinieblas.

10. El que ama a su hermano, permanece en la luz, y en él no hay tropiezo.

ὁ ἀγαπῶν τὸν ἀδελφὸν αὐτοῦ ἐν τῷ φωτὶ μένει καὶ
El que ama al hermano de él en la luz permanece y
σκάνδαλον ἐν αὐτῷ οὐκ ἔστιν·
tropiezo en él no hay.

Análisis y notas del texto griego.

Análisis: ὁ, caso nominativo masculino singular del artículo determinado *el*; ἀγαπῶν, caso nominativo masculino singular del participio presente en voz activa del verbo ἀγαπάω, *amar*, aquí *que ama*; τὸν, caso acusativo masculino singular del artículo determinado declinado *al*; ἀδελφὸν, caso acusativo masculino singular del nombre común *hermano*; αὐτοῦ, caso genitivo masculino de la tercera persona singular del pronombre personal declinado *de él*; ἐν, preposición propia de dativo *en*; τῷ, caso dativo neutro singular del artículo determinado *el*; φωτὶ, caso dativo neutro singular del nombre común *luz*; μένει, tercera persona singular del presente de indicativo en voz activa del verbo μένω, *permanecer*, aquí *permanece*; καὶ, conjunción copulativa *y*; σκάνδαλον, caso nominativo neutro singular del nombre común *escándalo, tropiezo*; ἐν, preposición propia de dativo *en* ; αὐτῷ, caso dativo masculino de la tercera persona singular del pronombre personal *él*; οὐκ, forma escrita del adverbio de negación *no*, con el grafismo propio ante una vocal con espíritu suave o una enclítica; ἔστιν, tercera persona singular del presente de indicativo en voz activa del verbo εἰμί, *ser, estar*, aquí *hay*.

ὁ ἀγαπῶν τὸν ἀδελφὸν αὐτοῦ ἐν τῷ φωτὶ μένει. Si el aborrecimiento pone en evidencia que el que lo practica no está en la luz, el amor sitúa al que lo manifiesta como perteneciente a la luz. *El que ama* es el calificativo y la definición del verdadero cristiano. Amar no solo es practicar una virtud, sino que es un estado y un modo de vida. El objeto del amor es el hermano. El que ama permanece en luz, que como ya se ha considerado antes, es tener comunión con Dios, estar en Él (1:5). Se trata, pues, de un verdadero creyente, ya que no *permanece* en tinieblas, sino en luz (Jn. 12:46). Los que no aman, permanecen en el estado espiritual que les es propio, el de las tinieblas. Tan solo pueden salir de esa situación mediante la fe en Cristo, por tanto, el creyente ya no está en tinieblas, sino que ha sido hecho hijo de luz. Es más, no solo vive en luz, sino que él mismo es hecho luz resplandeciente como un luminar en el mundo que está en tinieblas. La obra redentora de Cristo tiene como objetivo libertarnos de la oscuridad, de otro modo, vino para que no continuemos viviendo en tinieblas. El propósito de la venida del Señor no es para condenación, sino para salvación. Dios no aprisiona a nadie en tinieblas, puesto que envió la luz para cambiar la condición propia y natural del hombre a causa del pecado. Si la luz está vinculada con la vida y las tinieblas con la muerte, creer en Cristo es *conocer* la vida de Dios por la que alcanzamos la salvación (Jn. 17:3). La realidad visible de esa nueva vida alcanzada por gracia mediante la fe, es el amor a los hermanos. Permanecer en la luz exige amar a los hermanos.

καὶ σκάνδαλον ἐν αὐτῷ οὐκ ἔστιν. La consecuencia propia de esa forma de vida en Cristo, que conduce al amor, es que en esa persona no hay nada en su vida que sea de tropiezo para él mismo. Esto enlaza perfectamente con la idea del texto siguiente. Tal persona deja de estar en tinieblas y *sabe a dónde va*, sin tropiezo alguno, porque en su camino no solo resplandece la luz que le guía, sino que el mismo camino es luminoso. Pero, no siendo tropiezo para él mismo, tampoco lo es para otros. La palabra σκάνδαλον, *tropiezo*, es también *escándalo*. Tal persona no es un escándalo para nadie, una piedra de tropiezo que hace caer o causa problemas espirituales y morales a otros. La conducta del creyente puede ser *tropiezo* para otros, especialmente para los *niños en Cristo* (Mt. 18:6). Ser tropiezo equivale a poner un obstáculo en el camino de otra persona y, especialmente en este contexto, en el de un hermano. La actitud de un creyente puede ser causa de tropiezo para otro. El que induce a otro a pecar, haciéndole caer, es un instrumento en mano de Satanás (1 Ti. 6:9). El verdadero cristiano elimina de su vida aquello que pueda ser tropezadero para su hermano (1 Co. 8:13). El tropiezo puede ser puesto contra la doctrina, como ocurría con los *falsos maestros* del tiempo de Juan (Ro. 16:17), pero, en general se trata de no ser obstáculo a otros (1 Co. 10:32). El creyente debe prestar continua atención a su vida para no ser tropiezo (2 Co. 6:3).

La realidad (2:11).

11. Pero el que aborrece a su hermano está en tinieblas, y anda en tinieblas, y no sabe a dónde va, porque las tinieblas le han cegado los ojos.

ὁ δὲ μισῶν τὸν ἀδελφὸν αὐτοῦ ἐν τῇ σκοτίᾳ ἐστὶν καὶ ἐν
Pero El que aborrece al hermano de él en la oscuridad está y en
τῇ σκοτίᾳ περιπατεῖ καὶ οὐκ οἶδεν ποῦ ὑπάγει, ὅτι ἡ σκοτία
la oscuridad anda y no sabe donde va, porque la oscuridad
ἐτύφλωσεν τοὺς ὀφθαλμοὺς αὐτοῦ.
cegó los ojos de él.

Análisis y notas del texto griego.

Análisis: ὁ, caso nominativo masculino singular del artículo determinado *el*; δὲ, partícula conjuntiva que hace las veces de conjunción coordinante, con sentido de *pero, más bien, y, y por cierto, antes bien, entonces*; μισῶν, caso nominativo masculino singular del participio presente en voz activa del verbo μισέω, *odiar, aborrecer*, aquí *que aborrece*; τὸν, caso acusativo masculino singular del artículo determinado declinado *al*; ἀδελφὸν, caso acusativo masculino singular del nombre común *hermano*; αὐτοῦ, caso genitivo masculino de la tercera persona singular del pronombre personal declinado *de él*; ἐν, preposición propia de dativo *en*; τῇ, caso dativo femenino singular del artículo determinado *la*; σκοτίᾳ, caso dativo femenino singular del nombre común *oscuridad, tiniebla*; ἐστὶν, tercera persona singular del presente de indicativo en voz activa del verbo εἰμί, *ser, estar*, aquí *está*; καὶ, conjunción copulativa *y*; ἐν, preposición propia de dativo *en*; τῇ caso dativo femenino singular del artículo determinado *la*; σκοτίᾳ, caso dativo femenino singular del nombre común *oscuridad, tiniebla*; περιπατεῖ, tercera persona singular del presente de indicativo en voz activa del verbo περιπατέω, *andar, caminar*, aquí *anda*; καὶ, conjunción copulativa *y*; οὐκ, forma escrita del adverbio de negación *no*, con el grafismo propio ante una vocal con espíritu suave o una enclítica; οἶδεν, tercera persona singular del perfecto de indicativo en voz activa del verbo οἶδα, *saber, conocer, comprender*, aquí *sabe, ha sabido*; ποῦ, adverbio relativo *donde*; ὑπάγει, tercera persona singular del presente de indicativo en voz activa del verbo ὑπάγω, *ir, marcharse, andar*, aquí *va*; ὅτι, conjunción causal *porque*; ἡ, caso nominativo femenino singular del artículo determinado *la*; σκοτία, caso nominativo femenino singular del nombre común *oscuridad, tiniebla*; ἐτύφλωσεν, tercera persona singular del aoristo primero de indicativo en voz activa del verbo τύφλω, *cegar*, aquí *cegó*; τοὺς, caso acusativo masculino plural del artículo determinado *los*; ὀφθαλμοὺς, caso acusativo masculino plural del nombre común *ojos*; αὐτοῦ, caso genitivo masculino de la tercera persona singular del pronombre personal declinado *de él*.

ὁ δὲ μισῶν τὸν ἀδελφὸν αὐτοῦ. Juan invierte el argumento anterior, estableciendo un nuevo contraste, de modo que si el que ama está en luz, el que aborrece camina en tinieblas. La situación es natural, porque quien alberga *menosprecio*, *aborrecimiento* u *odio* contra el hermano en su corazón, no permite la acción de la luz.

ἐν τῇ σκοτίᾳ ἐστὶν Por consiguiente, *está en tinieblas*. Ya ha considerado antes esta lamentable realidad. *Aborrecer* a un hermano significa andar en oscuridad, aunque tal persona piense que está en la luz (v. 9). De la misma manera que la oscuridad es la ausencia de luz, el *menosprecio*, el *aborrecimiento*, es la ausencia de amor. Quien *aborrece* por cuanto no ama, está en oscuridad y *anda* en ella.

καὶ ἐν τῇ σκοτίᾳ περιπατεῖ, La consecuencia es grave, si está en tinieblas, *anda* en tinieblas. El estado espiritual se convierte en un modo de conducta, expresado en el uso del verbo περιπατέω, *andar, caminar*, que hace referencia a una forma determinada de vida. Es el modo propio que corresponde a las tinieblas.

καὶ οὐκ οἶδεν ποῦ ὑπάγει. El resultado no puede ser otro que un camino desorientado, anda en tinieblas y en ellas no consigue ver el camino por donde va. Es la consecuencia natural de no andar en la luz. Por contraste Jesús dijo: *"Yo soy la luz del mundo, el que me sigue, no andará en tinieblas, sino que tendrá la luz de la vida"* (Jn. 8:12). El que sigue a Cristo experimenta Su luz, consecuente con seguir a quien es la luz del mundo. Seguir a Jesús implica aceptarlo como Salvador personal, en las mismas palabras del Señor: *"el que cree en mí"* (Jn.7:38). Creer en Jesús es el primer paso en la senda luminosa del seguimiento, en cuyo acto de depositar la fe en Él, el discípulo, seguidor del Maestro, se ve liberado de las tinieblas del mundo (Jn. 1:5; 12:35, 46). La luz divina tiene vida en sí misma, puesto que Jesús, que es la luz del mundo, es poseedor de la vida y da la vida eterna a todo el que cree (Jn. 1:4; 3:16; 4:10, 15; 6:35, 51). La seguridad de este camino es cierta: *"luz está sembrada para el justo, y alegría para los rectos de corazón"* (Sal. 97:11). De modo que si quien sigue a Jesús no anda en tinieblas y sabe adónde va, lo contrario, es la experiencia del que no tiene a Cristo cuyo camino entenebrecido, no le permite determinar una senda correcta para sus pies. Por consiguiente, *no sabe a dónde va*.

ὅτι ἡ σκοτία ἐτύφλωσεν τοὺς ὀφθαλμοὺς αὐτοῦ. La razón de ese estado es a causa de que *"las tinieblas le han cegado los ojos"*. El malvado equivoca primero el camino, como dice el salmista: *"Yo anduve errante como oveja extraviada"* (Sal. 119:176). La misma verdad en la profecía: *"Todos nosotros nos descarriamos como ovejas, cada cual se apartó por su camino"* (Is. 53:6). Luego, cegado por las tinieblas, hasta no poder percatarse de la equivocación de su camino. La ceguera es consecuencia de la acción insistentemente repetida. Es un estado al que se llega por rebeldía. Tiene que ver, de otro modo, con la conciencia cauterizada (1 Ti. 4:2), porque de igual modo que la permanencia en una oscuridad debilita a la capacidad ocular para ver, así también el odio distorsiona nuestra conciencia y la endurece.

Demandas de separación (2:12-17).

Características del cristiano (2:12-14).

12. Os escribo a vosotros, hijitos, porque vuestros pecados os han sido perdonados por su nombre.

Γράφω ὑμῖν, τεκνία, ὅτι ἀφέωνται ὑμῖν αἱ ἁμαρτίαι
Escribo os, hijitos, porque han sido perdonados os los pecados
διὰ τὸ ὄνομα αὐτοῦ.
a causa del nombre de Él.

Análisis y notas del texto griego.

Análisis: Γράφω, primera persona singular del presente de indicativo en voz activa del verbo γράγω, *escribir*, aquí *escribo*; ὑμῖν, caso dativo de la segunda persona plural del pronombre personal declinado *a vosotros, os*; τεκνία, caso vocativo neutro plural del nombre común *hijitos*; ὅτι, conjunción causal *porque*; ἀφέωνται, tercera persona plural del perfecto de indicativo en voz pasiva del verbo ἀφίημι, *perdonar, remitir*, aquí *han sido perdonados*; ὑμῖν, caso dativo de la segunda persona plural del pronombre personal declinado *a vosotros, os*; αἱ, caso nominativo femenino plural del artículo determinado *las*; ἁμαρτίαι, caso nominativo femenino plural del nombre común *transgresiones, pecados*; διὰ, preposición propia de acusativo *por, por amor a, por causa de*; τὸ, caso acusativo neutro singular del artículo determinado *el*; ὄνομα, caso acusativo neutro singular del sustantivo *nombre*; αὐτοῦ, caso genitivo masculino de la tercera persona singular del pronombre personal declinado *de Él*.

Γράφω ὑμῖν, τεκνία, El alcance del mandamiento se extiende y pormenoriza en este párrafo (vv. 12-17). Menciona primeramente a quienes llama *hijitos*, vocativo que expresa afecto de padre, en este caso expresión del corazón del pastor hacia las ovejas del Señor. No se debe hacer aquí una distinción de edad, refiriéndola a los más jóvenes en edad, sino que es la forma natural de un trato afectivo hacia todos los creyentes que leen la *Epístola*, como ya se indicó antes (2:1). Lo que escribe es una forma de referirse al conjunto de todo el escrito, tanto a lo que antecede como a lo que sigue. Con todo, podría considerarse que se está dirigiendo a tres tipos distintos de creyentes, en este caso, a los que son nuevos en la fe, que no tienen un profundo conocimiento de la doctrina, que son niños en Cristo. A estos seguirán los *jóvenes* y luego *los padres*, que ya han alcanzado madurez espiritual. Sin embargo, esto requiere modificar las posiciones de los destinatarios en los siguientes versículos, por lo que es preferible entenderlo como una expresión general para todos los creyentes.

ὅτι ἀφέωνται ὑμῖν αἱ ἁμαρτίαι. Estos a quienes escribe son verdaderos creyentes porque *sus pecados han sido perdonados*. La certeza común de todos los cristianos es que Dios les perdonó todos los pecados (Col. 2:13). El don inefable de la gracia lleva aparejado el perdón de *"todos los pecados"*. Juan se refiere aquí a un hecho totalmente consumado, una acción plena y definitivamente concluida como pone de manifiesto el modo verbal aquí en perfecto de indicativo en voz pasiva. Dios otorga el perdón incondicional a todo el que cree. Es un perdón gratuito porque el hombre no puede conseguirlo por esfuerzo personal, ya que no tiene modo de alcanzar los recursos para cancelar por sí mismo la deuda producida por el pecado (Ro. 3:24; Tit. 3:7). Es generoso, porque Dios cancela la deuda plena de la responsabilidad penal del pecado. Ese perdón otorgado es seguro; el mensaje del evangelio, al que se refiere antes el apóstol, anuncia como una buena noticia que proclama a todos los hombres *el perdón de pecados*, no se trata de una posibilidad sino de la plena seguridad. Cuando un pecador cree, recibe el perdón de sus pecados, de manera que la responsabilidad penal que determinaba la muerte, queda cancelada para él. La limpieza moral, la purificación, es consecuencia del hecho de creer. El cristiano puede sentir la seguridad de su salvación a causa de la extinción de esa responsabilidad penal, con el perdón de todos sus pecados, de modo que puede, con reconocimiento decir: *"Ahora, pues, ninguna condenación hay para los que están en Cristo Jesús"* (Ro. 8:1). El hecho del perdón, la libertad de la responsabilidad penal por el mismo, no supone liberación de la práctica de santidad que es el modo natural de la vida cristiana. Un creyente que vive en la luz, a quien le han sido perdonados todos sus pecados, no practica aquello de que ha sido liberado.

διὰ τὸ ὄνομα αὐτοῦ. La causa del perdón de pecados está en la obra redentora de Cristo. El Señor estableció que esta verdad se proclamara en el evangelio (Lc. 24:47; Hch. 13:38). Es interesante notar que el apóstol no usa un título como pudiera ser el Señor, el Salvador, Jesús, Jesucristo, sino que al usar el término *nombre*, está refiriéndose a la Persona y la obra redentora que hizo. De otro modo, Dios perdona los pecados en base a la muerte expiatoria de Su Hijo. De manera que todo aquel que cree en el Hijo recibe la remisión de pecados. Ya dijo antes el apóstol que la remisión de los pecados se obtiene por la propiciación de Jesucristo (1:7, 9; 2:2).

13. Os escribo a vosotros, padres, porque conocéis al que es desde el principio. Os escribo a vosotros, jóvenes, porque habéis vencido al maligno[4].

γράφω ὑμῖν, πατέρες, ὅτι ἐγνώκατε τὸν ἀπ' ἀρχῆς. γράφω
Escribo os padres, porque habéis conocido al desde principio. Escribo
ὑμῖν, νεανίσκοι, ὅτι νενικήκατε τὸν πονηρόν.
os, jóvenes, porque habéis vencido al maligno.

Análisis y notas del texto griego.

Análisis: γράφω, primera persona singular del presente de indicativo en voz activa del verbo γράφω, *escribir*, aquí *escribo*; ὑμῖν, caso dativo de la segunda persona plural del pronombre personal declinado *a vosotros, os*; πατέρες, caso vocativo masculino plural del nombre común *padres*, ὅτι, conjunción causal *porque*; ἐγνώκατε, segunda persona plural del perfecto de indicativo en voz activa del verbo γινώσκω, *conocer*, aquí *habéis conocido*; τὸν caso acusativo masculino singular del artículo determinado declinado *al*; ἀπ', preposición propia de genitivo ἀπό, con el grafismo por elisión de la o final ante vocal o diptongo sin aspiración, que equivale a *de, desde, procedente de, por medio de, con, por*; ἀρχῆς, caso genitivo masculino singular del nombre común *principio*; γράφω, primera persona singular del presente de indicativo en voz activa del verbo γράφω, *escribir*, aquí *escribo*; ὑμῖν, caso dativo de la segunda persona plural del pronombre personal declinado *a vosotros, os*; νεανίσκοι, caso vocativo masculino plural del nombre común *jóvenes*; ὅτι, conjunción causal *porque*; νενικήκατε, segunda persona plural del perfecto de indicativo en voz activa del verbo νικάω, *vencer*, aquí *habéis vencido*; τὸν, caso acusativo masculino singular del artículo determinado declinado *al*; πονηρόν, caso acusativo masculino singular del adjetivo *maligno*.

γράφω ὑμῖν, πατέρες, Juan menciona a los *padres* que, como se ha dicho antes, pudieran ser personas mayores en edad, pero, tal vez en sentido espiritual, creyentes que ya son maduros y pueden entender y discernir las cosas del espíritu, en este caso podría incluir al liderazgo de la iglesia.

ὅτι ἐγνώκατε τὸν ἀπ' ἀρχῆς. Estos conocían al que, *desde principio*, según se lee literalmente. Esa construcción exige poner el verbo *ser* implícito, lo que resulta *al que era desde el principio*. El conocimiento

[4] Se mantiene esta división concordante con las más precisas dentro del texto griego del Nuevo Testamento, pasando el párrafo final del versículo en RV60, al primero del siguiente.

de Dios, para el perdón de pecados y vida eterna (Jn. 17:3), da paso al experimental de la fidelidad y de la gracia divinas, que se manifiesta hacia el creyente y es inalterable en el tiempo. Conocen a Dios, que es fiel eternamente (Sal. 90:1, 2; Mal. 3:6). Estos *mayores*, a los que llama *padres*, cuando son del grupo de líderes de la iglesia, han de cuidar de los *hijitos* y de los *jóvenes*.

γράφω ὑμῖν, νεανίσκοι, La *Epístola* es también para los *jóvenes*. Interpretado literalmente, es la juventud de la iglesia, vigorosos física y espiritualmente. Aunque el término usado puede ser exclusivamente masculino en ocasiones, idiomáticamente es un sustantivo *inclusivo*, por tanto, no es posible afirmar que estas demandas sean sólo para los varones de la iglesia, excluyendo a las mujeres, sino que comprende a todos. Algunos entienden que Juan al referirse a *padres*, solamente y no a *madres*, y luego a *jóvenes*, estaría escribiendo solo a los hombres de la congregación, sin embargo, no es sustentable tal interpretación a la luz del escrito.

ὅτι νενικήκατε τὸν πονηρόν. Estos jóvenes *han vencido al maligno*. Es el resultado positivo que debe alcanzarse cada día en la lucha contra las fuerzas del mal (Ef. 6:12). A pesar de los intentos del maligno, para hacerles caer de su firmeza en la fe, ellos permanecen firmes en el terreno de victoria donde Cristo les había colocado (1 P. 5:8-9). En las tentaciones y conflictos con Satanás, el creyente debe conservar ese terreno de triunfo donde se encuentra al estar en Cristo. Quien vive a Cristo experimenta la victoria que Él alcanzó antes, derrotando al maligno en la Cruz (Col. 2:15). Estos *jóvenes* que vencen son ya creyentes firmes en la fe (1 P. 5:9a). Habitualmente los jóvenes son más propensos a la caída en ciertas tentaciones pecaminosas que los mayores, pero lo que destaca el apóstol es que estos que son muchas veces poco considerados en la iglesia, han mostrado la fortaleza procedente de la fe, dándoles la victoria sobre el maligno, de lo que tratará más adelante. Juan utiliza para referirse a esa victoria el verbo en perfecto de indicativo que expresa la idea de una acción totalmente concluida. La victoria de ellos ha sido una realidad en el pasado, que sin duda lo es también en el presente. Nótese que esta forma no se ha producido para *ganar la victoria*, porque ya ha sido alcanzada por Cristo en la Cruz, que venció sobre el maligno y sus seguidores: *"y despojando a los principados y potestades, los exhibió públicamente, triunfando sobre ellos en la cruz"* (Col. 2:15). El creyente no está llamado a conquistar y vencer sobre lo que ha sido conquistado y derrotado, sino permanecer firme en esa posición de victoria que Cristo alcanzó para todo el que cree. El creyente es fuerte porque está vinculado a Cristo por vida y por fe y *"para esto apareció el Hijo de Dios, para deshacer las obras del diablo"* (3:8), por tanto, la vida de identificación con Él trae a la experiencia Su victoria sobre el maligno.

14. Os escribo a vosotros, hijitos, porque habéis conocido al Padre. Os he escrito a vosotros, padres, porque habéis conocido al que es desde el principio. Os he escrito a vosotros, jóvenes, porque sois fuertes, y la palabra de Dios permanece en vosotros, y habéis vencido al maligno.

ἔγραψα[1] ὑμῖν, παιδία, ὅτι ἐγνώκατε τὸν Πατέρα. ἔγραψα
Escribí os, niñitos, porque habéis conocido al Padre. Escribí
ὑμῖν, πατέρες, ὅτι ἐγνώκατε τὸν ἀπ' ἀρχῆς. ἔγραψα ὑμῖν,
os padres, porque habéis conocido al desde principio. Escribí os,
νεανίσκοι, ὅτι ἰσχυροί ἐστε καὶ ὁ λόγος τοῦ Θεοῦ ἐν ὑμῖν
jóvenes, porque fuertes sois y la palabra - de Dios, en vosotros
μένει καὶ νενικήκατε τὸν πονηρόν.
Permanece y habéis vencido al maligno.

Análisis y notas del texto griego.

Análisis: ἔγραψα, primera persona singular del aoristo primero de indicativo en voz activa del verbo γράφω, *escribir*, aquí *escribí*; ὑμῖν, caso dativo de la segunda persona plural del pronombre personal declinado *a vosotros, os*; παιδία, caso vocativo neutro plural del nombre común *niños*; ὅτι, conjunción causal *porque*; ἐγνώκατε, segunda persona plural del perfecto de indicativo en voz activa del verbo γινώσκω, *conocer*, aquí *habéis conocido*; τὸν, caso acusativo masculino singular del artículo determinado declinado *al*; Πατέρα, caso acusativo masculino singular del nombre divino *Padre*; ἔγραψα, primera persona singular del aoristo primero de indicativo en voz activa del verbo γράφω, *escribir*, aquí *escribí*; ὑμῖν, caso dativo de la segunda persona plural del pronombre personal declinado *a vosotros, os*; πατέρες, caso vocativo masculino plural del nombre común *padres*; ὅτι, conjunción causal *porque*; ἐγνώκατε, segunda persona plural del perfecto de indicativo en voz activa del verbo γινώσκω, *conocer*, aquí *habéis conocido*; τὸν, caso acusativo masculino singular del artículo determinado declinado *al*; ἀπ', preposición propia de genitivo ἀπό, con el grafismo por elisión de la o final ante vocal o diptongo sin aspiración, que equivale a *de, desde, procedente de, por medio de, con, por*; ἀρχῆς, caso genitivo masculino singular del nombre común *principio*; ἔγραψα, primera persona singular del aoristo primero de indicativo en voz activa del verbo γράφω, *escribir*, aquí *escribí*; ὑμῖν, caso dativo de la segunda persona plural del pronombre personal declinado *a vosotros, os*; νεανίσκοι, caso vocativo masculino plural del nombre común *jóvenes*; ὅτι, conjunción causal *porque*; ἰσχυροί, caso nominativo masculino plural del adjetivo *fuertes*; ἐστε, segunda persona plural del presente de indicativo en voz activa del verbo εἰμί, *ser, estar*, aquí *sois*; καὶ, conjunción copulativa *y*; ὁ, caso nominativo masculino singular del artículo determinado *el*; λόγος, caso nominativo masculino singular del nombre común *discurso, palabra*; τοῦ, caso genitivo masculino singular del artículo determinado *el*; Θεοῦ, caso genitivo masculino singular del nombre divino *Dios*; ἐν, preposición propia de dativo *en*; ὑμῖν, caso dativo de la segunda persona plural del pronombre personal *vosotros*; μένει, tercera persona singular del presente de indicativo en voz activa del verbo μένω, *permanecer, residir, hacer morada*, aquí *permanece*; καὶ, conjunción copulativa *y*; νενικήκατε, segunda persona plural del perfecto de indicativo en voz activa del verbo νικάω, *vencer*, aquí *habéis vencido*; τὸν, caso acusativo masculino singular del artículo determinado declinado *al*; πονηρόν, caso acusativo masculino singular del adjetivo común *maligno*.

Notas. Crítica Textual. Lecturas alternativas.

[1] ἔγραψα, *escribí*, según lectura en lectura según ℵ, B, Ψ, 81, 436, 442, 1175, 2492, Byz.

γράφω, *escribo*, según 81^{vid}, 642, 1175, 1448, 2492, Byz, it, vg$^{cl, ww}$, sy$^{p, sy}$, cv.

ἔγραψα ὑμῖν, παιδία, Juan cambia aquí el verbo en presente por el aoristo, según los mss. más seguros, dejando de decir *os escribo*, para decir *os escribí*. El sustantivo παιδίον, significa literalmente *niño pequeño*, en ocasiones se traduce por el diminutivo *niñitos*. En este caso estaría escribiendo a los más jóvenes o a los pequeños de la iglesia, niños de edad física.

ὅτι ἐγνώκατε τὸν Πατέρα. La razón es que estos pequeños *han conocido al Padre*. La salvación no la alcanzan solamente los de mayor edad. El evangelio salva también a los niños que entendiendo el mensaje lo reciben por fe. *Conocer al Padre* es sinónimo de tener vida eterna (Jn. 17:3). La realidad de la salvación consiste en un mutuo conocimiento, conocer a Dios y ser conocido por Él, como hijos del Padre (Jn. 1:12). Son niños en edad, pero son salvos e hijos de Dios por adopción en Cristo. A estos el Espíritu les conduce, como a todos los salvos, a dirigirse a Dios llamándole *Abba, Padre* (Ro. 8:14-15).

ἔγραψα ὑμῖν, πατέρες, ὅτι ἐγνώκατε τὸν ἀπ' ἀρχῆς. Se dirige a los padres, recordándoles lo que acaba de decirles, porque *habéis conocido al que es desde el principio*. Es una reiteración de lo anterior (v. 13). Revela la importancia del conocimiento vivencial sobre Dios. Debe notarse que ese conocimiento, es el modo de vivir la vida eterna que se otorga a todo el que cree.

ἔγραψα ὑμῖν, νεανίσκοι, De nuevo escribe a los destinatarios que son jóvenes, de los que se ha considerado antes.

ὅτι ἰσχυροί ἐστε, Juan reconoce que estos jóvenes son *fuertes*. La fuerza del creyente no está en él, sino en la utilización de las que Dios proporciona. El poder y la fortaleza del creyente proceden de Cristo (Fil. 4:13). La fuerza de Dios en Cristo sólo es posible en la esfera de la comunión con Él, porque separados de Él nada es posible (Jn. 15:5). Si eran fuertes es señal inequívoca de que estaban disfrutando sin obstáculos de la comunión con Dios.

καὶ ὁ λόγος τοῦ Θεοῦ ἐν ὑμῖν μένει. Un segundo reconocimiento en relación con los jóvenes es que además de ser fuertes, la Palabra de Dios permanece en ellos. Se trata de la Palabra implantada, recibida con mansedumbre (Stg. 1:21). El término griego usado en el escrito de Santiago, expresa la idea de algo *innato, natural, enraizado dentro, plantado dentro*. Por tanto, la Palabra cuando es implantada en el creyente, está situada en su interior y dirige las acciones. Esta operación conductora desde el interior comienza con el nuevo nacimiento. El sembrador divino esparció la semilla de la Palabra en el corazón del regenerado (Lc. 8:15), de modo que ha sido plantada para que fructifique dentro del corazón del cristiano. Ya en la enseñanza sobre el nuevo nacimiento transmitida por los profetas, Dios dijo que *escribiría su ley* en los corazones de los regenerados (Jer. 31:33). La implantación de la Palabra trae como consecuencia un estilo de vida conforme a ella. Cuando la Palabra está implantada y ha enraizado en el corazón pasa a controlar la vida, puesto que está *sobre* el corazón, asiento de afectos y voluntad, como Dios dijo a Su pueblo: *"Estas palabras que yo te mando hoy, estarán sobre tu corazón"* (Dt. 6:6).

καὶ νενικήκατε τὸν πονηρόν. La consecuencia final es que *han vencido al maligno*. El ejemplo de Jesús es elocuente, venciendo al maligno con el poder de la Palabra con que respondía a sus insinuaciones en la tentación. El apóstol Pablo, cuando describe la acción de las huestes de maldad, bajo el poder del maligno, la compara con una lucha espiritual contra los creyentes (Ef. 6:12). En ese combate Dios provee de una panoplia con todas las armas necesarias para vencer en la lucha. Entre ellas está la *"espada del Espíritu, que es la Palabra"* (Ef. 6:17). Nótese la concordancia entre los dos apóstoles. Juan dice que los jóvenes *han vencido* al maligno; Pablo afirma que esa victoria descansa en el uso de la Palabra. El genitivo que aparece en el texto de la *Epístola a los Efesios*, no es de aposición, sino de cualidad y genitivo agente. Es decir, la espada es dada por el Espíritu, que por proceder de Él no puede ser otra que la Palabra. Es el Espíritu quien comunicó la profecía (2 P. 1:21) y es el Espíritu quien la inspiró (2 Ti. 3:16). Esta palabra es viva y eficaz, más penetrante que cualquier espada humana, que actúa en el interior de la persona (He. 4:12). En la mente del apóstol Juan, el Espíritu y la Palabra están en íntima relación (Jn. 3:34; 6:33). En mano del Espíritu, la Palabra es como una espada defensiva, que le ha sido entregada al creyente, no para que la use en conquista –obra hecha plenamente por Jesús– sino en su defensa personal. La Palabra es la fuerza que el joven tiene para vencer sobre el pecado (Sal. 119:9, 11).

Cabe una sencilla reflexión a la luz de las palabras de Juan: Sólo hay victoria cuando se conoce y maneja la Palabra. Especialmente necesario en los jóvenes. El gran fracaso de muchos de ellos no se debe a que el mundo es peor hoy que en el pasado, sino al desconocimiento que muchos tienen de la Palabra. El estudio de la Escritura, la exposición bíblica en el púlpito de la iglesia, han sido sustituidos por mensajes llamados *motivadores*, donde la Biblia, si está presente en él, es meramente un formulismo para dar al discurso un carácter piadoso. La espada del Espíritu no puede ser manejada sino se la conoce para poder usarla. Muchas veces el creyente cae bajo las artimañas de Satanás porque desconoce lo que la Biblia enseña sobre el particular. Eso es un desafío importante: El creyente tiene que dar tiempo a la Biblia si quiere ser un cristiano victorioso. Nótese la misma enseñanza en el texto citado antes (Dt. 6:6-9). Con todo es preciso entender bien que la Biblia no es un *amuleto* contra Satanás y que por el simple hecho de citarla ya libra al cristiano del poder del enemigo. La enseñanza es que la victoria consiste en que la Biblia controle absoluta y plenamente la vida del cristiano y que éste se conduzca en obediencia, sujeción y lealtad a la Escritura. De nada vale saber la Biblia de memoria si su contenido no está regulando la ética cristiana. En un mundo lleno de dificultades y problemas espirituales, se hace cada vez más necesario un retorno a la Palabra sin condiciones.

La gran necesidad es que la Biblia esté presente en la predicación cristiana, en la formación de los creyentes, en la vida familiar, en el mundo laboral, en fin, en todos los aspectos y ámbitos donde un cristiano se manifieste.

Separación del mundo (2:15-17).

15. No améis al mundo, ni las cosas que están en el mundo. Si alguno ama al mundo, el amor del Padre no está en él.

Μὴ ἀγαπᾶτε τὸν κόσμον μηδὲ τὰ ἐν τῷ κόσμῳ. ἐάν τις
No améis al mundo ni las cosas en el mundo. Si alguno
ἀγαπᾷ τὸν κόσμον, οὐκ ἔστιν ἡ ἀγάπη τοῦ Πατρὸς[1] ἐν αὐτῷ·
ama al mundo, no está el amor del Padre en él.

Análisis y notas del texto griego.

Análisis: Μὴ, partícula que hace funciones de adverbio de negación *no*; ἀγαπᾶτε, segunda persona plural del presente de imperativo en voz activa del verbo ἀγαπάω, *amar*, aquí *améis*; τὸν, caso acusativo masculino singular del artículo determinado declinado *al*; κόσμον, caso acusativo masculino singular del nombre común *mundo*; μηδὲ, partícula negativa, crasis[5] formada por la partícula μή, y δὲ, que significa *ni*; τὰ, caso acusativo neutro plural del artículo determinado *los*, en sentido de *las cosas*; ἐν, preposición propia de dativo *en*; τῷ, caso dativo masculino singular del artículo definido *el*; κόσμῳ, caso dativo masculino singular del nombre común *mundo*; ἐάν, conjunción condicional *si*; τις, caso nominativo masculino singular del pronombre indefinido *alguno*; ἀγαπᾷ, tercera persona singular del presente de subjuntivo en voz activa del verbo ἀγαπάω, *amar*, aquí *ame*, mejor *ama*; τὸν, caso acusativo masculino singular del artículo determinado declinado *al*; κόσμον, caso acusativo masculino singular del nombre común *mundo*; οὐκ, forma escrita del adverbio de negación *no*, con el grafismo propio ante una vocal con espíritu suave o una enclítica; ἔστιν, tercera persona singular del presente de indicativo en voz activa del verbo εἰμί, *ser, estar*, aquí *está*; ἡ, caso nominativo femenino singular del artículo determinado *la*; ἀγάπη, caso nominativo femenino singular del nombre común *amor*; τοῦ, caso genitivo masculino singular del artículo determinado declinado *del*; Πατρὸς, caso genitivo masculino singular del nombre divino *Padre*; ἐν, preposición propia de dativo *en*; αὐτῷ, caso dativo masculino de la tercera persona singular del pronombre personal *él*.

Notas. Crítica Textual. Lecturas alternativas.

[1] τοῦ Πατρὸς, *del Padre*, según se lee en ℵ, B, Ψ, 81, 436, 442, 1175, 2492, Byz.

τοῦ Θεοῦ, *de Dios*, conforme a A, C, 33, 307, 642, 1735, 2344, w, z, bo^{pt}, Casiano.

Μὴ ἀγαπᾶτε τὸν κόσμον. La conducta cristiana se manifiesta en una separación del mundo. Luego de la enseñanza sobre lo que expresa una auténtica vida cristiana, pasa a enunciar el primero de los tres imperativos que aparecen en la *Epístola*. Éste alcanza y comprende a toda la familia de Dios, a los que el apóstol llamó *hijitos*. Aparentemente el versículo no tiene vinculación directa con el anterior, pero observando el entorno textual es fácil determinarlo, puesto que si los creyentes han vencido al *maligno*, no deben sino evitar su reino que es el mundo malo. El término aquí se refiere al sistema organizado por Satanás en oposición a Dios, cuya cabeza es el mismo maligno. La Biblia enseña que el príncipe

---

[5] *Crasis*, palabra griega que equivale a *unión de fuerzas*, en general *unión de elementos*.

de este mundo es el diablo (Jn. 12:31; 14:30; 16:11). Los ciudadanos del mundo son seres esclavizados por el pecado, que no creen y, por tanto, no aman. Al ignorar a Dios, el mundo permite y da licencia a toda la corrupción, aspecto contrario a Su propósito para la criatura que es *"guardarse sin mancha del mundo"* (Stg. 1:27), en un compromiso de santidad, en una acción continuada que persiste en conservarse inmune a la contaminación. El Señor pidió al Padre que preservara a los creyentes, no quitándolos del mundo, sino guardándolos del mal (Jn. 17:15). El peligro no consiste en vivir entre mundanos, sino en vivir *como* mundanos. La verdadera vida no descansa en apariencia de piedad, sino en la vivencia real de ella. La vida cristiana nace y se desarrolla primero en el corazón, manifestando luego en obras de piedad la realidad que hay en el interior. Además, el mundo tiene una sabiduría propia, contraria totalmente a la sabiduría de Dios (1 Co. 1:6, 21; 3:19). Desconociendo al verdadero Dios, tiene su propio Dios, que *"ciega el entendimiento de los incrédulos, para que no les resplandezca la luz del evangelio de la gloria de Cristo, el cual es la imagen de Dios"* (2 Co. 4:4). La característica propia del mundo es la perversidad y rebeldía (Gá. 1:4; Ef. 2:2). El asentamiento del mundo, contrario a Dios, se establece en el mismo maligno (5:19), que lo utiliza según sus propósitos. La posición del cristiano respecto al mundo debe ser de separación real (Jn. 17:15-18).

El mandamiento que el apóstol establece es preciso: *"No améis al mundo"*. No solo se establece la prohibición de amarlo, sino que la exhortación comprende dejar de hacerlo si alguno está amándolo. El amor que expresa Juan es el de vinculación, semejante al que utiliza para el hermano y aún para Dios. Es el amor que origina la comunión íntima con el mundo.

μηδὲ τὰ ἐν τῷ κόσμῳ. Pero, ese amor tiene una expresión determinante amando las cosas que son propias del mundo. Esto es, lo que integra el sistema y de lo que se vale. Esta prohibición ha dado pie a algunos para hacer sus propias relaciones de *las cosas* del mundo que, lamentablemente suelen ser cosas materiales, como diversiones, pasatiempos, participación en algún acto determinado, modos de vestir, tamaño del pelo, joyas, pinturas del rostro para las mujeres, adornos y vestidos, etc. etc. Todo esto cambia con el tiempo y aquello que era considerado como *del mundo* en un momento, deja de serlo en otro. Juan ha expresado algunas *cosas del mundo*, todas ellas de carácter espiritual, como la lujuria y el orgullo (2:16); el desconocimiento de Dios (3:1); el desprecio a los creyentes (3:13); el espíritu anticristo (4:3). El mandamiento requiere no solo la separación del mundo, sino apartarse de lo que pertenece al mundo como instrumento de pecado. No se trata de salir del mundo, sino de no amar al mundo.

ἐάν τις ἀγαπᾷ τὸν κόσμον· El mandamiento es consecuente ya que, conforme al pensamiento del apóstol, vivir en la luz, equivale a vivir una vida de amor a Dios y a los hermanos, por consiguiente, amar el mundo es incompatible con vivir en la luz. El amor a Dios es totalmente exclusivo, por consiguiente, no se puede amarle a Él y amar a lo que es totalmente contrario y opuesto. Jesús enseñó esta verdad: *"Ninguno puede servir a dos señores; porque o aborrecerá al uno y amará al otro, o estimará al uno y menospreciará al otro"* (Mt. 6:24). Nadie puede servir a dos señores con intereses contrapuestos. Uno de los dos será el que deba ser elegido y el otro rechazado, porque es imposible agradar a quienes están en esferas, no sólo diferentes, sino contrapuestas. Tratar de servir ambos intereses a la vez es como tener el corazón dividido. Debe tenerse en cuenta que se trata de *amar*, por tanto, implica la voluntad personal, que conduce a una determinada manera de obrar. El desarrollo de la vida está condicionado al pensamiento y a los afectos íntimos del corazón que se orienta hacia una determinada esfera, que son antagónicas, Dios y el mundo, por tanto, la imposibilidad de estar en ambas a la vez es totalmente imposible. No se puede tener el corazón al mismo tiempo en Dios y en el mundo y sus cosas, de modo que sólo puede entregarse a uno de ellos. El mundo es el lugar de desarrollo de vida del no regenerado, controlando a la persona y sometiéndola a la esclavitud del pecado, es decir, no puede dejar de poner su cuerpo al servicio esclavizador del pecado, expresado aquí en *las cosas del mundo*. La purificación del cristiano orienta su vida hacia un fin celestial, en todos los aspectos y modos de vida (Ro. 6:22). Juan hace mención a *cosas* absolutamente opuestas y en situación de enemistad (Lc. 16:13). El sistema del mundo sólo ofrece cosas pecaminosas, contrarias a Dios y Su santidad, de ahí que Santiago escriba: *"¡Oh, almas adúlteras! ¿No sabéis que la amistad del mundo es enemistad contra Dios? Cualquiera, pues, que quiera ser amigo del mundo, se constituye enemigo de Dios"* (Stg. 4:4). Las gentes no regeneradas y los *cristianos mundanos* acuden a las *cosas del mundo* para usarlas como un anestésico que amortigüe las penas de una vida vacía y carente del poder de Dios.

οὐκ ἔστιν ἡ ἀγάπη τοῦ Πατρὸς ἐν αὐτῷ. La consecuencia de amar al mundo y sus cosas no puede ser otra que situarse en una determinada posición en relación con Dios, en este caso, el amor de Dios *no está en él*. Como quiera que el amor que se manifiesta en el creyente procede de Dios, que lo derrama en él, quien ama aquello que es contrario a Dios, no puede estar haciéndolo con el amor de Dios derramado en el creyente por el Espíritu Santo (Ro. 5:5). No debe olvidarse que el cristiano ama a Dios porque Dios le amó primero (4:19). El amor cristiano nunca puede separarse del amor de Dios, manifestado en el fruto del Espíritu en quienes son Sus hijos (Gá. 5:22). El amor recíproco es consecuencia de la unión vital que lleva a la comunión, por consiguiente, el amor del mundo y el amor del Padre son incompatibles y no pueden habitar en el mismo corazón.

16. Porque todo lo que hay en el mundo, los deseos de la carne, los deseos de los ojos, y la vanagloria de la vida, no proviene del Padre, sino del mundo.

ὅτι πᾶν τὸ ἐν τῷ κόσμῳ, ἡ ἐπιθυμία τῆς σαρκὸς καὶ ἡ
Porque todo lo en el mundo, la codicia de la carne, y la
ἐπιθυμία τῶν ὀφθαλμῶν καὶ ἡ ἀλαζονεία τοῦ βίου, οὐκ
codicia de los ojos y la soberbia de la vida, no
ἔστιν ἐκ τοῦ Πατρὸς ἀλλὰ ἐκ τοῦ κόσμου ἐστίν.
es del Padre, sino del mundo es.

Análisis y notas del texto griego.

Análisis: ὅτι, conjunción causal *porque*; πᾶν, caso nominativo neutro singular del adjetivo indefinido *todo*; τὸ, caso nominativo neutro singular del artículo definido *lo*; ἐν, preposición propia de dativo *en*; τῷ, caso dativo masculino singular del artículo determinado *el*; κόσμῳ, caso dativo masculino singular del nombre común *mundo*; ἡ, caso nominativo femenino singular del artículo determinado *la*; ἐπιθυμία, caso nominativo femenino singular del nombre común *codicia, deseo vehemente*; τῆς, caso genitivo femenino singular del artículo determinado *de la*; σαρκὸς, caso genitivo femenino singular del nombre común *carne*; καὶ, conjunción copulativa *y*; ἡ, caso nominativo femenino singular del artículo determinado *la*; ἐπιθυμία, caso nominativo femenino singular del nombre común *codicia, deseo vehemente*; τῶν, caso genitivo masculino plural del artículo determinado declinado *de los*; ὀφθαλμῶν, caso genitivo masculino plural del nombre común *ojos*; καὶ, conjunción copulativa *y*; ἡ, caso nominativo femenino singular del artículo determinado *la*; ἀλαζονεία, caso nominativo femenino singular del nombre común *arrogancia, soberbia*; τοῦ, caso genitivo masculino singular del artículo determinado declinado *del*; βίου, caso genitivo masculino singular del nombre común *vida, forma de vida, expresión de vida*; οὐκ, forma escrita del adverbio de negación *no*, con el grafismo propio ante una vocal con espíritu suave o una enclítica; ἔστιν, tercera persona singular del presente de indicativo en voz activa del verbo εἰμί, *ser, estar*, aquí *es*; ἐκ, preposición propia de genitivo *de*; τοῦ, caso genitivo masculino singular del artículo determinado *el*; Πατρὸς, caso genitivo masculino singular del nombre divino *Padre*; ἀλλὰ, conjunción adversativa *sino*; ἐκ, preposición propia de genitivo *de*; τοῦ, caso genitivo masculino singular del artículo determinado *el*; κόσμου, caso genitivo masculino singular del nombre común *mundo*; ἐστίν, tercera persona singular del presente de indicativo en voz activa del verbo εἰμί, *ser, estar*, aquí *es*.

ὅτι πᾶν τὸ ἐν τῷ κόσμῳ, El apóstol se refiere a cuanto hay en el *sistema* del mundo, desde el punto de vista espiritual del término y afirma que no hay nada en ese orden de vida que proceda de Dios.

ἡ ἐπιθυμία τῆς σαρκὸς, Antes se refirió a *las cosas* del mundo, ahora dice cuáles son esas cosas. En primer lugar, habla de la *codicia*, en otras traducciones *los deseos*, podría ser equivalente a *concupiscencia*, puesto que los deseos que tienen su base en el mundo, son pecaminosos. En este caso la manifestación del mundo está ligado a los *deseos de la carne*, o también los *deseos, apetencias carnales*. El genitivo que ocurre aquí en la palabra *carne*, es subjetivo o de origen, con lo que se indica el lugar de donde proceden los malos deseos. Son elementos que conducen al hombre a la tentación y caída inducido o cautivado por ese elemento pecaminoso, de otro modo, se trata de la acción de la propia naturaleza pecaminosa (Stg. 1:14). El hombre puede ser inducido a la tentación por Satanás, pero el responsable en la caída es el mismo que es tentado, a causa de su propia naturaleza adámica heredada. La fuente del mal reside en el interior de cada persona y las manifestaciones son producidas por el pecado original. La concupiscencia, *la codicia*, actúa inducida por el pecado, pero sigue siendo responsabilidad personal porque es propia de cada hombre. Aquello que arrastra a la caída, proviene del pecado. La *codicia* está relacionada con la carne, que no solo tiene connotaciones sexuales, sino *sensuales*, afectando incluso a las cosas lícitas, como la comida que se convierte en glotonería, la bebida que alcanza la embriaguez, los placeres mundanos sin limitaciones.

El amor a la *codicia*, que no es otra cosa que el amor a la *concupiscencia*, tiene lugar continuamente, siendo el elemento actuante en la tentación, es el intenso deseo hacia algo, en este caso hacia aquello que está en sintonía o pertenece al mundo y que son todos los atractivos que ofrece el sistema en esta área de la vida. Los *deseos de la carne* despiertan la codicia y se oponen al mandamiento de Dios que manda: *"No codiciarás"* (Ex. 20:17; Dt. 5:21). Especialmente notable en esta forma de codicia son los deseos que buscan la satisfacción de los apetitos del cuerpo, que es el significado más usado por Juan para la palabra *carne*. Ese *amor* por *las cosas del mundo*, conducen al desenfreno moral y a la comisión de tropelías y pecados cometidos con el cuerpo, en todo cuanto tiene que ver con deseos sexuales y la codicia. Las obras de la carne son una relación puntual de lo que encaja directamente con los *deseos de la carne* (Gá. 5:16-17), de esto dice el apóstol Pablo que es contrario al Espíritu.

καὶ ἡ ἐπιθυμία τῶν ὀφθαλμῶν. La segunda *cosa* del mundo es la codicia de los ojos. También aquí usa un genitivo de origen. Los ojos son como puertas abiertas a la lujuria que abren el camino a los deseos pecaminosos y conducen a la caída moral. Los ojos son un regalo divino importante en el hombre, para orientar sus pasos, aprender asuntos vitales, pero instrumentalizados por el pecado, pueden convertirse en elementos notorios para la comisión de perversidades (Pr. 27:20; Ec. 1:8; 4:8). Los graves pecados que ocasionaron caídas notables registradas en la Biblia comienzan por una mirada pecaminosa, así ocurrió con Eva, que *vio* el árbol para codiciarlo (Gn. 3:6); igualmente con Acan, que *vio* las riquezas que Dios había prohibido tomar en la conquista de Jericó (Jos. 7:21); también pasó con David, que *vio* a Betsabé para codiciarla (2 S. 11:2). Jesús enseñó sobre el problema de una visión pecaminosa cuando dijo: *"Oísteis que fue dicho: No cometerás adulterio. Pero yo os digo que cualquiera que mira a una mujer para codiciarla, ya adulteró con ella en su corazón"* (Mt. 5:27-28). Dios prohíbe absolutamente el adulterio: *"Además, no tendrás acto carnal con la mujer de tu prójimo, contaminándote con ella"* (Lv. 18:20). El adulterio producía un estado de *inmundicia, contaminación*, entre los adúlteros y está sujeto al juicio de Dios, siendo tan grave que es uno de los pocos que tenía en la ley pena de muerte (Lv. 20:10; Dt. 22:22-24; Jn. 8:5). El Señor condenó tanto la comisión literal del adulterio como la mirada codiciosa hacia una mujer que no sea la esposa. La Biblia da testimonio de Job como de un hombre *"perfecto y recto, temeroso de Dios y apartado del mal"* (Job 1:1), que tenía esmerado cuidado con las miradas codiciosas porque sabía hasta donde conducían: *"Hice pacto con mis ojos; ¿cómo, pues, había yo de mirar a una virgen?"* (Job 31:1), por ese cuidado personal sin miradas codiciosas, su corazón se mantuvo íntegro (Job. 31:7). El conocía las consecuencias que acarreaba el pecado de adulterio (Job 31:9-11). Normalmente los pecados de este tipo comienzan por una mirada codiciosa, que activa la concupiscencia del corazón, de donde salen los malos deseos que procurarán ejecutarse, y en muchos casos llegarán a hacerse realidad (Mt. 15:19-20). Los ojos son la puerta de entrada del elemento que genera la perversidad. La enseñanza de Jesús es clara: el pecado no está en *mirar a una mujer*, sino en *poner la mirada* en ella, porque esa mirada codiciosa incurre ya en la comisión del pecado condenado en la ley, por cuanto está el deseo de llevarlo a cabo, aunque falte la oportunidad para hacerlo realidad. Es la intención lo que Dios juzga y considera en todos los actos del hombre.

Indudablemente, no se trata sólo de una mirada lujuriosa que despierta el apetito insano y pecaminoso de una pasión carnal. Cualquier mirada hacia asuntos contrarios a la moral y la ética cristiana, son puertas abiertas a la tentación y son cosas del mundo.

καὶ ἡ ἀλαζονεία τοῦ βίου, La tercera *cosa* del mundo consiste, según Juan, en *la soberbia* de la vida. Lo que, en lenguaje coloquial, suele usarse como el orgullo del *tren de vida*. Es la forma propia del jactancioso: *"Pero ahora os jactáis en vuestras soberbias. Toda jactancia semejante es mala"* (Stg. 4:16). En el tiempo de Santiago se refiere a personas que *fanfarronean* de hacer las cosas por ellos mismos sin tener en cuenta para nada a Dios. El sustantivo tiene que ver con alardear de algo, generalmente exagerándolo en provecho o beneficio personal. La jactancia es mala, porque descansa en lo que puede hacer el hombre. Hay una jactancia sana cuando el creyente se gloria en el Señor (1 Co. 1:31). La *soberbia* de la que el apóstol Juan hace referencia aquí, es la vanagloria humana. Es del mundo porque sigue en imitación a la vanagloria de quien es el príncipe de este mundo, arrogante y orgulloso, se levantó contra Dios, por cuanto no era suficiente lo que había recibido y buscaba su gloria personal. La soberbia es también mala porque acarrea la resistencia de Dios, que alcanza al soberbio inevitablemente (Stg. 4:6). Muchas veces esta arrogancia jactanciosa, tiene que ver con la categoría social y la posición económica, científica o técnica, que descansa en la ostentación de bienes, riquezas y conocimientos para provocar la admiración en la envidia de otros. Este amor a *las cosas del mundo*, ocupan en ocasión la mente del creyente mundano. El deseo de ostentación personal alcanza cada vez más a líderes en la iglesia, que se vanaglorian de la dimensión de sus iglesias, de los títulos académicos que poseen, de las capacidades personales para hacer esto o aquello, ignorando que todo cuanto tienen lo han recibido del Señor, de ahí que Pablo diga: *"Porque ¿quien te distingue? ¿o qué tienes que no hayas recibido? Y si lo recibiste, ¿por qué te glorias como si no lo hubieras recibido?"* (1 Co. 4:7). Cada vez más existen *grandes* en la iglesia y faltan más *siervos*.

οὐκ ἔστιν ἐκ τοῦ πατρὸς ἀλλὰ ἐκ τοῦ κόσμου ἐστίν. El apóstol hace una afirmación precisa: *"no proviene del Padre, sino del mundo"*. Lo que tiene que ver con los pecados reseñados, las cosas que son verdaderamente del mundo, provienen del diablo y no de Dios. De modo que guiarse por los criterios del mundo es oponerse a la voluntad de Dios. En muchas ocasiones la vanagloria se reviste de piedad, como ocurre con quienes se sienten orgullosos de ser defensores de lo que llaman *sana doctrina*, de la ortodoxia en las prácticas religiosas, de la nobleza de su ascendencia denominacional, de santidad práctica, etc. etc. pero tales personas se sienten infatuadas por estas cosas, considerándolas como asunto personal y enorgulleciéndose de ellas.

17. Y el mundo pasa, y sus deseos; pero el que hace la voluntad de Dios permanece para siempre.

καὶ ὁ κόσμος παράγεται καὶ ἡ ἐπιθυμία αὐτοῦ, ὁ δὲ ποιῶν τὸ
Y el mundo se pasa y la concupiscencia de él, pero el que hace la
θέλημα τοῦ Θεοῦ μένει εἰς τὸν αἰῶνα.
voluntad - de Dios permanece para siempre.

Análisis y notas del texto griego.

Análisis: καὶ, conjunción copulativa *y*; ὁ, caso nominativo masculino singular del artículo determinado *el*; κόσμος, caso nominativo masculino singular del nombre común *mundo*; παράγεται, tercera persona singular del presente de indicativo en voz pasiva del verbo παράγο, *pasar, pasar junto a, terminarse*, aquí *se pasa*; καὶ, conjunción copulativa *y*; ἡ, caso nominativo femenino singular del artículo determinado *la*; ἐπιθυμία, caso nominativo femenino singular del nombre común *concupiscencia*; αὐτοῦ, caso genitivo masculino de la tercera persona del pronombre personal declinado *de él*; ὁ, caso nominativo masculino singular del artículo determinado *el*; δὲ, partícula conjuntiva que hace las veces de conjunción coordinante, con sentido de *pero, más bien, y, y por cierto, antes bien, entonces*; ποιῶν, caso nominativo masculino singular del participio presente en voz activa del verbo ποιέω, *hacer*, aquí *que hace*; τὸ, caso acusativo neutro singular del artículo determinado *lo*; θέλημα, caso acusativo neutro singular del nombre común *voluntad*; τοῦ, caso genitivo masculino singular del artículo determinado *el*; Θεοῦ, caso genitivo masculino singular del nombre divino declinado *de Dios*; μένει, tercera persona singular del presente de indicativo en voz activa del verbo μένω, *habitar, permanecer*, aquí *permanece*; εἰς, preposición propia de acusativo *hasta*; τὸν, caso acusativo masculino singular del artículo determinado *el*; αἰῶνα, caso acusativo masculino singular del nombre común *siglo*.

καὶ ὁ κόσμος παράγεται καὶ ἡ ἐπιθυμία αὐτοῦ, Como ya es habitual en el escrito, se presenta un nuevo contraste entre temporalidad y perpetuidad. El primer elemento de este tiene que ver con el mundo y sus cosas. El creyente debe recordar lo pasajero de lo mundano y de sus pasiones. El sistema del mundo es solo una apariencia, transitoria y limitada, que se pasa (1 Co. 7:31b). Las cosas que el mundo ofrece son fugaces y efímeras, como las tinieblas en que se envuelven y en las que se producen. El mismo sistema del mundo concluirá un día con la aparición de cielos y tierra nuevos (2 P. 3:13). Por esa razón el creyente debe apartarse del mundo y su contaminación en la expresión de su esperanza de gloria (2 P. 3:14). De otro modo, el creyente tiene que entender que lo que el mundo puede ofrecer es temporal, lo que Dios ofrece es eterno.

ὁ δὲ ποιῶν τὸ θέλημα τοῦ Θεοῦ μένει εἰς τὸν αἰῶνα. El segundo elemento del contraste se manifiesta en la permanencia de lo divino. El creyente posee vida eterna y permanece mientras al mundo y sus cosas pasan. Ahora bien, el creyente manifiesta una vida de obediencia, de ahí la puntualización del apóstol *"el que hace la voluntad de Dios"*. No es suficiente con afirmar que se es hijo de Dios, debe manifestarse esa condición de forma visible y medible (Mt. 7:21). No solo permanece el creyente, sino su actuar conforme a Dios, como se revela: *"Oí una voz que desde el cielo me decía: Escribe: Bienaventurados de aquí en adelante los muertos que mueren en el Señor. Sí, dice el Espíritu, descansarán de sus trabajos, porque sus obras con ellos siguen"* (Ap. 14:13). Esa es la dicha del creyente, cuando parte de esta vida. Esta bienaventuranza tiene que ver con todos los creyentes que mueren en el Señor, ya que descansan de sus aflicciones en este mundo para entrar en el descanso en la presencia del Señor. Además, sus obras marchan a su lado, los cristianos y ellas son ya inseparables. El descanso que reciben es una recompensa a las obras con que manifestaron su fidelidad, ya que como enseña el apóstol Pablo: *"somos hechura suya, creados en Cristo Jesús para buenas obras, las cuales Dios preparó de antemano para que anduviésemos en ellas"* (Ef. 2:10). No se trata tanto de acciones puntuales, sino de un vivir en el buen obrar que fue propio de Jesús, *"haciendo la voluntad de Dios"*. Este estilo de vida en el poder del Espíritu sigue al creyente *perpetuamente*, toda ella es para alabanza y gloria de Dios. La vida en la luz –tema considerado antes– no es para que el mundo vea al creyente y lo alabe por sus buenas acciones, sino que sea un elemento para glorificar a Dios.

El contraste es evidente y la lección precisa. Disfrutar de la temporalidad es impedir el goce que es eterno. De ahí que el apóstol establezca el mandamiento de *no amar al mundo*, porque todo cuando hay en él, sus obras y sus deleites son temporales, se extinguen y acaban, mientras que la vida verdadera, siendo eterna lleva a perpetuidad no solo al que es poseedor de ella, sino cuanto ha hecho en el poder de esa vida nueva.

Demanda de firmeza (2:18-29).

Advertencia sobre los falsos maestros (2:18-19).

18. Hijitos, ya es el último tiempo; y según vosotros oísteis que el anticristo viene, así ahora han surgido muchos anticristos; por esto conocemos que es el último tiempo.

Παιδία, ἐσχάτη ὥρα ἐστίν, καὶ καθὼς ἠκούσατε ὅτι
Hijitos, última hora es, y como oísteis que
ἀντίχριστος ἔρχεται, καὶ νῦν ἀντίχριστοι πολλοὶ γεγόνασιν,
anticristo viene, y ahora anticristos muchos han surgido
ὅθεν γινώσκομεν ὅτι ἐσχάτη ὥρα ἐστίν.
de donde conocemos que última hora es.

Análisis y notas del texto griego.

Análisis: Παιδία, caso vocativo neutro plural del nombre común *niños, hijitos*; ἐσχάτη, caso nominativo femenino singular de adjetivo *última*; ὥρα, caso nominativo femenino singular del nombre común *hora*; ἐστίν, tercera persona singular del presente de indicativo en voz activa del verbo εἰμί, *ser, estar*, aquí *es*; καὶ, conjunción copulativa *y*; καθὼς, conjunción *como*; ἠκούσατε, segunda persona plural del aoristo primero de indicativo en voz activa del verbo ἀκούω, *oír, escuchar*, aquí *oísteis*; ὅτι, conjunción *que*; ἀντίχριστος, caso nominativo masculino singular del nombre común *anticristo*; ἔρχεται, tercera persona singular del presente de indicativo en voz media del verbo ἔρχομαι, *venir, llegar*, aquí *viene*; καὶ, conjunción copulativa *y*; νῦν, adverbio demostrativo *ahora*; ἀντίχριστοι, caso nominativo masculino plural del nombre común *anticristos*; πολλοὶ, caso nominativo masculino plural del adjetivo *muchos*; γεγόνασιν, tercera persona plural del perfecto de indicativo en voz activa del verbo γίνομαι, *comenzar a existir, llegar a ser, surgir*, aquí *han surgido*; ὅθεν, adverbio *de donde, como*; γινώσκομεν, primera persona plural del presente de indicativo en voz activa del verbo γινώσκω, *saber, conocer, entender*, aquí *conocemos*; ὅτι, conjunción *que*; ἐσχάτη, caso nominativo femenino singular del adjetivo *última*; ὥρα, caso nominativo femenino singular del nombre común *hora*; ἐστίν, tercera persona singular del presente de indicativo en voz activa del verbo εἰμί, *ser, estar*, aquí *es*.

Παιδία, Al iniciar otro párrafo, el apóstol hace mención al último tiempo. Al dirigirse aquí a los lectores con el vocativo *hijitos*, comprende en él a todos, en sentido general. Nuevamente destaca el amor paterno hacia los hijitos, el corazón de un pastor expresado en las entrañas de un padre. Evidencia de que el escritor es también un anciano en edad.

ἐσχάτη ὥρα ἐστίν, Hace notar que el tiempo de entonces y el actual es *la última hora*. Esto es un *hápax legómenov*, es decir una única expresión, por tanto, es la única vez que aparece en todo el Nuevo Testamento. Debe ser tomado como sinónimo de *tiempo, época* y es, en definitiva, una expresión semejante a *los últimos tiempos* (Hch.2:17; He.1:2; Stg. 5:3; 1 P. 1:20). En el contexto bíblico se trata de un espacio temporal que se extiende desde el nacimiento del Señor Jesucristo hasta Su segunda venida (He. 1:2). No está refiriéndose a la venida del Señor, aunque lo comprende.

καὶ καθὼς ἠκούσατε ὅτι ἀντίχριστος ἔρχεται, La enseñanza sobre los tiempos finales de esta dispensación, había sido una enseñanza de los apóstoles. En ella se hablaba del *anticristo*, en singular y, en esta referencia a esa enseñanza, Juan escribe literalmente *está viniendo*, como corresponde al correcto sentido verbal de la oración, donde el presente del verbo está en voz media. Juan se está refiriendo a la enseñanza del evangelio: *oísteis*. Jesús había anticipado esto en Su ministerio (Mt. 24:5, 24). Los apóstoles habían desarrollado la enseñanza de Cristo conforme a la revelación recibida (2 Ts. 2:3-5). En la *Epístola* se aprecia un desarrollo de las referencias a este tema: a) El anticristo, como una persona (v. 18); b) Los anticristos (v. 18, 22); c) El espíritu del anticristo (4:3).

La referencia aquí es al *anticristo*, con artículo determinado, por lo que tiene que ver con una persona. Algunos aspectos identificativos pueden situarse aquí, con la brevedad que requiere al ser un comentario a la *Epístola* y no una reflexión sobre *escatología*. El *anticristo* será un hombre real que surgirá por el poder de Satanás, dispuesto a ejecutar el propósito del maligno (Ap. 13:1-4). Se presentará como alguien admirable, hacedor de prodigios y señales: *"También hace grandes señales, de tal manera que aun hace descender fuego del cielo a la tierra delante de los hombres"* (Ap. 13:13). Ejercerá el poder absoluto en la federación de naciones surgidas en el Imperio Romano reconstruido, recibiendo la delegación o entrega de poder de tres de los diez gobernadores del reino (Ap. 17:13). Aparecerá en la escena mundial al final de la historia y destruirá al pueblo de los santos, en una referencia Israel (Dn. 8:23). Su manifestación ocurrirá en la última semana de las setenta profetizadas por Daniel, un tiempo anterior al establecimiento del reino de Dios en la tierra (2 Ts. 2:2-3). La manifestación del *anticristo* está siendo impedida hasta ahora, por el poder del Espíritu Santo, hasta que deje de actuar en ese sentido (2 T. 2:6, 7). Será un gentil de origen, puesto que *sale del mar*, sentido figurado para referirse a las naciones de la tierra (Ap. 13:1). Surgirá del área geográfica que correspondió al imperio romano, por cuanto será un gobernante del pueblo que destruyó Jerusalén (Dn. 9:26). Tendrá influencia mundial sobre las naciones de la tierra (Ap. 13:7).

καὶ νῦν ἀντίχριστοι πολλοὶ γεγόνασιν, Juan enseña que en el tiempo actual hay muchos *anticristos*. Literalmente *empezaron a existir* o *surgieron*, significado del verbo γίνομαι, usado en el texto. El que viene es uno, los que han surgido son muchos. Se trata de personas con el pensamiento y deseo propios del anticristo. El Señor advirtió sobre engañadores que afirmarán ser el Cristo (Mt. 24:5, 24). Todos estos están rodeados de *prodigios y señales* que hacen ante los hombres, para afirmarse en sus falsedades engañando a la gente. Son los *falsos maestros* o *falsos profetas* que vendrán en el nombre del Señor, con enseñanzas impías (1 Ti. 4:1-5). Es muy probable que en el pensamiento de Juan estuviesen los gnósticos, incluso los que salieron de la iglesia, que habían sido aparentemente creyentes, pero no lo eran (2 Jn. 7). Su condición espiritual es de abierta oposición a Dios, negándole sumisión y adoración, conformándose al espíritu del anticristo (2 Ts. 2:4). Anticristo, en el pensamiento de Juan, es todo el que se opone a algún aspecto de la Persona y obra de Jesucristo.

Estas manifestaciones del espíritu del maligno, ponen en evidencia que los tiempos actuales son *"el último tiempo"*. No es tanto el tiempo final de la historia, sino que luego de este tiempo, ya no habrá ocasión para el desarrollo de la sociedad engañadora y del control que Satanás ejerce sobre el mundo. Que el anticristo vendrá es confirmado por la hora presente donde muchos, con el mismo espíritu se están manifestando. Cualquiera de estos sirve al propósito de rebeldía y desafío contra Dios, propio de Satanás. La oposición contra Dios, y el desprecio y lucha contra Jesucristo, es una manifestación que se produce continuamente en el día de hoy.

19. Salieron de nosotros, pero no eran de nosotros; porque si hubiesen sido de nosotros, habrían permanecido con nosotros; pero salieron para que se manifestase que no todos son de nosotros.

ἐξ ἡμῶν ἐξῆλθαν ἀλλ' οὐκ ἦσαν ἐξ ἡμῶν· εἰ γὰρ ἐξ ἡμῶν
De nosotros salieron pero no eran de nosotros. Porque si de nosotros
ἦσαν, μεμενήκεισαν ἂν μεθ' ἡμῶν· ἀλλ' ἵνα φανερωθῶσιν
fuesen, habrían permanecido - con nosotros; pero para que fuesen manifestados
ὅτι οὐκ εἰσὶν πάντες ἐξ ἡμῶν.
que no son todos de nosotros.

Análisis y notas del texto griego.

Análisis: ἐξ, forma escrita de la preposición de genitivo ἐκ, delante de vocal y que significa *de*; ἡμῶν, caso genitivo de la primera persona plural del pronombre personal *nosotros*; ἐξῆλθαν, tercera persona plural del segundo aoristo de indicativo en voz activa del verbo ἐξέρχομαι, *salir, marchar*, aquí *salieron*; ἀλλ', forma escrita ante vocal de la conjunción adversativa ἀλλά que significa *pero, sino*; οὐκ, forma escrita del adverbio de negación *no*, con el grafismo propio ante una vocal con espíritu suave o una enclítica; ἦσαν, tercera persona plural del imperfecto de indicativo en voz activa del verbo εἰμί, *ser, estar*, aquí *eran*; ἐξ, forma escrita de la preposición de genitivo ἐκ, delante de vocal y que significa *de*; ἡμῶν, caso genitivo de la primera persona plural del pronombre personal *nosotros*; εἰ, conjunción *si*; γὰρ, conjunción causal *porque*; ἐξ, forma escrita de la preposición de genitivo ἐκ, delante de vocal y que significa *de*; ἡμῶν, caso genitivo de la primera persona plural del pronombre personal *nosotros*; ἦσαν, tercera persona plural del imperfecto de indicativo en voz activa del verbo εἰμί, *ser, estar*, aquí *eran*, mejor *fueran*; μεμενήκεισαν, tercera persona plural del pluscuamperfecto de indicativo en voz activa del verbo μένω, *quedar, permanecer*, aquí *habían permanecido*; ἂν, partícula que no empieza nunca frase y que da a ésta carácter condicional o dubitativo, o expresa una idea de repetición. Se construye con todos los modos menos el imperativo y acompaña a los pronombres relativos para darles un sentido general; en algunas ocasiones no tiene traducción; μεθ', forma escrita ante vocal aspirada de la preposición de genitivo μετά, *con*; ἡμῶν, caso genitivo de la primera persona plural del pronombre personal *nosotros*; ἀλλ', forma escrita ante vocal de la conjunción adversativa ἀλλά que significa *pero, sino*; ἵνα, conjunción causal *para que*; φανερωθῶσιν, tercera persona plural del aoristo primero de subjuntivo en voz pasiva del verbo φανερόω, *manifestarse*, aquí *fuesen manifestados*; ὅτι, conjunción *que*; οὐκ, forma escrita del adverbio de negación *no*, con el grafismo propio ante una vocal con espíritu suave o una enclítica; εἰσὶν, tercera persona plural del presente de indicativo en voz activa del verbo εἰμί, *ser, estar*, aquí *son*; πάντες, caso nominativo masculino plural del adjetivo indefinido ἐξ, forma escrita de la preposición de genitivo ἐκ, delante de vocal y que significa *de*; ἡμῶν, caso genitivo de la primera persona plural del pronombre personal *nosotros*.

ἐξ ἡμῶν ἐξῆλθαν ἀλλ' οὐκ ἦσαν ἐξ ἡμῶν· La primera frase del versículo presenta una situación de conflicto que se había producido en la iglesia cristiana en donde el apóstol ministraba. Los *anticristos*, con espíritu contrario a Cristo y opuesto a Él no estuvieron lejos de los cristianos, sino en su propio terreno eclesial. Sin duda se trataba de *falsos profesantes*, que durante un tiempo se hicieron pasar por verdaderos cristianos. Juan distingue dos grupos: *ellos* los que salieron, *nosotros* los que permanecen en la iglesia, como si dijese: *ellos salieron, nosotros quedamos*. Quiere decir que de la congregación salió un grupo que la abandonó y se desvinculó de ella. Es la consecuencia natural que se produce ya que la iglesia es *columna y soporte*[6], se trata de exhibir ante todos, la irrenunciable verdad de la doctrina bíblica, tal como fue

[6] La traducción RV60, no expresa correctamente el sentido de la palabra al traducir como *baluarte*.

entregada y escrita por los apóstoles. Frente a los *falsos maestros* que predicaban lo que no era verdad, la iglesia sustenta ante el mundo la verdad que ha recibido para ser proclamada. La responsabilidad de la iglesia es sostener sólida, firme e inquebrantablemente la verdad de la Palabra de Dios, que es un tesoro que le ha sido entregado y que no solo debe conservar, sino exhibir ante todos. Toda iglesia que tergiversa la doctrina, que genera contenciones en torno a ella, que no la coloca como principal, sino que la palabra es relegada a un papel secundario, destruye su razón de ser. En el caso de *los que salieron*, es la consecuencia natural de quienes no pueden permanecer en un entorno que se obedece, proclama y honra la verdad, contraria a estos que abandonaron la iglesia.

Juan llega a la conclusión de que estos que salieron, *no eran* de nosotros, es decir, no eran verdaderos creyentes, sino meros profesantes. No debe extrañar que estos falsos maestros hayan salido de la iglesia, porque ya el apóstol Pablo lo advirtió a los ancianos en Éfeso (Hch. 20:29-30). El espíritu del anticristo se opone a lo que Cristo vino a edificar: Su iglesia (Mt. 16:18). Este grupo manifestó un abandono de la iglesia. Como columna y basamento de la verdad, no era lugar para quienes no aceptaban la verdad de la doctrina (1 Ti. 3:15). No hay lugar en la iglesia de Cristo para quienes se oponen a Cristo.

La segunda observación que el apóstol hace es que estos que salieron *de nosotros*, lo hicieron porque *no eran de nosotros*. Eran falsos creyentes, cristianos aparentes, meros profesantes, que se reunían en la iglesia. Como ocurrió antes en Galacia eran *"falsos hermanos introducidos a escondidas, que entraban para espiar nuestra libertad que tenemos en Cristo Jesús, para reducirnos a esclavitud"* (Gá. 2:4). Posiblemente se daban a ellos mismos el título de *hermanos*, convivían con los cristianos, pero no eran creyentes, sino falsarios. En la conversión se produce un cambio notable en la persona, quienes eran desobedientes y contrarios a Dios (Ef. 2:2) pasan, por la acción del Espíritu en la regeneración, a ser *obedientes*, viviendo en la esfera de la obediencia (1 P. 1:14). Estos son conducidos a un seguimiento fiel del Señor y a una permanencia en la verdad que Él dio y que los apóstoles predicaron y enseñaron. Estos que salieron eran desobedientes a Dios, porque no asumían las demandas de santidad, pureza y respeto, sino que seguían las perversidades del mundo. Se trataba de gente infiltrada entre los cristianos que se hacían pasar como cristianos. Como predicadores o maestros de Satanás, enseñaban mentiras religiosas, cubiertas de apariencia de doctrina novedosa, para engañar a otros. Promovían el libertinaje y la corrupción propias del mundo en oposición a la santidad de Dios. Por eso Juan afirma que *no eran de nosotros*. Habían hecho una profesión de fe mentirosa y su vida en la iglesia había sido una mentira. Al salir rompen abiertamente la comunión con los hermanos, evidencia de que no la habían tenido nunca con el Padre y con Su Hijo Jesucristo (1:3).

εἰ γὰρ ἐξ ἡμῶν ἦσαν, μεμενήκεισαν ἂν μεθ' ἡμῶν· La perseverancia de los santos es distintivo del cristiano verdadero. Su alejamiento de la iglesia ponía de manifiesto su condición. El verdadero cristiano permanece en comunión y unidad con sus hermanos (Hch. 2:42, 44, 46). El salvo persevera, en cualquier dispensación (Mr. 13:13). No se alcanza la salvación por *perseverar*, pero se *persevera* cuando se es verdaderamente salvo. El creyente persevera en *la confianza del principio*, el mensaje que ha recibido antes del inicio de la fe, y el que le fue dado como discípulo de Jesucristo: *"porque somos hechos participantes de Cristo, con tal que retengamos firme hasta el fin nuestra confianza del principio"* (He. 3:14). Estos que abandonaron la iglesia compartían la compañía de los salvos, pero no tenían su ciudadanía celestial.

Una importante lección aquí es que Dios mismo se encarga de limpiar Su iglesia de lo que es falso. Lo hace en ocasiones puntualmente llevándose a algunos y un día lo hará definitivamente (1 Co. 3:13; 4:5). No se trata solo de los impíos infiltrados en ella, sino de creyentes que viven vidas contrarias al testimonio, la luz y el amor.

ἀλλ' ἵνα φανερωθῶσιν ὅτι οὐκ εἰσὶν πάντες ἐξ ἡμῶν. Juan da la razón de la salida de ese grupo de personas: *"para que se manifieste que no todos son de nosotros"*. La frase expresa una acción providencial de Dios. Nadie los echó fuera, salieron ellos, pero con eso Dios pone de manifiesto quienes son realmente creyentes, porque sólo Él conoce la realidad del corazón del hombre, *"porque es preciso que entre vosotros haya disensiones, para que se hagan manifiestos entre vosotros los que son aprobados"* (1 Co. 11:19). Es preciso recordar que no todos los que dicen *Señor, Señor*, son verdaderamente Suyos (Mt. 7:21-23). No todos los que aparentan una gran espiritualidad, han nacido de nuevo. La iglesia es como el gran árbol que tiene entre sus ramas aves inmundas, que no son *árbol*, pero se han refugiado en él entrando desde el exterior (Mt.13:31-32).

Este versículo es usado en ocasiones por líderes de iglesias que mantienen al pueblo de Dios bajo la opresión legalista, ajenos a toda cuestión de gracia, poniendo sobre ellos cargas de tradiciones, costumbres y formas que hacen insoportable la vida, dejando de caracterizarse por la verdadera libertad en Cristo para pasar a la experiencia de una forma de esclavitud religiosa. Cuando algunos de la congregación incapaces de seguir respirando el aire opresivo del sistema, salen de ella para vivir la verdadera vida cristiana en la libertad del Espíritu o, incluso son *echados* de la congregación, siguiendo el ejemplo de Diótrefes, los líderes acuden al texto para afirmar que quienes salieron no *eran de nosotros*, dando a entender con ello que no eran verdaderos creyentes. La realidad, en muchos de estos casos, es que la falta de amor en el liderazgo les exigiría preguntarse si realmente son ellos los que no han nacido de nuevo.

La unción (2:20).

20. Pero vosotros tenéis la unción del Santo, y conocéis todas las cosas.

καὶ ὑμεῖς χρῖσμα ἔχετε ἀπὸ τοῦ Ἁγίου καὶ[1] οἴδατε
Y vosotros unción tenéis del Santo y habéis conocido
πάντες[2].
todas las cosas.

Análisis y notas del texto griego.

Análisis: καὶ, conjunción copulativa *y*; ὑμεῖς, caso nominativo de la segunda persona plural del pronombre personal *vosotros*; χρῖσμα, caso acusativo neutro singular del nombre común *unción*; ἔχετε, segunda persona plural del presente de indicativo en voz activa del verbo ἔχω, *tener, poseer*, aquí *tenéis*; ἀπὸ, preposición propia de genitivo *de*; τοῦ, caso genitivo masculino singular del artículo determinado *el*; Ἁγίου, caso genitivo masculino singular del adjetivo *Santo*; καὶ, conjunción copulativa *y*; οἴδατε, segunda persona plural del perfecto de indicativo en voz activa del verbo οἶδα, *saber, conocer*, aquí *habéis conocido*; πάντες, caso nominativo masculino plural del adjetivo indefinido *todos*, en sentido de *todas las cosas*.

Notas. Crítica Textual. Lecturas alternativas.

[1] La conjunción καὶ, no está en B, sa.

[2] πάντες, *todas las cosas*, según se lee en א, B, P, Ψ, 1852, sy sa; Hesiquio de Alejandría.

Πάντα, *todo*, según lectura en A, C, 5, 33, 81, 307, 436, 442, 642, 1175, 1243, 1448, 1611, 1735, 1739, 1881, 2344, 2492, Byz, latt, bo, Cirilo de Jerusalén, Dídimo.

καὶ ὑμεῖς χρῖσμα ἔχετε. Por primera vez aparece la palabra *unción* en la *Epístola*. No es un término usado en el Nuevo Testamento. Aparece solamente en este escrito, tres veces en el mismo capítulo. Juan afirma que los creyentes tienen *la unción*. Como sustantivo no se refiere al hecho de ungir, en cuyo caso requeriría un verbo, sino a aquello con que se fue ungido. Se enseña que Cristo fue *ungido* con el Espíritu (Is. 61:1; Lc. 4:18; Hch. 4:27; 10:38). Especialmente notable en Su bautismo (Mt. 3:16; Jn. 1:32-33). El cristiano, al creer también fue dotado con el Espíritu Santo, al que el apóstol Pablo llama *Espíritu de Cristo* (Ro. 8:9). Juan se refiere con el sustantivo χρῖσμα, *unción*, al Espíritu Santo, como es enseñanza general en el Nuevo Testamento (2 Co. 1:21-22; Ef. 1:3). En resumen, el cristiano ha recibido de Dios una unción divina.

ἀπὸ τοῦ ῾Αγίου. Aquí el genitivo es de procedencia, esto es, el Espíritu Santo que unge al creyente, procede del Hijo y también del Padre. Por esa razón Juan dice que es *del Santo* de quien procede la unción, es una referencia al Señor Jesucristo. El adjetivo *Santo* se usa para el calificativo usado para Jehová en el Antiguo Testamento (cf. Is. 6:3; Hab. 3:3). Jesús prometió a los Suyos enviarles el Espíritu Santo, luego de Su partida de ellos al cielo (Jn. 14:26; 15:26; 16:7). Sin embargo, el adjetivo *Santo* puede aplicarse también al Padre, siendo una perfección divina, puede ser usada para referirse a cualquiera de las tres Personas Divinas. En el caso concreto, el Espíritu Santo *procede* del Padre y del Hijo, aunque en el entorno textual del pasaje debe entenderse como vinculado a Cristo que lo envía. Sin embargo, el apóstol Pablo enseña que fue Dios quien nos marcó con Su sello y nos dio las *"arras del Espíritu"* (2 Co. 1:21-22). De modo que la unción no puede ser otra cosa que el mismo *Espíritu Santo*.

καὶ οἴδατε πάντες. La consecuencia que la unción trae, es evidente: *"conocéis todas las cosas"*, mejor *sabéis*, acaso escrito con todo propósito por Juan para evitar términos que eran usados por los gnósticos para referirse a un conocimiento superior. El Espíritu conduce al creyente al conocimiento pleno de todo lo que tiene que ver con la verdad, como se aprecia en el versículo siguiente (v. 21), porque esto forma parte de Su misión: *"Pero cuando venga el Espíritu de verdad, él os guiará a toda la verdad; porque no hablará por su propia cuenta, sino que hablará todo lo que oyere, y os hará saber las cosas que habrán de venir"* (Jn. 16:13). La conducción del Espíritu tiene especial relación con conocer al Señor para seguirle (Jn. 10:4, 5). El Espíritu ejerce la labor de maestro y mantiene viva la enseñanza de Jesús en los Suyos: *"Mas el Consolador, el Espíritu Santo, a quien el Padre enviará en mi nombre, él os enseñará todas las cosas y os recordará todo lo que yo os he dicho"* (Jn. 14:26). Con la asistencia de la tercera Persona Divina, los creyentes no son fácilmente presa del engaño de los que *estaban con nosotros* y *no eran de nosotros*.

La verdadera fe (2:21-25).

21. No os he escrito como si ignoraseis la verdad, sino porque la conocéis, y porque ninguna mentira procede de la verdad.

οὐκ ἔγραψα ὑμῖν ὅτι οὐκ οἴδατε τὴν ἀλήθειαν ἀλλ' ὅτι
No escribí os porque no habéis sabido la verdad sino porque
οἴδατε αὐτὴν καὶ ὅτι πᾶν ψεῦδος ἐκ τῆς ἀληθείας
habéis sabido la y porque toda mentira de la verdad
οὐκ ἔστιν.
no es.

Análisis y notas del texto griego.

Análisis: οὐκ, forma escrita del adverbio de negación *no*, con el grafismo propio ante una vocal con espíritu suave o una enclítica; ἔγραψα, primera persona singular del aoristo primero de indicativo en voz activa del verbo γράφω, *escribir*, aquí *escribí*; ὑμῖν, caso dativo de la segunda persona plural del pronombre personal *os*; ὅτι, conjunción causal *porque*; οὐκ, forma escrita del adverbio de negación *no*, con el grafismo propio ante una vocal con espíritu suave o una enclítica; οἴδατε, primera persona plural del perfecto de indicativo en voz activa del verbo οἶδα, *saber, conocer*, aquí *habéis sabido*; τὴν, caso acusativo femenino singular del artículo determinado *la*; ἀλήθειαν, caso acusativo femenino singular del nombre común *verdad*; ἀλλ' forma escrita ante vocal de la conjunción adversativa ἀλλά que significa *pero, sino*; ὅτι, conjunción causal *porque*; οἴδατε, primera persona plural del perfecto de indicativo en voz activa del verbo οἶδα, *saber, conocer*, aquí *habéis sabido*; αὐτὴν, caso acusativo femenino singular del pronombre personal *la*; καὶ, conjunción copulativa *y*; ὅτι, conjunción causal *porque*; πᾶν, caso nominativo neutro singular del adjetivo indefinido *todo*; ψεῦδος, caso nominativo neutro singular del nombre común *mentira*; ἐκ, preposición propia de genitivo *de*; τῆς, caso genitivo femenino singular del artículo determinado *la*; ἀληθείας, caso genitivo femenino singular del nombre común *verdad*; οὐκ, forma escrita del adverbio de negación *no*, con el grafismo propio ante una vocal con espíritu suave o una enclítica; ἔστιν, tercera persona singular del presente de indicativo en voz activa del verbo εἰμί, *ser, estar*, aquí *es*.

οὐκ ἔγραψα ὑμῖν ὅτι οὐκ οἴδατε τὴν ἀλήθειαν, ἀλλ' ὅτι οἴδατε αὐτὴν. El creyente no ignora la verdad, por eso escribe el apóstol: *"no os escribí como si ignoraseis la verdad"*. Los gnósticos afirmaban que sólo ellos estaban en posesión y conocían la verdad. Juan afirma que los cristianos no ignoraban la verdad porque conocen el evangelio que les fue comunicado. Los apóstoles les comunicaron las verdades que Jesús les había enseñado y del que habían recibido la instrucción para que las anunciasen a todos los que creyesen en Él. De eso hay evidencia, puesto que la iglesia primitiva se mantenía en la enseñanza de las verdades bíblicas (Hch. 2:42). Eran iglesias que crecían en la doctrina de los apóstoles, es decir, la ocupación prioritaria de los apóstoles tenía que ver con la enseñanza de la Palabra y con ella, la edificación espiritual de los creyentes y su capacitación hacia la madurez espiritual. Cristo había establecido esto para los nuevos creyentes: *"enseñándoles que guarden todas las cosas que os he mandado"* (Mt. 28:20). A causa del mandato de Jesús, los apóstoles se dedicaban continuamente a la enseñanza de los cristianos. Junto con ellos estaban también creyentes dotados para ese ministerio que habían recibido la doctrina de los apóstoles. La tradición oral, ya que entonces no circulaban todos los escritos del Nuevo Testamento, formaba parte esencial del culto cristiano. La iglesia era alimentada por la doctrina y la exposición de las Escrituras. Esta práctica se establecería por los apóstoles a los líderes que ellos mismos habían formado, como decía Pablo a Timoteo: *"Lo que has oído de mi ante muchos testigos, esto encarga a hombres fieles que sean idóneos para enseñar también a otros"* (2 Ti. 2:2). Lo que debían enseñar aquellos no era otra cosa que la Palabra, norma de formación para todos los tiempos. La doctrina bíblica no es negociable, es inalterable e inamovible a lo largo del tiempo. El Señor no dejó la enseñanza y lo que debía enseñarse al arbitrio de la iglesia, sino que la define como prioridad esencial y la establece como mandamiento: *"Enseñándoles"*. La enseñanza a los creyentes no concluye nunca. El propósito de esto es la edificación por medio de la enseñanza de la Palabra (Ef. 4:12). Toda actividad en la iglesia debe ir orientada a la edificación (Ro. 15:2). Con el propósito de que *"todos lleguemos a la unidad de la fe"* (Ef. 4:13). Por eso el apóstol Juan dice que cada creyente debe procurar *"andar como Él anduvo"* (2:6). Lo contrario, esto es, la ausencia de formación, genera *niños en Cristo*, que siguen a los hombres en lugar de seguir al Señor (1 Co. 3:1-4). Esta es la razón por la que Juan afirma que los creyentes a quienes escriben, no son ignorantes en cuanto a la fe.

καὶ ὅτι πᾶν ψεῦδος ἐκ τῆς ἀληθείας οὐκ ἔστιν. La protección contra el error es segura en la medida en que se conoce la Escritura. Por lógica es mentira todo cuanto no está en la verdad, de otro modo, la enseñanza que no concuerda con la verdad es falsa. El conocimiento bíblico es necesario para la protección contra la mentira (Ef. 4:14). La iglesia no hará nunca demasiada fuerza en enseñar la Palabra, mediante una exposición sistemática, continua y aplicativa de ella. Esa era la forma en que los apóstoles procedían, como Pablo decía a los líderes de la iglesia en Éfeso: *"Por tanto, yo os protesto en el día de hoy, que estoy limpio de la sangre de todos; porque no he rehuido anunciaros todo el consejo de Dios"* (Hch.20:26-27).

El tiempo actual, lleno de vientos doctrinales contrarios a la verdad bíblica, arrastran a creyentes inmaduros, que son llevados a una mentira con apariencia de verdad. Muchos son entusiastas de oír algo nuevo, inclinación que aprovechan los *falsos maestros*, para llevar tras sí a los discípulos. Será necesario que el liderazgo de las iglesias vuelva sin condiciones a la enseñanza de la Biblia, dejando la simpleza de los mensajes llamados *de actualidad*, que no tienen contenido bíblico, para asentar firmemente la Escritura en el ministerio formativo de la iglesia.

22. ¿Quién es el mentiroso, sino el que niega que Jesús es el Cristo? Éste es anticristo, el que niega al Padre y al Hijo.

Τίς ἐστιν ὁ ψεύστης εἰ μὴ ὁ ἀρνούμενος ὅτι Ἰησοῦς οὐκ
¿Quién es el mentiroso sino el que niega que Jesús no
ἔστιν ὁ Χριστός οὗτος ἐστιν ὁ ἀντίχριστος, ὁ ἀρνούμενος τὸν
es el Cristo? Éste es el anticristo, el que niega al
Πατέρα καὶ τὸν Υἱόν.
Padre y al Hijo.

Análisis y notas del texto griego.

Análisis: Τίς, caso nominativo masculino singular del pronombre interrogativo *quién*; ἐστιν, tercera persona singular del presente de indicativo en voz activa del verbo εἰμί, *ser, estar*, aquí *es*; ὁ, caso nominativo masculino singular del artículo determinado *el*; ψεύστης, caso nominativo masculino singular del nombre común *mentiroso*; εἰ, conjunción afirmativa *si*; μὴ, partícula que hace funciones de adverbio de negación *no*; ὁ, caso nominativo masculino singular del artículo determinado *el*; ἀρνούμενος, caso nominativo masculino singular del participio presente en voz media del verbo ἀρνέομαι, *negar*, aquí *que niega*; ὅτι, conjunción *que*; Ἰησοῦς, caso nominativo masculino singular del nombre propio *Jesús*; οὐκ, forma escrita del adverbio de negación *no*, con el grafismo propio ante una vocal con espíritu suave o una enclítica; ἔστιν, tercera persona singular del presente de indicativo en voz activa del verbo εἰμί, *ser, estar*, aquí *es*; ὁ, caso nominativo masculino singular del artículo determinado *el*; Χριστός, caso nominativo masculino singular del nombre propio *Cristo*; οὗτος, caso nominativo masculino singular del pronombre demostrativo *éste*; ἐστιν, tercera persona singular del presente de indicativo en voz activa del verbo εἰμί, *ser, estar*, aquí *es*; ὁ, caso nominativo masculino singular del artículo determinado *el*; ἀντίχριστος, caso nominativo masculino singular del nombre común *anticristo*; ὁ, caso nominativo masculino singular del artículo determinado *el*; ἀρνούμενος, caso nominativo masculino singular del participio presente en voz media del verbo ἀρνέομαι, *negar*, aquí *que niega*; τὸν, caso acusativo masculino singular del artículo determinado declinado *al*; Πατέρα, caso acusativo masculino singular del nombre divino *Padre*; καὶ, conjunción copulativa *y*; τὸν, caso acusativo masculino singular del artículo determinado declinado *al*; Υἱόν, caso acusativo masculino singular del nombre divino *Hijo*.

Τίς ἐστιν ὁ ψεύστης εἰ μὴ ὁ ἀρνούμενος ὅτι Ἰησοῦς οὐκ ἔστιν ὁ Χριστός. La condición del mentiroso se manifiesta en negar que Jesús es el Cristo. Los que habían abandonado la iglesia negaban con toda seguridad esta verdad. No se puede determinar exactamente quienes eran éstos a los que llama *mentirosos*. Acaso fuesen gnósticos, que enseñaban que el *eón* Cristo había descendido sobre el hombre Jesús, permaneciendo en Él durante todo Su ministerio, desde el bautismo hasta la Cruz, abandonándolo en la pasión. A la presencia de este *eón* se debían los milagros que Jesús hizo. Pero, en la pasión y en la muerte solo estuvo el hombre Jesús. Si esto fuese verdad, no habría redención para el pecador, puesto que no podía ser sustituido en la Cruz. La seguridad de la salvación descansa en que la vida del sustituto, el Hijo de Dios, es de infinito valor, por cuanto es Dios. Estos *mentirosos* negaban que Jesús fuese el Cristo. Por esa razón hay quienes piensan más bien en judíos que negaban la resurrección y también que Jesús fuese el Mesías anunciado. Con todo, no es posible afirmar esto, a la luz del contexto de la *Epístola*.

La negación de que Jesús es el Cristo, va más allá de la realidad mesiánica, para convertirse en la negación de la deidad de Jesucristo. El Mesías era el Hijo de Dios, por tanto, la vinculación con el Padre es evidente y se aprecia en el escrito (1:2, 3; 2:1, 23, 24; 4:3, 14, 15; 5:9, 10, 11, 12, 20). Por tanto, quien niega la verdad sobre Cristo, niega la relación con el Padre y, de ese modo, niega al Padre, porque si no hay Hijo, tampoco puede haber Padre. Esta negación anula la realidad del evangelio, que el Padre envió a Su Hijo para ser el Salvador del mundo (Gá. 4:4; 1 Jn. 4:9-14).

οὗτος ἐστιν ὁ ἀντίχριστος, Juan alcanza una conclusión evidente, *este es el anticristo*. Aunque el artículo determinado delante del anticristo está en los mss. más seguros, no quiere decir que se esté refiriendo al que vendrá en el futuro para oponerse a Dios y luchar contra Cristo. El apóstol enseño que, aunque vendrá el anticristo, ahora ya hay muchos *anticristos*, esto es, quienes tienen el espíritu del anticristo, esto hace referencia a cualquiera de los *falsos maestros*, que son los que hablan del mismo modo como precursores suyos.

ὁ ἀρνούμενος τὸν Πατέρα καὶ τὸν Υἱόν. Juan expresa la verdad en una forma más intensa. Estos mentirosos no solo niegan que Jesús sea el Cristo y con ello niegan Su deidad, sino que juntamente niegan también al Padre. Jesús, el Cristo, es el Hijo de Dios, de modo que negar al Hijo es negar también al Padre. Es necesario entender que Jesús dijo que Él y el Padre son uno, en una relación inmanente entre las dos Personas Divinas, pero, además, el Hijo es la revelación del Padre, ya que el Señor dijo: *"Todas las cosas me fueron entregadas por mi Padre, y nadie conoce al Hijo, sino el Padre, ni al Padre conoce alguno, sino el Hijo; y aquel a quien el Hijo lo quiera revelar"* (Mt. 11:27). Si a Dios no se puede conocer más que en el Hijo, negar al Hijo es necesariamente negar también al Padre.

23. Todo aquel que niega al Hijo, tampoco tiene al Padre. El que confiesa al Hijo, tiene también al Padre.

πᾶς ὁ ἀρνούμενος τὸν Υἱὸν οὐδὲ τὸν Πατέρα ἔχει, ὁ
Todo el que niega al Hijo ni al Padre tiene, el
ὁμολογῶν τὸν Υἱὸν καὶ τὸν Πατέρα ἔχει.
que confiesa al Hijo también al Padre tiene.

Análisis y notas del texto griego.

Análisis: πᾶς, caso nominativo masculino singular del adjetivo indefinido *todo*; ὁ, caso nominativo masculino singular del artículo determinado *el*; ἀρνούμενος, caso nominativo masculino singular del participio presente en voz media del verbo ἀρνέομαι, *negar*, aquí *que niega*; τὸν, caso acusativo masculino singular del artículo determinado declinado *al*; Υἱὸν, caso acusativo masculino singular del nombre divino *Hijo*; οὐδε, adverbio de negación, crasis[7] formada por el adverbio οὐ y la partícula δὲ, que significa *ni*; τὸν, caso acusativo masculino singular del artículo determinado declinado *al*; Πατέρα, caso acusativo masculino singular del nombre divino *Padre*; ἔχει, tercera persona singular del presente de indicativo en voz activa del verbo ἔχω, *tener, poseer*, aquí *tiene*; ὁ, caso nominativo masculino singular del artículo determinado *el*; ὁμολογῶν, caso nominativo masculino singular del participio presente en voz activa del verbo ὁμολογέω, *confesar*, aquí *que confiesa*; τὸν, caso acusativo masculino singular del artículo determinado declinado *al*; Υἱὸν, caso acusativo masculino singular del nombre divino *Hijo*; καὶ, adverbio de modo *también*; τὸν, caso acusativo masculino singular del artículo determinado declinado *al*; Πατέρα, caso acusativo masculino singular del nombre divino *Padre*; ἔχει, tercera persona singular del presente de indicativo en voz activa del verbo ἔχω, *tener, poseer*, aquí *tiene*.

πᾶς ὁ ἀρνούμενος τὸν Υἱὸν οὐδὲ τὸν Πατέρα ἔχει, Juan hace una afirmación de valor general, ya que el adjetivo πᾶς, *todo,* equivale a *todo el que*, o si se prefiere, *quienquiera que*. El resultado de la negación en relación con el Hijo tiene graves consecuencias, porque el que *niega al Hijo tampoco tiene al Padre*. La expresión *tener al Padre*, expresa la idea de *comunión* con Dios, Juan la usará otra vez en la *Segunda Epístola* (2 Jn. 9). Es tener una relación de vida vinculada a Él, siendo

[7] *Crasis*, palabra griega que equivale a *unión de fuerzas*, en general *unión de elementos*.

hijos Suyos (Jn. 1:12). Como quiera que luego de la manifestación del Hijo encarnado, no hay posibilidad de tener comunión con Dios, si no es por el Hijo. Confesar a Cristo delante de los hombres es entrar en Él y por Él al Padre (Mt. 10:32, 33; Jn. 12:42; Ro. 10:9, 10). No puede haber comunión con el Padre, sin confesar al Hijo. La causa fundamental es que el Padre sólo puede ser conocido por revelación del Hijo (Mt. 11:27; Jn. 1:18; 12:44, 45; 14:9). Conocer al Hijo y al Padre es la única manera de tener *vida eterna* (Jn. 17:3), por tanto, *desconocer*, o *negar* al Hijo impide alcanzar la vida eterna. Por otro lado, el único camino al Padre es Cristo (Jn. 14:6), que es camino, verdad y vida. El pecador solo puede llegar a Dios haciéndolo por Cristo, que es el único Mediador entre Dios y los hombres (1 Ti. 2:5). La advertencia de Jesús es solemne. Hay caminos que al hombre le parecen derechos, es decir, correctos para llevar a Dios, pero su fin es muerte (Pr. 14:12). Por tanto, ningún camino que el hombre siga termina en Dios, salvo cuando el mismo Dios se hace camino en Cristo. De este modo el *que niega* al Hijo, tampoco tiene al Padre. Los arrianos modernos, que niegan la deidad de Cristo, en ningún modo tienen salvación, porque no están en comunión con el Hijo, y tampoco pueden estarlo con el Padre.

ὁ ὁμολογῶν τὸν Υἱὸν καὶ τὸν Πατέρα ἔχει. En forma positiva reitera la verdad, de modo que el que *confiesa* al Hijo, *tiene* al Padre. Este es el modo de relación salvadora con el Padre por medio del Hijo, que confiere a los creyentes la potestad de ser hechos Sus hijos, en el Hijo (Jn. 1:12; Gá. 4:4-5). Esta relación hace provisión de seguridad al salvo (cf. Ro. 8:31-39). Confesar al Hijo es creer que Jesús es Dios encarnado, el Verbo hecho carne (Jn. 1:14). La confesión del creyente es simplemente esta: *Jesús es el Hijo de Dios.*

24. Lo que habéis oído desde el principio, permanezca en vosotros. Si lo que habéis oído desde el principio permanece en vosotros, también vosotros permaneceréis en el Hijo y en el Padre.

ὑμεῖς ὃ ἠκούσατε ἀπ' ἀρχῆς, ἐν ὑμῖν μενέτω. ἐὰν ἐν
Vosotros lo que oísteis desde principio, en vosotros permanezca. Si en
ὑμῖν μείνῃ ὃ ἀπ' ἀρχῆς ἠκούσατε, καὶ ὑμεῖς ἐν τῷ
vosotros permaneciera lo que desde principio oísteis, también vosotros en el
Υἱῷ καὶ ἐν τῷ Πατρὶ μενεῖτε.
Hijo y en el Padre permaneceréis.

Análisis y notas del texto griego.

Análisis: ὑμεῖς, caso nominativo de la segunda persona plural del pronombre personal *vosotros*; ὃ, caso acusativo neutro singular del pronombre relativo *lo que*; ἠκούσατε, segunda persona plural del aoristo primero de indicativo en voz activa del verbo ἀκούω, *oír, escuchar*, aquí *oísteis*; ἀπ', preposición propia de genitivo ἀπό, con el grafismo que adopta por elisión de la o final ante vocal o diptongo sin aspiración, que equivale a *de, desde, procedente de, por medio de, con, por*; ἀρχῆς, caso genitivo femenino singular del nombre común *principio*; ἐν, preposición propia de dativo *en*; ὑμῖν, caso dativo de la segunda persona plural del pronombre personal *vosotros*; μενέτω, tercera persona singular del presente de imperativo en voz ativa del verbo μένω, *permanecer*, aquí *permanezca*; ἐὰν, conjunción *si*; ἐν, preposición propia de dativo *en*; ὑμῖν, caso dativo de la segunda persona plural del pronombre personal *vosotros*; μείνῃ, tercera persona singular del aoristo primero de subjuntivo en voz activa del verbo μένω, *permanecer*, aquí, *permaneciera*; ὃ, caso acusativo neutro singular del pronombre relativo *lo que*; ἀπ', preposición propia de genitivo ἀπό, con el grafismo que adopta por elisión de la o final ante vocal o diptongo sin aspiración, que equivale a *de, desde, procedente de, por medio de, con, por*; ἀρχῆς, caso genitivo femenino singular del nombre común *principio*; ἠκούσατε, segunda persona plural del aoristo primero de indicativo en voz activa del verbo ἀκούω, *oír, escuchar*, aquí *oísteis*; καὶ, adverbio de modo *también*; ὑμεῖς, caso nominativo de la segunda persona plural del pronombre personal *vosotros*; ἐν, preposición propia de dativo *en*; τῷ, caso dativo masculino singular del artículo determinado *el*; Υἱῷ, caso dativo masculino singular del nombre divino *Hijo*; καὶ, conjunción copulativa *y*; ἐν, preposición propia de dativo *en*; τῷ, caso dativo masculino singular del artículo definido *el*; Πατρὶ, caso dativo masculino singular del nombre divino *Padre*; μενεῖτε, segunda persona plural del futuro de indicativo en voz activa del verbo μένω, *permanecer*, aquí *permaneceréis*.

ὑμεῖς ὃ ἠκούσατε ἀπ' ἀρχῆς, ἐν ὑμῖν μενέτω. El apóstol establece un mandamiento, como se aprecia al usar el imperativo del verbo *permanecer*. Se trata de mantener lo que habían oído desde el principio, referencia a la verdad del evangelio conforme les había sido enseñado desde el comienzo de la predicación que les alcanzó a ellos. El evangelio predicado a los destinatarios de la *Epístola* procede del Señor (Gá. 1:11-12). Una de las características de los tiempos llamados *peligrosos* es el deseo de oír novedades (2 Ti. 1, 7; 4:3). La doctrina verdadera genera poco interés en nuestra sociedad, no solo en la mundana, cosa natural, sino en la de creyentes. Muchos buscan hoy *novedades*, asuntos poco oídos, discursos interesantes, pero no bíblicos. La continua ansiedad por *"alguna cosa nueva"* es una señal del ateniense, pero no del cristiano[8] (Hch. 17:21) El apóstol exhorta a los creyentes a persistir, permanecer, en la verdad fundamental como había sido enseñada desde el principio. Nadie debe buscar otra cosa que la verdad como fue dada por los apóstoles.

---

[8] John Stott. *Las cartas de Juan.* Buenos Aires, 1974, pág. 123.

El apóstol demanda que la verdad enseñada *permanezca* en ellos, estableciéndola a modo de mandamiento. Nuevamente se reitera la misma exigencia, que el creyente persevere en la doctrina (2:24; 4:15; 2 Jn. 9). Según Juan la doctrina debe *permanecer* en los creyentes. Es una exhortación semejante a la del Señor: *"He aquí, yo vengo pronto; retén lo que tienes, para que ninguno tome tu corona"* (Ap. 3:11). Expresa la idea de aferrarse a algo de modo que nadie pueda arrebatarlo, además, en ambos casos el presente del verbo hace entender una acción continuada, esto es, estar siempre pendientes de que la Palabra tenga asiento en la vida del creyente. Cada uno debiera estar pendiente de que la enseñanza de Jesucristo se mantenga controlando la vida personal. Todo esto conducirá a que permanezca continuamente la fidelidad al Señor en todo cuanto Él ha establecido para los Suyos.

ἐὰν ἐν ὑμῖν μείνῃ ὃ ἀπ' ἀρχῆς ἠκούσατε, καὶ ὑμεῖς ἐν τῷ Υἱῷ καὶ ἐν τῷ Πατρὶ μενεῖτε. La bendición de la perseverancia en la fe es evidente. La comunión y, por tanto, la permanencia en el Hijo y en el Padre se hacen una realidad existencial. Las normas de fe y vida proceden de Jesús, por tanto, la permanencia en ellas es permanencia en Él (Jn. 15:7). Permanecer en lo que habían oído desde el principio equivale a que ellos permanezcan en la palabra de Cristo (Jn. 8:31; 15:7). Pero, quien permanece en el Hijo, también permanece en el Padre (Jn. 17:20-21). Juan coloca al Hijo antes que al Padre en el versículo porque la enseñanza desde el principio es que el creyente llega al Padre por medio del Hijo.

25. Y ésta es la promesa que él nos hizo, la vida eterna.

καὶ αὕτη ἐστὶν ἡ ἐπαγγελία ἣν αὐτὸς ἐπηγγείλατο ἡμῖν, τὴν
Y ésta es la promesa que Él prometió nos, la
ζωὴν τὴν αἰώνιον.
vida - eterna.

Análisis y notas del texto griego.

Análisis: καὶ, conjunción copulativa *y*; αὕτη, caso nominativo femenino singular del pronombre demostrativo *ésta*; ἐστὶν, tercera persona singular del presente de indicativo en voz activa del verbo εἰμί, *ser, estar*, aquí *es*; ἡ, caso nominativo femenino singular del artículo determinado *la*; ἐπαγγελία, caso nominativo femenino singular del nombre común *promesa*; ἣν, caso acusativo femenino singular del pronombre relativo *la que, la cual, que*; αὐτὸς, caso nominativo masculino singular del pronombre intensivo *Él*; ἐπηγγείλατο, tercera persona singular del aoristo primero de indicativo en voz media del verbo ἐπαγγέλλομαι, *prometer*, aquí *prometió*; ἡμῖν, caso dativo de la primera persona plural del pronombre personal declinado *a nosotros, nos*; τὴν, caso acusativo femenino singular del artículo determinado *la*; ζωὴν, caso acusativo femenino singular del nombre común *vida*; τὴν, caso acusativo femenino singular del artículo determinado *la*; αἰώνιον, caso acusativo femenino singular del adjetivo *eterna*.

καὶ αὕτη ἐστὶν ἡ ἐπαγγελία ἣν αὐτὸς ἐπηγγείλατο ἡμῖν, Juan se refiere ahora a la promesa del Señor consistente en dar vida eterna a quienes creen (Jn. 3:16; 18, 36; 5:24; 6:35, 40, 47; 8:51; 11:25). Sin embargo, no se trata de un nuevo tema, sino de la continuación del que está tratando. Los que habían salido de la congregación (v. 19), no permanecieron en la doctrina, esto es en la cristología apostólica, sino en otro tipo de creencia. Los tales se habían alejado del Padre porque se habían alejado del Hijo.

τὴν ζωὴν τὴν αἰώνιον. La promesa consistía en *la vida eterna*. Es, como se ha dicho antes, la vida de Dios en el creyente. La vida eterna es la participación del que cree en la naturaleza divina (2 P. 1:4). Esta vida eterna es posible sólo mediante la unión vital con Cristo (1 Co. 12:13). El Padre concede al Hijo que tenga vida en Sí mismo (Jn. 5:26). Por esta razón el Hijo da vida eterna a todo el que cree (Jn. 5:21). La vida eterna es la consecuencia de la identificación con Cristo (Ef. 2:5-6). Los que habían salido de la iglesia, no permanecieron en lo que había sido enseñado desde el principio, y la vida eterna estaba prometida sólo para quienes creyesen en el mensaje predicado, perseverando luego en la fe como manifestación visible de la realidad de salvación. Tener comunión con el Hijo y con el Padre, es tener la vida eterna (Jn. 17:3). De otro modo, la vida eterna es la forma de permanencia en el Padre y en el Hijo.

La operación de la unción (2:26-27).

26. Os he escrito esto sobre los que os engañan.

Ταῦτα[1]	ἔγραψα	ὑμῖν	περὶ	τῶν	πλανώντων	ὑμᾶς.
Estas cosas	escribí	os	acerca de	los	que engañan	os.

Análisis y notas del texto griego.

Análisis: Ταῦτα, caso acusativo neutro plural del pronombre demostrativo *estos*, en sentido de *estas cosas*; ἔγραψα, primera persona singular del aoristo primero de indicativo en voz activa del verbo γράφω, *escribir*, aquí *escribí*; ὑμῖν, caso dativo de la segunda persona plural del pronombre personal *os*; περὶ, preposición propia de genitivo *acerca de*; τῶν, caso genitivo masculino plural del artículo determinado *los*; πλανώντων, caso genitivo masculino plural del participio presente en voz activa del verbo πλανάω, *mentir, engañar*, aquí *que engañan*; ὑμᾶς, caso acusativo de la segunda persona plural del pronombre personal *os*.

Notas. Crítica Textual. Lecturas alternativas.

[1] Añade aquí δὲ, *y*, en א, 1852, $sy^{p, mss}$.

Ταῦτα ἔγραψα ὑμῖν περὶ τῶν πλανώντων ὑμᾶς. Juan expresa la razón de lo que ha escrito antes, que es poner de manifiesto a *los que os engañan*. Esto es, los que tratan de engañar a los creyentes, puesto que no lo consiguen hacer a los que siendo salvos perseveran en la fe, pero intentarán hacerlo siempre. A estos falsarios, les llamó antes *anticristos*. Son los que tratan de arrastrar a los creyentes al engaño desviándolos de la verdad predicada por los apóstoles. No debe esperarse otra cosa de los *falsos maestros*, porque siendo seguidores e hijos de Satanás, harán lo que corresponde a quien les enseña a ser como él, que es *mentiroso y padre de mentira* (Jn. 8:44).

27. Pero la unción que vosotros recibisteis de él permanece en vosotros, y no tenéis necesidad de que nadie os enseñe; así como la unción misma os enseña todas las cosas, y es verdadera, y no es mentira, según ella os ha enseñado, permaneced en él.

καὶ ὑμεῖς τὸ χρῖσμα[1] ὃ ἐλάβετε ἀπ' αὐτοῦ, μένει ἐν ὑμῖν[2]
Y vosotros la unción que recibisteis de parte de Él, permanece en vosotros
καὶ οὐ χρείαν ἔχετε ἵνα τις διδάσκῃ ὑμᾶς, ἀλλ' ὡς τὸ αὐτοῦ
y no necesidad tenéis que alguien enseñe os, sino como la de Él
χρῖσμα[3] διδάσκει ὑμᾶς περὶ πάντων καὶ ἀληθές ἐστιν καὶ
unción enseña os acerca de todas las cosas y verdad es y
οὐκ ἔστιν ψεῦδος, καὶ καθὼς ἐδίδαξεν ὑμᾶς, μένετε ἐν αὐτῷ.
no es mentira, y según enseñó os, permaneced en ella.

Análisis y notas del texto griego.

Análisis: καὶ, conjunción copulativa *y*; ὑμεῖς, caso nominativo de la segunda persona plural del pronombre personal *vosotros*; τὸ, caso nominativo neutro singular del artículo determinado *el*; χρῖσμα, caso nominativo neutro singular del nombre común *unción*; ὃ, caso acusativo neutro singular del pronombre relativo *lo que, lo cual, que*; ἐλάβετε, segunda persona plural del segundo aoristo de indicativo en voz activa del verbo λαμβάνω, *recibir, aceptar, tomar posesión*, aquí *recibisteis*; ἀπ', preposición propia de genitivo ἀπό, con el grafismo que adopta por elisión de la o final ante vocal o diptongo sin aspiración, que equivale a *de, desde, procedente de, por medio de, con, por*; αὐτοῦ, caso genitivo masculino singular de la tercera persona singular del pronombre personal *Él*; μένει, tercera persona singular del presente de indicativo en voz activa del verbo μένω, *permanecer*, aquí *permanece*; ἐν, preposición propia de dativo *en*; ὑμῖν, caso dativo de a segunda persona plural del pronombre personal *vosotros*; καὶ, conjunción copulativa *y*; οὐ, adverbio de negación *no*; χρείαν, caso acusativo femenino singular del nombre común *necesidad*; ἔχετε, segunda persona plural del presente de indicativo en voz activa del verbo ἔχω, *tener, poseer*, aquí *tenéis*; ἵνα, conjunción *que*; τις, caso nominativo masculino singular del pronombre indefinido *alguien*; διδάσκῃ, tercera persona singular del presente de subjuntivo en voz activa del verbo διδάσκω, *enseñar*, aquí *enseñe*; ὑμᾶς, caso acusativo de la segunda persona plural del pronombre personal declinado *a vosotros, os*; ἀλλ', forma escrita ante vocal de la conjunción adversativa ἀλλά que significa *pero, sino*; ὡς, adverbio de modo, *como*, que hace las veces de conjunción comparativa; τὸ, caso nominativo neutro singular del artículo determinado *lo*; αὐτοῦ, caso genitivo masculino de la tercera persona singular del pronombre personal declinado *de Él*; χρῖσμα, caso nominativo neutro singular del nombre común *unción*; διδάσκει, tercera persona singular del presente de indicativo en voz activa del verbo διδάσκω, *enseñar*, aquí *enseña*; ὑμᾶς, caso acusativo de la segunda persona plural del pronombre personal *os*; περὶ, preposición propia de genitivo *acerca de*; πάντων, caso genitivo masculino plural del adjetivo indefinido *todos*, en sentido de *todas las cosas*; καὶ, conjunción copulativa *y*; ἀληθές, caso nominativo neutro singular del adjetivo *verdadero*; ἐστιν, tercera persona singular del presente de indicativo en voz activa del verbo εἰμί, *ser, estar*, aquí *es*; καὶ, conjunción copulativa *y*; οὐκ, forma escrita del adverbio de negación *no*, con el grafismo propio ante una vocal con espíritu suave o una enclítica; ἔστιν, tercera persona singular del presente de indicativo en voz activa del verbo εἰμί, *ser, estar*, aquí *es*; ψεῦδος, caso nominativo neutro singular del nombre común *mentira*; καὶ, conjunción copulativa *y*; καθὼς, conjunción comparativa, o partícula comparativa *como, según*; ἐδίδαξεν, tercera persona singular del aoristo primero de indicativo en voz activa del verbo διδάσκω, *enseñar*, aquí *enseñó*; ὑμᾶς, caso acusativo de la segunda persona plural del pronombre personal *os*; μένετε, tercera persona plural del presente de imperativo en voz activa del verbo μένω, *permanecer*, aquí *permaneced*; ἐν, preposición propia de dativo *en*; αὐτῷ, caso dativo de la tercera persona singular del pronombre personal *Él*.

Notas. Crítica Textual. Lecturas alternativas.

[1] χρῖσμα, *unción*, según lectura en ℵ, A, B, C, 1735, vg[st].

χάρισμα, *don*, conforme a la lectura en B, 1611.

[2] μένει ἐν ὑμῖν, *permanece en vosotros*, según ℵ, A, B, C, 1735, vg[st].

μενέτω ἐν ὑμῖν, *permanezca en vosotros*, según se lee en P, Ψ, 5, 33, 436, 442, 642, 1243, 1739, 1852, 1881, 2344, 2492, it, vg[cl, ww].

[3] τὸ αὐτου χρῖσμα, *la unción de Él*, según ℵ, A, B, C, 1735, vg[st].

τὸ αὐτου χάρισμα, *la gracia de Él*, conforme a 33.

τὸ αὐτου πνεῦμα, *el Espíritu de Él*, lectura en ℵ, 436.

καὶ ὑμεῖς τὸ χρῖσμα ὃ ἐλάβετε ἀπ' αὐτοῦ, μένει ἐν ὑμῖν. La protección de Dios en el conflicto que el creyente enfrenta con los *falsos maestros*, es una operación del Espíritu Santo. La conjunción καὶ, aquí es adversativa, equivalente a *pero*, lo que establece otro nuevo contraste, de modo que los que *os engañan*, no tienen lo que los creyentes tienen, la presencia del Espíritu en ellos. Esa presencia continua en cada cristiano, es garantía de protección (1 Co. 6:19; Ef. 2:22). El Señor prometió esta presencia permanente del Espíritu en el creyente: *"Y yo rogaré al Padre, y os dará otro Consolador, para que esté con vosotros para siempre"* (Jn. 14:16). Se ha considerado antes que es *la unción*, como presencia del Espíritu en el que cree.

καὶ οὐ χρείαν ἔχετε ἵνα τις διδάσκῃ ὑμᾶς, A causa de la presencia del Espíritu, el creyente, afirma el apóstol, no tiene necesidad de que *nadie le enseñe*. Este *nadie* se refiere a los *falsos maestros*, que procuraban enseñar *mentira* a los creyentes para desviarlos de la verdad que habían recibido. El Espíritu comunica la verdad y conduce a ella. Esto no está en contra de la necesidad de ser instruidos por maestros bíblicos. La instrucción de los tales se hace mediante la exposición de la Palabra, por eso ningún creyente tiene necesidad alguna de ser enseñado por quienes no sean pastores o maestros según Dios. La enseñanza bíblica ha sido establecida por Jesucristo para los que le sigan (Mt. 28:20). La iglesia ha sido dotada de creyentes con el don de maestros, espiritualmente capacitados para enseñar, y conocedores profundos de la Palabra y su significado (Ef. 4:11-12).

Los *pastores y maestros*, o los últimos si se consideran dos dones distintos, son capacitados por el Espíritu para un ministerio de consolidación y afirmación de la iglesia. Son capacitados para la enseñanza y exposición de la Palabra, comisionados para exponer la Biblia en las congregaciones. Su ministerio tiene que ver con la interpretación del texto bíblico del Antiguo y de Nuevo Testamento, haciendo entender a los creyentes el sentido de la Revelación. Por medio del *don* del Espíritu, se adquiere la *capacidad* para este ministerio, pero es necesario entender también que la *capacitación* para esa capacidad procede del estudio profundo y sistemático de la Escritura, bajo la dirección de otros maestros, como corresponde a la cadena de la enseñanza eclesial (2 Ti. 2:2). Como quiera que el *maestro* es un don, y no todos los creyentes tienen los mismos dones, la enseñanza congregacional debe estar reservada para los *maestros*, debidamente formados y preparados en la Palabra. Los creyentes pueden contribuir a la edificación del cuerpo en el ministerio de la Palabra, ejerciendo las labores proféticas de edificación, exhortación y consolación (1 Co. 14:3), pero la enseñanza doctrinal y la interpretación consonante de la Palabra debe estar en manos de *maestros*. Lo más peligroso para el estancamiento espiritual de una congregación, es que la enseñanza caiga en manos de *personas espirituales,* que no hayan recibido el don para enseñar, ni hayan sido preparados convenientemente en la Palabra. La enseñanza eficaz de la congregación es la que está a cargo de hombres dotados para ello por Dios mismo y preparados bajo la instrucción de otros creyentes capaces para hacerlo. La Palabra de Dios expuesta en toda su extensión da sabiduría al creyente, y la meditación en ella hace vidas victoriosas y santas. El don de maestro requiere el estudio continuado de quien lo ha recibido. Nadie piense que porque progresa en el conocimiento de la Palabra ya ha alcanzado el nivel óptimo y no necesita más. La experiencia del maestro bíblico es que nunca llega a alcanzar el nivel de conocimiento que no pueda superar. La iglesia que deja de insistir en la enseñanza sistemática de la Palabra cae en el infantilismo, con las gravísimas consecuencias que le acompañan (1 Co. 3:1-4; He. 5:11-14).

ἀλλ' ὡς τὸ αὐτοῦ χρῖσμα διδάσκει ὑμᾶς περὶ πάντων καὶ ἀληθές ἐστιν καὶ οὐκ ἔστιν ψεῦδος, La unción es verdadera y enseña en verdad todas las cosas. La enseñanza divina será una manifestación plena en el reino de Jesucristo (Jer. 31:34). Pero, no es necesario esperar a esa enseñanza directa al reino futuro, sino que el creyente ya ha sido trasladado al reino de Su Hijo amado (Col. 1:13). Desde esa posición espiritual es enseñado por Dios (1 Ts. 4:9). El Espíritu siendo Dios verdadero, como el Padre y el Hijo, enseña en verdad y toda la verdad que Dios revela. El Padre es verdadero (2 Cr. 15:3; Jer. 10:10; Jn. 17:3; 1 Ts. 1:9); el Hijo es verdadero, calificándose a Él mismo como *la verdad* (Jn. 14:6); asimismo el Espíritu es verdadero, porque es el *"Espíritu de verdad"* (Jn. 15:26; 16:13).

καὶ καθὼς ἐδίδαξεν ὑμᾶς, μένετε ἐν αὐτῷ. El secreto para permanecer en la verdad es Cristo. Debe notarse el cambio de la *unción*, al mandato de permanecer en *Él*. De modo que del neutro pasa al masculino, haciendo un cambio de relación. El creyente permanece en Cristo, mientras que los *falsos maestros*, a quienes denomina *anticristos*, lo niegan (v. 22). Tener comunión con Cristo es posible dejándose conducir por el Espíritu (Gá. 5:25). Ese es el cumplimiento del mandamiento de Cristo: *"Permaneced en mí, y yo en vosotros. Como el pámpano no puede llevar fruto por sí mismo, si no permanece en la vid, así tampoco vosotros, si no permanecéis en mí. Yo soy la vid, vosotros los pámpanos; el que permanece en mí, y yo en él, éste lleva mucho fruto; porque separados de mí nada podéis hacer"* (Jn. 15:4-5).

Firmeza y seguridad (2:28-29).

28. Y ahora, hijitos, permaneced en él, para que cuando se manifieste, tengamos confianza, para que en su venida no nos alejemos de él avergonzados.

Καὶ νῦν, τεκνία, μένετε ἐν αὐτῷ, ἵνα ἐὰν φανερωθῇ σχῶμεν
Y ahora, hijitos, permaneced en Él, para que si es manifestado tengamos
παρρησίαν καὶ μὴ αἰσχυνθῶμεν ἀπ' αὐτοῦ ἐν τῇ,
confianza y no seamos avergonzados por causa de Él en la
παρουσία αὐτοῦ.
presencia de Él.

Análisis y notas del texto griego.

Análisis: Καὶ, conjunción copulativa *y*; νῦν, adverbio demostrativo *ahora*; τεκνία, caso vocativo neutro plural del nombre *hijitos*; μένετε, segunda persona plural del presente de imperativo en voz activa del verbo μένω, *permanecer*, aquí *permaneced*; ἐν, preposición propia de dativo *en*; αὐτῷ, caso dativo masculino de la tercera persona singular del pronombre personal *Él*; ἵνα, conjunción causal *para que*; ἐὰν, conjunción condicional *si*; φανερωθῇ, tercera persona singular del aoristo primero de subjuntivo en voz pasiva del verbo φανέρω, *aparecer, manifestarse*, aquí *es manifestado*; σχῶμεν, primera persona plural del aoristo segundo de subjuntivo en voz activa del verbo ἔχω, *tener, poseer, encontrarse*, aquí *tengamos*; παρρησίαν, caso acusativo femenino singular del nombre común *confianza*; καὶ, conjunción copulativa *y*; μὴ, partícula que hace funciones de adverbio de negación *no*; αἰσχυνθῶμεν, primera persona plural del aoristo primero de subjuntivo en voz pasiva del verbo αἰσχύνομαι, *avergonzarse*, aquí *seamos avergonzados*; ἀπ', preposición propia de genitivo ἀπό, con el grafismo que adopta por elisión de la o final ante vocal o diptongo sin aspiración, que equivale a *de, desde, procedente de, por medio de, con, por*; αὐτοῦ, caso genitivo masculino de la tercera persona singular del pronombre personal *Él*; ἐν, preposición propia de genitivo *en*; τῇ, caso genitivo femenino singular del artículo determinado *la*; παρουσίᾳ, caso genitivo femenino singular del nombre común *venida, presencia*; αὐτοῦ, caso genitivo masculino de la tercera persona singular del pronombre personal declinado *de Él*.

Καὶ νῦν, τεκνία, μένετε ἐν αὐτῷ, Nuevamente Juan usa el vocativo *hijitos*, para el párrafo final del capítulo. El corazón pastoral del apóstol se muestra otra vez. La edad avanzada de él conduce a expresiones como estas, propias de un anciano que habla con personas muy queridas para él, como si fuesen hijos naturales suyos. Inicia la exhortación elevándola a la categoría de mandamiento, reiterando lo que ya ha dicho antes: *"Permaneced en Él"*. Es la instrucción para que los lectores se mantengan en la comunión con Cristo, sin obstáculos que lo impidan.

ἵνα ἐὰν φανερωθῇ σχῶμεν παρρησίαν. En este caso, aunque no ha dejado de pensar y referirse a los *falsos maestros*, formula la demanda en vista a la venida del Señor. Su promesa de regresar a buscar a los Suyos, hace necesario entenderla como inminente, de otro modo, puede producirse en cualquier momento, por lo que el cristiano debe estar preparado para ese encuentro (Col. 3:4; 1 P. 5:4). El uso de la conjunción ἐὰν, *si*, no es de posibilidad o dubitativo, sino relativo a la temporalidad, es decir, no pone en duda la realidad cierta de la venida del Señor, sino el tiempo, que es secreto de Dios (cf. Jn. 6:62; 12:32; 14:3). La manifestación de Cristo en Su venida, traerá como consecuencia la manifestación de los que estás unidos a Él. El verbo φανέρω, expresa la idea de *hacer visible lo que está oculto, traer a la luz*. Es sin duda una clara alusión a la *parusía* del Señor. El prometió a los Suyos que volvería para encontrarse con ellos y tomarlos a Sí mismo para siempre (Jn. 14:1-4). En el Nuevo Testamento se hace referencia al hecho del regreso de Jesucristo, especialmente en la enseñanza del apóstol Pablo (1 Ts. 4:16-17). Con toda la gloria que tiene como revestido de gloria e inmortalidad, descenderá del cielo, donde está ahora sentado a la diestra de Dios, con voz de mando, voz de arcángel y trompeta de Dios para encontrarse en el aire con la Iglesia cuyos miembros será resucitados y transformados, tanto los que resuciten como los que estén vivos en ese momento, para estar para siempre con Él. El encuentro debiera ser gozoso para todos, de ahí la razón del mandamiento con que inició el párrafo; el creyente debe permanecer en comunión con Él para que el gozo del encuentro sea una realidad, ya que como enseña el apóstol Pablo: *"Cuando Cristo, vuestra vida, se manifieste, entonces vosotros también seréis manifestados con Él en gloria"* (Col. 3:4), o de otro modo: *"Y si hijos, también herederos; herederos de Dios y coherederos con Cristo, si es que padecemos juntamente con él, para que juntamente con él seamos glorificados"* (Ro. 8:17). Los que permanecen en Él, será atribulados como Él lo fue, pero si la identificación con Cristo es vida en todos los aspectos, que incluye también el sufrimiento, así también esa misma identificación es seguridad de glorificación. Porque Cristo ha resucitado y fue ascendido a la gloria, así también lo serán aquellos que viven en identificación con Él, de ahí la exhortación: *"Permaneced en Él"*. Los creyentes no sólo disfrutarán de la gloria, sino que participarán en ella, ellos mismos serán glorificados con Cristo, conformados a Su imagen. Esa gloria será vivida por el creyente en la más espléndida realidad, ya que será revelada *en nosotros* y no solo *a* nosotros. Todo cuanto pudiésemos imaginar quedará siempre corto ante lo que nos está reservado, *"cosas que ojo no vio, ni oído oyó, ni han subido en corazón de hombre, son las que Dios ha preparado para los que le aman"* (1 Co. 2:9). El Señor será entonces glorificado en Sus santos (2 Ts. 1:10). No se trata de alcanzar la gloria por nuestras perfecciones, sino por la gracia que se manifestará en plenitud con Jesucristo en Su venida (1 P. 1:13). Cuando Juan dice que vivamos de modo que en el momento que esperamos de glorificación *"tengamos confianza"*, esto es, la seguridad de poder hablar con franqueza y libertad. El término se usa para expresar la libertad del creyente para presentarse ante el Juez supremo designado para juzgar a los hombres. La vida cristiana llevada a cabo en la *permanencia*, esto es, en la *comunión*, con Cristo producirá entonces una experiencia de plena confianza (3:21; 4:17; 5:14). Además, debe tenerse en cuenta que la venida de Jesús a buscar a los Suyos, será antecendente al *tribunal de Cristo*, donde los creyentes compareceremos para recibir las recompensas que la gracia otorgará por lo hecho en la vida terrenal. Quien ha permanecido en Cristo, en plena comunión con Él, tendrá plena confianza porque sabe que el Juez justo cumplirá el compromiso de Sus promesas, dando recompensas a los *vencedores*.

καὶ μὴ αἰσχυνθῶμεν ἀπ αὐτοῦ ἐν τῇ παρουσίᾳ αὐτοῦ. Pero, quebrantar el mandato de *permanecer en Él*, acarreará también otra consecuencia: *sentirse avergonzados*. No debe entenderse este sentimiento como referido a pecadores perdidos. Estos no comparecerán ante Cristo en el traslado de la iglesia y la glorificación de los salvos. Son creyentes que no se han mantenido perseverantes en la comunión con Cristo, acaso tampoco han hecho una entrega personal para servir al Señor en la iglesia, pero, no hay duda que son salvos por cuanto estarán presentes en el momento de la manifestación de Jesucristo. Estos, dice Juan, *son avergonzados*, RV traduce: *"para que en su venida no nos alejemos de Él avergonzados"*. Avergonzarse equivale a la confusión de aquel que no tiene nada que traer delante del Señor en Su venida. La obra que habrá hecho durante la etapa de la santificación será quemada por la mirada de Cristo en Su tribunal (1 Co. 3:13-15; 2 Co. 5:10). Eso representará la *vergüenza* de una vida perdida para Dios e irrecuperable ya para darle una nueva orientación (Mr. 8:35; Mt. 16:25). *Alejarse* del Señor, no significa una separación de Él para siempre, sino la expresión que denota sentir una situación de ingratitud hacia quien hizo todo y con su entrega incondicional hizo posible que también estos, que no tienen nada que presentar, puedan estar en la gloria con todos los salvos. El que se presente ante Cristo con las manos vacías, tendrá que avergonzarse, o –como se lee en el texto griego– *ser avergonzado*, por su desidia y falta de respuesta al amor de Dios. De otro modo, gráficamente hablando, tendrán que bajar la cabeza avergonzados.

29. Si sabéis que él es justo, sabed también que todo el que hace justicia es nacido de él.

ἐὰν εἰδῆτε ὅτι δίκαιος ἐστιν, γινώσκετε ὅτι καὶ πᾶς ὁ ποιῶν
Si sabéis que justo es, conocéis que también todo el que hace
τὴν δικαιοσύνην ἐξ αὐτοῦ γεγέννηται.
la justicia de Él es nacido.

Análisis y notas del texto griego.

Análisis: ἐὰν, conjunción *si*; εἰδῆτε, segunda persona plural del perfecto de subjuntivo en voz activa del verbo οἶδα, *saber, entender*, aquí *habiendo sabido*, en este caso mejor *sabéis*; ὅτι, conjunción *que*; δίκαιος, caso nominativo masculino singular del adjetivo *justo*; ἐστιν, tercera persona singular del presente de indicativo en voz activa del verbo εἰμί, *ser, estar*, aquí *es*; γινώσκετε, segunda persona plural del presente de indicativo en voz activa del verbo γινώσκω, *conocer*, aquí *conocéis*; ὅτι, conjunción *que*; καὶ, adverbio de modo *también*; πᾶς, caso nominativo masculino singular del adjetivo indefinido *todo*; ὁ, caso nominativo masculino singular del artículo determinado *el*; ποιῶν, caso nominativo masculino singular del participio presente en voz activa del verbo ποιέω, *hacer, realizar, practicar*; aquí *que hace*; τὴν, caso acusativo femenino singular del artículo determinado *la*; δικαιοσύνην, caso acusativo femenino singular del nombre común *justicia*; ἐξ, forma escrita de la preposición de genitivo ἐκ, delante de vocal y que significa *de*; αὐτοῦ, caso genitivo masculino de la tercera persona singular del pronombre personal *él*; γεγέννηται, tercera persona singular del perfecto de indicativo en voz pasiva del verbo γεννάω, *nacer*, aquí *ha nacido*, o *es nacido*.

ἐὰν εἰδῆτε ὅτι δίκαιος ἐστιν, Este versículo debiera ser el primero del capítulo siguiente, por coincidencia con el tema del párrafo (2:29-3:10). El apóstol hace referencia al conocimiento que tenían los creyentes de que *Él* es justo, pero eso exige determinar el sujeto, que puede ser *Cristo*, al que ante llamó *"el Justo"* (v. 1). Pero, por el contexto debiera entenderse como referido al Padre, ya que afirma que el que practica la justicia ha nacido de Él. El término expresa también la idea de engendrar, lo que supone una relación con el Padre que engendró en Cristo a los creyentes. En relación con el Señor, el creyente es un hermano, pero no se le llama *hijo* en ningún lugar (He. 2:11).

γινώσκετε ὅτι καὶ πᾶς ὁ ποιῶν τὴν δικαιοσύνην ἐξ αὐτοῦ γεγέννηται. La manifestación de la relación del creyente con el Padre justo, es que, como consecuencia vive una vida en la justicia o, si se prefiere mejor, *practica* la justicia, no la de los hombres, sino la de Dios. Esto conduce a hacer lo que es justo. Es de notar que en la primera parte usa el verbo οἶδα, *saber*, que expresa la idea de tener un conocimiento intuitivo, incluso ser consciente de un hecho (2:11, 20, 21); por su lado el verbo γινώσκω, denota conocer por experiencia, o también *reconocer* algo. Luego, en el primer caso, el creyente *sabe* que Dios es justo, pero en la segunda ocasión *reconoce* una realidad en Sus hijos. Lo que supondría algo asi: *si sabeis que Dios es justo, reconoceréis que sus hijos también lo son.*

Juan hace notar que estos son *nacidos de Él*. El *nuevo nacimiento* es uno de los grandes temas de Juan, tanto en el *Evangelio* (Jn. 1:13; 3:3-8) como en la persistencia que hace de este tema en la *Epístola* (3:9; 4:7; 5:1, 4, 18) Este nuevo nacimiento es un acto de la voluntad de Dios, *"Mas a todos los que le recibieron, a los que creen en su nombre, les dio potestad de ser hechos hijos de Dios; los cuales no son engendrados de sangre, ni de voluntad de carne, ni de voluntad de varón, sino de Dios"* (Jn. 1:12-13). Todos los que creen, por haber creído, son hechos *hijos de Dios*. Los creyentes no vienen a serlo por un nacimiento generado por el hombre, ya que ni la sangre, ni la carne, ni la voluntad del hombre hacen posible el *nuevo nacimiento*. El creyente no debe su nacimiento a causas físicas o biológicas, sino que nace de Dios. El nuevo nacimiento es exclusivamente divino, en el cual el hombre ni hace algo, ni puede hacerlo, tan solo responder con fe al llamado del evangelio creyendo en Cristo. Con todo, debe entenderse también que la fe, como la gracia y cualquier elemento necesario en la salvación proceden de Dios y son dados por Él (Ef. 2:8-9). La precisión de Juan en el *Evangelio*, afirma que *no por sangre, no por impluso de la carne, no por deseo de varón*, se produce el nuevo nacimiento y el creyente viene a una nueva vida en Cristo. La Biblia enseña continuamente que la salvación y con ella el nuevo nacimiento es de Dios (Sal. 3:8; Jon. 2:9). Siendo hijos de Dios, los creyentes deben manifestar la justicia de Dios en sus vidas. Por eso el carácter del Padre se manifiesta en que como Él es justo, Sus hijos practican la justicia. Este testimonio personal pone de manifiesto la realidad del nuevo nacimiento (4:17). La metáfora del *nuevo nacimiento* también aparece en la enseñanza del apóstol Pedro (1 P. 1:3). Solo quien es nacido de Dios puede entrar en el reino (Jn. 3:5), y solo por ese *nuevo nacimiento* se puede disfrutar de la vida eterna. Ya que Dios no solo es eterno, sino justo, Sus hijos a quienes ha dado vida eterna, deben ser también justos como Él.

Poca aplicación hay que destacar ante un escrito con tanta enseñanza directa. El gran desafío es vivir una vida concordante con la del Padre celestial. No son las virtudes, como la práctica de la justicia, la que nos unen a Él, sino todo lo contrario, la vida que hemos recibido de Él por el nuevo nacimiento nos lleva a la práctica de ellas. Es un engaño llamarse hijo de Dios y no practicar la justicia.

La afirmación de Juan que todo el que hace justicia es nacido de Dios, no se refiere a acciones puntuales u ocasionales en la práctica de acciones justas, que hacen alguna buena obra de cuando en cuando, sino que revela el estilo de vida de la persona que ha nacido de Dios. La comparativa es realmente impactante: si sabéis lo que es justo, porque así es Dios, sabéis también que el que hace lo que es justo ha nacido de Él. Los verdaderos creyentes no se conocen por lo que afirman ser, sino por el modo de vida que practican (Ro. 6:19).

El llamamiento de Juan a la santidad es manifiesto en la *Epístola*. La santidad no es una opción de vida, sino el único modo de vivir la vida cristiana. Es una exhortación que se comparte en todo el Nuevo Testamento (Ro. 12:1-2). El ejemplo de vida habla más elocuentemente de lo que es el nuevo nacimiento que la enseñanza de la teología sobre él. No podemos decir que tenemos comunión con Dios, si no practicamos la verdad y andamos en tinieblas (1:6). De igual modo el que no guarda Sus mandamientos, no puede decir que tiene comunión con Él (2:4). Igualmente, el que dice que está en luz y no ama a su hermano, está aún en tinieblas (2:9). Esta última demanda pone de manifiesto si somos hijos de Dios, nacidos de nuevo, o es mera profesión de ser aquello que no es realidad.

CAPÍTULO III

COMUNIÓN Y AMOR

Introducción.

En el progreso de la enseñanza sobre la realidad y práctica de la vida cristiana, ha considerado las manifestaciones visibles que indican la realidad de la salvación, de la comunión con Dios, de la práctica de las virtudes y de la unción que capacita al creyente para vivir conforme a la voluntad de Dios, en contraste con las vidas de los *falsos maestros*, que en su arrogancia afirman *conocer a Dios*, pero su estilo de vida contradice esa afirmación.

El amor de Dios que ha hecho provisión de salvación, lo ha hecho también de posición, confiriendo a cada creyente la condición de ser hecho *hijo de Dios* por fe en Cristo (Jn. 1:12), con la referencia a ese amor y las consecuencias que produce, introduce el primer párrafo del capítulo que se considera (vv. 1-3), en una reflexión y llamamiento a la pureza de vida. Hace notar primeramente la procedencia y condición del amor divino en la provisión de filiación (v. 1). Seguidamente considera la gloriosa esperanza que el creyente tiene sobre lo que ha de ser hecho por Dios en el futuro, alcanzando por la gracia lo que es Su propósito de ser conformados a la imagen de Su Hijo (v. 2). La consecuencia natural de esta esperanza se expresa mediante la pureza de vida personal (v. 3).

Seguidamente pasa a escribir sobre la naturaleza del pecado, mediante una serie de contrastes entre el pecado y la ley, la razón de la primera venida de Cristo y las diferencias entre un creyente y un incrédulo (vv. 4-6). En el desarrollo de este pensamiento, hace referencia a la realidad del pecado como infracción de la ley (v. 4). Para la solución del problema que genera el pecado en el hombre, Jesucristo vino para *quitar* el pecado. Juan recuerda que quien hace esa obra, nunca fue afectado por el pecado (v. 5). La consecuencia propia y natural de quien está en Cristo y ha recibido la provisión para el pecado por Su obra, se mantiene sin practicar el pecado (v. 6).

Los que son nacidos de Dios y, por tanto, hijos de Dios, deben experimentar una vida libre de injusticias, por cuanto han sido llamados a vivir justamente, y fueron liberados del poder del pecado, para la práctica cotidiana de la justicia y el amor (vv. 7-10). La relación de la filiación con Dios, conduce a una vida de justicia, como Él es justo (v. 7). Por el contrario, la práctica del pecado, indica que la relación no es con Dios, sino con quien es primer pecador, el diablo (v. 8). Juan insiste en que la separación del pecado es manifestación visible de la evidencia de una correcta relación de hijos con el Padre (v. 9). El apóstol llega a una conclusión firmemente establecida, quien es injusto e incapaz de amar, no es de Dios (v. 10). La señal evidente de la condición de *hijos de Dios* es la de una vida concordante con el carácter del Padre, hasta el punto de quien no la expresa, pone de manifiesto que no ha nacido de nuevo y, por tanto, no es hijo de Dios.

Si *Dios es amor*, la vida de quienes han sido engendrados por Él, ha de desarrollarse en la práctica del amor sincero (vv. 11-18). Introduce el tema recordando el mandato de Cristo, enseñando desde el principio, sobre la práctica del amor fraterno (v. 11). Como es habitual en Juan, reafirma la enseñanza por medio de contrastes, mediante el ejemplo de Caín (v. 12). Una vida consecuente con la voluntad de Dios producirá el rechazo del mundo, contrario y opuesto a ella, por eso advierte a los lectores de esta situación (v. 13). La evidencia del nuevo nacimiento la hace recaer sobre la práctica del amor (v. 14). Una afirmación contundente tiene que ver con la manifestación de la realidad de salvación, de modo que quien no ama, no tiene vida eterna (v. 15). La identificación del modo de amar la establece mediante el ejemplo supremo de Jesucristo que da Su vida por otros, asunto que debe ser imitado por los creyentes hacia sus hermanos (v. 16). Un ejemplo práctico de amor es ayudar a quien pasa por necesidad (v. 17). El párrafo concluye con la demanda de un amor correcto, que no es de palabra, sino de obra (v. 18).

El último párrafo (vv. 19-24), aborda el tema de la vida de oración. Iniciándolo con una reflexión sobre la necesidad de venir ante Dios con vidas verdaderas, manifestadas por una conciencia que no acusa de pecado (vv.19-20). En esa esfera de comunión no interrumpida por pecado oculto sin confesar, está la seguridad de poder orar y recibir la respuesta divina a la petición hecha con plena confianza (vv. 21-22). Al mismo tiempo el que ora debe manifestar una vida de obediencia a Dios, cuya manifestación está en el amor a los hermanos (v. 23). Este estilo de vida confirmará la relación correcta con Él y la comunión por el Espíritu que ha sido dado (v. 24). Esto demanda vidas *irreprensibles* –en la medida humanamente posible– delante de Dios, que van adornadas con la obediencia y el amor.

Para el comentario se sigue el *bosquejo* que aparece en la *introducción*, como sigue:

IV. Condiciones del creyente (3:1-24).

1. Pureza (3:1-3).
2. Justicia y amor (3:4-18).
   2.1. Alejamiento del pecado (3:4-9).
   2.2. Vida en la justicia (3:10).
   2.3. Vida en el amor (3:11-18).
3. Práctica de la oración (3:19-24).
   3.1. En confianza (3:19-21).
   3.2. En obediencia (3:22-24).

Condiciones del creyente (3:1-24)

Pureza (3:1-3).

1. Mirad cuál amor nos ha dado el Padre, para que seamos llamados hijos de Dios; por esto el mundo no nos conoce, porque no le conoció a él.

Ἴδετε ποταπὴν ἀγάπην δέδωκεν ἡμῖν ὁ Πατὴρ, ἵνα τέκνα Θεοῦ
Ved que clase de amor ha dado nos el Padre, para que hijos de Dios
κληθῶμεν, καὶ ἐσμέν[1]. διὰ τοῦτο ὁ κόσμος οὐ γινώσκει ἡμᾶς,
seamos llamados, y somos. Por esto el mundo no conoce nos
ὅτι οὐκ ἔγνω αὐτόν.
porque no conoció a Él.

Análisis y notas del texto griego.

Análisis: Ἴδετε, segunda persona plural del aoristo segundo de imperativo en voz activa del verbo ὁράω, *ver, mirar*, aquí *ved*; ποταπὴν, caso acusativo femenino singular del adjetivo interrogativo *que clase de, cuál*; ἀγάπην, caso acusativo femenino singular del nombre común *amor*; δέδωκεν, tercera persona singular del perfecto de indicativo en voz activa del verbo δίδωμι, *dar*, aquí *ha dado*; ἡμῖν, caso dativo de la primera persona plural del pronombre personal *nos*; ὁ, caso nominativo masculino singular del artículo determinado *el*; Πατὴρ, caso nominativo masculino singular del nombre divino *Padre*; ἵνα, conjunción causal *para que*; τέκνα, caso nominativo neutro plural del nombre común *hijos*; Θεοῦ, caso genitivo masculino singular del nombre divino declinado *de Dios*; κληθῶμεν, primera persona plural del aoristo primero de subjuntivo en voz pasiva del verbo καλέω, *llamar*, aquí *seamos llamados*; καὶ, conjunción copulativa *y*; ἐσμέν, primera persona plural del presente de indicativo en voz activa del verbo εἰμί, *ser, estar*, aquí *somos*; διὰ, preposición propia de acusativo *por*; τοῦτο, caso acusativo neutro singular del pronombre demostrativo *esto*; ὁ, caso nominativo masculino singular del artículo determinado *el*; κόσμος, caso nominativo masculino singular del nombre común *mundo*; οὐ, adverbio de negación *no*; γινώσκει, tercera persona singular del presente de indicativo en voz activa del verbo γινώσκω, *conocer*, aquí *conoce*; ἡμᾶς, caso acusativo de la primera persona plural del pronombre personal *nos*; ὅτι, conjunción causal *porque*; οὐκ, forma escrita del adverbio de negación *no*, con el grafismo propio ante una vocal con espíritu suave o una enclítica; ἔγνω, tercera persona singular del aoristo segundo de indicativo en voz activa del verbo γινώσκω, *conocer*, aquí *conoció*: αὐτόν, caso acusativo masculino de la tercera persona singular del pronombre personal declinado *a Él*.

Notas. Crítica Textual. Lecturas alternativas.

[1] καὶ ἐσμέν, *y somos*, según se lee en א*, C, P, 81, 436, 442, 1175, 1881, 2344, 2492, Byz^{pt}, vg^{mss}.

No figura en 642, 1175, 1448, 2492, Byz, vg^{vg}.

Ἴδετε ποταπὴν ἀγάπην δέδωκεν ἡμῖν ὁ Πατὴρ, Una llamada de atención inicia el versículo con el aoristo segundo de imperativo del verbo ὁράω, *ver, mirar*. El tiempo verbal expresa la idea de una acción realizada que persevera en el tiempo, como si dijese a los lectores: *ved definitivamente*, hacia el amor de Dios. La traducción acerca del tipo de amor, es difícilmente comprensible literalmente, ya que el adjetivo ποταπὸς, denota *de que país, de que especie, cual*, lo que expresa la idea de la calidad de ese amor, de su dimensión y de qué lugar procede. La palabra ocurre sólo seis veces en el Nuevo Testamento y siempre se relaciona con asombro o admiración (cf. Mt. 8:27; Mr. 13:1; Lc. 1:29; 7:39; 2 P. 3:11; 1 Jn. 3:1).

No cabe duda alguna de que el amor de Dios es asombroso porque: *"De tal manera amó Dios al mundo, que ha dado a su Hijo unigénito, para que todo aquel que en él cree, no se pierda, mas tenga vida eterna"* (Jn. 3:16). Con la exhortación *mirad, ved*, el apóstol desea que todos presten atención al amor de Dios, de modo que consideren y reflexionen sobre él hasta llegar a una mejor percepción de su dimensión y contenido. Cuando considera ese amor, sus dimensiones y alcance son infinitas, como Dios mismo es, de manera que nadie limitado como el hombre, podrá dimensionar su contenido, al que Pablo compara con las cuatro dimensiones medibles, deseando también para los creyentes lo mismo que expresa Juan con una sola Palabra: *"Para que habite Cristo por la fe en vuestros corazones, a fin de que, arraigados y cimentados en amor, seáis plenamente capaces de comprender con todos los santos cual sea la anchura, la longitud, la profundidad y la altura, y de conocer el amor de Cristo, que excede a todo conocimiento, para que seáis llenos de toda la plenitud de Dios"* (Ef. 3:17-19). Lo que Juan desea es que los creyentes conozcan la realidad de ese amor. Ese era también el deseo del salmista:

"Gustad y vez que es bueno Jehová..." (Sal. 34:8a). Lo mismo deseaba el apóstol Pedro (1 P. 2:3). Ese amor asombra a quien lo considera.

Nótese que el amor de Dios es experimental porque el Padre *lo ha dado* a cada creyente. Más que un regalo de la gracia, es una inundación divina producida en el corazón del creyente por la acción del Espíritu (Ro. 5:5). Necesariamente ha de ser así, puesto que si Dios habita en el creyente y *Dios es amor* (4:8, 16), la realidad de esa presencia se manifiesta en el desbordar de amor que debiera ser la vida cristiana. El amor divino se ha mostrado en el mismo descenso para atender la necesidad de la criatura. El sentido de amor de Dios, tanto para los judíos como para los gentiles, se expresaba en la acción mediante la que Dios detenía la ejecución de Su justicia punitiva sobre el acreedor de Su ira. La realidad de ese amor es otra muy diferente; es la expresión de una acción que no detiene la ejecución justa de la demanda del pecado, sino que la cancela en Su Hijo, en un acto de amor hacia quienes no teníamos ningún derecho de ser amados. El amor divino realiza Su acción salvadora en la muerte de Jesús. La realidad de ese amor es experiencia cristiana, por cuanto Su admirable, infinito y glorioso amor lo ha volcado por medio de Su Espíritu en el corazón creyente. Juan enseñó que el regalo divino para el que cree es la vida eterna, y esta es disfrutable por el hombre en la medida en que esté unido vitalmente a Cristo y, siendo el amor una perfección divina comunicable, se hace realidad por la presencia del Espíritu en el creyente, *derramando* ese amor, por lo que el creyente queda *saturado* del amor de Dios, a fin de que pueda vivir el distintivo esencial que lo caracteriza como cristiano, que es el amor (Jn. 13:35). La provisión de amor no es pobre, sino abundantísima, para satisfacer sobradamente al cristiano. Ese asombroso amor divino se manifiesta en el hecho de que Dios ha dado todo cuanto tenía por nosotros y a nosotros, puesto que nos ha dado a Su Hijo unigénito (Ro. 8:32), dándonos con el Hijo todas las cosas.

ἵνα τέκνα Θεοῦ κληθῶμεν, Dios llama hijos Suyos a quienes son objeto de Su amor y, por estar en comunión con Él, lo experimentan (2 P. 1:4). *Ser llamados* por Dios mismo *hijos*, significa que lo somos verdaderamente. No importa *cuántos* sean los que han creído, pocos o muchos, son declarados *hijos de Dios*. No hay para esto condiciones, ni de nación, ni de condición social. A éstos les concede un privilegio y un derecho: *"ser llamados hijos de Dios"*. Nótese que no es un derecho que pueda ser exigido, sino una manifestación de la gracia, como se aprecia, ya que la razón para ser constituidos hijos es el amor *"que nos ha dado el Padre"*. El término *hijos* no es la palabra υἱός, sino τέκνα, en el sentido de alguien que ha sido engendrado por un padre, lo que es un hecho en cada creyente. Es interesante notar que en el Nuevo Testamento la palabra υἱός, se aplica a Cristo, mientras que para los creyentes se usa generalmente τέκνα, aunque se enseña también que el que cree llega a ser υἱός, *hijo*, por la adopción en el Hijo (Gá. 4:4-5). El creyente está unido al Padre en una relación filial, como corresponde a un derecho concedido. Es el Padre que en libre acción adopta a los salvos por fe en Cristo. Juan llama aquí a los hijos usando el sustantivo τέκνα, *hijo*, que procede de la misma raíz que τικτω, *engendrar*, estos son hijos por *nuevo nacimiento*. La salvación para Juan es la comunicación de la vida eterna mediante la operación de *engendrar* al creyente de forma que la consecuencia no pueda ser otra que la realidad de ser hijo (2:23; 3:9).

Es interesante dedicar unas líneas para recordar el concepto bíblico del título *hijos de Dios*, que es el que alcanza una nueva posición. Este calificativo aparece veinte veces en la Biblia, cuatro de ellas en el Nuevo Testamento. Todas las del Antiguo Testamento se refieren a los ángeles. Solo los creyentes somos *hijos de Dios*, el resto de los hombres son *hijos del diablo*. Esta nueva relación se alcanza mediante la fe (Gá. 3:25-26). Según la teología de Pablo, esta relación es el resultado de la adopción (Gá. 4:4-5). Por ella Dios vincula consigo al pecador en un proceso de amor que comienza por la obra de redención y sigue con la adopción. Redimir es comprar algo, sacándolo del lugar en que estaba para trasladarlo a otro. Es muy elocuente cuando se aplica a la compra de un esclavo. La dimensión de ese amor se pone de manifiesto en el precio pagado para hacerlo posible en el pecador que cree (1 P. 1:18-20). Estos *hijos de Dios*, por fe en Cristo, tienen todos los derechos que corresponde a un hijo (Gá. 3:25-26). Es introducido en la familia de Dios (Ef. 2:19), y Él mismo da testimonio de que tenemos esa condición (Ro. 8:16). La vinculación de familiaridad con Dios es plena (Ro. 8:15). Esto da al hijo adoptado y reconocido como tal, el derecho de acceso al Padre en Cristo (Ef. 2:18); derecho de acceso al trono de gracia (He. 4:16). Recibe en la regeneración una vida concordante con la del Padre que le ha engendrado, en una manifestación de una naturaleza que obedece y ama, sin límite alguno. Mantiene la vida eterna que le ha sido dada por unión vital con Cristo (Jn. 10:27-30), teniendo una nueva orientación de vida (Col. 3:1-4); además, puesto que ha dejado de ser del mundo, su ciudadanía es celestial (Fil. 3:20-21). Estos *hijos de Dios*, tienen una nueva posición siendo un cuerpo en Cristo (Jn. 11:52), desarrollando su vida en un admirable reino de libertad y seguridad (Col. 1:13-14). Cristo se hace para ellos una nueva esperanza de gloria (Col. 1:27). Son también titulares de una nueva herencia (1 P. 1:3-4), ya que son herederos por la condición de hijos (Ro. 8:17). A estos que han sido regenerados y llegaron a una nueva relación con el Padre, reciben también un nuevo poder (Fil. 4:13), siendo la fuente de ese poder resultado de la unión vital con Cristo (Jn. 15:5).

καὶ ἐσμέν, Juan hace una afirmación complementaria, cuando dice *y lo somos*. La expresión aparece en todos los mss. más seguros, pero no está en el *Textus Receptus* y, por tanto, no está en RV que lo sigue. No solo es asombroso el propósito de Dios, sino aún más la realidad. Solo esta manifestación del asombroso amor divino se cumple en el creyente ya que solo él recibe el derecho de ser llamado *hijo de Dios* (Jn. 1:12-13).

διὰ τοῦτο ὁ κόσμος οὐ γινώσκει ἡμᾶς, ὅτι οὐκ ἔγνω αὐτόν. Generalmente en la *Epístola* a una afirmación sigue la evidencia que la hace posible, en este caso *"el mundo no nos conoce, porque no le conoció a Él"*. Hay una diferencia tal entre los hijos de Dios y los del mundo, que éste desconoce a los que no son sus hijos, ignorándolos. De este mismo modo actuó con Jesucristo, el Hijo unigénito enviado del Padre (Jn. 1:10; 3:19). Por vinculación con Cristo, los hijos de Dios reciben el mismo trato, como ya lo anticipó el Señor (Jn. 16:2-3). Los creyentes deben tener en cuenta que *"si el mundo os aborrece, sabed que a mí me ha aborrecido antes que a vosotros. Si fuerais del mundo, el mundo amaría lo suyo; pero porque no sois del mundo, antes yo os elegí del mundo, por eso el mundo os aborrece"* (Jn. 15:18-19). El Señor llama al amor entre los hijos de Dios, pero deben contar con el odio del mundo, que primero odió a Cristo y que sigue haciéndolo con quienes son como Él. La confrontación con el mundo obedece a la posesión o no de las personas. Las que *son* de él, y por tanto, le pertenecen y viven conforme a su sistema, son amadas por el mundo. Los cristianos eran del mundo, pero elegidos por Dios, han sido libertados por Cristo y, por tanto, los odia. En sentido espiritual han sido *sacados* el mundo y ya no le pertenecen, ni él puede ejercer autoridad o señorío sobre ellos. El apóstol dirá más adelante que los *falsos profetas* hablan lo que es propio del mundo y el mundo los escucha (4:5). La forma de actuación contra los *hijos de Dios*, es el desprecio, o el ultraje, por el simple hecho de no correr en su desenfreno de pecado, lo que supone una contradicción para el mundo (1 P. 4:4).

El *conocimiento* o reconocimiento experimental y de comunión sólo es posible entre los de igual naturaleza. Así *conoce* el Padre al Hijo (Jn 10:15; 17:25). Ese mismo *conocimiento* sólo se da entre el Señor y los Suyos (Jn. 10:14, 27). El mundo sólo reconoce y ama a los suyos, los *falsos maestros* (4:5), ya que no puede *conocer* a los creyentes porque la vida de ellos está escondida con Cristo en Dios (Col. 3:3). Como el mundo no ama al Padre, tampoco ama a quienes son hijos de Él.

2. Amados, ahora somos hijos de Dios, y aún no se ha manifestado lo que hemos de ser; pero sabemos que cuando él se manifieste, seremos semejantes a él, porque le veremos tal como él es.

ἀγαπητοί,	νῦν	τέκνα	Θεοῦ	ἐσμεν,	καὶ	οὔπω	ἐφανερώθη	τί
Amados,	ahora	hijos	de Dios	somos,	y	aún no	se manifestó	que

ἐσόμεθα. [1]οἴδαμεν ὅτι ἐὰν φανερωθῇ, ὅμοιοι αὐτῷ ἐσόμεθα,
seremos. Sabemos que si es manifestado, semejantes a Él seremos,
ὅτι ὀψόμεθα αὐτὸν καθώς ἐστιν.
porque veremos le así como es.

Análisis y notas del texto griego.

Análisis: ἀγαπητοί, caso vocativo masculino plural del adjetivo *amados*; νῦν, adverbio demostrativo *ahora*; τέκνα, caso nominativo neutro plural del nombre común *hijos*; Θεοῦ, caso genitivo masculino singular del nombre divino declinado *de Dios*; ἐσμεν, primera persona plural del presente de indicativo en voz activa del verbo εἰμί, *ser, estar*, aquí *somos*; καὶ, conjunción copulativa *y*; οὔπω, adverbio *aún no, todavía no; de ninguna manera*; ἐφανερώθη, tercera persona singular del aoristo primero de indicativo en voz pasiva del verbo φανερόω, *manifestarse, aparecer*, aquí *se manifestó*; τί, caso nominativo neutro singular del pronombre interrogativo *qué*; ἐσόμεθα, primera persona plural del futuro de indicativo en voz media del verbo εἰμί, *ser, estar*, aquí *seremos*; οἴδαμεν, primera persona plural del perfecto de indicativo en voz activa del verbo οἶδα, *saber, conocer*, aquí *hemos sabido*, mejor en castellano *sabemos*; ὅτι, conjunción *que*; ἐὰν, conjunción *si*; φανερωθῇ, tercera persona singular del aoristo primero de subjuntivo en voz pasiva del verbo φανερόω, *manifestarse, aparecer*, aquí *sea manifestado*; ὅμοιοι, caso nominativo masculino plural del adjetivo *semejantes*; αὐτῷ, caso dativo masculino de la tercera persona singular del pronombre personal declinado *a Él*; ἐσόμεθα, primera persona plural del futuro de indicativo en voz media del verbo εἰμί, *ser, estar*, aquí *seremos*; ὅτι, conjunción causal *porque*; ὀψόμεθα, primera persona plural del futuro de indicativo en voz media del verbo ὁράω, *ver, mirar*, aquí *veremos*; αὐτὸν, caso acusativo masculino de la tercera persona singular del pronombre personal declinado *a Él, le*; καθώς, conjunción *así como, según que, lo mismo que*; ἐστιν, tercera persona singular del presente de indicativo en voz activa del verbo εἰμί, *ser, estar*, aquí *es*.

Notas. Crítica Textual. Lecturas alternativas.

[1] Se añade δὲ, *y*, en 307, 642, 1175, 1448, 1611, 1735, 2492, Byz, sy[p], sa[mss], bo, cv, Orígenes[pt].

ἀγαπητοί, νῦν τέκνα Θεοῦ ἐσμεν, Con el vocativo *amados*, introduce la enseñanza del versículo, reiterando la afirmación anterior, de que el creyente es *hijo de Dios*. Ya se ha considerado que esa condición se debe a la vida eterna que mora en cada uno (Jn. 3:36; 6:53; 1 Jn. 3:15; 4:13). La condición de hijos convierte a los creyentes en hermanos, miembros de la familia de Dios, por tanto, el amor es el vínculo común entre cada uno de ellos y el Padre. El creyente ama a los hermanos porque el amor de Dios se ha derramado en cada uno por el Espíritu residente (Ro. 5:5; Gá. 5:22). Somos *hijos de Dios*, aun con nuestros fallos y pecados. Pero el propósito de Dios no es que quedemos en esa situación, sino que progresemos a la perfección.

καὶ οὔπω ἐφανερώθη τί ἐσόμεθα. La esperanza cristiana es segura. Como hijos hay privilegios reales ahora, pero aún está velado el futuro en los cielos. La Escritura revela mucho sobre aquel estado futuro, pero no todo. En el momento en que el Señor sea manifestado, vendremos a experimentar *"la libertad gloriosa de los hijos de Dios"* (Ro. 8:21).

οἴδαμεν ὅτι ἐὰν φανερωθῇ, La certeza del conocimiento del creyente sobre la esperanza es firme. Sabemos que el Señor se manifestará, referencia a Su manifestación según lo que ha prometido. A Jesús esperamos todos los cristianos desde el momento de creer en Él (1 Ts. 1:9-10; Fil. 3:20). Cristo es esperado en razón a Su compromiso (Jn. 14:1-4). Esa manifestación en inminente. Los apóstoles y los cristianos la esperaban ya en sus días (1 Ts. 4:17). El mismo Señor asegura Su pronta venida (Ap. 22:20).

ὅμοιοι αὐτῷ ἐσόμεθα, La gloria que esperamos es la manifestación de ser semejantes a Jesús resucitado. Ese es el cumplimiento de la voluntad predestinante del Padre para Sus hijos (Ro. 8:29). Él dotó a los Suyos con el nuevo hombre, creado en justicia, santidad y verdad (Ef. 4:24). Estas eran las características esenciales del programa divino para el hombre cuando fue creado. Aquel primer ser humano llevaba y exteriorizaba la imagen de Dios, ya que fue creado conforme a ella (Gn. 1:26). Esa imagen quedó distorsionada por el pecado, pero fue manifestada en toda su perfección por el Hombre nuevo, el *postrer Adán*, Jesús, el Hijo de Dios. El creyente ha ido experimentado una *conformación* a la imagen del Señor (Col. 3:10). La transformación ahora es progresiva y paulatina, aproximando al creyente a la realidad de la imagen de Cristo, sin conseguir lograrlo en su plenitud (2 Co. 3:18). Sin embargo, la transformación es visible y diaria (2:6). Esa transformación de los *hijos de Dios*, será un acontecimiento transformador, puesto que el Señor *"...transformará el cuerpo de la humillación nuestra, para que sea semejante al cuerpo de la gloria suya, por el poder con el cual puede también sujetar a sí mismo todas las cosas"* (Fil. 3:20-21).

ὅτι ὀψόμεθα αὐτὸν καθώς ἐστιν. El término de la transformación ocurrirá en la *manifestación* del Señor, en Su venida. Juan afirma que entonces *"le veremos tal como Él es"*. En ese momento seremos transformados a Su semejanza (Col. 3:3, 4). La identidad futura con Jesucristo será manifestada en el tiempo de Su venida. El carácter moral idéntico por la separación definitiva del pecado que se producirá entonces y que dejará perpetuamente de afectar al creyente glorificado. Incluso los cuerpos serán transformados a la semejanza del Suyo (1 Co. 15:49; Fil. 3:21). La Escritura guarda silencio sobre aspectos más amplios. Es suficiente saber que el creyente está llamado a estar con el Señor y ser semejante a Él, según Su promesa (Jn. 14:3; Lc. 23:43). La Escritura confirma y enseña esto (2 Co. 5:8; Fil. 1:23; Col. 3:4; 1 Ts. 4:17). El creyente verá al Señor cara a cara en aquel día. El desenvolvimiento de la vida en esa dimensión será de limpieza, santidad y moral perfecta. Esos son los requisitos actuales para *verle*, es decir, tener plena comunión con Él: Limpieza de corazón (Mt. 5:8); santidad plena (Sal. 24:3-4); moralidad según Dios (1 P. 1:15-16). Lo que ahora es imperfecto será perfeccionado en toda la dimensión cuando se manifieste el Señor. Al verle como es, nos daremos cuenta que hemos sido hechos conformes a Su imagen. Todos los *hijos de Dios* le veremos sin excepción, rodeando el trono de Dios (Ap. 22:4).

3. Y todo aquel que tiene esta esperanza en él, se purifica a sí mismo, así como él es puro.

καὶ πᾶς ὁ ἔχων τὴν ἐλπίδα ταύτην ἐπ' αὐτῷ ἁγνίζει ἑαυτὸν,
Y todo el que tiene la esperanza esta sobre Él purifica a sí mismo,
καθὼς ἐκεῖνος ἁγνός ἐστιν.
así como Aquel puro es.

Análisis y notas del texto griego.

Análisis: καὶ, conjunción copulativa *y*; πᾶς, caso nominativo masculino singular del adjetivo indefinido *todo*; ὁ, caso nominativo masculino singular del artículo determinado *el*; ἔχων, caso nominativo masculino singular del participio presente en voz activa del verbo ἔχω, *tener*, aquí *que tiene*; τὴν, caso acusativo femenino singular del artículo determinado *la*; ἐλπίδα, caso acusativo femenino singular del nombre común *esperanza*; ταύτην, caso acusativo femenino singular del pronombre demostrativo *esta*; ἐπ', forma escrita de la preposición de dativo ἐπί, con el grafismo por elisión de la ι final ante vocal o diptongo sin aspiración, que equivale a *por, sobre*; αὐτῷ, caso dativo masculino de la tercera persona singular del pronombre personal *Él*; ἁγνίζει, tercera persona singular del presente de indicativo en voz activa del verbo ἁνίζω, *purificar*, aquí *purifica*; ἑαυτὸν, caso acusativo masculino singular del pronombre reflexivo declinado *a sí mismo*; καθὼς, conjunción *así como, según que, lo mismo que*; ἐκεῖνος, caso nominativo masculino de la tercera persona singular del pronombre personal, *Él, Aquel*; ἁγνός, caso nominativo masculino singular del adjetivo *puro*; ἐστιν, tercera persona singular del presente de indicativo en voz activa del verbo εἰμί, *ser, estar*, aquí *es*.

καὶ πᾶς ὁ ἔχων τὴν ἐλπίδα ταύτην ἐπ' αὐτῷ. La esperanza cristiana es Cristo mismo (Col. 1:27). Como elemento de salvación por gracia, la esperanza es un don que Dios da a todo aquel que cree (2 Ts. 2:16). La paciencia y consolación de la Escritura potencia la esperanza (Ro. 15:4). Debe apreciarse que la esperanza es *en Cristo* o *sobre* Él, según la traducción de la preposición que Juan usa aquí. Esta esperanza no descansa sólo en promesas, sino en la realidad de la filiación divina, esperando en el Dios viviente (1 Ti. 4:10).

ἁγνίζει ἑαυτὸν, El que tiene la esperanza del encuentro con Cristo en Su venida, ante la inminencia del evento, se mantiene sin mancha moral. El proceso de purificación es de Dios, que hizo puro ya al creyente al aplicarle la obra redentora de Jesucristo, que limpia de todo pecado. Sin embargo, el creyente llamado a una vida pura, se responsabiliza de no ser obstáculo a la purificación que Dios desea para él. El Agente purificador es el Espíritu que reproduce en el creyente el carácter santo del Señor (Gá. 5:22-23). La manera de *purificarse* consiste en *andar en el Espíritu*, es decir, dejarse controlar por Él, o de otra manera, vivir en le plenitud Suya (Gá. 5:16). La responsabilidad personal es evidente: *"Y no contristéis al Espíritu Santo de Dios, con el cuál fuisteis sellados para el día de la redención"* (Ef. 4:30). De la misma manera: *"No apaguéis al Espíritu"* (1 Ts. 5:19). El Espíritu se contrista cuando hay pecado oculto sin confesar en la vida del cristiano; se apaga cuando se le resiste en la conducción que quiere hacer de la vida del creyente. Esta responsabilidad personal es plena, en este ámbito, puesto que la capacitación para vivir en pureza es dada por Dios: *"Porque Dios es el que en vosotros produce así el querer como el hacer, por su buena voluntad"* (Fil. 2:13). El cristiano tiene un papel a desempeñar en la *purificación* personal, por lo que es responsable de ello ante Dios (Col. 3:1; 1 Ts. 5:22; Stg. 4:8; 1 P. 1:22).

καθὼς ἐκεῖνος ἁγνός ἐστιν. La razón para ese comportamiento está en el hecho de que Jesús es *puro*. Quien es Santo, también es puro, esto es, libre de toda relación con el pecado. Por consiguiente, la identificación con Cristo es una realidad de vida para el creyente. El apóstol Pablo afirma que *"con Cristo estoy juntamente crucificado, y ya no vivo yo, mas vive Cristo en mi"* (Gá. 2:20), y también: *"Para mí el vivir es Cristo"* (Fil. 1:21). Si la vida del viejo hombre se ha cambiado por la vida eterna en Cristo, y si Él, se hace vida en el que cree, no cabe duda que la única forma propia de vivir a Cristo es ser como Él, de ahí que la pureza, la no contaminación con el pecado, sea la forma natural de la vida del regenerado, en la que Jesús es reproducido por el poder del Espíritu.

La esperanza en el regreso de Jesucristo determina el estilo de vida de quien espera. Esto genera el sano deseo de llegar puro al encuentro con el Señor. Como ya se ha dicho, los creyentes no pueden generar la santificación, que es una obra potencialmente hecha por Dios al establecer en Cristo al creyente *santificado* (1 Co. 1:30). Nuevamente se establece la norma general de comportamiento de vida, de modo que el que dice que está en plena comunión con Él, *"debe andar como Él anduvo"* (2:6).

Justicia y amor (3:4-18).

Alejamiento del pecado (3:4-9).

4. Todo aquel que comete pecado, infringe también la ley; pues el pecado es infracción de la ley.

Πᾶς ὁ ποιῶν τὴν ἁμαρτίαν καὶ τὴν ἀνομίαν ποιεῖ, καὶ ἡ
Todo el que hace el pecado también la ilegalidad hace, y el
ἁμαρτία ἐστὶν ἡ ἀνομία.
pecado es la ilegalidad.

Análisis y notas del texto griego.

Análisis: Πᾶς, caso nominativo masculino singular del adjetivo indefinido *todo*; ὁ, caso nominativo masculino singular del artículo determinado *el*; ποιῶν, caso nominativo masculino singular del participio presente en voz activa del verbo ποιέω, *hacer, realizar, crear*, aquí *que hace*; τὴν, caso acusativo femenino singular del artículo determinado *la*; ἁμαρτίαν, caso acusativo femenino singular del nombre común *pecado*; καὶ, adverbio de modo *también*; τὴν, caso acusativo femenino singular del artículo determinado *la*; ἀνομίαν, caso acusativo femenino singular del nombre común *ilegalidad, injusticia, infracción de la ley*; ποιεῖ, tercera persona singular del presente de indicativo en voz activa del verbo ποιέω, *hacer, realizar, crear*, aquí *hace*; καὶ, conjunción copulativa *y*; ἡ, caso nominativo femenino singular del artículo determinado *la*; ἁμαρτία, caso nominativo femenino singular del nombre común *pecado*; ἐστὶν, tercera persona singular del presente de indicativo en voz activa del verbo εἰμί, *ser, estar*, aquí *es*; ἡ, caso nominativo femenino singular del artículo determinado *la*; ἀνομία, caso acusativo femenino singular del nombre común *ilegalidad, injusticia, infracción de la ley*.

Πᾶς ὁ ποιῶν τὴν ἁμαρτίαν καὶ τὴν ἀνομίαν ποιεῖ, El párrafo se introduce con una afirmación precisa. El que comete pecado infringe la ley. Esto comprende a todos, sin distinción. La frase aparece en este modo en varios lugares de la *Epístola* (2:29; 3:4, 6a, 6b, 10b). El pecado es infracción de la ley, esto es, contrario a la misma esencia y razón de ella. La unión con Cristo de todos los salvos, conduce a la manifestación de Su vida en su obrar diario, pero, cuando el creyente peca actúa de una forma distinta a la de Jesús. Juan revela que la naturaleza del pecado es una abierta oposición a Dios, con desprecio de las actitudes que Él establece en la ley.

καὶ ἡ ἁμαρτία ἐστὶν ἡ ἀνομία. La expresión del pecado en el contexto tiene que ver con lo contrario al amor. Es, en el amor, la única forma de cumplir la ley (Ro. 13:8-9; Gá. 5:14; Stg. 2:8). Quebrantar la ley es algo más grave que una simple desobediencia a lo establecido en ella, es desdeñar aquello a lo que hay que sujetarse. De este modo se produjeron los juicios de Dios sobre quienes, como en el tiempo de los jueces, quebrantaban la ley haciendo cada uno lo que mejor le parecía (Jue. 21:25). El comienzo de esta situación arranca del momento en que la ley divina se quebrantó consciente y responsablemente en el huerto de Edén. Todos los actos pecaminosos surgen de la rebeldía del corazón humano, sea un incrédulo que está bajo el control del pecado, sea de un creyente que cae ocasionalmente en él.

5. Y sabéis que él apareció para quitar nuestros pecados, y no hay pecado en él.

καὶ οἴδατε[1] ὅτι ἐκεῖνος ἐφανερώθη, ἵνα τὰς ἁμαρτίας[2] ἄρῃ,
Y sabéis que aquél fue manifestado, para los pecados quitase,
καὶ ἁμαρτία ἐν αὐτῷ οὐκ ἔστιν.
y pecado en Él no hay.

Análisis y notas del texto griego.

Análisis: καὶ, conjunción copulativa *y*; οἴδατε, segunda persona plural del perfecto de indicativo en voz activa del verbo οἶδα, *saber, entender, comprender*, aquí *habéis sabido,* para el castellano mejor *sabéis*; ὅτι, conjunción *que*; ἐκεῖνος, caso nominativo masculino singular del pronombre demostrativo *aquél*; ἐφανερώθη, tercera persona singular del aoristo primero de indicativo en voz pasiva del verbo φανερόω, *manifestarse, aparecer*, aquí *fue manifestado*; ἵνα, conjunción *para*; τὰς, caso acusativo femenino plural del artículo determinado *las*; ἁμαρτίας, caso acusativo femenino plural del nombre común *pecados*; ἄρῃ, tercera persona singular del aoristo primero de subjuntivo en voz activa del verbo αἴρω, *tomar, quitar, levantar*, aquí *quitase*; καὶ, conjunción copulativa *y*; ἁμαρτία, caso nominativo femenino singular del nombre común *pecado*; ἐν, preposición propia de dativo *en*; αὐτῷ, caso dativo masculino de la tercera persona singular del pronombre personal *él*; οὐκ, forma escrita del adverbio de negación *no*, con el grafismo propio ante una vocal con espíritu suave o una enclítica; ἔστιν, tercera persona singular del presente de indicativo en voz activa del verbo εἰμί, *ser, estar*, aquí *hay*.

Notas. Crítica Textual. Lecturas alternativas.

[1] οἴδατε, *habéis sabido*, según atestiguan A, B, P, 5, 33, 436, 1243, 1735, 1739, 1852, 1881, 2344, it, vg^{st}, sy^{h}, bo.

οἴδαμεν, *sabemos, conocemos*, según se lee en ℵ, vg^{vg}, sy^{p}, sy, sa^{mss}, bo^{mss}, cv.

[2] Sigue ἡμῶν, *de nosotros*, conforme a la lectura en ℵ, C, Ψ, 81, 307, 442, 642, 1175, 1448, 1611, 2492, Byz, $vg^{cl, ww}$, sy^{p}, sa, cv.

καὶ οἴδατε ὅτι ἐκεῖνος ἐφανερώθη, El que peca no tiene en cuenta la obra redentora de Jesucristo. Este es el conocimiento que todos los creyentes tienen. El Verbo se manifestó. En el *Evangelio*, expresó esa verdad: *"Y aquel Verbo fue hecho carne"* (Jn. 1:14). Por la encarnación el Eterno se hizo un hombre del tiempo y del espacio. De otro modo, de la eternidad el Verbo, se manifiesta entre los hombres por medio de Su humanidad. De forma expresa enseñó que el *"Verbo fue hecho carne"*, lo que hace destacar el contraste de la deidad, con la debilidad y temporalidad de la criatura, resaltando su parte frágil (Is. 40:5; Mt. 24:22; Lc. 3:6; Jn. 17:2). El contraste de eternidad y temporalidad están presentes en la Escritura, a modo de ejemplo en las palabras del profeta: *"Voz que decía: Da voces. Y yo respondí: ¿Qué tengo que decir a voces? Que toda carne es hierba, y toda su gloria como flor del campo. La hierba se seca, y la flor se marchita, porque el viento de Jehová sopló sobre ella; ciertamente como hierba es el pueblo. Sécase la hierba, marchítase la flor; mas la palabra del Dios nuestro permanece para siempre"* (Is. 40:6-8). Estos dos extremos infinitamente distantes y antitéticos se unen en la encarnación. De otro modo, el mismo que existe *ab eterno,* comienza una existencia novedosa como hombre. El Creador se hace también criatura. No se trata de que el Verbo se convirtió en hombre, sino que se *hizo* hombre, sin dejar de ser el mismo Verbo eterno.

La encarnación tanto en cuanto a acto como en cuanto a estado, es el resultado del envío del Verbo desde el seno del Padre, para hacer posible la salvación, hacer a los hombres que creen, partícipes de Su filiación y salvarlos de la condenación y, por tanto, de la situación de muerte en que se encuentran por el pecado. Juan escribió en el *Evangelio* del acontecimiento por el cual el Verbo comenzó a existir en la carne, de otro modo, como Pablo dice, deviene de la *forma de Dios*, a la *forma de hombre* (Fil. 2:6-8). La filiación no es posible sin redención (Gá. 4:4), y la redención no es posible sin la entrega de la vida, cosa imposible en la deidad, pero realizable en el plano de la humanidad. La encarnación del Verbo trae aparejado el componente de *humillación*. Dios no se humilla al hacerse hombre, simplemente se limita, asumiendo la condición de la criatura, pero se humilla al hacerse *siervo*, *esclavo* en la más absoluta dimensión de la palabra, haciéndose obediente hasta la muerte y muerte de Cruz (Fil. 2:7-8). La encarnación hace a Dios compartir naturaleza con el hombre y hacerse solidario por medio de ella del destino humano, en Su aspecto de forma de esclavo, sometido a todas sus limitaciones, experiencias, tentaciones y angustias. Él se convierte en ciudadano del mundo, miembro de una determinada nación, heredero de una familia y vinculado a ella (Ro. 1:1-4). Por otro lado, el pecado del mundo es puesto sobre Él y se le demanda la responsabilidad penal del mismo haciéndolo, en Su condición de hombre, sacrificio expiatorio por el pecado (2 Co. 5:21). No podría expresar a los hombres el mensaje del amor sin hacerse hombre, para que por Su pobreza el hombre pueda ser enriquecido (2 Co. 8:9). Retirar la maldición de la muerte requería ser hecho maldición, sólo posible desde Su naturaleza humana (Gá. 3:13). El texto central de la encarnación es precisamente este: *"Y el Verbo fue hecho carne"*. Este eterno Verbo que estaba junto a Dios, Creador de todas las cosas, acompaña a los hombres sumidos en tinieblas para hacerse luz en su mundo y en su interior (Jn.1:4, 5, 9). Se hace hombre, pero no depone Su ser divino, por lo que puede darnos vida, la vida de Dios e introducirnos en Su comunión de Hijo con el Padre (1:1-4). No se trata de una mera apariencia por la que Dios el Verbo se presenta de otra forma ante los hombres, sino una verdadera inserción de Dios entre los hombres por medio de la encarnación y nacimiento virginal de María. La encarnación exige el nacimiento de mujer, bajo el área supervisada de la ley (Gá. 4:4). Alguien podría preguntarse porque razón usa la vía de la encarnación, ninguna razón ni bíblica ni humana responde a esto, simplemente hemos de entender que la encarnación y el nacimiento fue la forma elegida por Dios para hacerse hombre (Mt. 1:18-25; Lc. 1:26-38). *"El verbo fue hecho carne"*, se trata del inicio de una nueva experiencia de vida, pero en modo alguno se trata del comienzo absoluto del Verbo, que por ser Dios no tiene principio ni fin. La condición divina de Jesús no se inicia en el nacimiento, sino que como Juan enseña en lo que antecede tiene una preexistencia eterna. En este versículo el apóstol afirma que mediante la humanidad el Verbo se manifestó entre los hombres. Él mismo, dirá también el *Evangelio*, que *"habitó entre nosotros"*, este es otro asombroso hecho: Dios se hace habitante del mundo, fijando Su residencia humana entre los hombres. Asombrosamente podemos afirmar que el Verbo encarnado tomó una residencia humana, se hizo hombre, y plantó Su habitación entre los hombres. Sin embargo, en esa naturaleza humana, en el hombre que se manifiesta, habita corporalmente toda la plenitud de la deidad (Col. 2:9). En esa manifestación de la escribe en la *Epístola*, Dios habita en forma corporal cubriendo la plenitud de Su deidad por el traje de trabajo que es su humanidad. Juan vio Su gloria, aparentemente cubierta por la condición de hombre. Lo que le interesa al apóstol aquí es recordar que Jesucristo, el Hijo de Dios, *se manifestó*, o si se prefiere, *apareció*.

ἵνα τὰς ἁμαρτίας ἄρῃ, El propósito de la aparición de Jesucristo es determinante: *"para quitar los pecados"*. Esta referencia al ministerio de salvación, la expresa también en el *Evangelio*, cuando registra el testimonio de Juan el Bautista: *"El siguiente día vio Juan a Jesús que venía a él, y dijo: He aquí el Cordero de Dios, que quita el pecado del mundo"* (Jn. 1:29). Tanto en el *Evangelio*, como aquí, el apóstol usa el verbo αἴρω, *quitar*, de modo que la obra de Cristo tenía que ver con *quitar* el pecado. Dios había establecido en la ley ritual todo el orden sacrificial. Pero no había provisto de cordero al pueblo, sino que los sacrificios se repetían continuamente día a día y era el pueblo, colectiva o individualmente, quienes se proveían de un cordero. Sin embargo, ninguno de esos sacrificios podía *retirar* el pecado del pecador. Simplemente en forma simbólica apuntaban al sacrificio definitivo por el pecado que tendría lugar en el definitivo del Cordero de Dios, que es Jesucristo. El escritor a los Hebreos dice: *"Y ciertamente todo sacerdote está día tras día ministrando y ofreciendo muchas veces los mismos sacrificios, que nunca pueden quitar los pecados"* (He. 10:11). La razón para este proceder era que aquellos sacrificios *"nunca pueden quitar los pecados"*. La principal dificultad no estriba en el ofrecimiento de *los mismos sacrificios* continuamente, sino en la necesidad de repetirse por incapacidad para solucionar el problema del pecado. Los sacrificios de la antigua dispensación no podían *quitar*, literalmente *despojar*, lo que equivale a quitar totalmente o suprimir, es decir, como si el hombre, en base al sacrificio pudiera quitarse algo que lo oprimía alrededor y que es el pecado. A pesar de los sacrificios seguían teniendo conciencia de que el pecado les afectaba. En el tiempo histórico de Juan el Bautista, Dios se había provisto de Cordero para un sacrificio definitivo, único e irrepetible. Aquel era el Cordero establecido desde la eternidad, así lo entendería más adelante el apóstol Pedro, cuando escribía: *"Sabiendo que fuisteis rescatados... con la sangre preciosa de Cristo, como de un cordero sin mancha y sin contaminación, ya destinado desde antes de la fundación del mundo"* (1 P. 1:18-20). El Cordero de Dios hacía irrupción en la historia del hombre como resultado o consecuencia de la eterna determinación relacionada con el ministerio soteriológico del Verbo encarnado. Juan lo precisa con toda precisión: *"él apareció para quitar nuestros pecados"*.

Dios había establecido ese ritual de los sacrificios como actividad permanente para el pueblo de Israel (Ex. 12:7-9). El sacrificio del cordero simbolizaba la base de la paz y el centro de la unidad de quienes eran objetos de la gracia de Dios en salvación. En el tiempo de los apóstoles, cuando comenzó la andadura de la Iglesia, Pablo diría, que justificados por la fe tenemos paz para con Dios (Ro. 5:1). Simbólicamente en la antigua dispensación, sus pecados no eran *quitados*, sino *pasados por alto*. Simbólicamente el sacrificio *limpiaba* al pecador de su pecado, cumplimiento definitivo no en la figura sino en la realidad de Cristo, cuya muerte nos limpia de todo pecado (1:7). Según la *Epístola a los Hebreos*, la muerte de Cristo está vinculada al cumplimiento perfecto de las *sombras* de los viejos sacrificios. En ese escrito se ofrece más información sobre la muerte de Cristo que en ningún otro libro del Nuevo Testamento. Baste con algunas de las citas que están en ella respecto a la muerte del que Juan anuncia como el Cordero de Dios (He. 1:3; 2:9; 5:1-10; 7:25-27; 9:12-15,16-18; 10:1-21; 12:2, 24; 13:10-13).

Cuando el Bautista anunció a Cristo como el *Cordero de Dios*, lo que dice es sorprendente en el entorno histórico en que pronunció aquellas palabras: *"el Cordero de Dios que quita el pecado del mundo"*. El verbo αἴρω, tiene un amplio significado, traduciéndose por *tomar, quitar, levantar, cargar*. Los sacrificios de la ley no hacían más que *cubrir*, pasando por alto los pecados, en vista a la realización del sacrificio perfecto del Cordero de Dios. El original griego podría traducirse aquí como *toma sobre sí*. De hecho, es así como Jesús quitó los pecados del mundo, tomándolos sobre sí. Esto implica necesariamente la idea de un sacrificio sustitutorio por los pecadores. Si la sentencia divina por el pecado es la muerte, y todos los hombres tienen que morir por esta razón, el Cordero viene a dar vida, pero, ha de satisfacer la responsabilidad penal por el pecado. De otro modo, debe morir *"el Justo por los injustos, para llevarnos a Dios"* (1 P. 3:18).

Sustitución o *sustituto*, en relación con la obra de Cristo, no son en sí mismos términos bíblicos. Sin embargo, la Escritura enseña con toda claridad que Cristo murió por los pecados del mundo. Jesús de Nazaret fue en Su muerte, el sustituto de los pecadores, ya que potencialmente ocupó su lugar, como se enseña extensamente en las Escrituras. Por medio de la *muerte sustitutoria* o *vicaria*, los juicios de Dios y la condenación por el pecado fueron llevados por Cristo, desviando la ira de Dios hacia Su Persona, para que los *herederos de ira* pudieran ser hechos objetos de misericordia y salvos por la obra de la Cruz. Habiendo ocupado el lugar del pecador y satisfecho totalmente las exigencias divinas para salvación, el pecador puede ser salvo reconociendo que Cristo murió por sus pecados y aceptarlo por la fe como Salvador personal. La sustitución, aunque es necesaria para la eficacia de la obra salvífica, no expresa absoluta y definitivamente todo lo que se llevó a cabo en la muerte de Cristo. Sin embargo, representa un elemento vital en la obra de la Cruz. En ocasiones se utiliza para referirse a la plenitud de la obra salvífica el término *expiación*, pero no aparece en ningún lugar del N.T. utilizándose, tal vez, en el sentido de cubrir o tapar el pecado, para aplicarlo a la obra que Cristo llevó a cabo en Su muerte. De este modo escriben Chafer y Walvoord:

"El uso popular ha tratado de introducir para este propósito la palabra expiación; pero este vocablo no aparece ni una sola vez en el Nuevo Testamento, y, de acuerdo a su uso en el Antiguo Testamento, significa solamente cubrir el pecado. Esto proveía una base para un perdón temporal "a causa de haber pasado por alto, en su paciencia, los pecados pasados" (Ro. 3:25). Aunque en los tiempos del Antiguo Testamento se requería nada más que el sacrificio de un animal para el "remitir" (literalmente "tolerar", "pasar por alto") y el "disimular" (literalmente pasar por alto sin castigo) (Hch. 17:30) de los pecados, Dios estaba, no obstante, actuando en perfecta justicia al hacer este requerimiento, puesto que Él miraba hacia la manifestación de su Cordero, el cual vendría no solamente a pasar por alto o cubrir el pecado, sino a quitarlo de una vez y para siempre (Jn. 1:29)[1] ".

Cuando Juan anuncia a Cristo como el *Cordero de Dios que quita el pecado del mundo*, tiene que estar hablando necesariamente del Cordero que sustituye al pecador muriendo por él. La enseñanza de la sustitución está probada en la Escritura aun sin mencionarla como tal, de igual modo que se enseña la Trinidad sin que haya un texto que se refiera a ella por ese nombre. La profecía anuncia la sustitución, en donde el Salvador es cargado con nuestras enfermedades, sufre nuestros dolores, es herido por nuestras rebeliones, molido por nuestros pecados, el castigo de nuestra paz fue sobre Él y por Su llaga fuimos curados, aún más, Dios cargó en Él el pecado de todos nosotros (Is. 53:4-6). Esa misma verdad está establecida en las palabras de Jesús: *"Como el Hijo del Hombre no vino para ser servido, sino para servir, y para dar su vida en rescate por muchos"* (Mt. 20:28). Eso mismo enseña el apóstol Pablo cuando dice que el Señor se dio a Sí mismo en rescate por todos (1 Ti. 2:6). En la idea de sustitución que el Cordero de Dios hace, es necesario recordar el *sufrimiento vicario*, con lo que se quiere decir que uno ocupa el lugar y toma sobre sí el sufrimiento propio de otro. En el sentido de sustitución, el Cordero de Dios toma sobre sí el castigo de *nuestra paz* (Is. 53:5). La dimensión de la deuda contraída por el pecador a causa de su pecado, adquiere una dimensión imposible de cancelar por él ni en el tiempo ni en la eternidad. Ningún hombre podría sustituir a otro hombre cargando con sus pecados,

---

[1] *Grandes Temas Bíblicos*. Edit. Portavoz, pág. 69 s.

porque el sustituto tendría que estar exento de todo pecado para poder tomar la responsabilidad de los ajenos. Cuando Cristo es ofrecido en sacrificio por el pecado del mundo, con la voluntad del Padre, es evidente que no había otro medio para la salvación de los pecadores mas que ocupando su lugar. Los sufrimientos de la pasión, en donde el Cordero de Dios ofrece Su vida en sacrificio, expresan el amor eterno de Dios hacia los pecadores, siendo la necesaria ejecución en el tiempo de lo que Dios había planeado y determinado desde la eternidad (2 Ti. 1:9).

Para poder *quitar el pecado*, el Cordero de Dios tenía que ser el sustituto en relación al juicio del pecado. Hay varios textos que muestran el alcance de esa dimensión (cf. 1 Co. 15:3; 2 Co. 5:21; Gá. 3:13; 1 P. 2:24). Además, la muerte de Cristo es también un sacrifico propiciatorio. Por medio de ese sacrificio, figura del venidero, el pecado del pueblo era *cubierto* y *pasado por alto*, en espera de la ejecución en Cristo de lo que ese sacrificio simbolizaba. En nuestro lenguaje humano la *espera* del tiempo en que se sacrificaría el Cordero de Dios, significa que transcurran años, incluso siglos hasta que se lleve a cabo, pero el tiempo que transcurre para el hombre no lo hace para Dios, que es eterno y vive en la eternidad, por eso el sacrificio del Calvario, planificado y establecido en la eternidad, era ya para Él cumplido, de modo que podía aplicarse porque era una realidad. Por esta causa el pecador más perdido podía invocar el favor misericordioso y la gracia divina hacia él (Lc. 18:13). De modo perfecto, el sacrificio de Cristo cambia el trono de juicio por el de misericordia (He. 9:11-15). Al morir en la Cruz, Cristo satisfizo todas las demandas de Dios en cuanto al juicio por el pecado. En esa obra queda resuelta la demanda pendiente por los pecados pasados anteriormente por alto (Ro. 3:25-26). La deuda penal por el pecado, queda cancelada sobre la base de la obra que Cristo haría en la Cruz. Pero, a diferencia del sacrifico propiciatorio que *cubría* el pecado y que, por esa causa, había de ser repetido continuamente, el de Cristo *no cubre*, sino que *quita* el pecado, habiendo llevado sobre Sí el juicio que la responsabilidad penal demandaba del pecador.

Hay todavía algo más, el sacrificio del Cordero de Dios tiene un aspecto expiatorio, siendo el sustituto que sufrió la pena o castigo que merecía el pecador (Lv. 16:21; Is. 53:6; Mt. 20:28; Lc. 22:37; Jn. 10:11; Ro. 5:6-8; 1 P. 3:18). Por esa causa, como sacrificio por el pecado, tiene que morir en la Cruz y sufrir el juicio del pecado del mundo (1 Co. 15:3-4; 2 Co. 5:19-21; 1 P. 1:18-19). El cordero del sacrificio levítico, era ofrecido por un sacerdote, o por el Sumo Sacerdote si se trataba del sacrifico anual de expiación (He. 7:25-27). Jesús ofreció Su vida en la Cruz, voluntaria y personalmente, constituyéndose además de víctima, en sacerdote que la ofrece (He. 10:1-10). La pena del pecado puede ser remitida por el carácter expiatorio del sacrificio del Cordero de Dios. En la antigua dispensación el pecador era perdonado cuando presentaba un sacrificio para la expiación, que era tipo de la muerte de Cristo en la Cruz (Lv. 4:20, 26, 31, 35; 5:10, 13, 16, 18; 6:7; 19:22; Nm. 15:25, 26, 28). Esa misma verdad prevalece en relación con la sangre derramada en el Calvario, como base de perdón para todo pecador que cree (Ef. 1:7; Col. 1:14). Todo pecador puede ser perdonado, porque el juicio por su pecado cayó con todo rigor sobre Cristo en la Cruz (1 P. 2:24; 3:18). En razón del sacrificio expiatorio de Cristo, Dios está en libertad de manifestar Su gracia a quienes no tienen mérito alguno, salvándolos a pesar de lo que son (Ro. 5:8; Ef. 2:7-10). Toda condenación es quitada para siempre en razón del sacrificio y los méritos del Cordero de Dios (Jn. 3:18; 5:24; Ro. 8:1; 1 Co. 11:31-32).

El Cordero de Dios que *quita el pecado* establece en Su sacrificio la paz con Dios, o lo que se llama *la reconciliación*. Este término tiene que ver con el restablecimiento de relaciones entre quienes estaban en enemistad. Para alcanzar esta situación en relación con Dios, han de superarse primeramente los obstáculos que la impiden. En el Nuevo Testamento se habla de la *reconciliación*. El sustantivo ἱλασμός, se usaba en el griego clásico refiriéndose a la acción del hombre para reconciliarse con algún dios ofendido, por supuesto nada tiene que ver esto con la reconciliación según la Escritura. Pero también hay otra palabra καταλλάσσω, que como la mayoría de las palabras procedía de la vida ordinaria y común en el mundo heleno y se vincula con un cambio positivo de una relación negativa. Esta es la palabra que junto con sus derivados se usa en el Nuevo Testamento para referirse a la reconciliación. El significado de *reconciliación*, es *cambiar completamente*, esto es, producir un cambio de posición. El sujeto de la reconciliación no es el hombre sino Dios: *"Y todo esto proviene de Dios, quien nos reconcilió consigo mismo por Cristo, y nos dio el ministerio de la reconciliación; que Dios estaba en Cristo reconciliando consigo al mundo, no tomándoles en cuenta a los hombres sus pecados..."* (2 Co. 5:18-19). La gran diferencia en el concepto de reconciliación en el N.T. con relación al mundo profano, es que el sujeto de la reconciliación, no es el hombre, sino Dios. La reconciliación obrada por Dios es la consecuencia de una obra cumplida en la Cruz (Ro. 5:10). Precede y excluye toda obra humana, ya que no es una actuación del hombre lo que provoca la reconciliación con Dios, sino al revés. El hombre responde a la obra que Dios hizo, aceptándola por fe. El apóstol Pablo enseña que es una obra realizada por Dios, fuera de toda intervención humana. La reconciliación tuvo lugar por medio de la obra de Cristo (Ro.5:10s). Esa obra permite a Dios declarar justificado a todo aquel que cree (Ro. 5:1).

Finalmente observamos el texto: *...quita nuestros pecados.* Sin embargo, en la presentación del Cordero de Dios, el Bautista afirmó que *quita el pecado del mundo.* ¿Cómo entender esto? ¿Acaso la obra del Cordero de Dios y Su sacrificio hace salvo a todo hombre y retira de todo el mundo, entendiéndolo como de todos los hombres, sus pecados? ¿Produce esto una salvación universal? No, sin lugar a duda. Sin embargo, en esa obra se produce una doble sustitución, una *potencial* y otra *virtual.* La primera hace *potencialmente salvable* a todo hombre. Nadie podrá decir a Dios en el Trono Blanco que no hizo lo suficiente para su salvación. Otra es una *sustitución virtual*, por la que se salva todo aquel que cree. En este sentido tampoco hay limitación ya que Cristo murió por todos. Este mismo versículo es una de las bases que sustenta la muerte por todos y no por algunos. El mismo apóstol Pablo lo enseña con absoluta precisión cuando dice que *"...es el Salvador de todos los hombres, mayormente de los que creen"* (1 Ti. 4:10b). En ocasiones se solventa el aparente problema diciendo que *todo el mundo* es una referencia a los escogidos desde la eternidad para salvación. Sin embargo, está muy lejos de poder sustentarse en el contexto inmediato que rodea la frase, e incluso el que discurre desde los primeros versículos del *Evangelio.* Otras veces se habla de una eterna elección para reprobación, de otro modo, Dios escogió desde la eternidad a unos para salvación, dejando a los otros condenados por sus pecados. El grave problema que supone el *decreto de reprobación*, está en que no existe un solo texto bíblico que lo afirme y, por tanto, a él se llega mediante una deducción lógica: si escogió a unos para salvación, luego, negó la salvación al resto. Una acción semejante no tiene que ver tanto con la justicia o injusticia del acto, injusticia que no puede existir en Dios, sino en la confrontación que supone con el deseo personal de Él que *"Vivo yo, dice Jehová el Señor, que no quiero la muerte del impío, sino que se vuelva el impío de su camino, y que viva"* (Ez. 33:11), es más, el apóstol Pablo dice, refiriéndose a Dios, *"el cual quiere que todos los hombres sean salvos y vengan al conocimiento de la verdad"* (1 Ti. 2:4). No se trata de voluntad soberana o afectiva, sino de contraste en la determinación de pre-condenación y el deseo de salvación. Aquí Juan hace una afirmación clara, concreta, precisa: *"He aquí, el Cordero de Dios que quita el pecado del mundo"*. Este Cordero llamará a los hombres a salvación y salvará a todo aquel que cree en Él.

καὶ ἁμαρτία ἐν αὐτῷ οὐκ ἔστιν. Termina el versículo afirmando la santidad de Aquel que quitó nuestros pecados, literalmente: *"y pecado en Él no hay"*. El Salvador, llevó, expió, se responsabilizó del pecado y lo llevó retirando la penalidad del mismo sobre el que cree, pero nunca se vio afectado por ese pecado, como se escribe a los hebreos: *"Porque tal sumo sacerdote nos convenía: santo, inocente, sin mancha, apartado de los pecadores, y hecho más sublime que los cielos"* (He.7:26). La afirmación de Juan tiene otro gran contenido teológico que no se puede pasar por alto, el de la impecabilidad de Cristo.

La Biblia afirma que Él es ὅσιος, *santo*. No llegó a esa condición, sino que le es eternamente propia, en grado infinito, porque es Dios. En Su condición de hombre (Jn. 14:1), se presenta como consagrado plenamente a Dios y apartado para llevar a cabo el ministerio sacerdotal en relación con el pecado, a fin de santificar en Él a quienes Dios llama a salvación. En la anunciación se dijo a María que el que iba a nacer de ella sería *lo santo*, no un *ser santo*, como traduce RV, sino lo sublime e infinitamente santo (Lc. 1:35), condición aplicable únicamente a Dios. Debe notarse que en el texto griego se lee: *"lo santo que nacerá"*, lo que está marcando es el sentido de santidad absoluta, que sólo corresponde a Dios. La santidad inherente al niño que nacería descansa en la presencia de la segunda Persona divina que santifica la naturaleza humana que subsiste en Ella. Jesús no vino a ser Hijo de Dios por haber sido concebido por el Espíritu Santo, sino que lo es eternamente. El Espíritu Santo que concibe puede santificar el embrión concebido, pero la santidad absoluta sin contaminación de pecado la aporta la Persona Divina que se encarna (Jn. 1:14). La naturaleza humana de Jesús es semejante a la de los hombres, pero distinta de ella (Fil. 2:7). Es igual al hombre porque es hombre, pero distinto en cuanto a vinculación con la Deidad, ya que es el único hombre en la historia de los hombres unido a la Persona Divina del Verbo en hipóstasis de naturaleza. Distinto también a los hombres en cuanto a incontaminación con el pecado. En María toma naturaleza humana y se inserta en el mundo, con todo cuanto los humanos llegamos a ser, salvo en cuanto al pecado (Ro. 1:3). La humanidad que surge por la acción del Espíritu está vinculada por la presencia y comunicación absoluta de Dios y por ello es absolutamente divina y suya, a la vez que esa naturaleza humana es la expresión suprema de la criatura, con lo que está plenamente vinculado a Dios por la deidad y a los hombres por la humanidad. Dios presente desde el mismo instante de la concepción fue llevado, en vinculación con la naturaleza humana, durante la gestación en María hasta el alumbramiento. La historia de Jesús es la historia de Dios manifestado en carne. Para llegar a una comprensión del término que se considera, en relación con el adjetivo *santo* que califica a Jesús, es necesario enfatizar un poco más en Su condición personal, aun a costa de extenderse, en cierta medida, en términos cristológicos. Jesús no sólo es Dios, y no sólo es hombre, pero tampoco es Dios y hombre, como si fuesen dos personas y dos personalidades diferentes, sino que es Dios-hombre[2]. La admirable y sublime novedad en la revelación actual de Dios en Cristo es que, en Jesucristo, Dios y el hombre, Logos y carne, se han unido para siempre. La vinculación que esto tiene en relación con el Salvador es palpable ya que el Logos, que estaba junto al Padre, el eterno e impasible, ha nacido, padecido y muerto como hombre, permitiéndole llevar a cabo el sacrificio que hace perfectos a quienes por medio de Él se acercan a Dios. La consecuencia de esta unión es *unus*, un sujeto personal único con dos naturalezas subsistentes en Su única Persona. Este sujeto único, que es el Sumo Sacerdote del nuevo orden, en cuanto a humanidad, ha sido engendrado en María, y ella ha tenido respecto de él la misma colaboración biológica que toda madre tiene respecto de su hijo. Por tanto, le es tan esencial y propio lo que recibe de María en cuanto a humanidad, como lo que recibe de Dios en cuanto a deidad. En un misterio de gracia, Jesús es consustancial con María que lo vincula a los hombres, por generación humana en concepción divina y es consustancial con el Padre que lo vincula a la Deidad, por generación eterna. Este Salvador *"quita nuestros pecados"* es único e irrepetible y con consecuencias también únicas, ya que siendo el Verbo encarnado, es Dios-hombre y sus operaciones se denominan Teándricas o Teantrópicas, esto es, divino-humanas. Se trata de una unión hipostática que no sólo es personal, sino que se realiza en el núcleo mismo de la persona. Esto define también Su *personalidad* en el plano de Su humanidad, teniendo en cuenta que personalidad no es un elemento más de la naturaleza, sino el sujeto de atribución y responsabilidad del ser personal. La unión de las dos naturalezas es una unión sustancial, que a su vez es hipostática, porque ambas naturalezas se unen en la Persona, la cual ya preexistía. Por esa razón, nuestro Señor habla siempre de sí mismo como un solo Yo que se dirige al Padre como un Tú. Toda la acción salvadora y luego intercesora de Jesucristo la hizo una sola Persona. En cuanto a las acciones de omnipotencia procedía por medio de la naturaleza divina. Mientras que las propias del hombre procedían por medio de la naturaleza humana. Los milagros de Jesucristo procedían de Su Persona por medio de Sus dos naturalezas, la divina como principal y la humana como instrumental. Por tanto, de una sola y misma Persona de Jesús se afirma atributos, poderes, dignidades, acciones, etc. que convienen a una de las dos naturalezas, e incluso se imputan a Cristo los atributos de una naturaleza cuando Su Persona es designada con atributos de la otra (Lc. 1:43; Jn. 1:14; 3:13; 6:52; Hch. 20:28; Ro. 1:3, 4; 8:3, 32; 9:5; 1 Co. 2:8; Gá. 4:4, 5; Ef. 1:22, 23; 4:10; Fil. 2:6-11; Col. 1:13, 14; 1 Ti. 2:5; 3:16; He. 1:2, 3; 2:14; 1 P. 3:18; 1 Jn. 4:2-3). La naturaleza humana de Jesucristo no es in-personal,

---

[2] Griego θεανθρωπος.

sino en-personal, puesto que, aunque carece de personalidad propia, subsiste en la Persona del Hijo de Dios, que extiende a Su humanidad Su razón de sujeto responsable y de término de atribución. Todo lo que tiene razón de energía agente o de elemento constituyente, incluidas la conciencia y la voluntad, es doble en Cristo, conforme a la dualidad de naturalezas, aunque la persona del Verbo asume la última responsabilidad de las decisiones. Esa unión de las dos naturalezas en la Persona es indisoluble, de tal manera que desde la concepción las dos naturalezas subsisten en la Persona Divina del Hijo de Dios, con una consecuencia principal que es la *comunicación de propiedades*, esto es la mutua intercomunicación de términos y cualidades, ya esenciales, ya operativas entre lo divino y lo humano en todo lo que afecta a la persona de Cristo, que se hace a través de la única Persona del Dios-hombre, pero no directamente de una a otra naturaleza sin pasar por la Persona. Por esta causa podemos decir que nuestro Salvador, Jesús es a la vez omnipotente y débil; eterno y temporal. En tal situación Su humanidad tiene la relación y vinculación con un sujeto personal que es el Hijo encarnado, y la complejidad propia de Su constitución Divino-humana. En Él está presente y activa la naturaleza divina personalizada en el Hijo, a la vez que la naturaleza humana individualizada por el sujeto concreto de hijo de María, que lo vincula con la humanidad y el cosmos, de los cuales es solidario cada hombre. Jesús tiene vida intelectiva, afectiva y desiderativa correspondiente a Su humanidad. Su alma como la de todo hombre, tiene los límites propios de un hombre del tiempo y del espacio, pero a la vez la dotación necesaria para cumplir la misión que le había sido encomendada. Frente a esto surge la pregunta de cómo era la existencia de Jesús en orden a conciencia y libertad. Ese límite debe ser prudentemente respetado ya que la unión hipostática es un misterio que desborda la capacidad de comprensión humana y de la misma manera la constitución de la conciencia de Jesús es otro misterio. Sin embargo, la realidad psicológica de Jesús debe ser afirmada, aunque no se pueda explicar totalmente, ya que lo contrario sería negar la integridad de la humanidad de Jesús y las consecuencias de la encarnación (Jn. 1:14). Con todo no es posible compararla para comprenderla con nuestra humanidad que, aunque común, tiene serias diferencias tales como distinto origen, ya que Jesús es el Hijo de Dios encarnado, y asimismo distinta misión porque sólo Él es Mediador de la salvación y representante de toda la humanidad salva delante de Dios. Tal posición y condición hace Su humanidad diferente a la nuestra y, aunque tenemos que comprenderla y pensarla desde nuestra percepción de lo que es el hombre, nunca podremos mediarla por nosotros ni reducirla a lo que es la nuestra. Debe llegarse a una conclusión definitiva en este sentido: Todo cuanto se hace operativo o incluso volitivo en cualquiera de Sus dos naturalezas, afectan a la

Persona Divina el Hijo de Dios. La conciencia de Jesús es unificada, por ello no se puede contraponer el alma de Jesús al Verbo, como si fueran separables; ni el hombre Jesús al Hijo; ni la humanidad creada a la Deidad eterna. Jesucristo es siempre Hijo y ninguna solidaridad con los hombres rompe la unión, conciencia, amor e intimidad absoluta con el Padre en el seno trinitario. Esto nos permite entender que la operatividad del Sumo Sacerdote en el ministerio de intercesión se establece en base a que el sujeto de la acción está plenamente integrado en sí, ordenado a ese fin y capaz alcanzarlo y vinculado absolutamente a él. El valor de la redención llevada a cabo en la Cruz exigía la unidad de Persona, junto con la dualidad de naturalezas. Como ya se dijo antes, sólo quien fuese hombre podía ser nuestro representante y sustituto, y sólo quien fuese Dios podía tener un valor infinito el precio de Su vida (Jn. 12:27; Hch. 3:18; Ef. 2:16-18; He. 2:11-18; 4:15ss; 7:26, 28; 9:22; 1 P. 1:19; 1 Jn. 2:2).

La santidad de Jesucristo expresa lo que es recto, en oposición a lo torcido o contaminado. Es un concepto que va asociado a la rectitud. Expresa esencialmente la condición propia del carácter santo que se manifiesta al exterior como una verdadera piedad. En cierto sentido podría decirse que es *piadoso*. Por tanto, nada podía impedir Su acceso a la presencia de Dios, porque como santo cumple el requisito establecido para ello (Sal. 24:3, 4). Cristo es santo en Su ministerio sacerdotal, con la santidad ontológica que corresponde a su condición Divino-humana. El servicio de quien es santo en Sí mismo, no puede ser sino también santo, como corresponde a quien vive en el cumplimiento fiel de lo que el Padre le había encomendado. De ahí que se haga referencia a Su temor reverente que culminó la obra de redención (He. 5:7). La pureza de condición del Señor, permite poner a Jesús, como hombre perfecto en sentido de un verdadero milagro moral para la humanidad. El salmista le llama *el santo de Dios* (Sal. 16:10). Es el *Logos* encarnado, impecable, porque es Dios.

Pero esa condición impecable va unida también a ἄκακος, *inocente*. Porque siendo Dios procede también con simplicidad y, por tanto, con absoluta rectitud (Sal. 25:21). El sustantivo *inocente* tiene el sentido de lo que es sin malicia. El término aparece sólo dos veces en todo el Nuevo Testamento[3] y en los dos casos contiene ese sentido, que alcanza incluso la condición del que es confiado porque no piensa en la maldad de otros. La santidad absoluta de la Persona Divina del Señor comunica tal condición a Su naturaleza humana, haciendo que Jesús sea irreprochable en todo. Nade podía redargüirle de pecado, porque era impecable (Jn. 8:46).

---

[3] He. 6:26 y Ro. 16:18.

La santidad infinita y absoluta de Cristo, hace que sea ἀμίαντος, *incontaminado*, traducido como *sin mancha*, porque anduvo entre los hombres recorriendo el camino que nos es propio por nuestra condición humana, pero ninguna de nuestras contaminaciones afectó a Su pureza. La incontaminable dimensión de Su Persona había sido antes profetizada: *"Nunca hizo maldad, ni hubo engaño en su boca"* (Is. 53:9). Quienes vivieron a Su lado en el tiempo de Su ministerio dan el mismo testimonio como la realidad de Su vida (1 P. 2:22). Nunca se alejó de los pecadores en el sentido de la relación con ellos, caminando nuestros caminos, compartiendo nuestras limitaciones, experimentando nuestros dolores, llorando nuestras lágrimas y muriendo nuestra muerte. Pero, Su absoluta santidad, en Su condición de Emmanuel, Dios con los hombres, mantuvo incontaminada la humanidad que no era ajena a Su Persona Divina, sino subsistente en ella.

Esa es la razón por la que se añade que el escritor a los Hebreos le define como *"apartado de los pecadores"*. El término indica no un distanciamiento o alejamiento de la relación con ellos, sino en el sentido de *exceptuado*, es decir, de una clase diferente a la de los hombres pecadores. Nunca se dice en la Escritura que el Señor Jesús es *igual* a los hombres, sino semejante a ellos. Vino a nuestro encuentro en *"semejanza de carne de pecado"* (Ro. 8:3), nuestras limitaciones fueron las Suyas al hacerse carne (Jn. 1:14), pero la impecabilidad de Su condición le distancia absolutamente de los hombres haciéndole el único hombre exceptuado de pecado, por tanto, puede afirmarse en ese sentido que era *apartado de los pecadores*. La frontera de la impecabilidad de Jesús le mantiene distanciado de la condición pecadora propia y natural de todos los hombres. Sólo Su humanidad está exenta del pecado, tanto de origen como de comisión, porque nuestro Señor no sólo no tuvo pecado, sino que tampoco lo pudo tener. La absoluta separación con el pecado es infranqueable en su ser, a causa de que Jesús es la Persona Divina de Dios el Verbo. Él era alejado de los pecadores en el sentido moral, pero no en el físico ya que vino a buscarlos (Lc. 19:10). En contraste con los religiosos de Su tiempo que se separaban físicamente de quienes ellos llamaban *pecadores*, pero que mostraban en sí mismos una corrupción moral mayor que la de aquellos de los que se alejaban (Mt. 21:31, 32).

Esa santidad personal le hace *"más sublime que los cielos"*, es decir, la Persona más gloriosa de todas las que están en los cielos, el término *los cielos*, es realmente un ablativo, después del adjetivo comparativo *más sublime*, por tanto, debe considerarse como un absoluto que se refiere no a *alguien* en los cielos, sino a los mismos cielos con todo cuanto comprenden. Jesús fue hecho más elevado, glorioso y sublime que los mismos cielos. El Salvador, Hijo-Sacerdote, por la glorificación se encumbró sobre ellos mismos (Fil. 2:9-11). El nombre glorioso recibido por la resurrección de los muertos, le sitúa en la gloriosa dimensión de soberanía absoluta sobre cuánto está en los cielos, en la tierra y aún debajo de la tierra. En Su ascensión *traspasó* los cielos, que en el sentido de comprensión hebrea supone situarse sobre todos los cielos al sentarse a la diestra de Dios (He. 4:14; 8:1). Exaltado, sobre todo, situado por encima de todo, comparte el trono de Dios sentado a la derecha de la Majestad. Éste es, sin duda, el Sumo Sacerdote que nos convenía, el que nos es propio para un ministerio sacerdotal perpetuo.

De ahí la importancia que para los lectores del párrafo tenía esta expresión aparentemente sencilla del apóstol Juan. Jesús llevó nuestros pecados y pudo hacerlo porque es el Santo de los santos.

6. Todo aquel que permanece en él, no peca; todo aquel que peca, no le ha visto, ni le ha conocido.

πᾶς ὁ ἐν αὐτῷ μένων οὐχ ἁμαρτάνει· πᾶς ὁ ἁμαρτάνων οὐχ
Todo el en Él que permanece no peca; todo el que peca no
ἑώρακεν αὐτὸν οὐδὲ ἔγνωκεν αὐτόν.
ha visto le ni ha conocido le.

Análisis y notas del texto griego.

Análisis: πᾶς, caso nominativo masculino singular del adjetivo indefinido *todo*; ὁ, caso nominativo masculino singular del artículo determinado *el*; ἐν, preposición propia de dativo *en*; αὐτῷ, caso dativo masculino de la tercera persona singular del pronombre personal *Él*; μένων, caso nominativo masculino singular del participio de presente en voz activa del verbo μένω, *permanecer*, aquí *que permanece*; οὐχ, forma escrita del adverbio de negación *no*, con el grafismo propio ante vocal con espíritu áspero; ἁμαρτάνει, tercera persona singular del presente de indicativo en voz activa del verbo ἁμαρτάνω, *pecar*, aquí *peca*; πᾶς, caso nominativo masculino singular del adjetivo indefinido *todo*; ὁ, caso nominativo masculino singular del artículo determinado *el*; ἁμαρτάνων, caso nominativo masculino singular del participio presente en voz activa del verbo ἁμαρτάνω, *pecar*, aquí *que peca*; οὐχ, forma escrita del adverbio de negación *no*, con el grafismo propio ante vocal con espíritu áspero; ἑώρακεν, tercera persona singular del perfecto de indicativo en voz activa del verbo ὁράω, *ver, mirar*, aquí *ha visto*; αὐτὸν, caso acusativo masculino de la tercera persona singular del pronombre personal *le*; οὐδὲ, conjunción copulativa *ni*; ἔγνωκεν, tercera persona singular del perfecto de indicativo en voz activa del verbo γινώσκω, *conocer*, aquí *ha conocido*; αὐτόν, caso acusativo masculino de la tercera persona singular del pronombre personal *le*.

πᾶς ὁ ἐν αὐτῷ μένων La manifestación de la vida de los que están en Cristo, no puede ser sino en santidad. La extensión general: *"todo el que permanece"*. Permanecer es la consecuencia de *estar en Él*. De otro modo, permanecer en Dios exige abstenerse del pecado.

οὐχ ἁμαρτάνει· La evidencia: *"no peca"*. Aparentemente hay una contradicción, puesto que el apóstol afirmó al comienzo de la *Epístola* que nadie puede decir que no tiene pecado (1:8), dando la forma de actuar cuando el creyente peca, mediante la confesión que restaura la comunión con Dios (1:9). En este caso, el que permanece en Cristo, no persevera en vivir pecado. Esto, por tanto, no supone la impecabilidad del cristiano, ya que si alguien afirma que no peca nunca hace mentiroso a Dios (1:10). Una cosa es la caída ocasional en el pecado y otra la práctica habitual, que contradice la realidad de la identificación con Cristo (2:6). De otro modo, permanecer en Dios exige abstenerse del pecado. Vivir en plena comunión con Cristo, es disponer del poder divino para la victoria sobre el pecado, o si se prefiere, sobre el maligno o sobre el mal (4:4; 5:4). El verbo en participio presente alude al pecador habitual, no es el esporádico, sino el que peca como norma de vida.

πᾶς ὁ ἁμαρτάνων οὐχ ἑώρακεν αὐτὸν οὐδὲ ἔγνωκεν αὐτόν. Quien afirma conocer a Dios y practica el pecado en forma habitual, contradice lo que dice ser, por lo que esa contradicción revierte contra él mismo, ya que *"todo aquel que peca, no le ha visto, ni le ha conocido"*. No se trata de ver al Señor con visión natural, es decir, mediante los ojos humanos, sino con los de la fe. La mirada a Cristo en ese sentido permite la salvación, y equivale a creer: *"Mirad a mí, y sed salvos, todos los términos de la tierra, porque yo soy Dios, y no hay más"* (Is. 45:22). Es el cumplimiento del tipo que estaba en la serpiente de bronce, puesta por Moisés en el mástil de la bandera, de modo que quien levantaba a ella sus ojos de fe, era sano de la mordedura mortal de las serpientes en el desierto (Nm. 21:8; Jn. 3:14). Pero añade que no solo no le ha visto, sino que tampoco le *"ha conocido"*, en el sentido de conocimiento experimental para recepción de vida eterna y comunión (2:13, 14). Pecar es negar a Cristo que no es compatible con el pecado, puesto que es Santo. La práctica habitual del pecado, seguir pecando, es testimonio probatorio de que no ha habido nuevo nacimiento y, el que peca, sigue siendo una *vieja criatura* en lugar de una nueva en Cristo (2 Co. 5:16, 17). No debe olvidarse que Juan está tratando de defender la verdad de la identificación con Cristo, frente a los *falsos maestros*, que enseñaban que tenían comunión con Dios y que Le conocían, sin necesidad de guardar los mandamientos sobre la moral que Él había establecido (2:4-6).

7. Hijitos, que nadie os engañe; el que hace justicia es justo, como él es justo.

Τεκνία, μηδεὶς πλανάτω ὑμᾶς· ὁ ποιῶν τὴν δικαιοσύνην
Hijitos, nadie engañe os; el que hace la justicia
δίκαιος ἐστιν, καθὼς ἐκεῖνος δίκαιος ἐστιν·
justo es, lo mismo que Aquel justo es.

Análisis y notas del texto griego.

Análisis: Τεκνία, caso vocativo neutro plural del nombre común *hijitos*; μηδεὶς, caso nominativo masculino singular del pronombre indefinido *ninguno, nadie*; πλανάτω, tercera persona singular del presente de imperativo en voz activa del verbo πλανάω, *engañar*, aquí *engañe*; ὑμᾶς, caso acusativo de la segunda persona plural del pronombre personal declinado *a vosotros, os*; ὁ, caso nominativo masculino singular del artículo determinado *el*; ποιῶν, caso nominativo masculino singular del participio presente en voz activa del verbo ποιέω, *hacer*, aquí *que hace*; τὴν, caso acusativo femenino singular del artículo determinado *la*; δικαιοσύνην, caso acusativo femenino singular del nombre común *justicia*; δίκαιος, caso nominativo masculino singular del adjetivo *justo*; ἐστιν, tercera persona singular del presente de indicativo en voz activa del verbo εἰμί, *ser, estar*, aquí *es*; καθὼς, conjunción *así como, lo mismo que, según que*; ἐκεῖνος, caso nominativo masculino singular del pronombre demostrativo *Aquel*; δίκαιος, caso nominativo masculino singular del adjetivo *justo*; ἐστιν, tercera persona singular del presente de indicativo en voz activa del verbo εἰμί, *ser, estar*, aquí *es*.

Τεκνία, μηδεὶς πλανάτω ὑμᾶς· Usando nuevamente el vocativo *hijitos*, manifiesta el afecto entrañable que siente por los destinatarios de la *Epístola*. Es el pastor hablando al rebaño. Lo hace para librar a las ovejas de los lobos rapaces que procuran destruirlas. El peligro de los *falsos maestros* es evidente. Su propósito es de engaño. No pueden ser de otra forma quienes son por relación *hijos* del maligno, que es mentiroso y homicida. Es posible que, si se tratase de gnósticos, estuvieran enseñando que se puede ser justo sin practicar la justicia, lo que es un engaño diabólico.

ὁ ποιῶν τὴν δικαιοσύνην δίκαιος ἐστιν, La evidencia es precisa, solo *"el que hace justicia es justo"*. No es justo el que sabe lo que es serlo, ni el que habla de justicia, sino el que lo manifiesta con la práctica habitual de ella. Juan vuelve a usar la forma propia de escribir mediante contrastes. Como si dijese, *el que dice que es justo y no hace justicia* es mentiroso. Los falsos maestros procuraban engañarles y esta es una forma de engaño. El fruto define la realidad del árbol (Mt. 7:16, 17). El pecado es injusticia, por cuanto se trata de quebrantar la ley, de modo que *hacer justicia* es vivir separado del pecado (Ez. 18:5-9). El participio presente en el verbo aquí denota la idea de *hacer* justicia como algo habitual.

καθὼς ἐκεῖνος δίκαιός ἐστιν· El alejamiento del pecado y la práctica de la justicia son manifestación visible de la identificación con Cristo. El Señor recibe el calificativo de *justo* (Hch. 22:14) y practicó la justicia expresándola en la grandeza de Su dimensión conforme a Dios. Lo hizo, además, porque vivió en absoluta santidad (1 P. 2:22-23). Cuando la vida de Cristo se hace vida en el creyente, éste vive en santidad y en justicia. Sin este complemento, parecería una redundancia la expresión anterior: *el que hace justicia es justo*, eso es evidente, pero la afirmación toma una orientación diferente si se aprecia el comparativo: *lo mismo que*, refiriéndose a Jesucristo, *es justo*. Esto les permitiría detectar a quienes pretendían engañarles. Sólo quien es hijo de Dios, es justo y practica la justicia, no en toda la dimensión, que es imposible, pero sí en la realidad de la vida de Jesús.

8. El que practica el pecado es del diablo; porque el diablo peca desde el principio. Para esto apareció el Hijo de Dios, para deshacer las obras del diablo.

ὁ ποιῶν τὴν ἁμαρτίαν ἐκ τοῦ διαβόλου ἐστίν, ὅτι ἀπ'
el que practica el pecado del diablo es, porque desde
ἀρχῆς ὁ διάβολος ἁμαρτάνει. εἰς τοῦτο ἐφανερώθη ὁ Υἱὸς τοῦ
principio el diablo peca. Para esto fue manifestado el Hijo -
Θεοῦ, ἵνα λύσῃ τὰ ἔργα τοῦ διαβόλου.
de Dios, para que deshiciera las obras del diablo.

Análisis y notas del texto griego.

Análisis: ὁ, caso nominativo masculino singular del artículo determinado *el*; ποιῶν, caso nominativo masculino singular del participio presente en voz activa del verbo ποιέω, *hacer, practicar*, aquí *que practica*; τὴν, caso acusativo femenino singular del artículo determinado *la*; ἁμαρτίαν, caso acusativo femenino singular del nombre común *pecado*; ἐκ, preposición propia de genitivo *de*; τοῦ, caso genitivo masculino singular del artículo determinado *el*; διαβόλου, caso genitivo masculino singular del nombre común *diablo*; ἐστίν, tercera persona singular del presente de indicativo en voz activa del verbo εἰμί, *ser, estar*, aquí *es*; ὅτι, preposición causal *porque*; ἀπ', preposición propia de genitivo ἀπό, con el grafismo que adopta por elisión de la o final ante vocal o diptongo sin aspiración, que equivale a *de, desde, procedente de, por medio de, con, por*; ἀρχῆς, caso genitivo femenino singular del nombre común *principio*; ὁ, caso nominativo masculino singular del artículo determinado *el*; διάβολος, caso nominativo masculino singular del nombre común *diablo*; ἁμαρτάνει, tercera persona singular del presente de indicativo en voz activa del verbo ἁμαρτάνω, *pecar*, aquí *peca*; εἰς, preposición propia de acusativo *para*; τοῦτο, caso acusativo neutro singular del pronombre demostrativo *esto*; ἐφανερώθη, tercera persona singular del aoristo primero de indicativo en voz pasiva del verbo φανερόω, *manifestarse*, aquí *fue manifestado*; ὁ, caso nominativo masculino singular del artículo determinado *el*; Υἱὸς, caso nominativo masculino singular del nombre divino *Hijo*; τοῦ, caso genitivo masculino singular del artículo determinado *el*; Θεοῦ, caso genitivo masculino singular del nombre divino declinado *de Dios*; ἵνα, conjunción final *para que, a fin de que*; λύσῃ, tercera persona singular del aoristo primero de subjuntivo en voz activa del verbo λύω, *destruir, deshacer*, aquí *deshiciera*; τὰ, caso acusativo neutro plural del artículo determinado *los*; ἔργα, caso acusativo neutro plural del nombre común *obras*; τοῦ, caso genitivo masculino singular del artículo definido declinado *del*; διαβόλου, caso genitivo masculino singular del nombre común *diablo*.

ὁ ποιῶν τὴν ἁμαρτίαν ἐκ τοῦ διαβόλου ἐστίν, En el texto se presenta la prueba de la vinculación del que practica el pecado. El que *hace pecado*, en modo continuado e incluso con satisfacción está en una vida opuesta a la justicia. La vinculación de quien peca de esta manera es con el diablo, en donde se originó el pecado. Fue él quien lo introdujo en el mundo, por medio de la tentación a nuestros primeros padres. El que practica el pecado es del diablo por imitación y por pertenencia dejándose conducir por él. Así ocurría, a modo de ejemplo, con Judas a quien Satanás indujo a entregar a Jesús, entrado en su corazón para poseerlo en plenitud y conducirlo a ejecutar la obra diabólica (Jn. 13:2, 27). Así mismo ocurrirá con el anticristo, *el hombre de pecado*, controlado y al servicio del diablo (2 Ts. 2:9). Ser *del diablo*, como expresa aquí Juan, indica una relación no solo de dependencia o de pertenencia, sino también de filiación, como Jesús dijo a los fariseos: *"Vosotros sois de vuestro padre el diablo, y los deseos de vuestro padre queréis hacer. Él ha sido homicida desde el principio, y no ha permanecido en la verdad, porque no hay verdad en Él. Cuando habla mentira, de suyo habla; porque es mentiroso, y padre de mentira"* (Jn. 8:44). Es suficiente con saber que quien comete pecado, es decir, el que vive satisfecho con la práctica habitual del pecado, es del diablo.

ὅτι ἀπ' ἀρχῆς ὁ διάβολος ἁμαρτάνει. Juan da la principal característica del diablo, peca desde *el principio*. Primeramente, porque el pecado se manifestó inicialmente en él, comenzando a pecar tiempo después de su creación (Ez. 28:15). El pecado asentado en él, lo posee, de modo que su naturaleza le lleva a la comisión continuada del pecado, de otro modo, no puede dejar de pecar. En segundo lugar, *desde el principio*, en relación con los hombres. Su actividad diabólica lo llevó a tentar al hombre para hacerle caer en el pecado, convirtiéndolo en pecador como él. Juan llega a una conclusión: El que practica el pecado no puede ser sino del diablo, y por cuanto él es pecador, así también quienes le siguen son pecadores, tienen comunión con el pecado y lo practican con asiduidad.

εἰς τοῦτο ἐφανερώθη ὁ Υἱὸς τοῦ Θεοῦ. La solución al problema del pecado, de lo que se ha considerado antes, es la obra del Salvador, que libera a los pecadores que creen, del poder del pecado y los traslada a Su reino (Col. 1:13-14). La acción liberadora del poder del pecado, solo es posible cuando el Hijo de Dios, actúa en el pecador que ha creído y ha sido regenerado, concediéndole y haciendo posible la libertad del mal (Jn. 8:36).

ἵνα λύσῃ τὰ ἔργα τοῦ διαβόλου. La aparición del Salvador tiene el propósito de *deshacer*, *destruir* las obras del diablo. Pero, es evidente, que las obras del maligno no se han destruido, en el sentido de hacerlas desaparecer, por cuanto se siguen manifestando y Satanás continuará actuando hasta el tiempo en que sea atado y quede inactivo (Ap. 20:3). La obra de Jesucristo provee de poder al cristiano para no estar sujeto a la esclavitud del pecado, instrumento en mano de Satanás (Ro. 6:6). En la identificación con Cristo, el viejo hombre que estaba esclavizado por el diablo, queda abolido para el pecado, es decir, sin poder operativo que cautive y arrastre hacia el mundo del pecado y de la muerte. De manera que la naturaleza caída y pecaminosa queda sin poder esclavizante para determinar la vida del creyente, de tal manera que ahora puede vivir una vida, no simplemente *distinta* a la anterior, sino *contraria* a ella, de modo que *no sirva más al pecado*. El poder de Satanás fue quebrantado por la obra del Hijo de Dios (He. 2:14-15). Practicar el pecado es situarse frontalmente en contra de Cristo y Su obra. Quiere decir Juan que no hay término medio, o se es Hijo de Dios o del diablo. De manera que quienes practican el pecado son hijos del diablo. Pero aun cuando las obras del diablo no son *destruidas* en general, si lo son en cuanto al sistema de mentira y engaño suyo, enseñado por medio de los *falsos maestros*. El Hijo de Dios vino para destruir la mentira mediante la verdad que en cuanto a plenitud es Él mismo. Persistir en el pecado pone de manifiesto que quien así vive no ha nacido de Dios.

9. Todo aquel que es nacido de Dios, no practica el pecado, porque la simiente de Dios permanece en él; y no puede pecar, porque es nacido de Dios.

Πᾶς ὁ γεγεννημένος ἐκ τοῦ Θεοῦ ἁμαρτίαν οὐ ποιεῖ, ὅτι
Todo el que ha nacido de - Dios pecado no practica, porque
σπέρμα αὐτοῦ ἐν αὐτῷ μένει, καὶ οὐ δύναται ἁμαρτάνειν,
simiente de Él en él permanece, y no puede pecar,

ὅτι ἐκ τοῦ Θεοῦ γεγέννηται.
porque de - de Dios ha nacido.

Análisis y notas del texto griego.

Análisis: Πᾶς, caso nominativo masculino singular del adjetivo indefinido *todo*; ὁ, caso nominativo masculino singular del artículo determinado *el*; γεγεννημένος, caso nominativo masculino singular del participio perfecto en voz pasiva del verbo γεννάω, en voz pasiva *nacer*, aquí *que ha nacido*; ἐκ, preposición propia de genitivo *de*; τοῦ, caso genitivo masculino singular del artículo determinado *el*; Θεοῦ, caso genitivo masculino singular del nombre divino declinado *de Dios*; ἁμαρτίαν, caso acusativo femenino singular del nombre común *pecado*; οὐ, adverbio de negación *no*; ποιεῖ, tercera persona singular del presente de indicativo en voz activa del verbo ποιέω, *hacer, producir, practicar*, aquí *practica*; ὅτι, conjunción causal *porque*; σπέρμα, caso nominativo neutro singular del nombre común *simiente*; αὐτοῦ, caso genitivo masculino de la tercera persona singular del pronombre personal declinado *de él*; ἐν, preposición propia de dativo *en*; αὐτῷ, caso dativo masculino de la tercera persona singular del pronombre personal *él*; μένει, tercera persona singular del presente de indicativo en voz activa del verbo μένω, *permanecer*, aquí *permanece*; καὶ, conjunción copulativa *y*; οὐ, adverbio de negación *no*; δύναται, tercera persona singular del presente de indicativo en voz activa del verbo δύναμαι, *poder, tener poder*, aquí *puede*; ἁμαρτάνειν, presente de infinitivo en voz activa del verbo ἁμαρτάνω, *pecar*; ὅτι, conjunción causal *porque*; ἐκ, preposición propia de genitivo *de*; τοῦ, caso genitivo masculino singular del artículo determinado *el*; Θεοῦ, caso genitivo masculino singular del nombre divino declinado *de Dios*; γεγέννηται, tercera persona singular del perfecto de indicativo en voz pasiva del verbo γεννάω, en voz pasiva *nacer*, aquí *ha nacido*.

Πᾶς ὁ γεγεννημένος ἐκ τοῦ Θεοῦ ἁμαρτίαν οὐ ποιεῖ, Reafirmando la enseñanza insiste nuevamente en el hecho de que quien ha nacido de Dios, esto es, quien experimentó el nuevo nacimiento, dice literalmente, *"no peca"*. La RV60 traduce como *no practica el pecado*. En el *Evangelio* trata más ampliamente el tema del *nuevo nacimiento*, especialmente en el relato del encuentro de Jesús con Nicodemo (cf.Jn. 3:3, 5, 6, 7). Lo que es necesario recordar es que sólo es un hijo de Dios el que ha nacido de nuevo, y esa condición alcanza a todo creyente. La expresión *"nacido de Dios"* es típica de Juan en esta *Epístola* (2:29; 3:9; 4:7; 5:1, 4, 18). Se refiere al nacimiento espiritual en el pasado y la vida como hijo de Dios se desarrolla de ahí en adelante. El origen y la existencia de esta nueva vida está en Dios.

La conducta de quien es hijo de Dios, tiene el principio de santidad, de modo que Juan dice que *"no peca"*. No niega el apóstol la caída ocasional en el pecado de creyente (1:10; 2:1). Pero advierte sobre la práctica habitual del mismo, que liga espiritualmente a quien lo hace con el maligno que orienta y controla esa vida (v. 8).

El que *ha nacido de Dios*, expresión propia y única de Juan, ocurre una vez en el evangelio (1:13) y nueve veces en la *Epístola*. El verbo está en *participio perfecto* lo que expresa la idea de que la actividad divina que hizo este milagro no pasó, sino que, ocurrida en el pasado, permanece a lo largo del tiempo, de manera que no se trata de algo definitivamente terminado como puede ser la justificación por la fe, sino de un hecho continuado, ya que el creyente es hijo de Dios siempre, sin ningún tipo de interrupción.

ὅτι σπέρμα αὐτοῦ ἐν αὐτῷ μένει, Juan hace referencia aquí a la *simiente*, el término tiene que ver con esperma, que hace posible la fecundación para el nacimiento de una nueva persona. Aquí equivale al germen que originó la nueva vida del creyente. El Agente originador es el Espíritu Santo, autor del nuevo nacimiento. El poder de Dios capacita para no practicar el pecado. El poder vivificante es el resultado de la unión vital con Cristo, espíritu vivificante (1 Co. 15:45). Por la vinculación y comunión con Dios, el principio de vida divina está en el creyente (2 P. 1:4). Por otro lado, la presencia del Espíritu Santo en cada creyente mantiene el principio vivificante de Dios. Esta debe ser la interpretación al tema de la *simiente*, que otros consideran aplicable a Cristo, que es la semilla o descendencia de Dios por excelencia[4]. Otros entienden que debe aplicarse a la Palabra, como ocurre en la parábola del sembrador (Mt. 13:3 ss.; Lc. 8:11). El mismo apóstol Pedro afirma: *"siendo renacidos, no de simiente corruptible, sino de incorruptible, por la palabra de Dios que vive y permanece para siempre"* (1 P. 1:23), y también Santiago: *"Él, de su voluntad, nos hizo nacer por la palabra de verdad, para que seamos primicias de sus criaturas"* (Stg. 1:18). Incluso el apóstol Pablo escribe: *"...pues en Cristo Jesús yo os engendré por medio del evangelio"* (1 Co. 4:15). No cabe duda que la Escritura es *palabra de Salvación* (Hch. 13:26); es *palabra de gracia* (Hch. 14:3; 20:32); es *palabra de vida* (Fil. 2:16); y es *palabra de reconciliación* (2 Co. 5:19)[5]. Según se hace notar, la interpretación que considero más coherente es la que se refiere al elemento vivificante, la gracia que salva y santifica aplicada y otorgada por el Espíritu, que permanece en el creyente y que no solo justifica, sino que santifica.

[4] Entre otros, en la antigüedad Ecumenio.

[5] Esta interpretación la siguen algunos padres antiguos como *Clemente de Alejandría, Agustín, Beda*, también era sostenida por *Lutero*.

καὶ οὐ δύναται ἁμαρτάνειν, ὅτι ἐκ τοῦ Θεοῦ γεγέννηται. Juan llega a una conclusión, que el que nació de Dios *no puede pecar* por esa misma razón de procedencia. Sin embargo, como ya se ha considerado anteriormente, no se trata de una afirmación absoluta que implica la impecabilidad del que ha nacido de nuevo, sino de una afirmación general, que debe entenderse como que *no puede practicar el pecado*, como algo habitual, aunque esporádicamente cometa algún pecado puntual. La razón de esa imposibilidad radica en el nuevo nacimiento que genera nueva vida y nueva orientación, *"de modo que si alguno está en Cristo, nueva criatura es; las cosas viejas pasaron; he aquí todas son hechas nuevas"* (2 Co. 5:17). El apóstol Pablo escribe que los creyentes *"somos hechura suya, creados en Cristo Jesús para buenas obras, las cuales Dios preparó de antemano para que anduviésemos en ellas"* (Ef. 2:10). El propósito soberano de Dios no puede dejar de cumplirse. La nueva vida en Cristo hace que el creyente salga de la esfera del pecado (2 P. 1:4b). Los que han sido regenerados por el Espíritu, tienen Su presencia en la vida, y siendo habitados por Él, no practican el pecado. El creyente puede y de hecho peca, pero *confiesa* el pecado, afirmando estar de acuerdo con lo que Dios dice y reconociéndolo, por lo que la diferencia con el hombre no regenerado es evidente, ya que el pecado practicado por quien no ha sido salvo, no ocasiona la reacción íntima que produce en quien es creyente.

Vida en la justicia (3:10).

10. En esto se manifiestan los hijos de Dios, y los hijos del diablo: todo aquel que no hace justicia, y que no ama a su hermano, no es de Dios.

ἐν τούτῳ φανερά ἐστιν τὰ τέκνα τοῦ Θεοῦ καὶ τὰ τέκνα τοῦ
En esto manifiestos son los hijos - de Dios y los hijos del
διαβόλου· πᾶς ὁ μὴ ποιῶν δικαιοσύνην οὐκ ἔστιν ἐκ τοῦ
diablo: todo el no que hace justicia no es de -
Θεοῦ, καὶ ὁ μὴ ἀγαπῶν τὸν ἀδελφὸν αὐτοῦ.
Dios, y el no que ama al hermano de él.

Análisis y notas del texto griego.

Análisis: ἐν, preposición propia de dativo *en*; τούτῳ, caso dativo neutro singular del pronombre demostrativo *esto*; φανερά, caso nominativo neutro plural del adjetivo *manifiestos*; ἐστιν, tercera persona singular del presente de indicativo en voz activa del verbo εἰμί, *ser, estar*, aquí *es*; τὰ, caso nominativo neutro plural del artículo determinado *los*; τέκνα, caso nominativo neutro plural del nombre común *hijos*; τοῦ, caso genitivo masculino singular del artículo determinado *el*; Θεοῦ, caso nominativo masculino singular del nombre divino declinado *de Dios*; καὶ, conjunción copulativa *y*; τὰ, caso nominativo neutro plural del artículo determinado *los*; τέκνα, caso nominativo neutro plural del nombre común *hijos*;

τοῦ, caso genitivo masculino singular del artículo determinado declinado *del*; διαβόλου, caso genitivo masculino singular del nombre común *diablo*; πᾶς, caso nominativo masculino singular del adjetivo indefinido *todo*; ὁ, caso nominativo masculino singular del artículo determinado *el*; μὴ, partícula que hace funciones de adverbio de negación *no*; ποιῶν, tercera persona singular del presente de indicativo en voz activa del verbo ποιέω, *hacer, practicar*, aquí *hace*; δικαιοσύνην, caso acusativo femenino singular del nombre común *justicia*; οὐκ, forma escrita del adverbio de negación *no*, con el grafismo propio ante una vocal con espíritu suave o una enclítica; ἔστιν, tercera persona singular del presente de indicativo en voz activa del verbo εἰμί, *ser, estar*, aquí *es*; ἐκ, preposición propia de genitivo *de*; τοῦ, caso genitivo masculino singular del artículo determinado *el*; Θεοῦ, caso genitivo masculino singular del nombre divino *Dios*; καὶ, conjunción copulativa *y*; ὁ, caso nominativo masculino singular del artículo determinado *el*, μὴ, partícula que hace funciones de adverbio de negación *no*; ἀγαπῶν, caso nominativo masculino singular del participio de presente en voz activa del verbo αγαπάω, *amar*, aquí *que ama*; τὸν, caso acusativo masculino singular del artículo determinado declinado *al*; ἀδελφὸν, caso acusativo masculino singular del nombre común *hermano*; αὐτοῦ, caso genitivo masculino de la tercera persona singular del pronombre personal declinado *de él*.

ἐν τούτῳ φανερά ἐστιν τὰ τέκνα τοῦ θεοῦ καὶ τὰ τέκνα τοῦ διαβόλου· El versículo presenta dos filiaciones, no solo distintas, sino opuestas una a la otra. Por un lado, la procedente de Dios, y por otra la que corresponde al diablo. Juan escribió antes que *"aún no se ha manifestado lo que hemos de ser"* (3:2), pero si se manifiesta lo que somos. Los hijos se manifiestan en relación con el padre del que proceden en que reproducen sus características (Mt. 7:20). El apóstol utiliza una expresión adjetival en plural que equivale a hacer visible aquello que antes estaba oculto. Cristo habló de obras que evidencian la filiación (Jn. 8:44). Por consiguiente, Dios es padre sólo de los que tienen una nueva vida, porque han nacido de arriba (Jn. 1:12, 13; 2 P. 1:4). Los otros son hijos del diablo porque expresan su modo de obrar.

πᾶς ὁ μὴ ποιῶν δικαιοσύνην οὐκ ἔστιν ἐκ τοῦ Θεοῦ, καὶ ὁ μὴ ἀγαπῶν τὸν ἀδελφὸν αὐτοῦ. Practicar la justicia expresa la identificación con aquel que es Justo (2:29). El que practica la justicia ajusta su vida a la norma de conducta establecida por Dios. Junto con una vida justa, determina la filiación con el Padre celestial, la práctica del amor a los hermanos. Con esto introduce la segunda característica de la comunión con Dios en relación con la posición del cristiano, el amor. En razón del amor de Dios comunicado, el cristiano ama a sus hermanos (Ro. 5:5). Juan no reconoce más que dos clases de hombres, como se aprecia en la *Epístola*: Los que aman (3:11, 14, 18, 23) y los que no aman (3:10, 14). Quienes aman son hijos de Dios, expresando la vida propia de quien es amor esencial. La puntualización de Juan es notoria: el que no ama *no es de Dios*. Esta es la gran fórmula que permite determinar si se ha nacido de Dios o no. El amor es el signo propio de los cristianos, a la vez que elemento discriminador a la hora de establecer la filiación divina. Es interesante apreciar que el apóstol da dos elementos distintivos que determinan la relación con Dios: La justicia y el amor. El resto de los muchos elementos de las múltiples formas de vida que no están en plena armonía con los dos antes mencionados, no son hijos de Dios. El amor es el cumplimiento de la ley. La verdadera justicia está vinculada a él. Como decía Agustín de Hipona: *"Pero los hijos de Dios no se distinguen de los del diablo sino por la caridad. Los que tienen caridad han nacido de Dios; los que no la tienen, no han nacido de Dios"*[6]. El que no ama a los hermanos, no está en Cristo. Esto será desarrollado ampliamente más adelante.

Vida en el amor (3:11-18).

11. Porque éste es el mensaje que habéis oído desde el principio: Que nos amemos unos a otros.

Ὅτι	αὕτη	ἐστὶν	ἡ	ἀγγελία	ἣν	ἠκούσατε	ἀπ'	ἀρχῆς,	ἵνα
Porque	este	es	el	mensaje	que	oísteis	desde	principio,	que

ἀγαπῶμεν	ἀλλήλους,
amemos	unos a otros.

Análisis y notas del texto griego.

Análisis: Ὅτι, conjunción *que*; αὕτη, caso nominativo femenino singular del pronombre demostrativo *esta*; ἐστὶν, tercera persona singular del presente de indicativo en voz activa del verbo εἰμί, *ser, estar*, aquí *es*; ἡ, caso nominativo femenino singular del artículo determinado *la*; ἀγγελία, caso nominativo femenino singular del nombre común *mensaje*; ἣν, caso acusativo femenino singular del pronombre relativo *la cual, la que, que*; ἠκούσατε, segunda persona plural del aoristo primero de indicativo en voz activa del verbo ἀκούω, *oír, escuchar*, aquí *oísteis*; ἀπ', preposición propia de genitivo ἀπό, con el grafismo que adopta por elisión de la o final ante vocal o diptongo sin aspiración, que equivale a *de, desde, procedente de, por medio de, con, por*; ἀρχῆς, caso genitivo femenino singular del nombre común *principio*; ἵνα, conjunción *que*; ἀγαπῶμεν, primera persona plural del presente de subjuntivo en voz activa del verbo ἀγαπάω, *amar*, aquí *améis*; ἀλλήλους, caso acusativo masculino plural del pronombre recíproco *unos a otros*.

[6] Agustín. *De natura et gratia*, 42.

῞Οτι αὕτη ἐστὶν ἡ ἀγγελία ἣν ἠκούσατε ἀπ' ἀρχῆς, El mensaje *desde el principio*, era el mensaje original de la proclamación del evangelio y de la enseñanza que los apóstoles transmitieron a la iglesia. El apóstol hace nuevamente referencia al origen de la verdad enseñada, en una velada advertencia sobre las falsedades que los *maestros* no cristianos procuraban comunicar. Esta frase ocurrió antes (1:1, 5). Los gnósticos pretendían sustituir el mensaje del amor por un tipo de iluminación personal y secreta que superaba la enseñanza primitiva. Sin embargo, el apóstol afirma que ese mensaje original que habían oído, debía *permanecer*, bien arraigado en los creyentes (2:24).

ἵνα ἀγαπῶμεν ἀλλήλους, El contenido del mensaje es sencillo, sin ningún tipo de problema para recordarlo y mucho menos para practicarlo. El mandamiento de Jesús era el del amor fraterno. Aunque ya se han hecho consideraciones sobre esto antes, cabe añadir aquí algo más en relación con él. La vida cristiana debe estar asentada en el amor, que es la mejor evidencia de que Cristo se ha hecho vida en el creyente. El amor mutuo no es una opción, sino que es la única manera de vivir la vida cristiana. Por eso Jesús lo estableció como un mandamiento (Jn. 13:34). Por tanto, no amar a los hermanos es signo de desobediencia a Cristo. Él determinó el alcance de ese mandamiento, tal y como Juan lo expresa aquí; todos debían amar a todos: *unos a otros*.

Además, el Señor determinó también la *calidad* de ese amor fraterno. Sabía que los hombres nunca podremos alcanzar la dimensión del amor divino que se manifestaba y expresaba en Él, pero tampoco lo pide, determinando que el amor sea mostrado con la misma *calidad* que el Suyo. Amor desprendido, desinteresado, de entrega sin reserva hacia los demás. La intensidad del amor la dará la presencia del Espíritu Santo en la realización de Su fruto en el creyente (Gá. 5:22), y la capacitación para amar será la presencia de la tercera Persona Divina, que derrama el amor de Dios hasta saturar el corazón del creyente (Ro. 5:5). El amor de Cristo es infinito, pero también es incomprensible, porque *"nadie tiene mayor amor que éste, que uno ponga su vida por sus amigos"* (Jn. 15:13), pareciera fácil amar al amigo, pero ninguno éramos amigos, Él puso Su vida para hacernos amigos, cuando antes éramos enemigos de Él en malas obras.

El apóstol Pablo, recordó a los creyentes, lo mismo que aquí hace el apóstol Juan, el compromiso de amor: *"andad en amor, como también Cristo nos amó, y se entregó a sí mismo por nosotros, ofrenda y sacrificio a Dios en olor fragante"* (Ef. 5:2). Cristo nos amó entregándose por nosotros. Es necesario entender que el mandamiento de amar, no es puntual u ocasional, sino que es un estilo de vida. En identificación con Cristo el creyente ama *como* Él ama. La posibilidad de cumplir el mandamiento nuevo, consiste en *andar en el Espíritu,* que reproduce a Jesús en el creyente. Estando en Cristo como nuevas criaturas (2 Co. 5:17), habiendo sido resucitados en Él (Ef. 2:6), escondiendo Dios nuestra vida con Cristo (Col. 3:3), somos de tal manera en Cristo que el camino de la vida cristiana no puede ser otro que el de la reproducción, o conformación a Jesús, en el poder del Espíritu. Esa identificación nos permite alcanzar la demanda del amor mutuo. El amor al que somos llamados es un amor desinteresado, ya que Jesús *se entregó a Sí mismo por nosotros.* Quiere decir que ese amor tiene que abarcar a todos. Nadie está fuera del amor divino, y de forma especial, cada creyente es objeto directo del amor. Es un amor insondable, porque el Señor *"fue entregado por nuestras transgresiones"* (Ro. 4:25), pero fue Él que se entregó a Sí mismo voluntariamente por nosotros (Jn. 10:17-18). De otro modo: *"se dio a sí mismo por nuestros pecados para librarnos del presente siglo malo, conforme a la voluntad de nuestro Dios y Padre"* (Gá. 1:4). El Señor nos amó hasta ocupar en sustitución nuestro lugar, para extinguir con Su muerte la responsabilidad penal del pecado que incidía en nosotros. Él no murió solo *a favor* o *en beneficio* del creyente, sino ocupando su lugar. De ahí que quien no cumpla el mandamiento mostrando amor, debe preguntarse si ha nacido de nuevo (4:8). No se trata de la teología del amor, sino de la vivencia del amor. El que no es capaz de amar a su hermano *"no es de Dios"* y *"permanece en muerte"* (3:10, 14). No es posible dejar de amar a nuestros hermanos cuando entendemos que el Señor *"me amó a mí y se entregó a sí mismo por mi"* (Gá. 2:20). El amor que se nos pide es el de renuncia a todos los derechos por el bienestar del otro, ya que, siendo Jesús en *forma de Dios,* no consideró esa condición como algo que debía ser mantenida, sino que se despojó a Sí mismo en un acto supremo de entrega incondicional (Fil. 2:6-7). Este mandamiento del amor fraterno se expresará si realmente *hay en nosotros el sentir que hubo también en Cristo Jesús* (Fil. 2:5).

Ese amor es el mismo amor Suyo reproducido en nosotros por el Espíritu Santo. Para que el creyente pueda expresarlo en su vida, el Espíritu lo derramó en el corazón, como se dice antes. Por este amor el regenerado se convierte en amante, cuyo amor no solo se orienta hacia Dios, sino también hacia el prójimo y, determinantemente hacia sus hermanos. De otro modo, quien se reconoce amado por Jesús, se vuelve activo en el amor derramado en él. Mediante la presencia de Cristo en la vida del cristiano y, todavía más, mediante la vida de Cristo que se hace por el Espíritu vida del cristiano, el amor de Cristo se manifiesta en la dinámica de la vida, de manera que ama, no por obligación sino por comunión con Cristo. El amor es el mayor de los dones que Dios da al creyente. El Señor no pide nada que primeramente no da o, de otro modo, no pide nada para lo que no haya hecho provisión. De ahí que la provisión de amor divino sea abundantísima para que pueda amar sin reservas a sus hermanos. El amor siendo sufrido es paciente, magnánimo, capaz de soportar las injusticias y los males que recibe (Pr. 10:12). Es también benigno porque usa de gentileza y amabilidad. No tiene envida, porque no siente celos por el progreso del hermano. No se envanece, porque impide la arrogancia personal. No hace nada indebido, ya que no tiene un comportamiento indecoroso para con los que ama. No busca lo suyo, puesto que es un amor desinteresado. No se irrita, impidiendo toda contienda entre hermanos. No guarda rencor, porque no tiene en cuenta el mal que pueda recibir. No se goza en la injusticia, porque no simpatiza con el mal. Además, todo lo sufre, excusando todo, dispuesto siempre a perdonar las faltas de otros. Todo lo espera, porque confía siempre en la enmienda del otro. Es un amor que lo soporta todo, porque es perseverante.

El apóstol llamó la atención a los destinatarios de la *Epístola*, haciéndoles notar que la evidencia de ser hijo de Dios es el amor de *los unos a los otros*. De modo que la identificación de los creyentes no está basada en lo que creen sino en si se aman. Por supuesto el amor a Cristo hará que todos estén dispuestos a guardar Sus mandamientos (Jn. 14:15). La doctrina no es negociable, la Palabra no puede ser desobedecida, la Escritura debe ser amada y respetada. Sin embargo, hay quienes son capaces de dar su vida por la defensa de la fe, es más, algunos son incluso capaces de *adorar* la Biblia, pero son incapaces de amar a sus hermanos. El mundo no puede identificar la realidad de la vida cristiana a no ser por el amor entre los creyentes. El amor fraternal es el mayor problema de los discípulos de Cristo. Cristo se distinguió por el amor desinteresado que mostraba para todos los que encontró en Su camino durante el ministerio. Por amor se entregaba para sanar enfermos, expulsar demonios, alimentar multitudes, dar vista a ciegos, atender afligidos, etc. etc. es por eso que Jesús era conocido de todos. Algunos no estarían de acuerdo con Sus enseñanzas, pero no podían negar Su amor. En los primeros tiempos del cristianismo, especialmente en el tiempo de las persecuciones en donde miles morían por ser cristianos, los paganos decían: *¡Mira, como se aman!* Mientras que en el mundo todos buscan lo suyo propio, los cristianos se distinguen por *"servirse unos a otros en amor"* (Gá. 5:13). Los verdaderos cristianos aman para ser capaces de *"sobrellevar los unos las cargas de los otros"* (Gá. 6:2). Cada cristiano, miembro del cuerpo y piedra en el edificio está puesto para que, con la gracia divina y el poder del Espíritu, coloque su hombro bajo la carga del hermano y la comparta con él haciéndola más llevadera, ayudándole a soportar las dificultades, trabajos y problemas personales. Cuando el amor divino llena el corazón saturándolo de amor, éste no encuentra reposo hasta depositarlo en otro, como Cristo hizo con nosotros, de manera que se orienta hacia los hermanos buscando el bien ajeno y no el propio (1 Co. 10:24). El mandato de Jesús está orientado al amor fraterno, que es identificativo de la realidad de ser cristiano. Es ciertamente lamentable el desinterés que se manifiesta muchas veces en relación con la vida de los hermanos que pasan desapercibidos y llevan solos las aflicciones y problemas. Como mínimo, si no es posible la compañía personal, podemos llevar sus cargas sobre nuestros hombros al Trono de Gracia, para interceder por ellos a fin de que encuentren el oportuno socorro para sus necesidades. Los legalistas quieren una *norma*, asaetean las vidas de los hermanos reprochándoles sus faltas, denunciando sus miserias y apartándolos por sus caídas. Esta es la norma verdadera, *que os améis unos a otros como yo os he amado*. En todo esto Jesús es el ejemplo. Su gracia frente a la carga espiritual de la mujer pecadora (Lc. 7:36-50). Su amor ante la mujer adúltera (Jn. 8:11). La misericordia demostrada al ladrón que moría a Su lado en otra cruz (Lc. 23:43). El apóstol Pablo enseña que sin amor no puede haber ministerio aceptable delante de Dios (1 Co. 13:1), allí enseña que quien tiene todas las perfecciones espirituales y la riqueza de los mejores dones y no tiene amor, su ministerio es simple ruido que molesta a Dios y molesta a la iglesia. La ley de Cristo perdona al ofensor, restaura al caído y ayuda al necesitado.

Juan escribió antes que *"El que dice que está en la luz, y aborrece a su hermano, está todavía en tinieblas"* (2:9). No solamente quien no ama no está en la luz, esto es, no tiene a Cristo, sino que es como su padre espiritual, el diablo, mentiroso: *"Si alguno dice: Yo amo a Dios, y aborrece a su hermano, es mentiroso. Pues el que no ama a su hermano a quien ha visto, ¿cómo puede amar a Dios a quien no ha visto"* (4:20).

El apóstol Pablo, años después, recordará a los creyentes el compromiso de amor: *"andad en amor, como también Cristo nos amó, y se entregó a sí mismo por nosotros, ofrenda y sacrificio a Dios en olor fragante"* (Ef. 5:2). Cristo nos amó entregándose por nosotros. Es necesario entender que el *nuevo mandamiento*, no es puntual u ocasional, sino que es un estilo de vida. En identificación con Cristo el creyente ama *como* Él ama. La posibilidad de cumplir el mandamiento nuevo, consiste en *andar en el Espíritu*, que reproduce a Jesús en el creyente. Estando en Cristo como nuevas criaturas (2 Co. 5:17), habiendo sido resucitados en Él (Ef. 2:6), escondiendo Dios nuestra vida con Cristo en Él (Col. 3:3), somos de tal manera en Cristo que el camino de la vida cristiana no puede ser otro que el de la reproducción, o conformación a Jesús, en el poder del Espíritu. Esa identificación con Cristo nos permite alcanzar la demanda del amor mutuo. El amor al que somos llamados en el mandamiento es un amor desinteresado, ya que Jesús *se entregó a Sí mismo por nosotros*. Quiere decir que ese amor tiene que abarcar a todos. Nadie está fuera del amor divino, y de forma especial, cada creyente es objeto directo del amor. Es un amor insondable, porque el Señor *"fue entregado por nuestras transgresiones"* (Ro. 4:25), pero Él se entregó a Sí mismo voluntariamente por nosotros, Sus ovejas (Jn. 10:17-18). De otro modo: *"se dio a sí mismo por nuestros pecados para librarnos del presente siglo malo, conforme a la voluntad de nuestro Dios y Padre"* (Gá. 1:4). El Señor nos amó hasta ocupar en sustitución nuestro lugar, para extinguir con Su muerte la responsabilidad penal del pecado que incidía en nosotros. El Señor no murió solo *a favor* o *en beneficio* del creyente, sino ocupando su lugar. De ahí que quien no cumpla el mandamiento nuevo mostrando amor, debe preguntarse si ha nacido de nuevo (4:8). No se trata de la teología del amor, sino de la vivencia del amor. El que no es capaz de amar a su hermano *"no es de Dios"* y *"permanece en muerte"* (3:10, 14). No es posible dejar de amar a nuestros hermanos cuando entendemos que el Señor *"me amó a mí y se entregó a sí mismo por mi"* (Gá. 2:20). El amor que se nos pide es el de renuncia a todos los derechos por el bienestar del otro, ya que, siendo Jesús en *forma de Dios*, no consideró esa condición como algo que debía ser mantenida, sino que se despojó a Sí mismo en un acto supremo de entrega incondicional (Fil. 2:6-7). Este mandamiento nuevo se expresará si realmente *hay en nosotros el sentir que hubo también en Cristo Jesús* (Fil. 2:5).

El amor al que se refiere Jesús en el *nuevo mandamiento* es el mismo amor Suyo reproducido en nosotros por el Espíritu Santo. Para que el creyente pueda expresarlo en su vida, el Espíritu lo derramó en el corazón, como se dice antes. Por este amor el regenerado se convierte en amante, cuyo amor no solo se orienta hacia Dios, sino también hacia el prójimo y, determinantemente hacia sus hermanos. De otro modo, quien se reconoce amado por Jesús, se vuelve activo en el amor derramado en él. Mediante la presencia de Cristo en la vida del cristiano y, todavía más, mediante la vida de Cristo que se hace, por el Espíritu vida del cristiano, el amor de Cristo se manifiesta en la dinámica de la vida, de manera que ama, no por obligación, aunque tiene un *mandamiento nuevo*, sino por comunión con Cristo. El amor es el mayor de los dones que Dios da al creyente. El Señor no pide nada que primeramente no da o, de otro modo, no pide nada para lo que no haya hecho provisión. De ahí que la provisión de amor divino sea abundantísima para que pueda amar sin reservas a sus hermanos. El amor siendo sufrido es paciente, magnánimo, capaz de soportar las injusticias y los males que recibe (Pr. 10:12). Es también benigno porque usa de gentileza y amabilidad. No tiene envida, porque no siente celos por el progreso del hermano. No se envanece, porque impide la arrogancia personal. No hace nada indebido, ya que no tiene un comportamiento indecoroso para con los que ama. No busca lo suyo, puesto que es un amor desinteresado. No se irrita, impidiendo toda contienda entre hermanos. No guarda rencor, porque no tiene en cuenta el mal que pueda recibir. No se goza en la injusticia, porque no simpatiza con el mal. Además, todo lo sufre, excusando todo, dispuesto siempre a perdonar las faltas de otros. Todo lo espera, porque confía siempre en la enmienda del otro. Es un amor que lo soporta todo, porque es perseverante.

12. No como Caín, que era del maligno y mató a su hermano. ¿Y por qué causa le mató? Porque sus obras eran malas, y las de su hermano justas.

οὐ καθὼς Κάϊν ἐκ τοῦ πονηροῦ ἦν καὶ ἔσφαξεν τὸν
No lo mismo que Caín del maligno era y mató al
ἀδελφὸν αὐτοῦ· καὶ χάριν τίνος ἔσφαξεν αὐτόν ὅτι τὰ
hermano de él; ¿Y por causa de que mató lo? Porque las
ἔργα αὐτοῦ πονηρὰ ἦν τὰ δὲ τοῦ ἀδελφοῦ αὐτοῦ δίκαια.
obras de él malignas eran y las del hermano de él justas.

Análisis y notas del texto griego.

Análisis: οὐ, adverbio de negación *no*; καθὼς, conjunción *lo mismo que, según que, cuando*; Κάϊν, caso nominativo masculino singular del nombre propio *Caín*; ἐκ, preposición propia de genitivo *de*; τοῦ, caso genitivo masculino singular del artículo determinado *el*; πονηροῦ, caso genitivo masculino singular del adjetivo *maligno*; ἦν, tercera persona singular del imperfecto de indicativo en voz activa del verbo εἰμί, *ser, estar*, aquí *era*; καὶ, conjunción copulativa *y*; ἔσφαξεν, tercera persona singular del aoristo primero de indicativo en voz activa del verbo σφάγω, *matar*, aquí *mató*; τὸν, caso acusativo masculino singular del artículo determinado declinado *al*; ἀδελφὸν, caso acusativo masculino singular del nombre común *hermano*; αὐτοῦ, caso genitivo masculino de la tercera persona singular del pronombre personal declinado *de él*; καὶ, conjunción copulativa *y*; χάριν, preposición propia de genitivo *por causa de*; τίνος, caso genitivo neutro singular del pronombre interrogativo *qué*; ἔσφαξεν, tercera persona singular del aoristo primero de indicativo en voz activa del verbo σφάγω, *matar*, aquí *mató*; αὐτόν, caso acusativo masculino de la tercera persona singular del pronombre personal *le*; ὅτι, conjunción *que*; τὰ, caso nominativo neutro plural del artículo determinado *los*; ἔργα, caso nominativo neutro plural del nombre común *obras*; αὐτοῦ, caso genitivo masculino de la tercera persona singular del pronombre personal declinado *de él*; πονηρὰ, caso nominativo neutro plural del adjetivo *malignas*; ἦν, tercera persona singular del imperfecto de indicativo en voz activa del verbo εἰμί, *ser, estar*, aquí *era*; τὰ, caso nominativo neutro plural del artículo determinado *los*; δὲ, partícula conjuntiva que hace las veces de conjunción coordinante, con sentido de *pero, más bien, y, y por cierto, antes bien, entonces*; τοῦ, caso genitivo masculino singular del artículo determinado declinado *del*; ἀδελφοῦ, caso genitivo masculino singular del nombre común *hermano*; αὐτοῦ, caso genitivo masculino de la tercera persona singular del pronombre personal declinado *de él*; δίκαια, caso nominativo neutro plural del adjetivo *justas*.

οὐ καθὼς Κάϊν ἐκ τοῦ πονηροῦ ἦν καὶ ἔσφαξεν τὸν ἀδελφὸν αὐτοῦ· Juan hizo una afirmación sobre la manera de comportamiento de quienes son hijos de Dios, basada en el amor mutuo. Por el contrario, quien es incapaz de amar, no pertenece a Dios, sino al diablo. Para reforzar la enseñanza selecciona un ejemplo bíblico. Se trata de Caín, el hermano de Abel, del que dice que era *del maligno*. Poniéndolo de manifiesto en el hecho de *matar* a su hermano. El verbo σφάγω, equivale primariamente a *degollar*, de modo que podría traducirse: *Abel degolló a su hermano*. El primer fratricida de la historia lo fue a causa de su vinculación con el maligno. El diablo es homicida desde el principio (Jn. 8:44). Por tanto, quien es del maligno, hace las obras del maligno. Caín está caracterizado aquí por el apóstol como que *era del maligno*, que es una forma semejante a la expresión anterior: *ser del diablo* (v. 8), por tanto, es ejemplo ilustrativo de los hijos de Satanás que, por relación vivencial con él, practican sus obras.

καὶ χάριν τίνος ἔσφαξεν αὐτόν Juan revela aquí la causa del homicidio de Caín, introduciéndola por medio de una pregunta: *"¿Y por qué causa lo mató?"* Este interrogante prepara la respuesta que aporta en la frase siguiente.

ὅτι τὰ ἔργα αὐτοῦ πονηρὰ ἦν τὰ δὲ τοῦ ἀδελφοῦ αὐτοῦ δίκαια. El interrogante queda respondido: *"Porque sus obras eran malas y las de su hermano justas"*. Es decir, el motivo no fue otra cosa que el odio. El maligno no puede sino odiar al justo. La muerte de Abel no se produjo porque tuviese un comportamiento malévolo, sino todo lo contrario, porque sus obras siendo justas, ponían de manifiesto la vinculación que tenía con Dios. Siendo Dios justo (1:9), Abel obraba en esa misma línea, que corresponde a la ética establecida por Dios. El mejor ejemplo fueron las ofrendas que los dos hermanos trajeron ante Dios. La ofrenda de Caín no fue aceptada, en cambio sí lo fue la de Abel. El rechazo no fue, como algunos piensan, porque Abel trajo un animal del rebaño, mientras que Caín trajo del fruto de la tierra. Más adelante, cuando se establecen las ofrendas en la ley, había también ofrendas vegetales, por tanto, no consistió en la ofrenda en sí, sino que se lee en Génesis: *"Y miró Jehová con agrado a Abel y a su ofrenda; pero no mirón con agrado a Caín y a la ofrenda suya"* (Gn. 4:4-5). Era el corazón de los adoradores a lo que Dios miraba y no tanto a las ofrendas que traían. Las obras de Jesucristo fueron siempre obras de justicia (2:1, 29; 3:7). Como contrapartida, las obras de Caín, vinculado al maligno, eran malas. El título *maligno* es el que Juan usa en la *Epístola* para referirse al diablo (2:13, 14; 3:12; 5:18, 19). El abierto rechazo de la luz por las tinieblas, trajo como consecuencia la muerte del justo. Esa es la reacción propia que origina el odio, la envidia y el aborrecimiento, simplemente porque las obras de Abel eran aceptadas por Dios y las suyas no. Las de Abel procedían de un corazón que amaba la justicia, las suyas no.

13. Hermanos míos, no os extrañéis si el mundo os aborrece.

Καὶ[1] μὴ θαυμάζετε, ἀδελφοί[2], εἰ μισεῖ ὑμᾶς ὁ κόσμος.
Y no os maravilléis, hermanos, si odia os el mundo.

Análisis y notas del texto griego.

Análisis: Καὶ, conjunción copulativa *y*; μὴ, partícula que hace funciones de adverbio de negación *no*; θαυμάζετε, segunda persona plural del presente de imperativo en voz activa del verbo θαυμάζω, *admirarse, maravillarse, espantarse,* aquí *os maravilléis*; ἀδελφοί, caso vocativo masculino plural del nombre común *hermanos*; εἰ, conjunción *si*; μισεῖ, tercera pesona singular del presente de indicativo en voz activa del verbo μισέω, *odiar, aborrecer*, aquí *odia*; ὑμᾶς, caso acusativo de la segunda persona plural del pronombre personal declinado *a vostros, os*; ὁ, caso nominativo masculino singular del artículo determinado *el*; κόσμος, caso nominativo masculino singular del nombre común *mundo*.

Notas. Crítica Textual. Lecturas alternativas.

[1] καὶ, no figura en A, B, 5, 33, 81, 436, 442, 642, 1175, 1448, 1611, 1735, 1852, 2344, Byz, lat, sy$^{p, sy, h}$, sa, bo, cv.

[2] ἀδελφοι, *hermanos*, según se lee en ℵ, C, P, Ψ, 307, 1243, 1739, 1881, 2492, sy$^{p, mss}$.

ἀδελφοι μοῦ, *hermanos de mí*, según 81, 1448, 1611, sy.

Καὶ μὴ θαυμάζετε, ἀδελφοί, El uso del vocativo *hermanos*, expresa los destinatarios de esta amonestación. Los creyentes no deben sorprenderse del odio que les manifieste el mundo, porque así fue desde el principio. La frase de Juan es precisa: *"dejad de sorprenderos, porque el mundo está lleno de caínes"*. Los cristianos estaban sorprendidos de que, haciendo buenas obras, siendo ejemplo de justicia en la sociedad, amando desinteresadamente, recibiesen como respuesta el odio del mundo. Por eso Juan les dice: *"dejad de una vez por todas de sorprenderos"*. Al llamarles *hermanos*, se asocia con ellos, de manera que él está experimentando también el mismo conflicto.

εἰ μισεῖ ὑμᾶς ὁ κόσμος. El Señor advirtió que el odio sería el trato que el cristiano debe esperar de los impíos. Ese fue el trato que Cristo recibió. Pero, además, es una evidencia de ser verdaderamente hijos de Dios y del cumplimiento de la profecía que anunció ese comportamiento (Jn. 15:18, 19, 25). Las advertencias de Jesús, tenían el mismo propósito que el apóstol muestra aquí: *"para que no tengáis tropiezo"*, señalando luego algunas acciones que el mundo manifestaría contra los que son de Cristo (Jn. 16:1 ss.). La realidad de haber sido separados del mundo y pasados a una nueva relación con Dios, está en que son aborrecidos por el mundo (Jn. 17:14). Si Jesús fue aborrecido antes, no debe causar asombro a los cristianos cuando les ocurra lo mismo (Jn. 15:18). El verbo μισέω, expresa la idea de *odiar* más incluso que *aborrecer* o *despreciar*, como si el apóstol dijese: *"No os extrañéis que el mundo os odie"*. Es la consecuencia de la conducta del creyente, ya que, como luminares en el mundo, hacen notorias las obras de las tinieblas, que los incrédulos aman. La advertencia de Jesús debe ser tenida en cuenta: "*En el mundo tendréis aflicción; más confiad, yo he vencido al mundo*" (Jn. 16:33). Esta aflicción que sale del mundo, se manifiesta también en la iglesia por quienes están en ella, pero no son de ella, como el apóstol Pablo decía: *"Y también todos los que quieren vivir piadosamente en Cristo Jesús, padecerán persecución"* (2 Ti. 3:12). Sufrir por el testimonio de Cristo es una bendición personal, que la gracia concede al que también le concedió la salvación.

14. Nosotros sabemos que hemos pasado de muerte a vida, en que amamos a los hermanos. El que no ama a su hermano, permanece en muerte.

ἡμεῖς οἴδαμεν ὅτι μεταβεβήκαμεν ἐκ τοῦ θανάτου εἰς τὴν
Nosotros sabemos que hemos pasado de la muerte a la
ζωήν, ὅτι ἀγαπῶμεν τοὺς ἀδελφούς[1]. ὁ μὴ ἀγαπῶν[2] μένει ἐν
vida, porque amamos a los hermanos. El no que ama permanece en
τῷ θανάτῳ.
la muerte.

Análisis y notas del texto griego.

Análisis: ἡμεῖς, caso nominativo de la primera persona plural del pronombre personal *nosotros*; οἴδαμεν, primera persona plural del perfecto de indicativo en voz activa del verbo οἶδα, *saber, conocer, comprender*, aquí *hemos sabido*, en castellano mejor *sabemos*; ὅτι, conjunción *que*; μεταβεβήκαμεν, primera persona plural del perfecto de indicativo en voz activa del verbo μεταβαίνω, *alejarse, trasladarse pasar*, aquí *hemos pasado*; ἐκ, preposición propia de genitivo *de*; τοῦ, caso genitivo masculino singular del artículo determinado *el*; θανάτου, caso genitivo masculino singular del nombre común *muerte*; εἰς, preposición propia de acusativo *a*; τὴν, caso acusativo femenino singular del artículo determinado *la*; ζωήν, caso acusativo femenino singular del nombre común *vida*; ὅτι, conjunción causal *porque*; ἀγαπῶμεν, primera persona plural del presente de indicativo en voz activa del verbo ἀγαπάω, *amar*, aquí *amamos*; τοὺς, caso acusativo masculino plural del artículo determinado declinado *a los*; ἀδελφούς, caso acusativo masculino plural del nombre común *hermanos*; ὁ, caso nominativo masculino singular del artículo determinado *el*; μὴ, partícula que hace funciones de adverbio de negación *no*; ἀγαπῶν, caso nominativo masculino singular del participio presente en voz activa del verbo ἀγαπάω, *amar*, aquí *que ama*; μένει, tercera persona singular del presente de indicativo en voz activa del verbo μένω, *permanecer*, aquí *permanece*; ἐν, preposición propia de dativo *en*; τῷ, caso dativo masculino singular del artículo determinado *el*; θανάτῳ, caso dativo masculino singular del nombre común *muerte*.

Notas. Crítica Textual. Lecturas alternativas.

[1] ἀδελφούς, *hermanos*, según lectura en ℵ, A, B, 33, 1243, 1739, 1852, 1881, 2344, 2492, lat, sa^{mss}, bo.

ἀδελφούς ἡμῶν, *hermano de él*, conforme a ℵ, Ψ 442 sy^{p}.
[2] ὁ μὴ ἀγαπῶν, *el que no ama*, según se lee en ℵ, A, B, 33, 1243, 1739, 1852, 1881, 2344, 2492, lat, sa^{mss}, bo.

ὁ μὴ ἀγαπῶν τόν ἀδελφόν, *el que no ama al hermano*, conforme a X, Ψ, 5, 81, 307, 642, 1175, 1735, By^{z}, vg^{mss}, Casiodoro.

ὁ μὴ ἀγαπῶν τόν ἀδελφόν αὐτοῦ, *el que no ama al hermano de él*, de acuerdo con P, 436, 442, 1448, 1611, vg^{mss}, sy.

ἡμεῖς οἴδαμεν ὅτι μεταβεβήκαμεν ἐκ τοῦ θανάτου εἰς τὴν ζωήν, Ser cristiano es pasar *de muerte a vida*, es pasar por la experiencia de la resurrección espiritual. Jesús se refirió a ese cambio para todo el que cree en Él (Jn. 5:24). No se trata de superar la muerte en sentido figurado, sino de la realidad espiritual de muerte como consecuencia del pecado. La situación de *muerte,* es a la que se llega a causa de la sentencia divina establecida para el pecado, que produce la *muerte espiritual* (Gn. 2:17). Esa es la realidad en que se encuentran todos los hombres. Por la presencia del pecado en el no regenerado, cada uno se ha dado muerte a sí mismo, porque la muerte es el resultado y producto del pecado, la esfera propia y natural en que se desenvuelve el pecador. El pecado reinó produciendo la muerte (Ro. 5:21). A causa de la introducción del pecado en el primer hombre y por él, como herencia genética espiritual, pasó al resto de los hombres que estaban ya en Adán, no solo como cabeza federal de la raza caída, sino como transmisor espiritual dentro de la genética biológica de quienes proceden de él (Ro. 5:12). Nadie puede evitar la condición de *muerto espiritual*, porque *"la paga del pecado es la muerte"* (Ro. 6:23). Por tanto, la vida de todo hombre antes de creer se encuentra a merced de la muerte y en el reino de ella. La muerte espiritual afecta a todos indicando con ello una identidad de condición (Ro. 3:9). Es necesario entender que el hombre es un *muerto espiritual*. El concepto bíblico de muerte no es el de término, sino el de un estado de separación, que se produce entre el hombre y Dios a causa del pecado. La muerte, por tanto, no es una aniquilación del ser, sino un estado que se vive desde el mismo inicio embrionario de la existencia humana, ya que el Salmo afirma que *"He aquí, en maldad he sido formado, y en pecado me concibió mi madre"* (Sal. 51:5). La Biblia enseña que la muerte fue introducida en el ámbito humano por causa del pecado (Gn. 2:17) y como castigo por él (Gn. 3:19; Ro. 5:12-17; 6:23; Stg. 1:15). La muerte espiritual es la consecuencia de la interrupción de la comunión con Dios, origen, razón y experiencia de vida. Jesús mismo dice que Él es *la vida* (Jn. 14:6). Si Dios, fuente de vida, es la vida misma, todo ser alejado de Él está alejado de la vida y es, por tanto, un muerto espiritual. El hombre nace en ese estado y permanece en él mientras no reciba la vida eterna, que es la vida natural de Dios, por unión vital con Cristo, el comunicador de la vida, alcanzándola por gracia mediante la fe.

El no regenerado está muerto en delitos y pecados (Ef. 2:5). De modo que la acción divina de salvación se convierte en una verdadera *resurrección espiritual*, por medio de la que el creyente es trasladado desde una posición de muerte a otra de vida eterna. La acción divina en la salvación se produce en el tiempo en que los cristianos estaban en el pecado y bajo la ira divina. La muerte se produce como consecuencia del pecado, por tanto, todos están *muertos en delitos y pecados* (Ef. 2:5). Ese amor grande que se mencionó antes (v. 1) es el que impulsa a Dios a *vivificar* a quienes estaban, por condición natural, muertos delante de Él y acreedores de la ira divina y no de la gracia salvadora.

Dios nos da vida al unirnos vitalmente con Cristo, de modo que está presente la idea de que como Dios resucitó a Cristo, así *también* a nosotros que recibimos la vida del Resucitado, haciéndonos salir del estado de muerte, como dice Juan: *"Nosotros sabemos que hemos pasado de muerte a vida"*. No es posible la resurrección espiritual, o si se prefiere, la *vivificación*, sin la obra redentora que comporta también la resurrección del Salvador, porque no puede alcanzarse la vida si no es mediante la unión con Cristo, que se produce por la acción del bautismo del Espíritu (1 Co. 12:13). En la entrega del pecador al Salvador en un acto de fe, el Espíritu sitúa al nuevo creyente en Cristo, para que, en contacto con Él, la vida de Dios, que es vida eterna, fluya hacia el salvo y se le comunique mediante la unión con el resucitado Salvador. La vida es dada al creyente por Dios, uniéndolo a Cristo quien provee vida eterna para Él (Jn. 1:4). La doctrina de la *identificación con Cristo* es la clave para entender la experiencia de vida nueva en el salvo (Gá. 2:20), sobre la que gira la enseñanza del apóstol Juan en la *Epístola*. Permanentemente habla de *permanecer en Cristo*, como forma propia de desarrollo de la vida cristiana.

Las consecuencias de la identificación con Cristo son primeramente el poder para dejar de servir a la carne y sus deseos (2:15-16); en segundo lugar, el poder para amar a los hermanos (2:5, 9); y, en tercer lugar, el poder para obedecer los mandatos de Dios (2:4). Las consecuencias de la identificación en el Resucitado, conducen a una nueva posición, viviendo en el Espíritu y siendo morada de Él para una vida de justicia (2:6). Esta vida no es una reparación de la anterior, propia de la naturaleza adámica, sino la dotación de una nueva vida procedente y vinculada con Dios mismo (5:12), que no es otra cosa que la participación del salvo en la naturaleza divina (2 P. 1:4).

Al unir al pecador muerto con la vida en Cristo, se produce una verdadera resurrección espiritual (comp. Jn. 11:25, 26). Esta resurrección de entre los muertos espirituales, permite gozar de una *nueva vida* en Cristo, que genera un cambio de orientación hacia Dios y Sus cosas, entre las que cabe destacar la esfera del amor a los hermanos. La vida de resurrección manifiesta al exterior la voluntad de Dios en un sometimiento pleno al Espíritu Santo, lo que cambia la condición de vida, de un estado de pecaminosidad, una continua desobediencia, haciendo la voluntad de la carne, a una forma de vida en la que el Espíritu reproduce el carácter moral de Jesús, al que los salvos están unidos, mediante el fruto que el mismo Espíritu produce en ellos (Gá. 5:22, 23), ocupándose Él de combatir y dominar la naturaleza carnal (Gá. 5:24). La transformación es evidente (Gá. 5:22-25). Si, como escribe el apóstol, *"hemos pasado de muerte a vida"*, no cabe duda que debe hablarse de una *resurrección espiritual,* que se hace manifiesta en la vida que ha sustituido a la muerte.

ὅτι ἀγαπῶμεν τοὺς ἀδελφούς· La evidencia de la resurrección espiritual es sencilla: *"en que amamos a los hermanos"*. El amor es la evidencia del nuevo nacimiento, pero no el fundamento. Es la señal clara de que se ha nacido de Dios (3:10; 4:7). El verbo en presente indica una acción permanente y no ocasional. El verdadero creyente vive amando continuamente a sus hermanos. Los destinatarios del amor son los que han nacido de nuevo y son, por tanto, hermanos al ser hijos del mismo Padre y miembros de la misma familia (Ef. 2:19). El amor fraterno expresa la realidad de la vinculación con la luz (2:10). Será necesario entender que la condición personal para ser *hermanos* los creyentes unos con otros, es el nuevo nacimiento. De modo que todo aquel que ha sido salvo por gracia mediante la fe, es mi hermano en Cristo. Sorprendentemente, esta verdad, está en el intelecto de muchos cristianos, pero no tanto en su corazón. Es posible que no podamos *colaborar* con todos, a causa de las diferencias doctrinales, de prácticas, de enfoques, etc. etc. pero esto no puede impedir que amemos a todos los hermanos sean como sean. Las diferencias concluirán en la glorificación y todos estaremos unidos eternamente en la presencia del Señor. A veces se habla de esa reunión eterna con añoranza y expectación, con el deseo de que se haga realidad, pero, nada impide hoy que, si ese es el deseo vehemente del alma cristiana, se pueda hacer realidad en la manifestación del amor a los creyentes, sin distinción, en las diversas maneras de comunión que es posible.

ὁ μὴ ἀγαπῶν μένει ἐν τῷ θανάτῳ. Juan concluye esta amonestación con una afirmación contundente: *"El que no ama a su hermano, permanece en muerte"*, según traducción en RV, pero en los mss. más seguros no está *a su hermano*, sino que aparece como una expresión genérica o universal: *"el que no ama permanece en muerte"*. Esto extiende la dimensión del amor: *al que no ama*, comprendiendo con ello un amor en extensión universal, que incluye a los enemigos (Ro. 12:20). El amor se convierte en la evidencia y distinción del que realmente nació de nuevo. El odio, el rencor, el menosprecio es natural de los hijos del maligno, así que, el que es incapaz de amar, permanece en la esfera de muerte espiritual. Esta es una solemne advertencia. Algunos afirman *conocer* a Cristo, pero no todos estos son realmente hijos de Dios, puesto que no han sido conocidos por Él (Mt. 7:21-23). No es la doctrina lo que distingue a un seguidor de Cristo, ya que eso puede aprenderse intelectualmente, sino el amor que entrega la vida hacia el otro. El que no ama, está muerto en sus delitos y pecados.

15. Todo aquel que aborrece a su hermano es homicida; y sabéis que ningún homicida tiene vida eterna permanente en él.

πᾶς ὁ μισῶν τὸν ἀδελφὸν αὐτοῦ ἀνθρωποκτόνος ἐστίν, καὶ
Todo el que aborrece al hermano de él homicida es, y
οἴδατε ὅτι πᾶς ἀνθρωποκτόνος οὐκ ἔχει ζωὴν αἰώνιον ἐν
sabéis que todo homicida no tiene vida eterna en
αὐτῷ μένουσαν.
él que permanece.

Análisis y notas del texto griego.

Análisis: πᾶς, caso nominativo masculino singular del adjetivo indefinido *todo*; ὁ, caso nominativo masculino singular del artículo determinado *el*; μισῶν, caso nominativo masculino singular del participio presente en voz activa del verbo μισέω, *aborrecer, odiar*, aquí *que aborrece*; τὸν, caso acusativo masculino singular del artículo definido declinado *al*; ἀδελφὸν, caso acusativo masculino singular del nombre común *hermano*; αὐτοῦ, caso genitivo masculino de la tercera persona singular del pronombre personal declinado *de él*; ἀνθρωποκτόνος, caso nominativo masculino singular del nombre común *homicida*; ἐστίν, tercera persona singular del presente de indicativo en voz activa del verbo εἰμί, *ser, estar*, aquí *es*; καὶ, conjunción copulativa *y*; οἴδατε, segunda persona plural del perfecto de indicativo en voz activa del verbo οἶδα, *saber, conocer*, aquí *habéis sabido*, también en castellano *sabeis*; ὅτι, conjunción *que*; πᾶς, caso nominativo masculino singular del adjetivo indefinido *todo*; ἀνθρωποκτόνος, caso nominativo masculino singular del nombre común *homicida*; οὐκ, forma escrita del adverbio de negación *no*, con el grafismo propio ante una vocal con espíritu suave o una enclítica; ἔχει, tercera persona singular del presente de indicativo en voz activa del verbo ἔχω, *tener, poseer*, aquí *tiene*; ζωὴν, caso acusativo femenino singular del nombre común *vida*; αἰώνιον, caso acusativo femenino singular del adjetivo *eterna*; ἐν, preposición propia de dativo *en*; αὐτῷ, caso dativo masculino de la tercera persona singular del pronombre personal *él*; μένουσαν, caso acusativo femenino singular del participio presente en voz activa del verbo μένω, *permanecer*, aquí *que permanece*.

πᾶς ὁ μισῶν τὸν ἀδελφὸν αὐτοῦ ἀνθρωποκτόνος ἐστίν, En el progreso de las afirmaciones que el apóstol está haciendo, llega a precisar que *"el que aborrece a su hermano es homicida"*, que se convierte en calificativo para el que no ama. No hay distinciones en esto, como se aprecia por el uso del adjetivo *todo*, en sentido general, *todo* el que no ama es homicida. Ese es el mismo calificativo que Jesús usó para referirse a Satanás: *"Vosotros sois de vuestro padre el diablo, y los deseos de vuestro padre queréis hacer. Él ha sido homicida desde el principio, y no ha permanecido en la verdad, porque no hay verdad en él. Cuando habla mentira, de suyo habla; porque es mentiroso, y padre de mentira"* (Jn. 8:44). Satanás estaba tras el crimen de Caín. El odio es la base y principio del homicidio. Jesús enseñó en el *Sermón del Monte*, que cualquiera que se enoja contra su hermano o que le diga necio, o fatuo, *"quedará expuesto al infierno de fuego"* (Mt. 5: 22). Lo que descubría Jesús no eran tanto las acciones incorrectas, sino las intenciones y los pensamientos íntimos que sólo la persona conocía, pero que también conocía Dios. Juan afirma que el que *aborrece* u *odia* a su hermano es homicida. El desprecio o aborrecimiento lleva aparejado el enojo que no es otra cosa que un pensamiento iracundo contra otro. De modo que quien manifiesta incapacidad para amar, no ha conocido a Dios, porque Dios es amor. Pero, cuando el desprecio va acompañado de palabras hirientes, está dentro del cuadro que Jesús presentó en la enseñanza del *Sermón del Monte*. El aborrecimiento se manifiesta muchas veces con palabras injuriosas. Un ejemplo revelador está en el enojo de los fariseos contra los alguaciles que se habían negado a prender a Jesús cautivados por Sus enseñanzas, diciendo de ellos: *"Mas esta gente que no sabe la ley, maldita es"* (Jn. 7:49). El Señor puso de manifiesto que cuando se insulta al hermano se ponen de manifiesto los deseos homicidas que alberga contra él en su corazón. Algo más, Jesús pasó de los insultos a la difamación, que extiende a otros maliciosamente acusaciones contra quien no puede defenderse. Difamar a un hermano es un grave pecado. Maledicente es el que habla mal de otro, no solo calumniándole, sino haciendo creer a otros su supuesta mala fama. Estos difamadores no deben estar en la comunión de la iglesia (1 Co. 5:11). El que difama comete homicidio en el sentido de quitar la honra a la persona difamada, destruyendo con ello su reputación y su vida, aspectos que son considerados por el Maestro como prácticas homicidas. Estos, dice Juan, no tienen *vida eterna permanente*, por tanto, no han sido regenerados porque la vida eterna resultante de ser engendrado por Dios, no está en ellos y, por consiguiente, permanecen en el reino de las tinieblas y de la muerte (3:14b).

καὶ οἴδατε ὅτι πᾶς ἀνθρωποκτόνος οὐκ ἔχει ζωὴν αἰώνιον ἐν αὐτῷ μένουσαν. El *aborrecimiento* o el *odio* contra el hermano es prueba de no tener *vida eterna.* Nadie que *es* homicida, en razón del odio, ha nacido de nuevo. Es una de las manifestaciones de pecado que excluyen del reino de los cielos (Gá. 5:21; Ap. 21:8). Esto es, el homicida no es un hijo de Dios y, por tanto, no tiene herencia en Su reino. No se trata, como se ha dicho antes, de una caída ocasional que por la confesión deja restaurada la comunión con Dios (1:9), sino que es la práctica del pecado, propia del que no ha nacido de nuevo (3:6-9). Estos que pecan habitualmente no pueden esperar entrar en el reino de Dios, porque para ello es preciso el nuevo nacimiento (Jn. 3:3, 5, 7). No que sea un pecado imperdonable, sino que evidencia la realidad de no haber sido dotado de la vida eterna, lo que equivale a no haber creído verdaderamente en el Señor. Quienes no tienen vida eterna, están en muerte y condenación, bajo la ira de Dios (5:11, 12; Jn. 3:36).

16. En esto hemos conocido el amor, en que él puso su vida por nosotros; también nosotros debemos poner nuestras vidas por los hermanos.

ἐν τούτῳ ἐγνώκαμεν τὴν ἀγάπην, ὅτι ἐκεῖνος ὑπὲρ ἡμῶν τὴν
En esto hemos conocido el amor, que Aquel por nosotros la
ψυχὴν αὐτοῦ ἔθηκεν· καὶ ἡμεῖς ὀφείλομεν ὑπὲρ τῶν ἀδελφῶν
vida de Él puso; también nosotros debemos por los hermanos
τὰς ψυχὰς θεῖναι.
las vidas poner.

Análisis y notas del texto griego.

Análisis: ἐν, preposición propia de dativo *en*; τούτῳ, caso dativo neutro singular del pronombre demostrativo *esto*; ἐγνώκαμεν, primera persona plural del perfecto de indicativo en voz activa del verbo γινώσκω, *saber, conocer, entender*, aquí *hemos sabido*; τὴν, caso acusativo femenino singular del artículo determinado *la*; ἀγάπην, caso acusativo femenino singular del nombre común *amor*; ὅτι, conjunción *que*; ἐκεῖνος, caso nominativo masculino singular del pronombre demostrativo *Aquel*; ὑπὲρ, preposición propia de genitivo *por*; ἡμῶν, caso genitivo de la primera persona plural del pronombre personal *nosotros*; τὴν, caso acusativo femenino singular del artículo determinado *la*; ψυχὴν, caso acusativo femenino singular del nombre común *vida, persona*; αὐτοῦ, caso genitivo masculino de la tercera persona singular del pronombre personal declinado *de Él*; ἔθηκεν, tercera persona singular del aoristo primero de indicativo en voz activa del verbo τίθημι, *poner, colocar, entregar*, aquí *puso*; καὶ, adverbio de modo *también*; ἡμεῖς, caso nominativo de la primera persona plural del pronombre personal *nosotros*; ὀφείλομεν, primera persona plural del presente de indicativo en voz activa del verbo ὀφείλω, *deber, tener obligación*, aquí *debemos*; ὑπὲρ, preposición propia de genitivo *por*; τῶν, caso genitivo masculino plural del artículo determinado *los*; ἀδελφῶν, caso genitivo masculino plural del nombre común *hermanos*; τὰς, caso acusativo femenino plural del artículo determinado *las*; ψυχὰς, caso acusativo femenino plural del nombre común *vidas, personas, almas*; θεῖναι, aoristo segundo de infinitivo en voz activa del verbo τίθημι, *poner, colocar, entregar*, aquí, *poner*.

ἐν τούτῳ ἐγνώκαμεν τὴν ἀγάπην, El amor se conoce por el bien que genera. No se trata de expresiones sino de acciones que manifiestan su realidad. De otro modo, el amor no se define, se demuestra. Aquí el *amor* expresa la realidad suprema, al tratarse del amor divino, del que procede todo el amor verdadero. Es interesante apreciar aquí el uso del verbo *conocer, saber*, que denota algo que se conoce por experiencia personal. Juan afirma que el amor verdadero lo hemos conocido en *esto*, que orienta la atención hacia la oración completiva que sigue. La expresión *hemos conocido*, hace referencia a la dinámica inicial de la fe, que descubre el verdadero amor, cuya lección, no teórica sino práctica, no intelectual sino experimental se mantiene como un conocimiento perpetuo.

ὅτι ἐκεῖνος ὑπὲρ ἡμῶν τὴν ψυχὴν αὐτοῦ ἔθηκεν· La manifestación del amor infinito de Dios es que *Aquel*, referido a Cristo, *"puso su vida por nosotros"*. El Señor entregó Su vida voluntariamente, sin que nadie le obligase a ello (Jn. 10:11, 17, 18). El verbo τίθημι, que usa aquí Juan, expresa la idea de *poner, entregar*, que en aoristo expresa la idea de algo que se consumó plenamente. La preposición de genitivo ὑπὲρ, puede significar *en favor*, o *en pro*, pero también, como es el caso presente equivale a *en lugar de*, por eso la traducción *por nosotros*. En este caso el amor se manifiesta en que Jesús *puso su vida* a favor de los pecadores, hablando específicamente de sustitución. Él puso Su vida en lugar de la de los que salvó. Para que sea posible la salvación, con lo que conlleva, como dotación de vida eterna, condición de hijos de Dios, perdón de pecados, etc. fue necesario un sacrificio de expiación por el pecado que no es otra cosa que la sustitución de la vida del Salvador, *en lugar de* la de los perdidos. Es decir, los perdidos por esa condición, no tenían otro destino que la eterna condenación, pero Jesús *puso, entregó* Su vida ocupando el lugar del perdido para que, con Su muerte, quede cancelada la responsabilidad penal por el pecado, de modo que el pecador, recibe la vida de quien le sustituye, pasando de condenación a salvación, o de muerte a vida (v. 14). *Dar la vida* implica un acto voluntario porque no se la arrebatan, sino que la *regala* entregándola. Jesús se da a Sí mismo, no solo en Su vida física, sino en Su vida personal. Es por eso que los creyentes pueden tener vida eterna y disfrutar en su vida terrenal de vida abundante. Jesús muere por los que el Padre le da en sentido de ocupar el lugar de cada uno. La muerte sustitutoria de Cristo es eficaz para los que creen verdaderamente en Él (Jn. 3:16; 6:37, 39, 40, 44, 65; 10:11, 15, 29; 17:6, 9, 20, 21, 24). Baste recordar que el Señor se entregó, ya que nadie podía quitarle la vida, haciéndolo conforme al plan eterno de redención. Si la muerte de Jesús en cuanto a los hombres es un terrible crimen, cometido contra el único justo en sentido absoluto, es positivamente un servicio sacrificial por quienes iban a ser justificados mediante Su obra, para ser eternamente salvos. Para el Padre es un regalo de amor, el Unigénito que se entrega a Sí mismo por los pecadores, muertos en delitos y pecados, para que la vida de Él se convierta en la vida de ellos, y que, mediante Su obra redentora y Su potencia salvadora, anule la responsabilidad penal de sus pecados, los integre en la filiación de hijos con el Padre y les confiera la condición de salvos, mediante la justificación, viniendo a ser Suyos. En ese amor infinito manifestado en la obra de salvación, en la que entrega Su vida, Dios se dice y se da a los hombres. Siendo imposible que el hombre ascienda a Dios, es Dios quien desciende al hombre, y el Hijo como Verbo que expresa absolutamente al Padre. Se entrega voluntariamente para ejecutar la obra de salvación. En el plano de la humanidad, Dios que es el Verbo hecho carne, da Su vida y aún más, muere *con nosotros*, ya que el abandono en la Cruz, el ser hecho maldición (Gá. 3:13), no es otra cosa que *"gustar la muerte por todos"* (He. 2:9). La Cruz da expresión al infinito amor de Dios. El Hijo, al entregar Su vida, se hace sustituto para la salvación del pecador. En la Cruz será tratado como corresponde a quien, siendo portador del pecado, se enfrenta con la justicia divina que demandaba la muerte del pecador. Jesucristo es hecho sacrificio expiatorio por el pecado, que es el alcance supremo del amor: *"Al que no conoció pecado, por nosotros lo hizo pecado, para que nosotros fuésemos hechos justicia de Dios en Él"* (2 Co. 5:21). El Señor entró en la experiencia de la maldición por el pecado, siendo hecho maldición al ocupar el lugar de los malditos de Dios a causa del pecado (Gá. 3:13). En el alcance de la máxima expresión del sentido de la muerte que el Hijo experimentó en la Cruz, fue desamparado del Padre (Mt. 27:46), entrando en la profundidad de lo que es la muerte espiritual. Dios se allega hasta donde está el pecador, compartiendo en el sacrificio redentor del Hijo al entregar Su vida, llevado a cabo por Él la muerte en la dimensión de Su humanidad, para otorgarnos la vida. La conclusión no puede ser más sencilla, que a lo que Juan llega ante el prodigioso hecho redentor: *"En esto hemos conocido el amor, en que él puso su vida por nosotros"*.

καὶ ἡμεῖς ὀφείλομεν ὑπὲρ τῶν ἀδελφῶν τὰς ψυχὰς θεῖναι. La consecuencia no puede ser otra para quienes viven la vida de Cristo en ellos. El amor hacia los hermanos es la expresión visible del nuevo nacimiento. Amar es la consecuencia natural de vivir a Cristo (Fil. 2:5). Juan es muy preciso, no se trata de algo optativo, sino de un *deber*, del cumplimiento de una deuda que no se extingue nunca, que es el amor hacia los hermanos. *Debemos,* indica una obligación moral impuesta por la realidad del amor de Dios, que ha sido derramado en el cristiano hasta saturar el corazón (Ro. 5:5). Expresa esencialmente una disposición a la entrega suprema, expresada aquí en la propia vida, en beneficio de los hermanos. A esto lleva el *estar en Cristo* y *permanecer* en Él, que con tanta reiteración aparece en la *Epístola.* El nuevo mandamiento adquiere este nivel de cumplimiento (Jn. 15:12). Lo que identifica al verdadero discípulo de Cristo es el seguimiento al Maestro (Jn. 13:35). El amor fraterno es el mejor respaldo a la proclamación del evangelio, que expresa el amor de Dios hacia el pecador, buscándolo, salvándolo, y haciéndolo hijo Suyo. Un mensaje de amor, sin que quien lo proclama lo manifieste personalmente, es contrario al testimonio, y un obstáculo para que los que oigan el mensaje lo acepten.

17. Pero el que tiene bienes de este mundo y ve a su hermano tener necesidad, y cierra contra él su corazón, ¿cómo mora el amor de Dios en él?

ὃς δ' ἂν ἔχῃ[1] τὸν βίον τοῦ κόσμου καὶ θεωρῇ[2] τὸν
Pero el que - tenga los medios de vida del mundo y vea al
ἀδελφὸν αὐτοῦ χρείαν ἔχοντα καὶ κλείσῃ τὰ σπλάγχνα αὐτοῦ
hermano de él necesidad teniendo y cierre las entrañas de él
ἀπ' αὐτοῦ, πῶς ἡ ἀγάπη τοῦ Θεοῦ μένει ἐν αὐτῷ
con él, ¿cómo el amor - de Dios permanece en él?

Análisis y notas del texto griego.

Análisis: ὃς, caso nominativo masculino singular del pronombre relativo *el que, quien*; δ', partícula conjuntiva que hace las veces de conjunción coordinante, con el grafismo por elisión de la ὲ final ante vocal o diptongo sin aspiración, con sentido de *pero, más bien, y, y por cierto, antes bien*; ἂν, partícula que no empieza nunca frase y que da a ésta carácter condicional o dubitativo, o expresa una idea de repetición. Se construye con todos los modos menos el imperativo y acompaña a los pronombres relativos para darles un sentido general; en algunas ocasiones no tiene traducción; ἔχῃ, tercera persona singular del presente de subjuntivo en voz activa del verbo ἔχω, *tener, poseer*, aquí *tenga*; τὸν, caso acusativo masculino singular del artículo determinado *el*; βίον, caso acusativo masculino singular del nombre común, literalmente *vida*, en sentido de *medios de vida*; τοῦ, caso genitivo masculino singular del artículo determinado declinado *del*; κόσμου, caso genitivo masculino singular del nombre común *mundo*; καὶ, conjunción copulativa *y*; θεωρῇ, tercera persona singular del presente de subjuntivo en voz activa del verbo θεωρέω, *ver, observar, percibir*, aquí *vea*; τὸν, caso acusativo masculino singular del artículo determinado declinado *al*; ἀδελφὸν, caso acusativo masculino singular del nombre común *hermano*; αὐτοῦ, caso genitivo masculino de la tercera persona singular del pronombre personal declinado *de él*; χρείαν, caso acusativo femenino singular del nombre común *necesidad*; ἔχοντα, caso acusativo masculino singular del participio presente en voz activa del verbo ἔχω, *tener, poseer*, aquí *que tiene, teniendo*; καὶ, conjunción copulativa *y*; κλείσῃ, tercera persona singular del aoristo primero de subjuntivo en voz activa del verbo κλείω, *cerrar*, aquí *cierre*; τὰ, caso acusativo neutro plural del artículo determinado *los*; σπλάγχνα, caso acusativo neutro plural del nombre común *entrañas*; αὐτοῦ, caso genitivo masculino de la tercera persona singular del pronombre personal declinado *de él*; ἀπ' preposición propia de genitivo ἀπό, con el grafismo que adopta por elisión de la o final ante vocal o diptongo sin aspiración, que equivale a *de, desde, procedente de, por medio de, con, por*; αὐτοῦ, caso genitivo masculino de la tercera persona singular del pronombre personal *él*; πῶς, partícula interrogativa adverbial, que realmente es un pronombre interrogativo *¿cómo?, ¿de que manera?, ¿por qué medio?, ¡cómo!, ¡cuán! nunca, imposible, ¿qué?, que*; ἡ, caso nominativo femenino singular del artículo determinado *la*; ἀγάπη, caso nominativo femenino singular del nombre común *amor*; τοῦ, caso genitivo masculino singular del artículo determinado *el*; Θεοῦ, caso genitivo masculino singular del nombre divino declinado *de Dios*; μένει, tercera persona singular del presente de indicativo en voz activa del verbo μένω, *permanecer*, aquí *permanece*; ἐν, preposición propia de dativo *en*; αὐτῷ, caso dativo masculino de la tercera persona singular del pronombre personal él.

Notas. Crítica Textual. Lecturas alternativas.

[1] ἔχῃ, *tenga*, según se lee en א, A, B, C, P, Ψ, 436, 642, 1175, 1611, 1739, Byz[pt].

ἔχει, *tiene*, conforme a 33, 442, 642, 1243, 1735.
θεωρῇ, *vea*, según lectura en א, A, B, C, P, Ψ, 436, 642, 1175, 1611, 1739, Byz[pt].

Θεωρεῖ, *ve*, conforme a 5, 81, 307, 442, 1243, 1448, 1735, 1852, 1881, 2344, 2492, By[zp].

ὃς δ' ἂν ἔχῃ τὸν βίον τοῦ κόσμου. Juan pone el ejemplo supuesto de una persona con bienes temporales. El ejemplo práctico está puesto para confirmar la enseñanza del amor fraterno. La expresión τὸν βίον, donde se lee *lo de la vida*, en sentido de lo necesario para la subsistencia, e incluso pudiera tratarse de tener algo más como propiedades, sin que eso suponga de una gran dimensión. Lo que está escribiendo es una exhortación a los creyentes para que respondan con asuntos prácticos a la demanda del amor.

καὶ θεωρῇ τὸν ἀδελφὸν αὐτοῦ χρείαν ἔχοντα. La supuesta situación es que el que tiene los recursos, conoce, literalmente *ve* a su hermano pasando necesidad. Se trata, pues, de dos creyentes, uno pobre, acaso paupérrimo, y otro pudiente, en mayor o menor dimensión. Este *tener necesidad*, pudiera llegar a comprender la *mendicidad*, esto es, carecer de todo lo necesario y no poder alcanzarlo. El alcance del ejemplo pudiera llegar a consistir en presentar a un hermano pobre, mendigando su sustento delante de otro rico. Es una situación parecida a la que hace referencia Santiago, cuando escribe: *"Y si un hermano o una hermana están desnudos, y tienen necesidad de mantenimiento"* (Stg. 2:15). En síntesis, se trata de un caso de extrema pobreza.

καὶ κλείσῃ τὰ σπλάγχνα αὐτοῦ ἀπ' αὐτοῦ, Frente a esta situación el que tiene posibilidad de atender aquella necesidad, hace todo lo contrario: *"cierra su corazón hacia él"*. Cuando se cierra el corazón hacia otro, deja de expresarme amor entrañable y misericordia. Un corazón cerrado al hermano, tampoco está abierto a Dios, puesto que no actúa como corresponde a quien, siendo hijo de Él, y habiendo recibido la dotación de Su propio amor, no ama. Ciertamente se trata de un rebelde contra Dios, además de un quebrantador del principal de Sus mandamientos que es el de demostrar amor hacia otro. No hay amor de Dios permanente en él, porque el corazón de Dios se abrió a la necesidad del hombre: *"Por la entrañable misericordia de nuestro Dios, con que nos visitó desde lo alto la aurora"* (Lc. 1:78). Quien está revestido de Cristo tiene como Él *entrañable misericordia* (Col. 3:12). El afecto entrañable de Dios debe manifestarse en quien lo tiene en su vida (Fil. 2:1). Como Agustín decía: *"Si todavía no eres capaz de morir por un hermano, sé ya capaz de darle de tus bienes"*[7]. Cuando Juan habla de un

[7] Agustín. *In Ep. Io.* 5,12.

corazón cerrado es una puerta infranqueable. Es interesante la construcción de la oración con ἀπ' αὐτου, que expresa la idea de *lejos de él*, apartándose de él, alejándose de él.

πῶς ἡ ἀγάπη τοῦ Θεοῦ μένει ἐν αὐτῷ. La conclusión a la que llega el apóstol es consecuente con la acción presentada. El hombre en general –y también el creyente– dice estar dispuesto a grandes heroicidades, como dar la vida, esforzarse por los débiles, cuando realmente no está dispuesto a lo elemental que es compartir los bienes para dar de comer a otros. Lo que Juan afirma es que esa persona no está siendo controlada y conducida por Dios. El Espíritu de Cristo, reproduce a Cristo en el creyente y quien no tiene el Espíritu no es de Él (Ro. 8:9). El amor genuino, el que se da al otro, es la consecuencia de la acción del Espíritu (Gá. 5:22). Quien tiene el corazón cerrado al amor, o no está viviendo en el Espíritu, o nunca lo tuvo (Gá. 5:16). En el último supuesto, es un mentiroso que se quiere contar entre *"los que aman"*, cuando no es realidad.

18. Hijitos míos, no amemos de palabra ni de lengua, sino de hecho y en verdad.

Τεκνία,	μὴ	ἀγαπῶμεν	λόγῳ	μηδὲ	τῇ	γλώσσῃ	ἀλλὰ	ἐν	ἔργῳ
Hijitos,	no	améis	con palabra	ni	con la	lengua,	sino	de	obra
καὶ	ἀληθείᾳ.								
y	de verdad.								

Análisis y notas del texto griego.

Análisis: Τεκνία, caso vocativo masculino singular del nombre común *hijitos*; μὴ, partícula que hace funciones de adverbio de negación *no*; ἀγαπῶμεν, primera persona plural del presente de subjuntivo en voz activa del verbo ἀγαπάω, aquí *amemos*; λόγῳ, caso dativo masculino singular del nombre común *palabra*, aquí *de palabra*; μηδὲ, partícula negativa, crasis[8] formada por la partícula μή, y δὲ, que significa *ni*; τῇ, caso dativo femenino singular del artículo determinado declinado *con la* γλώσσῃ, caso dativo femenino singular del nombre común *lengua*; ἀλλὰ, conjunción adversativa *sino*; ἐν, preposición propia de dativo *en*; ἔργῳ, caso dativo neutro singular del nombre común *obra*; καὶ, conjunción copulativa *y*; ἀληθείᾳ, caso dativo femenino singular del nombre común declinado *con verdad, realidad*.

Τεκνία, μὴ ἀγαπῶμεν λόγῳ μηδὲ τῇ γλώσσῃ. De nuevo usa Juan, en modo afectivo el vocativo *hijitos*. A estos a quienes ama

[8] *Crasis*, palabra griega que equivale a *unión de fuerzas*, en general *unión de elementos*.

entrañablemente, les invita a amar en modo real y no teórico. Por eso les dice que *"no meramente de palabra ni de lengua"*. El amor no puede expresarse con palabras si no va acompañado de hechos que lo manifieste. Como Dios no habló de amor, sino que amó, así también quienes son Sus hijos han de hacer lo mismo. La expresión *palabra y lengua* es un modo de referirse a hipocresía, como Dios dijo a Su pueblo por medio del profeta: *"Dice, pues, el Señor: Porque este pueblo se acerca a mí con su boca, y con sus labios me honra, pero su corazón está lejos de mí"* (Is. 29:13). La mayor hipocresía es la que da al pobre sólo buenas palabras, cuando puede darle lo que necesita (Stg. 2:16). Una actuación semejante es la negación de la fe (Stg. 2:17).

ἀλλὰ ἐν ἔργῳ καὶ ἀληθείᾳ. El modo de amar es *"de hecho y en verdad"*. Amar en verdad o *de* verdad es hacerlo como el Crucificado manifestó Su amor (3:16a). La fe que no obra es muerta en sí misma. El creyente vive en una fe dinámica, conformada a la actuación de Jesús (Gá. 2:20). En el pensamiento de Juan, el amor es la expresión definitiva de la vida cristiana, ese amor que va más allá de las palabras, que manifiesta el interés real por los demás. Lo importante para Juan es que las obras se hagan *de verdad*, o también *en verdad*, lo que equivale a *sinceramente*. Esto conduce a una manifestación de vida concordante con *la verdad*, es decir, con las palabras y enseñanzas que Jesús dejó establecidas para los Suyos. La exhortación reviste una dimensión notable, ya que se trata de amar a los demás con hechos coherentes con el evangelio, ese es el modo de expresar el amor que ha recibido de Dios.

Práctica de la oración (3:19-24).

En confianza (3:19-21).

19. Y en esto conocemos que somos de la verdad, y aseguraremos nuestros corazones delante de él;

[Καὶ] ἐν τούτῳ γνωσόμεθα ὅτι ἐκ τῆς ἀληθείας ἐσμέν, καὶ
Y en esto conoceremos que de la verdad somos, y
ἔμπροσθεν αὐτοῦ πείσομεν τὴν καρδίαν ἡμῶν,
delante de Él tranquilizaremos el corazón de nosotros.

Análisis y notas del texto griego.

Análisis: Καὶ, conjunción copulativa *y*; ἐν, preposición propia de dativo *en*; τούτῳ, caso dativo neutro singular del pronombre demostrativo *esto*; γνωσόμεθα, primera persona plural del futuro de indicativo en voz media del verbo γινώσκω, *saber, entender, conocer*, aquí *conoceremos*; ὅτι, conjunción *que*; ἐκ, preposición propia de genitivo *de*; τῆς, caso genitivo femenino singular del artículo definido *la*; ἀληθείας, caso genitivo femenino singular del nombre común *verdad*; ἐσμέν, primera persona plural del presente de indicativo en voz activa del verbo εἰμί, *ser, estar*, aquí *somos*; καὶ, conjunción copulativa *y*; ἔμπροσθεν, preposición de genitivo *delante de*; αὐτοῦ, caso genitivo masculino de la tercera persona singular *Él*; πείσομεν, primera persona plural del futuro de indicativo en voz activa del verbo πείθω, *tranquilizar, persuadir, convencer*, aquí *tranquilizaremos*; τὴν, caso acusativo femenino singular del artículo determinado *la*; καρδίαν, caso acusativo femenino singular del nombre común *corazón*; ἡμῶν, caso genitivo de la primera persona plural del pronombre personal declinado *de nosotros*.

Καὶ ἐν τούτῳ γνωσόμεθα ὅτι ἐκ τῆς ἀληθείας ἐσμέν, Ser de la verdad es más que *decir* la verdad. Este es el conocimiento concreto al que debe llegar cada creyente. Ser de la verdad es pertenecer a la ciudadanía celestial, o lo que es lo mismo, pertenecer a Dios. Se refiere a la verdad trascendente que mora en el cristiano. Ser de la verdad es obedecer a Dios siguiendo a Cristo (Jn. 18:37). El conocimiento de ser de la verdad está relacionado con la práctica del amor a los hermanos. Esta relación con Cristo, da al creyente la seguridad de que está en el lado de la verdad. El verbo *conoceremos*, en futuro será una evidencia continuada permanente de estar en la verdad. De ahí la expresión de Juan: *"en esto"*, es decir, en la vida que practica el amor, conoceremos que somos de Dios. La sinceridad de este amor hacia los hermanos se prueba mediante obras, un amor sin hipocresía (Ro. 12:9; 2 Co. 6:6; 1 P. 1:22).

καὶ ἔμπροσθεν αὐτοῦ πείσομεν τὴν καρδίαν ἡμῶν, Esta seguridad no es algo subjetivo sino genuino, porque se afirma delante de Dios. La idea de Juan en esta cláusula es que el corazón del creyente está firme ante Dios porque sabe que es de Él, y lo sabe porque ama. Juan dice que *tranquilizaremos* nuestro corazón delante de Dios. El verbo πείθω, tiene varias acepciones como *tranquilizar, persuadir, convencer*. Un corazón persuadido de ser de Dios, se convence de ello y se tranquiliza, es decir, se calma sabiendo que realmente es de la verdad, porque hace aquello que es conforme a Dios mismo. El cristiano puede caer en algún pecado (1:10), pero su conciencia le confirma como que aun así es de Dios porque no practica el pecado habitualmente, como forma expresiva de su vida. Al verse en la presencia de Dios, se juzga a sí mismo conforme a la verdad de Dios. No es asunto de justificarse en algún tipo de relación con los demás, sino en pleno conocimiento en donde el corazón no acusa de falta o de hipocresía. En ese sentido el corazón se siente tranquilo porque, aunque no ha llegado a la perfección que Dios demanda, está en la senda de la verdad, manifestada en amor sincero hacia los hermanos.

20. pues si nuestro corazón nos reprende, mayor que nuestro corazón es Dios, y él sabe todas las cosas.

ὅτι ἐὰν καταγινώσκῃ ἡμῶν ἡ καρδία, ὅτι μείζων ἐστὶν
Porque si condena de nosotros el corazón, que mayor es
ὁ Θεὸς τῆς καρδίας ἡμῶν καὶ γινώσκει πάντα.
- Dios del corazón de nosotros y conoce todas las cosas.

Análisis y notas del texto griego.

Análisis: ὅτι, conjunción *que, porque, de modo que*; ἐὰν, conjunción afirmativa *si*; καταγινώσκῃ, tercera persona singular del presente de indicativo en voz activa del verbo καταγινωσκω, *condenar, acusar*, aquí *condena*; ἡμῶν, caso genitivo de la primera persona plural del pronombre personal declinado *de nosotros*; ἡ, caso nominativo femenino singular del artículo determinado *la*; καρδία, caso nominativo femenino singular del nombre común *corazón*; ὅτι, conjunción *que*; μείζων, caso nominativo masculino singular del adjetivo comparativo *mayor*; ἐστὶν, tercera persona singular del presente de indicativo en voz activa del verbo εἰμί, *ser, estar*, aquí *es*; ὁ, caso nominativo masculino singular del artículo determinado *el*; Θεὸς, caso nominativo masculino singular del nombre divino *Dios*; τῆς, caso genitivo femenino singular del artículo determinado declinado *de la*; καρδίας, caso genitivo femenino singular del nombre común *corazón*; ἡμῶν, caso genitivo de la primera persona singular del pronombre personal declinado *de nosotros*; καὶ, conjunción copulativa *y*; γινώσκει, primera persona plural del presente de indicativo en voz activa del verbo γινώσκω, *saber, conocer, entender*, aquí *sabemos*; πάντα, caso acusativo neutro plural del adjetivo indefinido *todos*, en sentido de *todas las cosas*.

ὅτι ἐὰν καταγινώσκῃ ἡμῶν ἡ καρδία, El versículo tiene un sentido complejo. Las dificultades puntualizadas en la crítica textual y en el contexto inmediato, conduce a algunos a pensar que el versículo tiene una corrupción por alguna copia[9]. El verbo que se traduce por *reprender*, equivale a *acusar de pecado*. Se trata de un corazón escrupuloso que acusa enseguida de cualquier falta. Es relativo a una caída en la que el corazón acusa al creyente de haber fallado. En ocasiones Satanás usa el puritanismo o el pietismo extremo para hacer sentir la miseria del corazón cristiano en sus muchos fallos y caídas, acusando al cristiano continuamente y haciéndole perder el gozo, conduciéndolo a un continuo confesar de faltas que le priva de sentir la realidad gloriosa de los hijos de Dios. No significa, en modo alguno, que el cristiano transija con el pecado, o que minimice sus acciones incorrectas que deben ser reconocidas, pero eso debe llevar sólo a la confesión de sus pecados (1:9) para una restauración de la comunión con Dios. No debe olvidarse que, si bien es

[9] Entre otros Windisch, Bauer, Hotzmann, etc.

cierto que caemos y pecamos, no por eso dejamos de ser *"más que vencedores por medio de aquel que nos amó"* (Ro. 8:37). Además, esos fallos no nos privan de la posición en que hemos sido puestos en Cristo, sentados con Él en los lugares celestiales (Ef. 2:6). De igual manera agradecemos a Dios *"que nos lleva siempre en triunfo en Cristo Jesús"* (2 Co. 2:14). El legalismo ve solo a la ley buscando generar corazones angustiados y vidas entristecidas al mostrar solo la gravedad del pecado, que sin duda alguna tiene, pero no abre para el cristiano el camino de la gracia que restaura en Cristo. Esto genera una esclavitud abrumadora en algunos, a los que hemos de exhortar con las palabras del apóstol Pablo: *"Estad, pues, firmes en la libertad con que Cristo nos hizo libres, y no estéis otra vez sujetos al yugo de esclavitud"* (Gá. 5:1). Seamos conocedores y practicantes de la santidad, única forma de vida cristiana, pero sepamos también, que nunca alcanzaremos aquí la perfección, por eso nada debe quitarnos el gozo de saber que si en alguna cosa contraria a la voluntad caemos, nuestros pecados todos han sido perdonados en la obra redentora de Jesucristo.

ὅτι μείζων ἐστὶν ὁ θεὸς τῆς καρδίας ἡμῶν καὶ γινώσκει πάντα. La tranquilidad renace al saber que cuando el corazón acusa, el creyente puede recurrir a Dios en confesión (1:9). El corazón acusa, pero Dios justifica y ya no hay condenación (Ro. 5:1; 8:1). Dios que sabe todas las cosas, sabe la filiación real del cristiano, como hijo Suyo, a pesar de sus fallos. Por consiguiente, sabe que el creyente es Su hijo en Cristo. Esa omnisciencia debe aliviar la conciencia en lugar de atemorizarla. Dios conoce la intimidad y limitaciones del cristiano como hombre, *"porque él conoce nuestra condición; se acuerda de que somos polvo"* (Sal. 103:14). El que ha creído verdaderamente y ama a Dios, aún en sus caídas le sigue amando y desea seguirle con fidelidad. El ejemplo de Pedro es ilustrador; había negado a Jesús, pero confesaba delante de Él que le amaba (Jn. 21:17). La condición de hijos da acceso al trono de la gracia, donde se alcanza el oportuno socorro (He. 4:16).

Así escribe el profesor Francisco J. Rodríguez Molero:

"Toda exégesis que intente explicar la frase en sentido de la grandeza imponente y terrible, propia de un Juez severísimo, no hace más que revestir con ropas extrañas una carta que se esfuerza constantemente por despertar la conciencia de la propia salvación (2:25; 3:14), inculcar la superación de todo temor (2:19; 4:18) y la certeza de la victoria sobre todas las potencias del mal (2:13; 4:4; 5:4)"[10].

[10] Francisco J. Rodríguez Molero. o. c., pág. 479.

Juan concluye la frase mencionando la grandeza de Dios, superior a cualquier otra que pudiera conocerse o suponerse. El conocimiento Suyo de cada uno de nosotros no solo es verdadero, sino mayor que nuestro corazón y nuestra capacidad comprensiva. El conocimiento Suyo de cada una de nuestras acciones es el absolutamente preciso, por lo que no puede equivocarse por las acusaciones parciales que podamos hacer nosotros de nosotros mismos, o de las que otros puedan hacer de nosotros. De ahí que el que determina la dimensión real de nuestras acciones no es nuestra conciencia cargada de remordimientos, sino Dios mismo, grande, trascendente y perfecto.

21. Amados, si nuestro corazón no nos reprende, confianza tenemos en Dios;

’Αγαπητοί, ἐὰν ἡ καρδία ἡμῶν μὴ καταγινώσκῃ, παρρησίαν
Amados, si el corazón de nosotros no condena, confianza
ἔχομεν πρὸς τὸν Θεόν
tenemos con - Dios.

Análisis y notas del texto griego.

Análisis: ’Αγαπητοί, caso vocativo masculino plural del adjetivo *amados*; ἐὰν, conjunción afirmativa *si*; ἡ, caso nominativo femenino singular del artículo determinado *la*; καρδία, caso nominativo femenino singular del nombre común *corazón*; ἡμῶν, caso genitivo dela primera persona plural del pronombre personal declinado *de nosotros*; μὴ, partícula que hace funciones de adverbio de negación *no*; καταγινώσκῃ, tercera persona singular del presente de subjuntivo en voz activa del verbo καταγινώσκω, *condenar*, aquí *condene*; παρρησίαν, caso acusativo femenino singular del nombre común *confianza*; ἔχομεν, primera persona plural del presente de indicativo en voz activa del verbo ἔχω, *tener, poseer*, aquí *tenemos*; πρὸς, preposición propia de acusativo *con*; τὸν, caso acusativo masculino singular del artículo determinado *el*; Θεόν, caso acusativo masculino singular del nombre divino *Dios*.

’Αγαπητοί, ἐὰν ἡ καρδία ἡμῶν μὴ καταγινώσκῃ, Nuevamente introduce el apóstol este primer párrafo sobre la confianza del cristiano, con un vocativo de afecto, llamando a los destinatarios *amados*. El caso es distinto al anterior, ya que aquí no hay conciencia acusadora. Acaso el apóstol vincula los dos aspectos como consecuente el segundo del primero. Antes se refirió a un corazón que acusaba de imperfecciones e incluso de pecado, pero la seguridad de ser siempre de Dios, unido a la obra intercesora de Cristo, acalló la conciencia acusadora. El propósito del apóstol es alentar a quienes pudieran desanimarse a causa de sus fallos personales. La seguridad de salvación es una enseñanza en la *Epístola* (2:25; 3:14). La permanencia en la iglesia es manifestación de ser realmente de Dios, ya que quienes no eran, no hallaban cabida en ella y se fueron (2:19); la realidad y perfeccionamiento en el amor, *"hecha fuera el temor"* (4:18); la seguridad de la victoria sobre el maligno (2:13; 4:4; 5:4). Sin embargo, todo ello no es licencia para una vida de liviandad, en la que se llegue a un estado de conciencia cauterizada, que no reprenda cuando se produce una caída. Pero, es interesante apreciar que ese juicio íntimo y personal que reprendía, no termina en modo alguno con absolución, ya que hay faltas que son siempre, como todo pecado, reprensibles, pero el corazón queda tranquilo *por remisión* (Ro. 3:24). Dios desiste de descargar Su ira sobre el que ha pecado, porque lo ha hecho sobre el Salvador.

παρρησίαν ἔχομεν πρὸς τὸν Θεόν. Sin embargo, la *confianza*, o lo que es lo mismo, *la libertad*, que es una connotación de la palabra, nos afirma para acercarnos a Dios, como hijos a Padre. Existe libre comunión con Él y con Su Hijo (1:3). No hay temor y, por tanto, no hay ya impedimento para la proximidad y podemos acercarnos al trono de gracia. La palabra παρρησία, expresa la idea de la seguridad que siente un corazón liberado de toda condenación, que puede levantarse con seguridad y llegar hasta el trono de gracia (He. 4:16; 10:19), porque ya no hay condenación para él.

En obediencia (3:22-24).

22. Y cualquiera cosa que pidiéremos la recibiremos de él, porque guardamos sus mandamientos, y hacemos las cosas que son agradables delante de él.

καὶ ὃ ἐὰν αἰτῶμεν λαμβάνομεν ἀπ' αὐτοῦ, ὅτι τὰς ἐντολὰς
Y lo que sea pidamos recibiremos de Él, porque los mandamientos
αὐτοῦ τηροῦμεν καὶ τὰ ἀρεστὰ ἐνώπιον αὐτοῦ ποιοῦμεν.
de Él guardamos y las cosas agradables delante de Él hacemos.

Análisis y notas del texto griego.

Análisis: καὶ, conjunción copulativa *y*; ὃ, caso acusativo neutro singular del pronombre relativo *lo que*; ἐὰν, partícula conjuntiva que hace funciones de conjunción y que denota idea de condición o de hipótesis, *si, tanto si... como si... suponiendo que, sea que, si no, lo mismo que, como es de esperar*; αἰτῶμεν, primera persona plural del presente de subjuntivo en voz activa del verbo αιτέω, *pedir*, aquí *pidamos*; λαμβάνομεν, primera persona plural del presente de indicativo en voz activa del verbo λαμβάνω, *recibir*, aquí *recibimos*; ἀπ', preposición propia de genitivo ἀπό, con el grafismo que adopta por elisión de la o final ante vocal o diptongo sin aspiración, que equivale a *de, desde, procedente de, por medio de, con, por*; αὐτοῦ, caso genitivo masculino de la tercera persona singular del pronombre personal *Él*; ὅτι, conjunción causal *porque*; τὰς, caso acusativo femenino plural del artículo determinado *las*; ἐντολὰς, caso acusativo femenino plural del nombre común *mandamientos*; αὐτοῦ, caso genitivo masculino de la tercera persona singular del pronombre personal declinado *de Él*; τηροῦμεν, primera persona singular del presente de indicativo en voz activa del verbo τηρέω, *guardar*, aquí *guardamos*; καὶ, conjunción copulativa *y*; τὰ, caso acusativo neutro plural del artículo determinado *los*, en sentido de *las cosas*; ἀρεστὰ, caso acusativo neutro plural del adjetivo *agradables*; ἐνώπιον, preposición de genitivo *delante de*; αὐτοῦ, caso genitivo masculino de la tercera persona singular del pronombre personal *Él*; ποιοῦμεν, primera persona plural del presente de indicativo en voz activa del verbo ποιέω, *hacer*, aquí *hacemos*.

καὶ ὃ ἐὰν αἰτῶμεν λαμβάνομεν ἀπ' αὐτοῦ, La vida de santidad es la expresión natural de la vida cristiana. Pero, no podemos vivir en santidad sin vivir a Cristo. La reproducción del carácter de Jesús en el cristiano es una operación del Espíritu Santo. Ahora bien, la vida de santidad es una vida de obediencia, basada en el amor al Señor. Él dijo claramente que si le amamos guardaremos Sus mandamientos: *"El que me ama, mi palabra guardará; y mi Padre le amará, y vendremos a él, y haremos morada con él. El que no me ama, no guarda mis palabras"* (Jn. 14:23-24). La obediencia a Dios, que expresa amor a Él, es imprescindible para el mantenimiento correcto de la comunión entre hermanos y con Dios mismo (1:3). La confianza delante de Dios, a pesar de nuestros fracasos espirituales, permite el acceso al trono de la gracia para presentar a Él nuestras demandas. No cabe duda que en la mente de Juan estaba la promesa del Señor Jesús: *"Y todo lo que pidiereis al Padre en mi nombre, lo haré, para que el Padre sea glorificado en el Hijo. Si algo pidiereis en mi nombre, yo lo haré"* (Jn. 14:13-14). En una vida de comunión con Dios, el creyente sabe que tiene acceso a Dios y garantía de respuesta a su oración. Esta es la promesa del Señor: *"Y yo os digo: Pedid, y se os dará; buscad, y hallaréis; llamad, y se os abrirá"* (Lc. 11:9). Sin embargo, Jesús promete la respuesta a la oración hecha en Su nombre. Quiere decir que es una petición concordante con Él. El nombre de Jesucristo, expresa la autoridad suprema en quien todo se cumple (Fil. 2:9-11). Lo que nosotros pidamos debe ser lo que también hubiera sentido Jesús. El que vive en comunión con Cristo ora, como hubiera orado Él (Mr.14:36). En ocasiones las peticiones hechas no tienen aparente respuesta conforme a lo pedido, hay varias razones, una de ellas que Dios conoce lo que es necesario y responde la oración conforme a lo que conviene. Pero, Juan da dos condiciones para que se produzca la respuesta a las oraciones.

ὅτι τὰς ἐντολὰς αὐτοῦ τηροῦμεν. La primera condición es la obediencia a los mandamientos de Aquel a quien se ora, literalmente: *"porque los mandamientos de Él guardamos"*. Guardar Sus mandamientos es clara expresión de una vida acomodada a la voluntad de Dios. La oración que es respondida es aquella que se ajusta a la voluntad de Dios (5:14). El que tiene en Dios su delicia y, por tanto, obedece Sus mandamientos, recibe respuesta a sus peticiones: *"Deléitate asimismo en Jehová, y él te concederá las peticiones de tu corazón"* (Sal. 37:4). La comunión con Cristo y la obediencia a Sus mandamientos condicionan la respuesta a la oración: *"Si permanecéis en mí, y mis palabras permanecen en vosotros, pedid todo lo que queréis, y os será hecho"* (Jn. 15:7). Es preciso entender que Juan está escribiendo en el entorno de lo que para él es el mandamiento supremo para el creyente, el amarse entrañablemente unos a otros. De modo que quien no ama a sus hermanos, no recibirá respuesta a la oración. Así escribía Agustín de Hipona: *"La misma caridad gime, la misma caridad ora; contra ella no sabe cerrar los oídos quien nos la dio. Está seguro; que la caridad pida, y allí están los oídos de Dios"* [11].

καὶ τὰ ἀρεστὰ ἐνώπιον αὐτοῦ ποιοῦμεν. La segunda condición, es una vida de santidad: *"Y hacemos las cosas que son agradables delante de Él"*. Hacer lo que le agrada implica limpieza espiritual, condición indispensable para mantener la comunión y que se produzca la respuesta a la oración. El apóstol Pablo instruía a Timoteo como había de ser el modo de la oración: *"Quiero, pues, que los hombres oren en todo lugar, levantando manos santas, sin ira ni contienda"* (1 Ti. 2:8). Una vida que no se conforma a la voluntad de Dios, incluso en el plano familiar, es un obstáculo a la oración (1 P. 3:7). El que ora debe estar limpio de pecado, en una vida agradable delante de Dios (Sal. 66:18; Pr. 15:29; Is. 59:2). Pero, también la vida agradable delante de Dios incluye la capacidad de perdonar las ofensas recibidas, como Dios hizo con cada creyente (Mr. 11:25; Ef. 4:32). Esa forma de vida no es otra cosa que la consecuencia lógica de *vivir a Cristo"* (Jn. 8:29). El alcance de esta segunda condición se puede comprender en tres aspectos: a) Comprobar en cada momento lo que es agradable a Dios (Ef. 5:10); b) Manifestar un comportamiento que corresponda a la dignidad de hijos de Dios: *"Para que andéis como es digno del Señor, agradándole en todo, llevando fruto en toda buena obra, y creciendo en el conocimiento de Dios"* (Col. 1:10); c) Vivir en honestidad permanente (He. 13:21).

---

[11] *Charitas ipsa gemit, charitas ipsa orat; contra hanc aures claudere non novit qui illam dedit. Securus esto, charitas rogen; et ibi sunt aures Dei.*
Tomado de Francisco J. Rodriguez Molero. o. c., pág 473.

23. Y éste es su mandamiento: Que creamos en el nombre de su Hijo Jesucristo, y nos amemos unos a otros como nos lo ha mandado.

Καὶ αὕτη ἐστὶν ἡ ἐντολὴ αὐτοῦ, ἵνα πιστεύσωμεν τῷ ὀνόματι
Y éste es el mandamiento de Él, que creamos en el nombre
τοῦ Υἱοῦ αὐτοῦ Ἰησοῦ Χριστοῦ καὶ ἀγαπῶμεν ἀλλήλους,
del Hijo de Él, Jesucristo y amemos unos a otros
καθὼς ἔδωκεν ἐντολὴν ἡμῖν.
como dio mandamiento a nosotros.

Análisis y notas del texto griego.

Análisis:Καὶ, conjunción copulativa *y*; αὕτη, caso nominativo femenino singular del pronombre demostrativo *esta*; ἐστὶν, tercera persona singular del presente de indicativo en voz activa del verbo εἰμί, *ser, estar*, aquí *es*; ἡ, caso nominativo femenino singular del artículo determinado *la*; ἐντολὴ, caso nominativo femenino singular del nombre común *mandamiento*; αὐτοῦ, caso genitivo masculino de la tercera persona singular del pronombre personal declinado *de él*; ἵνα, conjunción *que*; πιστεύσωμεν, primera persona plural del aoristo primero de subjuntivo en voz activa del verbo πιστεύω, *creer*, aquí *creamos*; τῷ, caso dativo neutro singular del artículo determinado declinado *en él*; ὀνόματι, caso dativo neutro singular del substantivo que denota *nombre*; τοῦ, caso genitivo masculino singular del artículo determinado declinado *del*; Υἱοῦ, caso genitivo masculino singular del nombre divino *Hijo*; αὐτοῦ, caso genitivo masculino de la tercera persona singular del pronombre personal declinado *de él*; Ἰησοῦ, caso genitivo masculino singular del nombre propio *Jesús*; Χριστοῦ, caso genitivo masculino singular del nombre propio *Cristo*; καὶ, conjunción copulativa *y*; ἀγαπῶμεν, primera persona plural del presente de subjuntivo en voz activa del verbo ἀγαπάω, *amar*, aquí *amemos*; ἀλλήλους, caso acusativo masculino plural del pronombre recíproco *unos a otros*; καθὼς, conjunción *como*; ἔδωκεν, tercera persona singular del aoristo primero de indicativo en voz activa del verbo δίδωμι, *dar, conceder, entregar*, aquí *dio*; ἐντολὴν, caso acusativo femenino singular del nombre común *mandamiento*; ἡμῖν, caso dativo de la primera persona plural del pronombre personal declinado *a nosotros*.

Καὶ αὕτη ἐστὶν ἡ ἐντολὴ αὐτοῦ, Alcanzando casi el final del párrafo, el apóstol recuerda otra vez el mandamiento supremo del amor fraterno. No se trata de una opción sino de la exigencia que conlleva un mandamiento procedente de Dios. Él lo ha establecido, quebrantar el mandamiento es desobedecer al que lo ha dado. El mandamiento tiene dos aspectos a los que debe prestársele atención, ya que creer y amar son actitudes permanentes. En ese sentido el amor ha de manifestarse siempre y la fe no debe dejarse nunca. En Juan la fe no es receptiva sino vital, que se proyecta en toda la conducta del cristiano como obediencia al Hijo de Dios. La fe es vivencia en dependencia de Jesús. La práctica del amor es la manifestación de la fe en vivencia de Cristo que se da y entrega a los hermanos. La fe depositada en el Salvador, se expresa con el corazón, mientras que la confesión de salvación se hace con la boca, según enseña el apóstol Pablo (Ro. 10:9). La confesión con la boca podría ser equivalente a la manifestación del arrepentimiento. No son dos cosas las necesarias para salvación como ejercicio personal del hombre, una la fe que cree y otra el arrepentimiento que cambia de orientación. El segundo que orienta el pensamiento en otra dirección es consecuente del primero, esto es, de la fe depositada en Jesús. La fe ejercida para salvación implica la entrega incondicional al Salvador, de ahí que se *cree con el corazón*, ya que es, en la enseñanza bíblica el núcleo de la personalidad. Pero, una vez entregado el corazón es imposible que la boca no confiese a Jesús como el Hijo de Dios, salvador del mundo, lo hace expresando el arrepentimiento, un cambio de mentalidad, solo posible por la regeneración del Espíritu que ocurre cuando se cree con el corazón, ya que de *"la abundancia del corazón habla la boca"* (Lc. 6:45). Las múltiples consecuencias de la salvación, como el arrepentimiento, el nuevo nacimiento, la regeneración, etc. se producen a causa del medio de salvación que es la fe.

ἵνα πιστεύσωμεν τῷ ὀνόματι τοῦ Υἱοῦ αὐτοῦ Ἰησοῦ Χριστοῦ. El primer aspecto tiene que ver con la fe: *"Que creamos en el nombre de su Hijo Jesucristo"*. Creer no es la aceptación de un ruego de Dios, sino la obediencia a un mandamiento establecido por Él. Así lo hizo notar el apóstol Pablo: "*Pero Dios, habiendo pasado por alto los tiempos de esta ignorancia, ahora manda a todos los hombres en todo lugar, que se arrepientan"* (Hch. 17:30). Rehusar creer condena eternamente por quebrantar el mandamiento que Dios establece llamando a los pecadores a salvación (Jn. 3:36). En la *Epístola*, creer lleva implícito aceptar aspectos relacionados con el Señor, así que, quien cree confiesa a Jesucristo (4:3); del mismo modo reconoce que Jesús es el Cristo (2:22; 5:1); el creyente reconoce a Jesús como el Hijo de Dios, aceptando con ello Su divinidad, y reconociéndolo, por consiguiente, como Dios el Verbo manifestado en carne (4:2). Cuando Juan habla de creer en *el nombre* de Cristo, está refiriéndose a creer en Él como Salvador e Hijo de Dios (Jn. 6:29; 17:3). Como Dios, manda creer, pero también capacita para hacerlo.

καὶ ἀγαπῶμεν ἀλλήλους, καθὼς ἔδωκεν ἐντολὴν ἡμῖν. El segundo aspecto tiene que ver con el amor a los hermanos: *"Y nos amemos unos a otros"*. Este mandamiento ha sido ampliamente recordado en la *Epístola* (2:7 s.; 3:11). La fe genuina va siempre acompañada de obediencia y amor. La enseñanza bíblica sobre la fe es que obra por el amor (Gá. 5:6). Lo que es común a todo el que cree es el amor por Cristo, ya que quien no ama al Salvador, no ha sido salvo (Ef. 6:24). El que no ama a Cristo evidencia que no ha creído en Él y está bajo condenación (1 Co. 16:22). Creer en Jesús, lleva implícito amarle, exigiendo también obediencia sin reserva a Sus mandamientos, como evidencia de la realidad de ese amor (Jn. 14:15; Mt. 28:20). Su mandamiento está reiterado por Juan en la *Epístola* y en el *Evangelio* (Jn. 13:34; 15:12, 17).

24. Y el que guarda sus mandamientos, permanece en Dios, y Dios en él. Y en esto sabemos que él permanece en nosotros, por el Espíritu que nos ha dado.

καὶ ὁ τηρῶν τὰς ἐντολὰς αὐτοῦ ἐν αὐτῷ μένει καὶ αὐτὸς
Y el que guarda los mandamientos de Él, en Él permanece y Él
ἐν αὐτῷ· καὶ ἐν τούτῳ γινώσκομεν ὅτι μένει ἐν ἡμῖν, ἐκ
en él. Y en esto conocemos que permanece en nosotros por
τοῦ Πνεύματος οὗ ἡμῖν ἔδωκεν.
el Espíritu que nos dio.

Análisis y notas del texto griego.

Análisis: καὶ, conjunción copulativa *y*; ὁ, caso nominativo masculino singular del artículo determinado *el*; τηρῶν, caso nominativo masculino singular del participio presente en voz activa del verbo τηρέω, *guardar*, aquí *que guarda*; τὰς, caso acusativo femenino plural del artículo determinado *las*; ἐντολὰς, caso acusativo femenino plural del nombre común *mandamientos*; αὐτοῦ, caso genitivo masculino de la tercera persona singular del pronombre personal declinado *de él*; ἐν, preposición propia de dativo *en*; αὐτῷ, caso dativo de la tercera persona singular del pronombre personal *él*; μένει, tercera persona singular del presente de indicativo en voz activa del verbo μένω, *permanecer*, aquí *permanece*; καὶ, conjunción copulativa *y*; αὐτὸς, caso dativo masculino de la tercera persona singular del pronombre personal *él*; ἐν, preposición propia de dativo *en*; αὐτῷ, caso dativo masculino de la tercera persona singular del pronombre personal *él*; καὶ, conjunción copulativa *y*; ἐν, preposición propia de dativo *en*; τούτῳ, caso dativo neutro singular del pronombre demostrativo *esto*; γινώσκομεν, primera persona plural del presente de indicativo en voz activa del verbo γινώσκω, *saber, entender, conocer*, aquí *conocemos*; ὅτι, conjunción *que*; μένει, primera persona plural del presente de indicativo en voz activa del verbo μένω, *permanecer*, aquí *permanecemos*; ἐν, preposición propia de dativo *en*; ἡμῖν, caso dativo masculino de la tercera persona singular del pronombre personal *él*; ἐκ, preposición propia de genitivo *de*; τοῦ, caso genitivo neutro singular del artículo determinado *el*; Πνεύματος, caso genitivo neutro singular del nombre divino *Espíritu*; οὗ, caso genitivo neutro singular del pronombre relativo *que*; ἡμῖν, caso dativo de la primera persona plural del pronombre personal declinado *a nosotros, nos*; ἔδωκεν, tercera persona singular del aoristo primero de indicativo en voz activa del verbo δίδωμι, *dar, entregar*, aquí *dio*.

καὶ ὁ τηρῶν τὰς ἐντολὰς αὐτοῦ ἐν αὐτῷ μένει καὶ αὐτὸς ἐν αὐτῷ· Juan cierra el párrafo presentando el modo de hacer realidad la comunión con Dios. La primera apreciación sobre la comunión es, nuevamente la obediencia, expresada por Juan como el que guarda los mandamientos establecidos por Dios. Una vinculación con el Señor, como enseñó por medio de la vid y los pámpanos (Jn. 15:1 ss.). Se trata de una vinculación con Dios Trino. Los creyentes son uno en Dios (Jn. 17:21), por lo que el creyente viene a estar en comunión con la Divina Trinidad. Las Personas Divinas se manifiestan en unión con el creyente (Jn. 14:23). Es necesario entender que el Dios transcendente se hace inmanente en el creyente. Esta realidad exige *guardar Sus mandamientos*, de lo contrario la experiencia de comunión no es posible. Juan habla de guardar los *mandamientos*, en plural, comprende todos los aspectos de la vida cristiana, Estos mandamientos están manifestados en la Palabra.

καὶ ἐν τούτῳ γινώσκομεν ὅτι μένει ἐν ἡμῖν, ἐκ τοῦ πνεύματος οὗ ἡμῖν ἔδωκεν. La presencia del Espíritu es prueba de comunión con Dios (Ro. 8:9). La presencia del Espíritu certifica la presencia de Dios en Su templo espiritual, que es el creyente (Ef. 2:22). El Espíritu reproduce el carácter de Cristo y el fruto de Dios en el creyente (Gá. 5:22-23). El Espíritu mantiene e impulsa la profesión de fe cristiana de que el Hijo de Dios ha venido en carne (4:2).

Dos sencillas reflexiones aplicativas serán suficientes para cerrar el comentario del capítulo. La verdad con consecuencias tiene que ver con el hecho de ser hijos de Dios. El nuevo nacimiento no es una relación con Dios, sino la acción divina por la cual el Padre ha engendrado a los creyentes en Cristo. Ese nuevo nacimiento es tan perfecto y continuado como el nacimiento natural, es decir, quien ha nacido de nuevo recibe la vida eterna y es definitivamente salvo. El que ha sido engendrado en Cristo y tiene vida eterna, que es la comunión vivencial con el Padre y el Hijo, y la presencia del Espíritu en su vida, no puede dejar de hacer visible esa realidad espiritual, *viviendo a Cristo*. El creyente tiene el privilegio de poder manifestar al mundo el carácter del Padre que lo ha engendrado en Cristo. Esencialmente, como el apóstol insiste continuamente en la manifestación del amor a los hermanos, como expresión del amor de Dios hacia él. La vida del cristiano sirve de alabanza o es un desprestigio para el Padre celestial. Esto fue enseñado por Jesús en el Sermón del Monte (Mt. 5:16). La verdad de Juan en la *Epístola*, tiene que conducirnos a una pregunta personal: *¿Estoy manifestando ante el mundo mi condición de cristiano?* Teniendo en cuenta que no se trata de manifestaciones religiosas, sino vivenciales; que no se trata de defender doctrina ante los perdidos, sino de hacerles visible el amor de Dios.

En segundo lugar, siguiendo en la misma línea que la primera reflexión, es necesario insistir en la manifestación visible del amor de Dios. Tenemos que apreciar la responsabilidad personal para el ejercicio del amor, ya que el mismo amor divino con que fuimos y somos amados, ha sido derramado en nosotros por la acción del Espíritu Santo, que no solo lo produce en el fruto, sino que lo expresa con Su presencia, ya que Dios es amor. La incapacidad de amar a todos los hermanos, sin distinción alguna, pone de manifiesto la realidad del nuevo nacimiento. Es preciso advertir que el apóstol afirma que quien no ama a sus hermanos no conoce a Dios, de otro modo, no ha nacido de nuevo (3:14). El amor es el distintivo que Jesús dio para la identificación de Su iglesia (Jn. 13:35). La identificación de los creyentes no está basada en lo que creen sino en si se aman. Por supuesto el amor a Cristo hará que todos estén dispuestos a guardar Sus mandamientos (Jn. 14:15). La doctrina no es negociable, la Palabra no puede ser desobedecida, la Escritura debe ser amada y respetada. Sin embargo, hay quienes son capaces de dar su vida por la defensa de la fe, pero son incapaces de amar a sus hermanos. El mundo no puede identificar la realidad de la vida cristiana a no ser por el amor entre los creyentes. El amor fraternal es el mayor problema de los discípulos de Cristo. Cristo se distinguió por el amor desinteresado que mostraba para todos los que encontró en Su camino durante el ministerio. Por amor se entregaba para sanar enfermos, expulsar demonios, alimentar multitudes, dar vista a ciegos, atender afligidos, etc. etc. es por eso que Jesús era conocido de todos. Cuando el amor divino llena el corazón saturándolo de amor, éste no encuentra reposo hasta depositarlo en otro, como Cristo hizo con nosotros, de manera que se orienta hacia los hermanos buscando el bien ajeno y no el propio (1 Co. 10:24). El mandato de Jesús está orientado al amor fraterno, que es identificativo de la realidad de ser cristiano. Es ciertamente lamentable el desinterés que se manifiesta muchas veces en relación con la vida de los hermanos que pasan desapercibidos y llevan solos las aflicciones y problemas. Como mínimo, si no es posible la compañía personal, podemos llevar sus cargas sobre nuestros hombros al Trono de Gracia, para interceder por ellos a fin de que encuentren el oportuno socorro para sus necesidades. El mandamiento nuevo no es posible más que con el cumplimiento de la deuda de amor que cada uno tiene con su hermano. Los legalistas quieren una *norma*, asaetean las vidas de los hermanos reprochándoles sus faltas, denunciando sus miserias y apartándolos por sus caídas. Esta es la norma verdadera, *que os améis unos a otros como yo os he amado*. En todo esto Jesús es el ejemplo. Su gracia frente a la carga espiritual de la mujer pecadora (Lc. 7:36-50). Su amor ante la mujer adúltera (8:11). La gracia demostrada al ladrón que moría a Su lado en la cruz (Lc. 24:43), y en otras muchas ocasiones. El apóstol Pablo enseña que sin amor no puede haber ministerio aceptable delante de Dios (1 Co. 13:1), allí dice que quien tiene todas las perfecciones espirituales y la riqueza de los mejores dones y no tiene amor, su ministerio es simple ruido que molesta a Dios y molesta a la iglesia. La ley de Cristo perdona al ofensor, restaura al caído y ayuda al necesitado. Debo preguntarme: ¿Estoy amando así?

CAPÍTULO IV

VIGILANCIA Y AMOR

Introducción.

Los *falsos profetas* o *maestros*, se habían infiltrado en las iglesias y estaban procurando desviar de la fe a los creyentes hacia las mentiras de una falsa enseñanza. Quienes actuaban de esa manera no lo estaban haciendo bajo el impulso del Espíritu de Dios, sino del espíritu del maligno. El apóstol procura que los creyentes que escuchan a los predicadores en la iglesia, distingan inmediata e inequívocamente si su enseñanza procede de la verdad y está siendo guiada por el Espíritu o, por el contrario, es engañosa.

La *Epístola* discurre entre dos grandes caminos que orientan los pasos del lector y los dirige hacia la fe en Jesucristo y el amor fraterno (3:23). No podían faltar estos dos elementos en el presente capítulo. Ambos se desarrollan en las dos perícopas que forman la división natural de los párrafos. La primera es breve (vv.1-6), en la que la fe conduce al discernimiento de los espíritus. La segunda es más extensa y tiene que ver con la evidencia del amor (vv. 7-21).

Este pasaje contiene una de las exhortaciones principales de la *Epístola*. El verbo cambia a la segunda persona plural, convirtiendo la enseñanza en advertencia para los lectores, sobre el problema de la enseñanza errónea y el de un amor incorrecto o aparente. Los dos tramos del capítulo se destacan por el uso del vocativo *amados* (vv. 1, 7), con que los introduce. Sin embargo, es interesante que en la aplicación de la primera enseñanza usa el plural nosotros, incorporándose el autor a los lectores (v. 6). En el segundo párrafo, sobre el amor, el uso del pronombre personal en primera persona, da un mayor realce, ya que todos necesitamos expresar la realidad de la fe en el amor fraterno.

El deseo de prevenir a los lectores contra la enseñanza falsa, no quiere decir que no conociesen la verdad, como afirmó antes (2:20-27), y que además eran conducidos por el Espíritu (3:24), pero, el peligro a que estaban expuestos a causa de los *falsos maestros*, que se introducían entre ellos, exige que les haga nuevas advertencias en relación con ese grave problema. El apóstol proporciona los elementos para discernir dónde está el espíritu de verdad y donde el de error (vv. 1-6). Es necesario prestar atención a la enseñanza y probar los espíritus ya que muchos *falsos profetas* se extienden por el mundo (v. 1). El mensaje procedente de la verdad confiesa que Jesucristo se ha manifestado como hombre (v. 2). Por el contrario, quienes niegan la manifestación en carne del Hijo de Dios no tienen un mensaje verdadero, procedente de Él (v. 3). La victoria sobre los engañadores es segura para el creyente que vive en comunión con el victorioso Señor (v. 4). Los *falsos profetas* son del mundo y tienen, por esa razón, la aceptación de los mundanos (v. 5). Lo mismo ocurre con la enseñanza verdadera que es recibida por los que son de Dios (v. 6).

La comunión con Dios exige, además de vigilancia sobre el error, la evidencia de esa relación mediante la manifestación del amor entre creyentes, para lo cual el apóstol recurrirá al ejemplo supremo del amor de Dios. Este es el tema del primer párrafo de la segunda larga perícopa del capítulo (vv. 7-10). La evidencia de la verdadera relación con Dios es el amor a los hermanos, ya que todo el que ama es nacido de nuevo (v. 7), por lo contrario, quien no ama no conoce a Dios (v. 8). La manifestación suprema del amor, ejemplo y guía para el creyente se manifestó en el envío del Hijo al mundo para dar vida a los que estaban muertos en sus pecados (v. 9). El amor divino es incomprensible puesto que los destinatarios no amaban a Dios, pero en Su amor envió al Hijo en *propiciación* por los pecados de los creyentes (v. 10).

El segundo párrafo extiende la enseñanza del amor, aplicándola a la vida práctica del lector (vv. 11-21). El amor cristiano por los demás se deriva del amor de Dios, de modo que es imposible amar a Dios verdaderamente sin amar a los hermanos, y esto sin limitación alguna. Juan apela al amor de Dios poniendo delante esa realidad. El amor de Dios ha de ser correspondido o, si se prefiere mejor, expresado vivencialmente en una relación de amor (v. 11). El amor divino se perfecciona en el que ama (v. 12). La comunión con Dios se hace realidad por la presencia del Espíritu que nos ha sido dado (v. 13). El testimonio apostólico se hace realidad como manifestación del envío del Hijo que es el Salvador del mundo (v. 14). Sin embargo, es necesaria la confesión de que fe que afirma que Jesús es el Hijo de Dios (v. 15). Quien cree que es amado por Dios, lo manifiesta permaneciendo en el amor (v. 16). Tal relación llena de confianza al creyente y le impulsa a un testimonio de vida consecuente con la relación filial con Dios (v. 17). Quien permanece en una correcta relación de amor, no tiene temor, porque ha sido perfeccionado en el amor (v. 18). El creyente ama a Dios, porque ha sido amado primero por Él (v. 19). Quien ama de ese modo no puede dejar de amar a su hermano (v. 20). Concluyendo con la reafirmación una vez más del mandamiento de amar al hermano (v. 21).

Para el comentario se sigue el *bosquejo* que aparece en la *introducción*, como sigue:

V. Vida vigilante (4:1-21).

1. Advertencias (4:1-6).
   1.1. Como distinguir los engañadores (4:1-3).
   1.2. Certeza y seguridad (4:4-6).
2. La manifestación del amor (4:7-21).
   2.1. El mandamiento (4:7-10).
   2.2. El alcance (4:11-12).
   2.3. Discernimiento (4:13-19).
   2.4. Advertencias (4:20-21).

Vida vigilante (4:1-21).

Advertencias (4:1-6).

Cómo distinguir a los engañadores (4:1-3).

1. Amados, no creáis a todo espíritu, sino probad los espíritus si son de Dios; porque muchos falsos profetas han salido por el mundo.

'Αγαπητοί, μὴ παντὶ πνεύματι πιστεύετε ἀλλὰ δοκιμάζετε τὰ
Amados, no a todo espíritu creed, sino probad los
πνεύματα εἰ ἐκ τοῦ Θεοῦ ἐστιν, ὅτι πολλοὶ ψευδοπροφῆται
espíritus si de - de Dios son, porque muchos falsos profetas
ἐξεληλύθασιν εἰς τὸν κόσμον.
han salido por el mundo.

Análisis y notas del texto griego.

Análisis: 'Αγαπητοί, caso vocativo masculino plural del adjetivo *amados*; μὴ, partícula que hace funciones de adverbio de negación *no*; παντὶ, caso dativo neutro singular del adjetivo indefinido *todos*; πνεύματι, caso dativo neutro singular del nombre común *espíritu*; πιστεύετε, segunda persona plural del presente de imperativo en voz activa del verbo πιστεύω, *creer*, aquí *creed*; ἀλλὰ, conjunción adversativa *sino*; δοκιμάζετε, segunda persona plural del presente de imperativo en voz activa del verbo δοκιμάζω, *probar*, aquí *probad*; τὰ, caso acusativo neutro plural del artículo determinado *los*; πνεύματα, caso acusativo neutro plural del nombre común *espíritus*; εἰ, conjunción *si*; ἐκ, preposición propia de genitivo *de*; τοῦ, caso genitivo masculino singular del artículo definido *el*; Θεοῦ, caso genitivo masculino singular del nombre divino declinado *de Dios*; ἐστιν, tercera persona plural del presente de indicativo en voz activa del verbo εἰμί, *ser, estar*, aquí *son*; ὅτι, conjunción causal *porque*;

πολλοὶ, caso nominativo masculino plural del adjetivo indefinido *muchos*; ψευδοπροφῆται, caso nominativo masculino plural del nombre común *falsos profetas*; ἐξεληλύθασιν, tercera persona plural del perfecto de indicativo en voz activa del verbo εξέρχομαι, *salir*, aquí *salieron*; εἰς, preposición propia de acusativo *por*; τὸν, caso acusativo masculino singular del artículo determinado *el*; κόσμον, caso acusativo masculino singular del nombre común *mundo*.

'Αγαπητοί, Nuevamente el vocativo *amados*, introduce el versículo. Juan expresa otra vez el afecto paternal que como pastor siente por el rebaño. Tres de las seis veces en que Juan utiliza el término para dirigirse a sus lectores con este calificativo, están en este capítulo (vv. 1, 7, 11). Son sus *hijitos*, espiritualmente hablando, y los ama en Cristo y con Su amor. Ninguno de los lectores podrá entender mal las exhortaciones y las enseñanzas que siguen, hechas y orientadas en el amor hacia ellos.

μὴ παντὶ πνεύματι πιστεύετε. La advertencia es concreta: *"no creáis a todo espíritu"*. Es una advertencia contra los *falsos maestros*. La construcción gramatical expresa la idea de *dejar de creer*, ya que el verbo está en presente de imperativo, lo que supone más que una exhortación, un mandamiento que reviste la autoridad apostólica de Juan. Es la única vez que aparece *espíritus* en plural, tanto en el *Evangelio* como en la *Epístola*, y deben tomarse aquí en sentido negativo, como malos espíritus. Los *falsos maestros*, como ocurre con su padre espiritual el diablo, son seductores y utilizan palabras y argumentos para conseguir de esta manera el resultado que pretenden. Los creyentes deben recordar que están ante dos esferas que impulsan a quienes enseñan: la conducción del Espíritu de Dios, que mora en todo creyente (3:24); la de los espíritus diabólicos que controlan y actúan en los *falsos maestros*. Es interesante notar la evolución del concepto *espíritu*. Originalmente se refería a *viento, aire en movimiento*, de ahí tomó el sentido de *hálito* o *aliento* de los seres vivos, por tanto, pasó a designar el *principio de vida*; se utilizó después para hablar de seres inmateriales, los ángeles (He. 1:14) y los *espíritus* en general (Lc. 24:37). Sublime e infinitamente el término se aplica a Dios, Espíritu eterno, y concretamente forma parte del nombre de la Tercera Persona Divina, Dios, el Espíritu Santo. En el versículo, Juan usa el término, para referirse a personas que actúan movidos al influjo de seres inmateriales, en este caso concreto, demonios. Por tanto, lo que el apóstol manda examinar no son ni ángeles, ni demonios, sino hombres que enseñan correctamente, siendo inspirados por Dios, o falsamente inspirados por el demonio.

Este es un modo para decir a los lectores: *nadie os engañe* (Jer. 29:8; Mt. 24:4; 1 Ti. 4:1). El apóstol Pablo usa esta misma advertencia:

"Nadie os engañe con palabras vanas, porque por estas cosas viene la ira de Dios sobre los hijos de desobediencia" (Ef. 5:6). Los desobedientes a Dios tienen su propio discurso de razonamiento para justificar las falsas enseñanzas, contrarias a la verdad de Dios, con las que procuran seducir, o alcanzar a los mismos cristianos. Las palabras del discurso pecaminoso de quienes son desobedientes, carecen de fundamento o de base bíblica que pueda sustentarlas, son discursos vanos. Tales enseñanzas no conducen a la verdad, sino todo lo contrario, al engaño. Mediante un esfuerzo de seducción, que es el sentido en que debe entenderse la acción de los *falsos maestros*, la doctrina de engaño procura hacer creer que la verdad anunciada *desde el principio*, no es satisfactoria para la vida. Pero, como en el texto anterior del apóstol Pablo, por estas mentiras viene la ira de Dios. La manifestación de esta ira alcanza a quienes, siendo *hijos de desobediencia*, son también *hijos de ira* (Ef. 2:3). Este aspecto de la ira de Dios no es tanto escatológico, sino que se descarga sobre los rebeldes del tiempo actual, recibiendo lo que merece su extravío. Ante esta verdad algunos, instrumentos en manos del maligno, procuran engañar a los creyentes haciéndoles creer que los pecados que se practican no tienen importancia y que la fe en las verdades anunciadas no son norma de fe incuestionable para quienes han sido salvos por gracia. Posiblemente estos que *"han salido de nosotros, porque no eran de nosotros"* (2:19), tal vez asentaban en el cuerpo todas las concupiscencias y separaban el alma como elemento prisionero que no se contaminaba y que esperaba la liberación, lo que se hacía con el cuerpo no afectaba al espíritu y tan solo se pecaba con el cuerpo que será destruido con la muerte. Esta era una de las formas de enseñanza *gnóstica* e incluso *filosófica*. Pero puesto que son contrarias a la enseñanza que los apóstoles comunicaron *desde el principio*, cualquier argumentación en ese sentido, tendente a desviar a los creyentes de la verdad, está motivada y conducida por Satanás. De ahí la firmeza de la demanda del apóstol: *"No creáis a todo espíritu"*.

ἀλλὰ δοκιμάζετε τὰ πνεύματα εἰ ἐκ τοῦ Θεοῦ ἐστιν, Por consiguiente, el cristiano debe *"probar los espíritus"* para saber si son *de Dios*. La advertencia debe conducir a examinar el origen de la enseñanza. En la iglesia primitiva había mucha enseñanza impulsada por el Espíritu, pero no faltaban falsificaciones de maestros mentirosos, promovidos e impulsados por el diablo. Los creyentes no podían ver los espíritus, pero podían distinguirlos por la enseñanza, que debe ser verificada a la luz de la Palabra. El maestro conforme a Dios predica sólo la Palabra, de otro modo, enseña solo la Escritura, porque *"según fuimos aprobados por Dios para que se nos confiase el evangelio, así hablamos; no como para agradar a los hombres, sino a Dios, que prueba nuestros corazones"* (1

Ts. 2:4). En el examen de aquello que se está recibiendo como enseñanza, solo debe aceptarse lo bueno (1 Ts. 5:21).

Juan demanda que *se prueben los espíritus*, que equivale a que se examine concienzudamente la enseñanza. El verbo se usaba para referirse a la verificación de los metales para saber si eran verdaderos o no. Así se prueba el oro por medio del ácido, de modo que si resiste la prueba es aceptable (2 Co. 10:18), sino debe rechazarse por ser falso (1 Co. 9:27; 2 Co. 13:5-7). De ese modo con la enseñanza, se prueba con la Palabra y se acepta si es verdadera o se rechaza si es falsa. Pero para ello es necesario que el que contrasta la enseñanza conozca la Palabra. Si esto ocurriese en las congregaciones de hoy en día, muchos de los errores que Satanás trata de infiltrar en las iglesias, no podrían afectar a los oyentes porque serían desechados por engañosos. La tendencia a predicar mensajes *motivadores*, y alejar de los púlpitos de las iglesias la enseñanza doctrinal y sistemática, trae como consecuencia que muchos niños espirituales sean arrastrados de un lado a otro, por los vientos de extraña doctrina que soplan en las congregaciones. Son los líderes de las iglesias los principales responsables de permitir ese sistema. Un creyente conocedor de la Escritura es difícilmente engañado, pero muchos de los engañadores que se presentan como pastores, son lobos vestidos de corderos que procuran mantener en la ignorancia bíblica a los creyentes para medrar a su costa y controlar las congregaciones en beneficio propio.

ὅτι πολλοὶ ψευδοπροφῆται ἐξεληλύθασιν εἰς τὸν κόσμον. La razón del mandamiento es fácilmente comprensible: *"Porque muchos falsos profetas han salido por el mundo"*. No son pocos, sino muchos los engañadores que se extienden por el mundo, para alcanzar sus propósitos en donde se halle un creyente. Estos tienen un solo propósito, que es engañar y extraviar con su enseñanza a los santos. El Señor advirtió de esto: *"Porque se levantarán falsos Cristos, y falsos profetas, y harán grandes señales y prodigios, de tal manera que engañarán si fuere posible, aun a los escogidos"* (Mt. 24:24). Aunque este problema se agravará en el tiempo anterior a la Segunda Venida, no cabe duda que se manifestará siempre. El Señor advierte que vendrán no solo con palabras engañosas, sino rodeados de *prodigios* y *señales*. Esto suscita la admiración y el asombro, porque mentirosamente rompe el curso ordinario de las cosas y eleva la acción al plano sobrenatural. Estos son los *falsos profetas* sobre los que el apóstol advierte. En su intento engañador procurarán, como Jesús dijo, engañar a los creyentes. No hace falta utilizar ningún espacio para afirmar la presencia de estos engañadores, enseñadores falsos de la Palabra, que con falsas señales y milagros mentirosos, con aparentes prodigios, acciones aparentemente sobrenaturales que no bendicen a los que son sometidos a ellas, ni glorifican el nombre de Dios, sino que dirigen la atención sobre el *falso profeta*, anunciador de mentiras que no recibieron de Dios, sino que proceden de su padre el diablo, engañan a muchos creyentes poco formados que son incapaces de *probar* esos espíritus. Tales perversos transforman el culto cristiano en espectáculos, la alabanza en sonido, la luz en oscuridades, la predicación en banalidades. No han desaparecido tales maestros que se presentan como *profetas* o *apóstoles* para hacer creer a los ingenuos que tienen un conocimiento superior de la Palabra y que han recibido revelaciones divinas a las que dan tanto valor como a la profecía bíblica, actuando con la autoridad de apóstoles mentirosos. Por esta razón la demanda del apóstol tiene una importancia cada vez mayor: *Probad* los espíritus, porque hay muchos *falsos profetas*, cuyo propósito es el propio del diablo, *engañar*.

2. En esto conoced el Espíritu de Dios: Todo espíritu que confiesa que Jesucristo ha venido en carne, es de Dios;

ἐν τούτῳ γινώσκετε τὸ Πνεῦμα τοῦ Θεοῦ· πᾶν πνεῦμα ὃ
En esto conoced el Espíritu - de Dios: Todo espíritu que
ὁμολογεῖ 'Ιησοῦν Χριστὸν ἐν σαρκὶ ἐληλυθότα ἐκ τοῦ Θεοῦ
confiesa a Jesucristo en carne habiendo venido de - Dios
ἐστιν,
es.

Análisis y notas del texto griego.

Análisis: ἐν, preposición propia de dativo *en*; τούτῳ, caso dativo neutro singular del pronombre demostrativo *esto*; γινώσκετε, segunda persona plural del presente de imperativo en voz activa del verbo γινώσκω, *conocer*, aquí *conoced*; τὸ, caso acusativo neutro singular del artículo definido *el*; Πνεῦμα, caso acusativo neutro singular del nombre divino *Espíritu*; τοῦ, caso genitivo masculino singular del artículo determinado *el*; Θεοῦ, caso genitivo masculino singular del nombre divino declinado *de Dios*; πᾶν, caso nominativo neutro singular del adjetivo indefinido *todo*; πνεῦμα, caso nominativo neutro singular del nombre común *espíritu*; ὃ, caso nominativo neutro singular del pronombre relativo *el que, el cual, que*; ὁμολογεῖ, tercera persona singular del presente de indicativo en voz activa del verbo ὁμολογέω, *confesar*, aquí *confiesa*; 'Ιησοῦν, caso acusativo masculino singular del nombre propio declinado *a Jesús*; Χριστὸν, caso acusativo masculino singular del nombre propio *Cristo*; ἐν, preposición propia de dativo *en*; σαρκὶ, caso dativo femenino singular del nombre común *carne*; ἐληλυθότα, caso acusativo masculino singular del participio perfecto en voz activa del verbo ἔρχομαι, *venir, llegar*, aquí *que ha venido, habiendo venido*; ἐκ, preposición propia de genitivo *de*; τοῦ, caso genitivo masculino singular del artículo determinado *el*; Θεοῦ, caso genitivo masculino singular del nombre divino *Dios*; ἐστιν, tercera persona singular del presente de indicativo en voz activa del verbo εἰμί, *ser, estar*, aquí *es*.

ἐν τούτῳ γινώσκετε τὸ Πνεῦμα τοῦ Θεοῦ· El criterio para discernir los espíritus se establece de forma sencilla. Primeramente, la distinción para el Espíritu de Dios: *"En esto conoced el Espíritu de Dios"*. El verbo puede estar en presente de indicativo o de imperativo. Por el contexto debe tomarse en imperativo, como si el apóstol a la vez que va a dar el elemento distintivo, mandase aplicarlo. Sin embargo, pudiera usarse en presente con lo que se leería: *"en esto conocéis"*, lo que indica una acción continuada que distingue el espíritu del que habla y el impulso para hacerlo. El mensaje está vinculado en este primer caso con el Espíritu de Dios, lo que equivale al *Espíritu* hablando por medio del profeta verdadero. De ahí la razón por la que Juan escribe: *El Espíritu de Dios* y no solo *el Espíritu que procede de Dios*.

πᾶν πνεῦμα ὃ ὁμολογεῖ Ἰησοῦν Χριστὸν ἐν σαρκὶ ἐληλυθότα ἐκ τοῦ Θεοῦ ἐστιν, Se desprende que algunos de los *falsos maestros*, negaban que Jesucristo haya sido manifestado en carne, es decir, negaban la humanidad real del Hijo de Dios. Juan pone como la enseñanza procedente del Espíritu, la aceptación de esta verdad. Los gnósticos hablaban de la posesión por Dios de Jesús de Nazaret desde el bautismo hasta la Cruz, donde fue abandonado y quedó como un mero hombre que murió crucificado. Esta verdad fue dada como fórmula de fe anteriormente (2:22). La verdad que debe ser confesada es que Jesús de Nazaret, es el Hijo de Dios manifestado en carne, una Persona Divino-humana. La confesión de fe reconoce a Jesús de Nazaret, como Dios encarnado y esa verdad es impulsada por el Espíritu Santo, ya que nadie puede reconocer el señorío divino de Jesucristo, si no es por el Espíritu (1 Co. 12:3).

Juan utiliza aquí el término que emplea en el *Evangelio*, cuando escribe: *"Y aquel Verbo fue hecho carne, y habitó entre nosotros"* (Jn. 1:14). Esta verdad sucinta expresada por Juan, es la más completa de la confesión de la humanidad del Hijo de Dios, la más tremenda paradoja de Jesús. Esta declaración enseña el proceso por el cual el Verbo entró en la historia humana como hombre. Juan usa el término σαρξ, *carne*, en la misma acepción que *hombre*, designando en contraste con la omnipotencia y eternidad del Hijo de Dios, la debilidad y temporalidad de la criatura, resaltando su parte frágil (Is. 40:5; Mt. 24:22; Lc. 3:6; Jn. 17:2). El contraste de eternidad y temporalidad, entre Dios y el hombre, está continuamente presente en la Escritura, a modo de ejemplo en las palabras del profeta: *"Voz que decía: Da voces. Y yo respondí: ¿Qué tengo que decir a voces? Que toda carne es hierba, y toda su gloria como flor del campo. La hierba se seca, y la flor se marchita, porque el viento de Jehová sopló en ella; ciertamente como hierba es el pueblo. Sécase la hierba, marchítase la flor; más la palabra del Dios nuestro permanece para siempre"* (Is. 40:6-8). Estos dos extremos infinitamente distantes y antitéticos se unen en la encarnación. De otro modo, el mismo que existe *ab eterno*, comienza una existencia novedosa como hombre. El Creador se hace también criatura. No se trata de que el Hijo se convirtió en hombre, sino que *se hizo* hombre, sin dejar de ser el mismo Verbo eterno.

Ya se han considerado antes aspectos concretos sobre este misterio de la piedad, pero lo mismo que ocurría en tiempos de Juan, así también ocurre hoy, por lo que se hace necesario precisar algunos aspectos sobre la realidad de la humanidad de Jesucristo. Algunos presentan sólo la deidad de Jesús, otros la rebajan para resaltar la condición humana, el equilibrio está en la misma verdad que el Verbo, sin dejar de ser Dios, se hizo hombre, para empezar una experiencia nueva en uno de la Deidad, que siendo Dios es también hombre, de otro modo, una Persona Divina con dos naturalezas.

Es interesante notar que Juan dice que *"Jesucristo ha venido en carne"*. La encarnación tanto en cuanto a acto como en cuanto a estado, es el resultado del envío del Verbo desde el seno del Padre, para hacer posible lo que se enseña antes, hacer a los hombres que creen partícipes de su filiación y salvarlos de la condenación y, por tanto, de la situación de muerte en que se encuentran por el pecado (3:1, 2, 16). Juan habla aquí de *confesar*, que Jesucristo ha venido en carne, es decir del acontecimiento por el cual el Verbo comenzó a existir como hombre, de otro modo, como Pablo dice deviene de la *forma de Dios*, a la *forma de hombre* (Fil. 2:6-8). La filiación no es posible sin redención (Gá. 4:4-5), y la redención no es posible sin la entrega de la vida, cosa imposible en la deidad, pero realizable en el plano de la humanidad. La encarnación del Verbo trae aparejado el componente de *humillación*. Dios no se humilla al hacerse hombre, simplemente se limita, asumiendo la condición de la criatura, pero se humilla al hacerse *siervo*, *esclavo* en la más absoluta dimensión de la palabra, haciéndose obediente hasta la muerte y muerte de Cruz (Fil. 2:7-8). La encarnación hace a Dios compartir naturaleza con el hombre y hacerse solidario por medio de ella del destino humano, en su aspecto de forma de esclavo, sometido a todas sus limitaciones, experiencias, tentaciones y angustias. Él se convierte en ciudadano del mundo, miembro de una determinada nación, heredero de una familia y vinculado a ella (Ro. 1:1-4). Por otro lado, el pecado del mundo es puesto sobre Él y se le demanda la responsabilidad penal del mismo haciéndolo, en su condición de hombre, sacrificio expiatorio por el pecado (2 Co. 5:21). No podría expresar a los hombres el mensaje del amor sin hacerse hombre, para que por Su pobreza el hombre pueda ser enriquecido (2 Co. 8:9). Retirar la maldición de la muerte requería ser hecho maldición, sólo posible desde Su naturaleza humana (Gá. 3:13). El texto central de la encarnación es precisamente este que se considera: *"Y el Verbo fue hecho carne"*. Este eterno Verbo que estaba junto a Dios (Jn. 1:1), Creador de todas las cosas (Jn. 1:3), acompaña a los hombres sumidos en tinieblas para hacerse luz en su mundo y en su interior (Jn. 1: 4, 5, 9). Se hace hombre, pero no depone Su ser divino, por lo que puede darnos vida, la vida de Dios e introducirnos en Su comunión de Hijo con el Padre (Jn. 1:1-4). No se trata de una mera apariencia por la que Dios el Verbo se presenta de otra forma ante los hombres, sino una verdadera inserción de Dios entre los hombres por medio de la encarnación y nacimiento virginal de María. La encarnación exige el nacimiento de mujer, bajo el área supervisada de la ley (Gá. 4:4). Alguien podría preguntarse porque razón usa la vía de la encarnación, ninguna razón ni bíblica ni humana responde a esto, simplemente hemos de entender que la encarnación y el nacimiento fue la forma elegida por Dios para hacerse hombre (Mt. 1:18-25; Lc. 1:26-38). Al *confesar* que *"Jesucristo ha venido en carne"* se proclama la base de fe que asume el inicio de una nueva experiencia de vida en la Deidad, pero que en modo alguno se trata del comienzo absoluto del Verbo, que por ser Dios no tiene principio ni fin. La condición divina de Jesús no se inicia en el nacimiento, sino que como Juan enseña en lo que antecede tiene una preexistencia eterna (Jn. 1:1-2).

En el hecho de la encarnación se manifiesta la donación de Dios en la Persona del Verbo, razón de ser de la salvación y con ello razón fundamental del cristianismo como una comunidad de salvos que constituyen un cuerpo en Cristo. El término *encarnación* es sinónimo de *humanización.* No es solo que el Verbo tome cuerpo humano, sino que se hace hombre incluyendo en ello toda la parte espiritual propia del ser humano. La encarnación parte del envío del Verbo que se hace presente en el seno de María, por lo que la concepción parte del Padre como iniciador. Pero el Verbo es el sujeto realizador de la acción por ser la Persona Divina que se encarna, y los hombres como los destinatarios de los efectos que siguen a ella. De la unión del Verbo con la naturaleza humana, creada y asumida en el mismo acto, resulta el hombre Jesús. Desde ahí la humanidad subsistente en la Persona Divina del Verbo, es ya para siempre la humanidad de Dios el Hijo.

Hablar de encarnación no es hablar de la auto-divinización del hombre que por sí mismo llegó a ser Dios, sino que es referirse al acto de libertad en que el Verbo en la unidad del Padre y del Espíritu toma la decisión de proyectarse fuera de Sí mismo vinculándose con una naturaleza humana que es subsistente hipostáticamente en Su eterna Persona Divina. Por esa acción surge una realidad nueva por medio de la cual el Verbo se exterioriza a Sí mismo. Desde la perspectiva divina la encarnación es una auto-donación de Dios al hombre. La acción se produce desde la omnipotencia divina, que es el principio activo de la encarnación, mientras que la humanidad del Verbo es el final receptor de la acción del principio activo de Dios.

Ahora bien, Juan presentó al *Verbo de vida*, como eternamente existente con el Padre, poseedor y comunicador de la vida, para presentarlo también al mismo tiempo como hombre a consecuencia de la encarnación (1:1-2). Pero este hombre Jesús, el Verbo encarnado, es la expresión visible de la vida trinitaria de Dios en una criatura y la incardinación de la creatura en Dios. El Ser Divino en la Persona del Hijo, con la acción generadora de la humanidad por obra del Espíritu Santo, se inserta en la historia humana, ofreciendo vida al hombre y atrayéndolo hacia Él mismo haciéndolo regresar al centro originario y al lugar donde alcanza toda la plenitud. La creatura se vincula al Creador al ser acogida en una hipóstasis personal, de forma que, persistiendo la diferencia de naturalezas, crece hasta el límite posible la unión entre el Creador y la creatura. En esto se proyecta la salvación que consiste en que Dios otorga la vida eterna, Su propia vida y nos asume en Su paternidad haciéndonos Sus hijos, es decir, el Hijo se hace hombre, y los hombres que responden por fe al llamamiento de Dios se hacen hijos en el Hijo.

El sujeto de la encarnación es el Verbo, porque es lo que corresponde a Su esencia y lugar en el Seno Trinitario. Dios no hace nada en la historia que no sea de conformidad y como proyección de Su propio Ser Trinitario. El lugar del Verbo en la Trinidad explica la encarnación que nos deja vislumbrar Su naturaleza trinitaria. En la encarnación se prolonga a la creatura la realidad y relación eterna del Hijo. No es, pues, otra cosa que el decirse a Sí mismo como Verbo eterno, expresión exhaustiva de Dios, que al *salirse de Sí mismo* en una exteriorización reveladora, comporta en ella la operación de salvación como el *decir supremo* del amor de Dios por la criatura. Sólo en la encarnación y por el resultado de ella el inmutable Dios que no puede *padecer*, puede *compadecerse* del hombre y experimentar los quebrantos de la creatura sin menoscabo de Su Deidad. En Cristo conocemos al *Dios humilde* y al *Dios humillado*, inalcanzable misterio para la mente humana, finita, condicionada, y limitada.

La encarnación, por medio de cuyo hecho el Verbo toma una naturaleza humana y se hace *carne*, esto es, *hombre*, no puede considerarse sólo como un hecho puntual en el cual se inicia el proceso de gestación que termina en el alumbramiento. El hombre en su dimensión plena comienza por la encarnación, pero se realiza como hombre en el decurso de su existencia de vida, porque puede experimentar todo cuanto le es propio al hombre, y de ahí que vaya experimentando la humanidad en el transcurso de su vida. Así ocurre también con el Verbo encarnado, que experimenta la humanidad en la medida en que va siendo hombre con todas sus manifestaciones. De este modo puede decirse que la encarnación comienza en el seno de María y concluye en la Cruz con la muerte como hombre, continuando con el tiempo en el sepulcro y proyectándose definitivamente en la glorificación.

Finalmente, en este extenso párrafo es necesario hacer destacar que la encarnación de Cristo es una acción kenótica, es decir, de descenso y de entrega. Esa verdad está en la mente de Juan, cuando dice que *"Jesucristo ha venido en carne"*, expresión similar a la que usa en el *Evangelio*: *"Y aquel Verbo se hizo carne"*, pero también está en la de Pablo cuando habla del descenso del Hijo de Dios (Fil. 2:6-8). Esta humillación a la que precede la limitación, no significa deposición del ser, del poder o del conocer divinos en una especie de auto-aniquilación, sino una adecuación de ellos a las condiciones de la existencia finita del hombre, que le hace posible vivir las limitaciones de éste y padecer las violencias que el hombre histórico vive. El infinito supremo de Dios tiene capacidad para *ser menos*, de modo que pueda compadecerse de la situación humana. En la Cruz, el Verbo y con Él el Padre y el Espíritu se adentran en la dimensión de soledad de la Cruz, para introducir el principio de vida donde el pecado y la muerte que destruyen, quedan impotentes por la dotación de vida eterna a todo aquel que cree. La entrada de uno de la Trinidad en la experiencia de la muerte, seguida luego de la victoriosa y gloriosa resurrección se convierte en esperanza segura para el hombre. En la muerte de Cristo, Dios se manifiesta como el Amor que vence sobre el mal, como acogedor del hombre en la forma más definitiva que es el perdón. La presencia de Dios en la Cruz es la expresión de la infinita sabiduría divina para salvación, que se convierte en locura para quienes no tienen interés en la obra divina y rechazan la luz porque aman las tinieblas (1 Co. 1:18). En la encarnación Dios llora y sufre con los hombres. Las lágrimas de Jesús en Getsemaní, son la expresión del sufrimiento divino en solidaridad suprema con el hombre por el que ha de asumir la responsabilidad de sus delitos y extinguir con la muerte la penalidad del pecado (He. 5:7). Esta manifestación de la kénosis divina no es en modo alguno la encarnación degradadora de Dios, sino la manera definitiva de expresión de lo que Él es, siente y hace por los hombres, de otro modo, es la auto-manifestación de Dios con hechos definitivamente humanos. Dios tiene que mostrar lo que realmente es en identificación con la creatura en la humildad suprema, en la pobreza, en el amor, y el dejar de valerse a Sí mismo para dar la vida en una entrega única y singular. De manera que la pobreza y la sustitución son la expresión visible de Dios entre los hombres.

La humanidad del Verbo tiene también un pleno significado soteriológico, ya que capacita a Dios, hecho hombre, para dar Su vida (Jn. 6:51; He. 2:14-15). Es cierto que Dios *no muere*, pero no es menos cierto que quien muere en la Cruz *es Dios*. La vida divina llega al hombre a través del Hijo de Dios encarnado (1:1-3). El hombre sólo puede alcanzar la vida por fe en Él (5:12, 20). Quien confiesa estas verdades pone de manifiesto que lo hace por el Espíritu que procede de Dios.

3. y todo espíritu que no confiesa que Jesucristo ha venido en carne, no es de Dios; y éste es el espíritu del anticristo, el cual vosotros habéis oído que viene, y que ahora ya está en el mundo.

καὶ πᾶν πνεῦμα ὃ μὴ ὁμολογεῖ τὸν ᾿Ιησοῦν[1] ἐκ τοῦ Θεοῦ οὐκ
Y todo espíritu que no confiesa - a Jesús de - Dios no
ἔστιν· καὶ τοῦτο ἐστιν τὸ τοῦ ἀντιχρίστου, ὃ ἀκηκόατε ὅτι
es; y este es el del anticristo, el cual habéis oído que
ἔρχεται, καὶ νῦν ἐν τῷ κόσμῳ ἐστὶν ἤδη.
viene, y ahora en el mundo está ya.

Análisis y notas del texto griego.

Análisis: καὶ, conjunción copulativa *y*; πᾶν, caso nominativo neutro singular del adjetivo indefinido *todo*; πνεῦμα, caso nominativo neutro singular del nombre común *espíritu*; ὃ, caso nominativo neutro singular del pronombre relativo *el que, el cual, que*; μὴ, partícula que hace funciones de adverbio de negación *no*; ὁμολογεῖ, tercera persona singular del presente de indicativo en voz activa del verbo *confesar*, *decir lo mismo*, aquí *confiesa*; τὸν, caso acusativo masculino singular del artículo determinado *el*; ᾿Ιησοῦν, caso acusativo masculino singular del nombre propio declinado *a Jesús*; ἐκ, preposición propia de genitivo *de*; τοῦ, caso genitivo masculino singular del artículo determinado *el*; Θεοῦ, caso genitivo masculino singular del nombre divino declinado *de Dios*; οὐκ, forma escrita del adverbio de negación *no*, con el grafismo propio ante una vocal con espíritu suave o una enclítica; ἔστιν, tercera persona singular del presente de indicativo en voz activa del verbo εἰμί, *ser, estar*, aquí *es*; καὶ, conjunción copulativa *y*; τοῦτο, caso nominativo neutro singular del pronombre demostrativo *esto*; ἐστιν, tercera persona singular del presente de indicativo en voz activa del verbo εἰμί, *ser, estar*, aquí *es*; τὸ, caso nominativo neutro singular del artículo determinado *el*; τοῦ, caso genitivo masculino singular del artículo determinado declinado *del*; ἀντιχρίστου, caso genitivo masculino singular del nombre común *anticristo*; ὃ, caso acusativo neutro singular del pronombre relativo *lo que, lo cual, que*; ἀκηκόατε, segunda persona plural del perfecto de indicativo en voz activa del verbo ἀκούω, *oír, escuchar*, aquí *habéis oído*; ὅτι, conjunción *que*; ἔρχεται, tercera persona singular del presente de indicativo en voz media del verbo ἔρχομαι, *venir, llegar*, aquí *viene*; καὶ, conjunción copulativa *y*; νῦν, adverbio demostrativo *ahora*; ἐν, preposición propia de dativo *en*; τῷ, caso dativo masculino singular del artículo determinado *el*; κόσμῳ, caso dativo masculino singular del nombre común *mundo*; ἐστὶν, tercera persona singular del presente de indicativo en voz activa del verbo εἰμί, *ser, estar*, aquí *es*; ἤδη, adverbio *ya*.

Notas. Crítica Textual. Lecturas alternativas.

[1] τὸν'Ἰησοῦν, *a Jesús*, según lectura en A, B, Ψ, 33, 81, 436, 1448, 1611, 1739, 1852, 2344, Ireneo[1739mg], Clemente[1739mg], Orígenes.

'Ἰησοῦν, *a Jesús*, conforme a 1881.

'Ἰησοῦν Χριστόν, *a Jesucristo*, lectura en 5, 642, 1243, 1735, 2492, Byz.

τὸν 'Ἰησοῦν Χριστόν, *a Jesucristo*, conforme a 442, 1175.

'Ἰησοῦν Κύριον, *a Jesús Señor*, de acuerdo con א.

τὸν Χριστόν 'Ἰησοῦν, *a Cristo Jesús*, según 307.

καὶ πᾶν πνεῦμα ὃ μὴ ὁμολογεῖ τὸν 'Ἰησοῦν ἐκ τοῦ Θεοῦ οὐκ ἔστιν· Luego de la prueba del espíritu que procede de Dios, Juan presenta la procedencia de aquel que no procede de Él. Es una clara referencia a la negación diabólica sobre Jesús. Según RV: *"Todo espíritu que no confiesa que Jesucristo ha venido en carne, no es de Dios"*. La lectura más firme es la que figura en el interlineal más arriba: *"Todo espíritu que no confiesa a Jesús, no es de Dios"*. La expresión *que Jesucristo no ha venido en carne*, es muy insegura y está en mss. poco fiables, que sin duda es una corrección de lo que parece necesario para vincularlo con el versículo anterior. Juan afirma que el espíritu de Dios es *confesar a este Jesús*, es decir, a lo que acaba de decir tocante a Él. No es el Jesús humano que los gnósticos y *falsos maestros* trataban de introducción como una falacia entre los creyentes, sino el verdadero Verbo manifestado en carne. Jesús de Nazaret no es meramente un hombre, sino Emanuel, Dios con los hombres. El nombre Jesús designa la persona histórica de Dios-hombre, que proclama el evangelio desde el principio (2:22; 4:15; 5:5). Negar tal profesión, no *confesar* esa verdad, es negar a Jesucristo como el Salvador enviado por Dios para la salvación del mundo (Jn. 3:16; Gá. 4:4). Una enseñanza semejante es una negación diabólica de la verdad. En el tiempo de Juan era una enseñanza gnóstica, a lo largo de la historia vino a ser arriana que llega a nuestros días.

καὶ τοῦτο ἐστιν τὸ τοῦ ἀντιχρίστου, Juan identifica a quienes niegan la verdad sobre Jesucristo, como el *espíritu del anticristo.* Es decir, que todos los *maestros falsos*, que enseñan la mentira para contradecir la verdad de fe sobre Jesús, están poseídos del espíritu que será en el futuro propio del anticristo. Anticristo, en general, es el sentido más amplio para pretender *destruir* a Jesucristo, borrando de la mente de los hombres y, entre ellos de los creyentes, la verdad considerada en el párrafo anterior de que Jesús es Dios manifestado en carne.

ὃ ἀκηκόατε ὅτι ἔρχεται, καὶ νῦν ἐν τῷ κόσμῳ ἐστὶν ἤδη. La presencia del espíritu *anticristo* opera ya en el mundo. La profecía anuncia una presencia individual futura que será *el anticristo*, este hombre –del que se ha considerado ya con anterioridad– vendrá en un tiempo futuro (2:18). Este que viene como persona humana es aquel a quien se califica como *anticristo, el hombre de pecado* y *el hijo de perdición* (2 Ts. 2:3-8). Pero, en el tiempo de Juan y, por supuesto, en el nuestro, ya apareció *el misterio de iniquidad* que actúa en el mundo. Es cierto que el anticristo persona, no puede acceder a la ejecución del programa diabólico, porque hay *quien lo detiene*, en referencia clara al Espíritu Santo, que impide la acción diabólica tendente a poner al anticristo en el lugar que corresponde al Señor (2 Ts. 2:7). Aunque la expresión *"ya está en el mundo"* no se refiere a la presencia real del *anticristo*, sino a la del espíritu que moverá sus actos y conducta, de otro modo, debe entenderse aquí la presencia del anticristo por medio del espíritu que operará en él y que ahora opera en muchos anticristos que están en el mundo (2:18).

Debe quedar claro que negar a Jesús como el Cristo, el Verbo encarnado, el Hijo de Dios enviado por el Padre, es negar también al Padre, no teniéndolo (2:18-23). Quien niega a Jesús, al negar también al Padre, no puede tener salvación, puesto que la vida eterna es justamente lo contrario, conocer al Padre y a Jesucristo a quien envió (Jn. 17:3). Nadie debe equivocarse, cualquier manifestación de arrianismo, que incluye los ebionitas, los seguidores de Cerinto, negando todos ellos la plena realidad de Jesucristo, de gnosticismo entre cuyas expresiones está el *docetismo* que negaban la realidad terrenal del cuerpo humano de Cristo, puesto que, si Él había de ser puro y la materia es mala, el Hijo de Dios solo pudo tomar una *apariencia* de cuerpo humano, todas estas y otras manifestaciones del espíritu *anticristo*, impiden la salvación, porque Negar a Jesús como Dios manifestado en carne, es negar a Dios en toda la dimensión de las tres Personas Divinas.

Certeza y seguridad (4:4-6).

4. Hijitos, vosotros sois de Dios, y los habéis vencido; porque mayor es el que está en vosotros, que el que está en el mundo.

ὑμεῖς ἐκ τοῦ Θεοῦ ἐστε, τεκνία, καὶ νενικήκατε αὐτούς, ὅτι
Vosotros de - de Dios sois, hijitos, y habéis vencido los, porque
μείζων ἐστὶν ὁ ἐν ὑμῖν ἢ ὁ ἐν τῷ κόσμῳ.
mayor es el en vosotros que el en el mundo.

Análisis y notas del texto griego.

Análisis: ὑμεῖς, caso nominativo de la segunda persona plural del pronombre personal *vosotros*; ἐκ, preposición propia de genitivo *de*; τοῦ, caso genitivo masculino singular del artículo determinado *el*; Θεοῦ, caso genitivo masculino singular del nombre divino *Dios*; ἐστε, segunda persona plural del presente de indicativo en voz activa del verbo εἰμί, *ser, estar*, aquí *sois*; τεκνία, caso vocativo neutro plural del nombre común *hijitos*; καὶ, conjunción copulativa *y*; νενικήκατε, segunda persona plural del perfecto de indicativo en voz activa del verbo νικάω, *vencer*, aquí *habéis vencido*; αὐτούς, caso acusativo masculino de la tercera persona plural del pronombre personal declinado *a ellos, los*; ὅτι, conjunción causal *porque*; μείζων, caso nominativo masculino singular del adjetivo comparativo *mayor*; ἐστὶν, tercera persona singular del presente de indicativo en voz activa del verbo εἰμί, *ser, estar*, aquí *es*; ὁ, caso nominativo masculino singular del artículo determinado *el*; ἐν, preposición propia de dativo *en*; ὑμῖν, caso dativo de la segunda persona plural del pronombre personal *vosotros*; ἢ, partícula *o, o también, que*; ὁ, caso nominativo masculino singular del artículo determinado *el*; ἐν, preposición propia de dativo *en*; τῷ, caso dativo masculino singular del artículo determinado *el*; κόσμῳ, caso dativo masculino singular del nombre común *mundo*.

ὑμεῖς ἐκ τοῦ Θεοῦ ἐστε, τεκνία, Con este versículo se introduce un párrafo de confianza y seguridad, en el que se aprecia un marcado contraste entre los victoriosos hijos de Dios, y el derrotado mundo. Para ello hace una afirmación precisa: *vosotros sois de Dios*, dirigiéndose a éstos que identifica de este modo con el habitual vocativo *hijitos*. Ya de por sí, mediante este título, produce un contraste con los hijos del diablo, anticristos que hay en el mundo. Con el cariño de un padre se dirige a sus hijos espirituales para alentarlos. Se está refiriendo, sin duda alguna, a los lectores cristianos, a quienes alienta al confirmarles su relación con Dios como hijos Suyos, por el hecho de haber creído en Jesús, el Cristo (Jn. 1:12). En la *Epístola* les llama *hijos de Dios* en varios lugares (2:29; 3:1, 9, 10). Estos hijos de Dios no deben estar amedrentados por la presencia de los anticristos cuyo espíritu, contrario a la verdad, se manifiesta en el mundo. Son muchos, pero ninguno de ellos está en la relación paterno filial del creyente con Dios.

καὶ νενικήκατε αὐτούς, La evidencia de la condición de hijos de Dios es que *"los habéis vencido"*. El pronombre personal αὐτός, *ellos*, se refiere a los *falsos profetas* o *falsos maestros*, que con el espíritu anticristo han salido por el mundo con el propósito diabólico de engañar mintiendo sobre Jesús, como es propio de Satanás, mentiroso y padre de mentira (Jn. 8:44). Los hijos de Dios los han vencido y la victoria está en el mismo mensaje que se cree y en la confesión que se proclama. Realmente descansa en la fe de quien es vencedor del mundo (5:4).

ὅτι μείζων ἐστὶν ὁ ἐν ὑμῖν ἢ ὁ ἐν τῷ κόσμῳ. La causa de la victoria está en la infinita dimensión de poder de quien está en el creyente, que es Dios mismo, y quien está en el mundo, el maligno. Al ser de Dios y estar en Él, se participa en Su poder victorioso y omnipotente. Por esa razón no hace la afirmación en presente, *los estáis venciendo*, ni en futuro, *los venceréis*, sino en pasado perfecto, *los habéis vencido*. Esos *falsos maestros*, con el espíritu y el poder diabólico, ya han sido vencidos. Pueden seguir engañando por un tiempo, rugiendo contra los santos, persiguiéndolos, trastornando en parte sus congregaciones, pero, a pesar de todo, ya han sido derrotados. Además, la derrota se manifiesta en el hecho de que los *falsos maestros*, no consiguieron engañar a los creyentes con sus mentiras. Es más, la derrota es visible porque tuvieron que *salir de nosotros*, abandonando las congregaciones donde están los creyentes (2:19). La razón de la victoria reside en Dios que mora en ellos (3:20, 24; Jn. 14:20; 15:4-5).

Juan se refiere *al que está en vosotros*, probablemente en alusión al Espíritu Santo, que es lo que exige el entorno textual del versículo. Pero también pudiera ser una referencia al Padre o al Hijo e incluso a la presencia trinitaria en el cristiano. Cada uno de los hijos de Dios pueden jactarse en la victoria de Dios, como victoria propia, gloriándose en Él. Ninguno pudiera haber vencido a los que son instrumentos de Satanás por sí mismos, pero es Dios en ellos que hace posible la derrota del maligno y sus fuerzas de maldad. Cristo es el que ha vencido al mundo (Jn. 16:33). El poder victorioso para la perseverancia en la fe y el estilo de vida están en Él (Fil. 4:13). El cristiano es vencedor en Cristo (Ro. 8:37). Lo que a los ojos de los hombres pudiera parecer derrota, ya que los enemigos de la verdad se mueven libremente, es todo lo contrario, puesto que no se trata de una *victoria sobre alguna cosa*, sino *sobre todas* ellas, es decir, sobre las mencionadas como elementos de conflicto y tensión por la acción de los *falsos maestros*. Sin embargo, en medio de las más grandes dificultades, Dios da la provisión para vencer, ya que ante los más singulares problemas *"Él da mayor gracia"* (St. 4:6). Dios no retira a Sus hijos del conflicto, pero da la gracia para superarlos (1 Co. 10:13). Las dificultades forman parte de la vida cristiana, pero frente a ellos, *somos más que vencedores*, venciendo sobre todas ellas. Sin embargo, la razón de la victoria no está en el cristiano, sino en quien le da la victoria. El apóstol Pablo decía que *somos más que vencedores por medio de aquel que nos amó* (Ro. 8:37). Nada puede separar al creyente de Dios y de Su amor. Pero, si el Señor sufrió el mayor conflicto posible hasta dar Su vida, también resucitó y fue glorificado, de modo que los cristianos que estamos identificados con Él, lo estamos en toda la dimensión de la palabra, siendo con Él vencedores. De otro modo, es disfrutar de la victoria que el Señor consiguió para nosotros impulsado por Su amor personal, del que nada puede separarnos. En Cristo somos llevados siempre en triunfo (2 Co. 2:14). El poder victorioso está en Él y se recibe por medio de Él, mientras que separados de Él nada podemos hacer (Jn. 15:5). Por el hecho de estar en quien tiene todo el poder en cielos y tierra, el cristiano es un vencedor en Él (Fil. 2:9-11). Eso quita todo orgullo, el que vence es por la fuerza que Dios le comunica, como decía Agustín: *"No te ensoberbezcas; mira quién es el que vence en ti"*.

La razón de la derrota del mundo es clara. El que está en el creyente es el Espíritu, el que está en el mundo es Satanás (Jn. 12:31; 14:30; 16:11). El poder de Dios es mayor que el de Su enemigo que está en el mundo y en los hombres del mundo bajo su potestad. Del poder de Satanás procede el espíritu del anticristo (4:3).

5. Ellos son del mundo; por eso hablan del mundo, y el mundo los oye.

αὐτοὶ ἐκ τοῦ κόσμου εἰσίν, διὰ τοῦτο ἐκ τοῦ κόσμου λαλοῦσιν
Ellos del mundo son, por eso del mundo hablan,
καὶ ὁ κόσμος αὐτῶν ἀκούει.
y el mundo los escucha.

Análisis y notas del texto griego.

Análisis: αὐτοὶ, caso nominativo masculino plural del pronombre intensivo *ellos*; ἐκ, preposición propia de genitivo *de*; τοῦ, caso genitivo masculino singular del artículo determinado *el*; κόσμου, caso genitivo masculino singular del nombre común *mundo*; εἰσίν, tercera persona singular del presente de indicativo en voz activa del verbo εἰμί, *ser, estar*, aquí *son*; διὰ, preposición propia de acusativo *por*; τοῦτο, caso acusativo neutro singular del pronombre demostrativo *eso*; ἐκ, preposición propia de genitivo *de*; τοῦ, caso genitivo masculino singular del artículo determinado *el*; κόσμου, caso genitivo masculino singular del nombre común *mundo*; λαλοῦσιν, tercera persona plural del presente de indicativo en voz activa del verbo λαλέω, *hablar, decir*, aquí *hablan*; καὶ, conjunción copulativa *y*; ὁ, caso nominativo masculino singular del artículo determinado *el*; κόσμος, caso nominativo masculino singular del nombre común *mundo*; αὐτῶν, caso genitivo masculino de la tercera persona plural del pronombre personal declinado *a ellos, los*; ἀκούει, tercera persona singular del presente de indicativo en voz activa del verbo ἀκούω, *oír, escuchar*, aquí *escucha*.

αὐτοὶ ἐκ τοῦ κόσμου εἰσίν, Si la vinculación con Dios hace que se produzca el desprecio del mundo, ocurre lo contrario con quienes están vinculados a él. De manera que los *falsos maestros* y los incrédulos son del mundo. Esto marca una distinción y una diferencia con los lectores de la *Epístola*. La locución *ser del mundo* encierra siempre el estar en oposición a Dios (2:16; Jn. 8:23; 15:19; 17:14; 18:36). Estos *falsos profetas* y los incrédulos están bajo el poder del maligno que domina el mundo y es enemigo de Dios (5:19).

διὰ τοῦτο ἐκ τοῦ κόσμου λαλοῦσιν. La evidencia de esa vinculación es que *"hablan del mundo"*, es decir, su enseñanza y razonamiento son los propios del mundo. En relación con los falsos profetas enseñan una fe conforme a los principios del mundo. Sus enseñanzas y opiniones son, por tanto, anticristianas. En los versículos anteriores el apóstol advirtió que la instrucción de ellos negaba la realidad de Cristo, es decir, enseñaban una mentira sobre quien era Jesús. Esa es ya una identificación con el mundo que desconoce a Jesucristo, *"en el mundo estaba, y el mundo por él fue hecho; pero el mundo no le conoció"* (Jn. 1:10). Los engañadores aborrecen a los cristianos, al igual que el sistema satánico en que se desenvuelven: *"Si fueras del mundo, el mundo amaría a lo suyo; pero porque no sois del mundo, antes yo os elegí del mundo, por eso el mundo os aborrece"* (Jn. 15:19). Del mismo modo los *falsos profetas* enseñan doctrinas mentirosas, lo que provoca una reacción en contra de quienes obedecen la verdad, por eso decía Jesús en oración al Padre: *"Yo les he dado tu palabra; y el mundo los aborreció, porque no son del mundo, como tampoco yo soy del mundo"* (Jn. 17:14). El apóstol dice que estos falsos profetas *hablan del mundo*, es decir, su modo de enseñanza es contraria a Dios. Nótese que no dice que *hablan sobre el mundo*, sino que lo hacen *conforme* a él. De otro modo, la inspiración para cuanto enseñan les viene del mundo.

καὶ ὁ κόσμος αὐτῶν ἀκούει. La consecuencia que produce esta vinculación con el mundo es lógica: *"el mundo los oye"*. La referencia es a las personas que no siendo de Dios por fe en Cristo, son del mundo, estos que rechazan la verdad de Dios aceptan con agrado el que procede del mundo. Esta manifestación de identificación ocurrió a lo largo de la historia, como hizo notar Jesús: *"¡Ay de vosotros, cuando todos los hombres hablen bien de vosotros! porque así hacían sus padres con los falsos profetas"* (Lc. 6:26). El mensaje de Jesús fue rechazado por esta misma causa, porque no era del mundo (Jn. 8:23, 47; 10:26; 14:17; 15:18).

6. Nosotros somos de Dios; el que conoce a Dios, nos oye; el que no es de Dios, no nos oye. En esto conocemos el espíritu de verdad y el espíritu de error.

ἡμεῖς ἐκ τοῦ Θεοῦ ἐσμεν, ὁ γινώσκων τὸν Θεὸν ἀκούει ἡμῶν,
Nosotros de - Dios somos; el que conoce - a Dios escucha nos
ὃς οὐκ ἔστιν ἐκ τοῦ Θεοῦ οὐκ ἀκούει ἡμῶν. ἐκ τούτου
el que no es de - Dios no escucha nos. En esto
γινώσκομεν τὸ Πνεῦμα τῆς ἀληθείας καὶ τὸ πνεῦμα τῆς πλάνης.
conocemos el Espíritu de la verdad y el espíritu del error.

Análisis y notas del texto griego.

Análisis: ἡμεῖς, caso nominativo de la primera persona plural del pronombre personal *nosotros*; ἐκ, preposición propia de genitivo *de*; τοῦ, caso genitivo masculino singular del artículo determinado *el*; Θεοῦ, caso genitivo masculino singular del nombre divino *Dios*; ἐσμεν, primera persona plural del presente indicativo en voz activa del verbo εἰμί, *ser, estar*, aquí *somos*; ὁ, caso nominativo masculino singular del artículo determinado *el*; γινώσκων, caso nominativo masculino singular del participio presente en voz activa del verbo γινώσκω, *conocer*, aquí *que conoce*; τὸν, caso acusativo masculino singular del artículo determinado *el*; Θεὸν, caso acusativo masculino singular del nombre divino declinado *a Dios*; ἀκούει, tercera persona singular del presente de indicativo en voz activa del verbo ἀκούω, *oír, escuchar*, aquí *escucha*; ἡμῶν, caso genitivo de la primera persona plural del pronombre personal declinado *a nosotros, nos*; ὃς, caso nominativo masculino singular del pronombre relativo *el que, el cual, que*; οὐκ, forma escrita del adverbio de negación *no*, con el grafismo propio ante una vocal con espíritu suave o una enclítica; ἔστιν, tercera persona singular del presente de indicativo en voz activa del verbo εἰμί, *ser, estar*, aquí *es*; ἐκ, preposición propia de genitivo *de*; τοῦ, caso genitivo masculino singular del artículo determinado *el*; Θεοῦ, caso genitivo masculino singular del nombre divino *Dios*; οὐκ, forma escrita del adverbio de negación *no*, con el grafismo propio ante una vocal con espíritu suave o una enclítica; ἀκούει, tercera persona singular del presente de indicativo en voz activa del verbo ἀκούω, *oír, escuchar*, aquí *escucha*; ἡμῶν, caso acusativo de la primera persona plural del pronombre personal declinado *a nosotros, nos*; ἐκ, preposición propia de genitivo *de, en*; τούτου, caso genitivo neutro singular del pronombre demostrativo *esto*; γινώσκομεν, primera persona plural del presente de indicativo en voz activa del verbo γινώσκω, *saber, conocer*, aquí *conocemos*; τὸ, caso nominativo neutro singular del artículo determinado *el*; Πνεῦμα, caso nominativo neutro singular del nombre divino *Espíritu*; τῆς, caso genitivo femenino singular del artículo determinado declinado *de la*; ἀληθείας, caso genitivo femenino singular del nombre común *verdad*; καὶ, conjunción copulativa *y*; τὸ, caso nominativo neutro singular del artículo determinado *el*; πνεῦμα, caso nominativo neutro singular del nombre común *espíritu*; τῆς, caso genitivo femenino singular del artículo determinado declinado *de la*; πλάνης, caso genitivo femenino singular del nombre común *error*.

ἡμεῖς ἐκ τοῦ Θεοῦ ἐσμεν, Volviendo nuevamente a la primera persona plural del pronombre personal *nosotros*, probablemente esté haciendo alusión a los apóstoles que enseñaron primeramente la verdad, pero, no es menos probable que se pudiera tratar de todos los creyentes, especialmente a los destinatarios de la *Epístola*, el cambio de persona en el pronombre es notorio (2:19, 24, 28; 3:13). Pensando en la primera interpretación, que el nosotros se refiere a los apóstoles, entonces el contraste está nuevamente presente, mientras los *falsos profetas* son del mundo, los apóstoles son de Dios. Lo mismo ocurre en la comparación entre creyentes e incrédulos. Con todo, no debe perderse de vista que el contraste en el contexto se establece entre maestros verdaderos y falsos, como también el apóstol Pablo establece (1 Co. 14:37).

ὁ γινώσκων τὸν Θεὸν ἀκούει ἡμῶν, La interpretación más segura relativa a los apóstoles, se confirma por la frase que se considera: *"El que conoce a Dios nos oye"*. La vinculación entre el creyente y la Palabra es notoria. Los que *conocen a Dios*, son los nacidos de nuevo que tienen comunión con Él, en una relación vivencial (1:3; Jn. 17:3). Por consiguiente, el conocimiento trae como consecuencia el reconocimiento del mensaje, en la parábola de Jesús las ovejas que conocen al pastor, conocen también su voz (Jn. 10:4, 5, 8, 16, 26, 27). Le siguen porque están identificadas con Su voz. Saben que pertenecen a quien las ampara, soporta, ama y sustenta, por tanto, merece la pena seguirlo. Las que son de otros rebaños y pertenecen a otros pastores, no conocen la voz del Pastor cariñoso, por tanto, no hacen caso a su llamada. Es más, los que conocen a Dios en la dimensión de Su gracia, no están dispuestos a escuchar otras voces que no sea la Suya, expresada en Su Palabra, alejándose de ellos. Dos grandes verdades deben ser consideradas y aplicadas. El rebaño de Dios, las congregaciones de creyentes, deben ser alimentadas por los pastores de la iglesia con la Palabra. Cuando se practica este deber pastoral, los creyentes dejan de seguir otras voces que aparentan ser Palabra de Dios, pero que en realidad son palabras de hombres. A medida en que la Biblia sea expuesta a los creyentes, y esté presente en la enseñanza de pastores y maestros, no existe el peligro de que el rebaño siga otras voces, todo lo contrario, huirán de quienes, vestidos como ovejas son en realidad lobos rapaces que no perdonan al rebaño. El Señor dijo que los que son de Dios reciben Su palabra (Jn. 8:47). El que recibe la Palabra, recibe a los que son enviados para enseñarla (Lc. 10:16). Los que oyen son aquellos que aceptan la doctrina que era desde el principio (2:7, 24; 3:11; 2 Jn. 5).

ὃς οὐκ ἔστιν ἐκ τοῦ Θεοῦ οὐκ ἀκούει ἡμῶν. El resultado de la enseñanza entre no creyentes tiene una consecuencia contraria: *"el que no es de Dios no nos oye"*. Estos no tienen interés alguno en la Palabra. Es posible que algunos de estos estén entre los cristianos e incluso hayan aprendido verdades entre ellos. Pero *"vendrá tiempo cuando no sufrirán la sana doctrina, sino que teniendo comezón de oír, se amontonarán maestros conforme a sus propias concupiscencias, y apartarán de la verdad el oído y se volverán a las fábulas"* (2 Ti. 4: 3-4). Este problema de cansarse de la verdad que es propio de quienes no conocen a Dios, afecta en alguna medida a quienes, siendo creyentes, no están dispuestos al compromiso con la Escritura, por eso la enseñanza bíblica es poco aceptada por creyentes mundanos.

ἐκ τούτου γινώσκομεν τὸ Πνεῦμα τῆς ἀληθείας καὶ τὸ πνεῦμα τῆς πλάνης. Juan llega, luego de los ejemplos y contrastes a una conclusión que debe ser corroborada también por los creyentes, se puede conocer cuando el mensaje procede del Espíritu de Dios y cuando no. Este conocimiento se obtiene no solo por el mensaje que proclama, sino también por el auditorio que lo recibe. Los creyentes atenderán al mensaje procedente de Dios, los no creyentes lo rechazarán.

El apóstol llama al Espíritu que conduce el mensaje verdadero *el Espíritu de verdad*, con artículo determinado es el único Espíritu de esa condición. No hay duda que se refiere al Espíritu Santo, que el Señor prometió a los Suyos (Jn. 14:17; 15:26; 16:13). El Vicario de Cristo en la tierra tiene que ser como Él, *la verdad*. Jesús dijo a los Suyos que Él era la verdad (Jn. 14:6), aquí Juan se refiere del mismo modo al Espíritu, calificándolo de *Espíritu de verdad*. Es decir, como Dios, es verdadero no hay engaño en Él (1 Ts. 1:9), pero la misión que tiene es la de guiar al creyente a la verdad, tanto para aceptarla como para enseñarla (Jn. 16:13). El mensaje verdadero presenta sólo la verdad en relación con Cristo, en contraste con el de los *falsos maestros* que engañan predicando falsedades sobre Él. Por tanto, quien enseña la verdad, conducido por el *Espíritu de verdad*, revela plenamente a Cristo quien también es *la Verdad*, ya que es el Espíritu de Cristo quien impulsa la enseñanza (Ro. 8:9). La enseñanza de los verdaderos maestros es verdadera por cuanto según anunció Jesús: *"tomará de lo mío y os lo hará saber"* (Jn. 16:14).

Pero, en contraste, la enseñanza dirigida por este glorioso Espíritu el mundo no la recibe, porque los maestros que enseñan son *falsos maestros* y promueven falsedades. Mientras los creyentes en Cristo pertenecemos al mundo de la luz y estamos en el reino del Hijo (Col. 1:13), los incrédulos, sentido que tiene en la *Epístola*, no pueden recibir la verdad, ni quieren, porque prefieren las tinieblas a la luz, y la mentira a la verdad (Jn. 3:17-21). Los *falsos maestros* no están en condiciones ni en disposición de recibir al Espíritu. La primera razón es que no disciernen la realidad del Espíritu, porque están en tinieblas, por consiguiente, no conociendo a Dios no pueden ver las cosas que han de entenderse *espiritualmente*. La mente carnal no puede comprender al Espíritu de Dios, porque *"el hombre natural no percibe las cosas que son del Espíritu de Dios, porque para él son locura, y no las puede entender, porque se han de discernir espiritualmente"* (1 Co. 2:14). No puede venir a los *falsos maestros* el Espíritu porque no aceptan la verdad revelada, ya que *"la palabra de la cruz es locura para los que se pierden"* (1 Co. 1:18). Sobre estas dos condiciones, se puede conocer el Espíritu de verdad y el de error. Este es contrario a la verdad, de modo que hay una piedra de toque que determina la realidad del mensaje de Dios y del de error: *"¡A la ley y al testimonio! Si no dijeren conforme a esto, es porque no les ha amanecido"* (Is. 8:20). Quien proclama un mensaje que no concuerda con la Palabra, no *le ha amanecido*, está en tinieblas.

Una precisión: El rechazo que, en excepcionales ocasiones se produce al mensaje sustentado en la Palabra, es debido a no ser proclamado en amor, ya que ambas cosas son inseparables: *"sino que siguiendo la verdad en amor"* (Ef. 4:15). Verdad sin amor es legalismo que el espíritu cristiano rechaza. El Espíritu de verdad conduce a la verdad y al amor. El ministerio sin amor, vulgarmente llamado de *látigo*, que habla solo de faltas y miserias espirituales, de caídas y faltas de los creyentes, es contrario al sentir cristiano motivado por la gracia y el amor. No cabe duda que la santidad, la ética cristina, el estilo de vida del creyente tiene necesariamente que expresarse en una vida limpia delante de Dios y de los hombres, pero no es menos cierto que el creyente espiritual no se mide por la capacidad de reprender, sino por la de restaurar (Gá. 6:1). Hay miles de cristianos que han abandonado las iglesias donde se congregaban y no se reúnen con los hermanos, hastiados del legalismo establecido y proclamado en la enseñanza eclesial.

La manifestación del amor (4:7-21).

El mandamiento (4:7-10).

7. Amados, amémonos unos a otros; porque el amor es de Dios. Todo aquel que ama, es nacido de Dios, y conoce a Dios.

Ἀγαπητοί, ἀγαπῶμεν ἀλλήλους, ὅτι ἡ ἀγάπη ἐκ τοῦ Θεοῦ
Amados, amemos unos a otros, porque el amor de - Dios
ἐστιν, καὶ πᾶς ὁ ἀγαπῶν ἐκ τοῦ Θεοῦ γεγέννηται καὶ γινώσκει
es. Y todo el que ama de - Dios ha nacido, y conoce
τὸν Θεόν.
- a Dios.

Análisis y notas del texto griego.

Análisis: Ἀγαπητοί, caso vocativo masculino plural del adjetivo *amados*; ἀγαπῶμεν, primera persona plural del presente de subjuntivo en voz activa del verbo ἀγαπάω, *amar*, aquí *amemos*; ἀλλήλους, caso acusativo masculino plural del pronombre recíproco *unos a otros*; ὅτι, conjunción causal *porque*; ἡ, caso nominativo femenino singular del artículo determinado *la*; ἀγάπη, caso nominativo femenino singular del nombre común *amor*; ἐκ, preposición propia de genitivo *de*; τοῦ, caso genitivo masculino singular del artículo determinado *el*; Θεοῦ, caso genitivo masculino singular del nombre divino *Dios*; ἐστιν, tercera persona singular del presente de indicativo en voz activa del verbo εἰμί, *ser, estar*, aquí *es*; καὶ, conjunción copulativa *y*; πᾶς, caso nominativo masculino singular del adjetivo indefinido *todo*; ὁ, caso nominativo masculino singular del artículo determinado *el*; ἀγαπῶν, caso nominativo masculino singular del participio presente en voz activa del verbo ἀγαπάω, *amar*, aquí *que ama*; ἐκ, preposición propia de genitivo *de*; τοῦ, caso genitivo masculino singular del artículo determinado *el*; Θεοῦ, caso genitivo masculino singular del nombre divino *Dios*; γεγέννηται, tercera persona singular del perfecto de indicativo en voz pasiva del verbo γεννάω, *nacer*, aquí *ha nacido*; καὶ, conjunción copulativa *y*; γινώσκει, tercera persona singular del presente de indicativo en voz activa del verbo γινώσκω, *conocer*, aquí *conoce*; τὸν, caso acusativo masculino singular del artículo determinado *el*; Θεόν, caso acusativo masculino singular del nombre divino declinado *a Dios*.

Ἀγαπητοί, ἀγαπῶμεν ἀλλήλους, El pilar del amor es uno de los dos reiterados por el apóstol en la *Epístola*. El que ha conocido a Dios, es obediente a la Palabra y ama como fue amado. El mandamiento del amor fraterno va a ser recordado nuevamente, pero no con imposición sino con afecto entrañable, como se aprecia por el vocativo *amados*, con que llama a los creyentes a quienes escribe. Es la tercera vez que aparece la exhortación en la *Epístola*. En la primera se establece el amor fraterno como evidencia de haber pasado de las tinieblas a la luz, o lo que es igual, evidencia del nuevo nacimiento (2:7-11), dada como manifestación visible de haber pasado de muerte a vida, que es lo mismo que haber nacido de nuevo (3:11). Ahora el amor evidencia el hecho cierto de la comunión e identificación vital con Dios (vv. 7-8). Pero, aunque se establece el mandato del amor fraterno reiterándolo una vez más, el impulso al amor está en razón de lo que Dios es en cada uno. Es necesario entender con precisión que el amor no distingue entre destinatarios, esto es, no hay distinción entre hermanos, de modo que todos ellos han de ser objeto de amor, sin importar asuntos que, humanamente hablando, pudieran limitar la expresión del amor. Juan es preciso una vez más al escribir: *amémonos unos a otros.*

ὅτι ἡ ἀγάπη ἐκ τοῦ Θεοῦ ἐστιν, La razón para el amor mutuo es porque *"el amor es de Dios"*. El genuino y también el primer amor, amor de origen, es de Dios. Dios no solo ama, como ejemplo para quienes son Sus hijos, sino que es *amor* en Sí mismo. De otro modo, a Él le va la vida si no ama, porque no puede negarse a Sí mismo, y dejaría de ser Dios si Sus perfecciones no se manifestasen. Este amor divino, desinteresado, infinito como Dios mismo, es también universal. Dios ama a todos los hombres. Algunos consideran que Él solo ama a los creyentes, esto es a los elegidos por Él, y que ignora en Su amor a quienes ha determinado condenar. Pero, tal aseveración, no está en la Biblia y no concuerda con la realidad del amor que es Dios mismo. Dios no ofrece el amor sólo a los Suyos, sino a todos, ya que nos amó a los creyentes antes de serlo, es decir, cuando estábamos en nuestros delitos y pecados. Juan afirma que el amor es de Dios. Este amor divino es comunicado a cada creyente por el *Espíritu de verdad* que mora en cada uno de los redimidos (Ro. 5:5). De manera que el creyente ama impulsado por los sentimientos divinos que Dios produce en él. El amor mutuo es la continua expresión de la comunión real con la divina naturaleza (2 P. 1:4). El amor fraterno no es solo la obediencia a un mandamiento, sino la aceptación del mensaje de Dios que conduce a la fe (3:11, 23; Jn. 13:14; 15:12), que es la exigencia en el creyente de la naturaleza divina. En la operación de salvación, el Espíritu que regenera y une vitalmente al pecador creyente con el Salvador, purifica el corazón antes incapaz de amar, por un corazón limpio que no solo es capaz, sino que necesita amar a los hermanos: *"Habiendo purificado vuestras almas por la obediencia a la verdad, mediante el Espíritu, para el amor fraternal no fingido, amaos unos a otros entrañablemente, de corazón puro"* (1 P. 1:22).

καὶ πᾶς ὁ ἀγαπῶν ἐκ τοῦ Θεοῦ γεγέννηται καὶ γινώσκει τὸν Θεόν. Luego del mandamiento, la evidencia de la obediencia a lo establecido: *"todo aquel que ama es nacido de Dios, y conoce a Dios"*.

El amor expresa la condición espiritual de quien ha nacido de Dios y ha recibido de Él la vida eterna. El nuevo nacimiento se conoce en el amor hacia los demás (2:29; 5:1). De otro modo, el amor está vinculado perpetuamente al nuevo nacimiento. El nacido de Dios recibe de Él la facultad y el poder para amar. El amor hacia todos –no solo a los hermanos en la fe, sino a los hombres– es prueba de comunión íntima con Dios: *"es de Dios y conoce a Dios"*. En identidad con Él, la obra de amor es signo de permanecer en esa relación de comunión e intimidad con Dios. Por tanto, es necesario entender que no puede existir comunión con Dios si no hay amor para con todos los hermanos. La comunión entre creyentes, esto es, la comunión *horizontal*, es el resultado de la comunión *vertical*, ya que *"nuestra comunión verdaderamente es con el Padre, y con su Hijo Jesucristo"* (1:3). Nadie puede pretender amar a Dios, si no ama incondicionalmente a sus hermanos. La seguridad de que la salvación se ha operado en un cristiano es la capacidad, impulso y práctica del amor fraterno.

8. El que no ama, no ha conocido a Dios; porque Dios es amor.

ὁ μὴ ἀγαπῶν	οὐκ	ἔγνω	τὸν	Θεόν,	ὅτι	ὁ	Θεὸς	ἀγάπη	ἐστίν.
El que no ama	no	conoció	-	a Dios,	porque	-	Dios	amor	es.

Análisis y notas del texto griego.

Análisis: ὁ, caso nominativo masculino singular del artículo determinado *el*; μὴ, partícula que hace funciones de adverbio de negación *no*; ἀγαπῶν, caso nominativo masculino singular del participio presente en voz activa del verbo ἀγαπάω, *amar*, aquí *que ama*; οὐκ, forma escrita del adverbio de negación *no*, con el grafismo propio ante una vocal con espíritu suave o una enclítica; ἔγνω, tercera persona singular del segundo aoristo de indicativo en voz activa del verbo γινώσκω, *conocer*, aquí *conoció*; τὸν, caso acusativo masculino singular del artículo determinado *el*; Θεόν, caso acusativo masculino singular del nombre divino declinado *a Dios*; ὅτι, conjunción causal *porque*; ὁ, caso nominativo masculino singular del artículo determinado *el*; Θεὸς, caso nominativo masculino singular del nombre divino *Dios*; ἀγάπη, caso nominativo femenino singular del nombre común *amor*; ἐστίν, tercera persona singular del presente de indicativo en voz activa del verbo εἰμί, *ser, estar*, aquí *es*.

ὁ μὴ ἀγαπῶν οὐκ ἔγνω τὸν Θεόν, Si el amor es evidencia de la comunión íntima con Dios, su ausencia es manifestación de que no existe esa relación. Cuando el amor está ausente, lo está también la presencia de Dios. Quienes se dicen ser creyentes, pero no lo son verdaderamente, ponen de manifiesto la carencia de amor hacia los hermanos. El que pertenece al mundo aborrece, odia, a su hermano (3:13, 15, 18). El mundo tiene su propio amor, amando a los que son suyos y aborreciendo a los que ya no le pertenecen: *"Si fuerais del mundo, el mundo amaría lo suyo; pero porque no sois del mundo, antes yo os elegí del mundo, por eso el mundo os aborrece"* (Jn. 15:19). El amor del mundo es mentiroso y destructivo, orientado a la muerte del justo, como ocurrió con Caín y Abel (3:12-15). Ya se ha dicho antes que los hijos del maligno reproducen el carácter propio de su padre (Jn. 15:19). Los tales, *"no han conocido a Dios"*. Este *conocer*, como se ha indicado anteriormente, es mantener una relación de intimidad de vida con Él, no un conocimiento intelectual, sino vivencial.

La base de la afirmación anterior es natural: *"Porque Dios es amor"*. Esta es una de las definiciones que Juan hace de Dios. La grandeza de esta verdad es evidente. Es una afirmación de designación divina como otras dos más que está en los escritos de Juan: Dios es luz (1:5); Dios es amor, en el versículo que se considera; Dios es espíritu (Jn. 4:24). Las tres verdades definen la naturaleza divina, no como atributos que Dios posee, aunque lo comprende también, sino como manifestación esencial de Él. Dios no es amor, porque ama, sino que, siendo esencialmente amor, no tiene otra forma de expresión de vida que amando, y que abarca lo que Él es. Dios es amor independientemente de cualquier modo de expresarlo. De otro modo, Dios es amor por naturaleza. Es necesario entender qué es el amor de Dios. Como perfección divina, uno de los atributos de Su naturaleza es eterno porque Dios lo es también. El amor de Dios ha existido siempre entre las Personas Divinas, y es evidente que en el sentido más digno y amplio se ama a Sí mismo Esto conduce a comprender que ese amor no surge a causa de algún atractivo de los destinatarios, sino que se manifiesta enteramente en Él. Por tanto, el amor de Dios es generoso, gratuito e inmotivado. La manifestación del amor divino, especialmente en relación con sus destinatarios descansa en la voluntad soberana del Señor, como decía a Israel: *"No por ser vosotros más que todos los pueblos os ha querido Jehová y os ha escogido, pues vosotros erais el más insignificante de todos los pueblos, sino por cuanto Jehová os amó..."* Dt. 7:7-8). Dios ama eternamente, puesto que es eterno, de modo que nada que sea propio de la criatura a la que ama puede ser causa de lo que Dios mismo es desde la eternidad. El ama por Sí mismo *"según el propósito de Su voluntad"* (2 Ti. 1:9). Por esta razón *"nosotros le amamos porque él nos amó primero"* (v. 19). Ese amor hacia cada uno de los Suyos no fue movido por lo que hubiera en ellos. Por otro lado, el amor de Dios es *eterno*, esto quiere decir que Su amor no tuvo principio, de ahí que exprese Su amor desde esa condición: *"Con amor eterno te he amado; por tanto, te prolongué mi misericordia"* (Jer. 31:3). Referido a la vinculación con la elección de los creyentes, el apóstol Pablo manifiesta esa eternidad del amor: *"Según nos escogió en él antes de la fundación del mundo, para que fuésemos santos y sin mancha delante de él, en amor"* (Ef. 1:4-5). Siendo Dios soberano, también Su amor es *soberano*. La soberanía de Dios le exime de cualquier obligación con otros, siendo Su propia ley y actuando de acuerdo con Su voluntad, en ese sentido sorprende que ame a todos en alguna manera y dimensión. Es necesario entender que ese amor divino no es influido por nada ni por nadie ya que quien ama es soberano y ama desde esa condición. Otra condición de amor divino es su *infinitud*, quiere decir que no tiene límite, de ahí la oración del apóstol Pablo: *"para que seáis capaces de comprender con todos los santos cuál sea la anchura la longitud, la profundidad y la altura, y de conocer el amor de Cristo, que excede a todo conocimiento"* (Ef. 3:18-19). Toda capacidad mental y cualquier reflexión humana, están lejos de poder comprender esa dimensión del amor divino. Ese amor es *inmutable*, inalterable en el tiempo, en el que no hay *"mudanza ni sombra de variación"* (Stg. 1:17).

La expresión más sorprendente del amor de Dios se manifiesta en el plan de redención. Una afirmación en la ley traería la condenación irremisible del pecador, pero Su amor proporcionó todo le necesario para la salvación a través de la obra redentora de Jesucristo. El mismo Salvador dijo: *"Porque de tal manera amó Dios al mundo, que ha dado a su Hijo unigénito, para que todo aquel que en él cree, no se pierda, mas tenga vida eterna"* (Jn. 3:16). Por ese admirable amor, Dios no quiere la muerte del pecador, ni que ningún hombre se pierda (Ez. 18:23, 32; 2 P. 3:9), por esa razón llama a todos los hombres a la aceptación del mensaje de salvación y a depositar la fe en el Salvador, mandando predicar el evangelio a todos sin excepción (Mr. 16:15). El amor perdonador concluye en la muerte del incrédulo. Los que no hayan aceptado el amor para salvación se enfrentarán al juicio divino por el pecado y a la condenación eterna.

En la frase de Juan, Dios va precedido de artículo determinado en el texto griego, mientras que el predicado *amor* va sin él, lo que impide el intercambio en la oración, esto es, no permite decir que *el amor es Dios*. Una frase de Agustín de Hipona, puede resumir y sintetizar la explicación al texto de Juan: *"Si no se dijese nada en alabanza del amor en las páginas de esta epístola, si nada se dijese en las páginas de toda la Escritura, y sólo esta frase fuera todo lo que nos dijera la voz del Espíritu de Dios: "Porque Dios es amor"; nada más haría falta"*.

El apóstol plantea con esto la correlación con lo que sigue hasta el final del párrafo y, en este caso, del capítulo. El hombre y, de forma especial quien afirma creer en Dios, debe posicionarse entre el mundo, con su reino de odio, o el reino de Dios donde el elemento fundamental que se manifiesta es el amor. De este modo, si *"Dios es amor"* entendiéndolo como Su propia naturaleza, y en quien se encuentra la fuente del amor, los que son engendrados por Él, deben amar como Él ama, ya que son participantes de Su naturaleza. El amor no es simplemente una de las perfecciones divinas, sino que todo cuanto hace está sustentado y orientado en el amor, de otro modo, Dios es esencialmente *manifestación de amor*. Acaso se podría ir un poco más allá, el amor no es sólo una propiedad de su sustancia, sino que es, como el apóstol lo expresa, una designación de Su ser: *"Dios es amor"*.

9. En esto se mostró el amor de Dios para con nosotros, en que Dios envió a su Hijo unigénito al mundo, para que vivamos por él.

ἐν τούτῳ ἐφανερώθη ἡ ἀγάπη τοῦ Θεοῦ ἐν ἡμῖν, ὅτι τὸν Υἱὸν
En esto fue manifestado el amor - de Dios entre nosotros que el Hijo
αὐτοῦ τὸν μονογενῆ ἀπέσταλκεν ὁ Θεὸς εἰς τὸν κόσμον ἵνα
de Él el Unigénito ha enviado - Dios al mundo para que
ζήσωμεν δι' αὐτοῦ.
viviésemos por Él.

Análisis y notas del texto griego.

Análisis: ἐν, preposición propia de dativo *en*; τούτῳ, caso dativo neutro singular del pronombre demostrativo *esto*; ἐφανερώθη, tercera persona singular del aoristo primero de indicativo en voz pasiva del verbo φανερόω, *manifestarse*, aquí *fue manifestado*; ἡ, caso nominativo femenino singular del artículo determinado *la*; ἀγάπη, caso nominativo femenino singular del nombre común *amor*; τοῦ, caso genitivo masculino singular del artículo determinado *el*; Θεοῦ, caso genitivo masculino singular del nombre divino declinado *de Dios*; ἐν, preposición propia de dativo *en, por*; ἡμῖν, caso dativo de la primera persona plural del pronombre personal *nosotros*; ὅτι, conjunción *que*; τὸν, caso acusativo masculino singular del artículo determinado declinado *al*; Υἱὸν, caso acusativo masculino singular del nombre divino *Hijo*; αὐτοῦ, caso genitivo masculino de la tercera persona singular del pronombre personal *de él*; τὸν, caso acusativo masculino singular del artículo determinado *el*; μονογενῆ, caso acusativo masculino singular del adjetivo *unigénito*; ἀπέσταλκεν, tercera persona singular del perfecto de indicativo en voz activa del verbo ἀποστέλλω, *enviar*; ὁ, caso nominativo masculino singular del artículo determinado *el* ; Θεὸς, caso nominativo masculino singular del nombre divino *Dios*; εἰς, preposición propia de acusativo *a*; τὸν, caso acusativo masculino singular del artículo determinado *el*; κόσμον, caso acusativo masculino singular del nombre común *mundo*; ἵνα, conjunción causal *para que*; ζήσωμεν, primera persona plural de aoristo primero de subjuntivo en voz activa del verbo ,ζάω, *vivir*, aquí *viviésemos*; δι', forma contracta de la preposición propia de genitivo διά, *por*,

por medio de, a causa de; αὐτοῦ, caso genitivo masculino de la tercera persona singular del pronombre personal *Él*.

ἐν τούτῳ ἐφανερώθη ἡ ἀγάπη τοῦ Θεοῦ. El amor de Dios no es una mera especulación teológica, sino que se ha *manifestado*, esto es, *se hizo visible*, para que todos podamos sentir y conocer su realidad. No es esta la única manifestación de Su amor, ya que siendo amor por naturaleza todo cuanto Dios hace lo hace en amor. Pero, esta es la máxima expresión de ese amor, visible a todos. Es evidente que el apóstol se está refiriendo al amor de Dios, específicamente aquí a la demostración del amor del Padre.

ἐν ἡμῖν, Sorprende la expresión: *en nosotros*, es decir, el amor de Dios se ha hecho visible *en nosotros*, referido a los creyentes entre los cuales se sitúa también el apóstol. El uso de la preposición de dativo ἐν, *en*, permite entenderlo en cuatro formas: a) *En nosotros*, esto es situado, puesto en el creyente. La interpretación tiene una base que la sustenta, en las palabras de Jesús: *"Y les he dado a conocer tu nombre, y lo daré a conocer aún, para que el amor con que me has amado, esté en ellos, y yo en ellos"* (Jn. 17:26). El amor de Dios se asienta, produce, se expresa y manifiesta en el creyente, de modo especial por la acción del Espíritu Santo (Ro. 5:5)[1], de manera que el amor se expresa por sus frutos; b) *Para con nosotros*, o también *hacia nosotros*, en este caso *orientado* hacia los creyentes, lo que equivaldría a escribir εις ἡμᾶς, Dios manifiesta Su amor en que ama a los Suyos[2]; c) *Para nosotros*, una expresión semejante a ποιεῖν τὶ ἐν τινί, en este caso equivaldría a hacer *algo a favor de alguien*[3]; d) *Entre nosotros*, sería el cuarto sentido, equivalente a ἐν μέσῳ ἡμῶν, *en medio de nosotros*. Esto tiene un sentido local y aparece en otros escritos del apóstol y del Nuevo Testamento. Este es probablemente en sentido más adecuado al contexto inmediato, como se aprecia en los dos versículos (vv. 9-10). La manifestación visible el amor de Dios ha ocurrido *entre nosotros*, aquellos que vieron, tocaron y contemplaron al Verbo de vida entre ellos (1:1). En el *Evangelio* escribirá la admirable dimensión del amor de Dios que se hizo visible en Cristo y que puso Su tienda entre los hombres, habitando en medio de ellos o entre ellos. El tema de la *Epístola*, expresado en la fórmula *lo que era desde el principio* encuentra reflejo en esta afirmación.

ὅτι τὸν Υἱὸν αὐτοῦ τὸν μονογενῆ ἀπέσταλκεν ὁ Θεὸς εἰς τὸν κόσμον. Juan hace referencia al amor manifestado en la encarnación

---

[1] Esta traducción es sustentada entre otros por Westcott, Plummer, Chaine.
[2] Traducción aceptada por Dodd, Goguel, Loisy, etc.
[3] Forma asumida por Schnackenbur.

redentora del Hijo. Quien envía es Dios mismo. *Enviar* exige un sacrificio de parte del que se desprende de aquello que envía, en este caso el Padre, a favor de otros. Enviar denota una comisión o servicio, pero también comporta el sentido de *despedir*, *mandar afuera*. Por tanto, enviar implica comisionar y desprenderse. El enviado es el Hijo Unigénito, el bien amado (Mr. 1:11; 9:7; 12:6). Además, el único de esa condición, Hijo en sentido absoluto ya que solo Él es *engendrado* del Padre, eternamente. El lugar a donde es enviado es *el mundo*, donde viven los hombres que están perdidos. El Padre hizo cuanto fue necesario para que se hiciese posible el envío del Hijo y Su presencia en carne humana. De ahí que el sentido más firme de la traducción es que esa manifestación se hizo visible *entre* los hombres. Una contraposición se distingue nuevamente: En el *mundo* reina la muerte, se manifiesta el pecado y se vive en una esfera de oposición contra Dios. A ese reino de muerte se envía quien es *La Vida*, poseedor de ella, residente en Él y comunicador de ella. El santísimo Hijo de Dios, es enviado entre los pecadores con la misión de manifestarles un mensaje de salvación como expresión infinita del amor divino. El Eterno es enviado para un encuentro con los temporales y el Santo para abrazar en gracia a los pecadores, buscando a los perdidos (Lc. 19:10).

ἵνα ζήσωμεν δι' αὐτοῦ. El propósito del *envío* del Hijo es claro: *"para que vivamos por Él"*. Lo envía con un propósito salvador, que el pecador muerto en pecados pueda pasar de muerte a vida (Jn. 5:24; 1 Jn. 3:14). La vida se encuentra en el Hijo (Jn. 1:4), y se comunica como resultado de la unión vital con Él (2:6). La vida actual en la esfera de la gracia se sustenta al estar en Cristo (Fil. 1:21; Gá. 2:20). Al término del programa de salvación por gracia, esa vida glorificada se da al creyente en Cristo (Jn. 14:3; Col. 1:27).

La manifestación suprema del amor consiste en que Dios se desprende del Hijo enviándolo a favor de los transgresores (Jn. 3:16; Ro. 5:8). Como dice John Stott: *"No es concebible un mayor don de Dios porque no era posible uno mayor"*[4]. Es, en palabras del apóstol Pablo, el *don inefable* (2 Co. 9:15).

10. En esto consiste el amor: no en que nosotros hayamos amado a Dios, sino en que él nos amó a nosotros, y envió a su Hijo en propiciación por nuestros pecados.

ἐν τούτῳ ἐστὶν ἡ ἀγάπη, οὐχ ὅτι ἡμεῖς ἠγαπήκαμεν τὸν Θεὸν
En esto es el amor, no que nosotros hemos amado - a Dios

[4] John Sott. o.c., pág. 176.

ἀλλ' ὅτι αὐτὸς ἠγάπησεν ἡμᾶς καὶ ἀπέστειλεν τὸν Υἱὸν αὐτοῦ
sino que Él amó nos y envió al Hijo de Él
ἱλασμὸν περὶ τῶν ἁμαρτιῶν ἡμῶν.
propiciación por los pecados de nosotros.

Análisis y notas del texto griego.

Análisis: ἐν, preposición propia de dativo *en*; τούτῳ, caso dativo neutro singular del pronombre demostrativo *esto*; ἐστὶν, tercera persona singular del presente de indicativo en voz activa del verbo εἰμί, *ser, estar*, aquí *es* en sentido de *consiste*; ἡ, caso nominativo femenino singular del artículo determinado *la*; ἀγάπη, caso nominativo femenino singular del nombre común *amor*; οὐχ, forma escrita del adverbio de negación *no*, con el grafismo propio ante vocal con espíritu áspero; ὅτι, conjunción *que*; ἡμεῖς, caso nominativo de la primera persona plural del pronombre personal *nosotros*; ἠγαπήκαμεν, primera persona plural del perfecto de indicativo en voz activa del verbo ἀγαπάω, *amar*, aquí *hemos amado*, en castellano mejor *hayamos amado*; τὸν, caso acusativo masculino singular del artículo determinado *el*; Θεὸν, caso acusativo masculino singular del nombre divino declinado *a Dios*; ἀλλ', forma escrita ante vocal de la conjunción adversativa ἀλλά que significa *pero, sino*; ὅτι, conjunción *que*; αὐτὸς, caso nominativo masculino singular del pronombre intensivo *Él*; ἠγάπησεν, tercera persona singular del aoristo primero de indicativo en voz activa del verbo ἀγαπάω, *amar*, aquí *amó*; ἡμᾶς, caso acusativo de la primera persona plural del pronombre personal declinado *a nosotros, nos*; καὶ, conjunción copulativa *y*; ἀπέστειλεν, tercera persona singular del aoristo primero en voz activa del verbo ἀποστέλλω, *enviar*, aquí *envió*; τὸν, caso acusativo masculino singular del artículo determinado declinado *al*; Υἱὸν, caso acusativo masculino singular del nombre divino *Hijo*; αὐτοῦ, caso genitivo masculino de la tercera persona singular del pronombre personal declinado *de Él*; ἱλασμὸν, caso acusativo masculino singular del nombre común *propiciación*; περὶ, preposición propia de genitivo *por*; τῶν, caso genitivo femenino plural del artículo determinado *las*; ἁμαρτιῶν, caso genitivo femenino plural del nombre común *pecados*; ἡμῶν, caso genitivo de la primera persona plural del pronombre personal declinado *de nosotros*.

ἐν τούτῳ ἐστὶν ἡ ἀγάπη, A la manifestación del amor sigue la prueba de su realidad. El apóstol afirma *"en esto consiste el amor"*, literalmente *"en esto es el amor"*. Para ello va a referirse al ámbito supremo de amor de Dios, la infinita prueba de su realidad.

οὐχ ὅτι ἡμεῖς ἠγαπήκαμεν τὸν Θεὸν. La primera evidencia es la falta de mérito de quienes son destinatarios del amor divino. Ninguno de ellos se había distinguido por amar a Dios y, por ello, no eran merecedores de que se les correspondiese amándolos. El amor a Dios no es distintivo del pecador. La Biblia califica al pecador delante de Dios como *débil, impío, transgresor, enemigo* (Ro. 5:6-10). Estos que tienen tales características, que de por sí los hace indignos de ser amados son, además, alejados de Él y sin interés alguno en buscarle, como ocurrió desde el principio de la historia humana: *"No hay justo, ni aun uno; no hay quien entienda, no hay quien busque a Dios"* (Ro. 3:10-11). Los destinatarios del amor divino son injustos. La injusticia es manifiesta al no encontrar a nadie que haga permanentemente el bien, por tanto, hacer el mal es una forma de comportamiento injusto, por cuanto está en contradicción con la ley de Dios. Eclesiastés hace una afirmación firme: *"Ciertamente no hay hombre justo en la tierra, que haga el bien y nunca peque"* (Ecl. 7:20). Pero, además, conforme al texto de Pablo, el pecador es *ignorante*, ya que *"no hay quien entienda"*. El salmista dice que *"Jehová miró desde los cielos sobre los hijos de los hombres, para ver si había algún entendido, que buscara a Dios"* (Sal. 14:2). Se destaca primeramente la insensatez del hombre, que no entiende las cosas de Dios porque el pecado le ha hecho incapaz para discernirlas. El apóstol Pablo enseña esta verdad: *"Pero el hombre natural no percibe las cosas que son del espíritu de Dios, porque para él son locura, y no las puede entender, porque se han de discernir espiritualmente"* (1 Co. 2:14). Las palabras del mensaje de Dios son verdades espirituales, expresadas con palabras espirituales, claras y comprensivas, es decir, *entendibles* en cuanto a significado por la mente del hombre. No percibirlas equivale a no recibirlas, o lo que es igual, a rechazarlas. Las palabras de Dios no tienen valor para él porque proceden de una sabiduría contraria a la del hombre pecador. Tal ocurre con la proclamación del mensaje de la Cruz (1 Co. 1:18), que para el pecador es algo insípido y absurdo. Sin otra ayuda, el hombre no regenerado no comprende ni acepta la revelación divina en la que están contenidos los propósitos divinos para él. Pero, la última consecuencia del pecado es el alejamiento de Dios. El pecador huye del Dios santo, que es incompatible con su pecado. Lo hizo desde el mismo momento en que afectó su vida. La historia lo confirma: En la caída, Adán no buscó a Dios, para confesar su fracaso y restaurar la relación rota por el pecado, hizo todo lo contrario: esconderse de Dios (Gn. 3:8). Alguien podrá sugerir que este momento en la historia de Adán le impulsó a esconderse por miedo a Dios y a la reacción Suya ante la desobediencia en que había incurrido (Gn.3:10). Sin embargo, la tónica sigue igual en la historia del hombre, como escribe Isaías: *"Todos nosotros nos descarriamos como ovejas, cada cual se apartó por su camino"* (Is. 53:6). Es el resultado al que conducen todos los *caminos* que el hombre emprenda, ninguno de ellos le conducirá a Dios, sino todo lo contrario, lo alejará de Él porque *"hay camino que al hombre le parece derecho; pero su fin es camino de muerte"* (Pr. 14:12). La condición natural del hombre, a causa del pecado, le lleva a repudiar a Dios (Jn. 3:19-20). Algunos podrán ampararse en el espíritu religioso, pero no en la búsqueda de Dios. La primera oración del versículo conduce al lector para que entienda la grandeza de un amor que está orientado hacia quienes no tienen derecho alguno de ser amados y, aún más, no tienen razón alguna para no ser condenados.

ἀλλ' ὅτι αὐτὸς ἠγάπησεν ἡμᾶς A pesar de la condición del pecador, Dios tomó la iniciativa en la comunión de Su amor. Este es el amor original, el *primer amor* que se manifestó en la eternidad (Jer. 31:3; Ef. 1:4-5). Sin mérito alguno Dios ama por pura manifestación de lo que Él es. Ama a quienes no tienen razón alguna para ser amados porque *"Dios es amor"*.

καὶ ἀπέστειλεν τὸν Υἱὸν αὐτοῦ ἱλασμὸν περὶ τῶν ἁμαρτιῶν ἡμῶν. La realidad de ese amor es que Dios, al amarnos, *"envió a su Hijo en propiciación por nuestros pecados"*. Lo envió con el propósito de que muriera por el pecador, para que los que le ofendieron puedan vivir de la propia vida divina (v. 9). La propiciación asegura la posibilidad de salvación para todo el que crea, porque ya Dios es propicio a causa del sacrificio de Su Hijo. El pecador no está llamado a persuadir a Dios por lágrimas, ni súplicas, para que esté bien dispuesto. La propiciación fue hecha para todos por el Hijo de Dios, al morir en la Cruz. Por esa razón, la ira divina queda desviada de todo aquel que cree. El medio de la propiciación fue la sangre, esto es, la vida de Cristo, *"a quien Dios puso como propiciación por medio de la fe en su sangre"* (Ro. 3:25).

Sobre esto se consideró antes, por lo que es suficiente recordar aquí que la soberanía de Dios en la salvación se pone de manifiesto por la acción en la que Dios pone a Cristo como *sacrificio propiciatorio*, si bien en el texto de Romanos, aparece el término *propiciatorio*, lugar donde se manifestaba el sacrificio de *propiciación*. La idea es que Dios designó al que había de redimir. En el decreto de redención Dios tuvo en cuenta todo esto, de modo que la salvación es el resultado de la soberanía divina, sin atender a circunstancias humanas y determinado antes de la creación (2 Ti. 1:9). El apóstol Pedro enseña que el Cordero Redentor, había sido *destinado*, literalmente *predestinado* para ello antes de la creación del mundo (1 P. 1:18-20). Quiere decir, que la salvación que es de Dios, (Sal. 3:8; Jon. 2:9), quedó determinada y establecida en todos sus detalles y alcance en razón a la soberanía divina.

Dios puso a Cristo como *propiciación*, lo que comprende todo lo relativo con esa operación salvadora, por tanto, es también *propiciatorio*. El término sorprende, en cierta medida, porque se habla del lugar en que se exhibía delante de Dios la sangre del sacrificio de expiación por el pecado. Sin duda el propiciatorio quedaría sin efecto alguno sin el sacrificio de la propiciación. El término indica aquello que aplaca la ira mediante una ofrenda. La ofrenda se colocaba en un determinado lugar que recibía el nombre de *propiciatorio*. En el concepto pagano la propiciación consistía en ofrecer a un dios enojado un regalo que devolvería al oferente el contentamiento, cancelando el enojo existente. Siempre la ofrenda procedía del esfuerzo del ofensor. Este concepto es absolutamente contrario a la verdad bíblica. En el Antiguo Testamento, Dios había establecido un sacrifico anual de expiación por el pecado del pueblo (Lv. 16:9). La sangre del sacrificio era llevada por el sumo sacerdote al interior del lugar santísimo y colocada sobre la plancha de oro en la cubierta del arca, por lo que se llamaba *propiciatorio* (Lv. 16:9, 14-15). Sobre el propiciatorio, en la cubierta del arca, había dos querubines, cuyos rostros miraban a la cubierta (Ex. 25:20). Los querubines son ángeles que velan por la santidad y justicia de Dios, impidiendo que todo pecador pueda acceder a Su presencia a causa del pecado que lo contamina (Gn. 3:24). La ley de Dios, que acusa al hombre de pecado, estaba guardada en el interior del arca, bajo esa cubierta. Los querubines, simbólicamente hablando, miraban continuamente el propiciatorio y la sangre del sacrificio de la expiación que *cubría* el pecado del pueblo. En base al sacrificio expiatorio, Dios era propicio al pueblo (He. 8:12).

En el Nuevo Testamento, el sacrificio de la Cruz satisface todas las demandas de Dios en cuanto al juicio por el pecado. Así leemos en Hebreos: *"porque seré propicio a sus injusticias, y nunca más me acordaré de sus pecados y de sus iniquidades"* (He. 8:12). La obra del Sumo Sacerdote, Jesucristo, lleva a cabo en plenitud el sacrificio de propiciación delante de Dios. Es más, como se dice antes, Jesús es tanto *propiciación*, en cuanto a que es sacrificio, como *propiciador*, ya que es el sacerdote que ofrece el sacrificio, como *propiciatorio*, puesto que Él mismo penetró en los cielos y se sentó a la diestra de Dios para interceder por los salvos. La Ley de Dios, que acusa al hombre de pecado, estaba guardada en el interior del arca, bajo su cubierta. En base al sacrificio expiatorio, Dios era propicio al pueblo y en esa base oraba y fue justificado el publicano (Lc. 18:13). El sacrificio de la Cruz satisface todas las demandas de Dios en cuanto al juicio por el pecado. Cristo mismo es, como se dice más arriba, *propiciación, propiciatorio y propiciador*. El Resucitado tiene en sí las señales del sacrificio realizado (Lc. 24:40; Jn. 20:20, 27; Ap. 5:6). Para el creyente, el trono de juicio se transforma por el sacrificio de Cristo, en un trono de gracia (He. 4:16). Al encontrarse con Dios en Cristo, el creyente experimenta completa confianza (Ro. 8:33). La propiciación pone de manifiesto dos aspectos (2:2). Por un lado, el *potencial*, en el sentido que Dios es propicio a todo pecador sobre la base de la redención y expiación provista por Cristo. Por otro lado, el *virtual*, en cuanto a que la propiciación es eficaz para todo aquel que cree. El creyente tiene derecho a acercarse a Dios y entrar confiadamente en Su presencia (He. 4:16). El creyente que haya pecado puede acercarse a Dios en confianza para confesar y obtener la restauración a la plena comunión con Él (1:9), ya que al trono de gracia ha de llegarse en limpieza espiritual (He. 10:19-22). La muerte de Cristo como acto de obediencia plena a la Ley que los pecadores quebrantaron, constituye una propiciación o satisfacción de todas las justas demandas que Dios estableciera sobre el pecador por su pecado (2:2; 4:10). Por la redención y propiciación hay plena seguridad para el creyente en el sentido de que la deuda por su pecado, y con ello la responsabilidad penal del mismo, ha sido plenamente cancelada, y no hay ya para él ninguna condenación (Ro. 8:1). El perdón pleno se expresa con toda claridad: *"Y nunca más me acordaré de sus pecados y de sus iniquidades"*. No acordarse o acordarse del pecado era algo más que un asunto mental; llevaba aparejada una determinada actuación divina. Bajo el antiguo pacto había un sacrificio anual como consecuencia de la *memoria* que Dios tenía de los pecados, trayéndolos simbólicamente a juicio en la figura de ese sacrificio anual (He. 10:3). Tanto pecados como iniquidades no estarán más *presentes* delante de Dios para el salvo, en sentido de responsabilidad penal, como consecuencia del sacrificio de Cristo (He. 7:27). La ira divina por el pecado queda fuera para quienes entran en el vínculo del Nuevo Pacto. Cristo fue *exhibido* por Dios como ofrenda de propiciación y como Resucitado pone de manifiesto eternamente que Dios puede ser propicio al pecador en base al sacrificio propiciatorio que Él hizo, entregándose a Sí mismo en precio del rescate por todos.

La justificación se otorga al pecador por medio de *"la fe en su sangre"*. La sangre representa la vida (Lv. 17:11; Mt. 20:28), de modo que el derramamiento de sangre equivale al sacrificio voluntario de la vida que Cristo entregó en lugar de los pecadores que creen (Is. 53:10-12). Cuando la propiciación se realiza, la ira de Dios queda extinguida para quien está en Cristo. Él dio Su vida por nosotros soportando la ira en lugar de los salvos para que pudiésemos ser reconciliados con Dios. Un gran número de pasajes enseña esta verdad en las Escrituras (cf. Is. 53:4-8, 12; Mt. 20:28; 26:28; Mr. 10:45; 14:24; Lc. 22:20; Hch. 20:28; 1 Co. 10:16; 11:25; 2 Co. 5:20, 21; Ef. 1:7; 2:13; Col. 1:20; 1 P. 1:18, 19; 2:24; 1 Jn. 1:7; 5:6; He. 9:11, 12, 15, 23-28; Ap. 1:5; 5:9; 7:14; 12:11; 13:8). El sacrificio de Cristo entra en vigor, sólo para quien cree, de ahí la expresión *"por la fe en su sangre"*. La fe como instrumento en la salvación ya se ha considerado antes y será nuevamente recordada más adelante. Es evidente que sin fe no es posible agradar a Dios (He. 11:6).

La finalidad que Dios tuvo para poner a Cristo como sacrificio propiciatorio, es la *manifestación de Su justicia*. Esa justicia que justifica al impío se otorga en base a la obra redentora de Jesucristo. Dios *puso* a Jesús como *propiciación*, en el sacrificio de Su vida, para que por Su muerte, los que estaban muertos en delitos y pecados, ajenos de la vida y gloria de Dios, la retomen por vinculación con el Resucitado, por medio de la fe. Dios, con esa obra redentora pone de manifiesto que puede justificar al impío, porque otro ocupó su lugar, murió por él y extinguió con Su muerte la responsabilidad penal que existía por el pecado, cuya sentencia definitiva es la muerte (Ro. 6:23). Él murió para que los muertos tengamos vida y vida en abundancia (Jn. 10:10). Nadie podrá acusar a Dios de injusto porque el sacrificio propiciatorio, que expía el pecado, está manifestado en el altar de la Cruz, donde Jesús fue puesto en sacrificio propiciatorio por nuestros pecados. No fue una obra oculta, sino la obra admirable de la gracia, que brilla diáfana ante el cosmos, demostrando con ello que Dios es justo cuando justifica al pecador que cree. Dios quiso mostrar en este tiempo que era justo y que, sin menoscabo a Su justicia, podía justificar a todo aquel que cree en Cristo.

Lo asombroso de ese amor al que se refiere el apóstol es que Dios entregó a la muerte a Su Hijo Unigénito por amor de los perdidos para darles vida eterna, perdón de pecados, comunión con Él y relación como hijos (Is. 53:10a; Jn. 3:16; Hch. 4:27-28). Al considerar el versículo, se aprecia que no hay posible parangón entre el amor nuestro, aunque se manifieste por la obra del Espíritu, y el amor de Dios. Mientras que nosotros amamos impulsados por el amor de Dios, el Suyo es un amor sacrificial y de entrega por quienes, como se ha dicho reiteradamente, no éramos dignos de ser amados.

El alcance (4:11-12).

11. Amados, si Dios nos ha amado así, debemos también nosotros amarnos unos a otros.

'Αγαπητοί, εἰ οὕτως ὁ Θεὸς ἠγάπησεν ἡμᾶς, καὶ ἡμεῖς
Amados, si así - Dios amó nos, también nosotros
ὀφείλομεν ἀλλήλους ἀγαπᾶν.
debemos unos a otros amar.

Análisis y notas del texto griego.

Análisis: 'Αγαπητοί, caso vocativo masculino plural del adjetivo *amados*; εἰ, conjunción *si*; οὕτως, adverbio demostrativo *así*; ὁ, caso nominativo masculino singular del artículo determinado *el*; Θεὸς, caso nominativo masculino singular del nombre divino *Dios*; ἠγάπησεν, tercera persona singular del aoristo primero de indicativo en voz activa del verbo ἀγαπάω, *amar*, aquí *amó*; ἡμᾶς, caso acusativo de la primera persona plural del pronombre personal declinado *a nosotros, nos*; καὶ, adverbio de modo *también*; ἡμεῖς, caso nominativo de la primera persona plural del pronombre personal *nosotros*; ὀφείλομεν, primera persona plural del presente de indicativo en voz activa del verbo ὀφείλω, *deber, tener obligación*, aquí *debemos*; ἀλλήλους, caso acusativo masculino plural del pronombre recíproco *unos a otros*; ἀγαπᾶν, presente de infinitivo en voz activa del verbo ἀγαπάω, *amar*.

'Αγαπητοί, εἰ οὕτως ὁ Θεὸς ἠγάπησεν ἡμᾶς, El amor de Dios genera una inevitable consecuencia en quienes son amados por Él. La enseñanza, como en otras ocasiones, va precedida del vocativo *amados*, llamando de esta manera a los destinatarios del escrito y manifestando, en un pasaje cuyo centro es el amor, el de un pastor con su rebaño, el de un apóstol que sigue las huellas del Gran Pastor de las ovejas. Los creyentes son amados por Él, como Él fue amado por Dios. La primera oración del versículo es consecuente: *"Amados, si Dios nos ha amado así"*, de otro modo, en forma afirmativa, *"Ya que Dios nos ha amado de esa manera"*. No cabe duda que el amor con que hemos sido amados por Él es asombroso y prodigioso, infinito, pero real. Juan apunta a la Cruz donde se mostró el amor de Dios. Él amó hasta el punto de enviar a Su Hijo y darlo en sacrificio por los perdidos (Jn. 3:16). Por tanto, el amor de Dios es inefable (2 Co. 9:15).

καὶ ἡμεῖς ὀφείλομεν ἀλλήλους ἀγαπᾶν. Dicha la razón se establece la consecuencia. Ya que Dios nos amó de ese modo, *"debemos también nosotros amarnos unos a otros"*. El don de Dios crea una *obligación* de deuda inexcusable en cada creyente, que es la del amor hacia los hermanos. El amor no sólo es relación con Dios, sino con los que son objeto de Su amor, los hermanos y el prójimo (Ro. 13:9; Gá. 5:14; Stg. 2:8). El amor hacia otros es un reflejo del amor divino, que, como se ha considerado, es un amor sacrificial (3:16). Jesús puso Su vida por nosotros en un acto de amor, así también nosotros en amor tenemos el deber de darla por los hermanos. La consecuencia de la unión y comunión con Dios conduce a amar como se fue amado. El egoísmo desaparece para quién comprende el alcance de la Cruz. Dios no está recordándonos los pecados, ni levanta miedo por el juicio que pudiera generar el pecado, simplemente nos ama sin condiciones y sin distinciones. De ese modo ha de comportarse el creyente y mucho más los líderes en las iglesias, siendo con ello ejemplo de los fieles. El que es incapaz de amar sin límite ni condición a los hermanos, debe preguntarse si está en plena comunión con Dios.

12. Nadie ha visto jamás a Dios. Si nos amamos unos a otros, Dios permanece en nosotros, y su amor se ha perfeccionado en nosotros.

Θεὸν οὐδεὶς πώποτε τεθέαται. ἐὰν ἀγαπῶμεν ἀλλήλους, ὁ Θεὸς
A Dios nadie jamás ha visto. Si amamos unos a otros, - Dios
ἐν ἡμῖν μένει καὶ ἡ ἀγάπη αὐτοῦ ἐν ἡμῖν
en nosotros permanece y el amor de Él en nosotros
τετελειωμένη ἐστίν.
perfeccionado está.

Análisis y notas del texto griego.

Análisis: Θεὸν, caso acusativo masculino singular del nombre divino declinado *a Dios*; οὐδεὶς, caso nominativo masculino singular del pronombre indefinido *nadie*; πώποτε, adverbio *jamás, nunca, en ningún tiempo*; τεθέαται, tercera persona singular del perfecto de indicativo en voz media del verbo θεάομαι, en voz media *mirar, ver, observar*, aquí ha visto. ἐὰν, conjunción *sí*; ἀγαπῶμεν, primera persona plural del presente de subjuntivo en voz activa del verbo ἀγαπάω, *amar*, aquí *amemos*, idiomáticamente *amamos*; ἀλλήλους, caso acusativo masculino plural del pronombre recíproco *unos a otros*; ὁ, caso nominativo masculino singular del artículo definido *el*; Θεὸς, caso nominativo masculino singular del nombre divino *Dios*; ἐν, preposición propia de dativo *en*; ἡμῖν, caso dativo de la primera persona plural del pronombre personal *nosotros*; μένει, tercera persona singular del presente de indicativo en voz activa del verbo μένω, *permanecer*, aquí *permanece*; καὶ, conjunción copulativa *y*; ἡ, caso nominativo femenino singular del artículo definido *la*; ἀγάπη, caso nominativo femenino singular del nombre común *amor*; αὐτοῦ, caso genitivo masculino de la tercera persona singular del pronombre personal declinado *de Él*; ἐν, preposición propia de dativo *en*; ἡμῖν, caso dativo de la primera persona plural del pronombre personal *nosotros*; τετελειωμένη, caso nominativo femenino singular del participio perfecto en voz pasiva del verbo τελείω, *perfeccionar*, aquí *perfeccionado*; ἐστίν, tercera persona singular del presente de indicativo en voz activa del verbo εἰμί, *ser, estar*, aquí *está*.

Θεὸν οὐδεὶς πώποτε τεθέαται. Juan expresa una verdad sobre el Padre: *"A Dios nadie jamás le ha visto"*. Dios, el Padre, es invisible. Siendo Espíritu (Jn. 4:24), es en Sí mismo invisible al ojo humano (Dt. 4:12; 1 Ti. 1:17; 6:16). Los distintivos de majestad y gloria, como fuego, el sonido fuerte, el trueno y la tempestad son indicativos de la presencia de Dios, pero viendo Sus manifestaciones gloriosas, no significa haberlo visto a Él, que es invisible por Su propia esencia. La luz que es Dios es una cosa, pero otra distinta la inaccesible luz en donde habita. Dios es además *infinito* y como tal, una visión limitada como la del hombre nunca alcanzaría a comprender al Infinito, porque sobrepasa cualquier limitación. Moisés recordaba al pueblo la experiencia del Sinaí: *"Habló Jehová con vosotros de en medio del fuego; oísteis la voz de sus palabras, mas a excepción de oír la voz, ninguna figura visteis"* (Dt. 4:12). Jesús había venido para hacer visible al Invisible (Jn. 1:18). El Señor dijo que nadie ha visto al Padre, sino el Verbo, que vino de Dios (Jn. 6:46). El Señor enseñó esto: *"También el Padre que me envió ha dado testimonio de mí. Nunca habéis oído su voz, ni habéis visto su aspecto"* (Jn. 5:37) Por otro lado, no es sólo que nadie lo haya visto, sino que nadie podría seguir viviendo si eso le fuera posible: *"Dijo más: No podrás ver mi rostro; porque no me verá hombre, y vivirá"* (Ex. 33:20). De ahí que Manoa, el padre de Sansón al ver al Ángel de Jehová ascendiendo en la llama del altar, dijo a su mujer: *"Ciertamente moriremos, porque a Dios hemos visto"* (Jue. 13:22). Ocurre lo mismo con Isaías, quien al recibir la visión celestial de Dios en el trono recibiendo la adoración de los serafines, dice: *"¡Ay de mí! que soy muerto; porque siendo hombre inmundo de labios, y habitando en medio de pueblo que tiene labios inmundos, han visto mis ojos al Rey, Jehová de los ejércitos"* (Is. 6:5). Es fácil entender que el pecador temblase delante de la visión divina, o incluso de la posibilidad de verla, porque la sentencia por el pecado que Dios había establecido es la muerte. Nadie podría estar delante de Dios en su condición de pecador porque sólo el absolutamente santo podría hacerlo (Sal. 24:3ss.). En el Nuevo Testamento sigue la misma enseñanza, ya que Cristo es la *"imagen del Dios invisible"* (Col. 1:15). Pablo señala al *"único que tiene inmortalidad, que habita en luz inaccesible; a quien ninguno de los hombres ha visto ni puede ver..."* (1 Ti. 6:16). La invisibilidad del Padre es evidente por ser Espíritu. De otro modo, la esencia divina es inaccesible al ojo humano, pero, lo que el hombre no puede ver, lo puede hacer visible aquel que, siendo Dios, está en la comunión del Ser Divino. No sólo lo puede ver, sino que lo puede revelar, puesto que es el *Logos*, el Verbo eterno, el único que por venir de Dios ha visto al Padre. El Señor le dijo a Felipe que *"el que me ha visto, ha visto al Padre"*. Es necesario entender, que no hay otra revelación del Padre que no sea en el Hijo (Jn. 1:18). Ver a Jesús es ver al Padre porque está en Él y es el realizador conjunto de las obras de Cristo, porque es Emanuel, *Dios con nosotros*. La idea de una visión beatífica que espera a los creyentes en la gloria, en donde se alcanzará la visión del Padre, de Su esencia divina, no está en la Biblia y solo es posible ver al Padre a través de la humanidad de Jesucristo, Su Hijo, el Verbo hecho carne, revelador exhaustivo de Dios (Jn. 1:14).

ἐὰν ἀγαπῶμεν ἀλλήλους, Aunque Dios es invisible, Su presencia se manifiesta en el creyente, mediante una condición manifestante: *"Si nos amamos unos a otros"*. Este condicional aporta la idea de la evidencia de la verdadera comunión con el Dios invisible. El amor hacia los hermanos es algo común con el Padre, que amó infinita y eternamente a los creyentes, y que ama de esa manera a todos los Suyos. El amor desbordante de Dios se expresa en la realidad de amor de los creyentes unos a otros.

ὁ Θεὸς ἐν ἡμῖν μένει. El amor hacia los hermanos es la realidad de la comunión personal con Dios, que es amor. El amor fraternal es evidencia de la presencia de Dios en el creyente (3:17). La inmanencia del Padre en cada uno de Sus hijos permite un verdadero conocimiento de Dios (Jn. 14:17). El amor hacia los hermanos pone de manifiesto la realidad de la comunión con Dios, por tanto, quien no ama no está en comunión con Él. Si alguno afirma que está en comunión con Dios y no ama a los hermanos, es simplemente un mentiroso.

καὶ ἡ ἀγάπη αὐτοῦ ἐν ἡμῖν τετελειωμένη ἐστίν. En quien ama, el amor de Dios se ha perfeccionado. Cabe preguntarse si es posible perfeccionar lo que es infinitamente perfecto, como el amor de Dios. En la *Epístola* se presenta un sorprendente proceso en relación con ese amor. a) Se origina en Dios mismo (vv. 7-8); b) Se manifiesta en el Hijo (vv. 9-10); c) Se perfecciona en el creyente. Perfeccionar no significa mejorar o potenciar el amor de Dios, absolutamente imposible, se refiere a hacerse plenamente eficaz en el creyente. De igual modo que la gracia perfecta se hace eficaz para el que cree, así el amor perfecto se perfecciona cuando se reproduce y actúa en el cristiano (2:5). El amor de Dios se perfecciona, cuando conduce al creyente al amor de Dios y al prójimo, inseparablemente unidos. El amor se perfecciona no sólo cuando está presente, sino cuando actúa. No es algo estático en cuanto a que está en el creyente, sino dinámico en cuanto a que actúa en él. *"El amor de Dios es realidad y realización"*[5]. Esta es la forma en que el amor de Dios se perfecciona en los creyentes.

Discernimiento (4:13-19).

13. En esto conocemos que permanecemos en él, y él en nosotros, en que nos ha dado de su Espíritu.

Ἐν τούτῳ γινώσκομεν ὅτι ἐν αὐτῷ μένομεν καὶ αὐτὸς ἐν
En esto conocemos que en Él permanecemos y Él en
ἡμῖν, ὅτι ἐκ τοῦ Πνεύματος αὐτοῦ δέδωκεν ἡμῖν.
nosotros, que del Espíritu de Él ha dado nos.

[5] Rodríguez Molero, o. c., pág. 497.

Análisis y notas del texto griego.

Análisis: ᾿Εν, preposición propia de dativo *en*; τούτῳ, caso dativo neutro singular del pronombre demostrativo *esto*, γινώσκομεν, primera persona plural del presente de indicativo en voz activa del verbo γινώσκω, *conocer*, aquí *conocemos*; ὅτι, conjunción *que*; ἐν, preposición propia de dativo *en*; αὐτῷ, caso dativo masculino de la tercera persona singular del pronombre personal *él*; μένομεν, primera persona plural del presente de indicativo en voz activa del verbo μένω, *permanecer*, aquí *permanecemos*; καὶ, conjunción copulativa *y*; αὐτὸς, caso nominativo masculino singular del pronombre intensivo *Él*; ἐν, preposición propia de genitivo *en*; ἡμῖν, caso nominativo de la primera persona plural del pronombre personal *nosotros*; ὅτι, conjunción *que*; ἐκ, preposición propia de genitivo *de*; τοῦ, caso genitivo neutro singular del artículo determinado *el*; Πνεύματος, caso genitivo neutro singular del nombre divino *Espíritu*; αὐτοῦ, caso genitivo masculino de la tercera persona singular del pronombre personal declinado *de Él*; δέδωκεν, tercera persona singular del perfecto de indicativo en voz activa del verbo δίδωμι, *dar, entregar*, aquí *ha dado*; ἡμῖν, caso dativo de la primera persona plural del pronombre personal *nos*.

᾿Εν τούτῳ γινώσκομεν ὅτι ἐν αὐτῷ μένομεν καὶ αὐτὸς ἐν ἡμῖν, El creyente no tiene sólo un conocimiento mental, sustentado en la interpretación de la Escritura, sino también vivencial que hace que las verdades bíblicas tomen razón de ser en la vida. La inmanencia divina es una verdad que se experimenta y de la que se alcanza el conocimiento personal. No solo se trata de *saber* la mutua permanencia en Dios y Él en nosotros, sino *conocer* esa verdad experimentalmente. Dios está presente en cada creyente. La presencia ha sido probada en la *Epístola*, manifestada primero por la obediencia (3:24). También por el amor (4:13). Asimismo, por la doctrina como expresión de fe (4:15). El conocimiento experimental es también objetivable en razón del don que Dios hace. El apóstol comienza la cláusula con la aseveración de ese conocimiento: *"En esto conocemos que permanecemos en Él"*

ὅτι ἐκ τοῦ πνεύματος αὐτοῦ δέδωκεν ἡμῖν. La permanencia en Dios se aprecia porque Él hace donación de Su Espíritu a cada creyente. Juan apunta aquí a la relación de la Primera con la Tercera Persona Divina. El Padre nos ha dado el Espíritu, en lo que se refiere a haber sido enviado de Él. Este Espíritu hace morada en el creyente desde el momento en que cree. Por eso el creyente no está en la carne para practicar sus pecados, sino en el Espíritu para vivir en conformidad con Dios y hacer Sus obras. En la operación de salvación el Espíritu deviene residente en el cristiano. La señal de la realidad de ser cristiano está en la inhabitación del Espíritu en cada creyente. En esa intimidad el Neuma divino se aproxima al neuma humano en diálogo testimonial (Ro. 8:16) y toma a Su cargo la función de Éste, para orientarlo, conducirlo y ayudarlo en la consecución de la vida de santificación. Teniendo siempre en cuenta que no supone esto la anulación de la personalidad humana, dicho de otro modo, el Espíritu no desconecta mi mismidad. Esto queda claramente manifestado, puesto que no introduce al creyente en la pasividad, sino en la actividad, ya que cada uno de nosotros somos los que debemos vivir la intensidad de la *permanencia* en Dios y sentir la de Él en nosotros. La acción del Espíritu es de absoluta necesidad en la salvación. El creyente, por la acción del Espíritu es separado para Dios como un pueblo santo (1 P. 2:9) cuya ocupación no es ya la carne y sus concupiscencias, sino la santificación (Fil. 2:12-13). El creyente queda convertido en templo de Dios en el Espíritu, siendo inhabitado por las tres Personas Divinas. Lo que antes era esclavo del pecado, es ahora santuario de Dios, saturándolo de Su amor personal (Ro. 5:5). Todo cristiano tiene el Espíritu S anto y Su presencia es la confirmación directa de que Dios permanece en nosotros y nosotros en Él.

Según la expresión de Juan, el Espíritu *dado* por el Padre, es el supremo don del cristiano. Jesús tuvo el Espíritu sin medida (Jn. 3:34), el creyente recibe la manifestación del Espíritu (Ef. 4:7). En este versículo debe aplicarse a la comunión del creyente con Dios.

14. Y nosotros hemos visto y testificamos que el Padre ha enviado al Hijo, el Salvador del mundo.

καὶ ἡμεῖς τεθεάμεθα καὶ μαρτυροῦμεν ὅτι ὁ Πατὴρ ἀπέσταλκεν
Y nosotros hemos visto y testificamos que el Padre ha enviado
τὸν Υἱὸν σωτῆρα τοῦ κόσμου.
al Hijo, Salvador del mundo.

Análisis y notas del texto griego.

Análisis: καὶ, conjunción copulativa *y*; ἡμεῖς, caso nominativo de la primera persona plural del pronombre personal *nosotros*; τεθεάμεθα, primera persona plural del perfecto de indicativo en voz media del verbo θεάομαι, en voz media, *ver, mirar, observar*, aquí *hemos visto*; καὶ, conjunción copulativa y; μαρτυροῦμεν, primera persona plural del presente de indicativo en voz activa del verbo μαρτυρέω, *testificar*, aquí *testificamos*; ὅτι, conjunción *que*; ὁ, caso nominativo masculino singular del artículo determinado *el*; Πατὴρ, caso nominativo masculino singular del nombre divino *Padre*; ἀπέσταλκεν, tercera persona singular del perfecto de indicativo en voz activa del verbo ἀποστέλλω, *enviar*, aquí *ha enviado*; τὸν, caso acusativo masculino singular del artículo determinado declinado *al*; Υἱὸν, caso acusativo masculino singular del nombre divino *Hijo*; σωτῆρα, caso acusativo masculino singular del nombre común *Salvador*; τοῦ, caso genitivo masculino singular del artículo determinado *del*; κόσμου, caso genitivo masculino singular del nombre común *mundo*.

καὶ ἡμεῖς τεθεάμεθα καὶ μαρτυροῦμεν. Un pequeño paréntesis se abre con el versículo. Antes afirmó que a Dios nadie le vio jamás (v. 12), pero aquí se da testimonio de haber visto al Verbo, el Hijo de Dios, Dios encarnado, que fue enviado al mundo. *"Nosotros"* es una referencia a los apóstoles como ya ocurrió antes (1:3). Todos ellos *"habían visto"*, que puede también traducirse por *contemplado*, a Jesucristo, que no es otro que Dios manifestado en carne (Jn. 1:14). El Padre invisible se hizo visible en el Señor Jesús, y ellos son testigos de esa realidad. Jesús los estableció como testigos Suyos y ellos, cumpliendo la comisión encomendada, dan testimonio de Él (Hch. 1:8). Ellos no podían dejar de decir lo que habían visto y oído acerca de Jesucristo, dando testimonio de Él (Hch. 4:20).

ὅτι ὁ Πατὴρ ἀπέσταλκεν τὸν Υἱὸν El testimonio que daban es sencillo y a la vez grandioso, *"que el Padre ha enviado el Hijo"*. Quienes vieron al Señor tuvieron la evidencia de que era el enviado del Padre. Pero, no solo los apóstoles, a quienes podría acusárseles de un testimonio subjetivo propio de la ilusión que tenían acerca de Jesús, sino que era un amplio testimonio de otros que no tuvieron la relación que los apóstoles habían tenido viviendo con Jesús y acompañándole en el ministerio, como fue el caso del maestro de Israel, Nicodemo, que viendo las señales de Jesús llegó al conocimiento de que Él era el enviado de Dios (Jn. 3:2). Pero, vinculando la expresión con el contexto inmediato en que se habla del amor de Dios, el testimonio de la obra del Hijo expresa la realidad del amor del Padre, que lo envió en una suprema manifestación de Su gracia para salvación (Gá. 4:4).

σωτῆρα τοῦ κόσμου. La misión del Hijo era la de ser *"el Salvador del mundo"*. Esa es la misma esencia del evangelio. Juan aplica a Jesús el título de *Salvador del mundo*, sin el artículo determinado que aparece en la versión RV. En algunas otras de menor importancia, el título va precedido del adverbio *como*. El apóstol califica al Hijo enviado: *Salvador del mundo*.

El título *Salvador*, en el Antiguo Testamento se aplica a Dios, para designarlo como libertador de Su pueblo (cf. Sal. 106:21; Is. 43:3; 45:21; 62:11; 63:8; Zac. 9:9). En el Nuevo Testamento se usa, en algunos lugares, en relación con el Padre (1 Ti. 1:1; 2:3; 4:10; Tit. 1:3; 2:10; 3:4). Pero, mayoritariamente designa a Jesucristo (Lc. 2:11; Jn. 4:42; Hch. 5:31; 2 P. 1:1, 11; 2:20; 3:2; etc.). Al no ir precedido de artículo es evidente que se trata del único que puede ser de esta condición. Como se hace notar antes, el título Salvador en el Antiguo Testamento se aplicaba a Dios que salvaba a Su pueblo en las circunstancias más adversas y difíciles. En el mesianismo judío, este título se reserva sólo a Dios. Para los cristianos se convierte en base de la profesión de fe, al creer que Cristo es el Salvador. Es necesario entender bien la dimensión de la *buena noticia*, que fue proclamada desde el principio que solo hay un Salvador que es Cristo, el Señor. Pero el Hijo de Dios, es Dios en unidad con el Padre, por tanto, así debe ser entendido en el sentido en que Dios mismo es Salvador. Y lo es porque puede hacer la remisión de pecados. Solo el Salvador es capaz de llevar a cabo el acto poderoso de salvar a los que están perdidos.

Jesús es Salvador del mundo, en clara referencia a la humanidad caída por el pecado (Jn. 3:16, 17; 4:42; 6:33, 51; etc.). Es el Salvador único: *"Y en ningún otro hay salvación; porque no hay otro nombre bajo el cielo, dado a los hombres, en que podamos ser salvos"* (Hch. 4:12). Este Salvador único, es también el Salvador universal. El alcance de la obra de la Cruz hace salvable a todo hombre (Is. 53:6), ya que *"es el Salvador de todos los hombres, mayormente de los que creen"* (1 Ti. 4:10). Todos los que creen en Cristo, tienen vida eterna (Jn. 3:36). La salvación es el resultado temporal y perpetuo de una obra planificada en la mente y corazón de Dios desde antes de la creación (Ef. 1:4; 1 P. 1:18-20). Por tanto, la determinación divina de salvación del pecador es el resultado de que *"Dios quiere que todos los hombres sean salvos y vengan al conocimiento de la verdad"* (1 Ti. 2:4). Para hacerlo posible está el Mediador único entre Dios y los hombres, que voluntariamente se entregó a la muerte para salvar a los pecadores. Jesucristo tiene como misión expresar al Padre y de este modo, cuando se manifiesta como *Salvador,* lo hace como Salvador del mundo (Jn. 4:42). El deseo del Padre es que el pecador crea y se salve, para lo cual hizo la provisión necesaria enviando a Su Hijo para que efectuase la obra de redención (v. 9). Dios es el Salvador, porque quiere salvar a los hombres. Es necesario entender que el deseo de salvación en Dios es de benevolencia, que no obliga a todos a la salvación, lo que sería un universalismo no bíblico. Por esa razón no todos los hombres se salvan, porque muchos rechazan el evangelio de la gracia y se pierden (Jn. 3:36). Es preciso, frente a las corrientes teológicas limitacionistas o universalistas, entender que Cristo es el Salvador *potencial* de todos los hombres, proveyendo una salvación plena para todos, propiciando a Dios globalmente por el pecado del mundo, cambiando posicionalmente al mundo respecto de Dios. Potencialmente Jesucristo es el Salvador del mundo, haciendo salvables a todos los hombres, pero solo se salvan quienes creen. Ya lo enseñó antes el apóstol: *"es la propiciación por nuestros pecados; no sólo por los nuestros, sino también por los de todo el mundo"* (2:2). No quiere decir que todos los pecados de todos los hombres quedan perdonados mediante la propiciación de Cristo y que no hay condenación alguna, sino que por esa obra Dios puede llamar a todos los hombres a la salvación ofreciendo el perdón de pecados y la vida eterna, a quienes creen.

15. Todo aquel que confiese que Jesús es el Hijo de Dios, Dios permanece en él, y él en Dios.

῝Ος ἐὰν ὁμολογήσῃ ὅτι ᾿Ιησοῦς ἐστιν ὁ Υἱὸς τοῦ Θεοῦ, ὁ Θεὸς
Todo el que confiese que Jesús es el Hijo - de Dios, - Dios
ἐν αὐτῷ μένει καὶ αὐτὸς ἐν τῷ Θεῷ.
en él permanece y él en Dios.

Análisis y notas del texto griego.

Análisis:῝Ος, caso nominativo masculino singular del pronombre relativo *el que, el cual, que* ἐὰν, partícula conjuntiva que hace funciones de conjunción y que denota idea de condición o de hipótesis, *si, tanto si... como si... suponiendo que, sea que, si no, lo mismo que, como es de esperar*; ὁμολογήσῃ, tercera persona singular del aoristo primero de subjuntivo en voz activa del verbo ὁμολογέω, *confesar*, aquí *confiese*; ὅτι, conjunción *que*; ᾿Ιησοῦς, caso nominativo masculino singular del nombre propio *Jesús*; ἐστιν, tercera persona singular del presente de indicativo en voz activa del verbo εἰμί, *ser, estar*, aquí *es*; ὁ, caso nominativo masculino singular del artículo determinado *el*; Υἱὸς, caso nominativo masculino singular del nombre divino *Hijo*; τοῦ, caso genitivo masculino singular del artículo determinado *el*; Θεοῦ, caso genitivo masculino singular del nombre divino declinado *de Dios*, ὁ, caso nominativo masculino singular del artículo determinado *el*; Θεὸς, caso nominativo masculino singular del nombre divino *Dios*; ἐν, preposición propia de dativo *en*; αὐτῷ, caso dativo masculino de la tercera persona singular del pronombre personal *él*; μένει, tercera persona singular del presente de indicativo en voz activa del verbo μένω, *permanecer*, aquí *permanece*; καὶ, conjunción copulativa *y*; αὐτὸς, caso nominativo masculino singular del pronombre intensivo *él*; ἐν, preposición propia de dativo *en*; τῷ, caso dativo masculino singular del artículo determinado *el*; Θεῷ, caso dativo masculino singular del nombre divino *Dios*.

῝Ος ἐὰν. Nuevamente una expresión genérica introduce el texto: *todo aquel, el que, cualquiera que*. Es, por tanto, aplicable a cualquiera en cualquier tiempo.

ὁμολογήσῃ. El apóstol se refiere a cualquier persona que confiese. El verbo en tiempo aoristo convierte la acción en un solo acto de confesión, o en una confesión puntual en un caso dado. Como ya se ha indicado en otras ocasiones, *confesar* expresa la idea de *decir lo mismo*. Este verbo aparece en otros lugares de la *Epístola* (2:23; 4:2, 3). En este caso la confesión va ligada al testimonio apostólico al que se hizo referencia en el versículo anterior.

ὅτι Ἰησοῦς ἐστιν ὁ υἱὸς τοῦ Θεοῦ, En la confesión se reconoce a Jesús de Nazaret como el Hijo de Dios, esto es, se reconoce y afirma la deidad de Jesús. Quien confiesa esta verdad, proclama que Jesús es Dios. Tal reconocimiento determina una entrega personal en obediencia a la verdad revelada, condición propia y necesaria en cada creyente: *"Pero gracias a Dios, que aunque erais esclavos del pecado, habéis obedecido de corazón a aquella forma de doctrina a la cual fuisteis entregados"* (Ro. 6:17). Esta confesión tiene un doble alcance: a) Cristológico, al reconocer que Jesús es el Hijo Unigénito del Padre, nadie más de esa condición; b) Soteriológico, al reconocerlo como único Salvador del mundo, enviado por Dios para dar vida a los hombres. Sólo quienes *confiesan* de este modo, porque creen en el Hijo, tienen vida eterna (Jn. 3:36). Quedan, por tanto, excluidos todos los que niegan que Jesús es el Hijo de Dios (2:23; 5:10, 12). Esta es la tremenda consecuencia de negar la deidad de Jesús. En esto no debe haber confusión. Algunas sectas heréticas proclaman creer que Jesucristo es el Salvador, pero no confiesan que es Dios manifestado en carne, tal fe no es eficaz, por tanto, a pesar de confesar a Jesús como el Salvador, se pierden por cuanto no creyendo en la deidad del Hijo, tampoco pueden tener al Padre.

ὁ Θεὸς ἐν αὐτῷ μένει καὶ αὐτὸς ἐν τῷ Θεῷ. La mutua inmanencia de Dios en el creyente y del creyente en Dios, cierra la cláusula: *"Dios permanece en él, y él en Dios"*. Esta es la tercera vez que Juan aporta una prueba de esta inmanencia. La prueba aquí está vinculada a la fe. La confesión solo es posible por la acción del Espíritu que Dios da al creyente (4:2). La confesión no produce la inmanencia, pero es el resultado de ella. El que está en Dios y Dios en él confiesa a Jesús como el Hijo de Dios.

16. Y nosotros hemos conocido y creído el amor que Dios tiene para con nosotros. Dios es amor; y el que permanece en amor, permanece en Dios, y Dios en él.

καὶ ἡμεῖς ἐγνώκαμεν καὶ πεπιστεύκαμεν τὴν ἀγάπην ἣν ἔχει
Y nosotros hemos conocido y hemos creído el amor que tiene
ὁ Θεὸς ἐν ἡμῖν. Ὁ Θεὸς ἀγάπη ἐστίν, καὶ ὁ μένων ἐν τῇ
el Dios por nosotros. - Dios amor es, y el que permanece en el
ἀγάπῃ ἐν τῷ Θεῷ μένει καὶ ὁ Θεὸς ἐν αὐτῷ μένει.
amor en - Dios permanece, y - Dios en él permanece

Análisis y notas del texto griego.

Análisis: καὶ conjunción copulativa *y*; ἡμεῖς, caso nominativo de la primera persona plural del pronombre personal *nosotros*; ἐγνώκαμεν, primera persona plural del perfecto de indicativo en voz activa del verbo γινώσκω, *conocer*, aquí *hemos conocido*; καὶ, conjunción copulativa *y*; πεπιστεύκαμεν, primera persona plural del perfecto de indicativo en voz activa del verbo πιστεύω, *creer*, aquí *hemos creído*; τὴν, caso acusativo femenino singular del artículo determinado *la*; ἀγάπην, caso acusativo femenino singular del nombre común *amor*; ἣν, caso acusativo femenino singular del pronombre relativo, *la que, la cual, que*; ἔχει, tercera persona singular del presente de indicativo en voz activa del verbo ἔχω, *tener*, aquí *tiene*; ὁ, caso nominativo masculino singular del artículo determinado *el*; Θεὸς, caso nominativo masculino singular del nombre divino *Dios*; ἐν, preposición propia de dativo *en, entre, por*; ἡμῖν, caso dativo de la primera persona plural del pronombre personal *nosotros*; ὁ, caso nominativo masculino singular del artículo determinado *el*; Θεὸς, caso nominativo masculino singular del nombre divino *Dios*; ἀγάπη, caso nominativo femenino singular del nombre común *amor*; ἐστίν, tercera persona singular del presente de indicativo en voz activa del verbo εἰμί, *ser, estar*, aquí *es*; καὶ, conjunción copulativa *y*; ὁ, caso nominativo masculino singular del artículo determinado *el*; μένων, caso nominativo masculino singular del participio presente en voz activa del verbo μένω, *permanecer*, aquí *que permanece*; ἐν, preposición propia de dativo *en*; τῇ, caso dativo femenino singular del artículo definido *la*; ἀγάπῃ, caso dativo femenino singular del nombre común *amor*; ἐν, preposición propia de dativo *en*; τῷ, caso dativo masculino singular del artículo determinado *el*; Θεῷ, caso dativo masculino singular del nombre divino *Dios*; μένει, tercera persona singular del presente de indicativo en voz activa del verbo μένω, *permanecer*, aquí *permanece*; καὶ, conjunción copulativa *y*; ὁ, caso nominativo masculino singular del artículo determinado *el*; Θεὸς, caso nominativo masculino singular del nombre divino *Dios*; ἐν, preposición propia de dativo *en*; αὐτῷ, caso dativo masculino de la tercera persona singular del pronombre personal *él*; μένει, tercera persona singular del presente de indicativo en voz activa del verbo μένω, *permanecer*, aquí *permanece*.

καὶ ἡμεῖς ἐγνώκαμεν. Nuevamente el apóstol apela al *conocimiento*, en este caso el de los apóstoles. Sin duda es extensivo a todos los creyentes, pero en el contexto inmediato es una referencia a los Doce. El conocimiento, como ya se ha considerado antes, es experimental o vivencial y no teórico. Todo creyente experimenta el amor que Dios ha tenido para él, como testifica en este sentido el apóstol Pablo: *"Con Cristo estoy juntamente crucificado, y ya no vivo yo, mas vive Cristo en mí; y lo que ahora vivo en la carne, lo vivo en la fe del Hijo de Dios, el cual me amó y se entregó a sí mismo por mi"* (Gá. 2:20). Esta experiencia no se detiene. La construcción de la oración equivale a *hemos venido a conocer y seguimos conociendo*, como denota el verbo que usa, en perfecto de indicativo.

καὶ πεπιστεύκαμεν. Al lado del conocimiento aparece también la fe: *"y creído"*. Los que han llegado al conocimiento experimental del amor de Dios, quienes tienen su presencia en Él, han pasado por la experiencia de la fe. Todos sin excepción, tanto los apóstoles como los creyentes después de ellos. Fe aquí tiene que ver al asentimiento y entrega ante la verdad del mensaje que fue desde el principio. Este mensaje proclamado, lo encierra el apóstol, en una manifestación: el amor de Dios. Ese amor movió a Dios a enviar a Su Hijo como Salvador del mundo. Asunto reiterado en el capítulo que se considera (vv. 9, 10, 14). El mensaje de salvación es la expresión desarrollada del amor de Dios hacia los pecadores perdidos. Ese amor contenido en la proclamación del evangelio de la gracia, es creído y aceptado, con lo que se experimenta y cautiva. La fe es estable, ha tenido un inicio por la acción del Espíritu que la activó en el corazón del creyente y persiste sin decaer en el decurso del tiempo, como se aprecia en el texto: *hemos creído y seguimos creyendo*, ya que el verbo está en perfecto de indicativo, expresando esa idea.

τὴν ἀγάπην ἣν ἔχει ὁ Θεὸς ἐν ἡμῖν. El objeto de la fe es *"el amor que Dios tiene para con nosotros"*. El verbo está en presente: *tiene*, lo que indica una realidad continua del amor de Dios hacia los Suyos. Los creyentes son la esfera en que opera el amor de Dios. Ese amor se experimenta porque Dios lo comunica al cristiano por la acción del Espíritu residente (Ro. 5:5). No sólo es un amor histórico que se manifiesta *para con nosotros* en salvación, sino experimental en cada circunstancia, lo que evidencia la condición de hijos. El apóstol no está diciendo que nosotros depositamos la fe en el amor, sino que creemos en el amor que Dios muestra para con nosotros. No podemos dejar de prestar atención al hecho de que el amor de Dios se mostró en el envío de Su Hijo para ser el Salvador del mundo, en ese sentido el amor de Dios está expresado en el Hijo. Cuando depositamos la fe en el Salvador, el Hijo de Dios, estamos *creyendo en el amor que Dios nos manifestó*.

Cabe preguntarse cuál de las dos cosas, conocimiento y fe, es antes. En otro lugar aparecen en otro orden (Jn. 6:69). Sin duda ambas cosas son el resultado de la acción del Espíritu en el creyente, generando tanto el conocimiento como el ejercicio de la fe. El conocimiento íntimo y experimental del amor de Dios en Su obra salvadora es una operación del Espíritu que convence de pecado, de justicia y de juicio (Jn. 16:8-11). La fe salvadora resulta también de la acción del Espíritu que aplica la palabra (Ro. 10:17; Ef. 2:8-9). El amor de Dios sigue siendo experiencia definitiva en el creyente por la misma acción del Espíritu que lo derrama en el corazón cristiano (Ro. 5:5).

Ὁ Θεὸς ἀγάπη ἐστίν, De nuevo reitera la verdad: *Dios es amor*. Esta definición acerca de Dios ha sido considerada antes (v. 8). Juan reafirma la verdad del amor integrante de la naturaleza divina.

καὶ ὁ μένων ἐν τῇ ἀγάπῃ. El tema de permanecer del creyente vuelve a mencionarse, en este caso se trata de *permanecer en el amor*. Esto significa una referencia al que ama continuamente, es decir, el que vive amando, como reproducción en él del carácter del Padre, que ama eternamente porque es amor. El apóstol definió antes la realidad de amor y su expresión (v. 9-10). Ahora se refiere a esa misma clase de amor manifestada en cada creyente que verdaderamente, permaneciendo en Dios, permanece en el amor de Dios. El verdadero cristiano no ama ocasionalmente, ni selectivamente, sino que vive amando a todos porque es el único modo que corresponde a su nueva vida, en identificación con Cristo. Puede amar continuamente a todos en razón de la permanente comunicación del amor divino en él, que fructifica para Dios y se hace visible a los hombres (Gá. 5:22). Es, en conclusión, la consecuencia de la identificación con Cristo, que *"como había amado a los suyos que estaban en el mundo, los amó hasta el fin"* (Jn. 13:1).

ἐν τῷ Θεῷ μένει καὶ ὁ Θεὸς ἐν αὐτῷ μένειςs. El apóstol reitera la segunda evidencia de la mutua inmanencia y comunión, basada en el amor. Esto ha sido manifestado antes (v. 13). Si Dios es amor, Su presencia no puede manifestarse sino en el amor, no en el del hombre, sino en el eterno de Dios, de modo que permanecer en el amor es permanecer en Dios y Dios en el que cree. Se ha considerado que la mente humana asimila la idea del amor desde la evidencia externa hacia la interna, pero en este caso el afecto manifiesta la realidad de un corazón transformado que ama. La inmanencia de Dios en el creyente conduce a éste en dirección hacia los que son objeto del amor de Dios. Los creyentes sin excepción son objeto del amor de Dios (v. 19). Pero también el mundo en general es destinatario del amor divino (Jn. 3:16). El creyente que está en Dios ama a los que son objeto del amor de Dios, poniendo Su corazón en ellos, como de un verdadero tesoro, ya que como el Señor dijo: *"donde esté vuestro tesoro allí estará también vuestro corazón"* (Mt. 6:21). La conclusión evidente en relación con la comunión es que no es posible si hay acepción en el amor. De otro modo, *"vivir una vida llena de amor es vivir lleno de Dios"*[6].

17. En esto se ha perfeccionado el amor en nosotros, para que tengamos confianza en el día del juicio; pues como él es, así somos nosotros en este mundo.

Ἐν	τούτῳ	τετελείωται	ἡ	ἀγάπη	μεθ'	ἡμῶν,	ἵνα	παρρησίαν
En	esto	ha sido perfeccionado	el	amor	con	nosotros,	para que	confianza

[6] C. Ryrie. *Biblia de Estudio*, Grand Rapids 1995. Pág. 1768.

ἔχωμεν ἐν τῇ ἡμέρᾳ τῆς κρίσεως, ὅτι καθὼς ἐκεῖνος ἐστιν καὶ
tengamos en el día del juicio, pues como Aquel es, también
ἡμεῖς ἐσμεν ἐν τῷ κόσμῳ τούτῳ.
nosotros somos en el mundo este.

Análisis y notas del texto griego.

Análisis:᾽Εν, preposición propia de dativo *en*; τούτῳ, caso dativo neutro singular del pronombre demostrativo *esto*; τετελείωται, tercera persona singular del perfecto de indicativo en voz pasiva del verbo τελείω, *perfeccionar*, aquí *ha sido perfeccionado*; ἡ, caso nominativo femenino singular del artículo determinado *la*; ἀγάπη, caso nominativo femenino singular del nombre común *amor*; μεθ', apócope ante vocal aspirada de la preposición propia de genitivo ἀντι, *por, con*; ἡμῶν, caso genitivo de la primera persona plural del pronombre personal *nosotros*; ἵνα, conjunción causal *para que*; παρρησίαν, caso acusativo femenino singular del nombre común *confianza*; ἔχωμεν, primera persona plural del presente de subjuntivo en voz activa del verbo ἔχω, *tener, poseer*, aquí *tengamos*; ἐν, preposición propia de dativo *en*; τῇ, caso dativo femenino singular del artículo determinado *la*; ἡμέρᾳ, caso dativo femenino singular del nombre común *día*; τῆς, caso genitivo femenino singular del artículo determinado declinado *de la*; κρίσεως, caso genitivo femenino singular del nombre común *juicio*; ὅτι, conjunción *que*; καθὼς, conjunción *como*; ἐκεῖνος, caso nominativo masculino de singular del pronombre demostrativo *Aquel*; ἐστιν, tercera persona singular del presente de indicativo en voz activa del verbo εἰμί, *ser, estar*, aquí *es*; καὶ, conjunción copulativa *y*; ἡμεῖς, caso nominativo de la primera persona plural del pronombre personal *nosotros*; ἐσμεν, primera persona plural del presente de indicativo en voz activa del verbo εἰμί, *ser, estar*, aquí *somos*; ἐν, preposición propia de dativo *en*; τῷ, caso dativo masculino singular del artículo determinado *el*; κόσμῳ, caso dativo masculino singular del nombre común *mundo*; τούτῳ, caso dativo masculino singular del pronombre demostrativo *este*.

᾽Εν τούτῳ τετελείωται ἡ ἀγάπη μεθ' ἡμῶν, El apóstol consideró antes la confianza que produce una correcta relación con Dios, aquí añade un elemento de seguridad definitivo ante Él. Ya mencionó antes el perfeccionamiento del amor (v. 12). Sin embargo, se establece un cambio de orientación. Antes la perfección tenía que ver con el amor de Dios actuando en el creyente, en donde el apóstol usaba la preposición propia de dativo ἐν, de modo que el amor de Dios se perfeccionaba *en* nosotros. Ahora es el amor del creyente hacia Dios, que *"se ha perfeccionado"*, de manera que Juan usa aquí la preposición μετά, *con*, es decir el amor *con* Dios. Lo que es importante es notar que aquí se presenta la perfección del amor de Dios en el creyente que se manifiesta en los resultados que origina en éste hacia Dios. La inmanencia divina en el cristiano satura de amor el corazón del creyente, pero ese amor, no solo se orienta hacia los hermanos y en general hacia *el prójimo*, sino que se dirige hacia Dios, manifestando profundo amor hacia quien nos ha amado infinitamente, pero la situación es una sola. Quien ama a Dios, obedece Sus mandamientos y el gran mandamiento de Él es que nos amemos unos a otros. Por eso, amando a Dios se perfecciona el amor que, en permanencia en el Él, ama a todos.

ἵνα παρρησίαν ἔχωμεν ἐν τῇ ἡμέρᾳ τῆς κρίσεως, El amor a Dios conduce a la perfección porque cumple todas la demandas divinas (Jn. 13:34). No está refiriéndose a lo que se llama *juicio final*, en el que los creyentes no comparecerán, ya que tan solo serán juzgados aquellos cuyos nombres no están en el libro de la vida, forma expresiva para referirse a los incrédulos. El juicio que se producirá para los creyentes tiene que ver con el que se llama *tribunal de Cristo* y que tendrá lugar luego del traslado de la iglesia. Allí el *amor*, conforme a Dios, conduce al cumplimiento de la ley (Ro. 13:8). La razón es sencilla, ya que el que ama no ofende en nada (Ro. 13:9-10). No es que el creyente llegue a ser impecable, pero en el camino del amor no peca. Esa confianza indica el poder acercarse a Dios en íntima seguridad de que no hay nada de qué avergonzarse. Eso se ha considerado antes en relación con la venida de Jesús (2:28). Juan afirma que el día del juicio ante el *tribunal de Cristo*, único juicio, no de condenación, que espera al creyente, cada uno de los salvos compareceremos ante el Señor para dar cuenta de la administración confiada (Ro. 14:10-12). La obra de cada creyente será puesta de manifiesto (2 Co. 5:10). Ese examen estará relacionado con la determinación de la recompensa o de la pérdida de la obra (1 Co. 3:13-14). Es evidente que no habrá nada que quede oculto (1 Co. 4:5).

ὅτι καθὼς ἐκεῖνος ἐστιν καὶ ἡμεῖς ἐσμεν ἐν τῷ κόσμῳ τούτῳ. El apóstol presenta la razón de esa confianza que está en el corazón del creyente: *"Pues como Él es, así somos nosotros en este mundo"*. En el texto griego se lee *Aquel*, como corresponde al pronombre demostrativo ἐκεῖνος, que el apóstol usa en esta ocasión. El pronombre solo puede aplicarse a Cristo, sobre todo por el contexto de la *Epístola* (2:28, 29; 3:2, 3). Dios ha determinado hacer que el creyente se conforme al Hijo de Dios (Ro. 8:9). Esta operación transformadora corresponde ahora al Espíritu, que fue dado a cada cristiano y opera en él (2 Co. 3:18). Jesús es ejemplo y modelo para la vida del creyente (He. 12:2). Antes ya marcó un desafío solemne para cada uno, ya que *"el que dice que permanece en él, debe andar como él anduvo"* (2:6). Quien vive a Cristo camina en el mundo como Él lo hizo. La vida del Señor se manifestó en amor, así también debe mostrarse la del creyente.

18. En el amor no hay temor, sino que el perfecto amor echa fuera el temor; porque el temor lleva en sí castigo. De donde el que teme, no ha sido perfeccionado en el amor.

φόβος οὐκ ἔστιν ἐν τῇ ἀγάπῃ ἀλλ' ἡ τελεία ἀγάπη ἔξω βάλλει
Miedo no hay en el amor sino el perfecto amor fuera echa
τὸν φόβον, ὅτι ὁ φόβος κόλασιν ἔχει, ὁ δὲ φοβούμενος οὐ
el miedo, porque el miedo castigo tiene, y el que tiene miedo no
τετελείωται ἐν τῇ ἀγάπῃ.
ha sido perfeccionado en el amor.

Análisis y notas del texto griego.

Análisis: φόβος, caso nominativo masculino singular del nombre común *miedo, temor*; οὐκ, forma escrita del adverbio de negación *no*, con el grafismo propio ante una vocal con espíritu suave o una enclítica; ἔστιν tercera persona singular del presente de indicativo en voz activa del verbo εἰμί, *ser, estar*, aquí *hay*; ἐν, preposición propia de dativo *en*; τῇ, caso dativo femenino singular del artículo determinado *la*; ἀγάπῃ, caso dativo femenino singular del nombre común *amor*; ἀλλ', forma escrita ante vocal de la conjunción adversativa ἀλλά que significa *pero, sino*; ἡ, caso nominativo femenino singular del artículo determinado *la*; τελεία, caso nominativo femenino singular del adjetivo *perfecta*; ἀγάπη, caso nominativo femenino singular del nombre común *amor*; ἔξω, adverbio *fuera, afuera*; βάλλει, tercera persona singular del presente de indicativo en voz activa del verbo βάλλω, *echar, arrojar, lanzar*, aquí *echa*; τὸν, caso acusativo masculino singular del artículo determinado *el*; φόβον, caso acusativo masculino singular del nombre común *miedo, temor*; ὅτι, conjunción causal *porque*; ὁ, caso nominativo masculino singular del artículo determinado *el*; φόβος, caso nominativo masculino singular del nombre común *miedo, temor*; κόλασιν, caso acusativo femenino singular del nombre común *castigo*; ἔχει, tercera persona singular del presente de indicativo en voz activa del verbo ἔχω, *tener*, aquí *tiene*: ὁ, caso nominativo masculino singular del artículo determinado *el*; δὲ, partícula conjuntiva que hace las veces de conjunción coordinante, con sentido de *pero, más bien, y, y por cierto, antes bien, entonces*; φοβούμενος, caso nominativo masculino singular del participio presente en voz media del verbo φοβέομαι, *temer, tener miedo*, aquí *que tiene miedo*; οὐ, adverbio de negación *no*; τετελείωται, tercera persona singular del perfecto de indicativo en voz pasiva del verbo τελειόω, *perfeccionar*, aquí *ha sido perfeccionado*; ἐν, preposición propia de dativo *en*; τῇ, caso dativo femenino singular del artículo definido *la*; ἀγάπῃ, caso dativo femenino singular del nombre común *amor*.

φόβος οὐκ ἔστιν ἐν τῇ ἀγάπῃ. Luego de desarrollar la seguridad que descansa en el amor, presenta la incompatibilidad entre amor y miedo, al afirmar que *"en el amor no hay temor"*. De otro modo, el amor perfeccionado logra eliminar el temor, en este caso no como expresión de respeto sino de miedo. Ese temor se manifiesta en quien sabe que comparecerá ante el *tribunal de Cristo* y no ha vivido una vida perfeccionada en el amor, por tanto, no hay lugar al miedo en quien vive en la esfera del amor. El miedo corresponde a la experiencia del que es esclavo y vive bajo el control de un amo (Ro. 8:15). El creyente no está bajo dueño que lo esclaviza, sino como hijo en la casa del Padre, que siendo Dios es amor. El sentido del uso del verbo *temer* expresa, como se dice antes, miedo por algo que acontecerá. Nada tiene que ver con el temor reverente del hijo ante al Padre celestial (Fil. 2:12; 1 P. 1:17). El amor y el miedo no tienen nada en común, es más, son incompatibles.

ἀλλ' ἡ τελεία ἀγάπη ἔξω βάλλει τὸν φόβον, Juan afirma que el amor que ha sido perfeccionado, *"hecha fuera el temor"*. El amor perfecto de Dios toma posesión plena del creyente y lo conduce en la dimensión del gozo y no del miedo. El amor une al creyente con Dios y aleja de él el miedo propio de quien quebranta la relación y la comunión con Él. El amor y el miedo en relación con la misma persona, son imposibles. Incluso el temor al resultado del *tribunal de Cristo*, desaparece en quien el amor divino se ha perfeccionado, porque sabe que el juicio en que todos tendremos que comparecer, ya no es de castigo, sino de recompensa. El amor divino, perfeccionado en el creyente, le hace entender que toda condenación ha sido cargada sobre el Hijo que en amor envió al mundo para ser el Salvador de todos los que creen, por tanto, la condenación por el pecado ha sido extinguida eternamente para el que cree (Ro. 8:1).

ὅτι ὁ φόβος κόλασιν ἔχει, La razón del temor es a causa del *castigo*, porque *"el temor lleva en sí el castigo"*. Es interesante notar que la única vez que aparece el sustantivo κόλασιν, además de en este versículo está en el contexto escatológico (Mt. 25:46). El miedo se produce ante el castigo que se espera. Este temor lleva ya en sí el castigo, puesto que temer es comenzar ya a sufrir el castigo que se augura. En Edén, mientras hubo amor hacia Dios, manifestado en obediencia, hubo comunión con Él, al desaparecer el amor por desobediencia, nació el miedo (Gn. 3:8, 10, 11). El creyente que ama no teme, como si se tratara de comparecer ante juicio de condenación, cosa imposible para él, como se ha dicho repetidamente. El temor ha de entenderse en relación con la comparecencia ante el *tribunal de Cristo*. Quien vive en amor camina con Dios y no tiene miedo de Él. El temor implica separación, alejamiento, desconfianza, algo sumamente grave cuando se trata de un asunto respecto de Dios. Todo lo opuesto a la confianza que es propia de quienes son hijos Suyos y están conscientes de tener Su amor en toda circunstancia (Ro. 8:39).

ὁ δὲ φοβούμενος οὐ τετελείωται ἐν τῇ ἀγάπῃ. La conclusión no puede ser otra: *"de donde el que teme no ha sido perfeccionado en el amor"*. No cabe duda que el apóstol procura infundir confianza al creyente. El cristiano que no ama siente inquietud en lugar de confianza. La relación de comunión y amistad como hijos, se cambia por el temor que siente el esclavo que no ha cumplido lo que el dueño ha establecido.

Es preciso entender la relación del creyente con el Padre celestial, que siempre es de gracia y misericordia. Es importante saber que el que ha nacido de nuevo *no practica* el pecado, pero también, las caídas ocasionales, los fracasos espirituales que se producen en la vida cristiana han sido ya cubiertos con la sangre de Cristo y tan solo se requiere la *confesión*, esto es, la aceptación del fallo y el retorno a la comunión plena con Dios. El estar mirando continuamente al pecado que se comete, impide la mirada a Dios que en Su gracia nos ve perfectos en Cristo, a pesar de nuestros fallos. Por supuesto que esto no significa que se pueda practicar el pecado, porque quien lo hace, no ha nacido de nuevo. Sin embargo, generar el miedo atroz por el pecado ocasional, llevar a los creyentes a la ley y no a la gracia, produce angustia que llena muchas vidas, en lugar de estar llenas del gozo de la salvación y de la esperanza de gloria. El legalismo, lo que se llama el *temor santo*, hace más daño a vidas cristianas que todas las acusaciones que el tentador formule para privar del gozo. Los legalistas atormentan vidas, quitan el gozo, destruyen conciencias, eliminan el ministerio de quienes podrían ser valiosos en la edificación del pueblo de Dios. Son verdaderos enemigos de la gracia, incapaces de sustentar a quienes vacilan en su carrera cristiana, pero hábiles instrumentos para demoler vidas y arruinar corazones, generando miedo y causando aflicción.

19. Nosotros le amamos a él, porque él nos amó primero.

ἡμεῖς[1]	ἀγαπῶμεν,	ὅτι	αὐτὸς	πρῶτος	ἠγάπησεν	ἡμᾶς.
Nosotros	amamos,	porque	Él	primero	amó	nos.

Análisis y notas del texto griego.

Análisis: ἡμεῖς, caso nominativo de la primera persona plural del pronombre personal *nosotros*; ἀγαπῶμεν, primera persona plural del presente de indicativo en voz activa del verbo ἀγαπάω, *amar*, aquí *amamos*; ὅτι, conjunción causal *porque*; αὐτὸς, caso nominativo masculino singular del pronombre intensivo *Él*; πρῶτος, caso nominativo masculino singular del adjetivo numeral ordinal *primero*; ἠγάπησεν, tercera persona singular del aoristo primero de indicativo en voz activa del verbo ἀγαπάω, *amar*, aquí *amó*; ἡμᾶς, caso acusativo de la primera persona plural del pronombre personal *nos*.

Notas. Crítica Textual. Lecturas alternativas.

[1] ἡμεῖς ἀγαπῶμεν, *nosotros amamos*, según se lee en A, B, 5, 1243, 1739, 1852, 1881, $vg^{st, ww}$, sa.

ἡμεῖς οὖν ἀγαπῶμεν, *nosotros por tanto amamos*, conforme a $\mathfrak{P}^{74vid}$, A, 048^{vid}, 5, 33, 1735, 2344^{vid}, r, vg, sy^{p}.

ἡμεῖς ἀγαπῶμεν αὐτόν, *nosotros amamos a Él*, según se lee en Ψ, 307, 1175, 2492, Byz.

ἡμεῖς ἀγαπῶμεν τὸν Θεὸν, *nosotros amamos a Dios*, de acuerdo con 048, ℵ, 1735, 2344, w, vg^{cl}, sy, bo, cv^{vid}.

ἡμεῖς ἀγαπῶμεν, Como se aprecia en las alternativas de lectura, los mss. más seguros tienen como lectura *nosotros amamos*. Es un amor a todos, como ya se ha considerado antes, primero a Dios y luego al prójimo. Amar es la realidad esencial de la vida cristiana.

ὅτι αὐτὸς πρῶτος ἠγάπησεν ἡμᾶς. La razón de ese amor en el creyente es que Dios nos amó primero. Como en todo, Dios es el que toma la iniciativa. No es el esfuerzo del creyente que le lleva a amar, es la obra de Dios en él, que produce el amor y le impulsa a expresarlo (Gá. 5:22). El amor cristiano es el reflejo del amor divino. Dios amó al creyente antes que éste fuese capaz de amarle a Él. Así escribía Agustín: *"En efecto, ¿cómo podríamos nosotros amarle si Él no nos hubiese amado el primero? Amándole, nos hemos hecho sus amigos; pero son enemigos los que Él ha amado para hacer de nosotros sus amigos"*[7].

Advertencias (4:20-21).

20. Si alguno dice: Yo amo a Dios, y aborrece a su hermano, es mentiroso. Pues el que no ama a su hermano a quien ha visto, ¿cómo puede amar a Dios a quien no ha visto?

ἐάν τις εἴπῃ ὅτι ἀγαπῶ τὸν Θεὸν καὶ τὸν ἀδελφὸν αὐτοῦ
Si alguien dice: - amo - a Dios y al hermano de él
μισῇ, ψεύστης ἐστίν· ὁ γὰρ μὴ ἀγαπῶν τὸν ἀδελφὸν αὐτοῦ
aborrezca, mentiroso es. Porque el que no ama el hermano de él
ὃν ἑώρακεν, τὸν Θεὸν ὃν οὐχ ἑώρακεν οὐ δύναται ἀγαπᾶν[1].
a quien ha visto, - a Dios a quien no ha visto no puede amar.

[7] Agustín de Hipona. *In I Ep. I. IX, 9.*

Análisis y notas del texto griego:

Análisis: ἐάν, conjunción *si*; τις, caso nominativo masculino singular del pronombre indefinido *alguno*; εἴπῃ, tercera persona singular del presente de indicativo en voz activa del verbo λέγω, *hablar, decir*, aquí *dice*; ὅτι, conjunción *que*; ἀγαπῶ, primera persona singular del presente de indicativo en voz activa del verbo ἀγαπάω, *amar*, aquí *ama*; τὸν, caso acusativo masculino singular del artículo determinado *el*; Θεὸν, caso acusativo masculino singular del nombre divino declinado *a Dios*; καὶ, conjunción copulativa *y*; τὸν, caso acusativo masculino singular del artículo determinado declinado *al*; ἀδελφὸν, caso acusativo masculino singular del nombre común *hermano*; αὐτοῦ, caso genitivo masculino de la tercera persona singular del pronombre personal declinado *de él*; μισῇ, tercera persona singular del presente de subjuntivo en voz activa del verbo μισέω, *odiar, aborrecer*, aquí *odie, aborrezca*; ψεύστης, caso nominativo masculino singular del nombre común *mentiroso*; ἐστίν, tercera persona singular del presente de indicativo en voz activa del verbo εἰμί, *ser, estar*, aquí *es*; ὁ, caso nominativo masculino singular del artículo determinado *el*; γὰρ, conjunción causal *porque*; μὴ, partícula que hace funciones de adverbio de negación *no*; ἀγαπῶν, caso nominativo masculino singular del participio presente en voz activa del verbo ἀγαπάω, *amar*, aquí *que ama*; τὸν, caso acusativo masculino singular del artículo determinado declinado *del*; ἀδελφὸν, caso acusativo masculino singular del nombre común *hermano*; αὐτοῦ, caso genitivo masculino de la tercera persona singular del pronombre personal declinado *de él*; ὃν, caso acusativo masculino singular del pronombre relativo *al que, al cual, a quien*; ἑώρακεν, tercera persona singular del perfecto de indicativo en voz activa del verbo ὁράω, *ver, mirar*, aquí *ha visto*; τὸν, caso acusativo masculino singular del artículo determinado *el*; Θεὸν, caso acusativo masculino singular del nombre divino declinado *a Dios*; ὃν, caso acusativo masculino singular del pronombre relativo *a quien*; οὐχ, forma escrita del adverbio de negación *no*, con el grafismo propio ante una vocal con espíritu suave o una enclítica; ἑώρακεν, tercera persona singular del perfecto de indicativo en voz activa del verbo ὁράω, *ver, mirar*, aquí *ha visto*; οὐ, adverbio de negación *no*; δύναται, tercera persona singular del presente de indicativo en voz media del verbo δύναμαι, *poder*, aquí *puede*; ἀγαπᾶν, presente de infinitivo en voz activo del verbo ἀγαπάω, *amar*.

Notas. Crítica Textual. Lecturas alternativas.

[1] οὐ δύναται ἀγαπᾶν, *no puede amar*, según se lee en ℵ, B, Ψ, 442, 1243, 1448*vid, 1611, 1739, 1852, syh, sa, Cipriano, Lucifer.

πῶς, *cómo puede amar*, conforme a A, 048, 5, 33, 81, 307, 436, 642, 1175, 1448c, 1735, 1881, 2344, 2492, Byz, latt, syp, bo, cv.

ἐάν τις εἴπῃ. El apóstol, mediante una hipótesis general, presenta la realidad de la vida cristiana. Introduce la suposición con la expresión *si alguno dice*. Se trata de una supuesta persona que hace una afirmación.

ὅτι ἀγαπῶ τὸν Θεὸν El que se presenta en el supuesto dice: *"yo amo a Dios"*. Esto corresponde a un verdadero creyente, pero, sin duda es algo que puede expresarse fácilmente. Es posible que el apóstol esté pensando en los gnósticos que afirman amar a Dios, pero es aplicable en general. Tiene que ver con el amor vertical, dirigido hacia Dios.

καὶ τὸν ἀδελφὸν αὐτοῦ μισῇ, ψεύστης ἐστίν· El que afirma amar a Dios *aborrece*, si se prefiere, *odia* al hermano, Juan dice que es *mentiroso*. La razón es sencilla, ya que el amor a Dios no puede separarse del amor al prójimo y, más sensiblemente, al hermano (Mt. 25:40; 1 Jn. 3:10, 11, 14, 16). El tema se ha considerado ampliamente al comentar los textos aquí citados. El apóstol Juan enseñó que no puede haber comunión vertical, sin comunión horizontal. Del mismo modo no puede amarse a Dios y aborrecer al prójimo (1:3). El grave problema de la del supuesto interlocutor es que la relación visible con el hermano es de aborrecimiento en lugar de amor. Se ha dicho antes que el verbo μισέω, expresa la idea de algo drástico, equivalente a *odiar, aborrecer*, en general implica cualquier relación de menosprecio que puede llegar hasta el odio[8]. Juan califica esta situación de mentira y por consiguiente el que afirma amar a Dios y no lo hace con su hermano es *mentiroso*, quiere decir, que no es verdad que ame a Dios. En la *Epístola* ese pecado adquiere una notable dimensión e importancia, porque expresa una forma de vida contraria totalmente, no solo a la voluntad de Dios, sino a Él mismo. El creyente ama porque es de Dios, el que no ama y dice que lo hace es del diablo, que es padre de mentira y quiénes son sus hijos espirituales, siguiendo la vinculación con él, son mentirosos (Jn. 8:44). De otro modo, manifiesta que no es de Dios o, lo que igual, no ha nacido de nuevo.

Es interesante las tres mentiras que aparecen en la *Epístola*. La primera es contraria a la moral cristiana al afirmar que tiene comunión con Dios mientras camina en tinieblas (1:6; 2:4). La segunda, es contra la doctrina, ya que se pretende negando al Hijo tener comunión con el Padre (2:22, 23). La tercera está manifestada por una falsa relación social, que pretende amar a Dios despreciando al hermano y que está en el versículo que se comenta.

ὁ γὰρ μὴ ἀγαπῶν τὸν ἀδελφὸν αὐτοῦ ὃν ἑώρακεν, τὸν Θεὸν ὃν οὐχ ἑώρακεν οὐ δύναται ἀγαπᾶν. La acusación del apóstol se sustancia mediante una sencilla prueba, ya que *"el que no ama a su hermano a quien ha visto ¿cómo puede amar a Dios a quien no ha visto?"*. El hermano es alguien que está casi siempre delante de los ojos del que

---

[8] Ver comentario a 2:9.

afirma amar a Dios. Sin embargo, el amor a Dios se hace visible en el amor al hermano. Es imposible amar a uno aborrecer al otro, puesto que a ambos se ama, no con el amor que surge de la condición personal humana, sino de la dotación divina de amor derramado por el Espíritu Santo (Ro. 5:5). De otro modo, el amor a Dios es el mismo y de la misma procedencia que el amor al hermano, ambos proceden de Dios mismo.

La imposibilidad de amar y aborrecer con el mismo corazón se pone de manifiesto, mediante un contraste entre lo visible y lo invisible, en donde se pueden establecer tres niveles de imposibilidad: a) Una imposibilidad psicológica. Ya que no es posible amar lo invisible, dejando de amar lo visible, porque no puede haber una evidencia comprobable de la realidad del amor hacia quien no puede verse. Esto es una desproporción psicológica, que se establece entre lo *fácil* y lo *difícil.* Quien no es capaz de hacer lo fácil que es amar al hermano, no puede hacer lo más difícil que es amar a Dios. b) Una imposibilidad ontológica. No es posible amar lo infinito y aborrecer lo limitado, simplemente por la dimensión de lo que se ama. Esto es, quien no puede hacer lo más pequeño que es amar al hermano, no puede hacer lo más grande que es amar a Dios c) Una imposibilidad mensurable. No se puede afirmar que se ama a Dios que se trata de algo interno, y se desprecian Sus mandamientos de amor al hermano, ya que amar a Dios implica necesariamente la obediencia y esa obediencia se concreta en el cumplimiento del mandamiento del amor. El que no ama al hermano no puede amar a Dios, en base al mandamiento establecido por Él. De otro modo Él no quiere ser amado excluyendo a los hermanos y en general al prójimo, ya que Él quiere ser amado en los hermanos.

21. Y nosotros tenemos este mandamiento de él: El que ama a Dios, ame también a su hermano.

καὶ ταύτην τὴν ἐντολὴν ἔχομεν ἀπ' αὐτοῦ, ἵνα ὁ ἀγαπῶν τὸν
Y este - mandamiento tenemos de Él, que el que ama -
Θεὸν ἀγαπᾷ καὶ τὸν ἀδελφὸν αὐτοῦ.
a Dios ame también al hermano de él.

Análisis y notas del texto griego.

Análisis: καὶ, conjunción copulativa *y*; ταύτην, caso acusativo femenino singular del pronombre demostrativo *esta*; τὴν, caso acusativo femenino singular del artículo determinado *la*; ἐντολὴν, caso acusativo femenino singular del nombre común *mandamiento*; ἔχομεν, primera persona plural del presente de indicativo en voz activa del verbo ἔχω, *tener*, aquí *tenemos*; ἀπ', preposición propia de genitivo ἀπό, con el grafismo que adopta por elisión de la o final ante vocal o diptongo sin aspiración, que equivale a *de, desde, procedente de, por medio de, con, por*; αὐτοῦ, caso genitivo masculino de la tercera persona singular del pronombre personal *él*; ἵνα, conjunción *que*; ὁ, caso nominativo masculino singular del artículo determinado *el*; ἀγαπῶν, caso nominativo masculino singular del participio presente en voz activa del verbo ἀγαπάω, *amar*, aquí *que ama*; τὸν, caso acusativo masculino singular del artículo determinado *el*; Θεὸν, caso acusativo masculino singular del nombre divino declinado *a Dios*; ἀγαπᾷ, tercera persona singular del presente de subjuntivo en voz activa del verbo ἀγαπάω, *amar*, aquí *ame*; καὶ, adverbio de modo *también*; τὸν, caso acusativo masculino singular del artículo determinado declinado *al*; ἀδελφὸν, caso acusativo masculino singular del nombre común *hermano*; αὐτοῦ, caso genitivo masculino de la tercera persona singular del pronombre personal declinado *de él*.

καὶ ταύτην τὴν ἐντολὴν ἔχομεν ἀπ αὐτοῦ, La conclusión a todo lo que antecede es breve y concisa. Juan vuelve a recordar el mandamiento divino, que él asume plenamente: *"y nosotros tenemos este mandamiento de Él"*. Quiere decir que además de amar por vinculación e identificación con Dios, debe hacerse también como mandamiento divino que debe obedecerse.

ἵνα ὁ ἀγαπῶν τὸν θεὸν ἀγαπᾷ καὶ τὸν ἀδελφὸν αὐτοῦ. El mandamiento se expresa como lo estableció el Señor (Mt. 22:37, 39; Jn. 13:34; 15:12). Esto se ha comentado anteriormente, por lo que no hace falta volver sobre él. Las palabras finales del apóstol con que se cierra este párrafo, expresan la voluntad de Dios transmitida por Jesucristo.

Hacer una selección de temas aplicables a la vida personal al finalizar el comentario del capítulo es, por la enseñanza final del apóstol, innecesario, las palabras finales son suficientes: *"El que ama a Dios ame también al hermano"*. Bueno será recordar que los mandamientos de Dios van siempre envueltos en la gracia y en el amor. De ahí que debamos detenernos en Su presencia y permitir que el Espíritu haga sensibles nuestros corazones de modo que con honestidad podamos respondernos a nosotros mismos si amamos verdaderamente a Dios porque estamos amando sinceramente a nuestros hermanos.

CAPÍTULO V

CONFIANZA Y VICTORIA

Introducción.

Llegamos con este capítulo al final de la *Epístola*. En una lectura desprejuiciada del escrito se aprecia que no hubiera hecho falta una división entre los dos últimos capítulos, ya que el comienzo del quinto hasta el v. 13, es la sucesión temática del cuarto. La última parte (vv. 14-21) es el epílogo.

El amor, la fe y la obediencia están continuamente ligadas en el desarrollo de la *Epístola*. La comunión con Dios y sus consecuencias únicamente es posible en base a un amor genuino hacia Él, expresado en una fe que acepta Su testimonio y en la obediencia Sus mandamientos. Estas mismas verdades expresadas anteriormente, se reiteran en el último capítulo, y constituyen el inicio de los últimos párrafos de la *Epístola*. El apóstol Juan establece pruebas concretas que ponen de manifiesto la realidad del amor a Dios, mediante el amor a los hermanos, que son Sus hijos (vv. 1-3). Así la seguridad de salvación está en la fe que cree en Cristo, y en los aspectos revelados acerca de Él (v. 1). Tal persona vive, como consecuencia del nuevo nacimiento, en continua obediencia a Dios (v. 2). El amor verdadero se expresa en el acatamiento a todos los mandamientos que Él establece (v. 3).

La fe está ligada con la experiencia de una vida victoriosa, en la medida en que vincula al creyente con Cristo, quien ha vencido al mundo y da la victoria a quien está en Él (vv. 4-5). La fe une al creyente con el vencedor que es Cristo, de modo que le otorga victoria plena en todas las experiencias de vida (v. 4). Esta victoria está ligada a la fe que reconoce quien es Jesús (v. 5).

El párrafo que sigue tiene ciertas dificultades debido a la integración de asuntos que posiblemente no estaban en el escrito original y que se deben a aclaraciones de copistas que con el tiempo entraron en el texto griego, especialmente referido al final del v. 7 y a todo el v. 8, como se considerará en su momento. Esto es lo que se conoce como el *Comma Joneo*, procedente de la edición sixto-clementina de la Vulgata. En el párrafo (vv. 6-12), se abordan cuestiones *Cristológicas*, como es la procedencia de Jesucristo (v. 6). A esto añade el testimonio divino sobre Él (v. 9), por tanto, el que cree en el Hijo tiene en él este testimonio

(v. 10). El testimonio de Dios tiene capital importancia en la vida eterna (v. 11), por eso solo el que tiene al Hijo tiene la vida (v. 12).

Sigue el párrafo final de la *Epístola* (vv. 13-21). El pensamiento y desarrollo es idéntico a cuanto antecede. A pesar de ello, algunos *críticos liberales-humanistas* se empeñan en afirmar que este último párrafo es un apéndice añadido por otro escritor llamado Juan. Esta afirmación de los *liberales*, contrarios a la inspiración e inerrancia bíblica, es uno de sus modos de sembrar la duda y es utilizado en sus propuestas de forma continuada. Esa misma manifestación liberal de duda ocurre también con el capítulo 21 del *Evangelio*. Sin duda no pasan de ser meras suposiciones injustificadas y, yo diría más, *injustificables*, porque son absolutamente indemostrables documentalmente. Los antiguos *padres* como Tertuliano y Clemente de Alejandría, citan versículos de este último pasaje como procedente del apóstol Juan. En contra de los argumentos anti-Juan, la vinculación del pasaje con todo cuanto antecede en todos los sentidos que incluye el idiomático de redacción, y especialmente con la parte anterior del capítulo, es evidente.

No es posible diferenciar autores distintos ya que el lenguaje y tema son idénticos y lo último es consecuencia de la anterior. El apóstol es un hombre de pensamiento *asociativo*, es decir, los temas del escrito se activan por asociación con algún aspecto antecedente. Por tanto, no es de extrañar que en razón del testimonio que Dios da de la vida eterna a quien *"tiene al Hijo"*, sigan las afirmaciones sobre la seguridad de la salvación (vv. 11-12). Juan da testimonio personal de la razón de lo que antes escribe, en este caso para que los creyentes tengan la certeza de la posesión de la vida eterna (v. 13). En base a esta seguridad se desarrolla el tema de la oración (vv. 14-17). Enseña la respuesta segura a la oración del creyente, poniendo de manifiesto la condición que hace posible esa respuesta a las peticiones y que es aquella que se hace conforme a la voluntad de Dios (v. 14). Por tanto, sabiendo que Dios *oye* la oración, tendremos la seguridad de que recibiremos las peticiones formuladas en ella (v. 15). Sigue luego un párrafo que reviste cierta complejidad, como se apreciará en el comentario, sobre lo que Juan llama *pecado a muerte*, por el que dice que no se pida (v. 16). Cierra este tramo con una afirmación sobre el pecado no de muerte y el pecado a muerte (v. 17).

El epílogo comprende el resto del escrito (vv. 18-21). A causa de la confianza y seguridad del creyente en Dios y Su obra, Juan introduce el tema de la victoria sobre el pecado y de la protección del maligno para todo aquel que cree (vv. 18-19). Finalmente, la afirmación sobre la manifestación del Hijo de Dios que ha venido al mundo, sirve para expresar una de las frases más firmes de toda la *Epístola* sobre la deidad de Jesucristo (v. 20).

No hay saludos de despedida, de ahí que se pueda considerar el escrito como una homilía pastoral a la iglesia. No hay un modo genérico de conclusión con un saludo personal, como es propio en otros escritos epistolares, sino la exhortación con que un pastor concluiría un sermón para una congregación, exhortando a los creyentes en relación con los ídolos (v. 21).

Para el análisis del capítulo se sigue la división presentada en el *Bosquejo*, que aparece en la *Introducción*, como sigue:

VI. Consecuencias de la relación con Dios (5:1-21).

1. Amor a los hermanos (5:1-3).
2. Vida victoriosa (5:4-5).
3. Permanencia en la verdad (5:6-12).
4. Seguridad de salvación (5:13).
5. Confianza en la oración (5:14-17).
6. Victoria sobre el pecado (5:18-21).

VI. Consecuencias de la relación con Dios (5:1-21).

Amor a los hermanos (5:1-3).

1. Todo aquel que cree que Jesús es el Cristo, es nacido de Dios; y todo aquel que ama al que engendró, ama también al que ha sido engendrado por él.

Πᾶς ὁ πιστεύων ὅτι Ἰησοῦς ἐστιν ὁ Χριστὸς, ἐκ τοῦ Θεοῦ
Todo el que cree que Jesús es el Cristo, de - Dios
γεγέννηται, καὶ πᾶς ὁ ἀγαπῶν τὸν γεννήσαντα ἀγαπᾷ καὶ τὸν
ha nacido, y todo el que ama al que engendró ama, y al
γεγεννημένον ἐξ αὐτοῦ.
que ha nacido de Él.

Notas y análisis del texto griego.

Análisis: Πᾶς, caso nominativo masculino singular del adjetivo indefinido *todo*; ὁ, caso nominativo masculino singular del artículo determinado *el*; πιστεύων, caso nominativo masculino singular del participio presente en voz activa del verbo πιστεύω, *creer*, aquí *que cree*; ὅτι, conjunción *que*; Ἰησοῦς, caso nominativo masculino singular del nombre propio *Jesús*; ἐστιν, tercera persona singular del presente de indicativo en voz activa del verbo εἰμί, *ser, estar*, aquí *es*; ὁ, caso nominativo masculino singular del artículo determinado *el*; Χριστὸς, caso nominativo masculino singular del nombre propio *Cristo*; ἐκ, preposición propia de genitivo *de*; τοῦ, caso genitivo masculino singular del artículo definido *el*; Θεοῦ, caso genitivo masculino singular del nombre divino *Dios*; γεγέννηται, tercera persona singular del perfecto de indicativo en voz pasiva del verbo γεννάω, en voz pasiva *nacer*, aquí *ha nacido*; καὶ, conjunción copulativa *y*; πᾶς, caso nominativo masculino singular del adjetivo indefinido *todo*; ὁ, caso nominativo masculino singular del artículo determinado *el*; ἀγαπῶν, caso nominativo masculino singular del participio presente en voz activa del verbo ἀγαπάω, *amar*, aquí *que ama*; τὸν, caso acusativo masculino singular del artículo determinado declinado *al*; γεννήσαντα, caso acusativo masculino singular del participio aoristo primero en voz activa del verbo γεννάω, *engendrar*, aquí *que engendró*; ἀγαπᾷ, tercera persona singular del presente de indicativo en voz activa del verbo ἀγαπάω, *amar*, aquí *ama*; καὶ, adverbio de modo *también*; τὸν, caso acusativo masculino singular del artículo determinado *al*; γεγεννημένον, caso acusativo masculino singular del participio perfecto en voz pasiva del verbo γεννάω, en voz pasiva *nacer*, aquí *que ha nacido*; ἐξ, forma escrita de la preposición de genitivo ἐκ, delante de vocal y que significa *de*; αὐτοῦ, caso genitivo masculino de la tercera persona singular del pronombre personal *Él*.

Πᾶς ὁ πιστεύων. La realidad del nuevo nacimiento se sustenta en el acto de fe depositado en el Salvador. No es algo limitado para algunos, sino que alcanza a *"todo aquel que cree"*. No hay tampoco distinción excluyente para algunos a quienes Dios impide creer. Juan afirma que la salvación con las bendiciones que siguen en el texto, es para todo aquel que cree. La misma verdad está expresada en el *Evangelio* (Jn. 3:16). A todo aquel que cree se le concede ser hecho hijo de Dios, sin exclusión alguna (Jn 1:12).

ὅτι Ἰησοῦς ἐστιν ὁ Χριστὸς, La ortodoxia de la fe define lo que ha de ser creído para salvación, *"que Jesús es el Cristo"*. Algunos negaban que Jesús es el Hijo de Dios (2:22), negando con ello lo esencial de la fe que es confesar que Jesucristo es Dios. La verdadera fe acepta la verdad de que Jesús es el *Cristo*, esto es, el Mesías, que es el Hijo de Dios, por tanto, Dios en unidad con el Padre y el Espíritu. Eso trae aparejada la confesión de la deidad de Cristo y Su encarnación. Ambas cosas conjugan la realidad de quien es Jesús. Una fe sobre esa base concuerda con la confesión que los apóstoles hicieron acerca de quién es Jesús: *"Tu eres el Cristo, el Hijo del Dios viviente"* (Mt. 16:16). Esa fue también la confesión de Marta, la hermana de Lázaro: *"Yo he creído que tú eres el Cristo, el Hijo de Dios, que has venido al mundo"* (Jn. 11:27). Esa es la razón por la que Juan escribió el *Evangelio*: *"Pero estas cosas se han escrito para que creáis que Jesús es el Cristo, el Hijo de Dios, y para que creyendo, tengáis vida en su nombre"* (Jn. 20:31). Creer en Cristo de este modo es reconocerle como el enviado del Padre y el Salvador del mundo (Jn. 4:29, 42). Sólo quien cree esto tiene vida eterna. La fe es el modo dispositivo instrumental para la salvación (Ef. 2:8-9). La gracia salva, la fe permite apropiarse de la salvación. La fe es la consecuencia de haber sido engendrado por Dios, pero no la causa. La fe se establece como medio para recibir la salvación en respuesta al mensaje del evangelio (Ro. 1:16-17) La fe es también el modo de ser justificado por Dios (Ro. 3:22; 5:1; Gá. 2:16). La fe salvadora acepta tanto la obra como la Persona de Jesucristo. La obra de la Cruz sería estéril para salvación si el que muere sustitutoriamente por el pecador no fuese el Hijo de Dios, el que es Dios en la unidad del Ser Divino. Creer de este modo es reconocer que Jesús es el enviado del Padre y el único Salvador del mundo (Jn. 4:29-42), para someterse a Él y vivir unido a Él perpetuamente. Anteriormente enseñó que el amor es lo que revela la realidad de la confesión de fe.

Sobre esto escribe Calvino:

"La única verdadera manera de creer es cuando dirigimos nuestras mentes hacia Él. Además, creer que Él es el Cristo, es esperar de él todas aquellas cosas que han sido prometidas con respecto al Mesías.

No se le da el título, Cristo, aquí sin razón, ya que designa el oficio para el que fue elegido por el Padre. Ya que, según la Ley, a través del Mesías se prometió la restauración completa de todas las cosas, la justicia y la felicidad; así en este día todo esto queda expresado con más claridad en el evangelio. Entonces Jesús no puede ser recibido como Cristo, excepto para la salvación que se busca en Él, ya que para este fin fue enviado por el Padre, y se nos ofrece diariamente"[1].

Si alguien ha hecho esta profesión de fe, ha llegado a esta confesión, ha nacido de nuevo como hijo de Dios en la familia del Padre (2:29; 3:9). La vida eterna se otorga como regalo de la gracia a todo aquel que cree de este modo. Por tanto, es necesario precisar con firmeza que quien cree simplemente que Jesús fue el Cristo, pero no cree de la misma manera que siendo Hijo de Dios, es también el único Dios verdadero, no puede tener el perdón de pecados, la vida eterna y la filiación de hijo.

ἐκ τοῦ Θεοῦ γεγέννηται, La consecuencia de la fe según Juan es que quien cree en el Hijo *"es nacido de Dios"*. La salvación no es un cambio de fe intelectual, sino un nuevo nacimiento, que solo Dios, que salva, también genera. El verbo γεννάω, en voz pasiva significa *nacer*, como ocurre en este lugar, pero también en voz activa equivale a

[1] Juan Calvino. *Commentaries on the Catholic Epistles*. Pag. 250.

engendrar. Por tanto, quien *nace de Dios*, es porque también ha sido *engendrado* por Él, engendrado para ser *hijo de Él*. Esta es una verdad reiterada en la *Epístola* (2:29; 3:9; 4:7; 5:4, 18). El creyente es nacido por la voluntad del Padre, lo que significa un verdadero *engendramiento* en el orden espiritual (Jn. 1:13). El Agente ejecutor del nuevo nacimiento es el mismo que ejecutó la concepción virginal de Jesús en el seno de María, esto es *Dios, el Espíritu Santo* (Jn. 1:14; Lc. 1:35). Por esa razón los que son hechos hijos de Dios, tienen a Jesús como el *primogénito* entre los hermanos (He. 2:11).

καὶ πᾶς ὁ ἀγαπῶν τὸν γεννήσαντα. Nadie que es engendrado niega el amor al que lo engendró. Esa expresión que afirma que el que es engendrado ama al progenitor pone de manifiesto el respeto o la piedad filial, ya que quien es engendrado recibe todo de quien lo ha engendrado, comenzando por la vida y el ser. Es una condición de relación natural y lo es más todavía en el terreno espiritual. El amor a Dios es el distintivo visible del *nuevo nacimiento* y común a todos los creyentes (4:19).

ἀγαπᾷ καὶ τὸν γεγεννημένον ἐξ αὐτοῦ. El amor al Padre genera necesariamente el amor a los hijos. Juan llama la atención a la vinculación comunitaria del amor: *"Ama también al que ha sido engendrado por él"*. El que ama al Padre, ama también a los que son Sus hijos. No se puede hablar del amor a Dios, mientras se menosprecia a quienes son hijos de Dios. Anteriormente llamó mentiroso al que se ve envuelto en tal contradicción, el que afirma que ama a Dios y aborrece a los hermanos (4:20). Todos los que han sido engendrados y nacen de nuevo por la operación divina, son participantes en la naturaleza divina (2 P. 1:4). Esa naturaleza nueva, procedente de Dios, que da vida eterna, que no es otra cosa que la vinculación con el único que tiene vida eterna, que es Dios, comunicada por unión vital con Cristo en quien está la vida (Jn. 1:4). La vida del nuevo nacimiento vincula en amor a todos los creyentes, porque Dios es amor y se hace vida en cada uno de los creyentes (4:8). Se aman mutuamente al impulso del amor común que todos los salvos tenemos, comunicado a cada uno por el Espíritu residente (Ro. 5:5). El creyente descubre la presencia de Dios en sus hermanos, lo que le impulsa a amarlos porque así ama a Dios en cada uno de ellos.

2. En esto conocemos que amamos a los hijos de Dios, cuando amamos a Dios, y guardamos sus mandamientos.

ἐν τούτῳ γινώσκομεν ὅτι ἀγαπῶμεν τὰ τέκνα τοῦ Θεοῦ, ὅταν
En esto conocemos que amamos a los hijos - de Dios, cuando
τὸν Θεὸν ἀγαπῶμεν καὶ τὰς ἐντολὰς αὐτοῦ ποιῶμεν.
- a Dios amemos y los mandamientos de Él hacemos.

Análisis y notas del texto griego.

Análisis: ἐν, preposición propia de dativo *en*; τούτῳ, caso dativo neutro singular del pronombre demostrativo *esto*; γινώσκομεν, primera persona plural del presente de indicativo en voz activa del verbo γινώσκω, *saber, entender, comprender*, aquí *sabemos*; ὅτι, conjunción *que*; ἀγαπῶμεν, primera persona plural del presente de indicativo en voz activa del verbo ἀγαπάω, *amar*, aquí *amamos*; τὰ, caso acusativo neutro plural del artículo determinado declinado *a los*; τέκνα, caso acusativo neutro plural del nombre común *hijos*; τοῦ, caso genitivo masculino singular del artículo determinado *el*; Θεοῦ, caso genitivo masculino singular del nombre divino declinado *de Dios*; ὅταν, conjunción *cuando*; τὸν, caso acusativo masculino singular del artículo determinado *el*; Θεὸν, caso acusativo masculino singular del nombre divino declinado *a Dios*; ἀγαπῶμεν, primera persona plural del presente de subjuntivo en voz activa del verbo ἀγαπάω, *amar*, aquí *amemos*; καὶ, conjunción copulativa *y*; τὰς, caso acusativo femenino plural del artículo determinado *las*; ἐντολὰς, caso acusativo femenino plural del nombre común *mandamientos*; αὐτοῦ, caso genitivo masculino singular del pronombre personal declinado *de Él*; ποιῶμεν, primera persona plural del presente de subjuntivo en voz activa del verbo ποιέω, *hacer, practicar*, aquí *hagamos*.

ἐν τούτῳ γινώσκομεν. El amor verdadero conforme a Dios, del que Juan está haciendo continua referencia, tiene formas de probar su realidad. En este caso es una prueba dentro de la intimidad de la persona, por eso escribe: *"En esto conocemos"*. Es una prueba de sinceridad del amor hacia los hermanos. Esto no consiste en palabras fáciles (3:18), sino en realidades vivenciales. Una persona puede hacer los mayores sacrificios en acciones filantrópicas, sin verdadero amor (1 Co. 13:3).

ὅτι ἀγαπῶμεν τὰ τέκνα τοῦ Θεοῦ, El conocimiento tiene que ver con la orientación de la prueba del amor, ya que conocemos *"que amamos a los hijos de Dios"*. Nótese la presencia del pronombre demostrativo en dativo τούτῳ, *esto*, en el inicio de la frase anterior, por consiguiente, Juan va a dar dos pruebas que sirvan para evidenciar la realidad del amor, así entendemos que realmente *amamos a los hijos de Dios*, de modo que estaremos ciertos de que el amor es auténtico.

ὅταν τὸν Θεὸν ἀγαπῶμεν. La primera evidencia del amor a los hijos de Dios es *"cuando amamos a Dios"*. Amar a Dios es entregarse incondicionalmente a Él. Es, como se ha dicho reiteradamente, fruto del Espíritu (Gá. 5:22). Se trata de un amor a Dios genuino y auténtico. Amando a Dios se ama también a los que son objeto de Su amor. El creyente sabe de la realidad de su amor a los hermanos en la medida en que conozca que es real su amor a Dios.

καὶ τὰς ἐντολὰς αὐτοῦ ποιῶμεν. La segunda prueba que permite un conocimiento correcto de la situación personal en cuanto al amor a Dios es que *"guardamos sus mandamientos"*. De nuevo se reafirma que no es posible amor sin obediencia. Jesús lo dijo a los discípulos: *"Si me amáis, guardad mis mandamientos"*, afirmando otra vez: *"El que tiene mis mandamientos, y los guarda, ese es el que me ama"*, y de nuevo: *"El que me ama, mi palabra guardará"*, y negativamente: *"El que no me ama, no guarda mis palabras"* (Jn. 14:15, 21, 23, 24). La obediencia a los mandamientos indica permanencia en el amor (Jn. 15:10). Este tema de la obediencia como evidencia de amor y comunión, fue considerada antes (2:3; 3:24)[2]. Pero, la obediencia a los mandamientos va ligada íntimamente al amor a los hermanos, puesto que es demandado por medio de un mandamiento (Jn. 13:34; 15:12). No se puede hablar de obediencia a Dios, sin amor hacia los hermanos.

Nuevamente el Espíritu por la Palabra, demanda de nosotros una reflexión íntima y personal sobre la realidad o no del amor a Dios que proclamamos repetidamente. Amar a Dios, para algunos, se limita al cumplimiento de las normas doctrinales, de los grandes temas de la fe, de la *defensa* de la verdad. Todo esto es necesario, todavía más, excelente. Nadie que ame a Dios puede desentenderse de lo que ha enseñado en la Palabra. Pero la doctrina no es preciso tanto defenderla como predicarla. El efecto de la Palabra que manifiesta lo que hemos de creer y proclamar se produce por sí misma, ya que es *"viva y eficaz"* (He. 4:12). La mayor obediencia a la Palabra es predicarla. Pero nadie puede sentir como suficiente esa acción para demostrar su amor a Dios, si uno de los mandamientos más claros es el que determina el amor a los hermanos. Si no amamos a los hermanos no podemos afirmar el amor a Dios.

3. Pues éste es el amor a Dios, que guardemos sus mandamientos; y sus mandamientos no son gravosos.

αὕτη γάρ ἐστιν ἡ ἀγάπη τοῦ Θεοῦ, ἵνα τὰς ἐντολὰς αὐτοῦ
Porque este es el amor - de Dios, que los mandamientos de Él
τηρῶμεν, καὶ αἱ ἐντολαὶ αὐτοῦ βαρεῖαι οὐκ εἰσίν.
guardemos, y los mandamientos de Él gravosos no son.

Análisis y notas del texto griego.

Análisis: αὕτη caso nominativo femenino singular del pronombre demostrativo *esta*; γάρ, conjunción causal *porque*; ἐστιν, tercera persona singular del presente de indicativo en voz activa del verbo εἰμί, *ser, estar*, aquí *es*; ἡ, caso

[2] Ver comentario a los textos citados.

nominativo femenino singular del artículo determinado *la*; ἀγάπη, caso nominativo femenino singular del nombre común *amor*; τοῦ, caso genitivo masculino singular del artículo determinado *el*; Θεοῦ, caso genitivo masculino singular del nombre divino *Dios*; ἵνα, conjunción *que*; τὰς, caso acusativo femenino plural del artículo determinado *las*; ἐντολὰς, caso acusativo femenino plural del nombre común *mandamientos*; αὐτοῦ, caso genitivo masculino de la tercera persona singular del pronombre personal declinado *de Él*; τηρῶμεν, primera persona plural del presente de subjuntivo en voz activa del verbo τηρέω, *guardar, observar, conservar, cumplir*, aquí *guardemos*; καὶ, conjunción copulativa *y*; αἱ, caso nominativo femenino plural del artículo determinado *las*; ἐντολαὶ, caso nominativo femenino plural del nombre común *mandamientos*; αὐτοῦ, caso genitivo masculino de la tercera persona singular del pronombre personal declinado *de él*; βαρεῖαι, caso nominativo femenino plural del adjetivo *pesadas, dificultosas, gravosas*; οὐκ, forma escrita del adverbio de negación *no*, con el grafismo propio ante una vocal con espíritu suave o una enclítica; εἰσίν, tercera persona plural del presente de indicativo en voz activa del verbo εἰμί, *ser, estar*, aquí *son*.

αὕτη γάρ ἐστιν ἡ ἀγάπη τοῦ Θεοῦ, El apóstol subraya la última frase del versículo anterior confirmándola, cuando dice que es en esto que consiste el amor de Dios. El genitivo es de orientación, de modo que no solo se trata del amor de Dios, sino también de nuestro amor a Dios, aunque en realidad es el mismo amor que procedente de Dios se derrama en nosotros para que nosotros podamos amarle a Él y a los hermanos. Y esto es lo que define y expresa la realidad del amor a Dios, no solo con palabras, sino en hechos concretos hacia los hermanos.

ἵνα τὰς ἐντολὰς αὐτοῦ τηρῶμεν, La realidad del amor a Dios y del amor de Dios en nosotros es que *"guardemos Sus mandamientos"*. De otro modo, el amor se manifiesta en obediencia. Esa obediencia comprende a todos los mandamientos y no solo a algunos. Ese es el mandamiento que el Señor resucitado dio a Sus discípulos relativo a la evangelización de las naciones. Ellos debían instruir a cada creyente nuevo a que guardase todo lo que había mandado (Mt. 28:20). Desobedecer a uno de Sus mandamientos constituye una falta contra el amor, lo mismo que quebrantar un mayor número de ellos. No guardar los mandamientos indica una rebeldía consciente y no solo una falta ocasional. *"No guardar"* es practicar el pecado, incompatible con la realidad de la conducta del creyente (3:6, 9). El eco de la enseñanza del Señor autentifica a los verdaderos creyentes y los distingue del mero profesante (Mt. 7:21-24).

καὶ αἱ ἐντολαὶ αὐτοῦ βαρεῖαι οὐκ εἰσίν. Los mandamientos de Dios *no son gravosos*: Literalmente *no son pesados*, por consiguiente, son ligeros, en relación con los mandamientos de la religión y de los hombres. Los religiosos, en la antigua dispensación, habían añadido a los mandamientos de Dios, las cargas pesadas de la tradición, que no son otra cosa que mandamientos de hombres (Mt. 23:4; Lc. 11:46). En la actualidad los legalistas pretenden algo semejante en el orden religioso, que no son otra cosa que dejar de asirse de la Cabeza que es Cristo. Como el apóstol Pablo hacía observar a los colosenses: *"Pues si habéis muerto con Cristo en cuanto a los rudimentos del mundo, ¿por qué, como si vivieseis en el mundo, os sometéis a preceptos tales como: No manejes, ni gustes, ni aun toques (en conformidad a mandamientos y doctrinas de hombres), cosas que todas se destruyen con el uso?"* (Col. 2:20-22). De igual modo advertía también a los creyentes en Galacia, a mantenerse firmes en la libertad con que habían sido hechos libres (Gá. 4:8-10; 5:1). Jesús anunció un cambio radical contra el legalismo anunciando un yugo fácil y una carga ligera (Mt. 11:30). La voluntad de Dios, manifestada en los mandamientos que Él ha establecido, es agradable y perfecta (Ro. 12:2). El amor de Dios y la experiencia de Su amor hacia el creyente, permite considerar Sus mandamientos como expresión de Su amor hacia los Suyos, buscando lo mejor para ellos. Como escribía el Dr. Lacueva:

> *"Todo mandamiento resulta pesado para quien lo carga sobre los hombros, pero se hace ligero cuando se lleva en el corazón, puesto que el amor presta, no sólo libertad para andar, sino también ligereza para correr y gozo para cantar (Sal. 119:32, 45, 54)*[3]*"*.

Cuando se trata de los mandamientos de Dios, no son gravosos porque Dios mismo produce el querer y el hacer para su cumplimiento. Sin embargo, sorprenden las palabras de Jesús que habla de *yugo* para llevarlos. El yugo es un instrumento que reparte la carga entre dos que la llevan. Sin embargo, si la carga es pesada, el yugo también lastima. Aquí es todo lo contrario. Siendo ligera la carga que Jesús coloca, o como Juan dice no es *gravosa*, sobre todo como se hizo notar en comparación con las cargas de opresión que tenían que soportar entonces, el yugo es suave. La única obligación que ha de soportar quien sigue a Jesús es la de una permanente deuda de amor, tanto hacia Él como hacia los hermanos (Ro. 13:8). La vida de quien viene a Jesús y lo sigue, tomando voluntariamente Su yugo, es una vida placentera. Él mismo dijo que había venido para que tuviesen vida y la tuviesen en abundancia (Jn. 10:10). El trabajo hecho bajo el peso del amor impulsa la vida del compromiso y la hace grata (2 Co. 5:14-15). Por otro lado, el deseo de santificación por medio de sumisión a reglas y costumbres, produce un cansancio y fatiga espiritual que hace angustiosa la vida del creyente. La santificación no se alcanza

---

[3] F. Lacueva. o.c., pág. 250.

por esfuerzo propio sino por la acción divina en el cristiano (Fil. 2:12-13). En esto consiste la carga ligera y el yugo fácil de Jesús, del que Juan trata con la afirmación que los mandamientos de Dios *"no son gravosos"*. En la medida en que el creyente se someta al yugo de Jesús encontrará que Sus mandamientos no son penosos. El gran fracaso de vidas frustradas y trabajadas entre el pueblo de Dios está en quienes tratan de alcanzar una vida recta, santa y piadosa por medio de la observancia diligente de aspectos religiosos, con los que pretenden conseguir una vida exterior alabada por los hombres y aceptable para Dios, mientras en su interior permanece anclada la contaminación del poder de la carne en cualquiera de sus muchas expresiones (Gá. 5:19-21). La conciencia culpable no permite hallar ningún descanso ni alivio verdadero. Jesús y sólo Él puede dar descanso para el alma cansada y trabajada. Según la enseñanza de Juan, el creyente no es un esclavo que gime bajo una carga, sino un hijo de Dios que vive bajo el respeto a los mandamientos de Dios, inflamado en la fe y con el corazón gozoso por la acción del amor. El mandamiento del amor, es un precepto, pero es también una fuerza divina inmanente que hace la obediencia alacre, esto es algo ligero, alegre y vivo.

Vida victoriosa (5:4-5).

4. Porque todo lo que es nacido de Dios vence al mundo; y ésta es la victoria que ha vencido al mundo, nuestra fe.

ὅτι πᾶν τὸ γεγεννημένον ἐκ τοῦ Θεοῦ νικᾷ τὸν κόσμον· καὶ
Porque todo el que ha nacido de - de Dios vence al mundo; y
αὕτη ἐστὶν ἡ νίκη ἡ νικήσασα τὸν κόσμον, ἡ πίστις ἡμῶν.
esta es la victoria - que venció al mundo, la fe de nosotros.

Análisis y notas del texto griego.

Análisis: ὅτι, conjunción causal *porque*; πᾶν, caso nominativo neutro singular del pronombre indefinido *todo*; τὸ, caso nominativo neutro singular del artículo determinado *el*; γεγεννημένον, caso nominativo neutro singular del participio perfecto en voz pasiva del verbo γεννάω, aquí *que ha nacido*; ἐκ, preposición propia de genitivo *de*; τοῦ, caso genitivo masculino singular del artículo determinado *el*; Θεοῦ, caso genitivo masculino singular del nombre divino declinado *de Dios*; νικᾷ, tercera persona singular del presente de indicativo en voz activa del verbo *vencer*, aquí *vence*; τὸν, caso acusativo masculino singular del artículo determinado declinado *al*; κόσμον, caso acusativo masculino singular del nombre común *mundo*; καὶ, conjunción copulativa *y*; αὕτη, caso nominativo femenino singular del pronombre demostrativo *esta*; ἐστὶν, tercera persona singular del presente de indicativo en voz activa del verbo εἰμί, *ser, estar*, aquí *es*; ἡ, caso nominativo femenino singular del artículo determinado *la*; νίκη, caso nominativo femenino singular del nombre común *victoria*; ἡ caso nominativo femenino singular del artículo determinado *la*; νικήσασα, caso nominativo femenino singular del participio aoristo primero en voz activa del verbo νικάω, *vencer*, aquí *que venció*; τὸν, caso acusativo masculino singular del artículo determinado declinado *al*; κόσμον, caso acusativo masculino singular del nombre común *mundo*; ἡ, caso nominativo femenino singular del artículo determinado *la*; πίστις, caso nominativo femenino singular del nombre común *fe*; ἡμῶν, caso genitivo de la primera persona plural del pronombre personal declinado *de nosotros*.

ὅτι πᾶν τὸ γεγεννημένον ἐκ τοῦ Θεοῦ νικᾷ τὸν κόσμον· La vida cristiana está llamada a ser victoriosa, no solo para la iglesia en conjunto, sino para cada uno de los creyentes. Estos todos como Juan reitera una y otra vez en la *Epístola*, son *nacidos de Dios*. Antes lo relacionó con la fe salvadora (v. 1). Los vencedores son, para el apóstol, todos los creyentes, quienes han nacido de nuevo. Por estar en Cristo son llevados en triunfo continuamente (2 Co. 2:14). La victoria no está en el esfuerzo del creyente, sino en el poder victorioso de Dios, que le es comunicado al nacer de nuevo, o lo que es igual, al nacer de Dios. El nuevo nacimiento introduce al creyente en una experiencia, no solo de libertad, sino de victoria (Col. 1:13).

Igualmente se concreta la esfera de la victoria: *"vence al mundo"*. La victoria es sobre el sistema del mundo, por tanto, sobre el maligno que lo dirige (2:13, 14; 4:4). El mundo ha sido vencido por Jesús, como Él mismo afirmó ante los discípulos (Jn. 16:33). Representan un aliento profundo las palabras de Jesús que anuncian Su victoria, ya que les dice: *"confiad"*. La victoria de Cristo es el triunfo del cristiano porque está vinculado vitalmente a Él (Ro. 8:37; 1 Jn. 4:4; 5:4; Ap. 12:11). Esta victoria sobre el mundo alcanza a la esfera de la concupiscencia que arrastra al pecado (2:16). Por medio de la Cruz el poder del mundo quedó anulado para el que cree (Gá. 6:14). Es necesario entender que Cristo derrotó totalmente al diablo y al mundo, venciendo sobre ellos en la Cruz (Ef. 4:8; Col. 2:15). El creyente, ahora en Cristo, es ya vencedor definitivo sobre el mundo.

καὶ αὕτη ἐστὶν ἡ νίκη ἡ νικήσασα τὸν κόσμον, ἡ πίστις ἡμῶν. La victoria sobre el mundo, que es de Cristo, se hace realidad en el creyente por la fe. El apóstol vincula la victoria a la fe y no ya al nuevo nacimiento, como antes. La relación aquí tiene que ver, primero, con la conversión de los creyentes que ocurre por la fe. También la fe es la base doctrinal en el sentido de creer quien es Jesús como Señor, Cristo, Hijo de Dios, Salvador del mundo (4:14-15). Esa fe se manifiesta en victorias concretas, como la derrota de los *anticristos* (4:3-4). La fe firme de los creyentes hizo que saliesen de la iglesia (2:19). Puntual o continua, la victoria de la fe es una realidad para el creyente sobre el mundo y sus cosas. Es el instrumento de victoria, que hace al creyente un vencedor porque lo une vitalmente a Cristo y en plena dependencia de Él, aferrándose a Su poder, descansando plenamente en Él en una entrega sin reserva. De ahí el consejo apostólico, no solo de Juan. Pablo exhorta a *armarse* del escudo de la fe (Ef. 6:16); Pedro exhorta a resistir firmes en ella (1 P. 5:8).

5. ¿Quién es el que vence al mundo, sino el que cree que Jesús es el Hijo de Dios?

Τίς δέ ἐστιν ὁ νικῶν τὸν κόσμον εἰ μὴ ὁ πιστεύων ὅτι ᾿Ιησοῦς
¿Y quien es el que vence al mundo si no el que cree que Jesús
ἐστιν ὁ Υἱὸς τοῦ Θεοῦ
es el Hijo - de Dios?

Notas y análisis del texto griego.

Análisis: Τίς, caso nominativo masculino singular del pronombre interrogativo *quién*; δέ, partícula conjuntiva que hace las veces de conjunción coordinante, con sentido de *pero, más bien, y, y por cierto, antes bien, entonces*; ἐστιν, tercera persona singular del presente de indicativo en voz activa del verbo εἰμί, *ser, estar*, aquí *es*; ὁ, caso nominativo masculino singular del artículo determinado *el*; νικῶν, caso nominativo masculino singular del participio presente en voz activa del verbo νικάω, *vencer*, aquí *que vence*; τὸν, caso acusativo masculino singular del artículo determinado declinado *al*; κόσμον, caso acusativo masculino singular del nombre común *mundo*; εἰ, conjunción *sí*; μὴ, partícula que hace funciones de adverbio de negación *no*; ὁ, caso nominativo masculino singular del artículo determinado *el*; πιστεύων, caso nominativo masculino singular del participio presente en voz activa del verbo πιστεύω, *creer*, aquí *que cree*; ὅτι, conjunción *que*; ᾿Ιησοῦς, caso nominativo masculino singular del nombre propio *Jesús*; ἐστιν, tercera persona singular del presente de indicativo en voz activa del verbo εἰμί, *ser, estar*, aquí *es*; ὁ, caso nominativo masculino singular del artículo determinado *el*; Υἱὸς, caso nominativo masculino singular del nombre divino *Hijo*; τοῦ, caso genitivo masculino singular del artículo determinado *el*; Θεοῦ, caso genitivo masculino singular del nombre divino declinado *de Dios*.

Τίς δέ ἐστιν ὁ νικῶν τὸν κόσμον. El apóstol hace una apelación a la realidad sobre la esfera victoriosa para la vida del creyente, formulándola mediante una pregunta que no es tanto retórica sino confirmativa de una realidad. Con ella reafirma la condición que debe concurrir en aquel que experimenta victoria en el mundo, y no sobre el mundo, que ya fue alcanzada por Cristo.

εἰ μὴ ὁ πιστεύων ὅτι Ἰησοῦς ἐστιν ὁ Υἱὸς τοῦ Θεοῦ. Este que vece al mundo es aquel que *"cree que Jesús es el Hijo de Dios"*. La frase completa podría expresarse también con otra puntuación de este modo: *¿Quién es el que vence al mundo? Todo aquel que cree que Jesús es el Hijo de Dios*. La experiencia de victoria es para quien se afirma en la ortodoxia de la fe en todo su contenido y, en especial, sobre la deidad de Cristo. La fe sola no vence al mundo, pero la fe en Jesús, el Hijo de Dios, permite gozar de Su triunfo. La verdad expresada es precisa y definitiva sólo vence quien está en Cristo, y sólo está en Cristo quien cree en Él como Hijo de Dios. El apóstol demanda al creyente para que se aparte de los *falsos maestros*, con sus falsas doctrinas que afectan a la verdad sobre quien es Jesucristo.

Es notable apreciar la insistencia de Juan sobre la identidad de Jesús, que no solo es el Maestro o incluso el Mesías, sino que es el Hijo de Dios, que como tal comparte la naturaleza divina (1:3, 7; 2:22-24; 3:8, 23; 4:9-10, 14, 15; 5:5, 9-13, 20). Sin fe en Cristo nadie puede experimentar victoria en el mundo. El ministerio llamado de auto-ayuda, o en ocasiones, los mensajes motivadores, pretenden dar victoria a la problemática del creyente desde su acción personal. Todo eso es del mundo, aunque se revista de apariencia piadosa, pero, el mundo no puede dar victoria sobre el mundo. La confianza en Cristo, es la única forma de ser vencedores en el mundo.

Permanencia en la verdad (5:6-12).

6. Éste es Jesucristo, que vino mediante agua y sangre; no mediante agua solamente, sino mediante agua y sangre. Y el Espíritu es el que da testimonio; porque el Espíritu es la verdad.

οὗτος ἐστιν ὁ ἐλθὼν δι' ὕδατος καὶ αἵματος[1],
Éste es el que vino mediante agua y sangre,
Ἰησοῦς Χριστός, οὐκ ἐν τῷ ὕδατι μόνον ἀλλ' ἐν τῷ ὕδατι καὶ
Jesucristo, no en el agua sólo, sino en el agua y
ἐν τῷ αἵματι[2]· καὶ τὸ Πνεῦμα ἐστιν τὸ μαρτυροῦν, ὅτι τὸ
en la sangre. Y el Espíritu es el que testifica, porque el
Πνεῦμα ἐστιν ἡ ἀλήθεια.
Espíritu es la verdad.

Análisis y notas del texto griego.

Análisis: οὗτος, caso nominativo masculino singular del pronombre demostrativo *éste*; ἐστιν, tercera persona singular del presente de indicativo en voz activa del verbo εἰμί, *ser, estar*, aquí *es*; ὁ, caso nominativo masculino singular del artículo determinado *el*; ἐλθὼν, caso nominativo masculino singular del participio del segundo aoristo en voz activa del verbo ἔχομαι, *venir*, aquí *que vino*; δι', forma contracta de la preposición propia de genitivo διά, *por, por medio de, a causa de, mediante*; ὕδατος, caso genitivo neutro singular del nombre común *agua*; καὶ, conjunción copulativa *y*; αἵματος, caso genitivo neutro singular del nombre común *sangre*; Ἰησοῦς, caso nominativo masculino singular del nombre propio *Jesús*; Χριστός, caso nominativo masculino singular del nombre propio *Cristo*; οὐκ, forma escrita del adverbio de negación *no*, con el grafismo propio ante una vocal con espíritu suave o una enclítica; ἐν, preposición propia de dativo *en*; τῷ, caso dativo neutro singular del artículo determinado *el*; ὕδατι, caso dativo neutro singular del nombre común *agua*; μόνον, adverbio de modo *sólo, solamente*; ἀλλ', forma escrita ante vocal de la conjunción adversativa ἀλλά que significa *pero, sino*; ἐν, preposición de dativo *en*; τῷ caso dativo neutro singular del artículo determinado *el*; ὕδατι, caso dativo neutro singular del nombre común *agua*; καὶ, conjunción copulativa *y*; ἐν, preposición propia de dativo *en*; τῷ, caso dativo neutro singular del artículo determinado *el*; αἵματι, caso dativo neutro singular del nombre propio *sangre*; καὶ, conjunción copulativa *y*; τὸ, caso nominativo neutro singular del artículo determinado *el*; Πνεῦμα, caso nominativo neutro singular del nombre divino *Espíritu*; ἐστιν, tercera persona singular del presente de indicativo en voz activa del verbo εἰμί, *ser, estar*, aquí *es*; τὸ, caso nominativo neutro singular del artículo determinado *el*; μαρτυροῦν, caso nominativo neutro singular de participio presente en voz activa del verbo μαρτυρέω, *dar testimonio, testificar*, aquí *que testifica*; ὅτι, conjunción causal *porque*; τὸ, caso nominativo neutro singular del artículo determinado *el*; Πνεῦμα, caso nominativo neutro singular del nombre divino *Espíritu*; ἐστιν, tercera persona singular del presente de indicativo en voz activa del verbo εἰμί, *ser, estar*, aquí *es*; ἡ, caso nominativo femenino singular del artículo determinado *la*; ἀλήθεια, caso nominativo femenino singular del nombre común *verdad*.

Notas. Crítica Textual. Lecturas alternativas.

[1] ὕδατος καὶ αἵματος, *agua y sangre*, lectura atestiguada en B, Ψ, 642, 1175, 1739*, 1881, Byz, r, vg, sy^{p}, cv^{vid}, Tertuliano; Clemente^{lat}.

αἵματος καὶ πνεύματος, *sangre y espíritu*, lectura en ℵ, A, 33^{vid}, 307, 436, 1448, 1611, 1735, 1739^{c}, sy^{h}, sa^{mss}, bo.

πνεύματος καὶ αἵματος, *espíritu y sangre*, según P, 5, 81, 442, 1243, 1852, vg^{mss}.

[2] ὕδατι καὶ ἐν τῷ αἵματι, *agua y en la sangre*, según lectura en B, Ψ, 5, 33, 307, 1175, 1611, 1852, 2344, bo.

τῷ αἵματι καὶ ἐν τῷ ὕδατι, *en la sangre y en el agua*, como se lee en P, 1243, 1739*, 1881.

ὕδατι καὶ ἐν τῷ πνεύματι, *agua y en el espíritu*, lectura en A, 1735.

αἵματι καὶ ἐν τῷ ὕδατι καὶ πνεύματι, *sangre y en agua y espíritu*, según 1739[c].

οὗτος ἐστιν ὁ ἐλθών. En el versículo anterior Juan se refirió a Jesús como el que vence al mundo y como el Hijo de Dios. Aquí entra la *Epístola* en un párrafo complejo y en el que hay una referencia que no está en el texto griego, como se verá en su lugar. Con todo, no cabe duda de la dificultad interpretativa de este texto.

El pronombre demostrativo *éste*, acompañado más adelante del título *Jesucristo*, expresa definitivamente el objeto de la fe cristiana. Cristo, ha sido afirmado por Juan en muchos lugares, no solo en la *Epístola*, es el enviado del Padre. Esta es una verdad fundamental de la *Cristología*. No solo de este apóstol, sino también de Pablo, cuando enseña que *"cuando vino el cumplimiento del tiempo, Dios envió a su Hijo, nacido de mujer y nacido bajo la ley"* (Gá. 4:4). El maestro de Israel, Nicodemo, expresó la convicción de que Jesús era el *"enviado de Dios como maestro"* (Jn. 3:2). En el envío del Hijo no existe ninguna dificultad. Este Cristo de Dios, es Jesús, en quien subsisten deidad y humanidad en dos naturalezas, inseparables de la Persona Divina, pero absolutamente distintas, sin mezcla alguna entre ellas. Esta afirmación de Juan: *"vino"*, relaciona a Jesús con la realidad del Verbo eterno encarnado (Jn. 1:14). Tal situación o manifestación de Dios-hombre, incluye la idea de misión, como enviado por el Padre para ser el Salvador del mundo (4:14). El apóstol desea puntualizar que Jesús es el Cristo, el Hijo de Dios, y siempre lo fue. Esto contradice la enseñanza gnóstica de que Jesús fue investido del Cristo celestial solo después del bautismo y que lo abandonó antes de morir en la Cruz.

δι' ὕδατος καὶ αἵματος, El Hijo de Dios vino *"mediante agua y sangre"*. La preposición διά, construida en genitivo tiene tres posibles acepciones: a) *Por, a través de*, que indica un movimiento. b) *Con*, cuando se refiere a circunstancias que acompañan una acción. c) *Mediante* o *por medio de*, que señala al instrumento por el que se lleva a cabo la acción.

En base a estas tres acepciones de la preposición se establecen tres interpretaciones:

a) En la primera de ellas, el agua representaría el bautismo de Cristo y la sangre, la Cena del Señor. Esta es la opinión de algunos reformadores, entre ellos Lutero y Calvino. El problema es que la sangre no puede representar la Cena del Señor, porque no se especifica en ningún lugar del Nuevo Testamento. Esta interpretación representaría al Señor viniendo ***en*** lo que se considera como sacramentos, el bautismo y la Cena. El verbo venir, en aoristo indica una acción realizada, literalmente *vino* y no permite traducirlo como gerundio *viniendo*, que exigiría esta interpretación.

b) Una segunda forma de entenderlo, es considerando la preposición como equivalente a ***con***, es decir, vino *con agua y sangre*. Estos intérpretes entienden que el significado del agua y la sangre tiene que ver con lo que fluyó del costado de Cristo, a causa del lanzazo del soldado romano luego de Su muerte en la Cruz (Jn. 19:34). Tal es el pensamiento de los más alegoristas, como ocurre con Agustín de Hipona. Esta interpretación tampoco satisface la razón por la que Jesucristo *vino.*

c) La tercera vía interpretativa es, a mi parecer, la más concordante con la Escritura y se establece tomando el sentido de la preposición como *mediante*, o *por medio de*. El agua se refiere al bautismo y la sangre a la muerte de Cruz. Cuando Jesús fue bautizado en el Jordán, era el Cristo, el Hijo de Dios, y no llegó a ser entonces, sino que vino al mundo siendo eternamente de esa condición. El Padre testificó entonces de Su condición de Hijo amado, es decir el Hijo Unigénito (Mt. 3:17; Lc. 3:22). De otro modo, quien estaba en el agua, Jesús de Nazaret, era el Hijo de Dios, el Cristo de Dios. La identidad de Jesús como hombre no puede desvincularse, en ningún momento de Su deidad, Jesús siendo hombre no deja de ser el eterno Hijo de Dios. La humanidad subsistente en Su persona divina, es una de las dos naturalezas de Su Persona. Pero, cuando derramó Su sangre sobre la Cruz, el crucificado era el Cristo, el Hijo de Dios, que daba Su vida para lo que había sido enviado, por medio de Su humanidad. El valor infinito del sacrifico de la Cruz, consiste en el hecho de ser Dios-hombre, el *enviado del Padre*, que ponía Su vida, derramando Su sangre, en Su naturaleza humana, que adquiere tal valor por ser la naturaleza humana del Verbo eterno encarnado. Jesús demostró que era el Cristo de Dios al derramar Su alma hasta la muerte y muerte de Cruz (Fil. 2:6-8). En la Cruz, el Señor gustó la muerte en toda la extensión y dimensión de la palabra, tanto la física como la espiritual, para ser el sustituto de todos los creyentes y el salvador de todos los hombres (He. 2:9). Negar el proceso de salvación, la misión redentora por la que el Hijo eterno fue enviado al mundo, es negar la deidad de Jesucristo, de modo que quien la niega no tiene salvación en Cristo. Como escribe John Stott, *"Si el hijo de Dios no tomó nuestra naturaleza al nacer y nuestros pecados al morir, no puede reconciliarnos con Dios"*[4].

---

[4] John Stott. o. c., pág. 194.

Ἰησοῦς Χριστός, Este enviado del Padre que vino de este modo al mundo es identificado por Juan como *Jesucristo*. Nadie puede dudar a quién se está refiriendo, a Jesús de Nazaret, el Cristo de Dios.

οὐκ ἐν τῷ ὕδατι μόνον ἀλλ' ἐν τῷ ὕδατι καὶ ἐν τῷ αἵματι· Juan reitera la verdad que acaba de decir: *"no mediante agua solamente, sino mediante agua y sangre"*. No es solo uno de los dos aspectos lo que debe aceptarse, sino ambos, porque los dos constituyen la verdad que el apóstol desea marcar en el texto. La importancia de los dos acontecimientos en la vida de Jesús es capital: El bautismo y la muerte son las dos partes del paréntesis terrenal del Hijo de Dios que vino al mundo, no para reinar, ni para ofrecer el reino prometido a Israel, sino para morir por los pecadores en la Cruz. La misión para la que fue enviado al mundo fue salvadora, la del reino en la tierra tendrá lugar en Su Segunda Venida. Esta verdad combate el error de Cerinto, que distinguió entre el Jesús humano y el Cristo, negando el nacimiento sobrenatural de Jesús, haciéndolo simplemente hijo humano de José y María, y distinguiéndolo de Cristo, que descendió sobre Él en el bautismo y lo dejó de nuevo en Su crucifixión.

καὶ τὸ πνεῦμα ἐστιν τὸ μαρτυροῦν, Juan se refiere al testimonio del Espíritu, afirmando que Él *"da testimonio"*. El verbo para *testimonio* está en participio presente, lo que hace entender que está dando ahora testimonio de hechos ocurridos con Jesucristo, como el Señor había anunciado (Jn. 15:26). El Espíritu está en la unidad divina trinitaria, eternamente vinculado al Padre y al Hijo. En el tiempo del ministerio terrenal de Jesús, junto con el Padre, testifican de la verdad sobre Él. El Espíritu es testigo de Su concepción sobrenatural (Mt. 1:20; Lc. 1:35; 2:25-32); testigo también de Su bautismo (Mt. 3:16; Lc. 3:22); testigo en Su tentación (Mt. 4:1); testigo en Su enseñanza (Jn. 6:63); testigo de Sus milagros, hechos en el poder del Espíritu (Mt. 12:28); testigo también de Su muerte (He. 9:14). El Espíritu da testimonio con los apóstoles en la proclamación del evangelio (Hch. 5:32). La Tercera Persona de la Deidad, da testimonio a los creyentes individualmente y a la iglesia entera. Este testimonio lo da *subjetivamente*, abriendo los ojos del corazón para que el creyente comprenda quien es Jesús (1 Co. 12:3), y también *cognoscitivamente*, capacitando para conocer todas las cosas referentes a Jesucristo (2:20-27; 4:1-6).

ὅτι τὸ Πνεῦμα ἐστιν ἡ ἀλήθεια. La seguridad del testimonio del Espíritu es definitivamente firme, porque el *"Espíritu es verdad"*. Él no solo posee la verdad, sino que es Verdad en Sí mismo. Jesús dijo de Él que es la verdad (Jn. 14:6). Al Espíritu Santo, Su Vicario le corresponde el mismo título. Cristo le llamó *Espíritu de verdad* (Jn. 15:26; 16:13). Juan se refirió antes a Él con este título (4:6). El Espíritu impulsa a los escritores bíblicos a hacerlo sin error alguno sobre la Persona de Jesucristo (2 P. 1:21). El Espíritu Santo inspira las verdades escritas por los apóstoles en el Nuevo Testamento, como parte integrante de la Escritura, por tanto, todo lo escrito en las *Epístolas*, los *Evangelios* y *Apocalipsis*, tiene la autoridad divina y la inerrancia bíblica, así que el testimonio dado por el apóstol relativo al del Espíritu es una verdad absoluta (2 Ti. 3:16),

7. Porque tres son los que dan testimonio [en el cielo: el Padre, el Verbo y el Espíritu Santo; y estos tres son uno].

ὅτι τρεῖς εἰσιν οἱ μαρτυροῦντες,
Porque tres son los que testifican.

Análisis y notas del texto griego.

Análisis: ὅτι, conjunción causal *porque*; τρεῖς, caso nominativo masculino plural del adjetivo numeral cardinal *tres*; εἰσιν, tercera persona plural del presente de indicativo en voz activa del verbo εἰμί, *ser, estar*, aquí *son*; οἱ, caso nominativo masculino plural del artículo determinado *los*; μαρτυροῦντες, caso nominativo masculino plural del participio de presente en voz activa del verbo μαρτυρέω, *testificar, dar testimonio*, aquí *que testifican.*

Notas. Crítica Textual. Lecturas alternativas.

in terra, spiritus et aqua et sanguis et tres sunt, qui testimonium dicunt in caelo, pater, verbum et spiritus, et hi tres unum sunt, *in la tierra, espíritu y agua y sangre, y tres son que dan testimonio en el cielo, Padre, Verbo y Espíritu, y los tres son uno*, lectura en vg[mss].

ἐν τό ουρανῷ ὁ πάτερ ὁ λόγος καὶ τό ἅγιον πνεῦμα καὶ οὗτοι οἱ τρεῖς ἕν εἰσιν καὶ τρεῖς εἰσιν οἱ μαρτυρõντες ἐν τῇ γῇ τό πνεύμα καὶ τό ὕδωρ καὶ τό ἆιμα καὶ οἱ τρεῖς εις τό ἕν εἰσιν, *en el cielo el Padre, el Verbo y el Santo Espíritu y estos los tres uno son; y tres son los que testifican en la tierra, el Espíritu y el agua y la sangre y los tres en uno son*, según se lee en 88[vl], 221[vl], 2318, 2473, vg[cl].

ὅτι τρεῖς εἰσιν οἱ μαρτυροῦντες, En los textos griegos sólo aparece esta frase, el resto ha sido trasladado desde la Vulgata, y aparece en cuatro mss. griegos de mínima importancia, por lo que no se tiene en consideración en este comentario[5]. De manera que el versículo debe terminar con la última palabra recogida en el texto griego, el resto es una

[5] Ver *Excursus 1.*

glosa de algún copista que por alguna razón se introdujo en el texto griego. Sobre lo que siguen en algunas versiones escribe John Stott:

"Las palabras no aparecen en ningún mss. griego, versión o cita anteriores al siglo XV. Aparecen por primera vez en un oscuro manuscrito latino del siglo IV y se abrieron camino en nuestras versiones más antiguas porque Erasmo las introdujo con renuencia en la tercera edición de su texto. La VM introduce las palabras entre corchetes: La HI y la BJ las menciona en notas al pie. Algún escriba escrupuloso, impresionado por el triple testimonio del v. 8, debe haber pensado en la Trinidad, sugiriendo así que también en el cielo había un testimonio triple"[6].

Juan enseña que hay *tres testificantes*. Esto tenía una gran importancia para los judíos, puesto que el testimonio que tenía validez en un juicio, especialmente cuando se trataba de un asunto que podía traer como resultado una condena a muerte, tenía que ser concordante con dos o tres testigos, lo que daba un hecho por verdadero (Dt. 17:6; 19:15; Jn. 8:17-18).

8. [Y tres son los que dan testimonio en la tierra] **El Espíritu, el agua y la sangre; y estos tres concuerdan.**

τὸ Πνεῦμα καὶ τὸ ὕδωρ καὶ τὸ αἷμα, καὶ οἱ τρεῖς εἰς τὸ ἕν εἰσιν.
El Espíritu y el agua y la sangre, y los tres hacia uno son.

Análisis y notas del texto griego.

Análisis: τὸ, caso nominativo neutro singular del artículo determinado *el*; Πνεῦμα, caso nominativo neutro singular del nombre divino *Espíritu*; καὶ, conjunción copulativa *y*; τὸ, caso nominativo neutro singular del artículo determinado *el*; ὕδωρ, caso nominativo neutro singular del nombre común *agua*; καὶ, conjunción copulativa *y*; τὸ, caso nominativo neutro singular del artículo determinado *el*; αἷμα, caso nominativo neutro singular del nombre común *sangre*; καὶ, conjunción copulativa *y*; οἱ, caso nominativo masculino singular del artículo determinado *los*; τρεῖς, caso nominativo masculino singular del adjetivo numeral cardinal *tres*; εἰς, preposición propia de acusativo *a, hacia*; τὸ, caso acusativo neutro singular del artículo determinado *lo*; ἕν, caso acusativo neutro singular del adjetivo numeral cardinal *uno*; εἰσιν, tercera persona plural del presente de indicativo en voz activa del verbo εἰμί, *ser, estar*, aquí *son*.

Notas. Crítica Textual. Lecturas alternativas.

Ver la nota en el versículo anterior.

[6] John Stott. o. c., pág. 195 s.

τὸ Πνεῦμα καὶ τὸ ὕδωρ καὶ τὸ αἷμα, καὶ οἱ τρεῖς εἰς τὸ ἕν εἰσιν. Los testigos se enumeran como *el Espíritu, el agua y la sangre*. Estos tres testifican, como se ha considerado anteriormente, sobre quien es realmente Jesucristo, haciendo notar Su filiación divina.

Es interesante notar que mientras los testificantes son de género neutro, al mencionarlos Juan usa el artículo masculino (v. 7). Debe considerarse aquí que el Espíritu se trata y conceptúa como una persona, que personifica a los otros dos, de ahí el cambio de neutro a masculino. Ya que, como se comentó antes (v. 6), el agua simboliza el bautismo de Jesús, y la sangre a la muerte de Cruz, pero, el que da testimonio en todos los casos es el Espíritu. Sin embargo, los tres elementos impersonales son llamados en la Biblia *testimonio*. Los tres testificantes concuerdan, literalmente se lee *hacia uno son*, o *hacia uno están*. En la acusación al Señor ante el sanedrín, se presentaron varios testigos cuyos testimonios no concordaban, por lo que se invalidaban como tal (Mr. 14:56, 59). El Espíritu hace válido el testimonio ocurrido en las ocasiones mencionadas de la vida de Cristo, Su bautismo y Su muerte. Pero, no debe olvidarse que el Espíritu es el único testigo de los tres que es vivo y activo. Los tres testificantes ponen de manifiesto que Jesús, el Cristo, es el Hijo de Dios y es Dios en la unidad de la Santísima Trinidad.

Al igual que la frase final del versículo anterior, la primera de éste no está en el texto griego y sin duda se debe al deseo de recordar a los lectores que también tres son los que dan testimonio en el cielo.

9. Si recibimos el testimonio de los hombres, mayor es el testimonio de Dios; porque éste es el testimonio con que Dios ha testificado acerca de su Hijo.

εἰ τὴν μαρτυρίαν τῶν ἀνθρώπων λαμβάνομεν, ἡ μαρτυρία τοῦ
Si el testimonio de los hombres recibimos, el testimonio -
Θεοῦ μείζων ἐστίν· ὅτι αὕτη ἐστὶν ἡ μαρτυρία τοῦ Θεοῦ ὅτι
De Dios mayor es; porque este es el testimonio - de Dios que
μεμαρτύρηκεν περὶ τοῦ Υἱοῦ αὐτοῦ.
ha testificado acerca del Hijo de Él.

Notas y análisis del texto griego.

Análisis: εἰ, conjunción *si*; τὴν, caso acusativo femenino singular del artículo determinado *la*; μαρτυρίαν, caso acusativo femenino singular del nombre común *testimonio*; τῶν, caso genitivo masculino plural del artículo definido declinado *de los*; ἀνθρώπων, caso genitivo masculino plural del nombre común *hombres*; λαμβάνομεν, primera persona plural del presente de indicativo en voz activa del verbo λαμβάνω, *recibir*, aquí *recibimos*; ἡ, caso nominativo femenino singular del artículo determinado *la*; μαρτυρία, caso nominativo femenino singular del nombre común *testimonio*; τοῦ, caso genitivo masculino singular del artículo determinado *el*; Θεοῦ, caso genitivo masculino singular del nombre divino declinado *de Dios*; μείζων, caso nominativo femenino singular del adjetivo comparativo *mayor*; ἐστίν, tercera persona singular del presente de indicativo en voz activa del verbo εἰμί, *ser, estar*, aquí *es*; ὅτι, conjunción causal *porque*; αὕτη, caso nominativo femenino singular del pronombre demostrativo *ésta*; ἐστὶν, tercera persona singular del presente de indicativo en voz activa del verbo εἰμί, *ser, estar*, aquí *es*; ἡ, caso nominativo femenino singular del artículo determinado *la*; μαρτυρία, caso nominativo femenino singular del nombre común *testimonio*; τοῦ, caso genitivo masculino singular del artículo determinado *el*; Θεοῦ, caso genitivo masculino singular del nombre divino declinado *de Dios*; ὅτι, conjunción *que*; μεμαρτύρηκεν, tercera persona singular del perfecto de indicativo en voz activa del verbo μαρτυρέω, *testificar, dar testimonio*, aquí *ha testificado*; περὶ, preposición propia de genitivo *acerca de*; τοῦ, caso genitivo masculino singular del artículo determinado *el*; Υἱοῦ, caso genitivo masculino singular del nombre divino *Hijo*; αὐτοῦ, caso genitivo masculino de la tercera persona singular del pronombre personal declinado *de Él*.

εἰ τὴν μαρτυρίαν τῶν ἀνθρώπων λαμβάνομεν. Avanzando en el razonamiento sobre el testimonio acerca de Jesús, viene a una consecuencia lógica, sobre la aceptación del testimonio humano. El testimonio de los hombres, cuando además es concordante en lo que testifican, se acepta como verdad de un hecho. En ese sentido, podría aplicarse al testimonio apostólico, ya que todos concuerdan en lo que testifican sobre Jesucristo y Su obra.

ἡ μαρτυρία τοῦ Θεοῦ μείζων ἐστίν. Sin embargo, aun concordando, los hombres tienen una visión limitada de las cosas y su testimonio puede ser incorrecto por la subjetividad propia de la mente humana. Pero, no es así con el testimonio de Dios que, siendo Verdad absoluta, todo cuando expresa en relación con algo o con alguien, no puede sino ser verdad. En ese sentido el testimonio divino es infinitamente más creíble que el relativo de los hombres. De manera que si aceptamos el testimonio de los hombres mucho más hemos de aceptar el de Dios.

ὅτι αὕτη ἐστὶν ἡ μαρτυρία τοῦ Θεοῦ ὅτι μεμαρτύρηκεν περὶ τοῦ Υἱοῦ αὐτοῦ. Jesús habló del testimonio divino acerca de Él, y se refirió a él como un testimonio mayor que el que Juan el Bautista había dado de Él (Jn. 5:36). En relación con el *testimonio de Dios*, se han hecho distintas proposiciones, sin embargo, se aprecia que mientras el de los testigos a los que se refirió antes está en presente, el de Dios está en pasado, lo que quiere decir que es algo que se ha producido y del que son testigos los que lo están recordando y testifican en el tiempo presente. Es una referencia al testimonio histórico que dio el Padre acerca de Su Hijo

Jesucristo, el del bautismo (Mt. 3:16, 17) y del Monte de la Transfiguración (Mt. 17:5). Además, podían añadir el testimonio declarativo por medio de la resurrección (Hch. 13:33).

10. El que cree en el Hijo de Dios, tiene el testimonio en sí mismo; el que no cree a Dios, le ha hecho mentiroso, porque no ha creído en el testimonio que Dios ha dado acerca de su Hijo.

ὁ πιστεύων εἰς τὸν Υἱὸν τοῦ Θεοῦ ἔχει τὴν μαρτυρίαν[1] ἐν ἑαυτῷ,
El que cree en el Hijo - de Dios tiene el testimonio en él mismo
ὁ μὴ πιστεύων τῷ Θεῷ ψεύστην πεποίηκεν αὐτόν, ὅτι οὐ
el que no cree - a Dios, mentiroso ha hecho le porque no
πεπίστευκεν εἰς τὴν μαρτυρίαν ἣν μεμαρτύρηκεν ὁ Θεὸς
ha creído al testimonio que ha testificado - Dios
περὶ τοῦ Υἱοῦ αὐτοῦ.
acerca del Hijo de Él.

Análisis y notas del texto griego.

Análisis: ὁ, caso nominativo masculino singular del artículo determinado *el*; πιστεύων, caso nominativo masculino singular del participio de presente en voz activa del verbo πιστέω, *creer*, aquí *que cree*; εἰς, preposición propia de acusativo *a, en*; τὸν, caso acusativo masculino singular del artículo determinado *el*; Υἱὸν, caso acusativo masculino singular del nombre divino *Hijo*; τοῦ, caso genitivo masculino singular del artículo determinado *el*; Θεοῦ, caso genitivo masculino singular del nombre divino declinado *de Dios*; ἔχει, tercera persona singular del presente de indicativo en voz activa del verbo ἔχω, *tener, poseer*, aquí *tiene*; τὴν, caso acusativo femenino singular del artículo determinado *la*; μαρτυρίαν, caso acusativo femenino singular del nombre común *testimonio*; ἐν, preposición propia de dativo *en*; ἑαυτῷ, caso dativo masculino de la tercera persona singular del pronombre personal del pronombre reflexión *él mismo*; ὁ, caso nominativo masculino singular del artículo determinado *el*; μὴ, partícula que hace funciones de adverbio de negación *no*; πιστεύων, caso nominativo masculino singular del participio presente en voz activa del verbo πιστεύω, *creer*, aquí *que cree*; τῷ, caso dativo masculino singular del artículo determinado *el*; Θεῷ, caso dativo masculino singular del nombre divino declinado *a Dios*; ψεύστην, caso acusativo masculino singular del nombre común *mentiroso*; πεποίηκεν, tercera persona singular del presente de indicativo en voz activa del verbo tercera persona singular del presente de indicativo en voz activa del verbo ποιέω, *hacer*, aquí *hace*; αὐτόν, caso acusativo masculino de la tercera persona singular del pronombre personal declinado *a Él, le*; ὅτι, conjunción causal *porque*; οὐ, adverbio de negación *no*; πεπίστευκεν, tercera persona singular del perfecto de indicativo en voz activa del verbo πιστεύω, *creer*, aquí *ha creído*; εἰς, preposición propia de acusativo *a*; τὴν, caso acusativo femenino singular del artículo determinado *la*; μαρτυρίαν, caso acusativo femenino singular del nombre común *testimonio*; ἣν, caso acusativo femenino singular del pronombre relativo *la que, la cual, que*; μεμαρτύρηκεν, tercera persona singular del perfecto de indicativo en voz activa del verbo μαρτυρέω, *testificar, dar testimonio*, aquí *ha testificado*; ὁ, caso nominativo masculino singular del artículo determinado *el*; Θεὸς, caso nominativo masculino singular del nombre divino *Dios*; περὶ, preposición propia de genitivo *de, acerca de*; τοῦ, caso genitivo masculino singular del artículo determinado *el*; Υἱοῦ, caso genitivo masculino singular del nombre divino *Hijo*; αὐτοῦ, caso genitivo masculino de la tercera persona singular del pronombre personal declinado *de Él*.

Notas. Crítica Textual. Lecturas alternativas.

[1] τὴν μαρτυρίαν, *el testimonio*, lectura atestiguada en A, B, P, 81, 307, 436, 442, 642, 1175, 1448, 1735, 1852, 1881*, 2344, Byz[pt].

τὴν μαρτυρίαν τοῦ Θεοῦ, *el testimonio de Dios*, lectura en 𝔓[74vid], A, 5, 81, 436, 642, 1735, 2344, latt, bo.

ὁ πιστεύων εἰς τὸν Υἱὸν τοῦ Θεοῦ ἔχει τὴν μαρτυρίαν ἐν ἑαυτῷ, Aceptar o rechazar el testimonio de Dios, tiene consecuencias. Quienes lo aceptan, son los que *creen en el Hijo*, por tanto, *tienen el testimonio en sí mismos*. El testimonio divino involucra la salvación o perdición del hombre en su aceptación o rechazo de la verdad. Esta aceptación divide a los hombres en dos grupos, los que creen y los que rechazan. Creer en el Hijo es aceptar el testimonio de Su deidad, dado por el Padre. Tener el testimonio en sí equivale a atesorarlo en su corazón y hacerlo suyo, como verdad de fe. Debe extenderse también al testimonio que el Espíritu Santo, como Dios, da al creyente que lo posee por haber creído en Cristo (Ro. 8:16; Gá. 4:6). El Espíritu Santo le conduce a toda verdad sobre Jesucristo (2:20, 27).

ὁ μὴ πιστεύων τῷ Θεῷ ψεύστην πεποίηκεν αὐτόν, Si la consecuencia de la fe produce bendición, no ocurre así con quienes rechazan el testimonio de Dios. El primer grave problema consiste en negar lo que Él testifica, por tanto, si afirma que algo es conforme a Su testimonio y alguien niega esa verdad, le hace *mentiroso*, porque es lo mismo que considerar el testimonio falso y a Dios como mentiroso. Como escribe John Stott: *"La incredulidad no es una desventura que debe suscitar compasión: es un pecado que debe deplorarse"*[7]. El que niega el testimonio de Dios, no está negando una revelación *subjetiva*, sino que es *objetiva*, procedente de Dios y asimilada por la fe. No se trata de un testimonio interno, sino de uno externo que se interioriza y apropia por el que cree en el testimonio Suyo.

[7] John Stott. o. c., pág. 197.

ὅτι οὐ πεπίστευκεν εἰς τὴν μαρτυρίαν ἣν μεμαρτύρηκεν ὁ Θεὸς περὶ τοῦ Υἱοῦ αὐτοῦ. Un segundo problema que surge de la incredulidad es que quien no cree se constituye en un *rebelde* contra Dios, ya que no acepta el testimonio y desprecia la invitación divina que demanda fe en el Hijo de Dios. El apóstol utiliza aquí un pretérito perfecto en el verbo, que da idea de un acto de incredulidad ocurrido en el pasado y que persiste en el presente. El rechazo a la palabra de Dios es un pecado deliberado que conduce a la condenación, al rehusar el único modo de salvación (Jn. 3:18). Rechazar el testimonio sobre la deidad de Cristo, es rechazar a Dios. Ya consideró el apóstol esto mismo al comienzo de la *Epístola*, porque contra el testimonio que Dios da de que todo hombre es pecador, algunos se atreven a decir: *No hemos pecado*, lo que pone de manifiesto que no han creído en el testimonio de Dios (1:10). Rechazar el testimonio de Dios sobre Su Hijo, es situarse en un estado de condenación eterna.

11. Y éste es el testimonio: que Dios nos ha dado vida eterna; y esta vida está en su Hijo.

Καὶ αὕτη ἐστὶν ἡ μαρτυρία, ὅτι ζωὴν αἰώνιον ἔδωκεν ἡμῖν ὁ
Y este es el testimonio, que vida eterna dio nos -
Θεός, καὶ αὕτη ἡ ζωὴ ἐν τῷ Υἱῷ αὐτοῦ ἐστιν.
Dios, y esta la vida en el Hijo de Él es.

Análisis y notas del texto griego.

Análisis: Καὶ, conjunción copulativa *y*; αὕτη, caso nominativo femenino singular del pronombre demostrativo *esta*; ἐστὶν, tercera persona singular del presente de indicativo en voz activa del verbo εἰμί, *ser, estar*, aquí *es*; ἡ, caso nominativo femenino singular del artículo determinado *la*; μαρτυρία, caso nominativo femenino singular del nombre común *testimonio*; ὅτι, conjunción *que*; ζωὴν, caso acusativo femenino singular del nombre común *vida*; αἰώνιον, caso acusativo femenino singular del adjetivo *eterna*; ἔδωκεν, tercera persona singular del aoristo primero de indicativo en voz activa del verbo δίδωμι, *dar, entregar*, aquí *dio*; ἡμῖν, caso dativo de la primera persona plural del pronombre personal declinado *a nosotros, nos*; ὁ, caso nominativo masculino singular del artículo determinado *el*; Θεός, caso nominativo masculino singular del nombre divino *Dios*; καὶ, conjunción copulativa *y*; αὕτη, caso nominativo femenino singular del pronombre demostrativo *esta*; ἡ, caso nominativo femenino singular del artículo determinado *la*; ζωὴ, caso nominativo femenino singular del nombre común *vida*; ἐν, preposición propia de dativo *en*; τῷ, caso dativo masculino singular del artículo determinado *el*; Υἱῷ, caso dativo masculino singular del nombre divino *Hijo*; αὐτοῦ, caso genitivo masculino de la tercera persona singular del pronombre personal declinado *de él*; ἐστιν, tercera persona singular del presente de indicativo en voz activa del verbo εἰμί, *ser, estar*, aquí *es*.

Καὶ αὕτη ἐστὶν ἡ μαρτυρία, El testimonio de Dios, aceptado por el hombre, causa efectos concretos. Juan recuerda de lo que se trata. *"Y este es el testimonio"*. Posiblemente el resumen de todo lo testificado, pero tal vez mejor, aplicado a lo que sigue. No está pensando en el testimonio que ya expresó, sino en las consecuencias de este en la vida del que lo recibió.

ὅτι ζωὴν αἰώνιον ἔδωκεν ἡμῖν ὁ Θεός, Dios da al que cree en el testimonio Suyo acerca de Su Hijo, o de otro modo, al que cree en el Hijo, le otorga la vida eterna: *"Dios nos ha dado vida eterna"*. El don de Dios no está reservado para algunos, sino para todos los creyentes, entre los que se incluye el apóstol ya que dice *"nos ha dado"*. Lo que se dio a los creyentes es, como se dijo, la vida eterna. Como se consideró en su momento, la vida eterna es privativa y potestativa de Dios, ya que sólo Él es eterno, por tanto, el que cree en el Hijo, entra en contacto vivencial con Dios y, por medio del mismo Hijo, es hecho partícipe de la *"naturaleza divina"* (2 P. 1:4). Se trata de un conocimiento experimental que une al creyente con el Padre y con el Hijo (Jn. 17:3). Nótese que la vida eterna *se da*, no como algo merecido, sino como don de la gracia (Ef. 2:8-9). Es un don para el presente y no sólo una esperanza para el futuro; no es prometida sino dada. Se promete para el que cree y se hace efectiva en todo aquel que ha creído (2:25; Jn. 3:16).

καὶ αὕτη ἡ ζωὴ ἐν τῷ Υἱῷ αὐτοῦ ἐστιν. El Hijo es el comunicador de la vida eterna, ya que *"esta vida está en el Hijo"*. La vida eterna tiene su fuente y asiento en el Hijo (Jn. 1:4). De manera que quien tiene al Hijo tiene también la vida. El apóstol Pedro, llamó a Cristo *"el Autor de la vida"*. No hay otro modo de llegar a poseer la vida eterna que teniendo al Autor de la vida viviendo en la intimidad de la persona. Pero, esto exige aceptar el testimonio que Dios da de Jesús, como Su Hijo y Salvador. No se llega a la seguridad de salvación por cualquier camino que el hombre proponga. Es más, lamentablemente hay un concepto no bíblico que afirma que todo el que con deseo personal y en honestidad siga el camino religioso que le parezca mejor, al final ese camino le lleva a Dios. Sin embargo, la Biblia enseña que solo hay un camino y ese camino es Cristo (Jn. 14:6). Todavía más, *"hay camino que al hombre le parece derecho; pero su fin es camino de muerte"* (Pr. 14:12). El Padre envió al Hijo para que el pecador crea y viva por Él (4:9).

12. El que tiene al Hijo, tiene la vida; el que no tiene al Hijo de Dios no tiene la vida.

ὁ ἔχων τὸν Υἱὸν ἔχει τὴν ζωήν· ὁ μὴ ἔχων τὸν Υἱὸν τοῦ Θεοῦ
El que tiene al Hijo tiene la vida; el que no tiene al Hijo - de Dios
τὴν ζωὴν οὐκ ἔχει.
la vida no tiene.

Análisis y notas del texto griego.

Análisis: ὁ, caso nominativo masculino singular del artículo determinado *el*; ἔχων, caso nominativo masculino singular del participio presente en voz activa del verbo ἔχω, *tener*, aquí *que tiene*; τὸν, caso acusativo masculino singular del artículo determinado declinado *al*; Υἱὸν, caso acusativo masculino singular del nombre divino *Hijo*; ἔχει, tercera persona singular del presente de indicativo en voz activa del verbo ἔχω, *tener*, aquí *tiene*; τὴν, caso acusativo femenino singular del artículo determinado *la*; ζωήν, caso acusativo femenino singular del nombre común *vida*; ὁ, caso nominativo masculino singular del artículo determinado *el*; μὴ, partícula que hace funciones de adverbio de negación *no*; ἔχων, caso nominativo masculino singular del participio presente en voz activa del verbo ἔχω, *tener*, aquí *que tiene*; τὸν, caso acusativo masculino singular del artículo determinado declinado *al*; Υἱὸν, caso acusativo masculino singular del nombre divino *Hijo*; τοῦ, caso genitivo masculino singular del artículo determinado *el*; Θεοῦ, caso genitivo masculino singular del nombre divino declinado *de Dios*; τὴν, caso acusativo femenino singular del artículo determinado *la*; ζωήν, caso acusativo femenino singular del nombre común *vida*; οὐκ, forma escrita del adverbio de negación *no*, con el grafismo propio ante una vocal con espíritu suave o una enclítica; ἔχει, tercera persona singular del presente de indicativo en voz activa del verbo ἔχω, *tener*, aquí *tiene*.

ὁ ἔχων τὸν Υἱὸν ἔχει τὴν ζωήν· El apóstol llega a una conclusión final, establecida en dos principios uno para cada una de las posiciones del hombre respecto a Jesucristo. La primera tiene que ver con aquel que cree. Como quiera que la vida está en el Hijo (v. 11), quien *"tiene al Hijo, tiene la vida"*. Esta vida mana del Hijo y se comunica al que lo tiene. Tener al Hijo equivale para Juan a tener a Dios (2:23). Tener a Cristo es estar unido a Él por la fe, morando Él en el creyente y el creyente en Él. Esta mutua inmanencia permite disfrutar, experimentar y vivir la vida eterna. Pero, el único modo de tener vida, es creer en el Hijo de Dios (Jn. 3:15; 3:36). Las cosas escritas como testimonio son para que el lector crea en el Hijo y tenga vida eterna (Jn. 20:31). El Señor dijo a los discípulos en la última noche con ellos antes de la Cruz, que Él es la vida (Jn. 14:6). Nadie puede salvar más que Cristo, el único Salvador y el único mediador entre Dios y los hombres (1 Ti. 2:5). De igual modo el apóstol Pedro dice: *"Y en ningún otro hay salvación; porque no hay otro nombre bajo el cielo, dado a los hombres, en que podamos ser salvos"* (Hch. 4:12). Si no hay otro camino, ni otro Salvador, no cabe duda que no es posible tener vida sino mediante la unión vital con Él.

ὁ μὴ ἔχων τὸν Υἱὸν τοῦ Θεοῦ τὴν ζωὴν οὐκ ἔχει. Por el contrario, sólo hay muerte sin el Hijo, porque el que *no tiene al Hijo de Dios no tiene vida*. El que se niega a reconocer a Jesús como el Hijo de Dios, nunca tendrá vida eterna. Por eso dirá Juan cuando da el propósito del *Evangelio*, que lo escribe para que crean y tengan vida en Su nombre. Si no tiene vida sólo puede permanecer en la muerte espiritual en la que todos los incrédulos están a causa del pecado. Por la presencia de éste en el hombre no regenerado, cada uno se ha dado muerte a sí mismo, porque la muerte es el resultado y producto del pecado, la esfera propia y natural en que se desenvuelve el pecador. El pecado reinó produciendo la muerte (Ro. 5:21). A causa de la introducción del pecado en el primer hombre, como herencia de genética espiritual, pasó al resto de los hombres que estaban en Adán, no solo como cabeza federal de la raza caída, sino como transmisor espiritual a quienes son sus hijos (Ro. 5:12). Nadie puede evitar la condición de *muerto espiritual*, porque *"la paga del pecado es la muerte"* (Ro. 6:23). Por tanto, la vida del hombre no regenerado, en la práctica del pecado, es una vida que se encuentra a merced de la muerte, en el reino de ella. La muerte espiritual afecta a todos, indicando con ello una identidad de condición (Ro. 3:9). El hombre es un *muerto espiritual.* El concepto bíblico de muerte no es el de término, sino el de un estado de separación. La definición técnica de muerte es el de *cese de la existencia, conclusión de la vida*. En la Biblia la muerte es el estado de separación que se produce entre el hombre y Dios a causa del pecado. La muerte, por tanto, no es una aniquilación del ser, sino un estado que se vive desde el mismo inicio embrionario de la existencia humana, ya que el Salmo afirma que *"He aquí, en maldad he sido formado, y en pecado me concibió mi madre"* (Sal. 51:5). Por esa razón el apóstol dice que quien cree en el Hijo tiene la vida, puesto que en Él está la vida (Jn. 1:4). Si Dios, fuente de vida, es la vida misma, todo ser alejado de Él está alejado de la vida y es, por tanto, un muerto espiritual. El problema se resuelve, como se ha considerado en los versículos anteriores, por medio de Cristo, el comunicador de la vida, alcanzándola por gracia, mediante la fe (Jn. 3:14, 15, 36; 5:24).

Seguridad de salvación (5:13).

13. Estas cosas os he escrito a vosotros que creéis en el nombre del Hijo de Dios, para que sepáis que tenéis vida eterna, y para que creáis en el nombre del Hijo de Dios.

Ταῦτα ἔγραψα ὑμῖν ἵνα εἰδῆτε ὅτι ζωὴν ἔχετε αἰώνιον, τοῖς
Estas cosas escribí os para que sepáis que vida tenéis eterna, los
πιστεύουσιν εἰς τὸ ὄνομα τοῦ Υἱοῦ τοῦ Θεοῦ.
que creéis en el nombre del Hijo - de Dios.

Análisis y notas del texto griego.

Análisis: Ταῦτα, caso acusativo neutro plural del pronombre demostrativo *estos*, en sentido de *estas cosas*; ἔγραψα, primera persona singular del aoristo primero de indicativo en voz activa del verbo γράφω, *escribir*, aquí *escribí*; ὑμῖν, caso dativo de la segunda persona plural del pronombre personal declinado *a vosotros, os*; ἵνα, conjunción causal *para que*; εἰδῆτε, segunda persona plural del perfecto de subjuntivo en voz activa del verbo οἶδα, *saber, conocer*, aquí *sepáis*; ὅτι, conjunción *que*; ζωὴν, caso acusativo femenino singular del nombre común *vida*; ἔχετε, segunda persona plural del presente de indicativo en voz activa del verbo ἔχω, *tener*, aquí *tenéis*; αἰώνιον, caso acusativo femenino singular del adjetivo *eterna*; τοῖς, caso dativo masculino plural del artículo determinado *los*; πιστεύουσιν, caso dativo masculino plural del participio de presente en voz activa del verbo πιστεύω, *creer*, aquí *que creéis*; εἰς, preposición propia de acusativo *en*; τὸ, caso acusativo neutro singular del artículo determinado *el*; ὄνομα, caso acusativo neutro singular del substantivo *nombre*; τοῦ, caso genitivo masculino singular del artículo determinado declinado *del*; Υἱοῦ, caso genitivo masculino singular del nombre divino *Hijo*; τοῦ, caso genitivo masculino singular del artículo determinado declinado *del*; Θεοῦ, caso genitivo masculino singular del nombre divino *de Dios*.

Ταῦτα ἔγραψα ὑμῖν. Algunos consideran que este versículo es el final de la *Epístola* y que el resto es un añadido posterior escrito por alguien que no fue Juan. Se ha considerado ya este asunto antes, por lo que no es necesario más que reafirmarse en que el contenido total es del mismo autor, el apóstol Juan. Sin embargo, aquí comienza el epílogo del escrito.

El pronombre demostrativo que equivale a *estas cosas*, debe considerarse como una referencia al contenido del último párrafo (vv. 1-12). Sin embargo, situado al final del escrito, puede considerarse como un *aoristo epistolar*, referido a todo lo que antecede desde el inicio del mismo, e incluso a lo que todavía sigue. La semejanza con el final del cuarto *Evangelio* es evidente (Jn. 20:31).

ἵνα εἰδῆτε ὅτι ζωὴν ἔχετε αἰώνιον, El propósito del escrito es evidente: *"para que sepáis que tenéis vida eterna"*. La seguridad de salvación es la certeza de todo aquel que cree. No habla de un aumento progresivo de certeza y seguridad de salvación, sino de algo que debe experimentarse ya. *Sepáis* equivale a ser plenamente conscientes de esa seguridad, de otro modo, el creyente sabe que tiene vida eterna y que no perecerá jamás, por tanto, puede estar seguro de su eterna salvación. La razón de la seguridad se establece en la fe depositada en el Salvador, el Hijo de Dios, portador y comunicador de la vida divina (Jn. 1:12; 2:23; 1 Jn. 3:23). Los creyentes estaban siendo inquietados por quienes negaban la seguridad de salvación. Juan les escribe para que la experimenten. El apóstol ha dado, en el escrito, varias evidencias para confirmar la seguridad de salvación: a) La obediencia a los mandamientos de Dios (2:3); b) El amor a los hermanos (2:10); c) La afirmación de la fe (2:24); d) La pureza de vida (3:9); e) Afirmar y creer en la deidad de Jesucristo. Ahora queda vinculada a la seguridad con la fe: *haber creído en el nombre del Hijo de Dios*. El mismo Señor prometió vida eterna a quienes creen en Él (Jn. 3:15, 16; 5:24). Cuando uno cree se le concede, a causa de la autoridad divina que así lo determina, el ser hecho *hijo de Dios* (Jn. 1:12). La fe en Cristo, es creer que es el único *nombre* dado para salvación (Hch. 4:12). Uniendo la *Epístola* al *Evangelio*, se descubren cuatro aspectos progresivos en la enseñanza de Juan. 1) En el *Evangelio* (Jn. 20:31); a) Que los lectores oigan de Cristo; b) Que al oír crean; c) Que al creer tengan vida eterna. 2) En la *Epístola*, que teniendo vida lo sepan y se gocen. Dudar de la seguridad de salvación es dudar de la palabra y promesa de Dios.

τοῖς πιστεύουσιν εἰς τὸ ὄνομα τοῦ Υἱοῦ τοῦ Θεοῦ. Los destinatarios del escrito aparecen al final, aunque algunas versiones ponen la oración al principio. La *Epístola* fue escrita para los creyentes, mientras que el *Evangelio* fue para los no creyentes, a fin de que pudieran creer. Aquí, por tanto, no es para que crean, sino para confirmar la fe que ya tienen. Es un escrito de alcance universal o general para todo creyente en cualquier tiempo. Los destinatarios están vinculados por una fe común, estos son *"los que creen en el nombre del Hijo de Dios"*. Estos, por el hecho de creer, aceptando el testimonio de Dios, y depositando fe en el Salvador del mundo, Su *Hijo*, tienen vida en Su nombre, es decir, bajo Su autoridad (Jn. 20:31). La vida que reciben procede de Dios, en vinculación con Cristo, que es también Dios, poseedor y dador de ella (Jn. 1:4). La vida eterna no es la relación del creyente un tiempo ilimitado, sino una calidad de vida inseparable de Cristo mismo.

"Y para que creáis en el nombre del Hijo de Dios" es un añadido que no tiene fundamento alguno en los mss. Una glosa cuya intromisión destruye el significado evidente del versículo.

Confianza en la oración (5:14-17).

14. Y ésta es la confianza que tenemos en él, que si pedimos alguna cosa conforme a su voluntad, él nos oye.

Καὶ αὕτη ἐστὶν ἡ παρρησία ἣν ἔχομεν πρὸς αὐτόν ὅτι ἐάν τι
Y esta es la confianza que tenemos en Él que si algo
αἰτώμεθα κατὰ τὸ θέλημα[1] αὐτοῦ ἀκούει ἡμῶν.
pedimos según la voluntad de Él oye nos.

Análisis y notas del texto griego.

Análisis: Καὶ, conjunción copulativa *y*; αὕτη, caso nominativo femenino singular del pronombre demostrativo *esta*; ἐστὶν, tercera persona singular del presente de indicativo en voz activa del verbo εἰμί, *ser, estar*, aquí *es*; ἡ, caso nominativo femenino singular del artículo determinado *la*; παρρησία, caso nominativo femenino singular del nombre común, *osadía, confianza*; ἣν, caso acusativo femenino singular del pronombre relativo *la que, la cual, que*; ἔχομεν, primera persona plural del presente de indicativo en voz activa del verbo ἔχω, *tener*, aquí *tenemos*; πρὸς, preposición propia de acusativo *en, para con*; αὐτόν, caso acusativo masculino de la tercera persona singular del pronombre personal *él*; ὅτι, conjunción *que*; ἐάν, conjunción condicional *si*; τι, caso acusativo neutro singular del pronombre indefinido *algo*; αἰτώμεθα, primera persona plural del presente de subjuntivo en voz media del verbo αἰτέω, *requerir, pedir, demandar*, aquí *pidamos*, en castellano mejor *pedimos*; κατὰ, preposición propia de acusativo *en, de acuerdo con, según*; τὸ, caso acusativo neutro singular del artículo determinado *el*; θέλημα, caso acusativo neutro singular del nombre común *voluntad*; αὐτοῦ, caso genitivo masculino de la tercera persona singular del pronombre personal *de Él*; ἀκούει, tercera persona singular del presente de indicativo en voz activa del verbo ἀκούω, *oír, escuchar*, aquí *oye*; ἡμῶν, caso acusativo de la primera persona plural del pronombre personal declinado *a nosotros, nos*.

Notas. Crítica Textual. Lecturas alternativas.

[1] κατὰ τὸ θέλημα, *según la voluntad*, lectura en ℵ, B, 5, 33, 81, 436, 1243, 1852.

κατὰ τὸ ὄνομα, *en su nombre*, según A.

Καὶ αὕτη ἐστὶν ἡ παρρησία ἣν ἔχομεν πρὸς αὐτόν. Juan dedica un párrafo, ya al final de la *Epístola* para hacer unas consideraciones sobre la oración. Lo introduce llamando la atención a una confianza plena que el creyente ha de tener con Dios en cuanto a la oración. La palabra παρρησία, denota *osadía, valentía, determinación, confianza*, en esta última acepción se traduce en el interlineal. Esta palabra fue usada para exhortaciones anteriores; dos veces al hablar del día del juicio (2:28; 4:17); otra al hablar del trato con Dios en oración (3:21); en el texto que se comenta para la confianza en la respuesta a las peticiones que hagamos a Dios. Debe apreciarse que la confianza no es aquí futura, sino también presente, es decir, la confianza en el diálogo con Dios en la oración. Esta confianza es consecuencia de la vida eterna y de la comunión con Él. El creyente tiene confianza en ser oído cuando ora, como un hijo tiene confianza de que su padre le preste atención, así también, en grado supremo, la que el hijo adoptado por Dios en su casa, tiene de ser oído, por tanto, atendido del Padre celestial.

ὅτι ἐάν τι αἰτώμεθα, La confianza tiene que ver con la oración, literalmente *si algo pedimos*. No hay limitación alguna en cuanto a pedir. El pronombre indefinido τι, *algo*, expresa eso. El creyente puede pedir cuanto necesite y de la cualidad que sea necesario. Jesús enseñó a pedir a los Suyos: *"Pedid, y se os dará; buscad, y hallaréis; llamad, y se os abrirá; porque todo aquel que pide, recibe; y el que busca, halla; y al que llama, se le abrirá"* (Mt. 7:7-8). Sin duda Juan recordaba, al escribir esta frase, la enseñanza del Maestro en el *Sermón de la Montaña*, donde aprendió que la vida de fe es una vida de dependencia. La fe no es simplemente creer mentalmente en algo, sino depositar la confianza en Alguien. Cuando se cree para salvación no sólo está la parte intelectual que acepta y entiende mentalmente la verdad del mensaje del evangelio, sino la acción de corazón que se entrega al Salvador creyente que Él es poderoso para salvar. Por esa razón se enseña que es con el corazón que se cree para justicia (Ro. 10:10).

Juan hace referencia a una hipotética oración, por la que un creyente pide al Padre algo. La acción de pedir está expresada por medio del presente de indicativo del verbo ἀιτέω, que expresa la idea de *pedir*, *demandar*, manifestando con el presente una acción continuada. Ante las necesidades cotidianas personales y la intercesión a favor de los hermanos, Juan abre la puerta mediante la oración que pide, llamando a la puerta de la misericordia divina para obtener lo que solicita. Juan, aunque mediante una frase hipotética, orienta a los creyentes a *pedir con confianza*. La petición entraña el reconocimiento de incapacidad para lograr lo que necesita, por eso viene a Dios *pidiendo*, como un mendigo que extiende su mano esperando que alguien deposite en ella una caridad, pero, con algo totalmente diferente al que pide limosna, la confianza en que Dios responderá a la petición hecha. Quien desea ser rico en Dios, quien procura alcanzar victoria en los recursos de Su poder, quien desea ser más que vencedor, ha de comenzar por ocupar la posición de quien pide delante del Señor. Con esta misma enseñanza comenzó Jesús el *Sermón del Monte*: *"Bienaventurados los pobres en espíritu"* (Mt. 5:3), es decir, quienes no tienen nada en ellos mismos y esperan recibir todo de Dios. Pedir aquí adquiere la forma de implorar rogando. El que ora entiende claramente que *"todo don perfecto y toda buena dádiva, proceden del Padre de las luces"* (Stg. 1:17). Entiende además que no tiene derecho alguno a recibir nada por mérito personal y que cuanto alcance será por gracia. Pedir, aquí demanda presentar ante Dios la realidad de la situación, que Él conoce, rogándole la provisión de Su gracia para la necesidad o el problema. La petición no es para que Dios se entere de la circunstancia que gravita sobre el que ora, sino para expresar la relación de dependencia y fe ante quien es Dios de gracia, a la vez que omnipotente.

Debe notarse aquí que Juan enseña a orar con *confianza*, entra en la intimidad de la casa de la misericordia y presenta confiadamente su petición. El presente del verbo indica una petición insistentemente expresada, no se cansa de hacerlo, no claudica en el tiempo, ora por aquello que es su necesidad. No se conforma con expresar la petición, sino que busca la intimidad del trono de la misericordia. Así lo enseña el escritor a los Hebreos: *"Acerquémonos, pues, confiadamente al trono de la gracia, para alcanzar misericordia y hallar gracia para el oportuno socorro"* (He. 4:16). El creyente encuentra en Dios la provisión de misericordia para sus necesidades. Son los brazos del amor divino que da dones para las necesidades temporales y abraza para la restauración espiritual, no importa cuán grande haya sido la caída y cuanta la distancia de la separación (Lc. 15:20). Allí, en la intimidad con Dios, el cristiano alcanza los recursos necesarios que proceden de la gracia. Esta es la promesa a la que se acoge aquel que ora llamando a Dios, porque *"Él da mayor gracia"* (Stg. 4:6). Cualquier gran problema para el creyente es ínfimo para Dios. La provisión de la gracia será más que suficiente para escalar la más alta montaña de la dificultad o superar las más profundas simas de la angustia. Dios da el auxilio necesario en los momentos de prueba. El auxilio de Dios es poderoso, porque en Él está empeñada la gracia, y es oportuno, porque llega en el momento de la necesidad. La gracia aparentemente puede tardar, conforme al pensamiento del que ora, pero Dios nunca llega tarde en Su provisión. Pedir tiene el sentido de insistir, implorando el favor de Dios, como hizo Jacob en su encuentro con el ángel: *"No te dejaré, si no me bendices"* (Gn. 32:26). El profeta Oseas da la clave para la bendición de Jacob en aquella ocasión: *"Venció al ángel y prevaleció; lloró y le rogó"* (Os. 12:4). No fue un pedir simplemente, ni un buscar superficial, sino un orar persistente ante el trono de la gracia. Así también el que ora debe persistir en clamar a Dios presentando su necesidad y esperando con confianza recibir de Su gracia, el recurso oportuno.

¿Por qué esta seguridad del apóstol conduciendo a los creyentes a orar *con confianza*? Porque el Señor prometió respuesta a la oración: *"pedid y se os dará"*. A la acción de pedir corresponde la inmediata acción de Dios que da en respuesta a la petición. La gracia actúa en la respuesta de Dios a la oración del creyente. No dice que el Señor recompensará la oración, sino que *dará*, esto es, abrirá Su mano generosamente y enviará un regalo de Su gracia. Al mismo tiempo esta liberalidad de Dios es estímulo a la confianza, por cuanto dice que cuando el creyente busca, *halla*. Los recursos divinos están a la disposición del que cree, no es cuestión de esfuerzo para alcanzarlos, sino de persistencia en la búsqueda. En muchas ocasiones el cristiano deja de orar, cansado de esperar. Cuando la paciencia en la espera debilita las fuerzas de la fe, es necesario recurrir a la oración pidiendo la misma ayuda que el padre del hijo enfermo: *"Creo, ayuda mi incredulidad"* (Mr. 9:24); o también solicitando como los discípulos *"Señor, auméntanos la fe"* (Lc. 17:5). No importa cuán grande sea la necesidad, ni cuán profundo el conflicto, ni cuán ingente la angustia, más abundantes son los recursos de Dios que la adversidad del creyente. Es cuestión de entender que *"Él da mayor gracia"* (Stg. 4.6). Por eso el apóstol enseña a pedir *"alguna cosa"*, que podría entenderse por *"cualquier cosa"*.

La hipotética frase de Juan, alcanza a cualquier creyente que ora. No es algo limitado para algunos sino extensivo a todo el que ore de esa manera. Donde haya un corazón que ore así, Dios escuchará la oración. Ninguno debe perder su confianza. En la enseñanza de Jesús se representa en una puerta a la que debe llamarse con insistencia. Es preciso paciencia para llamar con insistencia. Nótese que la puerta no se abrirá siempre al primer llamado, ni la respuesta aparecerá en una búsqueda breve, ni el pedido recibirá siempre provisión de forma inmediata. El que ora debe entender que el tiempo de Dios no siempre coincide con el tiempo deseado por quien pide. Es necesario el ejercicio de la paciencia esperando la provisión de Dios. Espera sin desesperar. Aguarda en esperanza sin perder la confianza en quien ha prometido dar más abundantemente de lo que puede pensar aquel que pide (Ef. 3:20). Por eso también se exhorta al creyente: *"No perdáis, pues, vuestra confianza, que tiene grande galardón; porque os es necesaria la paciencia, para que habiendo hecho la voluntad de Dios, obtengáis la promesa"* (He. 10:35-36). Es necesario tener en cuenta que todo creyente es igual ante el trono de la gracia (He. 4:16). Por eso los apóstoles insisten en sus escritos en la necesidad de perseverar en la oración. Pablo exhorta a los creyentes en Roma a ser *"constantes en la oración"* (Ro. 12:12); de igual modo en la carta a los Efesios manda orar continuamente dando gracias a Dios (Ef. 5:20), e instruye para orar *"en todo tiempo con toda oración y súplica en el Espíritu, y velando en ello con toda perseverancia y súplica por todos los santos"* (Ef. 6:18); de esta manera también escribe a los Colosenses: *"Perseverad en la oración, velando en ella con acción de gracias"* (Col. 4:2); y en forma firme a los Tesalonicenses: *"Orad sin cesar"* (1 Ts. 5:17). La persistencia en la oración es una evidencia de la verdadera fe; lo contrario desagrada al Señor (He. 10:37-38). La firmeza en la esperanza es una manifestación propia de aquel que sabe que Su Padre celestial le escucha y esta pronto para atenderle en sus necesidades (He. 10:23). No debe olvidarse que la oración eficaz del justo es poderosa (Stg. 5:16). Si la respuesta no viene inmediatamente, debe persistirse en la oración; es una afrenta para un amigo pedirle algo y marcharse antes de que responda a la petición formulada.

κατὰ τὸ θέλημα αὐτοῦ. Ahora bien, la oración que tiene garantía de respuesta es aquella que se hace *conforme a la voluntad* de Dios. Aquí está una condición, pero hay dos en la *Epístola* relativas a la contestación a las peticiones que hagamos a Dios. La primera es la de una vida ajustada a la voluntad divina y a la obediencia a Sus mandamientos (3:22); la segunda, aquí, es la de una oración ajustada a Su voluntad. La oración no es el sistema para que Dios haga la voluntad del creyente, sino el método divino para que el creyente ajuste su voluntad a la de Dios. Por medio de la oración buscamos Su voluntad, la aceptamos y nos ponemos en la disposición para cumplirla. El Señor enseñó a orar en ese mismo espíritu de subordinación a la voluntad de Dios: *"...Hágase tu voluntad, como en el cielo, así también en la tierra"* (Mt. 6:10). El deseo natural del creyente es que todo se sujete a la voluntad de Dios sin resistencia. Esa fue la forma en que Jesús oró en el momento intenso de Su angustia en Getsemaní (Mt. 26:42; Lc. 22:42). La oración que tiene garantía de respuesta es aquella que se hace con el deseo de que se produzca una obediencia total y no sólo parcial a los deseos de Dios. Ese es el modo de oración en los muchos ejemplos del Nuevo Testamento. Así oraba Pablo (Ro. 1:10; 15:32); así también la iglesia de los tiempos de los apóstoles (Hch. 4:29). Una oración ajustada a la voluntad de Dios, intercede por la santificación propia y la de la iglesia; es también una oración de gratitud (1 Ts. 5:18); se ajusta a la voluntad de Dios la intercesión por el testimonio (1 P. 2:15); es conforme a la voluntad de Dios la oración para encomendarse a Dios en las pruebas (1 P. 4:19); así como la oración por la fidelidad para la proclamación del evangelio (Hch. 4:29). El ejemplo supremo de una oración ajustada a la voluntad de Dios es el de la oración de Jesús en la agonía (Lc. 22:42).

¿Sabemos siempre cuál es la voluntad de Dios en aquello que pedimos? De otro modo, en las palabras del apóstol Pablo: *"Y de igual manera el Espíritu nos ayuda en nuestra debilidad; pues qué hemos de pedir como conviene, no lo sabemos, pero el Espíritu mismo intercede por nosotros con gemidos indecibles. Mas el que escudriña los corazones sabe cuál es la intención del Espíritu, porque conforme a la voluntad de Dios intercede por los santos"* (Ro. 8:26-27). Es cierto que nuestra capacidad de discernimiento nos hace entender que no es seguro que la oración que elevamos concuerde y armonice con la voluntad de Dios. No quiere decir esto que las oraciones de los cristianos no estén en sintonía con la voluntad divina. En gran medida tenemos orientaciones para que la oración sea correctamente expresada. La oración se formula con palabras humanas en el tiempo presente, pidiendo por algo que se recibirá en el futuro. Sin duda las palabras de la oración debieran ajustarse a aquello que es *conforme* o, tal vez mejor, *necesario* según Dios. Pero el Espíritu intercede por nosotros, de modo que traduce al pensamiento de Dios la *debilidad* de nuestras oraciones expresadas en palabras y pensamientos propios de un hombre. Por eso el Espíritu actúa como abogado al lado de los santos (2:1). En ese ministerio traduce al lenguaje de Dios las palabras formuladas en el lenguaje de los hombres, expresando divinamente el gemido de los creyentes conforme a la voluntad de Dios. Según el apóstol Pablo lo hace con *gemidos indecibles*, forma del lenguaje para expresar la idea de algo que no se puede decir con palabras humanas, de otro modo, algo que no tiene traducción al lenguaje de los hombres. Dios, el Espíritu Santo, intercede y gime por los creyentes. Mientras que la intercesión de Cristo en el cielo se produce *fuera* de los creyentes, la del Espíritu en la tierra tiene lugar *dentro* de ellos. Él intercede para que las peticiones de los santos sean suplidas conforme a la voluntad de Dios. De otro modo, el pensamiento que promueve la intercesión del Espíritu es siempre el pensamiento de Dios. Coincidente con Su voluntad, la intercesión del Espíritu es siempre eficaz y efectiva. Intercede según Dios, por tanto, según nuestras necesidades reales que como Dios discierne, según los conflictos que Él puede resolver y, en general, según todo cuanto Dios desea para los Suyos en cada momento.

ἀκούει ἡμῶν. La seguridad en la oración es firme: *"nos oye"*. No solo conoce lo que pide, sino que asegura respuesta favorable a la petición. Oír tiene el sentido de que Dios escucha para conceder lo que se pide (Jn. 11:42). El que pide conforme a la voluntad de Dios, será oído (Jn. 9:31). No sólo en asuntos espirituales sino en los temporales y personales (Jn. 15:7; 16:23). No así el que pide para satisfacer sus propios deseos y gratificarse humanamente hablando con aquello que anhela (Stg. 4:3). El creyente es oído cuando se conforma a la voluntad de Dios: *"Lo que el impío teme, eso le vendrá; pero a los justos les será dado lo que desean"* (Pr. 10:24).

15. Y si sabemos que él nos oye en cualquiera cosa que pidamos, sabemos que tenemos las peticiones que le hayamos hecho.

καὶ ἐὰν οἴδαμεν ὅτι ἀκούει ἡμῶν ὃ ἐὰν αἰτώμεθα, οἴδαμεν ὅτι
Y si sabemos que oye nos cuanto pidamos, sabemos que
ἔχομεν τὰ αἰτήματα ἃ ᾐτήκαμεν ἀπ' αὐτοῦ.
tenemos las peticiones que hemos pedido de Él.

Análisis y notas del texto griego.

Análisis: καὶ, conjunción copulativa *y*; ἐὰν, conjunción condicional *si*; οἴδαμεν, primera persona plural del perfecto de indicativo en voz activa del verbo οἶδα, *saber, conocer*, aquí *hemos sabido*, mejor traducirlo como *sabemos*; ὅτι, conjunción *que*; ἀκούει, tercera persona singular del presente de indicativo en voz activa del verbo ἀκούω, *oír, escuchar*, aquí *oye*; ἡμῶν, caso genitivo de la primera persona plural del pronombre personal declinado *de nosotros, nos*; ὃ, caso acusativo neutro singular del pronombre relativo *lo que, lo cual, que, cuanto*; ἐὰν, conjunción condicional *si*; αἰτώμεθα, primera persona plural del presente de subjuntivo en voz media del verbo ἀιτέω, *pedir*, aquí *pidamos*; οἴδαμεν, primera persona plural del perfecto de indicativo en voz activa del verbo οἶδα, *saber*, aquí *sabemos*; ὅτι, conjunción *que*; ἔχομεν, primera persona plural del presente de indicativo en voz activa del verbo ἔχω, *tener*, aquí *tenemos*; τὰ, caso causativo neutro plural del artículo determinado *los*; αἰτήματα, caso acusativo neutro plural del nombre común *peticiones*; ἃ, caso acusativo neutro plural del pronombre relativo *los que, los cuales, que*; ᾐτήκαμεν, primera persona plural del perfecto de indicativo en voz activa del verbo ἀιτέω, *pedir*, aquí *hemos pedido*; ἀπ', preposición propia de genitivo ἀπό, con el grafismo que adopta por elisión de la o final ante vocal o diptongo sin aspiración, que equivale a *de, desde, procedente de, por medio de, con, por*; αὐτοῦ, caso genitivo masculino de la tercera persona singular del pronombre personal *Él*.

καὶ ἐὰν οἴδαμεν ὅτι ἀκούει ἡμῶν ὃ ἐὰν αἰτώμεθα, El texto tiene dos partes de una misma seguridad o, si se prefiere, esta es la primera parte de una doble seguridad. Dios oye cualquiera que sea la petición de se formule. La afirmación del versículo anterior: *"Él nos oye"* se convierte aquí en seguridad personal. Sin embargo, esa seguridad va condicionada a que la petición sea hecha conforme a Su voluntad. No encierra algún tipo de duda, sino que es la expresión de máxima certeza *"Si sabemos que Él nos oye"*. Pero, además, no hay limitación alguna, como se hizo notar en el versículo, sobre la dimensión de la petición o la extensión de la misma.

οἴδαμεν ὅτι ἔχομεν τὰ αἰτήματα ἃ ᾐτήκαμεν ἀπ αὐτοῦ. Por consiguiente, ya que Dios nos oye, entendemos que *"tenemos las peticiones que le hayamos hecho"*. De modo que, a la certeza de ser oídos, corresponde la seguridad de ser respondidos. La forma *"tenemos"* se usa dos veces en la *Epístola*; primero para expresar la seguridad de tener a Dios (2:23); luego para afirmar la seguridad de tener vida eterna (5:12). Del mismo modo que se tiene a Dios y se tiene vida eterna, así también se tiene la respuesta a la oración. Nuevamente aparece el eco de la enseñanza de Jesús, que sin duda Juan tenía bien grabada en su mente: *"Por tanto, os digo que todo lo que pidiereis orando, creed que lo recibiréis, y os vendrá"* (Mr. 11:24). El creyente no debe olvidar el modelo de oración que dio Jesús, que contiene una gran extensión de alabanza a Dios, de petición por el cumplimiento de Su voluntad, y una extensión menor para las peticiones personales. Lo mismo que Jesús, Juan habla de todo cuanto se pida. La oración, con seguridad profunda en las promesas de Dios, se hace con fe. Según la enseñanza de Jesús, la fe es tan firme que mientras se pronuncia la oración ya se considera la petición hecha como si se hubiese recibido. Esta certeza tiene que ir acompañada del conocimiento al que antes se hizo referencia, de que la oración debe concordar con la voluntad de Dios, y cuando sean necesarias para la vida del creyente, sobre todo, para el testimonio de Dios, de otro modo, la oración ha de someterse siempre a la soberana voluntad de Dios. No puede olvidarse que la oración se formula en el presente y la respuesta vendrá en el futuro. Por esa razón el creyente encomienda a Dios su camino y espera en Él y Él actuará (Sal. 37:5). La paz íntima de la certeza permitirá descansar confiadamente en la espera del tiempo de Dios (Sal. 37:7). El tiempo de Dios no es el nuestro, pero la respuesta a la oración vendrá, conforme a Su promesa, a su debido tiempo.

16. Si alguno viere a su hermano cometer pecado que no sea de muerte, pedirá, y Dios le dará vida; esto es para los que cometen pecado que no sea de muerte. Hay pecado de muerte, por el cual yo no digo que se pida.

᾿Εάν τις ἴδῃ τὸν ἀδελφὸν αὐτοῦ ἁμαρτάνοντα ἁμαρτίαν μὴ πρὸς
Si alguno viere al hermano de él que peca pecado no para
θάνατον, αἰτήσει καὶ δώσει αὐτῷ ζωήν, τοῖς ἁμαρτάνουσιν μὴ
muerte, pedirá y dará le vida, a los que pecan no
πρὸς θάνατον. ἔστιν ἁμαρτία πρὸς θάνατον· οὐ περὶ ἐκείνης
para muerte. Hay pecado para muerte, no acerca de este
λέγω ἵνα ἐρωτήσῃ.
digo que pidiese.

Análisis y notas del texto griego.

Análisis: ᾿Εάν, conjunción causal *si*; τις, caso nominativo masculino singular del pronombre indefinido *alguno*; ἴδῃ, tercera persona singular del aoristo segundo de subjuntivo en voz activa del verbo ὁράω, *ver, mirar*, aquí *viere*; τὸν, caso acusativo masculino singular del artículo determinado declinado *al*; ἀδελφὸν, caso acusativo masculino singular del nombre común *hermano*; αὐτοῦ, caso genitivo masculino de la primera persona singular del pronombre personal declinado *de él*; ἁμαρτάνοντα, caso acusativo masculino singular del participio presente en voz activa del verbo ἁμαρτάνω, *pecar, transgredir*, aquí *que peca, pecando*; ἁμαρτίαν, caso acusativo femenino singular del nombre común *pecado*; μὴ, partícula que hace funciones de adverbio de negación *no*; πρὸς, preposición propia de acusativo *a, para, hacia*; θάνατον, caso acusativo masculino singular del nombre común *muerte*; αἰτήσει, tercera persona singular del futuro de indicativo en voz activa del verbo ἀιτέω, *pedir, requerir, demandar*, aquí *pedirá*; καὶ, conjunción copulativa *y*; δώσει, tercera persona singular del futuro de indicativo en voz activa del verbo δίδωμι, *dar*, aquí *dará*; αὐτῷ, caso dativo masculino de la tercera persona singular del pronombre personal *le*; ζωήν, caso acusativo femenino singular del nombre común *vida*; τοῖς, caso dativo masculino plural del artículo determinado declinado *a los*; ἁμαρτάνουσιν, caso dativo masculino plural del participio presente en voz activa del verbo ἁμαρτάνω, *pecar*, aquí *que pecan, pecando*; μὴ, partícula que hace funciones de adverbio de negación *no*; πρὸς, preposición propia de acusativo *a, para, hacia*; θάνατον, caso acusativo masculino singular del nombre común *muerte*; ἔστιν, tercera persona singular del presente de indicativo en voz activa del verbo εἰμί, *ser, estar*, aquí *hay*; ἁμαρτία, caso nominativo femenino singular del nombre común *pecado*; πρὸς, preposición propia de acusativo *a, para, hacia*; θάνατον, caso acusativo masculino singular del nombre común *muerte*; οὐ, adverbio de negación *no*; περὶ, preposición propia de genitivo *de, acerca de*; ἐκείνης, caso genitivo femenino singular del pronombre demostrativo *este*; λέγω, primera persona singular del presente de indicativo en voz activa del verbo λέγω, *hablar, decir*, aquí *digo*; ἵνα, conjunción *que*; ἐρωτήσῃ, tercera persona singular del aoristo primero de subjuntivo en voz activa del verbo ἐρωτάω, *pedir, demandar, requerir*, aquí *pidiese*.

'Εάν τις ἴδῃ τὸν ἀδελφὸν αὐτοῦ ἁμαρτάνοντα ἁμαρτίαν, El versículo tiene cierta dificultad para fijar una interpretación conforme al contexto y, conforme a la enseñanza bíblica general sobre el pecado. Por lo que debe estudiarse punto a punto para una correcta exégesis, tal como estaba en el pensamiento del apóstol cuando lo escribió.

Esta primera oración hace referencia a un creyente, ya que Juan le llama *hermano*. Esta persona está en un problema espiritual, como literalmente se lee *que peca*, o también *pecando*. La idea del verbo en participio presente, es que *está pecando*, ha comenzado a pecar y no se ha detenido de la práctica de ese pecado. No se dice que tipo de pecado es, especificándolo por su nombre, simplemente afirma que está pecando. Lo que es evidente es que no se trata de una caída ocasional, sino algo continuado, que pudiera ser también la presencia de pecado oculto en su vida sin confesar. Una situación así, priva al cristiano de tener una vida abundante, mantener la comunión con Dios, estando privado de Sus bendiciones, porque *"el que encubre sus pecados no prosperará; mas el que los confiesa y se aparta alcanzará misericordia"* (Pr. 28:13). No hay creyente que no peque nunca, por tanto, todo creyente peca alguna vez, como el apóstol ha escrito antes (1:10). La solución al problema del pecado en el cristiano se ha enseñado por el apóstol, consistente en confesar delante de Dios (1:9). Juan señala aquí a un creyente que ha pecado y cuya situación es del conocimiento de otro hermano.

μὴ πρὸς θάνατον. La catalogación de este pecado es literalmente *"que no sea de muerte"* o también *"que no sea para muerte"*, todavía más concretamente *"que no sea a muerte"*. Como se aprecia en la traducción interlineal: *"pecando un pecado que no sea para muerte"*. La enseñanza del apóstol es que hay pecado para muerte y otro que no es para muerte. Se considerarán ambos, pero en esta frase lo que es necesario destacar es que se trata de un pecado que *no conduce* a muerte.

αἰτήσει. La actuación del creyente que conoce esta situación es de intercesión: *pedirá*. Ningún creyente debe ignorar y no ocuparse de los problemas espirituales de sus hermanos. El que ve a otro en necesidad espiritual, no debe decir como Caín: *"¿soy yo acaso guarda de mi hermano?"* (Gn. 4:9). Juan enseña que la responsabilidad moral cuando se llega a este conocimiento es la oración de intercesión, llevando esa situación a la presencia de Dios en oración. Nótese que no establece un mandamiento. El verbo no está en imperativo. Es simplemente el modo natural de comportamiento de quien ama a su hermano. No tratará de divulgar el pecado del hermano, porque *"el amor cubrirá multitud de pecados"* (Stg. 5:20; 1 P. 4:8). Según estas dos referencias, el camino de error de un creyente puede manifestarse en *multitud de pecados*. El que intercede delante de Dios por esa situación, sabiendo que Dios responde a la oración del creyente, conseguirá apartarlo de la senda equivocada y con ello está haciendo desaparecer los pecados que antes practicaba y que eran visibles, evitando también los que pudieran producirse más adelante, de seguir el camino equivocado. El retorno a Dios del extravío espiritual trae aparejada también la confesión ante Él de los errores en los que caminaba. En ese sentido los pecados son *cubiertos* por Dios que promete perdonar todos los pecados de Sus hijos y no se acuerda más de ellos (Is. 43:25). Todo aquel que conoce la senda equivocada que lleva otro hermano, por tanto, conoce también los pecados que comente, trabaja en la restauración, hace volver al extraviado de su camino y es instrumento para restaurar la vida incorrecta que llevaba. Una vez efectuado el trabajo y ayudado al cambio de vida del hermano, los pecados conocidos por él no son divulgados. Esa es la expresión natural del amor fraterno, ya que *"el odio despierta rencillas; pero el amor cubrirá todas las faltas"* (Pr. 10:12). Esa es también la exhortación del apóstol Pedro: *"Y ante todo, tened entre vosotros ferviente amor; porque el amor cubrirá multitud de pecados"* (1 P. 4:8). No se trata del falso amor que esconde el pecado, sino de la acción espiritual que restaura al pecador y guarda silencio de las faltas cometidas. Mientras que el carnal murmura de los hermanos (Stg. 4:11) y el impaciente se queja de ellos (Stg. 5:9); el restaurador ora por los hermanos y no divulga sus faltas (Gá. 6:1). Hay quienes viven en una posición de legalismo buscando avergonzar públicamente a quien ha tenido un desliz en su vida cristiana, ha caído en un pecado o estuvo caminando por un camino incorrecto falto de compromiso y santidad. Estos buscan que todos conozcan la falta cometida con el pretexto de que tengan temor y no caigan en ella. Pero, la cita a la que se aferran (1 Ti. 5:20), es una mera disculpa para hacer aquello que satisface a su propia arrogancia, reprender al que ha caído, cuando el texto que utiliza se refiere a la reprensión para los líderes de la iglesia, concretamente para el anciano que persiste en pecar. El creyente espiritual no se mide por su capacidad de reprender, sino por su espíritu restaurador (Gá. 6:1). La oración de intercesión por los hermanos, no solo es una muestra de amor, sino que siendo conforme a la voluntad de Dios será respondida como enseñó el apóstol antes (vv. 14-15; Ef. 6:18; Col. 4:2-4).

καὶ δώσει αὐτῷ ζωήν, El resultado de la oración reviste también una cierta dificultad. El apóstol dice que en respuesta a la intercesión *"le dará vida"*. ¿Qué tipo de vida? ¿Quién la da? Desde antiguo la solución del problema adquirió distintas perspectivas. No cabe duda que el sujeto de los dos verbos αἰτήσει, *pedirá*, y δώσει, *dará*, es el mismo, en el texto, *el creyente*. Pero no es menos verdad que el hombre, aunque sea creyente, no puede dar vida, y mucho menos si se piensa que se trata de la vida eterna, que solo puede darla Dios, tanto la vida biológica como la eterna. El Señor Jesucristo que da vida eterna a todo el que cree, la recibió del Padre (Jn. 5:26; 10:29; 17:2), no por origen de vida, sino por comunicación de ella. El creyente es poseedor de vida, pero no dador de ella. En vista de la aparente dificultad, algunos han incorporado la palabra *Dios*, para escribir la frase de Juan de este modo: *Dios le dará vida*, forzando un cambio a todas luces improcedente en el sujeto de la oración. Un apoyo interpretativo aquí que hace comprensiva la expresión de Juan, es el texto de Santiago en el que se lee: *"El que haga volver al pecador del error de su camino, salvará de muerte un alma, y cubrirá multitud de pecados"* (Stg. 5:20). No se trata de salvarlo de la *muerte espiritual*, de la que todo creyente ha sido ya resucitado con Cristo desde el momento del ejercicio de la fe salvadora (Ef. 2:6), pero sí de la pérdida de la vida para Dios. Como extraviado, en un camino incorrecto, no puede manifestar el fruto del Espíritu, sino las obras de la carne. El que siembra para la carne, segará muerte (Gá. 6:8). Incluso podría referirse a la muerte física, como se considerará más adelante. El que intercede le da vida, porque restaura para él, conduciéndolo a confesar el pecado y caminar de nuevo por el camino correcto, al gozo del vivir cristiano, en lugar de la falta de gozo causante por el pecado (Sal. 6:2; 32:3-4; 38:4, 5, 8; 51:12; 102:4, 11; 143:7). La práctica del pecado condujo a la enfermedad a algunos en Corinto (1 Co. 11:30). La intercesión conducirá a la restauración del que ha caído, mediante la oportuna intervención de Dios. Puede tratarse del pecado que, aun sin producir enfermedades o debilitamiento, impide, como todo pecado sin confesar, la comunión con Dios. El que está impedido de comunión no experimenta la vida espiritual gozosa y abundante, conforme al propósito de Dios (Jn. 10:10). La oración de intercesión le restaurará a la vida plena, como respuesta al ruego que se hace por el hermano.

Juan enseña que esta oración de intercesión *"es para los que cometen pecado que no sea de muerte"*. Esto hace necesario determinar que es este *pecado de muerte*, o *pecado para muerte*, o *pecado a muerte*. Tal determinación lleva a posiciones distintas, entre las que cabe señalar como más conocidas, las siguientes:

a) Pecados *mortales y veniales*. Tomando el Antiguo Testamento en el que se distinguen pecados que se castigaban con la pena de muerte y los demás, algunos en los primeros siglos de la iglesia pensaban en pecados que endurecen de un modo especial, y se consideraban como *imperdonables*, tales como el homicidio, el adulterio y la idolatría. Con el tiempo esta clasificación se hizo, en alguna manera dogma de fe, pasando a catalogarlos en *mortales y veniales*. El pecado mortal se llama de esa manera porque produce la *muerte espiritual* del hombre. No cabe duda de que este tipo de pecado retiraría la salvación, don de Dios que no puede perderse. La clasificación de los pecados no procede de la Biblia, sino de la enseñanza de la iglesia. Esta interpretación no es concordante con la Escritura.

b) Pecado mortal equivalente a la apostasía. Ese era el pensamiento, entre otros, de Agustín de Hipona. Concretamente sería el pecado de los anticristos y falsos profetas, que se separaban de los cristianos para combatirlos (2:18-19). El problema está en que Juan habla de pecado a muerte cometido por un hermano, y el creyente no puede llegar a la apostasía, ya que quien ha nacido de Dios no puede perder la vida eterna, cosa que supondría en tal caso.

c) Una tercera interpretación identifica el *pecado a muerte* con el *imperdonable* contra el Espíritu Santo. Pero este pecado fue cometido por los fariseos en circunstancias concretas (Mt. 12:28, 38). Estaba presente el Mesías; hacía obras que manifestaban inequívocamente Su condición (Jn. 3:2); conocían Su procedencia y el poder de Sus obras como propio del poder divino, especialmente del Espíritu Santo; le atribuían tal poder a Satanás, y los milagros a un pacto que había convenido con el maligno. Jesús dijo que tal pecado no tenía perdón (Mt. 12:31-32). Este pecado no puede repetirse hoy, porque no pueden darse las circunstancias antes mencionadas. Algunos lo espiritualizan aplicándolo al rechazo del pecador a la invitación del evangelio.

Entender el *pecado a muerte*, requiere algunas consideraciones. El pasaje clave para esta comprensión está en el párrafo de la *Epístola a los Hebreos* (He. 10:26-31)[8]. Ese pasaje está dirigido a verdaderos creyentes, como toda la *Epístola*, ya que el autor se incluye entre ellos al escribir *pecáremos* (v. 26). Llama a los destinatarios *"conocedores de la verdad"*. Dice también que les fue aplicada la sangre santificadora y redentora del pacto (v. 29). Los califica como *"Su pueblo"* en relación con Dios (v. 30). Esto sólo es posible en creyentes. En el texto citado, se menciona un tipo de pecado que llama *voluntario*. Este sentido teológico arranca del Antiguo Testamento (Nm. 15:24-31). El orden de sacrificios en la antigua dispensación hacía provisión para pecados de ignorancia (v. 24); para los de yerro (v. 28); pero no para el *voluntario*. La gravedad de tal pecado era la soberbia arrogante que desafiaba a Dios, sabiendo que la comisión del delito era contra la voluntad Suya, constituyéndose en un acto de desobediencia y rebeldía y se hacía con la premeditación de pecar conscientemente contra Él (v. 30). Las consecuencias que traía quedaban registradas en la ley: *"Mas la persona que hiciere algo con soberbia, así el natural como el extranjero, ultraja a Jehová; esa persona será cortada de en medio de su pueblo. Por cuanto tuvo en poco la palabra de Jehová, y menospreció su mandamiento, enteramente será cortada esa persona; su iniquidad caerá sobre ella"* (Nm. 15:30-31). Para ese tipo de pecado no había sacrificio previsto. La aplicación solemnísima de la *Epístola a los Hebreos*, se orienta hacia creyentes, que han llegado al conocimiento pleno de la verdad. Conocedores de la Escritura, que provee de conocimiento total sobre el modo de proceder. El pecado del cristiano puede ser como entonces, por ignorancia o por error. El pecado voluntario persiste en la misma gravedad que en el Antiguo Testamento, por ser un abierto desafío a Dios. En ese caso, el creyente queda expuesto al juicio divino, no para condenación, que ya no existe para él (Ro. 8:1), pero sí para limpieza del pecado en la vida personal y congregacional. Los creyentes de la antigua alianza debían ser cortados de en medio del pueblo de Dios (Nm. 15:30b). Lo mismo debe esperar el cristiano que peca voluntariamente (He. 10:27).

La actuación de Dios sobre el cristiano que peca voluntariamente es diversa. Puede cortar a los tales por medio de una acción que conduce a la muerte física del pecador, como el mismo Señor advirtió (Jn. 15:2-6). El pecado voluntario es un desprecio manifiesto a Dios. Contra el Hijo de

---

[8] Ver comentario al pasaje citado en el volumen *Hebreos*, de esta serie.

Dios, despreciando el valor del sacrificio redentor, que equivale a *pisotearle* (He. 10:29). Contra el Padre, despreciando la condición de santidad que corresponde a la condición de creyente, como separado para Dios (1 P. 1:2). Desprecio al Espíritu de gracia que santifica al creyente para ser templo de Dios, y cuya obra consiste en hacerle semejante a Cristo (2 Co. 3:18). Lo que debe esperar todo el que peca voluntariamente es: Juicio de Dios sobre él (He. 10:26-27); acción disciplinaria divina contra el que peca voluntariamente (He. 10:31).

Todavía algo más. Había pecados en el Antiguo Testamento, cuya consecuencia era la pena capital. Algunos son trasladados a la iglesia por autoridad apostólica. A modo de ejemplo, era condenado a muerte aquel hombre que tuviese relaciones íntimas con la mujer de su padre (Lv. 18:8; Dt. 22:30; 27:20). Para este pecado Dios había decretado sentencia de muerte (Lv. 20:11). El apóstol traslada este juicio actualizándolo para la iglesia, entregando a Satanás al incestuoso de Corinto, para destrucción de su carne.

En la iglesia primitiva hay evidencias de la acción judicial divina sobre pecadores voluntarios, que siendo creyentes su conducta servía de tropiezo a la iglesia y de mancha al testimonio, como consecuencia, esos actos fueron *pecados a muerte*. A modo de ejemplo la acción de Dios contra Ananías y Safira por mentir al Espíritu Santo (Hch. 5). Lo mismo contra los divisionarios en la iglesia de Corinto (1 Co. 11:30). El caso antes mencionado del incestuoso en la misma iglesia (1 Co. 5:5). Ese tipo de pecado traía una consecuencia, la muerte física del que lo cometía, de ahí que con la autoridad apostólica y en el nombre del Señor, era entregado a Satanás para la destrucción de la carne.

ἔστιν ἁμαρτία πρὸς θάνατον· οὐ περὶ ἐκείνης λέγω ἵνα ἐρωτήσῃ. Juan cierra esta enseñanza con la actitud que el creyente debe adoptar ante el pecado *a muerte*. Lo expresa con precisión: *"Hay pecado a muerte, por el cual yo no digo que se pida"*. Se aprecia un cambio de verbo, antes usó ἀιτέω, *pedir*, ahora utiliza ἐρωτάω, con el sentido de *demandar, requerir*, una petición hecha con la seguridad de una contestación conforme a la misma. Dios prohibió a Jeremías rogar por el pueblo de Israel que había sido juzgado y sentenciado por Él a causa del pecado (Jer. 7:16; 11:14; 14:11). Esto alcanzaría a la disciplina antes considerada. Juan no prohíbe la oración, pero no la recomienda porque no sería respondida, ya que sería contraria a la voluntad de Dios.

17. Toda injusticia es pecado; pero hay pecado no de muerte.

πᾶσα ἀδικία ἁμαρτία ἐστίν, καὶ ἔστιν ἁμαρτία οὐ πρὸς
Toda injusticia pecado es; y hay pecado no para
θάνατον.
muerte.

Análisis y notas del texto griego.

Análisis: πᾶσα, caso nominativo femenino singular del adjetivo indefinido *toda*; ἀδικία, caso nominativo femenino singular del nombre común *injusticia*; ἁμαρτία, caso nominativo femenino singular del nombre común *pecado*; ἐστίν, tercera persona singular del presente de indicativo en voz activa del verbo εἰμί, *ser, estar*, aquí *es*; καὶ, conjunción copulativa *y*; ἔστιν, tercera persona singular del presente de indicativo en voz activa del verbo εἰμί, *ser, estar*, aquí *hay*; ἁμαρτία, caso nominativo femenino singular del nombre común *pecado*; οὐ, adverbio de negación *no*; πρὸς, preposición propia de acusativo, *para, a*; θάνατον, caso acusativo masculino singular del nombre común *muerte.*

πᾶσα ἀδικία ἁμαρτία ἐστίν, Juan cierra el párrafo sobre el pecado advirtiendo de la gravedad del mismo. Para ello presenta la naturaleza del pecado: *"toda injusticia es pecado"*. Quiere decir que todo el pecado es infracción de la ley (3:4), por tanto, es injusticia, porque quebranta la justicia establecida en ella, de otro modo, todo pecado es injusticia porque es contrario a la ley, que expresa la justicia. El pecado es una violación tanto de la ley como de la justicia de Dios. El apóstol con esta afirmación no minimiza la gravedad del pecado, sino todo lo contrario, la puntualiza. Es también una seria advertencia para quienes consideran de poca importancia algunos pecados. Todo pecado es grave porque es una afrenta a Dios. Quien tropieza en un solo punto es culpable de quebrantar toda la ley, porque es considerada como una unidad (Stg. 2:10). No es posible ignorar que el más pequeño de nuestros pecados costó la sangre del Hijo de Dios.

καὶ ἔστιν ἁμαρτία οὐ πρὸς θάνατον. Refiriéndose a la distinción que hizo antes sobre el *pecado a muerte*, cierra afirmando que todo pecado es grave porque es injusticia, pero sólo alguno tiene la muerte física como resultado.

Victoria sobre el pecado (5:18-21).

18. Sabemos que todo aquel que ha nacido de Dios, no practica el pecado, pues Aquel que fue engendrado por Dios le guarda, y el maligno no le toca.

Οἴδαμεν ὅτι πᾶς ὁ γεγεννημένος ἐκ τοῦ Θεοῦ οὐχ ἁμαρτάνει,
Sabemos que todo el que ha nacido de - Dios no peca
ἀλλ' ὁ γεννηθεὶς ἐκ τοῦ Θεοῦ τηρεῖ ἑαυτὸν[1] καὶ ὁ πονηρὸς
sino el que nació de - Dios guarda a sí mismo y el maligno
οὐχ ἅπτεται αὐτοῦ.
no toca le.

Análisis y notas del texto griego.

Análisis: Οἴδαμεν, primera persona plural del perfecto de indicativo en voz activa del verbo οἶδα, *saber, entender*, aquí *hemos sabido*, en castellano mejor *sabemos*; ὅτι, conjunción *que*; πᾶς, caso nominativo masculino singular del adjetivo indefinido *todo*; ὁ, caso nominativo masculino singular del artículo determinado *el*; γεγεννημένος, caso nominativo masculino singular del participio perfecto en voz pasiva del verbo γεννάω, *nacer*, aquí *que ha nacido*; ἐκ, preposición propia de genitivo *de*; τοῦ, caso genitivo masculino singular del artículo determinado *el*; Θεοῦ, caso genitivo masculino singular del nombre divino *Dios*; οὐχ, forma escrita del adverbio de negación *no*, con el grafismo propio ante vocal con espíritu áspero; ἁμαρτάνει, tercera persona singular del presente de indicativo en voz activa del verbo ἁμαρτάνω, *pecar*, aquí *peca*; ἀλλ', forma escrita ante vocal de la conjunción adversativa ἀλλά que significa *pero*, *sino*; ὁ, caso nominativo masculino singular del artículo determinado *el*; γεννηθεὶς, caso nominativo masculino singular del participio aoristo primero en voz pasiva del verbo γεννάω, en voz pasiva *nacer*, aquí *que nació*; ἐκ, preposición propia de genitivo *de*; τοῦ, caso genitivo masculino singular del artículo determinado *el*; Θεοῦ, caso genitivo masculino singular del nombre divino *Dios*; τηρεῖ, tercera persona singular del presente de indicativo en voz activa del verbo τηρέω, *guardar, conservar, observar*, aquí *guarda*; αὐτόν, caso acusativo masculino de la tercera persona singular del pronombre personal *le*; καὶ, conjunción copulativa *y*; ὁ, caso nominativo masculino singular del artículo determinado *el*; πονηρὸς, caso nominativo masculino singular del adjetivo *maligno*; οὐχ, forma escrita del adverbio de negación *no*, con el grafismo propio ante vocal con espíritu áspero; ἅπτεται, tercera persona singular del presente de indicativo en voz media del verbo ἅπτω, *tocar, retener, tener relaciones*, aquí *toca*; αὐτοῦ, caso genitivo masculino de la tercera persona singular del pronombre personal *él*.

Notas. Crítica Textual. Lecturas alternativas.

[1] ἑαυτὸν, *a sí mismo*, según lectura en B, 1175, 1448, Byz, bo.

αὐτόν, *a él, le*, lectura en A*, B, 1852, latt.

Οἴδαμεν ὅτι πᾶς ὁ γεγεννημένος ἐκ τοῦ Θεοῦ οὐχ ἁμαρτάνει, Juan reitera la enseñanza sobre el creyente, que como tal *no peca*, en el sentido de pecar en forma continuada. Nótese que el verbo ἁμαρτάνω, *pecar*, está en presente de indicativo y en voz activa, lo que establece una acción continuada que equivale a *no practica el pecado*. Este es ya un reconocimiento concreto y seguro. En el final se retorna a la enseñanza ampliamente dada antes (3:4-10). El cristiano, engendrado por Dios, no practica el pecado, es en el sentido óntico otro en razón del nuevo nacimiento (Jn. 1:12; 3:3-5; 1 Jn. 2:29; 3:1, 9; 5:1). El creyente lleva en sí mismo el principio de vida nueva en el Espíritu (Jn. 3:6; 1 Jn. 3:9). *Ha nacido* indica una acción que comenzó en el pasado pero cuya consecuencia perdura. Los efectos del nuevo nacimiento permanecen en el que ha creído, de manera que, por el poder de Dios vence sobre el pecado, de ahí la expresión firme del apóstol: *"no peca"*, es decir, no sigue practicando el pecado como forma natural y propia de vida.

ἀλλ' ὁ γεννηθεὶς ἐκ τοῦ Θεοῦ τηρεῖ ἑαυτὸν. La segunda parte del versículo pone de manifiesto el poder victorioso sobre el pecado: *"Pues el que fue engendrado por Dios le guarda"*. Esta es una forma de lectura como se aprecia en el apartado de Crítica Textual correspondiente al versículo, aparece en algunos mss. En el primer caso αὐτόν, si se lee *a él, le*, se entiende que hay *alguien* que está guardando al creyente. En el segundo caso, si se lee ἑαυτὸν, *a sí mismo*, será el propio creyente quien tiene cuidado para no pecar. Tomar la primera lectura reviste la dificultad de que en ningún otro lugar del Nuevo Testamento se hace de este modo referencia a Jesucristo. De ahí que sea preferible tomar la segunda *a sí mismo*, en cuyo caso el cristiano se cuida de no practicar el pecado. Esto concuerda con muchas referencias en el Nuevo Testamento que demandan esta atención a los creyentes mandándoles que se ocupen de la santificación con temor y temblor (Fil. 2:12). En cualquiera de las dos formas, la enseñanza es la misma, bien sea Dios el que guarda al creyente, en respuesta a la petición de Jesús: *"Y ya no estoy en el mundo; mas éstos están en el mundo, y yo voy a ti. Padre santo, a los que me has dado, guárdalos en tu nombre, para que sean uno, así como nosotros"* (Jn. 17:11). Del mismo modo en la oración del *Padre nuestro*, se enseña a pedir protección en relación con el mal, donde literalmente se lee *"líbranos del maligno"* (Mt. 6:13). Dios protege a los Suyos del poder del mal, operando en ellos *"el querer y el hacer, por su buena voluntad"* (Fil. 2:13). Pero, no es menos cierto, que el creyente se cuida a sí mismo evitando pecar. Sin duda esta acción resultaría inútil en el poder personal propio del hombre. Pero la victoria del creyente, que vence al mundo y, por extensión al pecado y al maligno en sus propósitos de hacerle caer, descansa en el poder de Jesús que ha vencido y que se consigue por la fe (v. 4).

καὶ ὁ πονηρὸς οὐχ ἅπτεται αὐτοῦ. El resultado victorioso es manifiesto en la vida cristiana que depende de Dios. Juan afirma que *"el maligno no le toca"*. El diablo procura continuamente la caída y derrota del cristiano (1 P. 5:8). Juan usa el calificativo de *maligno*, para referirse a Satanás en varios lugares de la *Epístola* (2:13, 14; 3;12; 5:19). Satanás está permanentemente activo contra Dios y contra los Suyos. Pero el que ha nacido de Dios, tiene Su poder en el campo de la protección contra los ataques del maligno. Juan dice que éste *"no le toca"*. El verbo usado en este lugar ἅπτω, *tocar, retener, tener relaciones*, es el mismo que utiliza para el relato de María Magdalena que *retenía*, a Jesús en la resurrección (Jn. 20:17). El diablo podrá *tocar* al creyente, pero no puede *retenerlo* bajo su poder. Cristo vino para deshacer la obra del diablo (3:8). La oración intercesora del Señor protege a los Suyos del poder del diablo (Jn. 17:12, 15). No cabe duda que lamentablemente en alguna ocasión, el enemigo obtendrá victoria haciendo caer el cristiano, pero lo que es de plena seguridad es que nunca podrá retenerlo como posesión suya, porque ha sido comprado por Dios y es de Su propiedad eterna.

19. Sabemos que somos de Dios, y el mundo entero está bajo el maligno.

οἴδαμεν ὅτι ἐκ τοῦ Θεοῦ ἐσμεν καὶ ὁ κόσμος ὅλος ἐν τῷ πονηρῷ
Sabemos que de - Dios somos y el mundo entero en el maligno
κεῖται.
yace.

Análisis y notas del texto griego.

Análisis: οἴδαμεν, primera persona plural del perfecto de indicativo en voz activa del verbo οἶδα, *saber, entender, conocer*, aquí *sabemos*; ὅτι, conjunción *que*; ἐκ, preposición propia de genitivo *de*; τοῦ, caso genitivo masculino singular del artículo determinado *el*; Θεοῦ, caso genitivo masculino singular del nombre divino *Dios*; ἐσμεν, primera persona plural del presente de indicativo en voz activa del verbo εἰμί, *ser, estar*, aquí *somos*; καὶ, conjunción copulativa *y*; ὁ, caso nominativo masculino singular del artículo determinado *el*; κόσμος, caso nominativo masculino singular del nombre común *mundo*; ὅλος, caso nominativo masculino singular del adjetivo *entero*; ἐν, preposición propia de dativo *en*; τῷ, caso dativo masculino singular del artículo determinado *el*; πονηρῷ, caso dativo masculino singular del adjetivo *maligno*; κεῖται, tercera persona singular del presente de indicativo en voz pasiva del verbo κεῖμαι, *estar puesto, estar colocado, estar acostado, estar inmóvil, yacer*, aquí *yace*.

οἴδαμεν ὅτι ἐκ τοῦ Θεοῦ ἐσμεν. La vinculación del cristiano con Dios es el contenido de la primera parte del versículo. Este es un conocimiento cierto. Ser de Dios en el sentido de la *Epístola*, es haber sido engendrado por Él (v. 18a). El creyente está relacionado con Dios por el nuevo nacimiento, siendo hijo Suyo por adopción, por cuya razón es miembro de Su familia (Ef. 2:19). La relación con Dios es tan íntima y profunda que cada creyente ha venido a ser participante de la naturaleza divina (2 P. 1:4). La vida de Dios, que es vida eterna, está en el creyente por vinculación con Cristo. Nada hay en él que pertenezca al mundo, de cuyo orden ha sido libertado por Cristo.

καὶ ὁ κόσμος ὅλος ἐν τῷ πονηρῷ κεῖται. Como contraste –tan habitual en los escritos de Juan– el *"mundo entero está bajo el maligno"*. El mundo no es del maligno en el mismo sentido en que el creyente es de Dios. Pero no hay nada en el mundo que no esté controlado por Satanás. Cuando Juan dice *"el mundo entero"* debe entenderse como una expresión equivalente a *los perdidos*, o los *inconversos*, aquellos del mundo que son incrédulos a Dios. El verbo que se usa aquí para referirse a la situación del mundo κεῖται, tiene un amplio significado como *estar puesto, estar colocado, estar acostado, estar inmóvil, yacer*, lo que da idea de la situación en que el mundo entero está bajo el control y poder de Satanás. Esa es la posición natural de los que *yacen* como consecuencia de estar muertos en delitos y pecados (Ef. 2:1). La figura es interesante: el mundo entero, todos los no creyentes, están como dormidos en el regazo del maligno. El diablo domina sobre el mundo, de ahí que le corresponda el título de *"príncipe de este mundo"* (Jn. 12:31; 14:30; 16:11). Tiene autoridad espiritual sobre las personas y éstas ejecutan su voluntad (Ef. 2:2). Quien no ha nacido de nuevo está bajo el poder y autoridad de los *"gobernadores de las tinieblas de este mundo"* (Ef. 6:12). Es preciso recordar que los *reinos* de este mundo, en el sentido de la organización de las naciones de la tierra, sus formas, sus sistemas y sus leyes, están bajo Satanás, puesto que a él le fueron entregados (Lc. 4:6). De ahí la necesidad de entender que el reino de los creyentes no es el terrenal de los sistemas políticos y de los estados del mundo, porque nuestra ciudadanía está en los cielos (Fil. 3:20). El Señor afirmó que *"mi reino no es de este mundo"* (Jn. 18:36). Ninguna de las naciones de la tierra y de las leyes de los hombres podrán ser reguladas por la Biblia, puesto que por principio es *locura* para los que se pierden (1 Co. 1:18; 2:14). La ley de Dios, Su ética, Su orientación, no tienen cabida en el mundo que *yace* en el maligno. Cuanto se pretenda de cambio social con la Biblia en corazones no regenerados, no tendrá respuesta alguna.

20. Pero sabemos que el Hijo de Dios ha venido, y nos ha dado entendimiento para conocer al que es verdadero; y estamos en el verdadero, en su Hijo Jesucristo. Éste es el verdadero Dios, y la vida eterna.

οἴδαμεν δὲ ὅτι ὁ Υἱὸς τοῦ Θεοῦ ἥκει καὶ δέδωκεν ἡμῖν διάνοιαν
Y sabemos que el Hijo - de Dios, vino y ha dado nos entendimiento
ἵνα γινώσκωμεν τὸν ἀληθινόν, καὶ ἐσμὲν ἐν τῷ ἀληθινῷ, ἐν τῷ
para que conozcamos al verdadero, y estamos en el verdadero, en el
Υἱῷ αὐτοῦ Ἰησοῦ Χριστῷ. οὗτος ἐστιν ὁ ἀληθινὸς Θεὸς καὶ
Hijo de Él Jesucristo. Éste es el verdadero Dios y
ζωὴ αἰώνιος.
vida eterna.

Análisis y notas del texto griego.

Análisis: οἴδαμεν, primera persona plural del perfecto de indicativo en voz activa del verbo οἶδα, *saber, conocer*, aquí *hemos sabido*, en castellano mejor *sabemos*; δὲ, partícula conjuntiva que hace las veces de conjunción coordinante, con sentido de *pero, más bien, y, y por cierto, antes bien, entonces*; ὅτι, conjunción *que*; ὁ, caso nominativo masculino singular del artículo determinado *el*; Υἱὸς, caso nominativo masculino singular del nombre divino *Hijo*; τοῦ, caso genitivo masculino singular del artículo determinado *el*; Θεοῦ, caso genitivo masculino singular del nombre divino declinado *de Dios*; ἥκει, tercera persona singular del presente de indicativo en voz activa del verbo ἥκω, *venir, presentarse*, aquí *viene*, siendo un presente histórico *vino* o *ha venido*; καὶ, conjunción copulativa *y*; δέδωκεν, tercera persona singular del perfecto de indicativo en voz activa del verbo δίδωμι, *dar, otorgar*, aquí *ha dado*; ἡμῖν, caso dativo de la primera persona plural del pronombre personal *nos*; διάνοιαν, caso acusativo femenino singular del nombre común *entendimiento*; ἵνα, conjunción causal *para que*; γινώσκωμεν, primera persona plural del presente de subjuntivo en voz activa del verbo γινώσκω, *conocer*, aquí *conozcamos*; τὸν, caso acusativo masculino singular del artículo determinado declinado *al*; ἀληθινόν, caso acusativo masculino singular del adjetivo *verdadero*; καὶ, conjunción copulativa *y*; ἐσμὲν, primera persona plural del presente de indicativo en voz activa del verbo εἰμί, *ser, estar*, aquí *estamos*; ἐν, preposición propia de dativo *en*; τῷ, caso dativo masculino singular del artículo determinado *el*; ἀληθινῷ, caso dativo masculino singular del adjetivo *verdadero*; ἐν, preposición propia de dativo *en*; τῷ, caso dativo masculino singular del artículo determinado el; Υἱῷ, caso dativo masculino singular del nombre divino *Hijo*; αὐτοῦ, caso genitivo masculino de la tercera persona singular del pronombre personal declinado *de él*; Ἰησοῦ, caso genitivo masculino singular del nombre propio *Jesús*; Χριστῷ, caso genitivo masculino singular del nombre propio *Cristo*; οὗτος, caso nominativo masculino singular del pronombre demostrativo *éste*; ἐστιν, tercera persona singular del presente de indicativo en voz activa del verbo εἰμί, *ser, estar*, aquí *es*; ὁ, caso nominativo masculino singular del artículo determinado *el*; ἀληθινὸς, caso nominativo masculino singular del adjetivo *verdadero*; Θεὸς, caso nominativo masculino singular del nombre divino *Dios*; καὶ, conjunción copulativa *y*; ζωὴ, caso nominativo femenino singular del nombre común *vida*; αἰώνιος, caso nominativo femenino singular del adjetivo *eterna*.

οἴδαμεν δὲ ὅτι ὁ Υἱὸς τοῦ Θεοῦ ἥκει. Una nueva manifestación de la certeza cristiana es que el *Hijo de Dios ha venido*. Es evento del pasado que tiene efecto en el presente y se extiende definitivamente a los tiempos venideros. El Verbo divino, el Hijo de Dios, vino al mundo. Esta verdad forma parte de la fe fundamental del cristianismo. Juan insiste en esta verdad, cuestionada por algunos en su tiempo, especialmente por alguna forma gnóstica que negaba la realidad de la encarnación del Hijo de Dios. Tanto en la *Epístola*, como en el *Evangelio*, Juan afirma esta verdad que el Verbo fue hecho carne (Jn. 1:14). Esa verdad la pone también en el testimonio personal de Jesús: *"Salí del Padre, y he venido al mundo; otra vez dejo el mundo, y voy al Padre"* (Jn. 16:28). Esta verdad es esencial para responder a la pregunta sobre quien era Jesús. El equilibrio teológico de Juan en el campo de la *Cristología* es evidente. Hace notar la preexistencia de Cristo, ya que *salió del Padre*, donde eternamente está, quiere decir que antes de entrar en el mundo de los hombres, existía en forma de Dios. Añade una segunda verdad, la *encarnación* del Verbo, ya que dice que del Padre, vino al mundo. Lo hizo tomando una naturaleza humana y haciéndose hombre (Jn. 1:14). En una admirable expresión de amor, el Creador, asume las limitaciones de la criatura. El Eterno se hizo un hombre del tiempo y del espacio. El glorioso y admirable Dios, entra en la dinámica de las tentaciones del hombre, siendo tentado como nosotros. El que no puede sufrir, sufre. El que es alabado por los ángeles, es despreciado por los hombres. El que satisface todas las necesidades del universo, siente hambre y sed como el mortal. El que es felicidad suprema, agoniza en Getsemaní. El que es vida y tiene vida en Sí mismo, muere nuestra muerte para darnos vida eterna. Juan lo vio en Su humanidad, tanto en Su ministerio terrenal como en la resurrección. Pero, los efectos de esa venida continúan, el uso del presente en el verbo venir, indica que vino y está aquí, ahora, actuando en salvación. La venida del Hijo de Dios está unida a la obra salvadora, en primer lugar, por Su muerte; en segundo lugar, por la identificación con Él que comunica la vida eterna. La venida del Hijo de Dios es base de la fe cristiana (4:2; 5:6).

καὶ δέδωκεν ἡμῖν διάνοιαν ἵνα γινώσκωμεν τὸν ἀληθινόν, Se refiere también al *don* de Su venida. *"Nos ha dado entendimiento para conocer al que es verdadero"*. El sujeto de esta oración no es otro que Dios mismo. El que siendo invisible no puede ser conocido por los hombres porque nadie le ha visto, envió a Su Hijo para hacerlo posible, es decir, para conocer a Dios, no solo intelectualmente, sino también vivencialmente, ya que sin ese conocimiento no es posible la vida eterna (Jn. 17:3). El adjetivo *verdadero*, no se refiere sólo al hecho de que siendo Dios es también *verdad*, sino que es *verdadero*, porque es el único Dios real, como se afirma en el versículo citado. Es verdadero porque es único, en contraposición a los ídolos que son muchos y todos ellos dioses falsos (v. 21). La venida del Hijo de Dios tiene, como acaba de afirmarse, carácter revelador del Padre (Jn. 1:18; 14:9, 10). El primer efecto de Su venida al mundo es que nos dio la διάνοια, *capacidad de comprensión*, para lo que es sobrenatural. Una palabra que sólo usa Juan. Mediante esta comprensión, como se dice, conocemos a Dios.

καὶ ἐσμὲν ἐν τῷ ἀληθινῷ, ἐν τῷ Υἱῷ αὐτοῦ 'Ιησοῦ Χριστῷ. Sabemos también que tenemos plena vinculación con el Padre: *"estamos en el verdadero, en su Hijo Jesucristo"*. No se puede llegar al *Verdadero* sino por medio de Su Hijo, porque nadie puede ir al Padre sino por Él (Jn. 14:6). La vida solo es posible en el Hijo y por medio de Él (Jn. 1:4; 5:24; 6:33-58; 10:10; 1 Jn. 5:11, 12). La gracia para salvación y la fidelidad salvadora vinieron por medio del Hijo, a quien el Padre envió al mundo (Jn. 1:14, 16). Jesucristo es el único mediador entre Dios y los hombres (1 Ti. 2:5). Juan ha expresado esta verdad de forma contundente, enseñando que nadie puede estar en el Padre sin estar en el Hijo, ni estar en el Hijo sin estar en el Padre (2:22, 23). Todo cuanto el que cree tiene en posesión como la vida, la esperanza, la seguridad de salvación, la verdad, el Espíritu, etc. son posibles y lo recibe por medio del Hijo, ya que es de Su plenitud que tomamos todos (Jn. 1:16).

οὗτος ἐστιν ὁ ἀληθινὸς Θεὸς καὶ ζωὴ αἰώνιος. Cierra el texto con otra afirmación final: *"Este es el verdadero Dios, y la vida eterna"*. En esta verdad se explica la razón de esta relación con Dios por medio de Cristo, que es posible unirnos a Dios, porque quien lo hace es *el verdadero Dios*. El pronombre demostrativo *este* ha sido cuestionado a lo largo del tiempo por quienes niegan la deidad de Jesucristo. Los tales tratan de enseñar que *éste verdadero* no se refiere al Hijo, sino al Padre, a quien antes llamó *verdadero*. Sin embargo, ya de por sí, la reiteración sobre quien es el verdadero sería una tautología, porque acababa de decirse. El sujeto de esta afirmación debe ser el inmediato a ella que es Jesucristo. Es evidente que el apóstol aplicó en varias ocasiones un predicado divino a Jesucristo (Jn. 1:1, 18; 20:28), por tanto, es habitual en él referirse a Jesús como el *verdadero Dios*. La deidad de Cristo es un tema tratado extensamente en la *Epístola*, por lo que no es preciso reiterar otra vez esa verdad. Siendo Juan un proclamador de la verdad sobre la deidad de Jesucristo, no puede ser extraño que cierre el escrito con la afirmación teológica de esa verdad. En todo caso es la afirmación más importante de ese aspecto de la fe fundamental cristiana en todo el Nuevo Testamento, por la precisión con que se cita. Como quiera que Jesús es el *verdadero Dios*, también es la *vida eterna*. Este versículo es como un breve compendio de la doctrina sobre Jesucristo en el pensamiento de Juan, donde se manifiesta, como se dice, el testimonio más claro y preciso de la deidad de Jesucristo. Con toda precisión afirma que Jesús no sólo es el Hijo de Dios, sino que es Dios verdadero en unidad con el Padre. De ahí que la cristología pasa a ser una expresión de la verdad trinitaria del Ser divino.

21. Hijitos, guardaos de los ídolos. Amén.

Τεκνία,	φυλάξατε	ἑαυτὰ	ἀπὸ	τῶν	εἰδώλων.
Hijitos,	guardad	a vosotros mismos	de	los	ídolos.

> Análisis y notas del texto griego.
>
> Análisis: Τεκνία, caso vocativo neutro plural del nombre común *hijitos*; φυλάξατε, segunda persona plural del aoristo primero de imperativo en voz activa del verbo φυλάσσω, *guardar, observar, vigilar, proteger*, aquí *guardad*; ἑαυτὰ, caso acusativo neutro plural del pronombre reflexivo declinado *a vosotros mismos*; ἀπὸ, preposición propia de genitivo *de*; τῶν, caso genitivo neutro plural del artículo determinado *los*; εἰδώλων, caso genitivo neutro plural del nombre común *ídolos*.

Τεκνία, φυλάξατε ἑαυτὰ ἀπὸ τῶν εἰδώλων. La *Epístola* se cierra, en lugar de con el saludo tradicional, con una exhortación cariñosa. Nuevamente el corazón paternal del apóstol aflora en la última frase al usar el vocativo *hijos pequeños*, traducido habitualmente por *hijitos*. A los creyentes los ama entrañablemente. Les ha escrito sobre los problemas que se sustancian en la vida cotidiana. Les exhortó a amarse hermanablemente como manifestación visible del hecho del nuevo nacimiento; les advirtió sobre los que enseñan como *falsos maestros* doctrinas erróneas. Ahora quiere hablarles de un último peligro que acecha a los creyentes y que son los ídolos.

Nuevamente se aprecia un contraste, mediante el cual hay algo que se hace reconocible y destacable. Frente al único Dios verdadero, están los dioses falsos a los que llama ídolos. La exhortación, breve, concisa, descansa en un mandamiento formulado mediante un *aoristo de imperativo*, que expresa algo que debe ser definitivo, como si les dijese: *Hijitos, guardaos de una vez por todas de los ídolos*. El uso del pronombre reflexivo en voz pasiva ἑαυτα, *vosotros mismos*, da una notable fuerza al mandamiento. La construcción gramatical es frecuente en Juan (1:8; 3:3; Jn 7:4: 11: 33, 55; 13:4; 21:1; Ap. 6:15; 8:6; 19:7).

Pudiera preguntarse a que ídolos se está refiriendo. Es una pregunta que no tiene respuesta cierta, más bien una curiosidad del lector. Acaso esté pensando en el culto al emperador romano, que estaba manifestándose en las ciudades del imperio. Tal vez estuviese pensando en los muchos dioses paganos presentes en el culto profano especialmente en Éfeso. Incluso pudiera tratarse de los errores falsos de los maestros no cristianos, algunos de los cuales habían salido de las iglesias, especialmente de aquellas enseñanzas que atacaban la verdad de la deidad de Cristo reduciéndolo a un *dios menor*. En general ídolo es todo aquello que ocupa el lugar que corresponde a Dios. Los creyentes debían guardarse, lo que establece la responsabilidad personal, sin dejar de entender que la gracia y el poder de Dios es necesario para cumplir esta exhortación del apóstol (v. 18). El culto a los ídolos es incompatible con el conocimiento real del Dios único, vivo y verdadero.

Con esta frase que es como un grito de advertencia y un mandato de atención, cierra la *Epístola*, que como se ha visto está llena de afecto y de doctrina bíblica fundamental. Algunos códices latinos ponen un amén al final del versículo, que no está en el texto griego.

Si algo debe destacarse al cerrar el comentario a la *Epístola* es, por parte de la doctrina, la presencia continuada de la *Cristología*. Cada una de las enseñanzas contenidas en el texto, están relacionadas en alguna medida y en alguna forma con Jesucristo. Él es el centro de la fe, la causa y razón de salvación, el ejemplo para la vida cristiana y la esperanza que todos los salvos tenemos. Juan está cautivado por Cristo y esa es la razón principal de la insistencia permanente en sus escritos, no solo en la *Epístola*. No puede haber victoria en la vida cristiana sin vivir a Cristo. No es posible llevar fruto para Dios, separados de Él. No se puede amar a los hermanos sin el amor de Cristo y sin tener presente el modo en que cada uno ha sido amado por Él. Si esto es destacable en la *Epístola* debiera ser motivo de reflexión en la enseñanza y predicación de la iglesia hoy. No es posible conseguir un compromiso de los creyentes en cualquier aspecto de la vida cristiana si no se tiene presente el amor de Cristo, que impulsa a vivir la vida para Él. Además, Jesús mismo dijo que *separados de Él no podemos hacer nada* (Jn. 15:5). Si esta es una realidad no es posible entender la ausencia de una predicación *Cristocéntrica* en la iglesia. Muchas veces se predica un evangelio en donde la Persona y obra de Jesucristo está ausente, llamando a los perdidos a un encuentro con Cristo que no ha sido presentado. Los temas de *actualidad* han retirado la

Cristología del púlpito de la iglesia, de modo que los creyentes desconocen las huellas que Jesús ha dejado, reveladas en la Palabra, para que sigamos Sus pisadas. El desconocimiento del Señor, es la causa de muchos de los problemas familiares y, especialmente en la relación matrimonial. La certeza de que sólo Él es el Señor, permite que se levanten muchos arrogantemente hinchados, que se enseñorean del rebaño del Buen Pastor. La gracia en la relación con la iglesia, hace de algunos pastores jueces en lugar de instrumentos de gracia. El escrito que acabamos de considerar debiera llevarnos a formular en nuestra intimidad la pregunta: *¿Dónde está el Señor en mi vida?*

Un segundo asunto reiterado en la *Epístola* es el amor entre hermanos. Nada puede ser de aceptación para Dios, en cualquier tipo de ministerio, que no esté fundado en el amor. Sobre todas las cosas, los cristianos deben manifestar ferviente amor por Cristo, pero no es posible amar a Cristo sin amar a los hermanos. La falta de amor conduce inexorablemente al libertinaje, para lo que todo es válido, porque Dios nos ama y perdonó nuestros pecados, dejando de incidir en la necesidad de vivir una vida santa como realidad de salvación. Pero esa misma falta de amor conduce a una esclavitud espiritual para creyentes que son sujetos a restricciones legalistas que coartan su libertad en Cristo. Son muchos los hermanos que viven esclavizados por el legalismo que ha regulado lo permitido y lo prohibido, según los intereses de quienes se han convertido en jueces y fiscales del pueblo de Dios. La *Epístola* llama a reaccionar sobre estos males y algunos otros que se destacan en las palabras del apóstol.

Simplemente, sepamos todos que *"El que dice que permanece en él; debe andar como él anduvo"* (2:6).

Excursus

Comma Johanneum

Se denomina de esta forma al triple testimonio que se da desde el cielo y que aparece en 5:7b, 8ª. Se le conoce también como *Coma Joánica*, o *testigos celestiales*. Esta cláusula corta aparece en los mss. latinos de la *Primera Epístola de Juan*. Se lee en la edición *sixto-clementina* de la Vulgata, de este modo: (v. 7b)*"Quoniam tres sunt qui testimonium dant (in caelo: Pater, Verbum et Spiritus Sanctus; et hi tres unum sunt.* (v. 8a), *Et tres sunt qui testimonium dant in terra) Spiritus et agua et sanguis: et hi tres inum sunt"*. Las palabras entre paréntesis se omiten en todas las ediciones críticas del texto griego.

Esta interpolación apareció por primera vez, como antes se indica, en los manuscritos de la Vulgata del s. IX. El primer texto griego que contiene la cláusula data del s. XV. Esta añadidura está ausente en textos etíopes y arameos, así como en las versiones *siríacas, eslavas, armenias, árabes y georgianas* del Nuevo Testamento griego. El consenso general de la Crítica Textual, es que se trata de una corrupción latina que entró a algunos mss. griegos como nota marginal incorporada al texto. De forma especial la discusión sobre el *comma*, tiene cierta presencia de debate en el mundo anglo, sobre todo activado en el movimiento de defensa de la traducción bíblica llamada *autorizada*, denominado *King James Only*.

En el s. V, el *comma* comenzó a ser citado por padres latinos en el norte de África e Italia, como parte del texto de la *Epístola*, y desde el s. VI en adelante aparece cada vez con más frecuencia en los manuscritos del latín antiguo y de la Vulgata.

En el *Textus Receptus* de Desiderio Erasmo de Roterdam, el *comma*, no estaba en las dos primeras ediciones. Esta se incluyó en la edición de 1522 del Nuevo Testamento griego, apareciendo posteriormente en cada edición del *Receptus*. De modo que aparece en las traducciones más utilizadas del Nuevo Testamento antes de 1881, cuando la *Versión Revisada Inglesa*, omitió traducir el *comma*. Sin embargo, varios traductores individuales lo habían omitido ya en el s. XVIII. Con todo, la versión *King James*, la *Biblia de Ginebra*, las traducciones de *Ronald Knox*, que son versiones católico-romanas, basadas en la Vulgata, persisten en mantenerla. Permaneciendo el *comma* en el Receptus, se mantiene en las traducciones que lo siguen como único texto autorizado, como ocurre en la *King James*.

La mayor parte de las ediciones críticas modernas del texto griego omiten esta frase como parte de los textos fieles a los originales. De ahí que algunas versiones modernas como NVI, no la tienen en su traducción. Es notable observar que, en la *Nova Vulgata*, de tradición católico-romana, publicada en 1979 después del *Concilio Vaticano II*, basada en el Texto Crítico, aprobado para el uso litúrgico, omite el *comma*. Por esa razón algunas traducciones en lengua inglesa como la *Nueva Edición de la Biblia*, omite las frases.

Podrían darse aquí apoyos o negaciones sobre la autenticidad de estas frases, lo que convertiría este *excursus* en una obra de Crítica Textual, fuera de lo que debe añadirse fuera de tema en un comentario.

En los textos griegos más seguros no aparece la interpolación, como ocurre en el *Codex Sinaiticus, Codex Alesandrinus, Codex Vaticanos.* Tampoco está en los *unciales*, 048, 049, 056, 0142. Igualmente, no aparece en los *minúsculos*, como 33, 81, 88, 104. Los textos de la *mayoría bizantina*, no lo tienen, ni los *Leccionarios*. Está también ausente en citas de *Clemente de Alejandría*, *Orígenes* y otras de los *Padres de la Iglesia.*

Solo algunos minúsculos la contienen como el 61, *Codex Montfortianus*, del 1520; el 629 *Codex Ottobonianus* s. XIV/XV; el 918 del s. XVI; y el 2318 del s. XVIII.

La discusión sobre la genuinidad del *comma*, se inició en el x. XVI, cuando se hizo la primera edición crítica en griego del Nuevo Testamento. La Biblia Políglota complutense de Cisneros, lo mantiene. Como se indicó antes, Erasmo no lo puso en las dos primeras ediciones, pero contra su voluntad lo incluyó en la tercera de 1522. La discusión se incrementó en el s. XIX, en donde las ediciones críticas del griego del N. T., tanto católicas como protestantes, lo excluían, mientras que se mantenía por quienes argumentaban no tanto lingüística sino teológicamente sobre la importancia del *comma*. Especialmente firmes en el mantenimiento era el mundo católico-romano, en razón de las disposiciones del Concilio de Trento, que mandaba aceptar íntegramente todos los libros del Nuevo Testamento tal como estaban en la Vulgata (DZ 58-60). El Santo Oficio, en 13 de enero de 1897, dio un decreto por el que no podía negarse nada de este texto, ni tan siquiera poner en duda la autenticidad del *comma*. Finalmente, la discusión en el mundo católico-romano, concluye con la disposición del Santo Oficio de 2 de junio 1927, en el que da una interpretación oficial de lo que había decretado treinta años antes, diciendo que éste se había dado para defender la Escritura de enseñanzas de doctores privados, pero no impedía que se continuase con la investigación científica hecha con moderación, con tal de que mantuviesen la debida sumisión al magisterio de la Iglesia. Hoy en forma prácticamente unánime en el mundo católico-romano, se admite que el *comma*, no pertenece al texto original, sino que es una interpolación.

Debe llegarse a la conclusión que tanto la Crítica Textual, como la interna no favorecen la autenticidad del *comma*, por lo que debe considerarse como no salido del escrito original de la *Epístola*.

II JUAN

II JUAN

VERDAD Y AMOR

Introducción.

Hecha ya una amplia introducción a los escritos epistolares de Juan, no es preciso reiterar aquí lo que se ha dicho antes en la *Primera Epístola*, limitando la *Introducción General* a lo que tiene que ver solo con la *Segunda Epístola*, remitiendo al lector para los datos comunes, como *referencias biográficas del autor*, *metodología*, *especificaciones del texto griego*, *reglas hermenéuticas*, etc. al apartado de *Introducción* que está antes de iniciar el comentario al texto de la *Primera Epístola*. Se considerará en este apartado de introducción aquello que tiene que ver sólo con esta *Segunda Epístola.*

La Epístola en la iglesia primitiva.

La mención de esta *Epístola*, es sin duda alguna mucho menor que las referencias que aparecen en los escritos de los primeros siglos relacionadas con la *Primera Epístola*. Sin embargo, hay reconocimiento de esta 2 Jn. por *Padres de la Iglesia*. Así Policarpo, que fue discípulo directo de Juan, que murió en el año 156, menciona 2 Jn. 7[1]. Ocurre lo mismo con Ireneo, fallecido en el año 202, que cita dos veces 2 Jn. 7, 11, afirmando ser obra del apóstol Juan[2]. Otro es Clemente Alejandrino, muerto en 214, cita 1 Jn, 5, 16, escribiendo sobre esas citas que son como las otras de *"Juan en su epístola mayor..."*[3], luego reconocía el segundo escrito de Juan, como *menores*. Orígenes que vivió hasta el año 254, conoce las discusiones que se formulaban sobre la autoría de la 2 y 3 Juan, aceptándolas él como canónicas[4]. Dionisio Alejandrino, muerto en el año 265, las acepta como de Juan[5]. Tertuliano, fallecido en el 222, la cita y reconoce la autoría[6]. De igual manera ocurre con Prisciliano, muerto en 385[7], ambos hacen referencia a 2 Jn. 7. Atanasio, muerto en 373, también se refiere a la *Epístola*[8]. Asimismo reconoce la epístola Cirilo de

---

[1] Policarpo. *Ad. Philip.* 7,1.
[2] Ireneo. *Ad. Haer. 1,16.3; 3, 16, 8.*
[3] Clemente Alejandrino. *Stromata* 2, 16, 76.
[4] Orígenes. *In Joannem*, 5, 3.
[5] Citado por Eusebio. *Hist. Eccl.* 7, 25, 11.
[6] Tertuliano. *De carne Christi*, 24; *De Pudicitia*, 19.
[7] Prisciliano. *Liber Apologeticus*, 1,37.
[8] Atanasio. *Epist.* 39; *De Paschate festo.*

Jerusalén, muerto en el año 386[9]. También Gregorio Nacianceno, fallecido en el año 389[10]. Epifanio, muerto en el año 403, reconoce la *Epístola*[11]. Rufino, muerto en el 410, también conocía el escrito como de Juan[12]. No es posible dejar de prestar atención a Agustín, muerto en el 430, que considera la 2 y 3 Jn. como obras del apóstol[13].

Pasando a los catálogos de libros canónicos, el *Canon de Muratori*, de finales del s. II, habla en plural de las *Epístolas de San Juan*, escribiendo *"in epistolis suis"*, y en otro párrafo habla de *dos* epístolas de Juan: *"superscriptio Ioannis duas in catholica habentur"*. También el *Códice Claromontanus*, y el *Catálogo de Mommsen* mencionan como del apóstol Juan, las tres *Epístolas*.

En cuanto a *Concilios*, el de Cartago del año 256 se refiere a la *Segunda Juan*, como autoridad canónica. Más tarde los de Hipona, del 393 y los dos de Cartago de los años 397 y 419, ponen la 2 y 3 Juan en el canon de las Sagradas Escrituras.

Sin embargo, frente a estas pruebas, la autenticidad de autor de las dos *Epístolas*, ha sido cuestionada desde el principio. En escritos de Orígenes se hace referencia a las dudas de autenticidad, pero que él no comparte[14]. También Eusebio sitúa la *Epístola* entre los *antilegómena*, escritos discutidos. Jerónimo hace referencia a las críticas que en su tiempo se presentaban contra la 2 y 3 Jn., aunque él las reconoce como canónicas, escritas por el apóstol Juan[15]. Otros, como ocurre en el *Decreto Gelasiano*, del año 495, las atribuye a Juan el Presbítero. Cabe hacer referencia a Cipriano, muerto en 258; Teodoro de Mopsuestia, muerto en el 428; Juan Crisóstomo, fallecido en 407; no las mencionan. La iglesia siríaca las aceptó más tarde en el canon.

En cuanto a la *Crítica Liberal Humanista*, la conocida como *Alta Crítica*, ha cuestionado abiertamente estos escritos, dirigiendo al lector, para una consideración sobre esto a la *Introducción* que antecede al comentario a la *Primera Epístola*. Como es habitual los argumentos que proponen para negar la autoría no pueden ser demostrados, quedando en meras hipótesis, sin dar una alternativa segura en cuanto a autor y fecha.

---

[9] Cirilo de Jerusalén. *Catech.* 4, 36.
[10] Gregorio Nacianceno. *Carm.* 1, 12, 37.
[11] Epifanio. *Haer.* 76, 5.
[12] Rufino. *Comm. in symb. apost.* 37.
[13] Agustín. *De doctr. Christ.* 2, 8.
[14] Orígenes. *In Ioan*, 5, 3.
[15] Jerónimo. *De vir. Ilustr.* 9, 18.

Autor.

Sin duda, tanto las evidencias externas históricas, como las internas del propio escrito, exigen considerar a Juan, el apóstol, como el autor de la *Epístola*.

En primer lugar, se destaca la enorme semejanza que tienen las tres *Epístolas* entre sí, que demanda considerarlas como de un mismo autor. El tema central de ellas difiere, como es natural, por el contenido y orientación, pero el comienzo y el término se corresponden abiertamente.

El autor se identifica en las dos con el calificativo *el anciano*, este título precedido del artículo determinado, expresa una identidad única, para quien era conocido en la *iglesia*, como *el presbítero*, único de esa manera entre los otros *presbíteros*, de la congregación. Aunque se alude a la edad avanzada del escritor que se califica como *anciano*, probablemente deba entenderse esto más que como debido a la edad, era por su autoridad, propia de un apóstol de Jesucristo, aunque no cabe duda, que cuando Juan escribió estas *Epístolas* no era un hombre joven, sino mayor en edad. En el tiempo de la datación de la *Epístola*, Juan era el único vivo del colegio apostólico, a fines del s. I.

Cuestionamiento de autoría.

Baste mencionar con brevedad, que el cuestionamiento de datación y autoría modernos, proceden principalmente de la misma fuente, la *Escuela de Tubinga*, en el s. XIX, cuyo objetivo principal fue la negación sistemática de autoría de los libros de la Escritura. El argumento más utilizado en relación con esta *Epístola*, es que el autor se califica como *"el anciano"*, cuando –según estos– debiera identificarse como *el apóstol*. En base a esto, se formularon propuestas como de que el autor era el *Presbítero Juan*, un hombre conocido en la iglesia primitiva, que nada tenía que ver con el apóstol.

Ante la dificultad de sostener la negación de autoría del apóstol, se sugirió que en Éfeso había dos personas con el nombre de Juan, una era el apóstol y otra el *presbítero*. Esto proviene de una cita de Papías, amigo de Policarpo, discípulo de Juan, que en un escrito titulado *Interpretación de los oráculos del Señor*, nombra a Juan entre los apóstoles y luego a otro al que denomina *anciano* o *presbítero* que ministraba en Éfeso. Pero en la cita todos los apóstoles son llamados también *presbíteros*, por tanto, no hay seguridad alguna en la distinción de dos personas. Históricamente no hay noticia alguna que confirme la existencia de un *presbítero* que tuviese el nombre del apóstol. Hubo un rumor en tiempos posteriores que manifestaba que en Éfeso había dos tumbas, una la del apóstol y otra la del *presbítero*. Pero, Polícrates, obispo de Éfeso a finales del s, II no menciona un segundo Juan, y mucho menos las dos supuestas tumbas.

Es necesario recordar que el título *anciano*, *presbítero*, *sobreveedor*, eran los términos usados para referirse a los miembros del consejo colegiado del gobierno de las iglesias. Los apóstoles, y de forma especial Pablo, tenían sumo cuidado de dejar establecido para cada iglesia local un gobierno plural. La idea de un gobierno mono-personal no está en el Nuevo Testamento y tampoco en los inicios de la iglesia. De ese modo el apóstol Pedro se llama a sí mismo en su *Primera Epístola*, al escribir a los presbíteros, *"co-anciano con ellos"* (1 P. 5:1). Por tanto, no puede establecerse el calificativo para el autor, como justificante de ser otra persona distinta a la del apóstol Juan.

Destinatarios.

La *Epístola* va dirigida a la *señora elegida* y a *sus hijos*. Esto genera también discusiones sobre los destinatarios. Estas posiciones son fundamentalmente dos:

Posición literal. El texto debe entenderse en la forma más literal, tal como fue escrito, en el tiempo en que fue escrito y para quien fue escrito. Según este principio hermenéutico, parece natural que la *Epístola* se dirija a una señora, tal vez de la alta sociedad, y a sus hijos. Tendría que tratarse de alguien muy conocida en la iglesia local. Pero, la falta de nombre de la *señora*, representa una dificultad añadida. Además, si se trata de una carta personal es imprescindible que se identifique el destinatario por nombre, conforme a la norma epistolar de entonces. Los que sostienen esta interpretación proponen que el nombre de la mujer a quien se dirige la *Epístola* es el de *Electa*, pero más adelante se refiere a la hermana de ella y utiliza el mismo nombre (v. 13), lo que hace prácticamente imposible que haya dos hermanas con el mismo nombre.

Se han dado nombres para sustentar la teoría, de modo que se propuso el de Marta la hermana de María, que es un nombre arameo que puede traducirse por *señora*. Otros proponen a la esposa de Pedro, viuda en el tiempo final de la vida de Juan, conocida por acompañar en los viajes a su esposo (1 Co. 9:5). Para algunos se trata de la esposa del apóstol Juan, e incluso se ha hecho referencia a la Virgen, pero, sobre todo en el mundo católico-romano, no se considera esta propuesta por cuanto, para ellos, María, la madre de Jesús, no tuvo más hijos.

Posición figurativa. Se entiende que la *Epístola*, tal vez por sentido de seguridad ya que las persecuciones contra los cristianos habían comenzado, se dirige a la *señora elegida*, que es una forma para expresar metafóricamente a la iglesia, en general, o a una en particular. Ya en el Antiguo Testamento se usó la figura de la esposa para referirse a Israel (Is. 62:4, 5; Jer. 2:2). Por otro lado, la comparación de la iglesia con una esposa en el Nuevo Testamento, está presente (Jn. 3:29; 2 Co. 11:2; Ef. 5:22-32; Ap. 21:9; 22:17).

No cabe duda que esto tiene también la dificultad de identificar a la iglesia, acaso alguna de las grandes congregaciones en donde el apóstol ministraba, entre la que cabe pensar en *Éfeso*. No debe tratarse de una *Epístola universal*, puesto que aparece una *hermana* (v. 13), lo que haría difícil reconciliar las dos referencias. La razón más plausible por la que Juan usa un término metafórico, obedece a la persecución que tal vez se cernía sobre esta iglesia. Juan no quiere dar en el escrito datos concretos que permitan identificar a la congregación y usa el término *señora elegida*, para referirse a la iglesia y el de *hijos* a los creyentes de la congregación.

Propósito.

La lectura de la *Epístola* permite apreciar la preocupación del apóstol por la situación que atravesaba la *familia espiritual*. En general, el interés que tenía por la buena marcha de la iglesia local. Entre otras preocupaciones estaba la expansión y presencia de los *falsos maestros*, que procuraban desviar la fe de los creyentes, por lo que, junto con la advertencia correspondiente, está la exhortación a perseverar en la doctrina de Cristo, recordándoles que solo quien tiene al Hijo puede tener al Padre, de otro modo, como enseñó en la *Primera Epístola*, no hay salvación sin el reconocimiento de Jesús como Hijo de Dios (vv. 7-9). Esta situación lleva al apóstol a exhortar a los creyentes para que no tengan comunión ni relación íntima con los *falsarios* (vv. 10-11).

Lugar y fecha de redacción.

Según la cronología de la vida de Juan apoyada en la historia de la iglesia, se cree que el apóstol estuvo por tiempo en Éfeso, desde donde ministró entre las iglesias. Al no hacer mención en ella a las persecuciones, debe considerarse que se escribió antes de las que se iniciaron en el tiempo de Domiciano, que comenzaron en el año noventa y cinco, por tanto, podría aceptarse como lo más probable que fue escrita desde Éfeso.

Texto griego.

El griego de la *Epístola* es, como en la *Primera* sencillo, pero bastante ajustado a reglas gramaticales del idioma *koiné*. Sobre aspectos generales del tratamiento y análisis del texto griego, remitimos al lector a la amplia consideración sobre estos aspectos en el apartado *Texto Griego* en la *Introducción* que antecede a la *Primera Epístola*.

Los textos griegos principales, reconocidos con mayor autoridad textual, que se usan para el escrito, son:

$\mathfrak{P}^{74}$,
ℵ, A, B, C, P, Ψ, 048,
5, 33, 81, 307, 436, 442, 642, 1175, 1243, 1448, 1611, 1735, 1739, 1852, 2344, 2492.

Bosquejo.

1. Introducción y saludo (vv. 1-3).
2. Alabanza por permanecer en la verdad (v. 4).
3. Exhortación al amor (vv. 5-6).
4. Advertencias sobre los falsos maestros (vv. 7-11).
5. Conclusión y despedida (vv. 12-13).

EXÉGESIS DE LA EPÍSTOLA.

Introducción y saludo (vv. 1-3).

1. El anciano a la señora elegida y a sus hijos, a quienes yo amo en la verdad; y no sólo yo, sino también todos los que han conocido la verdad.

Ὁ πρεσβύτερος ἐκλεκτῇ κυρίᾳ καὶ τοῖς τέκνοις αὐτῆς, οὓς
El anciano a elegida señora y a los hijos de ella, a quienes
ἐγὼ ἀγαπῶ ἐν ἀληθείᾳ, καὶ οὐκ ἐγὼ μόνος ἀλλὰ καὶ πάντες
yo amo en verdad, y no yo solo, sino también todos
οἱ ἐγνωκότες τὴν ἀλήθειαν,
los que han conocido la verdad.

Análisis y notas del texto griego.

Análisis: Ὁ, caso nominativo masculino singular del artículo determinado *el*; πρεσβύτερος, caso nominativo masculino singular del nombre común *anciano, presbítero*; ἐκλεκτῇ, caso dativo femenino singular del adjetivo declinado *a elegida*; κυρίᾳ, caso dativo femenino singular del nombre común *señora*; καὶ, conjunción copulativa *y*; τοῖς, caso dativo neutro plural del artículo determinado declinado *a los*; τέκνοις, caso dativo neutro plural del nombre común *hijos*; αὐτῆς, caso genitivo femenino de la tercera persona singular del pronombre personal declinado *de ella*; οὓς, caso acusativo masculino plural del pronombre relativo declinado *a los que, a los cuales, a quienes*; ἐγὼ, caso nominativo de la primera persona singular del pronombre personal *yo*; ἀγαπῶ, primera persona singular del presente de indicativo en voz activa del verbo ἀγαπάω, *amar*, aquí *amo*; ἐν, preposición propia de dativo *en*; ἀληθείᾳ, caso dativo femenino singular del nombre común *verdad*; καὶ, conjunción copulativa *y*; οὐκ, forma escrita del adverbio de negación *no*, con el grafismo propio ante una vocal con espíritu suave o una enclítica; ἐγὼ, caso nominativo de la primera persona singular del pronombre personal *yo*; μόνος, caso nominativo masculino singular del adjetivo *solo*; ἀλλὰ, conjunción adversativa *sino*; καὶ, adverbio de modo *también*; πάντες, caso nominativo masculino plural del adjetivo indefinido *todos*; οἱ, caso nominativo masculino plural del artículo determinado *los*; ἐγνωκότες, caso nominativo masculino plural del participio perfecto en voz activa del verbo γινώσκω, *conocer*, aquí *que han conocido*; τὴν, caso acusativo femenino singular del artículo determinado *la*; ἀλήθειαν, caso acusativo femenino singular del nombre común *verdad*.

῾Ο πρεσβύτερος. La *Epístola* se inicia con la identificación del remitente, como era habitual en la correspondencia en el mundo grecoromano. El único identificativo aquí es *el anciano*. Sin duda plantea para el intérprete de hoy una dificultad generando distintas propuestas sobre el que escribe, que se han considerado ya en la *introducción*. Si nosotros no lo identificamos por ese título, no cabe duda que los destinatarios sabían bien quien era. El nombre πρεσβύτερος, se usaba para referirse a una persona mayor. Según la clasificación de edad, el *presbítero*, era el hombre maduro en una etapa de la vida entre los cincuenta y los cincuenta y seis años, pasados los cuales se entraba en la vejez[16]. Juan debía tener una edad avanzada cuando escribió la Epístola, pero, con toda probabilidad no se calificaba como *el presbítero* o *el anciano* en razón de ella, sino como el título que se daba a los líderes de las iglesias. En una sencilla observación el Nuevo Testamento, se aprecia que había *ancianos* en las congregaciones (Hch. 14:23; 20:17; Tit. 1:5; 1 P. 5:1). Estos ejercían sus oficios de conducción y pastoreo de la iglesia local por designación del Espíritu Santo (Hch. 20:28). Esta designación se le comunicaba a cada uno por la llamada íntima del Espíritu Santo (1 Ti. 3:1). Siendo el *anciano* un *oficio* y no un *don*, los líderes de las iglesias debían tener unas cualidades personales específicas (1 Ti. 3:2-7; Tit. 1:6-9). Los creyentes reconocían a los *ancianos* y se sujetaban a ellos, en el Señor (1 Co. 16:15, 16; 1 Ts. 5:12, 13; He. 13:7, 17; 1 Ti. 5:17).

[16] Esta era la división de edad en el hombre de Hipócrates, el médico.

Es notable apreciar que el calificativo va precedido del artículo determinado, de modo que quien escribía no era *un* anciano, sino *el* anciano. Probablemente así era conocido el apóstol en el mundo de las iglesias en las que habitualmente trabajaba. Lo mismo ocurre con el apóstol Pedro, que se presenta como un *anciano junto con otros* ancianos de la iglesia (1 P. 5:1). Juan era apóstol, revestido como tal por la autoridad de Jesucristo, sin embargo, también era *anciano* o *presbítero* en la iglesia donde estaba. No hay duda alguna que el prestigio suyo era tal que cualquiera por el título *el anciano*, le reconocía.

ἐκλεκτῇ κυρίᾳ καὶ τοῖς τέκνοις αὐτῆς, Si es, en cierto modo, difícil determinar el autor por la simple introducción del escrito, no lo es menos establecer quienes son los destinatarios. En la *introducción*, se han considerado las dos alternativas más habituales. Por un lado, la literal, en el sentido de que la *Epístola* está dirigida a una cristiana y a sus hijos. Esto produce serias dificultades de identificación, sobre todo porque al final hay otra mujer que se llama *hermana* de la primera y que se reconoce por el mismo nombre, cosa harto improbable en una misma familia. De modo que debe optarse por una forma metafórica para referirse a una iglesia, y a los hijos de la *"señora"* como los miembros de la congregación. Se ha sugerido en la *introducción* las razones que motivaron a Juan para usar esta forma.

οὓς ἐγὼ ἀγαπῶ ἐν ἀληθείᾳ, De los hijos dice el escritor que *"los ama en verdad"*. Algunos entienden que en el texto debiera haber un artículo determinado, para leer: *"a quienes amo en la verdad"*, por lo que el amor está vinculado a la verdad, que sería una forma de referirse a la fe común. Tanto él como ellos están en la verdad y sus relaciones corresponden a esa posición. Pero, sin el artículo se convierte en una expresión de verdad específica, que en el pensamiento de Juan tiene que ver con la verdad revelada en el mensaje y enseñanza de Jesucristo. Por tanto, amar en verdad, es hacerlo en el modo que Jesús manifestó en Su mismo estilo de vida. Esto prepara el terreno para uno de los temas de la *Epístola*, que es la advertencia contra los *falsos maestros*, cuya vida y enseñanza no es en *la verdad*. Quien está en la *verdad*, esto es, quien está *en Cristo*, no puede sino amar como fue amado (1 Jn. 4:19).

καὶ οὐκ ἐγὼ μόνος ἀλλὰ καὶ πάντες οἱ ἐγνωκότες τὴν ἀλήθειαν, Pero no solo son amados por Juan, sino también *"todos los que han conocido la verdad"*. Todo aquel que está en Cristo, que vive en la verdad, que ha sido renacido por el Espíritu, ama a los hermanos. Una de las evidencias del nuevo nacimiento es que los creyentes se aman entre sí, como Cristo había establecido en el *mandamiento nuevo* (Jn. 13:34).

La realidad de la vida cristiana descansa en la expresión de un amor hacia los hermanos, al estilo de cómo Cristo nos amó primero.

2. A causa de la verdad que permanece en nosotros, y estará para siempre con nosotros:

διὰ τὴν ἀλήθειαν τὴν μένουσαν ἐν ἡμῖν καὶ μεθ' ἡμῶν
A causa de la verdad - que permanece en nosotros y con nosotros
ἔσται εἰς τὸν αἰῶνα.
estará para siempre.

Análisis y notas del texto griego.

Análisis: διὰ, preposición propia de acusativo *de, a causa de, por causa de*; τὴν, caso acusativo femenino singular del artículo determinado *la*; ἀλήθειαν, caso acusativo femenino singular del nombre común *verdad*; τὴν, caso acusativo femenino singular del artículo determinado *la*; μένουσαν, caso acusativo femenino singular del participio presente en voz activa del verbo μένω, *permanecer*, aquí *que permanece*; ἐν, preposición propia de dativo *en*; ἡμῖν, caso dativo de la primera persona plural del pronombre personal *nosotros*; καὶ, conjunción copulativa *y*; μεθ', forma escrita ante vocal aspirada de la preposición de genitivo μετά, *con*; ἡμῶν, caso genitivo de la primera persona plural del pronombre personal *nosotros*; ἔσται, tercera persona singular del futuro de indicativo en voz activa del verbo εἰμί, *ser, estar*, aquí *estará*; εἰς, preposición propia de acusativo *hasta*; τὸν, caso acusativo masculino singular del artículo determinado *el*; αἰῶνα, caso acusativo masculino singular del nombre común *siglo*.

διὰ τὴν ἀλήθειαν τὴν μένουσαν ἐν ἡμῖν La causa de este amor grande y común entre cristianos, es debido a la *verdad* que permanece en cada uno de ellos. El mandamiento del amor en general vincula al creyente con Dios, puesto que Él es amor y por esa razón ama (1 Jn. 4:8b), de ese modo quien es *hijo de Dios* por generación espiritual, *es como Él* (1 Jn. 4:17b) en cuanto a la práctica plena del amor. Ahora bien, el que ama a todos, ama de un modo especial a quienes son hermanos suyos en la fe, porque está el que ama y los que son objeto de amor, ligados por *la verdad* que está en ellos. No cabe duda que *la verdad* aquí en la relación fraterna, es la presencia de Cristo en cada uno de los salvos. También la *verdad* que permanece en el creyente es la fe que se cree y que está en la Palabra, que al apóstol dice que *"permanece en vosotros"* (1 Jn. 2:14). Además, la *verdad* asentada en el creyente puede identificarse con el Espíritu Santo, al que Juan llama *"la verdad"* (Jn. 14:17; 1 Jn. 5:6b).

καὶ μεθ' ἡμῶν ἔσται εἰς τὸν αἰῶνα. La verdad que hemos conocido subjetivamente, *permanece* en nosotros, y lo hará eternamente, como literalmente se lee en el texto griego: *"hasta el siglo"*. Los recursos y las Personas Divinas, que han hecho morada en el creyente desde el momento de la fe, permanecen en su santuario –ya que cada creyente es templo de Dios en Espíritu (1 Co. 6:19)-. Los que no son de Dios, no confiesan la verdad y salen al mundo para hacer una obra contraria a ella (v. 7; 1 Jn. 2:19), pero en los creyentes la verdad permanece. Aunque verdad y amor está íntimamente ligados, es necesario que la verdad no elimine la manifestación del amor, pero que tampoco en base a un amor mal entendido, la verdad se resienta.

3. Sea con vosotros gracia, misericordia y paz, de Dios Padre y del Señor Jesucristo, Hijo del Padre, en verdad y en amor.

ἔσται μεθ' ἡμῶν χάρις ἔλεος εἰρήνη παρὰ Θεοῦ Πατρὸς καὶ
Será con nosotros gracia, misericordia, paz de Dios Padre y
παρὰ 'Ιησοῦ Χριστοῦ τοῦ Υἱοῦ τοῦ Πατρὸς ἐν ἀληθείᾳ καὶ
de Jesucristo el Hijo del Padre, en verdad y
ἀγάπῃ.
amor.

Análisis y notas del texto griego.

Análisis: ἔσται, tercera persona singular del futuro de indicativo en voz media del verbo εἰμί, *ser, estar*, aquí *será*; μεθ', forma escrita ante vocal aspirada de la preposición de genitivo μετά, *con*; ἡμῶν, caso genitivo de la primera persona plural del pronombre personal *nosotros*; χάρις, caso nominativo femenino singular del nombre común *gracia*; ἔλεος, caso nominativo neutro singular del nombre común *misericordia*; εἰρήνη caso nominativo femenino singular del nombre común *paz*; παρὰ, preposición propia de genitivo *de*; Θεοῦ, caso genitivo masculino singular del nombre divino *Dios*; Πατρὸς, caso genitivo masculino singular del nombre divino *Padre*; καὶ, conjunción copulativa *y*; παρὰ, preposición propia de genitivo *de*; 'Ιησοῦ, caso genitivo masculino singular del nombre propio *Jesús*; Χριστοῦ, caso genitivo masculino singular del nombre propio *Cristo*; τοῦ, caso genitivo masculino singular del artículo determinado declinado *del*; Υἱοῦ, caso genitivo masculino singular del nombre divino *Hijo*; τοῦ, caso genitivo masculino singular del artículo determinado declinado *del*; Πατρὸς, caso genitivo masculino singular del nombre divino *Padre*; ἐν, preposición propia de dativo *en*; ἀληθείᾳ, caso dativo femenino singular del nombre común *verdad*; καὶ, conjunción copulativa *y*; ἀγάπῃ, caso dativo femenino singular del nombre común *amor*.

ἔσται μεθ' ἡμῶν χάρις ἔλεος εἰρήνη. Habitualmente, en la correspondencia del tiempo de Juan, se iniciaba la carta con la identificación del remitente, luego el destinatario e inmediatamente el saludo, que solía ser una sola palabra χαίρειν, *alegría, saludos*. La correspondencia epistolar cristiana, la sustituyó por *gracia*. La fórmula introductoria de muchos escritos del apóstol Pablo, comenzaba por dos palabras *gracia y paz*. En el caso del saludo de la *Epístola*, no expresa tanto un deseo como una aseveración llena de confianza, no es *sea con vosotros*, sino que afirma *será con nosotros*, incluyéndose el autor en la declaración como creyente junto con los destinatarios.

La segura certeza de disfrutar continuamente de la *gracia,* de la *misericordia* y de la paz, procede de la comunión y permanencia en quienes otorgan estos dones que son *El Padre* y *El Hijo*. Esta es la primera seguridad del apóstol, la *gracia* estará siempre con el creyente. Se ha definido como *don inmerecido* que Dios otorga al hombre, pero también la gracia es el *amor en descenso*, ya que donde está la gracia está también el descenso de Dios hacia el hombre (Jn 1:14; 2 Co. 8:9). La gracia es la razón y causa de la salvación (Ef. 2:8-9), tanto en la manifestación pasada de la justificación, como en la presente de la santificación y en la futura de la glorificación (1 P. 1:13). Nada es posible llevar a cabo en la vida cristiana ni en el ministerio, que no tenga que ser sustentado por el poder de la gracia, por cuanto la obra de Dios no es nuestra, sino Suya, como el apóstol Pablo entendía en relación con su trabajo (1 Co. 15:10). Juan afirma que la gracia estará continuamente con nosotros.

Junto con la gracia está también la seguridad de la presencia de la *misericordia*. Esta es la manifestación propia del corazón de Dios atendiendo a las miserias y dificultades de la criatura. El término *misericordia* es, en latín, un compuesto de dos palabras *miser*, miserable, desdichado y *cor, cordis*, corazón, con el sufijo *ia*, por tanto, la palabra expresa la capacidad de sentir las desdichas de los demás. Es, pasar *la miseria por el corazón*. Si la gracia sustenta, la misericordia consuela y alienta. Sin duda había serias dificultades en las iglesias del tiempo de Juan, persecuciones, falsos maestros, divisiones, que producían momentos de inquietud, pero Juan afirma que no faltará la *misericordia* que Dios tiene como provisión de Su amor para esos momentos.

El tercer elemento en la oración de saludo, afirmando la seguridad, es la *paz*, que es el resultado final de la operación de la gracia y de la misericordia. La gracia proviene de Dios por medio de Cristo y produce la paz, fruto de la justificación (Ro. 5:1). La gracia perdona, pero la misericordia siente compasión. La gracia es el amor que Dios manifiesta por el culpable, la misericordia es Su amor hacia el infeliz, aquel que mueve a lástima por su situación. La gracia tiene que ver con el estado de la persona, la misericordia con la condición. La paz es el resultado de la *confianza* en Dios que ama, que alienta, que salva y se convierte en esperanza, por eso el profeta decía que Dios *"guardará en completa paz a aquel cuyo pensamiento en ti persevera; porque en ti ha confiado"* (Is. 26:3). Quiere decir que la vida cristiana con sus múltiples dificultades, conflictos y pruebas, puede y debe vivirse en la profunda calma de la paz. Los problemas están fuera, pero la paz está dentro. La paz es la serenidad íntima que descansa en la experiencia personal de los resultados de la obra de la Cruz.

παρὰ Θεοῦ Πατρὸς καὶ παρὰ Ἰησοῦ Χριστοῦ τοῦ Υἱοῦ τοῦ Πατρὸς. La provisión de estas bendiciones que se dan por hechas en el presente y en todo el futuro, son de origen divino. De ahí la asociación de procedencia de Dios Padre y de Jesucristo el Hijo del Padre. La *Cristología* de Juan no le permite otra cosa que la identificación paterno-filial de las dos Personas Divinas. Se aprecia que Dios es el Padre y Jesucristo es el *Hijo del Padre*. Probablemente una de las herejías que se extendían en Éfeso era la negación de la deidad de Jesucristo, a quien una rama del gnosticismo le hacía un mero hombre, nacido de José y María, en el que se asentó el *Verbo*, dejándolo luego en el momento de la Cruz. El apóstol afirma la deidad de Jesucristo, porque es el Hijo Unigénito del Padre, Hijo eterno del Padre eterno. El problema de la negación de la deidad de Cristo, se hizo manifiesto ya desde los primeros años de la iglesia, tal vez por la influencia del judaísmo unitario, que sin entender que Dios no es una Persona, sino un Ser en el que subsisten tres Personas, negaban esta verdad. Más adelante los arrianos continuarían con esta herejía que se presenta como fe de algunos grupos en el día de hoy. Sin embargo, el verdadero creyente cree que Jesús es el Hijo de Dios, y por tanto, quien tiene al Hijo tiene también al Padre, de quien procede *"todo don perfecto y toda buena dádiva"* (Stg. 1:17).

ἐν ἀληθείᾳ καὶ ἀγάπῃ. Las bendiciones divinas que son una realidad en la vida del cristiano, se disfrutan y viven en *verdad y amor*, ya que como insiste una y otra vez el apóstol, estos dos elementos son marcas esenciales y definitivas de la realidad de la vida cristiana, de otro modo, quien puede ser bendecido como cristiano vive en *verdad y amor.*

Alabanza por permanecer en la verdad (v. 4).

4. Mucho me regocijé porque he hallado a algunos de tus hijos andando en la verdad, conforme al mandamiento que recibimos del Padre.

Ἐχάρην	λίαν	ὅτι	εὕρηκα	ἐκ	τῶν	τέκνων	σου	περιπατοῦντας
Me alegré	mucho	porque	he hallado	de	los	hijos	de ti	andando

ἐν	ἀληθείᾳ,	καθὼς	ἐντολὴν	ἐλάβομεν	παρὰ	τοῦ	Πατρός.
en	verdad,	como	mandamiento	recibimos		del	Padre.

Análisis y notas del texto griego.

Análisis:᾿Εχάρην, primera persona singular del aoristo segundo de indicativo en voz pasiva del verbo χαίρω, *gozarse, alegrarse, regocijarse*, aquí *me alegré*; λίαν, adverbio de modo *mucho, grandemente, en extremo, muy*; ὅτι, conjunción causal *que, puesto que, porque*; εὕρηκα, primera persona singular del perfecto de indicativo en voz activa del verbo εὑρίσκω, *hallar, encontrar*, aquí *he hallado*; ἐκ, preposición propia de genitivo *de*; τῶν, caso genitivo masculino plural del artículo determinado *los*; τέκνων, caso genitivo masculino plural del nombre común *hijos*; σου, caso genitivo de la tercera persona singular del pronombre personal declinado *de ti*; περιπατοῦντας, caso acusativo masculino plural del participio de presente en voz activa del verbo περιπατέω, *andar*, aquí *andando*; ἐν, preposición propia de dativo *en*; ἀληθείᾳ, caso dativo femenino singular del nombre común *verdad*; καθὼς, conjunción *como*; ἐντολὴν, caso acusativo femenino singular del nombre común *mandamiento*; ἐλάβομεν, primera persona plural del aoristo segundo de indicativo en voz activa del verbo λαμβάνω, *recibir*, aquí *recibimos*; παρὰ, preposición propia de genitivo *de*; τοῦ, caso genitivo masculino singular del artículo determinado *el*; Πατρός, caso genitivo masculino singular del nombre divino *Padre*.

᾿Εχάρην λίαν ὅτι εὕρηκα ἐκ τῶν τέκνων σου περιπατοῦντας ἐν ἀληθείᾳ, En medio de los problemas que afectaban a la obra y que entristecían a Juan, había un motivo para el gozo y era la fe de los creyentes. El apóstol expresa un gozo grande en esto. Él dice que *halló* de los hijos de la *elegida* que *andaban* en la *verdad*. La preposición ἐκ, *de*, tiene también la acepción *de entre*, o simplemente *entre*, lo que permite la traducción: *de entre tus hijos*, que como RV leen *algunos de tus hijos*. Esto permite la comprensión de que no todos los creyentes de aquella iglesia, *andaban en la verdad*, solamente algunos lo hacían. Pero, si se lee en una traducción literal como la del interlineal de este versículo se aprecia el sentido de las palabras de Juan. El apóstol visitó y conocía la iglesia a la que escribe y sabe que todos los creyentes que conoce de ella, *tus hijos*, viven en la verdad. Significa que tenían vidas ejemplares ajustadas al mandamiento dado a los creyentes. *Andar en la verdad*, significa creerla y obedecerla, de modo que la forma de comportamiento que se hace visible de ellos concordaba con la verdad que creían.

καθὼς ἐντολὴν ἐλάβομεν παρὰ τοῦ Πατρός. Andar en la verdad es un *mandamiento que recibimos del Padre*. No quiere decir que sea un solo o único mandamiento, ya que habla luego de *otro que es desde el principio* (v. 5), y en plural, *mandamientos* (v. 6). El apóstol Pablo demandaba a Timoteo que guardara el mandamiento sin mancha ni reprensión (1 Ti. 6:14). Cuando se habla de *mandamiento*, no se trata de uno específico, sino de la verdad recogida en la Escritura, que conlleva las obligaciones que se relacionan con la fe. Los creyentes tenemos el compromiso, la bendición y el privilegio de guardar la Escritura, procedente de Dios, de modo que se produzca con ello un estilo de vida propio de quien ha nacido de nuevo. La obediencia a la Palabra no es algo opcional, sino la única forma de vivir la vida cristiana. Como el apóstol Pablo decía a Timoteo, guardar el mandamiento se manifiesta en una vida *sin mancha* e *irreprensible*. La mirada de los hombres descubre ciertos aspectos de la vida cristiana, pero la mirada de Dios no se conforma con lo que es aparente, sino que valora y mide n la realidad producida e impulsada en la intimidad del corazón. Él es quien *pesa* los corazones (Pr. 21:2), la valoración de la vida en sí se hace correctamente, pero, además, las apariencias no valen porque Dios discierne las *intenciones* del corazón (He. 4:12). La vida que *camina en la verdad*, no es aquella que se determinaría por los hombres, sino la genuina vida de santidad, respeto a Dios y obediencia a Su Palabra, delante de Él.

En un mundo relativista como el nuestro donde se habla del tiempo de la *post-verdad*, donde nada es verdad absoluta, donde la verdad cambia de concepto y de expresión, los cristianos tenemos una *verdad absoluta*. Primeramente, esa verdad es Cristo mismo (Jn. 14:6), en segundo lugar, la verdad está manifestada en la Escritura, de modo que no cabe relativismo alguno en la ética cristiana. La vida del creyente descansa en valores absolutos porque proceden de la verdad absoluta. Además, debe tenerse en cuenta que la Escritura es la única verdad en materia de fe y conducta. De ahí la necesidad de conocerla en profundidad, dándole prioridad en nuestras vidas para conducirnos en un mundo pecaminoso como luces en las tinieblas. La predicación, enseñanza en la iglesia y proclamación del evangelio al mundo, no puede dejar de ser bíblica, porque de lo contrario no es predicación. Muchos creyentes son arrastrados hoy en día por novedades, a las que Pablo llama *vientos de doctrina*, porque desconocen el *mandamiento* recibido de Dios que es Su Palabra. Jesús estableció la obligación de enseñar a los convertidos *todas las cosas que os he mandado* (Mt. 28:20). Una vida santa, ejemplar ante el mundo y ante Dios, sólo es posible cuando se da tiempo a la meditación de la Palabra (Sal. 119:11).

Exhortación al amor (vv. 5-6).

5. Y ahora te ruego, señora, no como escribiéndote un nuevo mandamiento, sino el que hemos tenido desde el principio, que nos amemos unos a otros.

καὶ	νῦν	ἐρωτῶ	σε,	κυρία,	οὐχ	ὡς	ἐντολὴν	καινὴν	γράφων
Y	ahora	ruego	te,	señora,	no	como	mandamiento	nuevo	que escribo

σοι ἀλλὰ ἣν εἴχομεν ἀπ' ἀρχῆς, ἵνα ἀγαπῶμεν ἀλλήλους.
te, sino el que teníamos desde principio, que amemos unos a otros.

Análisis y notas del texto griego.

Análisis: καὶ, conjunción copulativa *y*; νῦν, adverbio demostrativo *ahora*; ἐρωτῶ, primera persona singular del presente de indicativo en voz activa del verbo ἐρωτάω, *pedir, demandar, requerir*, aquí *pido*; σε, caso acusativo de la segunda persona singular del pronombre personal declinado *a ti, te*; κυρία, caso vocativo femenino singular del nombre común *señora*; οὐχ, forma escrita del adverbio de negación *no*, con el grafismo propio ante vocal con espíritu áspero; ὡς, conjunción comparativa *como*; ἐντολὴν, caso acusativo femenino singular del nombre común *mandamiento*; καινὴν, caso acusativo femenino singular del adjetivo *nuevo*; γράφων, caso nominativo masculino singular del participio presente en voz activa del verbo γράφω, *escribir*, aquí *que escribo*; σοι, caso dativo de la segunda persona singular del pronombre personal declinado *a ti, te*; ἀλλὰ, conjunción adversativa *sino*; ἣν, caso acusativo femenino singular del pronombre relativo *la que*; εἴχομεν, primera persona plural del imperfecto de indicativo en voz activa del verbo ἔχω, *tener, poseer*, aquí *teníamos*; ἀπ' preposición propia de genitivo ἀπό, con el grafismo que adopta por elisión de la o final ante vocal o diptongo sin aspiración, que equivale a *de, desde, procedente de, por medio de, con, por*; ἀρχῆς, caso genitivo femenino singular del nombre común *principio*; ἵνα, conjunción *que*; ἀγαπῶμεν, primera persona plural del presente de subjuntivo en voz activa del verbo ἀγαπάω, *amar*, aquí *que amemos*; ἀλλήλους, caso acusativo masculino plural del pronombre recíproco *unos a otros*.

καὶ νῦν ἐρωτῶ σε, κυρία, οὐχ ὡς ἐντολὴν καινὴν γράφων σοι. El apóstol se gozó de ver que los creyentes permanecen en la verdad, pero el *mandamiento* procedente de Dios, no sólo comprende el mantenimiento de lo que creemos, sino también la manifestación del amor entre los creyentes. Por eso el apóstol exhorta a cumplir el mandato del amor que no es *novedoso* porque está presente en la Escritura desde el Antiguo Testamento y Jesús lo formuló a modo de mandamiento (Jn. 13:34). Esta fue una de las enseñanzas de la *Primera Epístola* (1 Jn. 2:5, 7, 24; 3:11; 5:3)[17]. Aunque el mandamiento debe ser cumplido, el apóstol en la exhortación usa nuevamente la expresión de un corazón lleno de aquello que demanda, esto es, de amor, *rogando* que atiendan a la exhortación que les formula.

ἀλλὰ ἣν εἴχομεν ἀπ' ἀρχῆς, ἵνα ἀγαπῶμεν ἀλλήλους. El mandamiento que llama a cumplir, es el que habían tenido desde el principio, consistente en el amor a los hermanos. Acaba de reconocer en

[17] Ver comentario a los versículos citados en *Primera Epístola de Juan.*

el escrito que los creyentes están viviendo una vida consecuente con la fe que los identifica como seguidores de Cristo. Pero, el Señor dio el distintivo visible que identifica al verdadero creyente: *"En esto conocerán todos que sois mis discípulos, si tuviereis amor los unos con los otros"* (Jn. 13:35).

Como se ha dicho ampliamente en el comentario a la *Primera Epístola,* la identificación de los creyentes no está basada en lo que creen sino en si se aman. Por supuesto el amor a Cristo hará que todos estén dispuestos a guardar Sus mandamientos (Jn. 14:15). El mandamiento de Dios es el amor, tanto a Él (Dt. 6:5), como al prójimo (Lv. 19:18). Cristo hizo referencia también a quienes son *hermanos* entre sí (Jn. 13:34). Tal amor distinguiría a quienes son seguidores de Jesús. Es posible que algunos no estuviesen de acuerdo en lo que creían, ni aceptasen lo que predicaban, pero no podían negar que se amaban. Mientras que el mundo busca lo que es de interés personal, los cristianos se *"sirven unos a otros en amor"* (Gá. 5:13). Cuando el Espíritu de Dios satura el corazón del cristiano *derramando* en él el amor divino, se desborda hacia los otros, como Cristo hizo, buscando antes el bien ajeno que el suyo propio (1 Co. 10:24). El mandamiento nuevo no es posible más que con el cumplimiento de la deuda de amor que cada uno tiene con su hermano. La verdadera norma de vida es *"que os améis unos a otros como yo os he amado"*.

6. Y éste es el amor, que andemos según sus mandamientos. Éste es el mandamiento: que andéis en amor, como vosotros habéis oído desde el principio.

καὶ αὕτη ἐστὶν ἡ ἀγάπη, ἵνα περιπατῶμεν κατὰ τὰς ἐντολὰς
Y éste es el amor, que andemos según los mandamientos
αὐτοῦ· αὕτη ἡ ἐντολή ἐστιν, καθὼς ἠκούσατε ἀπ' ἀρχῆς,
de él. Éste el mandamiento es: como oísteis desde principio,
ἵνα ἐν αὐτῇ περιπατῆτε.
que en él andéis.

Notas y análisis del texto griego.

Análisis: καὶ, conjunción copulativa *y*; αὕτη, caso nominativo femenino singular del pronombre demostrativo *ésta*; ἐστὶν, tercera persona singular del presente de indicativo en voz activa del verbo εἰμί, *ser, estar*, aquí *es*; ἡ, caso nominativo femenino singular del artículo determinado *la*; ἀγάπη, caso nominativo femenino singular del nombre común *amor*; ἵνα, conjunción *que*; περιπατῶμεν, primera persona plural del presente de subjuntivo en voz activa del verbo περιπατέω, *andar, caminar*, aquí *andemos*; κατὰ, preposición propia de acusativo *según*; τὰς, caso acusativo femenino plural del artículo determinado *las*; ἐντολὰς, caso acusativo femenino plural del nombre común *mandamientos*;

αὐτοῦ, caso genitivo masculino de la primera persona singular del pronombre personal declinado *de él*; αὕτη, caso nominativo femenino singular del pronombre demostrativo *esta*; ἡ, caso nominativo femenino singular del artículo determinado *la*; ἐντολή, caso nominativo femenino singular del nombre común *mandamiento*; ἐστιν, tercera persona singular del presente de indicativo en voz activa del verbo εἰμί, *ser, estar*, aquí *es*; καθὼς, conjunción comparativa *como*; ἠκούσατε, segunda persona plural del segundo aoristo de indicativo en voz activa del verbo ἀκούω, *oír, escuchar*, aquí *oísteis*; ἀπ', preposición propia de genitivo ἀπό, con el grafismo que adopta por elisión de la o final ante vocal o diptongo sin aspiración, que equivale a *de, desde, procedente de, por medio de, con, por*; ἀρχῆς, caso genitivo femenino singular del nombre común *principio*; ἵνα, conjunción *que*; ἐν, preposición propia de dativo *en*; αὐτῇ, caso dativo masculino de la tercera persona singular del pronombre personal *él*; περιπατῆτε, segunda persona plural del presente de subjuntivo en voz activa del verbo περιπατέω, *andar, caminar*, aquí *andéis*.

καὶ αὕτη ἐστὶν ἡ ἀγάπη, ἵνα περιπατῶμεν κατὰ τὰς ἐντολὰς αὐτοῦ. La expresión de amor es que atendamos a los mandamientos que Dios da, así lo enseñó Jesús: *"Si me amáis, guardad mis mandamientos"* (Jn. 14:15). El Señor llama a la obediencia como expresión de amor. Esta será la condición que deben enseñar a los nuevos discípulos en la historia de la iglesia (Mt. 28:20). No es una obediencia relativa, sino plena. No es obedecer a algo de Su enseñanza, sino a toda. Pero además, la obediencia es la única expresión de verdadero amor a Cristo, dicho de otro modo: *en la medida que obedecéis mis mandamientos, así demostraréis vuestro amor por mí.* Cristo tiene autoridad como El Padre, por tanto, establece mandamientos y esos han de ser guardados porque Él es el Señor. El grande y principal mandamiento es el del amor mutuo. El amor no es un simple sentimiento de emociones, sino la acción manifiesta de la obediencia. Esa es la manifestación de amor del Hijo al Padre (Jn. 15:10). La obediencia es manifestación visible del nuevo nacimiento. El hombre caído sin regeneración no puede ni quiere obedecer a Dios, pero la obra salvadora y la regeneración del Espíritu, cambian el estado de desobediencia en el de obediencia al trasladarnos del poder de las tinieblas al reino del Hijo (Col. 1:13). El cristiano es santificado para obediencia (1 P. 1:2). La realidad de la auténtica iglesia de creyentes se mide por el hecho de la obediencia y del servicio (1 Ts. 1:9-10). Jesús llama a la obediencia de Sus mandamientos, como expresión de amor a Él.

αὕτη ἡ ἐντολή ἐστιν, καθὼς ἠκούσατε ἀπ' ἀρχῆς, ἵνα ἐν αὐτῇ περιπατῆτε. Es necesario observar el plural *Sus mandamientos*, luego no puede referirse sólo al del amor, sino a todos, pero en especial, en el contexto de la *Epístola*, al apóstol mencionó dos de ellos, a los que con seguridad debe referirse aquí: a) andar en *la verdad* (v. 4); b) andar en *el amor* (v. 6b). Es cierto que no tenemos *necesidad para salvación* de guardar la ley, porque la salvación no es por obras, por tanto, no depende de la obediencia a la ley, pero esto no significa que se pueda quebrantar lo que Él estableció en ella (Mt. 5:15-20; Ro. 8:4; 13:10). La verdadera libertad no nos otorga licencia para violar la ley, sino que nos hace libres para guardar lo que Dios ha determinado, como decía el salmista: *"andaré en libertad, porque busqué tus mandamientos"* (Sal. 119:45).

Advertencias sobre los falsos maestros (vv. 7-11).

7. Porque muchos engañadores han salido por el mundo, que no confiesan que Jesucristo ha venido en carne. Quien esto hace es el engañador y el anticristo.

Ὅτι πολλοὶ πλάνοι ἐξῆλθον εἰς τὸν κόσμον, οἱ
Porque muchos engañadores han salido al mundo, los
μὴ ὁμολογοῦντες Ἰησοῦν Χριστὸν ἐρχόμενον ἐν σαρκί· οὗτος
que no confiesan a Jesucristo viniendo en carne. Este
ἐστιν ὁ πλάνος καὶ ὁ ἀντίχριστος.
es el engañador y el anticristo.

Análisis y notas del texto griego.

Análisis: Ὅτι, conjunción causal *porque*; πολλοὶ, caso nominativo masculino plural del adjetivo indefinido *muchos*; πλάνοι, caso nominativo masculino plural del nombre común *engañadores*; ἐξῆλθον, tercera persona plural del aoristo segundo de indicativo en voz activa del verbo ἐξέρχομαι, *salir*, aquí *salieron*; εἰς, preposición propia de acusativo *a*; τὸν, caso acusativo masculino singular del artículo definido *el*; κόσμον, caso nominativo masculino singular del nombre común *mundo*; οἱ, caso nominativo masculino plural del artículo determinado *los*; μὴ, partícula que hace funciones de adverbio de negación *no*; ὁμολογοῦντες, caso nominativo masculino plural del participio de presente en voz activa del verbo ὁμολογέω, *confesar*, aquí *confesando, que confiesan*; Ἰησοῦν, caso acusativo masculino singular del nombre propio declinado *a Jesús*; Χριστὸν, caso acusativo masculino singular del nombre propio *Cristo*; ἐρχόμενον, caso acusativo masculino singular del participio de presente en voz media del verbo ἔρχομαι, *venir, llegar*, aquí *que viene, viniendo*; ἐν, preposición propia de dativo *en*; σαρκί, caso dativo femenino singular del nombre común *carne*; οὗτος, caso nominativo masculino singular del pronombre demostrativo *éste*; ἐστιν, tercera persona singular del presente de indicativo en voz activa del verbo εἰμί, *ser, estar*, aquí *es*; ὁ, caso nominativo masculino singular de artículo determinado *el*; πλάνος, caso nominativo masculino singular del nombre común *engañador*; καὶ, conjunción copulativa *y*; ὁ, caso nominativo masculino singular de artículo determinado *el*; ἀντίχριστος, caso nominativo masculino singular del nombre común *anticristo*.

῞Οτι πολλοὶ πλάνοι ἐξῆλθον εἰς τὸν κόσμον, En la *Primera Epístola* el apóstol hizo referencia y advirtió acerca de *los falsos profetas*, que habían salido (1 Jn. 4:1). Aquí reitera la advertencia, pero en lugar de hablar de *falsos profetas*, los califica de *engañadores* y afirma que *han salido al mundo*. Son engañadores porque se desvían de la verdad y procuran que otros sigan sus mismos pasos. Estos contradicen lo *que era desde el principio*, es decir, lo que representa el mensaje sobre Jesucristo y Su obra que se predicaba por los apóstoles, se enseñaba como doctrina y se creía por los cristianos. En una expresión determinante, el apóstol Pablo dice que son *falsos hermanos* (2 Co. 11:26; Gá. 2:4). Los engañadores se hacen pasar por hermanos, pero la enseñanza de ellos es contraria a la verdad bíblica. Son lobos vestidos de ovejas, como les llamó Jesús (Mt. 7:15), tales falsarios son muy peligrosos cuando se infiltran en las iglesias, por esa razón el Señor advirtió sobre ellos y puso delante el propósito de su trabajo diabólico, que procurarán *"engañar, si fuese posible, aun a los escogidos"* (Mt. 24:24). El apóstol Pablo les llama *"lobos rapaces"* que no perdonan al rebaño (Hch. 20:29), llamando a los líderes de la iglesia a prestar atención porque estos saldrán de entre ellos. Es notable el uso del verbo ἐξέρχομαι, *salir*, en el texto griego, afirmando que *salieron al mundo*, lo que quiere decir que lo hicieron desde un determinado lugar, que acaso pudiera ser de las mismas iglesias, grupos que salieron de ellas porque no eran de los creyentes y no podían continuar donde se vivía conforme a la Escritura, se creía en ella y se obedecía lo que estaba en la doctrina que se enseñaba (1 Jn. 2:19).

οἱ μὴ ὁμολογοῦντες ᾿Ιησοῦν Χριστὸν ἐρχόμενον ἐν σαρκί· La falsedad de su enseñanza consistía en negar que *Jesucristo vino en carne*. Esta era, como se ha dicho varias veces, una de las formas de herejía gnóstica más extendida en el s. II. No se afirma que negasen categóricamente la encarnación, pero no la aceptaban como doctrina y base de fe. El participio de presente del verbo ἔρχομαι, *venir*, aquí *que viene* o mejor *viniendo*, hace suponer a algunos que se trata de un negación de la escatología y que se refiere a la Segunda Venida de Cristo, pero, no se dice nada de esto en los escritos de la iglesia en el s. I y II, mientras aparecen defensas sobre la realidad de la manifestación del Verbo en carne humana[18]. Esta verdad está recogida por el apóstol en el *Evangelio*, donde afirma que el *"Verbo fue hecho carne, y habitó entre nosotros"* (Jn. 1:14). Esa misma verdad la tiene en cuenta cuando comienza la *Primera Epístola* y enseña sobre la realidad de la existencia humana del Verbo (1 Jn. 1:1-2). Por tanto, lo que el apóstol desea advertir a los lectores de esta

---

[18] El participio presente ἑρχομενον, *que viene, viniendo*, es equivalente al participio de perfecto ἐληλυθὄτα, *que ha venido* (1 Jn. 4:2).

Epístola, es que sepan que han salido por el mundo, muchos que niegan la verdad de la encarnación del Verbo. Este aspecto de la *Cristología* de Juan, se ha considerado en la *Primera Epístola*[19]. La herejía cristológica del tiempo de Juan afirmaba que Jesús de Nazaret se convirtió en el Hijo de Dios en Su bautismo, y dejó de serlo antes de Su muerte en la Cruz. Es necesario *confesar* como principio básico de la fe que Jesús, el Hijo de Dios, es Dios bendito manifestado en carne.

οὗτος ἐστιν ὁ πλάνος καὶ ὁ ἀντίχριστος. La negación de la verdad la identifica Juan con el *anticristo*. La calificación de *engañadores* que usa en plural en el primer hemistiquio, la traslada al singular en el segundo, de modo que dice *"este es el engañador y el anticristo"*. Juan se refiere a una de las características del *anticristo* que aparecerá en el futuro de la historia humana, como engañador y mentiroso, pervirtiendo la verdad y actuando contra Cristo, está presente ejerciendo su influjo satánico en los *engañadores* que salieron al mundo, los *falsos profetas*, o *falsos maestros*. A los seguidores del *anticristo* llamó Juan *anticristos* (1 Jn. 2:18). Debe entenderse aquí al *adversario de Cristo* en forma colectiva. Es preciso recordar los calificativos que Juan da a estos engañadores: *mentirosos* (1 Jn. 2:22); *engañadores* (1 Jn. 2:26); *falsos profetas* (1 Jn. 4:1); *impostores,* equivalente a *engañadores* (v. 7); *anticristos* (1 Jn. 2:18, 22; 4:3; 2 Jn. 7).

Quien niega la verdad de la encarnación del Verbo, es un *engañador*, cuya falsa enseñanza causa dos graves problemas, una oposición directa y consciente a la verdad, y una acción engañosa para los hombres. Estas dos características que aparecen juntas en el versículo, han sido señaladas por el apóstol antes

8. Mirad por vosotros mismos, para que no perdáis el fruto de vuestro trabajo, sino que recibáis galardón completo.

βλέπετε ἑαυτούς, ἵνα μὴ ἀπολέσητε ἃ
Mirad por vosotros mismos a fin de que no perdáis las cosas que
εἰργασάμεθα ἀλλὰ μισθὸν πλήρη ἀπολάβητε.
hicimos sino recompensa plena recibáis.

Análisis y notas del texto griego.

Análisis: βλέπετε, segunda persona plural del presente de imperativo en voz activa del verbo βλέπω, *ver, mirar, observar*, aquí *mirad*; ἑαυτούς, caso

[19] Ver comentario a 1 Jn. 1:1-2.

acusativo masculino plural del pronombre reflexivo declinado *por vosotros mismos*; ἵνα, conjunción *que*; μὴ, partícula que hace funciones de adverbio de negación *no*; ἀπολέσητε, segunda persona plural del aoristo primero de subjuntivo en voz activa del verbo ἀπόλλυμι, *perder*, aquí *perdáis*; ἃ, caso acusativo neutro plural del pronombre relativo *los que, los cuales, quienes*, aquí en sentido de *las cosas que*; εἰργασάμεθα, primera persona plural del aoristo primero de indicativo en voz media del verbo ἐργάζομαι, *trabajar, hacer, efectuar, llevar a cabo*, aquí *hicimos*; ἀλλὰ, conjunción adversativa *sino*; μισθὸν, caso acusativo masculino singular del nombre común *recompensa*; πλήρη, caso acusativo masculino singular del adjetivo *pleno, completo, lleno*; ἀπολάβητε, segunda persona plural del aoristo segundo de subjuntivo en voz activa del verbo ἀπολαμβάνω, *recibir*, aquí *recibáis*.

βλέπετε ἑαυτούς, El problema que concurría con la aparición de los *falsos maestros* era grave. Negar la verdad sobre Jesucristo como Dios manifestado en carne, trae consecuencias que afectan directamente a la doctrina, no solo la *Cristología*, sino también la *Soteriología*. Si Jesús no fue verdaderamente hombre y murió por los pecados en la Cruz, no pudo haber sustitución puesto que el sustituto tenía que ser hombre para poder morir y tenía que ser Dios para que el sacrificio fuese de valor infinito capaz de ser sustituto de todos los pecadores que creen. El apóstol exhorta a una vigilancia plena cada uno de sí mismo. El tentador es sutil y puede arrastrar a alguno para hacerle caer.

ἵνα μὴ ἀπολέσητε ἃ εἰργασάμεθα. Juan procura hacerles entender que había el peligro de que, por inconsistencia y permanencia en la fe, se perdiese el trabajo espiritual que los que les predicaron a Cristo, comenzaron a hacer en ellos. En ese sentido, los creyentes no perderían su salvación, pero sí la recompensa que Dios da a cada uno de los que se mantienen fieles y le sirven en verdad y amor. A lo largo de siglos de historia la iglesia ha recibido en el comienzo la doctrina, la fe dada a los santos por medio de la enseñanza apostólica. Así se lo recordaba el apóstol Pablo a Timoteo exhortándole a predicar solo aquello que había oído delante de muchos testigos (2 Ti. 2:2). Esa verdad bíblica es un depósito que debe ser guardado con diligencia (1 Ti. 6:20).

ἀλλὰ μισθὸν πλήρη ἀπολάβητε. Sin permanecer en la fidelidad a la doctrina no es posible alcanzar la recompensa que Dios ha establecido para los que son fieles. La enseñanza de las recompensas escatológicas es manifiesta en toda la Escritura, especialmente en el Nuevo Testamento (cf. Mt. 5:12; 10:41-42; 1 Co. 3:10-15; 2 Co. 5:10; Col. 3:24; Ap. 22:12). La doctrina incorrecta puede privar al creyente de su recompensa celestial: *"Nadie os prive de vuestro premio, afectando humildad y culto a los ángeles, entremetiéndose en lo que no ha visto, vanamente hinchado por su propia mente carnal"* (Col. 2:18). Nadie puede mantenerse en relación con los *falsos maestros*, sin tener que confrontar problemas espirituales.

9. Cualquiera que se extravía, y no persevera en la doctrina de Cristo, no tiene a Dios; el que persevera en la doctrina de Cristo, ése sí tiene al Padre y al Hijo.

Πᾶς ὁ προάγων[1] καὶ μὴ μένων ἐν τῇ διδαχῇ τοῦ Χριστοῦ
Todo el que se adelanta y no permaneciendo en la enseñanza - de Cristo,
Θεὸν οὐκ ἔχει· ὁ μένων ἐν τῇ διδαχῇ[2], οὗτος καὶ τὸν
a Dios no tiene; el que permanece en la enseñanza, éste también al
Πατέρα καὶ τὸν Υἱὸν ἔχει.
Padre y al Hijo tiene.

Análisis y notas del texto griego.

Análisis: Πᾶς, caso nominativo masculino singular del adjetivo indefinido *todo*; ὁ, caso nominativo masculino singular del artículo determinado *el*; προάγων, caso nominativo masculino singular del participio de presente en voz activa del verbo προάγω, *ir delante, preceder, anticiparse, adelantarse*, aquí *que se adelanta*; καὶ, conjunción copulativa *y*; μὴ, partícula que hace funciones de adverbio de negación *no*; μένων, caso nominativo masculino singular del participio de presente en voz activa del verbo μένω, *permanecer*, aquí *que permanece, permaneciendo*; ἐν, preposición propia de dativo *en*; τῇ, caso dativo masculino singular del artículo determinado *la*; διδαχῇ, caso dativo femenino singular del nombre común *enseñanza*; τοῦ, caso genitivo masculino singular del artículo determinado *el*; Χριστοῦ, caso genitivo masculino singular del nombre común declinado *de Cristo*; Θεὸν, caso acusativo masculino singular del nombre divino declinado *a Dios*; οὐκ, forma escrita del adverbio de negación *no*, con el grafismo propio ante una vocal con espíritu suave o una enclítica; ἔχει, tercera persona singular del presente de indicativo en voz activa del verbo ἔχω, *tener, poseer*, aquí *tiene*; ὁ, caso nominativo masculino singular del artículo determinado *el*; μένων, caso nominativo masculino singular del participio de presente en voz activa del verbo μένω, *permanecer*, aquí *que permanece*; ἐν, preposición propia de dativo *en*, τῇ, caso dativo femenino singular del artículo determinado *la*; διδαχῇ, caso dativo femenino singular del nombre común *enseñanza*; οὗτος, caso nominativo masculino singular del pronombre demostrativo *éste*; καὶ, adverbio de modo *también*; τὸν, caso acusativo masculino singular del artículo determinado declinado *al*; Πατέρα, caso acusativo masculino singular del nombre divino *Padre*; καὶ, conjunción copulativa *y*; τὸν, caso acusativo masculino singular del artículo definido declinado *al*; Υἱὸν, caso acusativo masculino singular del nombre divino *Hijo*; ἔχει, tercera persona singular del presente de indicativo en voz activa del verbo ἔχω, *tener, poseer*, aquí *tiene*.

Notas. Crítica Textual. Lecturas alternativas.

[1] προάγων, *que se adelanta*, lectura conforme a ℵ, A, B, 048, vg$^{st, ww}$, co.

παραβαίνον, *que se extravía*, según P, Ψ, 5, 33, 81, 307, 436, 442, 642, 1175, 1243, 1448, 1611, 1735, 1739, 1852, 2344^{vid}, 2492, Byz, l, vg^{mss}, sy, Lucifer.

[2] ἐν τῇ διδαχῇ, *en la enseñanza*, según lectura en ℵ, A, B, Ψ, 048, 33, 81, 442, 1243, 1739, 1852, 2344, l, vg, sa, bo^{mss}.

ἐν τῇ διδαχῇ τοῦ Χριστοῦ, *en la enseñanza de Cristo*, según lectura en P, 5, 307, 436, 642, 1175, 1448, 1611, 1735, 2492, Byz, sy^{ph}, sy, bo.

ἐν τῇ διδαχῇ αὐτοῦ, *en la enseñanza de él*, como se lee en sy$^{ph, mss, h**}$.

Πᾶς ὁ προάγων καὶ μὴ μένων ἐν τῇ διδαχῇ τοῦ Χριστοῦ. La lectura del versículo anterior, en donde el apóstol hace una seria advertencia sobre los *falsos maestros*, pudiera parecer excesivamente fuerte, pero no es así a la luz de las palabras de éste, en donde se aprecian las serias consecuencias que trae la falsa enseñanza. Está refiriéndose a quienes *se adelantan*, que realmente es una referencia a quienes salieron de la verdadera fe. Posiblemente en el pensamiento de Juan estén los gnósticos y *se adelantan* o *van más allá* de lo que se enseña en la doctrina bíblica, que no es otra cosa que la enseñanza de Jesús. Debe considerarse aquí el genitivo *de Cristo* como *subjetivo* en el sentido de que se refiera a la enseñanza que Jesús mismo predicó. También pudiera ser un genitivo *objetivo* refiriéndose a la enseñanza de Jesús que los apóstoles enseñaron. De una u otra manera se trata de lo que procede del Señor. Como dice John Stott: *"¡Tanto habían avanzado que habían dejado a Dios atrás!"*[20].

Θεὸν οὐκ ἔχει· El grave problema de este apartarse de la verdad es que *no tienen a Dios*. La doctrina *avanzada* de ellos les conduce al alejamiento de la comunión con Dios. Nadie puede tener a Dios negando la verdad procedente de Él. El apóstol Pablo exhorta a los creyentes a *"no pensar más de lo que está escrito"* (1 Co. 4:6). Es una solemne advertencia a mantenerse en la doctrina de Cristo, sin ir más allá de lo que la Palabra establece. Añadir a la enseñanza de la Biblia es adulterar la Biblia y negar a Dios que reveló la verdad en ella.

ὁ μένων ἐν τῇ διδαχῇ, οὗτος καὶ τὸν Πατέρα καὶ τὸν Υἱὸν ἔχει. El apóstol recalca que quien no permanece en la enseñanza, no tiene al Padre ni al Hijo. La enseñanza de los *falsos maestros* conducía a la

[20] J. Stott. o. c., pág. 228.

negación de la verdad sobre Cristo, por tanto, el que niega al Padre, niega también al Hijo y el que niega al Hijo niega también al Padre, del mismo modo (1Jn. 2:22-23). Debe tenerse en cuenta que el único camino al Padre es el Hijo (Jn. 14:6; 1 Ti. 2:5) y el único que revela a Dios (Jn. 1:18; 14:7, 9; 1 Jn, 5:20). Por el contrario, quien persevera en la doctrina, ese tiene al Padre y al Hijo, de otro modo, ese tiene la vida eterna (Jn. 14:3).

Necesariamente debe mantenerse la atención sobre las *doctrinas avanzadas*. Algunos insisten en que guardar la teología bíblica tal como la enseñaron los apóstoles y fue permanencia de los cristianos verdaderos a lo largo de los siglos, empobrece la investigación bíblica e impide plantear nuevas formas. Bajo esa dimensión surgen los movimientos *liberales* que superan la verdad bíblica y se desvían de ella. Los cambios afectan a toda la estructura bíblica, pero como en los tiempos de Juan, una de las verdades cuestionadas en lo que se refiere a Jesucristo y Su obra. Sobre esta doctrina se hacen *propuestas humanistas* que reducen a Cristo a la condición de persona humana. Esto trae una consecuencia grave en lo que se conoce como *ecumenismo*, que llega a proponer que cualquier religión que un hombre siga voluntaria y firmemente le conducirá a Dios. Negar a Cristo es negar el único camino al Padre, enseñar otro camino es conducir a los influenciados por la falsa doctrina al infierno inexorablemente, puesto que *"no hay otro nombre bajo el cielo, dado a los hombres, en que podamos ser salvos"* (Hch. 4:12). Avanzar más allá de Cristo, no es *progreso*, sino *apostasía*. No seguir fielmente a Cristo y Su doctrina es dejar la luz, que es Él mismo, para entrar nuevamente en el camino de las tinieblas. Son las consecuencias de abandonar aquello *"que habían oído desde el principio"* (1 Jn. 2:24; 3:11; 2 Jn. 5, 6). La firmeza del apóstol en la vinculación del Padre y del Hijo, es una manifestación directa de la deidad de Jesucristo, enseñando que se trata de la primera creación de Dios, y considerándolo como un dios menor. Quien no cree en la deidad de Cristo no puede tener al Padre y está sin salvación.

10. Si alguno viene a vosotros, y no trae esta doctrina, no lo recibáis en casa, ni le digáis: ¡Bienvenido!

εἴ τις ἔρχεται πρὸς ὑμᾶς καὶ ταύτην τὴν διδαχὴν οὐ φέρει,
Si alguien viene a vosotros y esta - enseñanza no trae
μὴ λαμβάνετε αὐτὸν εἰς οἰκίαν καὶ χαίρειν αὐτῷ μὴ λέγετε·
no recibáis le en casa y bienvenida a él no digáis.

Análisis y notas del texto griego.

Análisis: εἴ, conjunción condicional *si*; τις, caso nominativo masculino singular del pronombre indefinido *alguien*; ἔρχεται, tercera persona singular del presente de indicativo en voz media del verbo ἔρχομαι, *venir*, aquí *viene*; πρὸς, preposición propia de acusativo *a*; ὑμᾶς, caso acusativo de la segunda persona plural del pronombre personal *vosotros*; καὶ, conjunción copulativa *y*; ταύτην, caso acusativo femenino singular del pronombre demostrativo *esta*; τὴν, caso acusativo femenino singular del artículo definido *la*; διδαχὴν, caso acusativo femenino singular del nombre común *enseñanza, doctrina*; οὐ, adverbio de negación *no*; φέρει, tercera persona singular del presente de indicativo en voz activa del verbo φέρω, *llevar, traer, arrastrar*, aquí *trae*; μὴ, partícula que hace funciones de adverbio de negación *no*; λαμβάνετε, tercera persona plural del presente de imperativo en voz activa del verbo λαμβάνω, *tomar, recibir*, aquí *recibáis*; αὐτὸν, caso acusativo masculino de la tercera persona singular del pronombre personal *le*; εἰς, preposición propia de acusativo *a, dentro de, en*; οἰκίαν, caso acusativo femenino singular del nombre común *casa*; καὶ, conjunción copulativa *y*; χαίρειν, presente de infinitivo en voz activa del verbo χαίρω, *alegrarse, estar bien*, aquí en sentido de saludo *bienvenido, saludos*; αὐτῷ, caso dativo masculino de la tercera persona singular del pronombre personal *a él, le*; μὴ, partícula que hace funciones de adverbio de negación *no*; λέγετε, segunda persona plural del presente de imperativo en voz activa del verbo λέγω, *hablar, decir*, aquí *digáis*.

εἴ τις ἔρχεται πρὸς ὑμᾶς καὶ ταύτην τὴν διδαχὴν οὐ φέρει, El problema de las consecuencias de la falsa enseñanza, requiere una acción firme con los *falsos maestros*, que *"han salido por el mundo"* (v. 7) y que *vienen* a los creyentes. Debe notarse que no se trata de personas que creen la mentira o, si se prefiere, quienes no creen la verdad a los que se está refiriendo Juan, sino a aquellos que, siendo *falsos maestros*, enseñan la mentira para desorientar y desviar a los creyentes. Estos vienen a los fieles pidiendo hospitalidad con el afán perverso de apartarlos de la verdad. Es preciso notar que no se está señalando a cualquier persona que cree doctrinas falsas, sino a quienes vienen para enseñar conscientemente las falsedades de una doctrina contraria a la enseñanza de Cristo. Especialmente a quienes no confiesan que Jesucristo es el Hijo de Dios encarnado (v. 7). Estos son realmente *engañadores* y *anticristos*, que vienen a los creyentes negando la verdadera fe.

μὴ λαμβάνετε αὐτὸν εἰς οἰκίαν καὶ χαίρειν αὐτῷ μὴ λέγετε· El apóstol es contundente: *"no le recibáis en casa, ni le digáis ¡Bienvenido!"*. Aparentemente esto es una contradicción al amor y a la hospitalidad consecuente con el mismo. Los cristianos somos llamados a manifestar amor a todos incluyendo a los enemigos, por tanto, chocan estas palabras del apóstol para ni recibirlos, ni saludarlos. La instrucción para maestros itinerantes, era la de recibirlos en casa (Lc. 9:1-6; 10:1-12). Esto que era instrucción de Jesús, aparentemente se prohíbe por Juan, pero los que no deben ser recibidos ni saludados son los *falsos maestros*. El término χαίρειν, era la forma habitual de saludo de los tiempos de Juan, que expresa alegría por el que viene y por cuya razón se tradujo como *Bienvenido*, saludo habitual hoy.

Algunas cosas son necesarias para entender la instrucción del apóstol. Primeramente, de acuerdo con la interpretación que se sigue aquí y que identifica a la *señora* a quien va dirigido el escrito como una iglesia local, significaría que no deben recibirse en ella a quienes, primero habían salido de la iglesia (1 Jn. 2:19), por tanto, habían estado en la congregación y salieron de ella al abrazar la falsa doctrina. Estos vuelven nuevamente a la iglesia, no arrepentidos de sus falsedades, sino dispuestos a enseñarlas a los creyentes. En segundo lugar –tratándose de una iglesia local– supondría recibirlos en la congregación y darles una afectuosa bienvenida, lo que abriría las puertas donde están seguras las ovejas del rebaño, a los lobos disfrazados de ovejas. Por tanto, se trata de dar una bienvenida en la iglesia a los *falsos maestros*. Cuando se habla en el Nuevo Testamento de *casa* en relación con la iglesia, indica muchas veces el lugar donde se reunía la congregación. En ese sentido Juan prohíbe recibir a los tales en *la reunión de la iglesia*. En tercer lugar, podría también alcanzar a la hospitalidad privada de los creyentes para que en sus casas no den cabida a quienes vienen para turbar la iglesia. De otro modo, lo que el apóstol prohíbe es atender y confraternizar con los *engañadores y anticristos*. Por supuesto, no supone esto un mandato para alejarnos de cualquier persona que no tenga la verdadera fe, es necesario entender que debemos recibir a cualquiera que no sea creyente y tenga necesidad de asistencia personal.

Fue en los primeros años del cristianismo que surgen desviaciones gnósticas, desarrollándose además por falta de conocimiento bíblico otras relativas a Jesucristo que aparecen especialmente notorias en Asia Menor, donde estaban las iglesias en las que el apóstol Juan trabajaba. Así surgieron los llamados *montanistas*, a los que podía llamarse, en el contexto actual, *carismáticos*. Se presentaban como poseedores de los dones del Espíritu, especialmente del de profecía. Estos fueron considerados como herejes a finales del año 177. Tenían una cautivadora forma de espiritualidad basada en la inminencia del regreso de Cristo, que arrastraba a muchos en una senda de doctrina equivocada. Los enseñadores de doctrinas distintas a la única verdadera de Jesucristo, causaban dificultades en las iglesias de los tiempos de Juan. A esto acude el apóstol con el mandato establecido en este segundo hemistiquio, que al estar el verbo en imperativo no es una simple llamada de atención, sino una instrucción con la autoridad apostólica que la establecía. Debe entenderse, por tanto, que la prohibición de Juan no era la de no dar hospitalidad en casa o recibir en la iglesia a paganos o parientes no creyentes, sino a los viajeros que profesando ser maestros, traían falsedades con la disposición de enseñarlas a los cristianos.

Con todo, los cristianos somos dados, por un falso amor, a recibir a quienes vienen por nuestras puertas con doctrinas falsas, sentarnos con ellos y escuchar sus supercherías, especialmente de aquellos que vienen con un propósito concreto, difundir sus falsedades sobre la deidad de Jesucristo. Estos, como cualquier otra persona, deben ser tratados con amabilidad, pero han de ser atendidos para darles testimonio de Cristo, pero no para prestar atención a sus mentiras. Quienes no tienen la doctrina bíblica sobre Cristo y pretenden enseñar su falsedad a otros son, como dice el apóstol, *engañadores* y *anticristos*, a quienes, no solo la iglesia, sino los creyentes deben mantenerlos distantes en cuanto a sus enseñanzas. No solo a quienes tienen desviaciones sobre *Cristología*, sino sobre cualquiera de las doctrinas fundamentales de la fe. La aceptación en una iglesia bíblica de personas procedentes de campos que enseñan doctrinas incorrectas, producirá, más bien temprano que tarde, cambios en la congregación que abrirán la puerta a subjetivismo, manifestaciones aparentes del Espíritu, que son falsas, cambios en el culto, y poco a poco el apartar a los creyentes de la formación bíblica para llevarlos al campo de las experiencias no bíblicas. Juan es firme en esto: *"no lo recibáis en casa, ni le digáis: ¡Bienvenido!"*.

11. Porque el que le dice: ¡Bienvenido! participa en sus malas obras.

ὁ λέγων γὰρ	αὐτῷ	χαίρειν	κοινωνεῖ	τοῖς	ἔργοις	αὐτοῦ	τοῖς
Porque el que dice	le	¡Bienvenido!	comparte	las	obras	de él	las

πονηροῖς.
malignas.

Análisis y notas del texto griego.

Análisis: ὁ, caso nominativo masculino singular del artículo determinado *el*; λέγων, caso nominativo masculino singular del participio de presente en voz activa del verbo λέγω, *hablar, decir*, aquí *que dice*; γὰρ, conjunción causal *porque*; αὐτῷ, caso dativo masculino de la tercera persona singular del pronombre personal declinado *a él, le*; χαίρειν, presente de infinitivo en voz activa del verbo χαίρω, *alegrarse, estar bien*, aquí en sentido de saludo *bienvenido, saludos*; κοινωνεῖ, tercera persona singular del presente de indicativo en voz activa del verbo κοινωνέω, *participar, compartir* aquí *comparte*; τοῖς, caso dativo neutro plural del artículo determinado *los*; ἔργοις, caso dativo neutro plural del nombre común *obras*; αὐτοῦ, caso genitivo masculino de la tercera persona singular del pronombre personal declinado *de él*; τοῖς, caso dativo neutro plural del artículo determinado *los*; πονηροῖς, caso dativo neutro plural del adjetivo *malignas*.

ὁ λέγων γὰρ αὐτῷ χαίρειν κοινωνεῖ τοῖς ἔργοις αὐτοῦ τοῖς πονηροῖς. La razón del mandamiento anterior, no solo es la defensa de los creyentes que pueden ser trastornados por las enseñanzas mentirosas de los *falsos maestros*, sino por causa de la identificación con ellos. Juan dice que quien saluda y recibe a uno de ellos está participando en sus obras que califica como de *malignas*. La iglesia no puede mantener relación de amistad con tales personas. Esta forma de comportamiento no solo está establecida por Juan, sino que fue tema de escritos a iglesias por los llamados *padres de la iglesia*, como ocurrió con Ignacio de Antioquía que advertía a los creyentes sobre los *falsos maestros*, haciéndolo con gran firmeza[21]. Hay dos ejemplos de comportamiento con los *falsos maestros*, uno de ellos directamente del apóstol Juan, según relata la *historia de la iglesia*, en que se cuenta que estando en el baño en Éfeso vio allí a Cerinto, el hereje, de modo que dejó el baño y salió afuera diciendo: *"Huyamos, no sea que el baño se hunda, ya que en él se encuentra Cerinto, el enemigo de la verdad"*. Algo semejante ocurrió, según la misma fuente, con Policarpo el discípulo de Juan, quien encontrándose un día con Marción, uno de los heresiarcas sustentador de la doctrina *dualista* que distinguía al Dios del Antiguo Testamento, *Jehová*, con el Padre del Nuevo Testamento, el hereje le preguntó si no lo reconocía, le contestó: *"Reconozco al primogénito de Satán*[22]*"*.

Algunos consideran estas acciones, e incluso las palabras de Juan como excesivamente drásticas y carentes de amor. Sin embargo, la verdadera falta de amor es no avisar a los creyentes del peligro de los *falsos maestros*, y permitir que, por una pretendida atención hacia ellos, podamos ser identificados con los tales, porque no es identificación con la persona, sino con la maldad de sus obras que, procediendo de Satanás, no les cabe otro calificativo que *malignas*.

Conclusión y despedida (vv. 12-13).

12. Tengo muchas cosas que escribiros, pero no he querido hacerlo por medio de papel y tinta, pues espero ir a vosotros y hablar cara a cara, para que nuestro gozo sea cumplido.

Πολλὰ	ἔχων	ὑμῖν	γράφειν	οὐκ	ἐβουλήθην	διὰ
Muchas cosas	que tengo	a vosotros	escribir	no	quise	por medio de

χάρτου	καὶ	μέλανος,	ἀλλὰ	ἐλπίζω	γενέσθαι	πρὸς ὑμᾶς	καὶ
papel	y	tinta,	sino	espero	estar	con vosotros	y

[21] Ignacio de Antioquía. *Eph.* 7:1; 8:1; 9:1; *Smyrna.* 4:1; 5:1; 7:2.
[22] Ireneo. *Adv. Haer.* 3:3, 4.

στόμα πρὸς στόμα λαλῆσαι, ἵνα ἡ χαρὰ ἡμῶν
boca a boca hablar, para que el gozo de nosotros
πεπληρωμένη ᾖ.
cumplido sea.

Análisis y notas del texto griego.

Análisis: Πολλὰ, caso acusativo neutro plural del adjetivo *muchos*, en sentido de *muchas cosas*; ἔχων, caso nominativo masculino singular del participio de presente en voz activa del verbo ἔχω, *tener*, aquí *que tengo*; ὑμῖν, caso dativo de la segunda persona plural del pronombre personal declinado *a vosotros*; γράφειν, presente de infinitivo en voz activa del verbo γράγω, *escribir*; οὐκ, forma escrita del adverbio de negación *no*, con el grafismo propio ante una vocal con espíritu suave o una enclítica; ἐβουλήθην, primera persona singular del aoristo primero de subjuntivo en voz activa del verbo βούλομαι, *querer*, aquí *quise*; διὰ, preposición propia de genitivo, *por, por medio de*; χάρτου, caso genitivo masculino singular del nombre común *papel*; καὶ, conjunción copulativa *y*; μέλανος, caso genitivo neutro singular del adjetivo *oscuro, de color negro* se usa tres veces sustantivado para referirse a *tinta*; ἀλλὰ, conjunción adversativa *sino*; ἐλπίζω, primera persona singular del presente de indicativo en voz activa del verbo ἐλπίζω, *esperar, confiar*, aquí *espero*; γενέσθαι, segundo aoristo de infinito en voz media del verbo γίνομαι, *estar*; πρὸς, preposición propia de acusativo *con*; ὑμᾶς, caso acusativo de la segunda persona plural del pronombre personal *vosotros*; καὶ, conjunción copulativa *y*; στόμα, caso acusativo neutro singular del nombre común *boca*; πρὸς, preposición propia de acusativo *a*; στόμα, caso acusativo neutro singular del nombre común *boca*; λαλῆσαι, aoristo primero de infinitivo en voz activa del verbo λαλέω, *hablar, decir*; ἵνα, conjunción causal *para que*; ἡ, caso nominativo femenino singular del artículo determinado *la*; χαρὰ, caso nominativo femenino singular del nombre común *gozo, alegría*; ἡμῶν, caso genitivo de la segunda persona plural del pronombre personal declinado *de vosotros*; πεπληρωμένη, caso nominativo femenino singular del participio de perfecto en voz pasiva del verbo πληρόω, *llenar, rellenar, cumplir, llevar a perfección*, aquí *cumplido*; ᾖ, tercera persona singular del presente de subjuntivo en voz activa del verbo εἰμί, *ser, estar*, aquí *sea*.

Πολλὰ ἔχων ὑμῖν γράφειν οὐκ ἐβουλήθην διὰ χάρτου καὶ μέλανος, Es una terminación que indica necesidad de seguir instruyendo a los lectores, pero no hay más espacio. El apóstol señala a los lectores que lo que resta debe ser hablado *cara a cara*, literalmente *boca a boca*, y no con *papel*, que era una hoja de papiro, y *tinta*, un adjetivo sustantivado que hace referencia a lo que es *negro*, en referencia a la tinta de escritura hecha comúnmente entonces con hollín mezclado con agua y espesado con goma para que se mantenga en el papiro.

ἀλλὰ ἐλπίζω γενέσθαι πρὸς ὑμᾶς καὶ στόμα πρὸς στόμα λαλῆσαι, Cumplir el deseo de hablar personalmente con los destinatarios, teniendo en cuenta que la edad del apóstol haría difícil ese encuentro, bien que los creyentes a quienes escribe vinieran al lugar donde estaba o mejor que él pudiera desplazarse hasta ellos. La visita de él nada tiene que ver con la de los *falsos maestros*. A estos recomienda no recibir ni saludar, pero él iría a verlos y dialogaría con ellos directamente. En ocasiones lo que se escribe no se interpreta debidamente, por lo que resultaría mejor la conversación personal. Es un deseo de Juan ¿se habría cumplido? No sabemos, pero la manifestación de afecto hacia los creyentes es evidente. No importaría lo difícil del viaje, y el cansancio a causa de la edad, él deseaba ver a los creyentes e instruirlos, alentarlos y ayudarlos una vez más.

ἵνα ἡ χαρὰ ἡμῶν πεπληρωμένη ᾖ. El propósito del apóstol queda manifestado en esta frase: *para que nuestro gozo sea cumplido*. No solamente habría gozo en los creyentes por la visita del apóstol, sino que él mismo y quienes fuesen con él tendrían un gozo completo, como resultado de la comunión mutua. Juan hace esta afirmación porque ya anteriormente había enseñado que la comunión de los creyentes obedece a la comunión con el Padre y con Su Hijo (1 Jn. 1:3, 4). El gozo es la acción del Espíritu Santo en el cristiano, por tanto, la comunión con Dios, que se traslada a la comunión entre creyentes produce sumo gozo. Algo semejante escribía el apóstol Pablo a los romanos: *"Porque deseo veros, para comunicaros algún don espiritual, a fin de que seáis confirmados; esto es, para ser mutuamente confortados por la fe que nos es común a vosotros y a mí"* (Ro. 1:11-12). Un antiguo refrán del norte de Europa decía que: *"Gozo compartido es doble gozo; pena compartida es media pena"*. Lo que afecta en la experiencia de la comunión a uno, afecta a todos. Juan deseaba que los creyentes estuviesen gozosos.

13. Los hijos de tu hermana, la elegida, te saludan. Amén.

Ἀσπάζεταί	σε	τὰ	τέκνα	τῆς	ἀδελφῆς	σου	τῆς	ἐκλεκτῆς.
Saludan	te	los	hijos	de la	hermana	de ti,	la	elegida.

Análisis y notas del texto griego.

Análisis: Ἀσπάζεται, tercera persona singular del presente de indicativo en voz media deponente del verbo ἀσπάζομαι, *saludar*, aquí *saluda*; σε, caso acusativo de la segunda persona singular del pronombre personal declinado *a ti, te*; τὰ, caso nominativo neutro plural del artículo determinado *los*; τέκνα, caso nominativo neutro plural del nombre común *hijos*; τῆς, caso genitivo femenino singular del artículo determinado declinado *de la*; ἀδελφῆς, caso genitivo femenino singular del nombre común *hermana*; σου, caso genitivo de la segunda persona singular del pronombre personal declinado *de ti*; τῆς, caso genitivo femenino singular del artículo determinado declinado *de la*; ἐκλεκτῆς, caso genitivo femenino singular del nombre común *elegida*.

᾿Ασπάζεταί σε τὰ τέκνα τῆς ἀδελφῆς σου τῆς ἐκλεκτῆς. En el saludo de despedida vuelve a usar la metáfora de la *hermana elegida*. Ese uso afirma en la interpretación de la expresión como refiriéndose a una iglesia. Es muy improbable que en una misma familia hubiese dos mujeres con el mismo nombre. Quienes se afirman en la literalidad considerándola como dos mujeres, serían los sobrinos de la primera quienes saludaban a la tía por medio de Juan, asunto también sumamente difícil. Con toda probabilidad se trataba de la iglesia en donde Juan estaba y de los *hijos* en sentido de los creyentes de la congregación. Es interesante notar que las iglesias locales se consideran *hermanas* entre sí, a causa de la relación de los creyentes que, siendo hijos del Padre por adopción en el Hijo, son hermanos entre ellos. El amén final que está en muchas versiones no aparece en la mayoría de los mss. incluyendo los más importantes y más seguros.

Al concluir este comentario a la *Segunda Epístola de Juan*, pudieran destacarse algo como motivo de reflexión personal.

Los tiempos en que el apóstol escribe, comenzaban a circular los libros del Nuevo Testamento, pero no estaba completo todavía. La enseñanza era en muchas ocasiones, yo diría que principalmente, por medio de enseñanza personal en predicaciones y catequesis. Pablo exhortaba a Timoteo para que predicase lo que había oído muchas veces de él (2 Ti. 2:2). En una situación así no era difícil que los *falsos maestros* sorprendieran a los creyentes que no tenían materiales de lectura suficientes, con sus doctrinas erróneas. Pasaron los siglos y en nuestro tiempo tenemos a disposición cuantas Biblias nos sean necesarias, unido a textos de estudio que ayudan a conocer mejor el sentido y significado del texto bíblico. Pero, si peligrosos eran los tiempos de Juan para los creyentes, mayores son hoy para nosotros. Las falsas doctrinas se han extendido por todos los lugares tratando de alcanzar a los miembros de las iglesias para desviarlos de la verdad. La exposición bíblica en las congregaciones está en franco declive por lo que, dada la falta de conocimiento de muchos hermanos, son fácilmente arrastrados por quienes, torciendo la Escritura y falsificando la verdad, consiguen arrastrar tras de sí a algunos discípulos. Esta situación presenta la necesidad de dar lugar a la Palabra en la iglesia. A que los maestros enseñen la Escritura; que la Biblia esté presente en los hogares cristianos;

que los jóvenes conozcan el texto bíblico para mantenerse en una ética conforme a la voluntad de Dios. Esta es la responsabilidad esencial del liderazgo de la iglesia. La *Epístola* debiera llamar nuestra atención para tomar la determinación de volver a la Biblia sin condiciones.

Una segunda enseñanza es que las iglesias del Señor *somos familia* de Dios, hermanos en Cristo. Todo aquel que ha creído en Cristo, es salvo por gracia mediante la fe. No hay distinciones humanas que puedan quebrantar la realidad de la familia de Dios en Cristo Jesús. No se trata de forzar un ecumenismo no bíblico, del que hay que huir por su inconsistencia, pero no cabe duda que la fragmentación entre creyentes, la falta de relación entre iglesias, genera muchos problemas en el testimonio del evangelio. Debo entender que quien ha nacido de nuevo es mi hermano, al que debo manifestar la identificación de la comunión con Dios, en la expresión sincera del amor fraterno. Sin ese amor, no hay ministerio válido, ni vida cristiana consecuente.

III JUAN

III JUAN

APROBACIÓN, REPROBACIÓN, FIDELIDAD

Introducción.

La *Tercera Epístola de Juan*, es el escrito más breve de todo el Nuevo Testamento. Con toda seguridad cabe en una sola hoja de papiro. No llega a doscientas palabras en el texto griego. Pero, es importante porque documenta nombres de tres personas que tuvieron relación con la naciente iglesia cristiana de hace dos mil años. Tiene ciertas características únicas del escrito como la ausencia de mención de Jesús por este nombre. Aparentemente no contiene un material teológico al estilo de los otros tres de Juan, sin embargo, el comportamiento cristiano, tan presente en la *Epístola*, expresa la evidencia del nuevo nacimiento, aunque no hable directamente de él. Permite apreciar los problemas que ya habían surgido en la iglesia de los tiempos apostólicos, sobre todo en relación con el deseo de controlarla y alcanzar la primacía en la congregación. Esto nos permite entender cuál era la dinámica histórica de las iglesias en tiempos de los apóstoles o inmediatos a ellos.

Todo lo que se ha dicho para la *Segunda Epístola*, es válido para la introducción de ésta, por lo que se remite al lector a las lecturas correspondientes, para no reiterarlas aquí.

La Epístola en la iglesia primitiva.

La mención de esta *Epístola*, es sin duda alguna mucho menor que las referencias que aparecen en los escritos de los primeros siglos relacionadas con la *Primera Epístola*. Sin embargo, hay reconocimiento de esta 3 Jn. por *Padres de la Iglesia*. Así Clemente Alejandrino, muerto en 214, cita 1 Jn, 5, 16, escribiendo sobre esas citas que son como las otras de *"Juan en su epístola mayor..."*[1], luego reconocía otros escritos de Juan, como *menores*. Orígenes que vivió hasta el año 254, conoce las discusiones que se formulaban sobre la autoría de la 2 y 3 Juan, aceptándolas él como canónicas[2]. Dionisio Alejandrino, muerto en el año 265, las acepta como de Juan[3]. Atanasio, muerto en 373, también se refiere a la *Epístola*[4]. Así mismo reconoce la epístola Cirilo de Jerusalén, muerto

---

[1] Clemente Alejandrino. *Stromata* 2, 16, 76.
[2] Orígenes. *In Joannem*, 5, 3.
[3] Citado por Eusebio. *Hist. Eccl.* 7, 25, 11.
[4] Atanasio. *Epist.* 39; *De Paschate festo.*

en el año 386[5]. También Gregorio Nacianceno, fallecido en el año 389[6]. Epifanio, muerto en el año 403, reconoce la *Epístola*[7]. Rufino, muerto en el 410, también conocía el escrito como de Juan[8]. No es posible dejar de prestar atención a Agustín, muerto en el 430, que considera la 2 y 3 Jn. como obras del apóstol[9].

Pasando a los catálogos de libros canónicos, el *Canon de Muratori*, de finales del s. II, habla en plural de las *Epístolas de San Juan*, escribiendo *"in epistolis suis"*, y en otro párrafo habla de *dos* epístolas de Juan: *"superscriptio Ioannis duas in catholica habentur"*. También el *Códice Claromontanus*, y el *Catálogo de Mommsen* mencionan como del apóstol Juan, las tres *Epístolas*.

En cuanto a *Concilios*, el de Cartago del año 256 se refiere a la *Tercera Juan*, como autoridad canónica. Más tarde los de Hipona, del 393 y los dos de Cartago de los años 397 y 419, ponen la 2 y 3 Juan en el canon de las Sagradas Escrituras.

Sin embargo, frente a estas pruebas, la autenticidad de autor de las dos *Epístolas*, ha sido cuestionada desde el principio. En escritos de Orígenes se hace referencia a las dudas de autenticidad, pero que él no comparte[10]. También Eusebio sitúa la *Tercera Epístola* entre los *antilegómena*, escritos discutidos. Jerónimo hace referencia a las críticas que en su tiempo se presentaban contra la 2 y 3 Jn., aunque él las reconoce como canónicas, escritas por el apóstol Juan[11]. Otros, como ocurre en el *Decreto Gelasiano*, del año 495, las atribuye a Juan el Presbítero. Cabe hacer referencia a Cipriano, muerto en 258; Teodoro de Mopsuestia, muerto en el 428; Juan Crisóstomo, fallecido en 407; no las mencionan. La iglesia siríaca la acepto más tarde en el canon.

En cuanto a la *Crítica Liberal Humanista*, la conocida como *Alta Crítica*, ha cuestionado abiertamente estos escritos, dirigiendo al lector, para una consideración sobre esto a la *Introducción* que antecede al comentario a la *Primera Epístola*. Como es habitual los argumentos que proponen para negar la autoría no pueden ser demostrados, quedando en meras hipótesis, sin dar una alternativa segura en cuanto a autor y fecha.

---

[5] Cirilo de Jerusalén. *Catech.* 4, 36.
[6] Gregorio Nacianceno. *Carm.* 1, 12, 37.
[7] Epifanio. *Haer.* 76, 5.
[8] Rufino. *Comm. in symb. apost.* 37.
[9] Agustín. *De doctr. Christ.* 2, 8.
[10] Orígenes. *In Ioan*, 5, 3.
[11] Jerónimo. *De vir. Ilustr.* 9, 18.

Autor.

Sin duda, tanto las evidencias externas históricas, como las internas del propio escrito, exigen considerar a Juan, el apóstol, como el autor de la *Epístola*.

En primer lugar, se destaca la enorme semejanza que tienen las tres *Epístolas* entre sí, que demanda considerarlas como de un mismo autor. El tema central difiere, como es natural, por el contenido y orientación de ellas, pero el comienzo y el término se corresponden abiertamente.

El autor se identifica en las dos con el calificativo *el anciano*, este título precedido del artículo determinado, expresa una identidad única, para quien era conocido en la *iglesia*, como *el presbítero*, único de esa manera entre los otros *presbíteros*, de la congregación. Aunque se alude a la edad avanzada del escritor que se califica como *anciano*, probablemente deba entenderse esto más que como debido a la edad, era por su autoridad, propia de un apóstol de Jesucristo. Aunque no cabe duda que cuando Juan escribió estas *Epístolas* no era un hombre joven, sino mayor en edad. En el tiempo de la datación de la *Epístola*, Juan era el único vivo del colegio apostólico, a fines del s. I.

Cuestionamiento de autoría.

Ver el correspondiente apartado en la *introducción* a la *Segunda Epístola*.

Destinatarios.

Es el más personal de los escritos del Nuevo Testamento y, por supuesto, se manifiesta de este modo en la *correspondencia de Juan*.

Está dirigida a Gayo, que por la información del texto se trataba de un cristiano ejemplar, virtuoso y firmemente establecido en la fe. Un hombre ayudador especialmente con los misioneros itinerantes que recorrían los territorios donde estaban establecidas iglesias, probablemente referidas a las que se mencionan en las *cartas a las siete iglesias* (Ap. 2-3). La mención en la carta de otras dos personas, una de ellas llamada Demetrio, era también un cristiano comprometido con la fe, hombre de buen testimonio entre los hermanos. Por el contrario, Diótrefes, amaba tener el primado en la iglesia en la que de alguna manera estaba vinculado Gayo, a quien va dirigida la *Epístola*. Probablemente Diótrefes había sido alcanzado por doctrinas erróneas que circulaban de mano de los *falsos maestros*. Sin duda cuestionado por los creyentes que conocían la doctrina, celoso de perder su posición en la iglesia, no quería someterse a la autoridad del apóstol, rechazaba sus enviados y excomulgaba a los cristianos que los acogían en sus casas. Probablemente Demetrio era uno de los enviados por Juan y seguramente portador de la carta a Gayo.

Propósito.

La lectura de la *Epístola* permite apreciar la preocupación del apóstol por la situación que atravesaba la *iglesia* en aquella localidad. Parece que el apóstol había enviado una carta anterior a la iglesia, que no fue atendida (v. 9). Juan está haciendo una nueva tentativa de restaurar la correcta funcionalidad de aquella congregación, enviando a nuevos colaboradores suyos, como puede ser Demetrio. Sin embargo, dada la situación que estaba originando Diótrefes, al no atender a los requerimientos del apóstol y al comportamiento indigno con sus colaboradores, anuncia a su amigo Gayo la disposición a visitar la iglesia personalmente (vv. 10, 14).

En medio de las dificultades que debían ser arregladas, aprovecha para exhortar a Gayo a fin de que siga practicando la hospitalidad y la ayuda a los que son enviados, mayormente a los extranjeros.

No es posible identificar a Gayo, ya que ese era un nombre muy común en los tiempos de Juan, y en el Nuevo Testamento aparecen por lo menos tres personas con ese nombre (cf. Hch. 19:29; 20:4; 1 Co. 1:14; Ro. 16:23). No cabe duda que había permanecido fiel a las enseñanzas de los apóstoles y vinculado a Juan (v. 3).

Es muy probable que debido a que Diótrefes retenía la correspondencia de Juan y no la daba a conocer a la iglesia, en esta ocasión no escribe al que se había convertido en el que quería controlar y dominar la congregación, sino que envía el escrito a Gayo, uno de los creyentes destacados y fieles de aquella iglesia. En el escrito le advierte sobre la actitud de Diótrefes y le avisa de una posible visita a la congregación para resolver el problema.

Lugar y fecha de redacción.

Según la cronología de la vida de Juan apoyada en la historia de la iglesia, se cree que el apóstol estuvo por tiempo en Éfeso, desde donde ministró entre las iglesias. Al no hacer mención en ella a las persecuciones, debe considerarse que se escribió antes de las que se iniciaron en el tiempo de Domiciano, que comenzaron en el año noventa y cinco, por tanto, podría aceptarse como lo más probable que fue escrita desde Éfeso.

Texto griego.

El griego de la *Epístola* es, como en la *Primera* sencillo, pero bastante ajustado a reglas gramaticales del idioma *koiné*. Sobre aspectos generales del tratamiento y análisis del texto griego, remitimos al lector a la amplia consideración sobre éstos en el apartado *Texto Griego* en la *Introducción* que antecede a la *Primera Epístola*.

Los textos griegos principales, reconocidos con mayor autoridad textual, que se usan para el escrito, son:

𝔓^{74},
ℵ, A, B, C, P, Ψ, 048,
5, 33, 81, 307, 436, 442, 642, 1175, 1243, 1448, 1611, 1735, 1739, 1852, 2344, 2492.

Bosquejo.

1. Introducción y saludo (vv. 1-4).
2. Elogios y exhortación (vv. 5-8).
3. El problema con Diótrefes (vv. 9-10).
4. Exhortación personal (v. 11).
5. Presentación de Demetrio (v. 12).
5. Conclusión y despedida (vv. 13-15).

EXÉGESIS DE LA EPÍSTOLA.

Introducción y saludo (vv. 1-4).

1. El anciano a Gayo, el amado, a quien amo en la verdad.

Ὁ	πρεσβύτερος	Γαΐῳ	τῷ ἀγαπητῷ,	ὃν	ἐγὼ	ἀγαπῶ	ἐν	ἀληθείᾳ.
El	anciando	a Gayo,	el amado,	a quien	yo	amo	en	verdad.

Análisis y notas del texto griego.

Análisis: Ὁ, caso nominativo masculino singular del artículo determinado *el*; πρεσβύτερος, caso nominativo masculino singular del nombre común *anciano, presbítero*; Γαΐῳ, caso dativo masculino singular del nombre propio declinado *a Gayo*; τῷ, caso dativo masculino singular del artículo determinado *el*; ἀγαπητῷ, caso dativo masculino singular del adjetivo *amado*; ὃν, caso dativo masculino singular del pronombre relativo *a quién*; ἐγὼ, caso nominativo de la primera persona singular del pronombre personal *yo*; ἀγαπῶ, primera persona singular del presente de indicativo en voz activa del verbo αγαπάω, *amar*, aquí *amo*; ἐν, preposición propia de dativo *en*; ἀληθείᾳ, caso dativo femenino singular del nombre común *verdad*.

Ὁ πρεσβύτερος. La *Epístola* es un escrito típico de este estilo de correspondencia personal, de ahí que la estructura sea semejante a la de los escritos conocidos de entorno greco-romano de los tiempos del inicio de la iglesia cristiana. No hay una *salutatio*[12], si bien la salutación está expresada en el v. 2. La identificación del remitente es idéntica a la de la *Segunda Epístola*, donde ya se ha comentado el sentido de la expresión *el anciano*[13]. Lo más probable es que se trata del título que habitualmente usaban, incluso los apóstoles, correspondiente al liderazgo de las iglesias locales. En el caso de Juan, podría usarlo el autor de la *Epístola*, en sentido de *mayor*, en referencia a la edad del escritor. Probablemente Juan fuese el mayor en edad de los que estuvieron con Jesús. No hay posibilidad de otra identificación segura, aunque mayoritariamente se entiende –a lo largo de la historia de la iglesia– que se estaba refiriendo a Juan. Es típico del apóstol ocultar su nombre personal, como ocurre en el *Evangelio*, bajo el título del *discípulo al que amaba Jesús*. Nosotros no podemos saber con certeza documental esto, pero, lo que no cabe duda es que el destinatario sabía bien quien era. El apóstol, aunque llamándose *anciano*, no lo era sólo de una iglesia local, como es natural que suceda con el oficio de *anciano, sobreveedor* de la congregación. Como apóstol su autoridad transcendía a la de una iglesia local, de manera que podía no solo formular alguna petición, sino afirmar la doctrina y demandar obediencia a la fe que él, como los apóstoles habían enseñado.

Γαί ῳ τῷ ἀγαπητῷ, De igual manera ocurre con el destinatario, al que se refiere sólo con el nombre de Gayo. Sobre este cristiano, conocido por Juan, se ha considerado en el apartado *destinatarios*, de la *introducción*. Sin embargo, cabe preguntarse cuál de los citados por este nombre en el Nuevo Testamento es el destinatario de la *Epístola*. Según el texto bíblico hay referencia a tres de ese nombre vinculados con el apóstol Pablo. El nombre significa *regocijo*. Uno de ellos fue bautizado por el apóstol (1 Co. 1:14); es posible que este sea el hospedador de él en Roma, y del que él da testimonio de ser *hospedador* de muchos otros cristianos (Ro. 16:23). Otro de ellos fue compañero de Pablo en su viaje por el área de Corinto y Éfeso, residente o natural de Macedonia (Hch. 19:29). El tercero era Gayo, de Derbe (Hch. 20:4). Ninguno de estos tres

[12] *Salutación* propia de la introducción de la correspondencia.
[13] Ver comentario a 2 Jn. 1

puede identificarse con plena seguridad con el Gayo a quien Juan escribe. Según la tradición recogida en el s. IV, el apóstol Juan hizo a Gallo de Derbe, el que había viajado con Pablo, primer obispo de Pérgamo, una ciudad al oeste de Asia Menor, y que es a éste al que va dirigida la *Epístola*. Sin embargo, la gente en los tiempos de Juan tenía una gran movilidad, de modo que podría tratarse de éste o de otro creyente con ese nombre. Los comentaristas modernos hablan de cuatro personas con este nombre, los tres anteriormente citados y otro *Gayo de Asia*[14]. Por la *Epístola* se aprecian algunas condiciones personales: Era fiel a la verdad enseñada como doctrina de la iglesia (vv. 3-4); un creyente respetado en la iglesia (v. 3); un hospedador y podía hacerlo de un modo especial (vv. 5-8); tenía una cierta influencia en la congregación (vv. 2, 5, 6a). El apóstol tenía una relación especial con él, puesto que no solo desea visitarlo pronto, sino aprovechar la ocasión para conversar con él (vv. 13-14).

Es evidente que había un afecto del apóstol con él, que se hace notar en la introducción, llamándole *el amado*, llamándolo de este modo cuatro veces en un escrito tan corto.

ὃν ἐγὼ ἀγαπῶ ἐν ἀληθείᾳ. Juan amaba a Gayo *"en verdad"*. Esta frase en sintácticamente semejante a la que aparece en la *Segunda Epístola*, dirigida a la *"señora escogida y a sus hijos quienes yo amo en la verdad"* (2 Jn. 1). Algunos consideran que la expresión es equivalente a decir: *"a quien amo verdaderamente"*[15]. Pero en el contexto de los escritos de Juan, el amor está vinculado a la verdad, de modo que no puede haber una cosa sin la otra. La fe en la Persona y obra de Cristo es común a los creyentes y común al apóstol con Gayo. Con todo, no sólo lo ama por su firmeza en la fe, sino como condición propia del amor fraterno mandado por Jesucristo y hecho experiencia de los creyentes por medio de *fruto del Espíritu* que lo produce (Gá. 5:22), y que es derramado en el corazón cristiano, nacido de nuevo y regenerado (Ro. 5:5).

2. Amado, yo deseo que tú seas prosperado en todas las cosas, y que tengas salud, así como prospera tu alma.

Ἀγαπητέ, περὶ πάντων εὔχομαί σε εὐοδοῦσθαι καὶ ὑγιαίνειν,
Amado, por todas las cosas pido te vaya bien y tengas salud
καθὼς εὐοδοῦταί σου ἡ ψυχή.
como va bien de ti el alma.

---

[14] Entre otros, Brow, *Epistles of John*; Bultmann, *Johannine Epístles*, 95; Marchall, *Epistles of John*; Smalley, *1, 2, 3 John*, 344; Stott, *Epistolas de Juan*. John Christopher Thomas, *The Pentecostal Commentary on 1, 2, 3 John*.

[15] Entre otros Bultmann *Jonhannne Epistles*, 95-96.

Análisis y notas del texto griego.

Análisis: Ἀγαπητέ, caso vocativo masculino singular del adjetivo *amado*; περὶ, preposición propia de genitivo *por*; πάντων, caso genitivo neutro plural del adjetivo indefinido *todos*, en sentido de *todas las cosas*; εὔχομαι, primera persona singular del presente de indicativo en voz media del verbo εὔχομαι, *orar, hacer oración, pedir*, aquí *pido*; σε, caso acusativo de la segunda persona singular del pronombre personal declinado *a ti, te*; εὐοδοῦσθαι, presente de infinitivo en voz pasiva del verbo εὐοδόομαι, *tener buen camino, ir bien, lograr*, aquí *vaya bien*; καὶ, conjunción copulativa *y*; ὑγιαίνειν, presente de infinitivo en voz activa del verbo ὑγιαίνω, *estar sano, ser sano, tener buen salud*, aquí *tengas buena salud*; καθὼς, conjunción comparativa *como*; εὐοδοῦται, tercera persona singular del presente de indicativo en voz pasiva del verbo ἐουδόομαι, *tener buen camino, ir bien, lograr*, aquí *va bien*; καὶ, conjunción copulativa *y*; σου, caso genitivo de la segunda persona singular del pronombre personal declinado *de ti*; ἡ, caso nominativo femenino singular del artículo determinado *la*; ψυχή, caso nominativo femenino singular del nombre común *alma*.

Ἀγαπητέ, περὶ πάντων εὔχομαί σε εὐοδοῦσθαι καὶ ὑγιαίνειν, καθὼς εὐοδοῦταί σου ἡ ψυχή. Luego de la presentación y primera manifestación de afecto, el apóstol se interesa por *todas las cosas* de su amigo, deseando que sigan de un modo semejante a como era su salud. Nótese que el apóstol, como era habitual en ellos ora intercediendo por los creyentes. La oración forma parte intrínseca de la vida cristiana y el ejemplo apostólico es notable. Juan pide por su amigo Gayo, intercediendo por él en oración para que su vida suceda benéficamente. Lo que RV traduce como *seas prosperado* es literalmente, *te vaya bien*, una de las acepciones del verbo. El apóstol reconoce que el *alma*, en sentido de toda la persona, designando especialmente el interior del hombre, *va bien*, que en cierto modo es una alabanza al amigo que llevaba una vida intensa, pero firme delante de Dios, concordante con Su voluntad. Este sentido del verbo, es usado por Lucas para referirse a quienes están buenos y sanos (cf. Lc. 5:31; 7:10; 15:27). Además de la buena salud, el apóstol desea el bienestar material de su amigo.

Al destinatario se dirige aquí usando el vocativo *amado*. Es interesante apreciar que las once primeras palabras de la *Epístola*, el término *amar, amado* aparece tres veces. En el texto le expresa sus mejores deseos personales, mientras pide que los asuntos generales de su vida estén tan bien, como su salud. En ocasiones algunos piensan que el bienestar material no tiene importancia en la vida cristiana y que sólo debe intercederse por asuntos espirituales, Juan da el ejemplo contrario, pidiendo por el bienestar físico y material de un hermano. No sabemos cómo conocía el apóstol la situación de Gayo, pero, probablemente, los hermanos que él atendía, recomendados por el apóstol, le informaban al finalizar el viaje de la situación de quien les había hospedado.

3. Pues mucho me regocijé cuando vinieron los hermanos y dieron testimonio de tu verdad, de cómo andas en la verdad.

ἐχάρην γὰρ λίαν ἐρχομένων ἀδελφῶν καὶ μαρτυρούντων σου
Porque me alegré mucho viniendo hermanos y dando testimonio de ti
τῇ ἀληθείᾳ, καθὼς σὺ ἐν ἀληθείᾳ περιπατεῖς.
de la verdad, como tu en verdad andas.

Análisis y notas del texto griego.

Análisis: ἐχάρην, primera persona singular del aoristo segundo de indicativo en voz pasiva del verbo χαιρέω, *alegrarse*, aquí *fui alegrado, me alegré*; γὰρ, conjunción causal *porque*; λίαν, adverbio indefinido *mucho, muy*; ἐρχομένων, caso genitivo masculino plural del participio de presente en voz activa del verbo ἔρχομαι, *venir, llegar*, aquí *viniendo*; ἀδελφῶν, caso genitivo masculino plural del nombre común *hermanos*; καὶ, conjunción copulativa *y*; μαρτυρούντων, caso genitivo masculino plural del participio de presente en voz activa del verbo μαρτυρέω, *testificar, ser testigo, dar testimonio*, aquí *dando testimonio*; σου, caso genitivo de la segunda persona singular del pronombre personal declinado *de ti*; τῇ, caso dativo femenino singular del artículo determinado *la*; ἀληθείᾳ, caso dativo femenino singular del nombre común *verdad*; καθὼς, conjunción comparativa *como*; σὺ, caso nominativo de la segunda persona singular del pronombre personal *tú*; ἐν, preposición propia de dativo *en*; ἀληθείᾳ, caso dativo femenino singular del nombre común *verdad*; περιπατεῖς, segunda persona singular del presente de indicativo en voz activa del verbo περιπατέω, *andar*, aquí *andas*.

ἐχάρην γὰρ λίαν ἐρχομένων ἀδελφῶν καὶ μαρτυρούντων σου τῇ ἀληθείᾳ, καθὼς σὺ ἐν ἀληθείᾳ περιπατεῖς. El apóstol expresa el gozo que le producía el testimonio que hermanos que habían visitado a Gayo, daban de él. La oración, aunque larga, no puede seccionarse porque es un todo. La alegría se la producía el testimonio de quienes, observando a Gayo, declaraban que frente a quienes se habían desviado, él perseveraba en la verdad. Como es conocido el verbo περιπατέω, literalmente *andar*, significa metafóricamente un estilo de vida visible a todos. Este amigo del apóstol estaba llevando una vida concordante con la verdad revelada en el evangelio que le había sido anunciado por los apóstoles desde el principio. Éstos que habían disfrutado de la hospitalidad de Gayo, contaban al apóstol de su permanencia en la verdad.

No sabemos quiénes eran estos *hermanos*, pero, probablemente, eran colaboradores de Juan en el ministerio, enviados por él a distintas iglesias de la región.

Para el apóstol era motivo de gozo saber que hermanos perseveraban en la verdadera fe, en tiempos en que otros abandonaban las verdades enseñadas y vivían vidas contrarias a la doctrina cristiana. En tiempos difíciles en los que se manifestaban enseñanzas de *anticristos* (1 Jn. 2:18-25), y también se producían rechazos contra los apóstoles como en el caso de *Diotrefes* (vv. 9-10), había creyentes que no se contaminaban con esos problemas. En este caso el hecho de andar en *la verdad*, alegraba el corazón de Juan, pero, el testimonio se extendería también para referirse al *amor* de este hermano (v. 6). Las dos virtudes están siempre en la mente de Juan como elementos de la vida cristiana, la fe y el amor o, si se prefiere, *la verdad en amor* (Ef. 4:15). Esta verdad es la realidad visible a todos de la vida nueva que reside en el que ha nacido de Dios (1 Jn. 1:8; 2:4; 2 Jn. 2). Se trata de un *caminar*, conforme al mandato recibido del Padre (2 Jn. 4).

4. No tengo yo mayor gozo que éste, el oír que mis hijos andan en la verdad.

μειζοτέραν τούτων οὐκ ἔχω χαράν, ἵνα ἀκούω τὰ ἐμὰ τέκνα ἐν
Mayor que estas cosas no tengo gozo, que oiga los mis hijos en
τῇ ἀληθείᾳ περιπατοῦντα.
la verdad andan.

Notas y análisis del texto griego.

Análisis: μειζοτέραν, caso acusativo femenino singular del adjetivo comparativo *mayor que*; τούτων, caso genitivo neutro plural del pronombre demostrativo *estos*, en sentido de *estas cosas*; οὐκ, forma escrita del adverbio de negación *no*, con el grafismo propio ante una vocal con espíritu suave o una enclítica; ἔχω, primera persona singular del presente de indicativo en voz activa del verbo ἔχω, *tener, poseer,* aquí *tengo*; χαράν, caso acusativo masculino singular del nombre común *gozo*; ἵνα, conjunción *que*; ἀκούω, primera persona singular del presente de subjuntivo en voz activa del verbo ἀκούω, *oír, escuchar*, aquí *oiga*; τὰ, caso acusativo neutro plural del artículo determinado *los*; ἐμὰ, caso acusativo neutro plural del pronombre posesivo *mis*; τέκνα, caso acusativo neutro plural del nombre común *hijos*; ἐν, preposición propia de dativo *en*; τῇ, caso dativo femenino singular de artículo definitivo *la*; ἀληθείᾳ, caso dativo femenino singular del nombre común *verdad*; περιπατοῦντα, caso acusativo neutro plural del participio de presente en voz activa del verbo περιπατέω, *andar, caminar*, aquí *andando*.

μειζοτέραν τούτων οὐκ ἔχω χαράν, ἵνα ἀκούω τὰ ἐμὰ τέκνα ἐν τῇ ἀληθείᾳ περιπατοῦντα. No era fácil para una persona que había dedicado su vida a la extensión del evangelio, fundación y consolidación de iglesias, enseñando a tantos nuevos convertidos, formando a otros, ver que algunos estaban desertando de la verdadera fe. Pudiera ser que fuesen el resultado de otros predicadores, pero Juan siente profundo gozo al oír que *sus hijos*, los que son propios, aquellos que directamente tuvieron influencia suya, permanecen, perseveran, andan en la verdad. Dicho de otro modo, nada le puede alegrar más que oír que sus hijos andan en la verdad. El verbo *oír*, es aquí un presente de iteración en subjuntivo, de modo que la alegría del apóstol se producía *cada vez que oía*, que sus hijos se mantenían firmes en la verdad. Aunque el término *hijos*, como se ha dicho antes, se usa para referirse a los que son hijos espirituales, puede extenderse aquí a todos los creyentes de las iglesias con las que tenía relación ministerial, a estos llama de este modo, τεκνία, *hijitos* (cf. 1 Jn. 2:1, 12, 28; 3:7-18; 4:4; 5:2); τέκνα, *hijos* (2 Jn 4). El uso del pronombre posesivo *mis*, vincula aquí más estrechamente los lazos afectivos entre el apóstol y los creyentes de las iglesias, a quienes considera como hijos en la fe, engendrados en Cristo. Si considera a Gayo como a su hijo, a los otros creyentes los tiene por *hijitos*, que como tales necesitan el cuidado pastoral que se les pueda dar.

Estos que alegran el corazón de Juan *"andan en la verdad"*. Es mucho más que dar crédito o aceptación a la verdad. Es aplicarla a la vida diaria de cada uno y orientarla en la dirección que la verdad establece. De otro modo, es ser consecuente con lo que se cree y predica. No hay dicotomía entre la confesión de la fe y el estilo de vida. Esto proporciona al apóstol mayor gozo que cualquier otra cosa. La verdad es la forma natural para Juan de vivir la vida cristiana.

Una sociedad relativista como la actual exige al creyente entender claramente que la verdad y el amor caminan juntos y que son inseparables. En ocasiones se considera que la verdad es esencial en la vida cristiana y se hace una notable fuerza en ella, de modo que quien tiene la verdad y vive la verdad, defiende la verdad sobre todas las cosas. Pero, acaso no nos demos cuenta que en la sociedad actual de la *pos-verdad*, hay muy poco espacio entre morir por la verdad y matar por ella, como ocurre con sectores extremistas que consideran que su religión es la única verdad y matan a otros para mantenerla. Existen creyentes que considerando que tienen *la verdad* absoluta, tratan de defenderla ante otros hermanos que no piensan sobre asuntos de doctrina general, lo mismo que ellos. Para esta *defensa* no dejan de usar cualquier tipo de táctica, espiritualmente nocivas y mayormente egoístas. Pero, del mismo modo, hay otro error importante en cuanto al amor. Algunos consideran que el amor es la única manifestación propia de la vida cristiana y a él debe someterse la verdad, de modo que mantener el amor es transigir con formas de vida abiertamente contrarias a la verdad. Ambos conceptos son equivocados. Porque, como se aprecia en la enseñanza del apóstol en la *Epístola*, amor y verdad son dos elementos de una misma forma de vida. Entender que hay entre ambas cosas una abierta tensión es desconocer la enseñanza que estamos considerando, y manifiesta un desconocimiento bíblico de ambas cosas. No se puede mantener la verdad sin el amor, puesto que es una parte de ella, ni mantener el amor sin la verdad, porque quien ama a Cristo guarda Sus mandamientos (Jn. 14:23-24). El verdadero amor no transige en quebrantar la verdad, y la verdadera firmeza en la verdad potencia y manifiesta el amor. Todo esto conduce a formularnos la pregunta de cuál es la verdadera identidad de nuestra vida cristiana y a verificar personalmente si estamos en la verdad. Nadie que sea incapaz de amar a sus hermanos y al prójimo, de restaurar al que ha caído, de ayudar al desalentado, de restaurar al camino al descarriado, de amar a todos como él fue amado, puede vanagloriarse de estar en la verdad, pero, del mismo modo, el que transige el pecado en razón de tolerancia por amor, está en la verdad. Ambas cosas, amor sin verdad y verdad sin amor son dos caras de la misma moneda, la de una verdad relativa que no es *la verdad*.

Elogios y exhortación (vv. 5-8).

5. Amado, fielmente te conduces cuando prestas algún servicio a los hermanos, especialmente a los desconocidos.

᾿Αγαπητέ, πιστὸν ποιεῖς ὃ ἐὰν ἐργάσῃ εἰς τοὺς ἀδελφοὺς καὶ
Amado, cosa fiel haces cuanto - hiciste por los hermanos y
τοῦτο ξένους,
esto a forasteros.

Análisis y notas del texto griego.

Análisis: ᾿Αγαπητέ, caso vocativo masculino singular del adjetivo *amado*; πιστὸν, caso acusativo neutro singular del adjetivo *fiel*, aquí en sentido de *algo fiel, cosa fiel*; ποιεῖς, segunda persona singular del presente de indicativo en voz activa del verbo ποιέω, *hacer, realizar*, aquí *haces*; ὃ, caso acusativo neutro singular del pronombre relativo *lo que, lo cual, que, cuanto*; ἐὰν, partícula conjuntiva equivalente a *sí* condicional; ἐργάσῃ, segunda persona singular del aoristo primero de indicativo en voz activa del verbo ἐργάζομαι, *hacer, realizar, llevar a cabo*, aquí *hiciste*; εἰς, preposición propia de acusativo *a*; τοὺς, caso acusativo masculino plural del artículo determinado *los*; ἀδελφοὺς, caso acusativo masculino plural del nombre común *hermanos*; καὶ, conjunción copulativa *y*; τοῦτο, caso acusativo neutro singular del pronombre demostrativo *esto*; ξένους, caso acusativo masculino plural del adjetivo *extranjeros, forasteros*.

᾿Αγαπητέ, πιστὸν ποιεῖς ὃ ἐὰν ἐργάσῃ. La conducta cristiana de Gayo se manifiesta, entre otras cosas, en la hospitalidad que presta a hermanos visitantes de otros lugares, de ahí el uso del adjetivo ξένους, *forasteros*. La hospitalidad no era solamente darle un lugar para dormir, sino que comportaba la alimentación y, generalmente, a causa del ministerio de estos hermanos, una ofrenda monetaria que les permitiera, por lo menos, llegar al próximo lugar en el itinerario de su viaje. La verdadera fe, produce siempre *buenas obras* (Ef. 2:8-10; 1 Ti. 2:10; 5:10; 6:18; Stg. 2:14-26). No se trataba, como se ha considerado anteriormente, de defender la doctrina, incluso predicarla y enseñarla, sino vivir la verdadera fe en el amor. Era éste el motor que impulsaba a Gayo a hacer este servicio fiel a favor de los *evangelistas* o *misioneros* que pasaban por el lugar donde residía. La hospitalidad es una virtud que debe ser practicada por los verdaderos creyentes (Ro. 12:13; He. 13:2; 1 P. 4:9).

El amor fraterno que inequívocamente está vinculado a la verdad, se manifiesta en obras como es la hospitalidad. Esta manifestación del amor ocurre en buenos y malos tiempos, en iglesias sin grandes problemas o en las que tienen dificultades especialmente en el liderazgo como es el caso de la iglesia en donde Gayo se congregaba. pero es en esta situación cuando se hace más evidente como prueba de amor. Esa es la razón por la que se exhorta a los creyentes a *no olvidarla*. Por otro lado, el Señor estableció para Sus ministros que llevaban el mensaje de ciudad en ciudad y, en tiempos de la iglesia naciente, ayudando en la consolidación de la fe a los creyentes recién convertidos, que no se ocupasen del hospedaje porque serían recibidos en las casas, donde podían instalarse en el tiempo que fuese necesario quedar allí (Lc. 9:3-5).

Los creyentes tenemos la obligación moral de ser hospedadores, y de forma muy especial aquellos que están ejerciendo el liderazgo en las congregaciones locales, colocando la hospitalidad entre los requisitos exigidos para reconocerlos como tales: *"Pero es necesario que el obispo sea... hospedador"* (1 Ti. 3:2; Tit. 1:8). Nuestro Señor menciona la hospitalidad como expresión de la realidad de fe: *"Porque... fui forastero y me recogisteis"* (Mt. 25:35). La obra de misericordia se señala aquí para Gayo, pone de manifiesto la condición del salvo. La hospitalidad expresa un claro amor por el prójimo necesitado, atendiendo a su necesidad de hambre, de sed y cobijo. Pero esta obra de amor se destaca más cuando el objeto de ella es un *forastero*. El adjetivo utilizado en el texto griego se usa para referirse a un extraño, un inadaptado e incluso un raro. Esas son las características que el mundo ve en un verdadero creyente. Sorprende que las acciones que acreditan obras de misericordia, las asuma el Señor como hechas a Él mismo. No cabe duda que en alguna ocasión el hospedador puede ser engañado por quien no necesita esa manifestación de amor. Es interesante el párrafo que escribe F. F. Bruce:

"La oportunidad de recibir alojamiento y comida gratuita podía tentar a algunos personajes inescrupulosos a disfrazarse como cristianos. Viene a la mente Proteo Peregrino, en la sátira de Luciano; y la necesidad de alguna regla práctica para detectar a los impostores está implícita en la Didaché: 'Que cada apóstol que venga a ustedes sea recibido como el Señor, pero no debe quedarse más que un día o dos si es absolutamente necesario; si se queda tres días, es un profeta falso. Y cuando un apóstol los deja, que no lleve nada sino un pedazo de pan, hasta que llegue al próximo alojamiento nocturno; si pide dinero es un profeta falso'. Algunos cristianos que habían sido decepcionados por tales impostores podían mostrar reticencia en ofrecer hospitalidad demasiado rápido la próxima vez que se la pidieran, pero aquí se los alienta con la nota de que algunos que habían dado hospitalidad a extranjeros itinerantes encontraron que, sin saberlo, hospedaron ángeles. Aquellos dados a la hospitalidad encuentran que tales experiencias felices sobrepasan en mucho a las desagradables"[16].

Los creyentes verdaderos practicaron la hospitalidad en todas las dispensaciones, como fue el caso de Abraham. La historia secular presta atención a la práctica de la hospitalidad entre los cristianos, atribuyéndole a ella, en parte, la extensión del cristianismo, como afirmaba Julián el apóstata. Sin embargo, hay un estímulo en el versículo para que quienes puedan sufrir algún abuso por parte de inescrupulosos, o incluso estuvieran atravesando momentos difíciles que les condicionara a la práctica de la hospitalidad, *"Porque por ella algunos, sin saberlo, hospedaron ángeles"* (He. 13:2). Hay varios ejemplos en el Antiguo Testamento que podrían estar en la mente del escritor. Probablemente estuviese pensando en el caso de Abraham, cuando, sentado a la sombra del día, sin duda caluroso, en el encinar de Mamre, vio venir tres varones por el camino, a quienes invitó para que detuvieran su marcha y descansasen con él un tiempo, mientras los obsequiaba con una espléndida comida (Gn. 18:1-8). El relato bíblico-histórico descubre que dos de aquellos eran ángeles y el tercero el mismo Señor manifestado corporalmente. También pudiera estar pensando en Lot, el sobrino de Abraham, que recibió en Sodoma, donde tenía su residencia, a los mismos

[16] F. F. Bruce. o.c., pág. 394.

dos varones que antes habían estado con Abraham, siendo de gran bendición para él y su familia, en la tarea de librarlos del juicio divino sobre la ciudad (Gn. 19:1ss). Un suceso semejante se produjo con Manoa, el padre de Sansón, que procuró preparar un cabrito para que comiese el que consideraba un mensajero enviado por Dios, y que en aquella ocasión era Dios mismo manifestado corporalmente (cf. Jue. 13:3, 8, 9, 15, 18ss). Todos los casos de hospedaje antes citados concluyeron con grandes bendiciones para quienes fueron hospedadores. La práctica de la hospitalidad no está aquí establecida en razón de la recompensa que se pudiera recibir, sino como expresión desinteresada de amor. Hospedar a un mensajero del Señor que pasara por la iglesia era ya una bendición para quienes los hospedaban, mayor que la que el hospedador era para el huésped.

εἰς τοὺς ἀδελφοὺς καὶ τοῦτο ξένους, Gayo estaba practicando la hospitalidad y ayudando a hermanos que pasaban por el lugar de su residencia. Es posible que fuese más fácil para él ayudar a los que eran de la iglesia local, o a quienes conocía de las iglesias de su entorno, sin embargo, lo que hace para quienes Juan califica de *extranjeros*. La hospitalidad de Gayo era con los hermanos de su entorno y también con los extranjeros.

6. Los cuales han dado ante la iglesia testimonio de tu amor; y harás bien en encaminarlos como es digno de su servicio a Dios, para que continúen su viaje.

οἳ	ἐμαρτύρησαν	σου	τῇ	ἀγάπῃ	ἐνώπιον	ἐκκλησίας,	οὓς
Los cuales	dieron testimonio	de ti	del	amor	delante de	iglesia.	a los que

καλῶς	ποιήσεις	προπέμψας	ἀξίως	τοῦ	Θεοῦ·
bien	harás	al proveer para el viaje	dignamente	-	de Dios.

Análisis y notas del texto griego.

Análisis: οἳ, caso nominativo masculino plural del pronombre relativo *los cuales*; ἐμαρτύρησαν, tercera persona plural del aoristo primero de indicativo en voz activa del verbo μαρτυρέω, *testificar, dar testimonio*, aquí *dieron testimonio*; σου, caso genitivo de la segunda persona singlar del pronombre personal declinado *de ti*; τῇ, caso dativo del artículo determinado femenino singular declinado *de la*; ἀγάπῃ, caso dativo femenino singular del nombre común *amor*; ἐνώπιον, preposición de genitivo *delante de*; ἐκκλησίας, caso genitivo femenino singular del nombre común *iglesia*; οὓς, caso acusativo masculino plural del pronombre relativo declinado *a los que*; καλῶς, adverbio *bien*; ποιήσεις, segunda persona singular del futuro de indicativo en voz activa del verbo ποιέω, *hacer, obrar*, aquí *harás*; προπέμψας, caso nominativo masculino singular del participio del aoristo primero en voz activa del verbo προπέμπω, *acompañar, proveer para el viaje*, aquí *al proveer para el viaje*; ἀξίως, adverbio de modo *dignamente*; τοῦ caso genitivo masculino singular del artículo determinado *el*; Θεοῦ, caso genitivo masculino singular del nombre divino declinado *de Dios*.

οἳ ἐμαρτύρησάν σου τῇ ἀγάπῃ ἐνώπιον ἐκκλησίας, Los que fueron atendidos y hospedados por Gayo, dieron luego testimonio de esto ante la iglesia. Hablando bien de lo recibido y de la persona que hizo esto, a quién el apóstol había escrito recomendando a los que le visitaban. El uso de la expresión preposicional *delante de*, o *ante la iglesia*, permite entender que el testimonio se daría en una reunión de iglesia donde ante la congregación testificaban de lo que habían recibido de Gayo. No cabe duda que se trataba de una reunión propia de la forma habitual en el tiempo de inicio de la evangelización del mundo, de los días de los apóstoles y del establecimiento de las iglesias locales en el mundo. Las obras de Gayo se presentan como manifestación de su amor. En todo esto se pone de manifiesto que los conceptos de verdad y amor, van juntos, no solo en la *Epístola*, sino en la práctica de la vida de los creyentes.

οὓς καλῶς ποιήσεις προπέμψας ἀξίως τοῦ Θεοῦ· Juan aprovecha para recomendar a Gayo que persista en la hospitalidad y en el tratamiento generoso hacia quienes necesitan ayuda para continuar haciendo el ministerio de servicio en la obra del Señor al que habían sido llamados. El uso del futuro desde el pasado del testimonio que daban de su actuación, abre la puerta para lo que les exhorta para hacer, continuando con la generosa hospitalidad de quienes tenían necesidad de ayuda. Juan habla de προπέμπω, *acompañar, proveer para el viaje*, de modo que lo que habían hecho en el pasado, le pide que lo mantengan en el futuro. Esta ayuda debía ser proporcional al ministerio del que Juan dice que deber ser hecho *dignamente* porque el trabajo de los que son ayudados es *de Dios*. Por consiguiente, el ministro, evangelista, misionero debe ser recibido como como es digno del Señor, de otra forma, que respete el ministerio encomendado por el Señor.

Hay personas que consideran una carga compartir para las necesidades de los creyentes que dedican todo su tiempo al servicio del Señor. En ocasiones se tiene esto por carga más que por bendición. No hay duda alguna que el que sirve a Dios por un llamado de Su gracia, no espera recibir el sustento necesario como algo impuesto a la iglesia. Quien ha sido llamado por Dios, vive en dependencia plena de Él, confiando que recibirá en cada momento lo que precisa para su vida personal. Pero, no es menos cierto y menos bíblico que el *"obrero es digno de su salario"* (1 Ti. 5:18). No cabe duda que el que sirve plenamente, debe hacerlo confiando en el cuidado y provisión del Señor. Sin embargo, no hay razón para entender que Cristo prohíbe la provisión de recursos para los que le sirven. La verdadera madurez espiritual en el campo del servicio se expresa en las palabras del apóstol Pablo: *"he aprendido a contentarme, cualquiera que sea mi situación. Se vivir humildemente, y se tener abundancia; en todo y por todo estoy enseñado, así para estar saciado como para tener hambre, así para tener abundancia como para padecer necesidad. Todo lo puedo en Cristo que me fortalece"* (Fil. 4:11-13). En todos los tiempos los que fueron llamados por Dios a Su servicio fueron sustentados por Él. Un ejemplo admirable es la vida de Elías. Cuando tuvo que huir de la persecución de sus enemigos Dios abrió la tierra para que en sus cuevas pudiera descansar tranquilo, para el agua que necesitaba el arroyo hizo provisión, la comida le era servida puntualmente por un cuervo que le hacía llegar pan y carne, sorprendentemente le daba lo que es su comida habitual y, cuando ya no corría el agua del arroyo, ni venía el cuervo con la carne, el Señor lo envió a una viuda para que lo alimentase, haciendo la provisión necesaria tanto para él como para ella y su hijo (1 R. 17:2-16). No debe olvidarse que uno de los nombres de Dios en el Antiguo Testamento es *Yaweh Yireh*, Jehová proveerá, dado por el hombre de la fe Abraham al recibir la provisión suprema del sustituto para la vida de su hijo (Gn. 22:14). Sin embargo, el Señor enseña que los que le sirven todo el tiempo tienen derecho a esperar que aquellos a quienes sirven les provean de lo necesario para su sustento. Los ministros de Dios son obreros, trabajadores y quienes cumplen fielmente con su tarea, son dignos de sustento. El obrero es digno de su salario, por lo que el apóstol manifiesta la obligación de la iglesia con ellos. Porque están dedicados al ministerio en la iglesia deben recibir pago por esto, como lo defiende en el escrito a los corintios (1 Co. 9:1-14). A algunos les gustaría que la excepción que el apóstol hacía con él mismo de no recibir retribución para no generar tensiones con los que le acusaban de fundar iglesias para vivir a costa de ellas, fuese la forma habitual de los *pastores*, en general de los que sirven a pleno tiempo, esto es, que lo hiciesen sin recibir salario alguno, sin embargo esto se contradice con la simple lectura del pasaje que se indica. El mismo apóstol Pablo recibía ocasionalmente ofrendas de otras iglesias, como era el caso de la iglesia en Filipos que generosamente le enviaba para su sostenimiento (Fil. 4:10-20). Cuando el apóstol dice que los que sirven a pleno tiempo deben ser considerados como dignos de *doble honor*, no está diciendo que quienes se dedican a predicar y enseñar, reciban una retribución equivalente al doble de lo que reciben los que sirven en otras áreas a tiempo completo, sino que deben recibir una amplia retribución que les permita, sirviendo al evangelio, vivir del evangelio. Retribuciones mediocres manifiestan la poca voluntad en honrar a quienes sirven a los creyentes. Quienes dedican toda su vida al servicio de la enseñanza y predicación, porque ese ministerio demanda toda su atención, deben ser liberados de buscar el sustento, como se dice coloquialmente, liberarlos para que dejen de buscar el sustento y lo reciban de la iglesia. La enseñanza es clara, el que sirve a pleno tiempo debe recibir salario por su servicio. Lamentablemente este privilegio de colaborar con quienes sirven en la obra está muy descuidado en muchas iglesias y muy poco reconocido por muchos creyentes. Para algunos el salario, sustento para la vida, medible y reiterado, no es bíblico, porque el creyente llamado al ministerio debe *vivir por fe*. Sin duda esta es una verdad, pero la fe del que sirve, que le lleva a confiar en la provisión diaria que recibirá como promesa de quien los llamó al servicio, está vinculada a la fe de cada creyente, que con sus bienes puede ayudar a sustentar la vida de quienes sirven a pleno tiempo. No ofrendar para la obra misionera es salirse de la obediencia al Señor que estableció el modo de vida de quienes sirven en el ministerio. Esto es una falta de amor, que trae como consecuencia la falta de vivir *la verdad*, ya que la verdad obedecida, que comprende la acción de ayudar a cubrir las necesidades de quienes sirven al evangelio, solo es posible expresarla en el amor. Quien no sirve ofrendando, no está viviendo ni la vida en la verdad, ni en el amor. Esta es una de las grandes necesidades para un compromiso de vida conforme a la voluntad de Dios.

7. Porque ellos salieron por amor del nombre de él, sin aceptar nada de los gentiles.

ὑπὲρ γὰρ τοῦ ὀνόματος ἐξῆλθον μηδὲν λαμβάνοντες ἀπὸ τῶν
Porque por el nombre salieron nada recibiendo de los
ἐθνικῶν.
gentiles.

Análisis y notas del texto griego.

Análisis: ὑπὲρ, preposición propia de genitivo *por*; γὰρ, conjunción causal *porque*; τοῦ, caso genitivo neutro singular del artículo determinado *el*; ὀνόματος caso genitivo neutro singular del sustantivo que denota *nombre*; ἐξῆλθον, tercera persona plural del segundo aoristo de indicativo en voz activa del verbo ἐξέρχομαι, *salir*, aquí *salieron*; μηδὲν, caso acusativo neutro singular del pronombre indefinido *nada*; λαμβάνοντες, caso nominativo masculino plural del participio de presente en voz activa del verbo λαμβάνω, *recibir*, aquí *recibiendo*; ἀπὸ, preposición propia de genitivo *de*; τῶν caso genitivo masculino plural del artículo determinado *los*; ἐθνικῶν, caso genitivo masculino plural del nombre común *gentiles*.

ὑπὲρ γὰρ τοῦ ὀνόματος ἐξῆλθον. Una razón para prestarles ayuda, tanto de hospitalidad como económica es que los creyentes a los que se refiere, *salieron* por amor al Nombre, esto es, por causa de servir al Señor. El verbo ἐξέρχομαι, *salir*, es el mismo que usó Juan para hablar antes de los *falsos maestros*, que salieron para extender la falsa enseñanza por todos los lugares donde había iglesias y creyentes, en este caso, salieron también estos verdaderos creyentes para extender la verdad del evangelio y consolidar a los creyentes en la fe.

μηδὲν λαμβάνοντες ἀπὸ τῶν ἐθνικῶν. Además, no recibieron, para esta misión, nada de los gentiles. El término no debe aplicarse a cristianos de origen gentil, sino a personas que no eran cristianas. Lo que Juan está diciendo es que estos no tenían ayuda de nadie, no tanto porque no pudieran recibir algo de algún inconverso interesado en la misión que ellos se proponían, sino porque no habían pedido ayuda a nadie para emprenderla. Pareciera esto una condición extraña, porque, aparentemente nadie no creyente tiene interés en apoyar una misión que tiene que ver con el evangelio. Pero lo que se puede apreciar es que los verdaderos creyentes no salen al ministerio *por dinero*, sino por dedicación y por fe. Son los *falsos maestros* quienes, sin ningún tipo de compromiso con la verdad, salen a un ministerio con apariencia piadosa para conseguir bienes temporales. La razón es que perciben recursos, no por predicar la Palabra, sino por falsificarla (2 Co. 2:17). Como el apóstol Pablo escribía a Timoteo: *"Enseñando por ganancia deshonesta lo que no conviene"* (Tit. 1:11). Juan recuerda a Gayo que estos creyentes, muchos de ellos desconocidos para él, salieron a la misión por amor a Jesucristo, por esa razón era necesario que fuesen atendidos para suplir las necesidades diarias para llevar a cabo la misión.

8. Nosotros, pues, debemos acoger a tales personas, para que cooperemos con la verdad.

ἡμεῖς οὖν	ὀφείλομεν	ὑπολαμβάνειν	τοὺς	τοιούτους,	ἵνα
Nosotros, pues,	debemos	acoger	a los	tales,	para que

συνεργοὶ	γινώμεθα	τῇ	ἀληθείᾳ.
colaboradores	seamos	con la	verdad

Análisis y notas del texto griego.

Análisis: ἡμεῖς, caso nominativo de la primera persona plural del pronombre personal *nosotros*; οὖν, conjunción continuativa *pues*; ὀφείλομεν, primera persona plural del presente de indicativo en voz activa del verbo ὀφείλω, *deber, tener obligación*, aquí *debemos*; ὑπολαμβάνειν, presente de infinitivo en voz activa del verbo ὑπολαμβάνω, *ayudar, acoger*; τοὺς, caso acusativo masculino plural del artículo determinado declinado *a los*; τοιούτους, caso acusativo masculino plural del adjetivo demostrativo *tales*; ἵνα, conjunción causal *para que*; συνεργοὶ, caso nominativo masculino plural del adjetivo *colaboradores*;

γινώμεθα, primera persona plural del presente de subjuntivo en voz media del verbo γίνομαι, *ser*, aquí *seamos*; τῇ, caso genitivo femenino singular del artículo determinado *con la*; ἀληθείᾳ, caso genitivo femenino singular del nombre común *verdad*.

ἡμεῖς οὖν ὀφείλομεν ὑπολαμβάνειν τοὺς τοιούτους, La referencia a la práctica de la hospitalidad y ayuda a los que sirven a pleno tiempo en el ministerio, se reitera nuevamente, pero como una demanda de obligación moral, según se aprecia por el uso del verbo ὀφείλω, que expresa la idea de *deber, tener obligación*. Estos con quienes se adquiere la obligación de apoyarles, en este caso con sentido de *tomar a cargo* a alguien como invitado, son los mencionados en el versículo anterior. Aquellos que han salido a la obra del Señor en un ministerio itinerante, sin saber anticipadamente donde encontrarán hospitalidad y ayuda entre las iglesias cristianas. Estos, como se ha considerado antes, merecen la hospitalidad de los creyentes, hermanos suyos en Cristo.

ἵνα συνεργοὶ γινώμεθα τῇ ἀληθείᾳ. Con esta atención personal, cada uno de los hospedadores se hacen participantes de *la verdad*, en sentido de colaborar a la proclamación de ella, que es, en el contexto el *evangelio de Jesucristo*. Esta obligación moral no es tanto algo emotivo, sino el trato que debemos darles, como Cristo enseñó, de la manera en que quisiéramos ser tratados (Mt 7:12; Lc. 6:31). Anteriormente dijo Juan que nada le producía mayor gozo que ver que sus hijos andan *en la verdad* (v. 4.) de modo que tratar con amor y atención a los hermanos es *andar en la verdad*, de otro modo, vivir conforme a la fe, en amor y verdad.

La única condición requerida para tratar de este modo a los que vienen en tránsito hacia otro lugar es que sean *colaboradores de la verdad*, de igual modo lo son aquellos que colaboran con la hospitalidad y ayuda. Lo contrario es no ser colaboradores de la verdad. Estos evangelistas a quienes se les presta hospitalidad y ayuda no son los *falsos maestros* a los que denunció en otro de sus escritos (2 Jn. 7), quienes llevaban la mentira de que Jesús no es el Hijo de Dios. Recibir a uno de estos significa ser participantes del engaño (2 Jn. 11), mientras que hacerlo con los que han salido por amor al nombre del Señor y enseñan conforme a Sus enseñanzas, es hacerse colaborador de *la verdad*.

El problema con Diótrefes (vv. 9-10).

9. Yo he escrito a la iglesia; pero Diótrefes, al cual le gusta tener el primer lugar entre ellos, no nos recibe.

῎Εγραψα τι τῇ ἐκκλησίᾳ· ἀλλ' ὁ φιλοπρωτεύων αὐτῶν
Escribí algo a la iglesia, pero el que ama ser el primero de ellos,
Διοτρέφης οὐκ ἐπιδέχεται ἡμᾶς.
Diótrefes, no reconoce nos.

Análisis y notas del texto griego.

Análisis:῎Εγραψα primera persona singular del aoristo primero de indicativo en voz activa del verbo γράφω, *escribir*, aquí *escribí*; τι, caso acusativo neutro singular del pronombre indefinido *algo*; τῇ, caso dativo femenino singular del artículo determinado declinado *a la*; ἐκκλησίᾳ, caso dativo femenino singular del nombre común *iglesia*; ἀλλ', forma escrita ante vocal de la conjunción adversativa ἀλλά que significa *pero, sino*; ὁ, caso nominativo masculino singular del artículo determinado *el*; φιλοπρωτεύων, caso nominativo masculino singular del participio de presente en voz activa del verbo φιλοπρωτεύω, *amar ser el primero, pretender ser jefe*, aquí *que ama ser el primero*; αὐτῶν, caso genitivo de la tercera persona plural del pronombre personal declinado *de ellos*; Διοτρέφης, caso nominativo masculino singular del nombre propio *Diótrefes*; οὐκ, forma escrita del adverbio de negación *no*, con el grafismo propio ante una vocal con espíritu suave o una enclítica; ἐπιδέχεται, tercera persona singular del presente de indicativo en voz media del verbo ἐπιδέχομαι, *recibir, acoger*, aquí *recibe*; ἡμᾶς, caso acusativo de la primera persona plural del pronombre personal declinado *a nosotros, nos*.

῎Εγραψα τι τῇ ἐκκλησίᾳ· El párrafo presenta un triste cuadro de la situación que ocurría en una iglesia del tiempo de Juan. La idea de que las congregaciones eran fieles, cumplidoras de la Palabra, comprometidas en la vida de testimonio, y con líderes ejemplares no se sostiene a la luz de estos versículos. No cabe duda que mayoritariamente vivían el compromiso con la fe y practicaban el amor, pero, había algunos que no lo hacían como el caso del líder del que Juan menciona en la *Epístola*.

El personaje al que se refiere se llamaba *Diótrefes*, y era absolutamente contrario a Gayo, tanto en conducta como en carácter. Mientras que Gayo amaba a los hermanos y buscaba el bienestar de los misioneros itinerantes, Diótrefes se amaba a sí mismo. Pero, posiblemente éste era un líder en la iglesia de la que Gayo era miembro.

El apóstol informa o recuerda la existencia de una carta que había escrito a la iglesia. Ese escrito no se conserva, tal vez porque Diótrefes la destruyó para evitar que la congregación conociera su contenido. En ella, con toda probabilidad, el apóstol daba instrucciones relativas a la atención a los misioneros que la visitaran.

El uso del singular en la referencia a *la iglesia*, puede interpretarse de dos maneras. La primera se referiría a una iglesia local. La segunda a la iglesia en general, especialmente a las que estaban situadas en Asia Menor, donde Juan tenía un ministerio especial. En este segundo sentido estaría escribiendo a las iglesias en una de las cuales se producía el problema que se denuncia. Cualquier interpretación no tiene suficiente base para constituirla como única forma de entender el párrafo. Sin embargo, pudiera declinarse, en base al artículo determinado, más bien por una iglesia de la que Diótrefes se había constituido como *primado* en ella, y ejercía su autoridad.

ἀλλ' ὁ φιλοπρωτεύων αὐτῶν. Juan describe a Diótrefes como una persona *amadora del primer lugar*. El verbo es único en toda la Biblia. Sin embargo, en el griego clásico, el término φιλόπρωτος, aparece con cierta frecuencia, para referirse a quién ama el liderazgo ejerciendo control absoluto sobre los demás. Naturalmente que el orgullo se hace manifiesto en la persona a la que Juan alude. En contraste con Jesús, que había venido para servir y no para ser servido, este hombre se olvidaba que el Señor enseñó que quien desee ser el primero, tiene que ser siervo de todos (Mt. 20:27; Mr. 9:35; 10:44). La práctica del liderazgo con el deseo de gobernar y controlar a los demás es destructiva para la comunión en la iglesia. La realidad no es que buscase el primer puesto en la iglesia, porque ya lo tenía, sin importar como lo había conseguido, pero, lo que es evidente por lo que sigue es que abusaba de su posición.

οὐκ ἐπιδέχεται ἡμᾶς. Era tal el orgullo y la arrogancia de Diótrefes que llegaba al punto de no reconocer la autoridad del apóstol, de modo que *"no nos recibe"*, en el sentido de no recibir a los misioneros recomendados por Juan. Es manifiesto que la actitud de Diótrefes era negar la hospitalidad a los creyentes que servían al Señor a pleno tiempo en Su obra. Ahora bien, el uso del pronombre personal *nosotros, nos*, en plural incluía a Juan en el rechazo. Probablemente no se trataba de negarse a recibir a un grupo en el que estaba el apóstol, pero la identidad de quien escribía una carta de presentación a otros se vinculaba con ellos de tal manera que no recibir a los presentados era no recibir a quien escribía. Así lo hacía notar Jesús: *"De cierto, de cierto os digo: El que recibe al que yo enviare, me recibe a mí; y el que me recibe a mí, recibe al que me envió"* (Jn. 13:20). Juan considera que el rechazo de Diótrefes a quienes él enviaba, era un rechazo al apóstol mismo, pero, como éste era enviado por

Cristo, era un rechazo al Señor y un rechazo a la verdad que estaba en Jesús y del que los apóstoles eran enviados.

No es posible determinar cuál era la razón de semejante actuación por parte de Diótrefes. Cabe hacer una suposición, y es que, a finales del tiempo de los apóstoles, comenzaba a aparecer la postura de mantener un líder único en cada iglesia local, lo que se llama *obispado monárquico*, por tanto pudiera ser que esta persona estuviese sosteniendo esa idea de gobierno eclesial y se considerase como el líder único de aquella congregación. Esto da paso a un segundo problema y es la idea de la *independencia* de la iglesia local, asunto que se mantiene en el tiempo y perdura entre las llamadas *iglesias evangélicas conservadoras*. Ambas cosas, el gobierno único y la independencia de cada iglesia local, no tienen base bíblica. El gobierno plural es una enseñanza doctrinal, de manera que el apóstol Pablo establecía *ancianos*, plural, en las ciudades (Tit. 1:5). Por otro lado, la iglesia local es *individual*, no necesita la asistencia de otras para poder vivir la vida eclesial y cumplir la comisión de evangelizar, pero nunca es *independiente*, por cuanto es la iglesia de Cristo en la tierra. Quienes sustentan estos dos principios no bíblicos, están perpetuando el carácter y comportamiento de Diótrefes. En general, tanto en el caso del personaje de la *Epístola*, como en los seguidores suyos en el día de hoy, quienes como él, *aman tener el primer lugar*, deseando la preeminencia para sí, ponen de manifiesto la raíz del problema que es el pecado de orgullo. Ambiciosos de posesión y de poder. Son dos pecados que inquietan, destruyen y alteran la vida eclesial, a causa de la arrogancia intelectual y del orgullo personal. Estos son quienes se niegan a amar y servir a otros, pero desean que todos les obedezcan y sirvan.

10. Por esta causa, si yo fuere, recordaré las obras que hace parloteando con palabras malignas contra nosotros; y no contento con estas cosas, no recibe a los hermanos, y a los que quieren recibirlos se lo prohíbe, y los expulsa de la iglesia.

διὰ τοῦτο, ἐὰν ἔλθω, ὑπομνήσω αὐτοῦ τὰ ἔργα ἃ ποιεῖ
Por esto, si fuere, recordaré de él las obras que hace
λόγοις πονηροῖς φλυαρῶν ἡμᾶς, καὶ μὴ ἀρκούμενος ἐπὶ
con palabras malignas denigrando nos, y no contentándose con
τούτοις οὔτε αὐτὸς ἐπιδέχεται τοὺς ἀδελφοὺς καὶ τοὺς
estas cosas ni él recibe a los hermanos y los
βουλομένους κωλύει καὶ ἐκ τῆς ἐκκλησίας ἐκβάλλει.
que quieren prohíbe y de la iglesia expulsa.

Análisis y notas del texto griego.

Análisis: διὰ, preposición propia de acusativo *por*; τοῦτο, caso acusativo neutro singular del pronombre demostrativo *esto*; ἐὰν, conjunción condicional *si*; ἔλθω, primera persona singular del aoristo segundo de subjuntivo en voz activa del verbo ἔρχομαι, *venir, aparecer*, aquí *fuere*, ὑπομνήσω, primera persona singular del futuro de indicativo en voz activa del verbo ὑπομιμνῄσκω, *recordar, traer a la memoria*, aquí *recordaré*; αὐτοῦ, caso genitivo masculino de la tercera persona singular del pronombre personal declinado *de él*; τὰ, caso acusativo neutro plural del artículo determinado *los*; ἔργα, caso acusativo neutro plural del nombre común *obras*; ἃ, caso acusativo neutro plural del pronombre relativo *los que, los cuales, que*; ποιεῖ, tercera persona singular del presente de indicativo en voz activa del verbo ποιέω, *hacer*, aquí *hace*; λόγοις, caso dativo masculino plural del nombre común declinado *con palabras*; πονηροῖς, caso dativo masculino plural del adjetivo *malvados, malignos*; φλυαρῶν, caso nominativo masculino singular del participio de presente en voz activa del verbo φλυαρέω, *calumniar*, *denigrar*, aquí *denigrando*; ἡμᾶς, caso acusativo de la primera persona plural del pronombre personal declinado *a nosotros, nos*; καὶ, conjunción copulativa *y*; μὴ, partícula que hace funciones de adverbio de negación *no*; ἀρκούμενος, caso nominativo masculino singular del participio de presente en voz pasiva del verbo ἀρκέω, en voz pasiva *contentarse*, aquí *contentándose*; ἐπὶ, preposición propia de dativo *con, en*; τούτοις, caso dativo masculino plural del pronombre demostrativo *estos*, en sentido de *estas cosas*; οὔτε, conjunción copulativa *ni*; αὐτὸς, caso nominativo masculino singular del pronombre intensivo *él*; ἐπιδέχεται, ἐπιδέχομαι, *acoger, recibir*, aquí *recibe*; τοὺς, caso acusativo masculino plural del artículo determinado declinado *a los*; ἀδελφοὺς, caso acusativo masculino plural del nombre común *hermanos*; καὶ, conjunción copulativa *y*; τοὺς, caso acusativo masculino plural del artículo determinado declinado *a los*; βουλομένους, caso acusativo masculino plural del participio de presente en voz media del verbo βούλομαι, *querer, desear, recibir*, aquí *que quieren*; κωλύει, tercera persona singular del presente de indicativo en voz activa del verbo κωλύω, *impedir, prohibir, negar*, aquí *prohíbe*; καὶ, conjunción copulativa *y*; ἐκ, preposición propia de genitivo *de*; τῆς, caso genitivo femenino singular del artículo determinado *la*; ἐκκλησίας, caso genitivo femenino singular del nombre común *iglesia*; ἐκβάλλει, tercera persona singular del presente de indicativo en voz activa del verbo ἐκβάλω, *expulsar, echar, sacar, quitar*, aquí *expulsa*.

διὰ τοῦτο, ἐὰν ἔλθω, ὑπομνήσω αὐτοῦ τὰ ἔργα ἃ ποιεῖ. El apóstol advierte de cómo actuará contra Diótrefes, en el supuesto caso de que visitara la iglesia donde estaba. El desafío arrogante de aquella persona contra la autoridad de Juan, como apóstol de Cristo, iba a ser confrontada. De ahí la expresión del apóstol *"por esta causa"*. La actuación de aquel que amaba tener el primado en la iglesia no sería permitida indefinidamente. El apóstol desenmascararía a Diótrefes, poniendo delante de todos las obras, esto es, la actuación que mostraba.

El apóstol Pablo establece esa forma de actuación en contra de un anciano, un líder, en la congregación local que persistía en pecar, debía ser reprendido ante todos para que los creyentes respetasen las enseñanzas bíblicas de comportamiento (1 Ti. 5:19-20). La única forma de cortar el problema con un rebelde de la magnitud de Diótrefes, era la autoridad apostólica, que no solo lo era en sentido de doctrina y prácticas sino también de poder para sujetar al rebelde.

La actuación de Juan consistiría en recordarle, traer a la presencia de todos, las obras que estaba haciendo en la iglesia. De ahí que advierte a Gayo de cuatro cosas que hacía. Usando el presente del verbo correspondiente, da a entender que fue la práctica habitual en el pasado y lo seguía siendo en el presente. Las demandas del apóstol no habían sido atendidas, es más, las cuestionaba prácticamente con sus actos.

λόγοις πονηροῖς φλυαρῶν ἡμᾶς, El primer pecado consistía en *hablar mal* del apóstol, usando para ello *palabras malignas*. El adjetivo calificativo usado para las *palabras*, es el mismo que se aplica a Satanás, al que se le denomina *maligno*, cuyo calificativo es usado cinco veces en la *Primera Epístola* para el diablo (cf. 2:13, 14; 3:12; 5:18, 19). La difamación es una de las formas más habitualmente usadas por los que aman tener cargos de honor en las iglesias. Saben que otros, más capaces que ellos, pueden ser un obstáculo en sus propósitos de controlar la congregación y marcar las pautas de vida que deben llevar aquellos que, por desgracia, están bajo su perverso control. Cuanto más capaz sea el maestro y más elevado nivel tenga en el conocimiento de la Palabra, más calumniadores se levantarán contra él. La difamación no es cierta, pero genera sospechas que son utilizadas para limitar en cuanto el difamador pueda, la relación con el difamado. Estos instrumentos de Satanás, han conseguido con el espíritu del maligno, levantar sospechas sobre grandes maestros bíblicos, apartándolos del área de influencia suya. Son sospechas generadas por las malignas palabras, que causan daño a las iglesias, ya que el ministro al que se difama siempre goza de la protección de quien lo llamó al ministerio. Nótese que el apóstol dice que Diótrefes por medio de sus *palabras*, que RV traduce como *parloteando*, y que es usado solamente aquí en todo el Nuevo Testamento. En otros lugares aparece otra que se traduce como *palabras chismosas* (1 Ti. 5:13). El chisme y por tanto, el chismoso es condenado ampliamente en la Escritura (cf. Pr. 10:19; Ro. 1:29; 2 Co. 12:20; 1 Ti, 3:11; 5:13; 2 Ti. 3:3; Tit. 2:3). Dentro de este uso maligno de las palabras, entra de lleno *la calumnia*, que del mismo modo es condenada por Dios (Lv. 19:16; Sal. 15:3; 101:5; 140:11; Pr. 10:18; 16:28; Mt. 15:19; Ro. 1:30; 2 Co. 12:20; Ef. 4:31; Col. 3:8; 1 P. 2:1). El grave problema de este pecado es que en ocasiones cuestiona y pone en duda la conducta personal que el calumniador ya no puede devolver. Miles de grandes creyentes, maestros de la Palabra, han sido objeto de *parloteos* de *chismosos, maledicentes y calumniadores*, produciéndoles daños no solo para su ministerio, sino para su imagen personal. Los más dados a esto son los que *amando tener el primado*, buscan ansiosamente elevarse a sí mismos para controlar y esclavizar a los creyentes. No interesa a éstos que un maestro bíblico presente las verdades bíblicas. No les interesa la obediencia a la Escritura porque la quebrantan consciente y voluntariamente. Son fanáticos de la verdad, pero niegan el amor. Denunciadores del pecado, según su malvado criterio, pero practicado por ellos día a día, en la maledicencia. Las acusaciones de Diótrefes contra Juan eran perversas, falsas y calumniosas, como las de sus herederos en el día de hoy. Diótrefes veía a Juan como una amenaza para sus propósitos y proyectos de endiosamiento personal, atacando con cuanto le era posible al apóstol de Jesucristo. Así también fue atacado Pablo por los falsos maestros en Corinto (2 Co. 7:2-3; 10:10; 11:5-7; 12:15; 13:3). Así son atacados los maestros de la Palabra en el día de hoy. Sin embargo, la responsabilidad pecaminosa que tienen los que *parlotean* contra quienes predican la verdad, no está en ellos solo, sino en los que atienden a sus insidias. Tanto pecado tiene el maledicente, como el que escucha la maledicencia.

καὶ μὴ ἀρκούμενος ἐπὶ τούτοις οὔτε αὐτὸς ἐπιδέχεται τοὺς ἀδελφοὺς. El segundo cargo que formula Juan contra Diótrefes es que *no contento con atacar a Juan*, se negaba a obedecer las instrucciones que había recibido para la hospitalidad y ayuda de los misioneros que Juan había encomendado a la iglesia. Para él eran un problema que amenazaba su propósito de liderazgo, por tanto, no los recibía, porque era obedecer, subordinarse, sujetarse a la autoridad del apóstol. Ya que las instrucciones bíblicas de hospitalidad estaban en los escritos bíblicos y en la enseñanza, no solo de Juan, sino de los otros apóstoles (Ro.12:13; He. 13:2; 1 P. 4:9), Diótrefes era culpable de desobediencia al mandato establecido. Cuando no recibía a los enviados por Juan, negándoles lo necesario, estaba obstaculizando la realización de la obra de Dios.

καὶ τοὺς βουλομένους κωλύει. El tercer problema denunciado es un ejercicio despótico de autoridad, de manera que quienes, sensibles a la enseñanza bíblica y consecuentes con la verdad, querían prestar hospitalidad a los hermanos que venía de otro lugar, *se lo prohibía*. ¿Quién es un líder en la iglesia para prohibir algo a un creyente, sobre todo, cuando era no sólo lícito sino bíblico? Sorprendería saber cómo este abuso de autoridad está presente en algunos líderes de las iglesias hoy en día. Hay supuestos líderes, que simplemente son dictadores, que se atreven a prohibir a jóvenes estudiar una determinada carrera universitaria. Otros no permiten un matrimonio entre miembros de distintas denominaciones. Algunos llegan a la perversidad de prohibir a un hijo cristiano tener relaciones de comunión afecto y amistad con su madre, porque según ellos no es cristiana. Incluso se permiten la licencia de impedir la participación en la comunión eclesial de quienes, no acatan los *mandatos* de esos líderes, comunicando una disciplina por falta de obediencia al liderazgo, que ya no es bíblica sino dictatorial y pecaminosa.

καὶ ἐκ τῆς ἐκκλησίας ἐκβάλλει. El cuarto abuso de Diótrefes consistía en *expulsar de la iglesia* a quienes no se sujetaban a sus malignidades. Este perverso guardaba celosamente su persona ante cualquier atisbo de rebeldía contra él. No cabe duda que debía tener amedrentada a la iglesia de modo que nadie osaba poner coto a esos desmanes. Algunos suponen que Gayo era uno de los que habían sido expulsados, por lo que Juan le informa por carta de la situación que ocurría y de la que, tal vez, no estaba plenamente informado. Acaso esa es la causa por la que Juan le exhorta a persistir en la hospitalidad que Diótrefes prohibía. Sorprende que no haya una abierta oposición y acciones contra los que son como ese hombre en las iglesias. En ocasiones no se enfrentan estas situaciones por una mal entendida *tolerancia*, de manera que para que no se produzcan separaciones o divisiones, se permite que arrogantes como estos sigan campando a sus anchas en las congregaciones, sin que nadie los eche a ellos de las iglesias que tienen que sufrir sus desatinos. Juan da el ejemplo que el liderazgo de hoy debiera asumir como comportamiento con los que *aman tener el primado*, que es enfrentarse a ese pecado por el bien de la iglesia y la gloria de Jesucristo.

Exhortación personal (v. 11).

11. Amado, no imites lo malo, sino lo bueno. El que hace lo bueno es de Dios; pero el que hace lo malo, no ha visto a Dios.

'Αγαπητέ, μὴ μιμοῦ τὸ κακὸν ἀλλὰ τὸ ἀγαθόν. ὁ ἀγαθοποιῶν ἐκ
Amado, no imites lo malo, sino lo bueno. El que hace el bien de
τοῦ Θεοῦ ἐστιν· ὁ κακοποιῶν οὐχ ἑώρακεν τὸν Θεόν.
- de Dios es; el que hace el mal no ha visto - a Dios.

Notas y análisis del texto griego.

Análisis: 'Αγαπητέ, caso vocativo masculino singular del adjetivo *amado*; μὴ, partícula que hace funciones de adverbio de negación *no*; μιμοῦ, segunda persona singular del presente de imperativo en voz media del verbo μιμέομαι, *imitar*, aquí *imites*; τὸ, caso acusativo neutro singular del artículo determinado *lo*; κακὸν, caso acusativo neutro singular del adjetivo *malo*; ἀλλὰ, conjunción adversativa *sino*; τὸ, caso acusativo neutro singular del artículo determinado *lo*; ἀγαθόν, caso acusativo neutro singular del adjetivo *bueno*; ὁ, caso nominativo masculino singular del artículo determinado *el*; ἀγαθοποιῶν, caso nominativo masculino singular del participio de presente en voz activa del verbo ἀγαθοποιέω, *hacer lo bueno, hacer el bien*, aquí *que hace el bien*; ἐκ, preposición propia de genitivo *de*; τοῦ, caso genitivo masculino singular del artículo determinado *el*; Θεοῦ, caso genitivo masculino singular del nombre divino *de Dios*; ἐστιν, tercera persona singular del presente de indicativo en voz activa del verbo εἰμί, *ser, estar*, aquí *es*; ὁ, caso nominativo masculino singular del artículo determinado *el*; κακοποιῶν, caso nominativo masculino singular del participio de presente en voz activa del verbo κακοποιέω, *hacer el mal*, aquí *que hace el mal*; οὐχ, forma escrita del adverbio de negación *no*, con el grafismo propio ante una vocal con espíritu suave o una enclítica; ἑώρακεν, tercera persona singular del perfecto de indicativo en voz activa del verbo ὁράω, *ver, mirar*, aquí *ha visto*; τὸν, caso acusativo masculino singular del artículo determinado *el*; Θεόν, caso acusativo masculino singular del nombre divino declinado *a Dios*.

᾿Αγαπητέ, μὴ μιμοῦ τὸ κακὸν ἀλλὰ τὸ ἀγαθόν. El ejemplo de Diótrefes no era digno de ser imitado. Por esa razón Juan le recuerda que no se debe reproducir lo que no es bueno. Esto va a permitir a Juan abrir una puerta para referirse a Demetrio, por esa causa cierra la mala imagen que éste da, recordando a Gayo que lo que es malo no debe ser imitado.

ὁ ἀγαθοποιῶν ἐκ τοῦ Θεοῦ ἐστιν· La práctica del bien vincula al que lo hace con Dios mismo. El carácter espiritual del Padre se hace visible por comunión en quienes son Sus hijos.

ὁ κακοποιῶν οὐχ ἑώρακεν τὸν Θεόν. Por otro lado, y en absoluto contraste, quien hace lo malo *no ha visto* a Dios. Una forma de imitar es ver lo que el que es imitado hace. Es cierto que la bondad de Dios y Su obrar consecuente con ella, no es posible que el hombre lo pueda reproducir, pero, *ver a Dios* es quedar prendado de Su gloria, admirar Su Persona, y reproducir Su vida en nosotros por el poder del Espíritu. De manera que esa es la prueba de la realidad del nuevo nacimiento. Quien ha nacido de nuevo vive a Cristo y practica obras conforme a la voluntad de Dios, de modo que quien no hace obras conforme a Dios, no le ha visto, en sentido de una mirada de fe que se deposita en el Salvador y recibe la vida eterna. Es cierto que nadie se salva por obras, pero no es menos cierto que quien ha sido salvo, obra conforme a las obras de Dios.

Presentación de Demetrio (v. 12).

12. Todos dan testimonio de Demetrio, y aun la verdad misma; y también nosotros damos testimonio, y vosotros sabéis que nuestro testimonio es verdadero.

Δημητρίῳ μεμαρτύρηται ὑπὸ πάντων καὶ ὑπὸ αὐτῆς τῆς
De Demetrio ha sido dado testimonio por todos y por la -
ἀληθείας· καὶ ἡμεῖς δὲ μαρτυροῦμεν, καὶ οἶδας ὅτι ἡ μαρτυρία
verdad; y también nosotros damos testimonio, y sabes que el testimonio
ἡμῶν ἀληθής ἐστιν.
de nosotros verdad es.

Análisis y notas del texto griego.

Análisis: Δημητρίῳ, caso genitivo masculino singular del nombre propio declinado *de Demetrio*; μεμαρτύρηται, tercera persona singular del perfecto de indicativo en voz pasiva del verbo μαρτυρέω, *testificar, dar testimonio*, aquí *ha sido dado testimonio*; ὑπὸ, preposición propia de genitivo *por*; πάντων, caso genitivo masculino plural del adjetivo indefinido *todos*; καὶ, conjunción copulativa *y*; ὑπὸ, preposición propia de genitivo *por*; αὐτῆς, caso genitivo femenino singular del pronombre intensivo *la*; τῆς, caso genitivo femenino singular del artículo definido *la*; ἀληθείας·, caso genitivo femenino singular del nombre común *verdad*; καὶ, adverbio de modo *también*; ἡμεῖς, caso nominativo de la primera persona plural del pronombre personal *nosotros*; δὲ, partícula conjuntiva que hace las veces de conjunción coordinante, con sentido de *pero, más bien, y, y por cierto, antes bien, entonces*; μαρτυροῦμεν, primera persona plural del presente de indicativo en voz activa del verbo μαρτυρέω, *testificar, dar testimonio* aquí *da testimonio*; καὶ, conjunción copulativa *y*; οἶδας, segunda persona singular del prefecto de indicativo en voz activa del verbo οἶδα, *saber, conocer, comprender, entender*, aquí *hemos sabido,* mejor *sabemos*; ὅτι, conjunción *que*; ἡ, caso nominativo femenino singular del artículo determinado *la*; μαρτυρία, caso nominativo femenino singular del nombre común *reputación, testimonio*; ἡμῶν, caso genitivo de la primera persona plural del pronombre personal declinado *de nosotros*; ἀληθής, caso nominativo femenino singular del adjetivo *verdadero*; ἐστιν, tercera persona singular del presente de indicativo en voz activa del verbo εἰμί, *ser, estar*, aquí *es*.

Δημητρίῳ μεμαρτύρηται ὑπὸ πάντων καὶ ὑπὸ αὐτῆς τῆς ἀληθείας· Otra persona por su propio nombre aparece en el escrito. Está en caso dativo de referencia, que equivale a *en cuanto a Demetrio*. Generalmente el nombre de las personas que se presentan por carta aparece en nominativo, seguido de un participio articular de identificación. La forma gramatical utilizada es correcta si el que es presentado está delante de aquel a quien se presenta. En este caso, probablemente Demetrio era el portador de la carta destinada a Gayo.

Algunos piensan que este Demetrio fue aquel platero de la ciudad de Éfeso que causó un disturbio contra Pablo (Hch.19), de modo que, si fuese así, necesitaría una carta que afirmara su pertenencia a la fe. El testimonio dado acerca de él pone de manifiesto que es verdaderamente un creyente y que vive la verdad, es decir, conforme a la fe. No es un testimonio parcial sino pleno ὑπὸ πάντων, *por todos*. Añade el apóstol que el testimonio es concordante con la verdad. Esta es una expresión típica del lenguaje legal de aquel tiempo. La vida de Demetrio concuerda plenamente con la verdad, por tanto, no puede haber discusión en esto. Estando el verbo en *perfecto pasivo*, μεμαρτύρηται, *ha sido dado*, este testimonio no es reciente, sino que procede de antes.

καὶ ἡμεῖς δὲ μαρτυροῦμεν, Al *testimonio de todos* y a la consecuente manifestación de una vida conforme a la verdad, se une también el del propio apóstol y sus colaboradores. Todos estos dan testimonio de lo que habían apreciado acerca de Demetrio.

καὶ οἶδας ὅτι ἡ μαρτυρία ἡμῶν ἀληθής ἐστιν. El testimonio que aquellos daban era verdadero, por cuanto un apóstol estaba con ellos. Por eso sabía que Gayo entendería que aquella recomendación para Demetrio era verdadera y tenía que ser aceptada por esa causa. El cambio del plural que venía usando al singular *sabes*, establece veladamente una exhortación para que el hermano al que escribe entienda que todo aquello era verdad plena y considerase de ese modo al que le estaba presentando. Esta forma es otro testimonio de la fidelidad de Gayo, ya que mientras Diótrefes *no aceptaba* al apóstol, él sabía que cuanto procedía de él era verdad sin discusiones.

Conclusión y despedida (vv. 13-15).

13. Yo tenía muchas cosas que escribirte, pero no quiero escribírtelas con tinta y pluma.

Πολλὰ εἶχον γράψαι σοι ἀλλ᾽ οὐ θέλω διὰ μέλανος
Muchas cosas tengo escribir te pero no quiero por medio de tinta
καὶ καλάμου σοι γράφειν·
y de pluma te escribir.

Análisis y notas del texto griego.

Análisis: Πολλὰ, caso acusativo neutro plural del adjetivo *muchos*, en sentido de *muchas cosas*; εἶχον, primera persona singular del presente de indicativo en voz activa del verbo ἔχω, *tener*, aquí *tengo*; γράψαι, aoristo primero de infinitivo en voz activa del verbo γράφω, *escribir*; σοι, caso dativo de la segunda persona singular del pronombre personal declinado *a ti, te*; ἀλλ', forma escrita ante vocal de la conjunción adversativa ἀλλά que significa *pero, sino*; οὐ, adverbio de negación *no*; θέλω, primera persona singular del presente de indicativo del verbo θέλω, *querer, desear*, aquí *quiero*; διὰ, preposición propia de genitivo *por medio de*; μέλανος, caso genitivo neutro singular del nombre común *tinta*; καὶ, conjunción copulativa *y*; καλάμου, caso genitivo masculino singular del nombre común declinado *de pluma*; σοι, caso dativo de la segunda persona singular del pronombre personal *te*; γράφειν, presente de infinitivo en voz activa del verbo γράφω, *escribir*.

Πολλὰ εἶχον γράψαι σοι ἀλλ' οὐ θέλω διὰ μέλανος καὶ καλάμου σοι γράφειν· El cierre de esta *Epístola* es muy semejante a la *segunda*. En ambas hace notar que tenía todavía muchas cosas que comunicar a Gayo, pero no quiere hacerlo por carta. Al usar el presente equivale a *no quiero seguir* escribiéndote por ahora.

14. Porque espero verte en breve, y hablaremos cara a cara.

ἐλπίζω	δὲ	εὐθέως	σε	ἰδεῖν,	καὶ	στόμα	πρὸς	στόμα	λαλήσομεν.
Pero espero		enseguida	te	ver,	y	boca	a	boca	hablaremos.

Análisis y notas del texto griego.

Análisis: ἐλπίζω, primera persona singular del presente de indicativo en voz activa del verbo ἐλπίζω, *esperar*, aquí *espero*; δὲ, partícula conjuntiva que hace las veces de conjunción coordinante, con sentido de *pero, más bien, y, y por cierto, antes bien, entonces*; εὐθέως, adverbio de modo *enseguida, prontamente, inmediatamente*; σε, caso acusativo de la segunda persona singular del pronombre personal declinado *a ti, te*; ἰδεῖν, segunda aoristo de infinitivo en voz activa del verbo ὁράω, *ver, mirar*; καὶ, conjunción copulativa *y*; στόμα, caso acusativo neutro singular del nombre común *boca*; πρὸς, preposición propia de acusativo *a*; στόμα, caso acusativo neutro singular del nombre común *boca*; λαλήσομεν, primera persona plural del futuro de indicativo en voz activa del verbo λαλέω, *hablar*, aquí *hablaremos*.

ἐλπίζω δὲ εὐθέως σε ἰδεῖν, καὶ στόμα πρὸς στόμα λαλήσομεν. Anteriormente le hizo notar que acaso iría a la iglesia para resolver el tema de Diótrefes, por tanto, es preferible terminar aquí el escrito. Anunciando a Gayo que esperaba ir pronto a verle y aprovecharían para hablar cara a cara, literalmente *boca a boca*, mucho mejor que por escrito.

15. La paz sea contigo. Los amigos te saludan. Saluda tú a los amigos, a cada uno en particular.

εἰρήνη σοι. ἀσπάζονταί σε οἱ φίλοι. ἀσπάζου τοὺς φίλους
Paz a ti. Saludan te los amigos. Saluda a los amigos
κατ' ὄνομα.
por nombre.

Análisis y notas del texto griego.

Análisis: εἰρήνη, caso nominativo femenino singular del nombre común *paz*; σοι, caso dativo de la segunda persona singular del pronombre personal *a ti, contigo*; ἀσπάζονται tercera persona plural del presente de indicativo en voz media del verbo ἀσπάζομαι, *saludar*, aquí *saludan*; σε, caso acusativo de la segunda persona singular del pronombre personal *te*; οἱ, caso nominativo masculino plural del artículo determinado *los*; φίλοι, caso nominativo masculino plural del nombre común *amigos*; ἀσπάζου, segunda persona singular del presente de imperativo en voz media del verbo ἀσπάζομαι, *saludar*, aquí *saluda*; τοὺς, caso acusativo masculino plural del artículo determinado declinado *a los*, φίλους, caso acusativo masculino plural del nombre común *amigos*; κατ', forma escrita de la preposición de acusativo κατά, *en, por*, por elisión ante vocal con espíritu suave; ὄνομα, caso acusativo neutro singular del nombre común *nombre*.

εἰρήνη σοι. Un saludo muy propio de un israelita abre el último párrafo de la *Epístola*: *"Paz a ti"*, o *"la paz sea contigo"*. Esta antigua forma, alcanza plenitud en el profundo significado cristiano, en donde la paz supera cualquier otro sentido anterior, ya que Jesús hizo la paz y dio Su paz (Jn. 14:27). Ese fue también el saludo con que el Señor resucitado se dirigió a Sus discípulos (Jn. 20:19, 26). Ningún deseo mejor que este es el que Juan podía desear a Gayo, sobre todo en tiempos convulsos para los cristianos y difíciles en las iglesias, con los *falsos maestros* inquietando y los que deseaban controlar y gobernar despóticamente las iglesias produciendo conflictos.

ἀσπάζονταί σε οἱ φίλοι. Siguen saludos de los *amigos*. Es la única vez que aparece en las *Epístolas*. No se trata de algo novedoso, ya que el término fue usado por Jesús mismo aplicándoselo a los discípulos (Jn. 15:13, 14). Lucas hace mención también de los amigos de Pablo en la ciudad de Sidón (Hch. 27:3).

ἀσπάζου τοὺς φίλους κατ' ὄνομα. Del mismo modo se le pide a él que salude también a *los amigos*, uno por uno, literalmente *por su nombre*. No se trata de una acción protocolaria, sino de la expresión de relación amistosa entre cristianos, a quienes se les conoce y llama por el nombre propio de cada uno. Así hace el Buen Pastor con las ovejas que son Suyas, a las que conoce y llama por nombre (Jn. 10:3). Acaso no podrían oír la carta porque Diótrefes no lo permitiría, pero podían recibir el saludo personal del apóstol y sus colaboradores, dado en su nombre por Gayo.

De este modo concluye la *Tercera Epístola de Juan*. El saludo afectuoso y el deseo de paz no son impedidos por las dolorosas circunstancias que motivan el escrito. Los problemas están fuera, pero la paz está dentro. Nada podrá privar al creyente de la acción del Espíritu que la produce en la intimidad del ser.

Es difícil destacar alguna enseñanza personal al término del comentario al escrito. Acaso lo más destacable sea el énfasis que se hace de *la verdad* en ella. No cabe duda del tiempo de crisis en cuanto a la formación bíblica y a la exposición de la *verdad* que está presente en cada palabra de la Biblia. La predicación doctrinal y la presentación de todo el conjunto de la Palabra, está en crisis en muchas iglesias. Los *falsos maestros* procuran introducir solapadamente falsedades que confunden a los creyentes y hacen tropezar a los débiles. Las consecuencias son francamente problemáticas, generando grupos llamados *iglesias*, cuando son simplemente congregaciones de extraviados. Enseñanzas erróneas sobre la salvación confunden y entristecen a muchos que temen perderla. De igual manera hay miles de confundidos en relación con la Persona y obra del Espíritu Santo. Centenares de engañados en todo el mundo buscan señales y milagros que no son producidos por el Espíritu Santo, y que sirven de pedestal a predicadores cuyo ministerio es el engaño y su objetivo dominar las iglesias para enriquecerse a cuenta de ellas. Tampoco es menos nocivo el legalismo imperante en otras, que ponen cargas sobre aquellos a quienes Dios ha hecho libres del yugo de la ley, que son los que buscan mantener las formas, los que viven pendientes de la historia y no de la Biblia, los que enseñan asuntos que no se sostienen a la luz de la Escritura. La *Epístola* formula un llamamiento para volverse a *la verdad*, que es urgente atender.

Vinculado con esto –porque depende de la verdad– están las prácticas de la hospitalidad. No importa cuál sea la forma que esto tenga en cada tiempo, el creyente debe ser hospedador de quienes transitan como hermanos en Cristo por los lugares donde haya hermanos suyos. Es preciso hacerlo de una manera digna de Dios. En el contexto social en que cada uno se encuentre puede practicar la hospitalidad, en ocasiones sin que tenga que recibir al visitante en su propia casa. Pero, en cualquier caso, entendiendo que quien sirve al Señor y visita la iglesia debe ser correspondido, no por lo que él es en sí, sino por lo que representa su ministerio al que fue llamado por Cristo. No podemos ignorar que la hospitalidad fomenta la comunión cristiana. La vida moderna ha conseguido la separación de las relaciones humanas, de modo que sólo practicamos éstas con los que son conocidos, ignorando a los restantes. Esa relación individual genera amistades, por supuesto lo más natural entre creyentes. Es cierto que la Biblia nos manda una relación de hermanos, pero no nos obliga a ser amigos de todos, en el sentido de intimidad y comunicación. Sin embargo, no podemos dejar de apreciar que en la vida moderna la potencialización del individualismo y el deseo de tener un entorno personal propio y limitado, nos ha convertido extraños los unos de los otros.

Finalmente hay una llamada de atención hacia la práctica del liderazgo en la iglesia. La *Epístola* invita a compararse con Gayo o con Diótrefes, para tener constancia del modo de ejercer el liderazgo. La iglesia es de Cristo y no de los hombres y los cristianos han de ser tratados como corresponde al rebaño de Jesucristo.

La exhortación final, podemos tomarla de las palabras del apóstol Pablo: *"siguiendo la verdad en amor crezcamos en todo en aquel que es la cabeza, esto es, Cristo"* (Ef. 4:15).

JUDAS

JUDAS

DEFENSA DE LA FE

Introducción.

La *Epístola de Judas*, es otro de los escritos breves del Nuevo Testamento. Pero, siendo un texto *plenariamente inspirado*, ha de ser tratado con el mismo respeto, consideración y obediencia que cualquier otro de los aparentemente más destacados, como ocurre con las grandes *Epístolas* que ya se han comentado.

Al entrar en el comentario de la *Epístola* debemos recordar que la Escritura no es un libro de información, sino de formación, es decir, no se estudia para *saber más* del texto, sino para vivir más firmemente conforme a su enseñanza. Hay una profunda interrelación entre todo el texto bíblico, de modo que habrá que prestar atención a las doctrinas mencionadas en este corto escrito. Del mismo modo, esta *Epístola*, como todos los escritos de la Biblia, son cuestionados, cada vez más, por quienes se consideran *expertos*, procurando generar dudas sobre la autoría, el contenido, la datación etc., con un único propósito destruir la base fundamental que considera toda la Escritura como *inspirada* por Dios (2 Ti. 3:16).

Con estas premisas se entra en el comentario de la *Epístola*, confiando que el Señor conduzca nuestro pensamiento por su Espíritu, para que comprendamos la enseñanza que Él puso en las palabras de este escrito, como revelación personal de Él, como base para la ética cristiana y como afirmación en nuestra fe que fue dada una vez a los santos.

La Epístola en la iglesia primitiva.

La mención de esta *Epístola*, es menor que las *generales* e incluso que las de los escritos más breves del apóstol Juan. Las citas antiguas del escrito, especialmente los testimonios procedentes del s. II, no son suficientemente claros. Es posible que existan algunos rasgos en escritos del s. II como es el caso de la *Didache* II. 7, en la que pueden intuirse expresiones tomadas de Jud. 22, 23, donde se aprecia semejanza en el pensamiento, pero no tanto en el vocabulario. Lo mismo ocurre con el *Pastor de Hermas*, en donde aparece la expresión *"mancillar la carne"*, que está también en Jud. 8. En la *Epístola a los filipenses*, de Policarpo[1],

[1] Policarpo. *Ep. Philp.* III, 2.

aparece una exhortación a *"edificar sobre la fe que les ha sido dada"*, que bien podría depender de Jud. 3, 20.

Algunos consideran la *2 Pedro*, como dependiente de la de Judas, por lo que sería un testimonio muy temprano de la *Epístola*, sin embargo, no es segura esta relación[2].

El *Fragmento Muratriano*, considerado de finales del s. II, reconoce la *Epístola de Judas*, como escrito canónico[3]. Ya en el s. III, Tertuliano, cita la *Epístola* como del *"apóstol Judas"* y la considera como canónica[4]. Clemente de Alejandría, muerto entre los años 211 y 218, hizo un comentario de la *Epístola*, según Eusebio[5]. Orígenes, fallecido en Cesarea Marítima en el año 284, la considera como un escrito de Judas, la admite en el canon y la cita varias veces[6]. Otros *padres de la iglesia* aceptaron el escrito como canónico, reconociendo la autoría de Judas, como fueron, entre otros: Atanasio, Cirilo de Jerusalén, Dídimo, Agustín, Jerónimo y Epifanio.

La aceptación de la canonicidad tuvo que superar algún cuestionamiento, que introdujo el escrito entre los *antilegómena*, es decir, entre los escritos *discutidos*. La objeción más firme fue la cita que el escritor hace del *Libro de Enoc* (Jud. 14-15), mencionando literalmente (Enoc, 1:9). Estos cuestionamientos que pasó la *Epístola*, las resume Jerónimo en unas frases en que se lee: *"Judas, hermano de Santiago dejó una breve carta de las siete católicas. La mayor parte la rechazan porque toma testimonios del libro de Enoc, que es apócrifo; sin embargo, ganó ya la autoridad por la antigüedad y por el uso y se enmarca entre las cartas sagradas"*[7].

Sin embargo, a partir del s. IV y V, se incrementa el reconocimiento de la *Epístola* como un escrito canónico, cuyo autor es el que se dice en ella. Esta aparece en prácticamente todas las listas de libros aceptados como canónicos, excepto en el *Mommsenianus*. Fue en tiempos de la

---

2 Ver introducción a la *Segunda Epístola de Pedro*, en el volumen correspondiente de este comentario.
3 Frag. Muratori.
4 Tertuliano. *De cultu fem.* 1, 3.
5 Eusebio. *Hist. Eccles.* 6, 14.
6 Orígenes. *Comm. In Mt*, 10, 17.
7 Jerónimo. *De viris ilustr.* 4. En donde se lee: *"Iudas, frater Iacobi, parvam quae de septem catholicis este epístolam reliquit et quia de libro Enoch, qui apocryphus est, in ea assumit testimonium, a plerisque reiicitur; tamen auctoritatem vetustate iam et usu meruit, et inter sanctas Scripturas computatur"*

Reforma que volvió a cuestionarse esto. En la iglesia occidental fue admitida definitivamente como escrito autoritativo del Nuevo Testamento en el Concilio de Cartago del año 397.

En tiempo reciente aparece la *Epístola* junto con las de Pedro, en el papiro *Bodmer*, que debe datarse a mediados del s. III.

Autor.

La *Epístola* se presenta como procedente de *Judas*, que se llama a sí mismo *siervo de Jesucristo*, y hermano de *Santiago* (v. 1). El nombre era común en el entorno semita, especialmente en el contexto social judío del mundo greco-romano de los tiempos de la fundación de la iglesia. Era un nombre que se imponía a muchos niños a causa de la connotación histórica con dos personajes: Uno de los doce hijos de Jacob, y también el del Macabeo, héroe del levantamiento contra el griego Antíoco Epífanes, en el s. II a. C. De los ocho con ese nombre en el Nuevo Testamento, sólo dos están relacionados con alguien llamado *Jacobo*, o *Santiago*. Por tanto, pudiera tratarse del apóstol Judas, o de Judas, el medio hermano del Señor Jesús. En cuanto al primero no es aceptable ya que la relación con Jacobo no era la de hermano, sino la de hijo (Lc. 6:16; Hch. 1:13), la traducción de RV60 como *"Judas hermano de Jacobo"* no es correcta en los dos versículos. Con toda seguridad si fuese escrita por Judas el *hijo de Alfeo*, se hubiera identificado como apóstol, porque era uno de los Doce. Pero el escritor se sitúa a sí mismo en un lugar diferente.

Según el apóstol Pablo, el hermano de Judas, *Jacobo* o *Santiago* es hermano del Señor (Gá.1:19), pastor o líder en la iglesia de Jerusalén, autor de la *Epístola de Santiago*. Luego de la muerte del apóstol Santiago (Hch. 12:2), no hubo otro con ese nombre en la iglesia primitiva. Al autor de la *Epístola* se le nombra en la lista de los hermanos de Jesús (Mt. 13:55; Mr. 6:3).

No hay muchos datos biográficos sobre el autor de la *Epístola*, salvo que, como todos los hermanos de Jesús, no creían en Él, antes de la resurrección (Jn. 7:5; Hch. 1:14). Según un testimonio de Pablo, Judas era uno de los misioneros itinerantes que viajaba acompañado de su esposa (1 Co. 9:5). Necesariamente tenía que ser bien conocido por los destinatarios ya que quiso haberles escrito antes, sobre otros temas que no se indican salvo la referencia a temas de la común salvación (v. 3).

Sin duda el autor de la *Epístola* no era un apóstol de Jesucristo, pero, no cabe duda que tanto él como su hermano Santiago, principal en la iglesia en Jerusalén, era bien conocido en el mundo cristiano de entonces, teniendo la autoridad que le proviene del ministerio itinerante que estaba realizando entre las iglesias.

Cuestionamiento de autoría.

La llamada *Alta Crítica*, que no es otra cosa que la *crítica liberal humanista*, en su afán de cuestionar la autoría del escrito, propone que las palabras *hermano de Santiago* es una interpolación, por tanto, algún otro de ese mismo nombre fue el autor. Como siempre ocurre, no hay evidencia alguna para demostrar tal propuesta. No contentos con esto, proponen también un escrito seudónimo. Por tanto, el escritor usaría ese nombre y la relación vinculante como hermano de Jacobo.

Otro argumento habitual en los *críticos* descansa en que el griego usado para la *Epístola* es de alta calidad, lo que no correspondería a un hombre de origen judío y que vivió mucho de su vida en Galilea. Pero, como ya se ha considerado en otras introducciones[8], ese territorio estaba muy relacionado con el mundo gentil, por tanto, el idioma griego era muy conocido y utilizado, con evidencias de que se hablaba en general en toda Palestina en el s. I. No solo debía conocer bien el koiné por sí mismo, sino que también pudo haber sido escrita la *Epístola* por un amanuense que manejaba bien ese idioma, como era habitual entonces.

Destinatarios y propósito.

No hay referencia alguna a destinatarios o algún dato preciso que permita determinarlo. Se sabe, por el contenido, que está dirigida a cristianos que eran acosados por *falsos maestros*, inmorales, codiciosos, perversos, que generan problemas especialmente doctrinales y morales en la convivencia con los cristianos. A estos quería prevenir y advertirles de las falsas doctrinas que procuraban introducir. Es probable que estos *falsos maestros* fuesen partidarios de la incipiente doctrina gnóstica que se estaba extendiendo entonces.

Es evidente que los *falsos maestros* no estaban en todas las iglesias, sino que trataban de desviar a algunos de ellas. De modo que sería un escrito dirigido a cristianos procedentes del paganismo sin que se pueda precisar la iglesia o las iglesias a las que pertenecían. Las inmoralidades que los *falsos maestros* practicaban, no pareciera que pudieran ser aceptadas fácilmente por cristianos de ascendencia judía, a los que las

[8] Ver introducción a 1 Pedro, de esta misma serie.

costumbres tradicionales y la enseñanza de la ley impedían que fuesen asumidas. Sin embargo, el contexto social pagano lo hacía mucho más posible generando el consiguiente peligro de que algunos fuesen arrastrados por esas enseñanzas.

Si no es posible determinar los destinatarios, mucho menos establecer el destino, aunque algunos piensan que debía considerarse como dirigida a iglesias del entorno de Antioquía.

Lugar y fecha de redacción.

Los *críticos humanistas*, buscan una datación tardía, siempre posterior a la época apostólica. Para ello justifican esa propuesta en frases de la *Epístola*, como *"la fe que ha sido una vez dada a los santos"* y que, para ellos, pone de manifiesto un período diferente al de la era apostólica, donde las doctrinas dadas por los apóstoles eran abiertamente cuestionadas. Sin embargo, desconocen conscientemente que el término *fe*, se usa en sentido objetivo en tiempos apostólicos (Gá. 1:23).

Siguiendo el mismo propósito añaden también que se habla de los *falsos maestros* como destinados desde tiempo para el juicio (v. 4). A esto unen la referencia a enseñanzas de los apóstoles anteriores en el tiempo (v. 17), para sostener que el escrito es de tiempos pos-apostólicos. Sin embargo, ese versículo no exige entender que los apóstoles ya no vivían.

Otra argumentación contraria a una datación temprana es que los *falsos maestros* deben identificarse con los gnósticos y estos no están verdaderamente presentes hasta finales de la época apostólica. Sin embargo, las investigaciones sobre el gnosticismo lo sitúan ya en un periodo inicial, antes incluso, del nacimiento de Cristo, por tanto, anterior a la fe cristiana, de modo que no surge para contraponerse al cristianismo, sino que existía antes que él. Realmente en la *Epístola* no aparece un sistema doctrinal gnóstico, sino la enseñanza de inmoralidad y corrupción como ocurría en tiempos de Pablo en Corinto. Ese mal estaba afectando a iglesias del área de Asia Menor, como se aprecia en escritos de Juan (Ap. 2:14-15, 20, 24).

Siendo imposible determinar la fecha con exactitud, debiera fijarse en tiempo posterior a la *Segunda Epístola de Pedro*, aunque, como se apreciará más adelante no es posible establecer una dependencia entre las dos, salvo que el tema es semejante. Pero, si Judas conocía la de Pedro, tuvo que haber llegado a manos de Judas bastante tiempo después de haberla escrito el apóstol sobre el año 65, este escrito debe fecharse en torno al año 70 o incluso más allá.

Si la datación resulta difícil, más aún lo es determinar el lugar de redacción. Aunque si el hermano de Judas era Santiago el líder principal de la iglesia en Jerusalén, aunque Judas tenía un ministerio itinerante, es posible que su residencia fuese donde estaba su hermano, por tanto, puede proponerse a Jerusalén como el lugar desde donde fue escrita.

Doctrina.

Aunque el escrito es breve, no por eso dejan de estar presentes en él doctrinas fundamentales, entre las que cabe destacar:

Doctrina de Dios. Es fuente de gracia (v. 4); Padre y Salvador (vv. 1, 5); justo y vindicador (v. 5 ss.); fuente de amor (v. 21); es poderoso (v. 24); es único (v. 25).

Trinidad, es conocida por los fieles (vv. 20-21).

Jesucristo, es el guardador de los cristianos (v. 1); único Maestro y Señor (v. 4); fue enviado del Padre para nuestra salvación (v. 25); habla por medio de los apóstoles (v. 17); esperanza para los creyentes (v. 21).

Espíritu Santo, está presente en el creyente y la oración debe hacerse en Él (v. 20).

Los ángeles, son seres que existen; unos buenos, como Miguel (v. 9); otros malos, como el diablo (vv. 6, 9).

La fe, debe lucharse por conservarla (v. 3); es base de la vida cristiana (v. 20); no puede separarse del amor (v. 21); manifiesta la esperanza del creyente (v. 21).

Castigo divino, anunciado (vv. 4, 11, 14 s.).

Dependencia de 2 Pedro.

Es evidente, por la simple lectura que hay una semejanza notable entre esta *Epístola* y la *Segunda de Pedro*. En ambas hay las mismas palabras no muy comunes que aparecen en los dos escritos. Además, se citan los mismos ejemplos tomados del Antiguo Testamento para probar el juicio divino. Estas coincidencias sólo pueden explicarse si hubo una dependencia o ambas se sustentan en una fuente común. Pero, para este asunto de *fuente común*, no hay evidencia alguna que la fundamente. Generalmente, los eruditos mayoritariamente *críticos liberales humanistas*, afirman que es 2 Pedro la que depende de Judas, pero no es posible demostrarlo.

La *crítica liberal* no deja de usar todos los argumentos posibles en la búsqueda de su propósito destructor de la autoría de los escritos bíblicos. La *Epístola* no podía ser una excepción, sembrando la duda en quienes no sostienen como base de fe la *inspiración plenaria* de este escrito del Nuevo Testamento.

Es notable que reproduce ciertos párrafos del de 2 Pedro, por lo que algunos establecen en esto una dependencia entre ambas, descartando una fuente común para las dos. Lo sorprendente es que, para la mayoría de los *críticos*, la dependencia es de 2 Pedro, y no de Judas.

El profesor Fernando Franco, S. I. Escribe:

"Las razones, son brevemente, las siguientes: a) Se explica más fácilmente que 2 Pe, haya incorporado a Judas que el que 'este haya omitido todo el resto de la 2 Pe. Y retenido sólo la diatriba contra los falsos doctores. b) Los ejemplos de castigos del AT están en 2 Pe en orden cronológico, mientras que en Judas carecen de orden. Esto parece indicar que la redacción de 2 Pe es secundaria, pues no es verosímil que Judas hiciera desaparecer un orden ya existente. c) El lenguaje de Judas es más vivo y más directo, como puede comprobarse con la simple lectura de la carta. d) Las omisiones en la 2 Pe (naturaleza del pecado de los ángeles, altercado de San Miguel y el diablo, la cita de Enoc) se explican por una preocupación por omitir alusiones a unos libros apócrifos. Es también, en este caso, más verosímil que la omisión se deba a una preocupación del autor de la 2 Pe, mientras que la corrección de las afirmaciones generales de la 2 Pe por estos ejemplos se explicaría menos. e) Finalmente, la comparación de algunos casos concretos, por ejemplo, las comparaciones de 2 Pe 2,12 y 17 con Judas 10 y 12, hacen ver que el retoque procede de la 2 Pe[9]".

Huelga decir que los argumentos anti-Judas, son propios de la *Alta Crítica*, como se ha considerado antes, usando la aparente dependencia entre ellas, para negar la autoría del escrito.

---

[9] Fernando Franco. *La Sagrada Escritura*, vol. 214. *2 Pedro*. Madrid 1967, pág. 311 s.

Con todo, no puede negarse que hay coincidencias sorprendentes entre ambas como, a modo de ejemplo, ocurre con el saludo y la despedida. Por otro lado, las doctrinas son las mismas en ambas, Cristo preexistente, advertencias sobre el cuestionamiento doctrinal, los adversarios de la doctrina, la referencia a los ángeles. Incluso palabras y expresiones son idénticas en ambas. Se podría decir que toda la *Epístola de Judas*, está incorporada en la 2 Pedro. ¿Conocía Judas el escrito de Pedro? ¿Conocía Pedro el de Judas? No puede determinarse con seguridad, pero lo que es evidente es que el problema de los *falsos maestros*, concurría en la iglesia y que ambos lo abordan. Por otro lado, la inspiración plenaria condujo a los dos a los ejemplos coincidentes. Con todo, el hecho de que Pedro utilice tiempos futuros para describir las falsas enseñanzas (2 P. 2:1-3; 3:3), puede ser determinante para establecer la antecedencia sobre Judas, ya que éste, usando tiempos verbales distintos, evidencia que lo anunciado por Pedro, se había cumplido. Por consiguiente, si ésta es la segunda escrita, luego las referencias de Judas, evidencian que la 2 Pedro era conocida ya en la iglesia primitiva, y más concretamente era conocida por él.

Los falsos maestros.

Tanto ésta como la *2 Pedro*, ponen de manifiesto la irrupción en la iglesia primitiva de falsarios que procuraban enseñar doctrinas destructoras, contrarias a la enseñanza apostólica. Estos se describen en las dos *Epístolas*, prácticamente con las mismas palabras. De esta herejía pueden destacarse algunos aspectos:

1) Los *falsos maestros* pretenden haber tenido *revelaciones* y se tenían por *espirituales* (v. 19). Esto puede situarlos dentro de los gnósticos, que estaban manifestándose, que no era otra cosa que una mezcla de filosofía y religión.

2) Eran abiertamente inmorales en sus costumbres, de modo que para justificar esa condición distorsionaban y utilizaban contrariamente a la verdad el tema de la libertad cristiana (v. 4). Eran gentes arrogantes y vanidosas, ensoberbecidos (v. 16). Asimismo, avariciosos (v. 12), licenciosos en cuanto a la sexualidad (vv. 7, 8, 18).

3) Negaban la doctrina de los ángeles y especialmente lo que tenía que ver con su poder (vv. 8, 10, 16).

4) Posiblemente no aceptasen un absoluto monoteísmo en relación con Dios (vv. 8, 25).

5) Según Pedro, negaban a Cristo como Señor (2 P. 2:2).

6) Se burlaban de la Segunda Venida (v. 18; 2 P. 3:3-4).

Todas estas manifestaciones del error, son típicos del gnosticismo. Estos herejes apoyaban el libertinaje moral considerando que los pecados se cometen con el espíritu, pero no con el cuerpo, de forma que las acciones hechas con el cuerpo no tienen importancia. De la misma manera creían en seres intermedios llamados *eones*, de los que Cristo era uno de ellos. Otro aspecto del gnosticismo contrario a la doctrina es la negación de la escatología bíblica. Con todo, los gnósticos evolucionaron desde una incipiente manifestación en tiempos de la fundación de la iglesia, hasta el s. III en que alcanzó un alto desarrollo.

Aunque no se puede afirmar contra qué *falsos maestros* escribe Judas, es muy probable que se trata de gnósticos.

Texto griego.

El griego de la *Epístola* es sencillo, pero ajustado a reglas gramaticales del idioma *koiné*. Es destacable el uso de imágenes y la expresión es viva. Es notable que el texto contiene un número elevado de palabras poco comunes, notoriamente poéticas y sonoras que, sin duda, fueron seleccionadas a propósito. Además, tiene no menos de doce *hapax legómenon*[10].

El idioma está correctamente tratado y se podría considerar como bueno, y en ocasiones, excelente. En alguna ocasión se emplea el optativo, el superlativo y varias veces se encuentran oraciones participiales subordinadas. Hay expresiones que ponen de manifiesto que el escritor conocía el griego clásico. Las evidencias gramaticales dan a entender que el escritor pudo haber sido un judío helenista culto. Con todo, hay en la *Epístola* semitismos y en ocasiones se manifiesta un marcado tono semítico. Estas características no debían ser tan comunes en Judas, el hermano del Señor, por tanto, es preciso considerar como lo más probable que la *Epístola* fue dictada y que el amanuense era un buen conocedor del griego.

Sobre aspectos generales del tratamiento y análisis del texto griego, remitimos al lector a la amplia consideración sobre estos aspectos en el

---

[10] Palabra única en todo el texto bíblico.

apartado *Texto Griego* en la *Introducción* que antecede a la *Primera Epístola de Juan*.

Los textos griegos principales, reconocidos con mayor autoridad textual, que se usan para el escrito, son:

$\mathfrak{P}^{72}$, $\mathfrak{P}^{74}$, $\mathfrak{P}^{78}$.
א, A, B, C, P, Ψ.
5, 33, 81, 88, 307, 436, 442, 642, 1175, 1243, 1448, 1611, 1735, 1739, 1852, 2344, 2492.

Bosquejo.

Para el análisis y comentario de la *Epístola*, se usará el siguiente *Bosquejo analítico*:

1. Saludo y propósito (vv. 1-4).
    1.1. Presentación y saludo (vv. 1-2).
    1.2. Propósito (vv. 3-4).
2. Los falsos maestros (vv. 5-16).
    2.1. El castigo que les amenaza (vv. 5-7)
    2.2. Sus errores (vv. 8-11).
    2.3. Su perversidad (vv. 12-16).
3. Exhortación a los creyentes (vv. 17-23).
    3.1. Recordar la enseñanza de los apóstoles (vv.17-19).
    3.2. Edificación, oración y esperanza (vv. 20-23).
4. Doxología (vv. 24-25).

EXÉGESIS DE LA EPÍSTOLA.

Saludo y propósito (vv. 1-4).

Presentación y saludo (vv. 1-2).

1. Judas, siervo de Jesucristo, y hermano de Jacobo, a los llamados, santificados en Dios Padre, y guardados en Jesucristo:

Ἰούδας Ἰησοῦ Χριστοῦ δοῦλος, ἀδελφὸς δὲ Ἰακώβου, τοῖς ἐν
Judas, de Jesucristo siervo, y hermano de Jacobo, a los en
Θεῷ Πατρὶ ἠγαπημένοις καὶ Ἰησοῦ Χριστῷ τετηρημένοις
Dios Padre que han sido amados y en Jesucristo guardados
κλητοῖς·
llamados.

Análisis y notas del texto griego.

Análisis: 'Ιούδας, caso nominativo masculino singular del nombre propio *Judas*; 'Ιησοῦ, caso genitivo masculino singular del nombre propio declinado *de Jesús*; Χριστοῦ, caso genitivo masculino singular del nombre propio *Cristo*; δοῦλος, caso nominativo masculino singular del nombre común *siervo, esclavo*; ἀδελφὸς caso nominativo masculino singular del nombre común *hermano*; δὲ, partícula conjuntiva que hace las veces de conjunción coordinante, con sentido de *pero, más bien, y, y por cierto, antes bien, entonces*;'Ιακώβου, caso genitivo masculino singular del nombre propio declinado *de Jacobo*; τοῖς, caso dativo masculino singular del artículo determinado declinado *a los*; ἐν, preposición propia de dativo *en*; Θεῷ, caso dativo masculino singular del nombre divino *Dios*; Πατρὶ, caso dativo masculino singular del nombre divino *Padre*; ἠγαπημένοις, caso dativo masculino plural del participio de perfecto en voz activa del verbo ἀγαπάω, *amar*, aquí *que han sido amados*, *amados*; καὶ, conjunción copulativa *y*;'Ιησοῦ, caso genitivo masculino singular del nombre propio declinado *en Jesús*; Χριστῷ, caso genitivo masculino singular del nombre propio *Cristo*; τετηρημένοις, caso dativo masculino singular del participio perfecto en voz activa del verbo τηρέω, *guardar*, aquí *que han sido guardados*; κλητοῖς, caso dativo masculino plural del adjetivo *llamados*.

'Ιούδας. Como en toda correspondencia del tiempo de los apóstoles, las cartas se iniciaban con la identificación del remitente. En este caso, la primera palabra es su nombre personal *Judas*. Se trata de una persona de ascendencia judía. El nombre propio era la transcripción del hebrero *Yehudá* (Judá), por tanto, frecuente entre los judíos. De ese nombre eran dos de los discípulos de Jesús: Judas, el hijo de Jacobo (Lc. 6:16 –según el texto griego–[11]; Jn. 6:71: 14:22; Hch. 1:13); el otro era Judas Iscariote. Otro con ese mismo nombre era *Judas de Damasco*, en cuya casa estuvo Pablo y donde recibió la visita de Ananías para la liberación de su ceguera (Hch. 9:11). También aparece *Judas Barsabás*, compañero de Bernabé, Silas y Pablo, portadores de la carta que fue enviada a las iglesias, luego del concilio de Jerusalén (Hch. 15:22-23). Este es un ejemplo del uso habitual de este nombre entre los judíos.

'Ιησοῦ Χριστοῦ δοῦλος, Sin embargo, *Judas*, se identifica de modo que nadie tenga duda de quién es. La primera que se une al nombre, es el calificativo de *siervo de Jesucristo*. El término griego δοῦλος, es usado para referirse a quien es un servidor, usándolo también comúnmente para aludir a un esclavo. El calificativo expresa humildad, ya que no es común que alguien desee ser conocido por su condición de *siervo, criado, esclavo*, que denota una valoración pequeña o incluso *ínfima* en la sociedad de aquel tiempo.

---

[11] Como aparece en NVI.

Con todo, sin dejar de apreciar la humildad del autor, es necesario apreciar que como *siervo* acepta y reconoce el *señorío* de Cristo. Este reconocimiento que no solo llama, sino que sirve a Jesucristo como *Señor*, sólo es posible por la regeneración en el nuevo nacimiento, porque sólo por el Espíritu se produce ese reconocimiento de Jesús como Señor (1 Co. 12:3). Ese es el título máximo de honor para el cristiano, ser reconocido y considerado como esclavo de Jesucristo (1 Co. 4:1). No cabe duda que la presentación, luego de su nombre, no puede ser más humilde, considerándose a sí mismo como *siervo* de Dios y del Señor Jesucristo. Aunque era familiarmente hermano del Señor, no deja de ser, como cristiano, Su siervo. El concepto personal que tiene es semejante al del apóstol Pablo que en algunas de sus presentaciones se sitúa, ante los creyentes, como *siervo de Cristo* (Ro. 1:1; Fil. 1:1; Tit. 1:1).

Como *siervo*, o incluso como *esclavo*, está enfatizando la sujeción al dueño y la renuncia a su propio criterio personal en sumisión plena. Judas, como *siervo de Dios y del Señor Jesucristo*, ya no vive él, sino que es Cristo quien vive en él (Gá. 2:20). Es la consecuencia natural de la identificación con Cristo, que presentándose como siervo dijo: *"Como el Hijo del hombre no vino para ser servido, sino para servir, y para dar su vida en rescate por muchos"* (Mt. 20:28). Bien pudo haberse identificado como lo que era familiarmente en relación con Jesús: *hermano del Señor*, en lugar de ello escoge la condición de siervo indicando que en él había el mismo sentir que hubo en el Señor (Fil. 2:5). Santiago reconoce a Jesús como su Señor.

El concepto de *siervo* en la Escritura tiene que ver con quienes se sometieron a Dios sin condiciones ni reservas. Así se llama a Abraham (Sal. 105:6, 42); a Moisés (Nm. 12:7-8); igualmente a David (2 S. 7:20); al profeta Amós (Am. 3:7); siervo también al profeta Zacarías (Zac. 1:6).

Judas es siervo del *Jesucristo*. El título *Cristo* va vinculado en muchos lugares al de Κύριος, *Señor*, es utilizado en los LXX para Dios, traduciendo así el nombre divino *Yahweh*. Los cristianos reconocieron la deidad de Cristo llamando a Jesús *Señor*. Al llamarle *Cristo* está reconociendo la deidad de Jesús. El título *Señor* referido a Cristo y especialmente después de la resurrección, está vinculado a la Persona Divina del Hijo de Dios. Jesucristo fue proclamado por el Padre como Señor y Cristo (Hch. 2:36). Exaltado a la majestad de las alturas, es Señor sobre todo (Hch. 13:14-52; Fil. 2:9-11; He. 1:3). Por eso al reconocer a Cristo como Señor es reconocerlo también como la esperanza de Su pueblo (Col. 1:27).

Este que es *Cristo* es también *Jesús*. Fue el nombre impuesto al Mesías por mandato divino comunicado antes de Su nacimiento (Mt. 1:21; Lc. 1:31). Es el nombre del Salvador de Su pueblo y del mundo. Jesús equivale a *Jehová salva* o *Jehová es salvación*. Así pues, el señorío está asociado también al hecho salvífico realizado por Él.

Además, del reconocimiento ser el Salvador, al llamarle *Jesús*, añade el de Su medianidad al llamarle *Cristo*, literalmente *ungido*. Este nombre entraña el cumplimiento de las promesas dadas por Dios a lo largo de la historia, especialmente a los padres de la nación hebrea. Esto indica el reconocimiento de la exaltación de Jesús a la diestra del Padre.

Es interesante apreciar que la creencia en la deidad de Cristo está enraizada ya en los primeros momentos de la Iglesia y no surge posteriormente en una reflexión cristológica dentro de la propia iglesia por necesidad de sustentar la fe.

Será bueno comenzar ya a aplicar lecciones que el Espíritu presenta en el escrito. La condición más alta que un creyente puede aspirar es la de *siervo de Jesucristo*. Judas pudo haberse presentado relacionándose con la familia de Jesús, como hermano Suyo, o también como líder de la iglesia en Jerusalén, pero prefiere hacerlo como *siervo de Jesucristo*. Ese era el mismo sentir que había en el apóstol Pablo cuando escribe: *"Así, pues, ténganos los hombres por servidores de Cristo"* (1 Co. 4:1). En un tiempo en que los títulos de honor son codiciados y buscados, en donde los grandes según el mundo ocupan lugares destacados incluso en la iglesia, es necesario entender la bendición suprema de ser siervo. La Iglesia está cada vez más sobrada de grandes y más necesitada de siervos.

ἀδελφὸς δὲ Ἰακώβου, Humanamente era hermano de *Jacobo*, o *Santiago*. Por tanto, se trata de quien era medio-hermano del Señor, es decir, hijo de María y de José, que a diferencia del Señor no tenía la relación paternal de José como progenitor ya que fue concebido por obra del Espíritu Santo (Mt. 1:20; Lc. 1:35). En cuanto a los datos biográficos se han dado ya anteriormente. Su relación con Cristo antes de la resurrección fue de incredulidad en relación con Su identidad y ministerio (Jn. 7:5). Su conversión debió haberse producido después de la resurrección, tal vez, como ocurrió con su hermano Jacobo, como consecuencia del encuentro personal con el Resucitado que se le apareció (1 Co. 15:7), aunque directamente no se dice nada de una situación semejante con Judas. No se dice que Judas se considerase *apóstol* de Jesucristo, pero su relación con Jesús como medio hermano del Señor y con Santiago, uno de los principales en la iglesia en Jerusalén, le hizo conocido de las iglesias y con autoridad espiritual para el servicio.

τοῖς ἐν Θεῷ Πατρὶ ἠγαπημένοις καὶ Ἰησοῦ Χριστῷ τετηρημένοις κλητοῖς. Menciona los destinatarios de la *Epístola*, como los *amados y llamados* por Dios, y que son guardados por Jesucristo. El título *llamados* es el genérico que el apóstol Pablo da a los creyentes (Ro. 1:5-7; 1 Co. 1:24). Situada la palabra κλητοῖς, *llamados*, al término de la oración, le da la condición de ser la principal de ella.

Estos llamados, lo fueron en razón de que son *amados* de Dios. De ahí la expresión *"en Dios Padre"*. Corresponde este distintivo a los cristianos porque Dios los ama, demostrándolo en la entrega de Su Hijo por ellos, para salvación (Jn. 3:16; Ro. 5:8; 8:32, 37, 39; 1 Jn. 4:10). No se trata de un amor puntual o circunstancial, sino eterno, habiéndolos escogido en Cristo antes de la creación, en una eterna expresión de amor (Ef. 1:4, 5). El amor pone de manifiesto la motivación del acto divino, porque Dios es amor (1 Jn. 4:8). A causa de eso, adopta todas Sus decisiones eternas en amor, así que la salvación no solo se planifica, sino que se ejecuta en amor (Ef. 2:4-7). Es en ese mismo amor que el Salvador se entrega a Sí mismo para salvarnos (Ef. 5:2). El sacrificio exigió una absoluta entrega que descansa en el amor (Ef. 5:25). El amor de Dios se manifiesta en esa acción salvadora, determinada ya en la eternidad (Ro. 5:8). Esa es también la acción divina en relación con Su pueblo Israel, al que *conoció*, en sentido de elección y relación especial, entre todos los otros pueblos de la tierra (Am. 3:2). Si el amor determinó la salvación, determina también la comunión eterna entre los creyentes y Dios en esa misma esfera, de la cual nada ni nadie podrá separarnos (Ro.8:39). Lo que somos y seremos está absolutamente definido y establecido por el amor de Dios. En él operó para salvación, liberando a quienes son Sus amados, de los poderes opresores y de esclavitud en los que antes vivían en el tiempo antiguo (Ro. 6:6, 17, 22). El impulso divino para hacer una obra semejante ha sido el amor que le impulsó a entregar a su Hijo para hacerla posible (Ro. 8:32), de ahí que *"Dios muestra su amor para con nosotros, en que siendo aún pecadores, Cristo murió por nosotros"* (Ro. 5:8). El amor manifestado en gracia es el punto de partida para la transformación de la historia humana. El amor divino hace posible que el pecador creyente quede libre de la ira y de los lazos del pecado. Esa obra de amor *"nos ha librado de la potestad de las tinieblas, y trasladado al reino de su amado Hijo"* (Col. 1:13). La entrega del Hijo de Su amor, hace posible que los que no éramos hijos, lo podamos ser ahora en el Hijo, para ser también en Él *"amados de Dios"*. Estar en Cristo es pertenecer al grupo de quienes pueden ser llamados *"amados de Dios"*. Los que están en esta condición reciben también la provisión del amor divino en su vida para que puedan amar con la misma calidad de amor con que fueron amados, mediante la operación divina realizada por el Espíritu Santo en sus corazones (Ro. 5:5). El amor divino impulsa la acción de los *amados de Dios*, *"Porque el amor de Cristo nos constriñe, pensando esto: que si uno murió por todos, luego todos murieron; y por todos murió, para que los que viven, ya no vivan para sí, sino para aquel que murió y resucitó por ellos"* (2 Co. 5:14-15).

καὶ Ἰησοῦ Χριστῷ τετηρημένοις. Se dirige también a los que han sido *guardados* en Jesucristo, o también *guardados para Jesucristo*. Ambas cosas son posibles en la expresión. El verbo τηρέω, expresa la idea de *guardar*, *atesorar*, *poner a seguro*. La construcción en dativo permite expresarlo también como *guardados por Jesucristo*. Esa es la enseñanza de Cristo a los discípulos: *"Mis ovejas oyen mi voz, y yo las conozco, y me siguen, y yo les doy vida eterna; y no perecerán jamás, ni nadie las arrebatará de mi mano. Mi Padre que me las dio, es mayor que todos, y nadie las puede arrebatar de la mano de mi Padre (Jn. 10:27-29)*. La seguridad de los creyentes es firme, puesto que el Señor dijo también: *"Y esta es la voluntad del Padre, el que me envió: Que de todo lo que me diere, no pierda yo nada, sino que lo resucite en el día postrero"* (Jn. 6:39). Esto es, según Cristo, la voluntad del Padre, que cuanto dé al Hijo, éste no pierda nada. No solo se trata de que dé la salvación a todo aquel que el Padre conduzca al Hijo, sino que esa salvación no se pierda jamás. Todos los creyentes mueren físicamente, pero, la muerte no interrumpe la relación con Dios. Vinculados a Cristo y unidos vitalmente a Él, el cuerpo va a la tumba, pero el espíritu se mantiene en la experiencia de la vida eterna.

Todos los muertos en Cristo serán resucitados para el disfrute a perpetuidad de la vida de resurrección con el Señor. El Padre le da todo el pueblo que llama a salvación y el compromiso del Hijo es resucitarlo todo en el día último. La referencia a una resurrección final, no supone que no haya un programa de resurrecciones que tendrá lugar como enseña el apóstol Pablo (1 Co. 15:23, 24). La voluntad divina no puede quebrantarse, por consiguiente, si el Padre ha dado un pueblo al Hijo y éste tiene el compromiso de no perder nada de ellos, la seguridad de salvación está garantizada, por la voluntad del Padre que es también la del Hijo. La resurrección es la salvación integral del hombre. De otro modo, el destino de los que creen en Jesús conlleva la posesión de la vida eterna en esta vida, que se proyecta perpetuamente en la resurrección, es decir, posesión en el presente y esperanza en el futuro. Sobre esto escribe el Dr. Lacueva:

"Hay un determinado número de seres humanos dados por el Padre a Jesucristo, para que éste los cuide y sirvan para gloria y alabanza de Su nombre. Aquellos a quienes el Padre hizo objeto especial de Su amor, los encomendó a las manos de Cristo. Y Cristo se encarga de que no se pierda ninguno de los que le han sido dados por el Padre. Este cuidado se extiende más allá de la tumba: 'sino que lo resucite en el último día' (Jn. 6:39, 40, 54). Esta empresa, pues, no quedará finalizada sino en la resurrección del último día. Todo esto tiene su fuente y origen en la voluntad del Padre[12]*"*.

La voluntad del Padre es cumplida plenamente por el Hijo. Jesús no pierde nada de lo que Dios le da. Por eso los guarda durante la vida, y los resucitará luego de ella, en el momento oportuno en el día final. La seguridad del creyente no está en lo que él haga o deje de hacer para mantener su salvación en identificación con Cristo, sino en lo que el Salvador hace para que nunca pueda perderse ninguno de los que Él ha salvado. Lo que supone para muchos una notable dificultad en cuanto a la *perseverancia de los santos*, se aclara absolutamente en las palabras de Jesús, ya que los salvos serán guardados y protegidos perseverando en la gracia hasta el fin de los tiempos (Jn. 10:28; Ro. 8:29, 30, 38; 11:29; Fil. 1:6; 2 Ti. 2:19; He. 6:17; 1 P. 1:4, 5; etc.). La vida eterna que Dios da conlleva ya aparejada la eterna seguridad, puesto que es la misma vida de Dios en el creyente. Además, los dones de Dios son irrevocables, por tanto, lo que se recibe de Él pasa a ser propio de aquel que lo recibe, en ese sentido, nadie puede arrebatar la vida eterna, que es el don de Dios para todo aquel que cree. De este modo quien tiene a Cristo y con Él el perdón de pecados, tiene también la vida eterna de la que nunca será separado. No se trata de lo que el hombre haga, sino de Dios que lo garantiza para él.

κλητοῖς. Ya se ha considerado antes que los creyentes han sido llamados por Dios, conducidos por Él a Cristo y salvos eternamente. El llamamiento a salvación procede del Padre: *"conforme a Su propósito son llamados"* (Ro. 8:28). Los que son amados por Dios, son llamados conforme a Su propósito. Es en la salvación donde está implicada la soberanía de Dios. Por tanto, en todo cuanto tiene que ver con la salvación, es Dios quien lo hace posible. La salvación del hombre descansa en el decreto divino que se estableció antes de la creación (2 Ti. 1:9). El designio eterno estableció quien realizaría la obra de salvación (1 P. 1:18-20). La Biblia enseña enfáticamente que *"la salvación es de Dios"* (Sal. 3:8; Jon. 2:9). La palabra clave en cuanto al llamado del Padre, es Su

---

[12] F. Lacueva. o.c., pág. 146.

propósito[13], la salvación es el resultado del *propósito* de Dios establecido antes de la creación y, por tanto, antes de la caída. La decisión salvífica es anterior y está más allá de la historia. La Biblia enseña que la salvación es el resultado de la propia y libre determinación de Dios en Su gracia. Aquí aparece vinculado con el *llamado* divino, por tanto, se trata siempre de la libre y primordial decisión salvífica de Dios. De otro modo, el propósito de Dios es para salvación de aquellos a quienes llama. Dios no llama a aquellos que Él sabe que van a responder a Su llamado, no salva a aquellos que Él sabe que aceptarán por la fe a Cristo en el decurso de la historia, Dios llama *para* que respondan al llamado, sin forzar la voluntad ni obligar a nadie a creer, ni excluir a nadie de la posibilidad de hacerlo (1 P. 1:2). El propósito de Dios implica que Su llamamiento sea algo más que una simple invitación para perdón de pecados, es un llamamiento para ser un pueblo separado para Él (1 Co. 1:24). Los que son llamados siguen en el mundo, pero no son de él. Los llamados por Dios disciernen, en razón de la obra del Espíritu, cuál es su situación, siendo dotados de fe salvífica e impulsados a clamar al Salvador depositando en Él su fe, de manera que mientras que *"Cristo crucificado,* es *para los judíos ciertamente tropezadero y para los gentiles locura; más para los llamados, así judíos como griegos, Cristo poder de Dios, y sabiduría de Dios"* (1 Co. 1:22-23). ¿Quién hace esa diferencia? La operación poderosa de Dios conforme a Su *propósito*. Es necesario entender bien que el hombre no se salva por *saberse perdido*, se salva cuando se *siente perdido*; este sentimiento en la intimidad del alma es una operación que el Espíritu produce para quienes son llamados. El propósito de Dios subordina todo para el fin que Él mismo se propone (Ro. 9:11). La economía de la salvación no tuvo lugar cuando el hombre pecó, ni tampoco porque iba a hacerlo, sino que nace del propósito soberano de quien determina, por propia voluntad salvar al hombre que iba a ser creado. Como alguien dijo, mucho antes de que el Creador dijese *"sea la luz"*, dijo *"sea la Cruz"*. La acción de Dios es el de un llamamiento santo que salva a los que son llamados con este propósito (2 Ti. 1:9). Esto siempre sin renunciar a la responsabilidad del hombre. Para dejar esta consideración es necesario recordar las dos grandes líneas que aparecen en el Nuevo Testamento tocantes a la salvación: Por un lado, está la potencialidad de la gracia, capaz de salvar al más perdido de los hombres, que llama a todos a la fe, lo que teológicamente suele llamarse la *libre gracia* (Jn. 3:16); por otro está el de la elección para salvación en la que está involucrado el llamado de Dios determinada ya desde antes de la constitución del mundo (Ef. 1:4). No procuremos reconciliar nosotros estas dos verdades por medios humanos, hacerlo supondrá forzar una a favor de la otra; reconozcamos nuestra

---

[13] Griego: πρόθεσις

limitación en esto y aceptemos las verdades bíblicas en un acto de fe, reconociendo que las dos son dos verdades reveladas, teniendo en cuenta que la Biblia está dirigida a la fe del creyente y no a la lógica del hombre.

2. Misericordia y paz y amor os sean multiplicados.

ἔλεος	ὑμῖν	καὶ	εἰρήνη	καὶ	ἀγάπη	πληθυνθείη.
Misericordia	a vosotros	y	paz	y	amor	sean multiplicados.

Notas y análisis del texto griego.

Análisis: ἔλεος, caso nominativo neutro singular del nombre común *misericordia*; ὑμῖν, caso dativo de la segunda persona plural del pronombre personal declinado *a vosotros*; καὶ, conjunción copulativa *y*; εἰρήνη, caso nominativo femenino singular del nombre común *paz*; καὶ, conjunción copulativa *y*; ἀγάπη, caso nominativo femenino singular del nombre común *amor*; πληθυνθείη, tercera persona singular del aoristo primero de subjuntivo en modo optativo en voz pasiva del verbo πηθύνω, *multiplicar*, aquí *sea multiplicado*.

ἔλεος ὑμῖν. La salutación a los destinatarios es hecha como un deseo personal de bendición que hace descansar en la gracia, la misericordia y la paz, triada procedente de Dios. Las dos palabras *gracia* y *paz* están plenamente vinculadas con *el evangelio de la paz* (Ef. 6:15); también se dice que Cristo *"es nuestra paz"* (Ef. 2:14). Ambas están vinculadas; la gracia es el modo de salvación (Ef. 2:8-9), en donde Jesús mediante Su obra *"hizo la paz"* (Ef. 2:15), anunciando las *"buenas nuevas de paz"* para todos (Ef. 2:17), pero, también nos salvó por Su *misericordia* (Ef. 2:4; Tit. 3:5).

La *misericordia* es uno de los dos elementos manifestantes del amor divino, que podría definirse como al *amor en extensión*, es decir, el amor que ama permanentemente y que lo hace para otorgar favores propios del *ágape divino* al compadecerse del sufrimiento humano. Esa es la razón por la que los ciegos de nacimiento clamaban a Jesús diciendo: *"¡Ten misericordia de nosotros, Hijo de David!"* (Mt. 9:27). Ese amor expresado en misericordia se extiende para amar en todo tiempo, de ahí que, en medio de la destrucción de Jerusalén a causa del pecado del pueblo, por medio de los babilonios, el profeta diga: *"Por la misericordia de Jehová no hemos sido consumidos, porque nunca decayeron sus misericordias. Nuevas son cada mañana"* (Lam. 3:22-23). La salvación es una manifestación de la misericordia de Dios. Misericordia es la expresión y acción de la actividad divina frente a la miseria humana. Sólo puede existir misericordia cuando hay un *miserable*. Dios, sin exigencia alguna, ama al caído, pecaminoso, rebelde y necesitado hombre, de otro modo, Dios ama al muerto en sus delitos y pecados que es, por propia condición, un acreedor de su ira en lugar de serlo de su amor. Una actuación semejante pone de manifiesto la dimensión del amor divino: *"Dios es rico en misericordia"* (Ef. 2:4). Los recursos de la riqueza en misericordia son tan infinitos como lo es Él mismo. Por tanto, la salvación, en sus múltiples expresiones o manifestaciones, es la consecuencia del amor de Dios. La inmensidad de Su amor se pone de manifiesto en las palabras del apóstol Juan: *"En esto consiste el amor: no en que nosotros hayamos amado a Dios, sino en que Él nos amó a nosotros, y envió a su Hijo en propiciación por nuestros pecados"* (1 Jn. 4:10). No se trata de un amor de correspondencia, sino de un amor incondicional, orientado hacia quienes nunca merecieron tal afecto. Es un amor eterno mostrado antes de cualquier evento, al que el apóstol Pablo se refiere cuando menciona la eterna elección en Cristo (Ef. 1:4, 5). Poco saben de la Escritura aquellos que sostienen que el amor de Dios hacia el pecador es una reacción divina ante el mal humano. El amor de Dios en todas sus manifestaciones surge del propósito eterno para salvación.

καὶ εἰρήνη Junto con el deseo de la administración de la misericordia para cada creyente, está también el deseo de la paz, como bendición procedente del Dios de paz (Fil. 4:9). La gracia es la causa y razón suprema de todo bien, de la que también mana la paz para el disfrute y experiencia de la vida cristiana. De otro modo: la gracia es la fuente y la paz el resultado de los dones y bendiciones que manan de ella. La paz fue el admirable regalo que Jesús dejó a los Suyos y, por extensión, a todos los salvos, durante la última cena (Jn. 14:27). La paz allí adquiere dos sentidos: 1) El de *relación*, en el cual Jesús asegura que ha dejado *hecha* la paz con Dios; aquel estado de enemistad propio del pecado, quedó cancelado en la obra de reconciliación. 2) El de *experiencia*, ya que el Señor llama a vivir *Su propia paz*, la que como hombre experimentaba en medio del conflicto de la última noche. La paz de Dios inunda el corazón del salvo mediante la acción del Espíritu que la produce en él (Gá. 5:22; Fil. 4:7). De ahí que se demande solemnemente que cada cristiano se aplique a la conservación de la unidad corporativa en Cristo *"en el vínculo de la paz"* (Ef. 4:3). La salvación, por medio de la regeneración, convierte a los creyentes en *pacificadores*, que los hace bienaventurados y les permite manifestar la condición de hijos de Dios: *"Bienaventurados los pacificadores, porque ellos serán llamados hijos de Dios"* (Mt. 5:9). Sin embargo, el pacificador es aquel que *vive la paz* y, por tanto, la busca insistentemente. Es el que la procura y promueve. Paz en el concepto bíblico tiene que ver con una correcta relación con Dios. El que ha sido justificado por medio de la fe, está en plena armonía con Dios y siente la realidad de una paz perfecta que sustituye a la relación de enemistad anterior a causa del pecado (Ro. 5:1). El Señor vino al mundo con el propósito de *matar las enemistades* y anunciar las *buenas nuevas de paz* (Ef. 2:16-17). La demanda para el creyente en una vida de vinculación con Jesús, no puede ser otra que Su mismo sentir (Fil. 2:5). Por tanto, la paz es una consecuencia y una experiencia de la unión vital con Cristo. La identificación con Él convierte al creyente en algo más que un pacífico, lo hace un *pacificador*. Esto es la forma natural de quien vive la vida que procede del Dios de paz (1 Co. 14:33). El desarrollo visible de su testimonio discurre por una senda de paz, por cuanto sus pies han sido calzados con el apresto del evangelio de paz (Ef. 6:15). La santificación se desarrolla en una vida de paz, por cuanto es una operación del Dios de paz (1 Ts. 5:23). No se trata de aspectos religiosos o de teología intelectual, sino de una experiencia vivencial y cotidiana, que se expresa en muchas formas y hace visible en ellas esa realidad. El pacificador manifiesta esa condición porque anhela la paz con todos los hombres. Hace todo cuanto le sea posible por estar en paz con todos (Ro. 12:18); siente la profunda necesidad de *seguir* la paz (He. 12:14). El *pacificador* anhela predicar a todos el Evangelio de la paz (Ef. 6:15); siente que Dios le ha encomendado anunciar a toda la paz que Él hizo en la Cruz, y procura llevarlo a cabo (2 Co. 5:20). Modela su vida conforme al Príncipe de paz que busca a los perdidos (Lc. 19:10); y restaura al que ha caído, ensuciando parcialmente su vida espiritual (Jn. 13:12). Eso los hace *"bienaventurados"* porque solo ellos pueden ser *"llamados hijos de Dios"*. Un título de honor superior a cualquier otro. Dios reconoce a todo el que cree en el Hijo, como hijo Suyo (Jn. 1:12). Pero, a éstos a quienes Dios reconoce como Sus hijos, el mundo debe *conocerlos*, por su conducta pacificadora que expresa la participación en la divina naturaleza, como hijos del Dios de paz. Quienes los observan deben descubrir en ellos el carácter del Dios de paz (1 Jn. 4:17b). Éstos, que experimentan en ellos la nueva vida de que fueron dotados en la regeneración, buscan y viven lo que Dios hizo en ellos, esto es, la verdadera paz. Son creyentes que tal vez hablan poco de paz, pero viven esa experiencia. No son conflictivos, buscando agradarse a ellos mismos, sino que son capaces de renunciar a sus derechos con tal de mantener la paz. No transigen con el pecado, pero buscan al que ha caído para restaurarlo a la comunión con el Príncipe de paz. La paz de Dios se ha hecho vida en ellos, gozándose en esa admirable experiencia. No hay dificultad ni problema que logre inquietarlos en su vida cristiana, por tanto, al no estar ellos inquietos, no son medio para inquietar a otros, sino todo lo contrario. El que ha experimentado la realidad de la paz de Dios en su vida es un *pacificador*. Si no procura la paz y la sigue, debe preguntarse si ha tenido alguna experiencia personal con el Dios de paz. La diferencia entre un cristiano normal y un pacificador es que el primero suele hablar de Dios y Su obra de paz, el segundo vive al Dios de paz de tal modo que no necesita palabras para hablar de ella, expresándola a todos con su estilo de vida.

καὶ ἀγάπη. *El amor*, es el impulso divino para la salvación (Jn. 3:16). Expresado en la gracia desciende hasta la condición del miserable, de ahí, que cuando se habla de gracia haya un acompañamiento de descenso, como ocurre con la gracia de Jesucristo que se hace pobre siendo rico (2 Co. 8:9). La gracia es el amor que *obliga* a Dios a descender al encuentro del hombre en Cristo Jesús. Nada mejor usado que el verbo *obligar* para referirse a la expresión del amor. Dios se obligó a Sí mismo para venir al encuentro del pecador en el Plan de Salvación, producido en la voluntad de Dios antes de la creación (2 Ti. 1:9). Dios ama por razón de vida, ya que una de las perfecciones de la vida de Dios en el aspecto de la naturaleza divina es el amor (1 Jn. 4:8). Dios, por tanto, no es amor porque ama, sino que ama porque es amor. Para expresarlo en forma absoluta, a Dios le va la vida si dejase de amar. Su propia naturaleza le condiciona al amor. El amor o la gracia que salva al hombre lo hace para todo el proceso de la salvación. Es por gracia que Dios justifica al hombre (Tit. 3:7). De esa manera cuando el pecado abundó *sobreabundó* la gracia (Ro. 5:20), enviando Dios a Su Hijo para salvar al pecador. La salvación en la esfera de la santificación, sólo es posible por gracia. La gracia de Dios provee de lo necesario para que el cristiano pueda vivir una vida en santidad y llevar a cabo el servicio que Dios le ha establecido (1 Co. 15:10). De la misma manera la culminación plena de la salvación consistente en la glorificación del salvo, será una operación de la gracia (1 P. 1:13). La gracia es la fuente de la bendición para el cristiano, por eso Santiago dice que aún en las situaciones más difíciles como pueden ser las pruebas *"Dios da mayor gracia"* (Stg. 4:6).

El apóstol desea que esas bendiciones no estén limitadas, sino que sean *multiplicadas*. El tiempo aoristo en el verbo, junto con el optativo, expresan primero la procedencia de la bendición, Dios es el agente implícito de ella, en segundo lugar, el optativo infiere un deseo personal. Quería que tuviesen las bendiciones de la gracia, para toda experiencia de sus vidas, incluyendo como es lógico los momentos de tribulación y las persecuciones donde la manifestación de la gracia resulta necesaria. Pero al mismo tiempo, deseaba que pudiesen experimentar la paz en la máxima dimensión posible.

Propósito (vv. 3-4).

3. Amados, por la gran solicitud que tenía de escribiros acerca de nuestra común salvación, me ha sido necesario escribiros exhortándoos que contendáis ardientemente por la fe que ha sido una vez dada a los santos.

᾿Αγαπητοί, πᾶσαν σπουδὴν ποιούμενος γράφειν ὑμῖν περὶ τῆς
Amados, toda diligencia haciendo escribir os acerca de la
κοινῆς ἡμῶν σωτηρίας ἀνάγκην ἔσχον γράψαι ὑμῖν
común de nosotros salvación necesidad tuve escribir os
παρακαλῶν ἐπαγωνίζεσθαι τῇ ἅπαξ παραδοθείσῃ τοῖς
exhortando a luchar por la una sola vez que fue dada a los
ἁγίοις πίστει.
santos fe.

Análisis y notas del texto griego.

Análisis: ᾿Αγαπητοί, caso vocativo masculino plural del adjetivo *amados*; πᾶσαν, caso acusativo femenino singular del adjetivo indefinido *toda*; σπουδὴν, caso acusativo femenino singular del nombre común *diligencia*; ποιούμενος, caso nominativo masculino singular del participio de presente en voz media del verbo ποιέω, *hacer*, aquí *haciendo*; γράφειν, presente de infinitivo en voz activa del verbo γράφω, *escribir*; ὑμῖν, caso dativo de la segunda persona plural del pronombre personal declinado *a vosotros, os*; περὶ, preposición propia de genitivo *acerca de*; τῆς, caso genitivo de la segunda persona singular del artículo determinado *la*; κοινῆς, caso genitivo femenino singular del nombre adjetivo *común*; ἡμῶν, caso genitivo de la primera persona plural del pronombre personal *de nosotros*; σωτηρίας, caso genitivo femenino singular del nombre común *salvación*; ἀνάγκην, caso acusativo femenino singular del nombre común *necesidad*; ἔσχον, primera persona singular del segundo aoristo de indicativo en voz activa del verbo ἔχω, *tener*, aquí *tuve*; γράψαι, aoristo primero de infinitivo en voz activa del verbo γράφω, *escribir*; ὑμῖν, caso acusativo de la segunda persona plural del pronombre personal *os*; παρακαλῶν, caso nominativo masculino singular del participio de presente en voz activa del verbo παρακαλέω, *exhortar*, aquí *exhortando*; ἐπαγωνίζεσθαι, presente de infinitivo en voz media del verbo ἐπαγόνιζομαι, *luchar por*; τῇ, caso dativo femenino singular del artículo determinado *la*; ἅπαξ, adverbio *una sola vez*; παραδοθείσῃ, caso dativo femenino singular del aoristo primero en voz pasiva del verbo παραδίδωμι, *dar*, entregar, aquí *que fue dada*; τοῖς, caso dativo masculino plural del artículo definido declinado *a los*; ἁγίοις, caso dativo masculino plural del adjetivo *santos*; πίστει, caso dativo femenino singular del nombre común *fe*.

᾿Αγαπητοί, πᾶσαν σπουδὴν ποιούμενος γράφειν ὑμῖν. Judas se dirige a los lectores para iniciar el propósito de la *Epístola*, con el vocativo *amados*. Esta expresión pone de manifiesto el interés y corazón pastoral del escritor, de ahí la preocupación que sigue (cf. Ro. 1:7; 12:19; 1 Co. 4:14; 15:58; Ef. 5:1; Fil. 2:12; Stg. 1:16, 19; 2:5; 1 P. 4:12; 1 Jn. 3:2, 21). El escrito se produce, como traduce RV, *por la gran solicitud*, tal vez más literalmente *diligencia*, es decir algo que consideraba urgente y apremiante, ya que la fe de los destinatarios estaba en peligro.

περὶ τῆς κοινῆς ἡμῶν σωτηρίας. El interés de Judas era escribir sobre la *común salvación*, esto es, la salvación que es tanto de los lectores como del que escribe. La salvación que se proclama es una doctrina, a la que el apóstol Pablo llama *"la palabra de la cruz"* (1 Co. 1:18). De modo que hablar de la *común salvación*, es señalar a la doctrina que podríamos llamar, técnicamente, la *soteriología bíblica*.

ἀνάγκην ἔσχον γράψαι ὑμῖν παρακαλῶν ἐπαγωνίζεσθαι. Por esa razón siente necesidad de escribirles, para exhortarles a que estén dispuestos a *luchar por*, en este caso *la fe*, que coloca al final de la oración para darle la mayor fuerza. La forma verbal expresa la idea de combatir cuerpo a cuerpo por lo que va a decir inmediatamente. Quien ama la doctrina, está dispuesto a exhortar a los otros hermanos en la fe, a *contender* por ella. Algo semejante, pero con la misma intensidad, es lo que Pablo escribe a los corintios: *"Me es impuesta necesidad; y ¡ay de mi si no anunciare el evangelio!"* (1 Co. 9:16). La necesidad es la de defender la fe de una forma firme y continuada (1 Ti. 1:18-19; 6:12; 2 Ti. 4:7). La exhortación con que se inicia la *Epístola* tiene vigencia hoy, ya que, en cualquier tiempo, los creyentes tenemos la responsabilidad de perseverar en la pureza de la fe. Los cristianos, desde el principio, permanecieron o perseveraron en la doctrina de los apóstoles, la pureza del evangelio (1 Co. 15:1-4; 2 Ts. 3:6). De ahí la exhortación del apóstol Pablo: *"Si alguno os predica diferente evangelio del que habéis recibido, sea anatema"* (Gá. 1:9).

τῇ ἅπαξ παραδοθείσῃ τοῖς ἁγίοις πίστει. La defensa, en lucha decidida, es de la *fe*, que fue dada *una sola vez* a los santos. El verbo παραδίδωμι, es de la misma raíz que παράδοσις, que significa *tradición*, algo que se transmite por entrega de uno a otro. Estas tradiciones inmutables son las verdades del evangelio. Son inmutables porque son ἅπαξ, *una sola vez* dadas a los creyentes. Por consiguiente, como e apóstol Pablo enseña a los gálatas, porque proceden de Dios, no pueden ser alteradas (Gá.1:6-9). No debe olvidarse que el evangelio, por esa procedencia, es *eterno* (Ap. 14:6). El mensaje nuclear del evangelio, la centralidad absoluta de la fe, es Cristo, inalterable, puesto que es el mismo *"ayer, y hoy, y por los siglos"* (He. 13:8).

4. Porque algunos hombres han entrado encubiertamente, los que desde antes habían sido destinados para esta condenación, hombres impíos, que convierten en libertinaje la gracia de nuestro Dios, y niegan a Dios el único soberano, y a nuestro Señor Jesucristo.

παρεισέδυσαν γάρ τινες ἄνθρωποι, οἱ πάλαι
Porque introdujeron furtivamente algunos hombres, los hace tiempo
προγεγραμμένοι εἰς τοῦτο τὸ κρίμα, ἀσεβεῖς, τὴν τοῦ Θεοῦ
que han sido escrito antes para esta - condenación impíos, la del Dios
ἡμῶν χάριτα μετατιθέντες εἰς ἀσέλγειαν καὶ τὸν μόνον
de nosotros gracia convirtiendo en libertinaje y al único
Δεσπότην καὶ Κύριον ἡμῶν Ἰησοῦν Χριστὸν[1] ἀρνούμενοι.
Dueño y Señor de nosotros Jesucristo negando.

Análisis y notas del texto griego.

Análisis: παρεισέδυσαν, tercera persona plural del aoristo primero de indicativo en voz activa del verbo παρεισδύω, *introducir solapadamente, introducir furtivamente*, aquí *introdujeron furtivamente*; γάρ, conjunción causal *porque*; τινες, caso nominativo masculino plural del adjetivo indefinido *algunos*; ἄνθρωποι, caso nominativo masculino plural del nombre común *hombres*; οἱ, caso nominativo masculino plural del artículo determinado *los*; πάλαι, adverbio *desde tiempo, hace tiempo, en otro tiempo, antiguamente, antes, precedente*; προγεγραμμένοι, caso nominativo masculino plural del participio perfecto en voz pasiva del verbo προγράφω, *escrito antes* aquí *que ha sido escrito antes*; εἰς, preposición propia de acusativo, *a, por, para*; τοῦτο, caso acusativo neutro singular del pronombre demostrativo *esto*; τὸ, caso acusativo neutro singular del artículo determinado *lo*; κρίμα, caso acusativo neutro singular del nombre común *sentencia judicial, condenación*; ἀσεβεῖς, caso nominativo masculino plural del adjetivo *impíos*; τὴν, caso acusativo femenino singular del artículo determinado *la*; τοῦ, caso genitivo masculino singular del artículo determinado declinado *del*; Θεοῦ, caso genitivo masculino singular del nombre divino *Dios*; ἡμῶν, caso genitivo de la primera persona plural del pronombre personal declinado *de nosotros*; χάριτα, caso acusativo femenino singular del nombre común *gracia*; μετατιθέντες, caso nominativo masculino plural del participio de presente en voz activa del verbo μετατίθημι, *convertir* aquí *que convierten, convirtiendo*; εἰς, preposición propia de acusativo *en*; ἀσέλγειαν, caso acusativo femenino singular del nombre común *libertinaje*; καὶ, conjunción copulativa *y*; τὸν, caso acusativo masculino singular del artículo determinado declinado *del*; μόνον, caso acusativo masculino singular del adjetivo *único*; Δεσπότην, caso acusativo masculino singular del nombre divino *Dueño*; καὶ, conjunción copulativa *y*; Κύριον, caso acusativo masculino singular del nombre divino *Señor*; ἡμῶν, caso genitivo de la primera persona plural del pronombre personal declinado *de nosotros*; Ἰησοῦν, caso acusativo masculino singular del nombre propio *Jesús*; Χριστὸν, caso acusativo masculino singular del nombre propio *Cristo*; ἀρνούμενοι, caso nominativo masculino plural del participio de presente en voz media del verbo ἀρνέομαι, *negar*, aquí *negando*.

Notas. Crítica Textual. Lecturas alternativas.

[1] καὶ Κύριον ἡμῶν Ἰησοῦν Χριστὸν, *y Señor de nosotros Jesucristo*, según lecturas en א, A, B, C, 33, 81, 307, 436, 442, 642, 1243, 1739, 2344, vg.

καὶ Κύριον Ἰησοῦν Χριστὸν ἡμῶν, *y Señor Jesucristo de nosotros*, conforme a 𝔓[72].

Θεὸν καὶ Κύριον ἡμῶν Ἰησοῦν Χριστὸν, según se lee en P[vid], Ψ, 5, 88, 1175, 1448, 1611, 1735, 2492, Byz, sy.

παρεισέδυσαν γάρ τινες ἄνθρωποι. El grave problema que genera la urgencia del escrito tiene que ver con *falsos maestros*, que *han sido introducidos furtivamente*, o también que ellos mismos entraron de este modo en medio de los creyentes. De éstos dice que son *algunos hombres*. En modo alguno les llama hermanos o insinúa que lo fueron y que salieron de en medio del pueblo de Dios, solo eran hombres con una labor contraria al Señor y opuesta a Él. Pudiera ser que alguno pensara que no es fácil hoy en día que un falso maestro entre en la estructura de una iglesia y predique o enseñe en ella. Pero, no es preciso la presencia física en ella, pueden entrar por medio de libros que escriben, por programas de radio y televisión, por internet y las redes sociales, que alcanzan a creyentes y que siembran el veneno mortal de sus enseñanzas contrarias a la Palabra entre sencillos e inocentes cristianos que no han tenido cuidado con ellos. Los creyentes de hoy en día y los de tiempos venideros deben tener en cuenta la presencia de tales *falsos maestros* para estar atentos a ellos y no ser engañados con la mentira cubierta de aparente piedad.

οἱ πάλαι προγεγραμμένοι No era una novedad, puesto que de ellos se había escrito hacía tiempo. Son los que se presentan como *maestros*, pero realmente son falsarios que enseñan cosas impías con cobertura de piedad. Al referirse Judas a que sobre ellos se había escrito desde tiempo atrás, cabe preguntarse a quien tenía en su pensamiento. Es posible que se refiera a la 2 Pedro, lo que confirmaría que conocía la *Epístola* y que antecedía a ésta. Pero, muy bien podía referirse a que ya el Señor había anunciado la presencia de tales personas cuando dijo a los discípulos: *"Mirad que nadie os engañe. Porque vendrán muchos en mi nombre, diciendo: Yo soy el Cristo; y a muchos engañarán"* (Mt. 24:4-5). El apóstol Pablo advertía del peligro a Timoteo: *"Que prediques la palabra... porque vendrá tiempo cuando no sufrirán la sana doctrina, sino que teniendo comezón de oír, se amontonarán maestros conforme a sus propias concupiscencias, y apartarán de la verdad el oído y se volverán a las fábulas"* (2 Ti. 4:2-4). Pudiera ser que algunos de estos falsos maestros, pudiesen engañar con cierta facilidad a los creyentes, como advirtió el apóstol Pablo a los de Éfeso: *"porque yo sé que después de mi partida entrarán en medio de vosotros lobos rapaces, que no perdonarán al rebaño. Y de vosotros mismos se levantarán hombres que hablen cosas perversas para arrastrar tras sí a los discípulos"* (Hch. 20:29-30). La advertencia de Judas pone en guardia a los creyentes porque los falsos maestros *vendrían*, por consiguiente, debían estar vigilantes a ese peligro.

εἰς τοῦτο τὸ κρίμα ἀσεβεῖς, Es preciso determinar qué condenación es ésta y cuando fue pronunciada por Dios. El texto es un tanto difícil en este sentido. El juicio contra los tales está más especificado en 2 Pedro: *"Por avaricia harán mercadería de vosotros con palabras fingidas. Sobre los tales ya de largo tiempo la condenación no se tarda, y su perdición no se duerme. Porque si Dios no perdonó a los ángeles que pecaron, sino que arrojándolos al infierno los entregó a prisiones de oscuridad, para ser reservados al juicio; y si no perdonó al mundo antiguo, sino que guardó a Noé, pregonero de justicia, con otras siete personas, rayendo el diluvio sobre el mundo de los impíos; y si condenó por destrucción a las ciudades de Sodoma y de Gomorra, reduciéndolas a ceniza y poniéndolas de ejemplo a los que había de vivir impíamente"* (2 P. 2:3-6). Del mismo modo el juicio divino no se demora, ya que estos impíos están incursos en la condenación que Dios estableció *hace mucho tiempo* contra los impíos, cuyo término aparece varias veces en la lectura anterior. El objetivo diabólico de esa enseñanza es destruir la obra de Dios y llevar a los creyentes en cuanto puedan a la ruina total. Siendo sus enseñanzas asunto de opiniones humanas, el término *herejías* tiene que ver con la formación de grupos que dividen la iglesia. De otra manera, las enseñanzas de los falsos maestros cambian la verdad bíblica por propuestas que salen de ellos mismos, sin apoyo bíblico. Esto permite que los que no tienen un firme conocimiento de la Palabra, crean esas mentiras, haciéndolas pasar como enseñanzas bíblicas.

Estos alcanzarán para sí mismos *sentencia condenatoria*. En el Antiguo Testamento se anuncian los juicios divinos que estaban dispuestos para los falsos profetas (cf. Jer. 28:15-17; Ez. 13:1 ss.). Pero no menos impresionantes son los que el apóstol anuncia sobre ellos en los versículos siguientes. Estos *falsos maestros*, con sus falsedades y propósitos, estaban colmando el vaso de la paciencia divina, que actuaría *rápidamente* sobre ellos.

τὴν τοῦ Θεοῦ ἡμῶν χάριτα μετατιθέντες εἰς ἀσέλγειαν Uno de los pecados anunciados por Judas que practicarán estos hombres impíos, tiene que ver con el libertinaje moral, primera manifestación de la *impiedad* de los tales. La perversidad de ellos es que convierten la libertad espiritual que otorga Cristo a todo aquel que cree y que es puntualizada en las enseñanzas de los apóstoles, en *libertinaje*. La palabra ἀσέλγεια, traducida por *libertinaje*, tiene que ver en el griego con *sensualidad, vicios, desenfreno moral, indecencia*, etc. es decir, usaban la libertad del evangelio para satisfacer sus desenfrenados deseos carnales. Sobre este problema escribe el apóstol Pablo: *"Porque vosotros, hermanos, a libertad fuisteis llamados; solamente que no uséis la libertad como ocasión para la carne"* (Gá. 5:13). El cristiano tiene como expresión del llamamiento celestial, la libertad en Cristo. Dios llamó a los creyentes de una esfera de opresión a otra de libertad: *"El cual nos ha librado de la potestad de las tinieblas, y trasladado al reino de su amado Hijo"* (Col. 1:13). Es en ese llamamiento celestial, aceptado por la fe, que el Hijo de Dios liberta al creyente de las cadenas de esclavitud espirituales con que el pecado lo cautiva. Jesús afirmó esta verdad cuando dijo: *"Así que, si el Hijo os libertare, seréis verdaderamente libres"* (Jn. 8:36). Ser libres es el resultado de la acción del Hijo, que siempre actúa en armonía con la voluntad del Padre. Ser libre por la actuación del propio Dios, da pleno derecho a compartir la única libertad auténtica. Esta libertad se concreta en la posibilidad de servir al Dios vivo y verdadero como siervos de la justicia (Ro. 6:18). El creyente liberado de la esclavitud del pecado, pasa a ser *siervo* o *estar al servicio* de la justicia. En la condición de esclavitud bajo el pecado, éste ejercía tiranía, la condición de servicio bajo la justicia es la expresión suprema de libertad, al concordar con la vida libre de Dios que la orienta. La libertad equivale a la certeza de servir a Dios. No cabe duda que el cristiano no puede servir a dos señores (Mt. 6:24), especialmente por la incompatibilidad de ellos entre sí. De modo que liberado de la opresión del primero, ahora puede decirse al servicio del segundo que es también quien lo ha liberado.

Por tanto, el creyente ha sido llamado a libertad. De modo que debemos recordar nuestro estado de libertad y la obligación de conservarlo. La libertad cristiana es la manifestación general de la salvación. De otra manera, la salvación, obtenida en la Cruz, es un llamamiento a vivir la libertad que se obtiene por la obra de Cristo. La salvación abre también la puerta a la libertad. Por consiguiente, al referirse a la libertad que los *falsos maestros* procuran deformar en libertinaje, Judas está insistiendo en la necesidad de desechar todo aquello que pudiera hacerla perder y particularmente la impiedad que descansa en una libertad adulterada. El estado de libertad es un modo de ser que trae aparejado un modo de proceder.

El que ha sido llamado a libertad vive para la gloria de su Salvador. Se goza en su nueva ciudadanía y vive en consonancia con ella (Fil. 3:20). El que es verdaderamente libre tiene su deleite en los tesoros celestiales, donde está su ciudadanía y donde está también su Señor. Es más, donde posicionalmente también esta él, porque su vida está escondida con Cristo en Dios (Col. 3:1-3). Judas no concibe la libertad cristiana como un estado interno, sino como la expresión visible en las manifestaciones prácticas de la vida cotidiana. La libertad está vinculada con el modo de ser de quien está en Cristo, por tanto, el concepto de libertad no queda relegado a la doctrina de la salvación y santificación, sino que lo lleva a la última consecuencia en cada acto de la vida del salvo.

Por esta causa los *falsos maestros*, procuran pervertir la libertad en Cristo para usarla como licencia en la práctica de la corrupción impía. Cambiando la gracia en *carnalidad*. Es probable que se trate de gnósticos o incluso de cierta rama filosófica que enseñaba que las acciones con el cuerpo no contaminan para nada ni manchan el espíritu. Por tanto, era lícito usar el cuerpo para practicar cualquier clase de pecado, en base a que también el cristiano es libre de las demandas legales que no le afectan porque está bajo la gracia. De ahí las palabras de Judas que convierte *la gracia* en libertinaje, dando rienda suelta a las pasiones de la carne, esto es, siendo una base de operaciones para que la carne lleve a cabo sus obras. Un texto fuera de contexto sirve, para algunos, como pretexto para una incorrecta práctica de la libertad: *"Examinadlo todo; retened lo bueno"* (1 Ts. 5:21), como si el cristiano en base a su libertad, pudiera probar cualquier cosa, seleccionando luego lo que es bueno. Quien utiliza la libertad para practicar el pecado, debe preguntarse si realmente ha sido libertado, es decir, si nació de nuevo (1 Jn. 2:6; 3:6, 8, 9)[14]. Antes era esclavo del pecado, ocupado en sus concupiscencias, ahora su servicio está en el área de la justicia, es decir, de las acciones concordantes con la voluntad de Dios. La verdadera libertad no es dejar de servir, sino todo lo contrario, ocuparse en el servicio. Quienes están en el servicio de la justicia gozan de la verdadera libertad, que es la libertad del pecado. Nadie piense que la libertad del pecado es la impecabilidad del cristiano; no quiere decir que nunca más pequen, pero lo importante es que el pecado ya no es el amo que los esclaviza.

καὶ τὸν μόνον δεσπότην καὶ Κύριον ἡμῶ Ἰησοῦν Χριστὸν ἀρνούμενοι. La segunda manifestación impía de estos *falsos maestros*, consiste en *negar* la soberanía de Dios, negando el Señorío de nuestro Señor Jesucristo, negándole con derecho a establecer los mandamientos y

---

[14] Ver comentario a estos versículos en *1 Juan* de esta misma serie.

determinar la vida de piedad. Esta rebeldía contra el señorío divino no es nueva, sino que se manifestó siempre (Sal. 89:27; Hch. 10:36; Ro. 5:1; 6:23; Ef. 1:21-22; 4:15; Fil. 2:11; Col. 1:18; 2:10; 1 Ti. 6:15; Ap. 5:12). Judas utiliza aquí el sustantivo δεσπότηνς, que se usa para referirse a un señor con plena autoridad y derecho sobre lo que está bajo él. Estos no reconocen a Jesús como Señor, por tanto, no le honran como tal. La consecuencia es que niegan Su deidad, negándole el reconocimiento como Dios, como Rey y como Cristo, el Mesías. Estos *falsos maestros*, quedan por su enseñanza reprobados como abominables y rebeldes, de ahí lo justo de su condenación. La sentencia de ellos, está *de antemano* recogida en las Escrituras, como va a probar por medio de tres ejemplos tomados del Antiguo Testamento, que tienen que ver con los *israelitas, los ángeles caídos*, y los *gentiles* que se apartaron de Dios. Esta parte es muy semejante a lo que se lee en 2 P. 2:3-10, aunque el orden de aparición de los ejemplos no es el histórico que sigue en apóstol Pedro.

Los falsos maestros (vv. 5-16).

El castigo que les amenaza (vv. 5-7).

5. Mas quiero recordaros, ya que una vez lo habéis sabido, que el Señor, habiendo salvado al pueblo sacándolo de Egipto, después destruyó a los que no creyeron.

Ὑπομνῆσαι δὲ ὑμᾶς βούλομαι, εἰδότας ὑμᾶς πάντα ὅτι
Pero recordaros quiero, habiendo sabido vosotros todas las cosas que
ὁ Κύριος ἅπαξ λαὸν ἐκ γῆς Αἰγύπτου σώσας τὸ δεύτερον τοὺς
el Señor una vez a pueblo de tierra de Egipto que salvo lo segundo a los
μὴ πιστεύσαντας ἀπώλεσεν,
que no creyeron destruyó.

Análisis y notas del texto griego.

Análisis: Ὑπομνῆσαι, aoristo primero de infinitivo en voz activa del verbo ὑπομιμνήσκω, *recordar*, aquí *recordar*; δὲ, partícula conjuntiva que hace las veces de conjunción coordinante, con sentido de *pero, más bien, y, y por cierto, antes bien, entonces*; ὑμᾶς, caso acusativo de la segunda persona plural del pronombre personal declinado *a vosotros, os*; βούλομαι, primera persona singular del presente de indicativo en voz media del verbo βούλομαι, *querer, desear*, aquí *quiero*; εἰδότας, caso acusativo masculino plural del participio perfecto en voz activa del verbo οἶδα, *saber, conocer, entender*, aquí *habiendo sabido*; ὑμᾶς, caso acusativo de la segunda persona plural del pronombre personal *vosotros*; πάντα, caso acusativo neutro plural del adjetivo indefinido *todos*, en sentido de *todas las cosas*; ὅτι, conjunción *que*; ὁ, caso nominativo masculino singular del artículo determinado *el*; Κύριος, caso nominativo masculino singular del nombre divino *Señor*; ἅπαξ, adverbio *una vez, una sola vez*; λαὸν, caso acusativo masculino singular del nombre común declinado *a pueblo*; ἐκ, preposición propia de genitivo *de*; γῆς, caso genitivo femenino singular del nombre común *tierra*; Αἰγύπτου, caso genitivo femenino singular del nombre propio declinado *de Egipto*; σώσας, caso nominativo masculino singular del participio aoristo primero en voz activa del verbo σῴζω, *salvar*, aquí *salvando, que salvó*; τὸ, caso acusativo neutro singular del artículo determinado *lo*; δεύτερον, caso acusativo neutro singular del adjetivo numeral ordinal *segundo*; τοὺς, caso acusativo masculino plural del artículo determinado declinado *a los*; μὴ, partícula que hace funciones de adverbio de negación *no*; πιστεύσαντας, caso acusativo masculino plural del participio del aoristo primero en voz activa del verbo πιστεύω, *creer*, aquí *que creyeron*; ἀπώλεσεν, tercera persona singular del aoristo primero de indicativo en voz activa del verbo ἀπόλλυμι, *destruir*, aquí *destruyó*.

Ὑπομνῆσαι δὲ ὑμᾶς βούλομαι, εἰδότας ὑμᾶς πάντα. Como ilustración de la enseñanza sobre el castigo de los *falsos maestros*, Judas apela a tres ejemplos tomados del Antiguo Testamento que, según afirma, los lectores de la *Epístola* conocían. La razón de ellos es recordarles también que los que se oponen a la verdad y pervierten lo que Dios ha revelado, se enfrentarán al juicio divino.

ὅτι ὁ Κύριος ἅπαξ λαὸν ἐκ γῆς Αἰγύπτου σώσας. El primer ejemplo tiene que ver con el *pueblo de Israel*, a quien el Señor salvó de la esclavitud en la tierra de Egipto. No cabe duda alguna que Dios hizo aquella obra de gracia porque amaba al pueblo de Israel. La salida de Egipto fue precedida de poderosas obras que Dios hizo en aquella nación. Los *falsos maestros* negaban la *soberanía* de Dios, aquí se pone de manifiesto en el hecho de la redención de Su pueblo, sacándolo de la esclavitud en que estaban sometidos. Fue una obra tanto de gracia como de omnipotencia. Aquellos que habían sido objetos del amor divino, experimentaron la salvación de Dios.

τὸ δεύτερον τοὺς μὴ πιστεύσαντας ἀπώλεσεν, Pero, aun así, siendo objetos de la gracia no supuso que el juicio divino no cayera sobre ellos, por incredulidad. Probablemente en la mente de Judas está el episodio de incredulidad en Cades Barnea, que trajo como consecuencia el juicio de Dios sobre todos aquellos que dudaron de Su poder y se negaron a hacer lo que Él había establecido (Nm. 14:26-38). Judas dice que a estos incrédulos los *destruyó* luego. La construcción gramatical es muy precisa, en *primer lugar,* los salvó, *en segundo lugar,* los destruyó. Indudablemente se trataba de un pueblo rebelde, puesto que, durante el tiempo anterior, desde la salida de Egipto, habían visto cuanto Dios hizo por ellos, pero, sobre todo, habían presenciado lo que en Su omnipotencia había hecho. El juicio por incredulidad y rechazo de Dios y Su voluntad, trajo como consecuencia una acción divina que eliminó durante el resto del tiempo por el desierto, a todos los incrédulos a Su poder y voluntad.

6. Y a los ángeles que no guardaron su dignidad, sino que abandonaron su propia morada, los ha guardado bajo oscuridad, en prisiones eternas, para el juicio del gran día.

ἀγγέλους τε τοὺς μὴ τηρήσαντας τὴν ἑαυτῶν ἀρχὴν ἀλλὰ
Y a ángeles a los que no guardaron la de ellos dignidad sino
ἀπολιπόντας τὸ ἴδιον οἰκητήριον εἰς κρίσιν μεγάλης ἡμέρας
que abandonaron la propia morada para juicio de gran día
δεσμοῖς ἀϊδίοις ὑπὸ ζόφον τετήρηκεν,
en prisiones perpetuas bajo oscuridad ha guardado.

Análisis y notas del texto griego.

Análisis: ἀγγέλους, caso acusativo masculino plural del nombre común declinado *a ángeles*; τε, conjunción *y*; τοὺς, caso acusativo masculino plural del artículo determinado *a los*; μὴ, partícula que hace funciones de adverbio de negación *no*; τηρήσαντας, caso acusativo masculino plural del participio del aoristo primero en voz activa del verbo τηρέω, *guardar, observar*, aquí *que guardaron*; τὴν, caso acusativo femenino singular del artículo determinado *la*; ἑαυτῶν, caso genitivo femenino plural del pronombre personal reflexivo declinado *de ellos*; ἀρχὴν, caso acusativo femenino plural del nombre común *comienzo, principio, origen, procedencia, fuente, fundamento, cimiento, punto de partida, extremo, cabo, término, mando, poder, autoridad, dignidad, dominación, estado, gobierno*; ἀλλὰ, conjunción adversativa *sino*; ἀπολιπόντας, caso acusativo masculino plural del participio del segundo aoristo en voz activa del verbo ἀπολείπω, *dejar, abandonar*, aquí *que abandonaron*; τὸ, caso acusativo neutro singular del artículo determinado *el*; ἴδιον, caso acusativo neutro singular del adjetivo *propio*; οἰκητήριον, caso acusativo neutro singular del nombre común *morada, casa*; εἰς, preposición propia de acusativo *para*; κρίσιν, caso acusativo femenino singular del nombre común *juicio*; μεγάλης, caso genitivo femenino singular del adjetivo declinado *de gran*; ἡμέρας, caso genitivo femenino singular del nombre común *día*; δεσμοῖς, caso dativo neutro plural del nombre común declinado *en prisiones*; ἀϊδίοις, caso dativo neutro plural del adjetivo *perpetuas*; ὑπὸ, preposición propia de acusativo *bajo*; ζόφον, caso acusativo femenino singular del nombre común *oscuridad, tinieblas*; τετήρηκεν, tercera persona singular del perfecto de indicativo en voz activa del verbo τηρέω, *guardar*, aquí *ha guardado.*

ἀγγέλους τε τοὺς μὴ τηρήσαντας τὴν ἑαυτῶν ἀρχὴν ἀλλὰ ἀπολιπόντας τὸ ἴδιον οἰκητήριον. Al referirse a los *falsos maestros* para los que Dios estableció un juicio que se cumplirá en su tiempo, mencionó a los del pueblo de Israel, para que comprendiesen los lectores que, si destruyó a los incrédulos, no hará menos con los mentirosos que enseñan falsa doctrina. Pero, para establecer otro ejemplo confirmativo, habla ahora de los ángeles.

Caben destacar algunas interpretaciones que se hacen sobre la identificación de estos ángeles. Primeramente, algunos entienden que estos seres y su pecado eran bien conocidos de los lectores, por lo que no se da identificación de ellos más que genérica.

Otros entienden que se está refiriendo a la caída general de los ángeles que, siendo arrastrados por Satanás en su propia caída, han sido condenados eternamente por su pecado y están reservados para ser juzgados en el día grande del futuro (Is. 14:12-15; Ez. 28:12-17; Ap. 12:7-10). Sin embargo, es difícil aceptar esta interpretación puesto que Judas dice que están reservados en *prisiones de oscuridad*. Realmente los demonios, lo mismo que Satanás, están en libertad y practican sus tropelías en todo el mundo. Además, el texto no debe referirse a todos los ángeles caídos, puesto que, aunque están condenados a eterna perdición, no fueron atados o puestos en *prisiones de oscuridad*, sino que, destituidos del ministerio celestial, están en el mundo de los hombres, haciendo su obra malvada. Estos son identificados como los enemigos de la iglesia y, personalmente de cada creyente. De ellos dice el apóstol Pablo que *"no tenemos lucha contra sangre y carne, sino contra principados, contra potestades, contra los gobernadores de las tinieblas de este siglo, contra huestes espirituales de maldad en las regiones celestes"* (Ef. 6:12). Satanás el jefe de esas huestes de maldad, tampoco está atado, sino que *"anda alrededor buscando a quien devorar"* (1 P. 5:8).

Así también, algunos piensan que se trata de ángeles que habiendo sido creados sublimes y poderosos, Dios les había dado para habitar y gobernar el cosmos, con referencias al libro apócrifo de Enoc[15], dándoles la misión de interceder por los hombres, como era creído en el judaísmo de Palestina[16]. Pero se rebelaron contra Dios y fueron desposeídos de su lugar de residencia y aherrojados en las regiones tenebrosas del infierno. Estos están allí en perpetua prisión hasta el día en que sean juzgados en el final de los tiempos, recibiendo su sentencia definitiva. Sin embargo, esta interpretación no tiene más consistencia que las citas de un libro apócrifo, por tanto, ninguna base autoritativa para sostener la teoría.

---

[15] Henoc, 43;2; 60;10-23; 82:7-20.

[16] J. Bonsirven. *Le judaísmo palestinien* I, pág. 231-233.

La interpretación más consonante, siguiendo además a muchos de los *padres de la iglesia* e intérpretes antiguos, hasta la edad media, considera que esta referencia está ligada a los hechos descritos en Génesis, donde se lee: *"Aconteció que cuando comenzaron los hombres a multiplicarse sobre la faz de la tierra, y les nacieron hijas, que viendo los hijos de Dios que las hijas de los hombres eran hermosas, tomaron para sí mujeres, escogiendo entre todas... Había gigantes en la tierra en aquellos días, y también después que se llegaron los hijos de Dios a las hijas de los hombres, y les engendraron hijos. Estos fueron los valientes que desde la antigüedad fueron varones de renombre"* (Gn. 6:1, 2, 4).

Hay varias razones para entender que esta relación que ocasionó concepción de hijos a las mujeres de la tierra, tiene que ver con los ángeles a los cuales Judas se refiere.

Primero. En el tiempo en que Judas escribe, era enseñado y creído por el pueblo judío que Génesis 6 menciona un pecado cometido por algunos ángeles que, habiendo abandonado la dignidad, el lugar, la morada que Dios les había designado, se habrían materializado y descendieron atraídos por las hijas de los hombres, engendrándoles hijos. Josefo, historiador contemporáneo al tiempo de Judas, escribió: *"Muchos ángeles tuvieron relaciones sexuales con mujeres, y engendraron hijos que resultaron ser injustos"*[17].

Segundo. La Biblia usada de forma general, entre los judíos del tiempo de Judas, era la LXX. En nuestras versiones se lee *"hijos de Dios"* (Gn. 6:2, 4), pero en la LXX se lee en alguna alternativa de lectura *"ángeles de Dios"*. Es evidente que el título *hijos de Dios* en la versión hebrea se refiere siempre a los ángeles en las citas del Antiguo Testamento (cf. Job. 1:6; 2:1; 38:7), todas ellas no son referencias a hombres sino a seres celestiales. Es sumamente improbable que, si todas las citas del Antiguo Testamento que contienen este título se refieren, sin duda alguna a los ángeles, la que corresponde al texto de Génesis, tenga que una relación diferente.

Tercero. La iglesia primitiva entendió Judas 6 como referencia a Génesis 6. Solo hasta la última parte del s. IV no se conoció otra interpretación. En ese tiempo nació la interpretación hecha por Julio Africano, que en sus escritos dice: *"En mi opinión el Espíritu Santo nos dice que los hijos de Set son los llamados hijos de Dios"*[18]. Por su parte

---

[17] Flavio Josefo. *Antigüedades*, 1, 3, 1.
[18] Orígenes. *Ante-Nicene*, 6, pág. 131.

Eusebio, el historiador de la Iglesia, mantuvo la interpretación tradicional, considerando y afirmando que ese era el punto de vista correcto. Pero no es menos cierto que Celso y Julián el apóstata, utilizaron la interpretación de la iglesia primitiva para atacar a los que la sostenían, entrando de lleno en apoyar la postura de Africano. Pero otros muchos, como Ciprinao, Justino y Atenágoras, continuaron sosteniendo que la interpretación de los ángeles era la correcta. No obstante, la interpretación *setita*, siguió prevaleciendo hasta la *edad Media.* Sin embargo, esta interpretación no tiene apoyo directo en el texto bíblico para pensar que los setitas se distinguían por su piedad, ni fueron custodiados por Dios para que no muriesen como el resto de los hombres en el diluvio.

Cuarto. Las referencias antes dadas (Gn. 6:2, 4), favorecen la interpretación de la iglesia primitiva y de los judíos. Las relaciones entre los *hijos de Dios* y las *hijas de los hombres*, tuvieron de extraño que de ellas fueron alumbrados *"varones de renombre"*. La traducción de esta palabra es compleja y tiene, en cierto modo, la idea de algo anormal. La complicación está también en el término *gigantes* que el Génesis menciona como habitantes de la tierra. En el hebreo el término es *Nephilim*, que literalmente significa *los caídos*. Sin embargo, no se dice que sean el resultado de la unión de los *hijos de Dios* con las *hijas de los hombres*. Pero, no es menos necesario prestar atención al término literal *los caídos*, que bien pudieron ser los ángeles materializados. Judas escribe sobre los ángeles caídos y en el Antiguo Testamento están los relatos con las referencias a ángeles caídos y a otros extraños seres relacionados con ellos, *gigantes,* a quienes Dios destruyó primero por el diluvio y luego mandó destruir a Su pueblo, quienes a simple vista parecían como langostas delante de ellos (Nm. 13:33).

La referencia de Judas, que se está considerando, tiene relación con el escrito del apóstol Pedro (2 P. 2:4), en donde se lee: *"Porque si Dios no perdonó a los ángeles que pecaron, sino que arrojándolos al infierno los entregó a prisiones de oscuridad, para ser reservados al juicio"*. Están en *prisiones de oscuridad*, o si se prefiere en la lectura alternativa *ataduras de oscuridad*, esta metáfora aparece también en el libro apócrifo de *Sabiduría* (Sab. 17:16). El juicio a que están reservados es, sin duda, el juicio final sobre los ángeles. Este lugar de prisión es temido por los demonios como se hace notar en relatos de la vida de Jesús (cf. Mt. 8:29; Lc. 8:31). En el juicio final para los ángeles, Satanás, con ellos, será arrojado a perpetuidad al lago de fuego (Ap. 20:10). Es la seguridad que surge de las últimas palabras del apóstol. Los ángeles están *guardados*, en prisiones de las que no tienen salida, *para* el juicio, esto es, para ser juzgados y recibir la sentencia de condenación eterna que será ejecutada por Dios.

No se puede afirmar ni pasar más allá de la interpretación que aparentemente tiene mayor firmeza bíblica, que es la de considerar a los *hijos de Dios* como ángeles, sin hacer especulaciones sobre la naturaleza de esta unión. Hay quienes piensan que se trata simplemente de posesión diabólica sobre hombres antediluvianos. En cualquier caso nada de esto se nos ha revelado en la Escritura, sabiendo también muy poco de la naturaleza de los ángeles.

εἰς κρίσιν μεγάλης ἡμέρας δεσμοῖς αἰ δίοις ὑπὸ ζόφον τετήρηκεν, De los ángeles que Judas menciona, dice que *"abandonaron su propia morada"*, que puede referirse tanto al lugar donde en lenguaje humano tenían residencia, ya que los ángeles no están todos en un ministerio celestial en el lugar donde Dios se manifiesta en gloria, y Él ha creado para cada uno de los seres vivos creados, *sus moradas*, en la casa del Padre, donde hay *muchas moradas* (Jn. 14:2). Estos ángeles caídos, están reservados en prisiones de oscuridad para el día del juicio de los ángeles. Los ángeles confinados allí, según Judas, son los que habían abandonado su *propia morada* (Jud. 6), por consiguiente, al hacerlo, pudieron tener relación con las hijas de los hombres y procrear una descendencia al margen de Dios (Gn. 6:2, 4).

La polémica está servida para quienes no pueden admitir la materialización de los ángeles –ahora sólo por indicación divina– pero en los tiempos antediluvianos pudiera haber sido de otra manera. No debemos olvidar que ángeles se materializaron en días de Abraham y comieron con él, en el encinar de Mamré, presentándose como *varones* (Gn. 18:1-2, 8). De manera que, si un ángel materializado puede comer, como es propio de un hombre, también pudieron haber procreado en una acción perversa y demoníaca. Se podrá argumentar que la Biblia dice que los *ángeles ni se casan ni se dan en casamiento* (Mr. 12:25), pero se está tratando de una comparación con la vida de resurrección y no con las actividades de los demonios en la tierra. Sea cual fuese, el pecado de estos ángeles motivó un encarcelamiento especial para ellos, que no les permite otra cosa que esperar el juicio determinado por Dios. Encerrados en *prisiones perpetuas*, son guardados en la oscuridad que ellos mismos eligieron cuando se separaron de Dios, para ser juzgados y condenados eternamente a causa de su pecado.

Algunos se posicionan en esto considerando que se trata de los *hijos de Set*, que serían –según ellos– los *hijos de Dios*, que se unieron a las *cainitas*, en sentido de las *hijas de los hombres*. A modo de ejemplo se traslada una nota de Scofield, en su Biblia Anotada:

"Algunos piensan que los "hijos de Dios" eran los ángeles que "no guardaron su primer estado" (Jud.6), y aseveran que en el Antiguo Testamento este título ("hijos de Dios") se atribuye solamente a ángeles. Pero esto es un error (Is. 43:6). De los ángeles se implica que no tienen sexo. En las Escrituras no se mencionan ángeles de sexo femenino, y se dice de manera expresa que los ángeles no se dan en casamiento (Mt. 22:30). La uniforme interpretación hebraica y cristiana de este pasaje ha sido que el versículo segundo señala el fin de la separación que había existido entre el linaje piadoso de Set y el linaje impío de Caín, y el consecuente fracaso de Set tocante al testimonio que el Señor le había encomendado (Gn. 4:26). El único remedio para la apostasía es el juicio (Is. 1:2-7, 24, 25; He. 6:4-8; 10:26-31). A Noé, el "pregonero de justicia", le fueron dados ciento veinte años de oportunidad, pero él no ganó un solo converso, y el juicio predicho por su bisabuelo (Enoc) cayó sobre el mundo (Jd. 14,15; Gn. 7:11)"[19].

Este primer ejemplo tomado por Judas, trata de ilustrar a los lectores que ningún pecado de apostasía y rebelión contra Dios, va a pasar sin el juicio sobre estos pecadores. Los falsos *maestros* introducidos subrepticiamente en la iglesia ya han sido condenados de antemano por Dios, de modo que su final está determinado.

7. Como Sodoma y Gomorra y las ciudades vecinas, las cuales de la misma manera que aquéllos, habiendo fornicado e ido en pos de vicios contra naturaleza, fueron puestas por ejemplo, sufriendo el castigo del fuego eterno.

ὡς Σόδομα καὶ Γόμορρα καὶ αἱ περὶ αὐτὰς πόλεις τὸν
Como Sodoma y Gomorra, y las en torno de ellas ciudades -
ὅμοιον τρόπον τούτοις ἐκπορνεύσασαι καὶ ἀπελθοῦσαι
de semejante manera a éstos habiendo fornicado e ido
ὀπίσω σαρκὸς ἑτέρας, πρόκεινται δεῖγμα πυρὸς αἰωνίου δίκην
detrás de carne otra, son puestas ejemplo de fuego eterno pena
ὑπέχουσαι.
sufriendo.

Análisis y notas del texto griego.

Análisis: ὡς, adverbio de modo, *como*, que hace las veces de conjunción comparativa; Σόδομα, caso nominativo neutro plural del nombre propio

[19] C. I. Scofield. *Biblia Anotada*. (Gn. 6:4).

Sodoma; καὶ, conjunción copulativa *y*; Γόμορρα, caso nominativo femenino o neutro singular del nombre propio *Sodoma*; καὶ, conjunción copulativa *y*; αἱ, caso nominativo femenino plural del artículo determinado *las*; περὶ, preposición propia de acusativo *en torno de*; αὐτὰς, caso acusativo femenino de la tercera persona plural del pronombre personal *ellas*; πόλεις, caso acusativo femenino plural del nombre común *ciudades*; τὸν, caso acusativo masculino singular del artículo determinado *el*; ὅμοιον, caso acusativo masculino singular del adjetivo declinado *de semejante*; τρόπον, caso acusativo masculino singular del nombre común *manera, modo, conducta*; τούτοις, caso dativo masculino plural del pronombre demostrativo declinado *a éstos*; ἐκπορνεύσασαι, caso nominativo femenino plural del participio del aoristo primero en voz activa del verbo ἐκπορνεύω, *fornicar*, aquí *habiendo fornicado*; καὶ, conjunción copulativa *y*; ἀπελθοῦσαι, caso nominativo femenino plural del participio del aoristo segundo en voz activa del verbo ἀπέρχομαι, *ir*, aquí *ido*; ὀπίσω, preposición de genitivo *detrás de*; σαρκὸς, caso genitivo femenino singular del nombre común *carne*; ἑτέρας, caso genitivo femenino singular del adjetivo *otra, diferente, distinta, extraña*; πρόκεινται, tercera persona plural del presente de indicativo en voz pasiva del verbo πρόκειμαι, *estar puesto delante*, aquí *son puestos delante*; δεῖγμα, caso acusativo neutro singular del nombre común *ejemplo*; πυρὸς, caso genitivo neutro singular del nombre común declinado *de fuego*; αἰωνίου, caso genitivo neutro singular del adjetivo *eterno*; δίκην, caso acusativo femenino singular del nombre común *pena, castigo*; ὑπέχουσαι, caso nominativo femenino plural del participio de presente en voz activa del verbo ὑπέχω, *sufrir*, aquí *sufriendo*.

ὡς Σόδομα καὶ Γόμορρα καὶ αἱ περὶ αὐτὰς πόλεις τὸν ὅμοιον τρόπον τούτοις ἐκπορνεύσασαι καὶ ἀπελθοῦσαι ὀπίσω σαρκὸς ἑτέρας, El segundo ejemplo tiene que ver con el juicio sobre las ciudades de Sodoma, Gomorra y las poblaciones circunvecinas, dentro de lo que suele denominarse como la Pentápolis, situadas en la llanura del Jordán en las proximidades de Mar Muerto (Gn. 13:3; 14:8). Judas enseña que el juicio divino sobre ellas se debió a que, a la semejanza de los *hijos de Dios* y las *hijas de los hombres*, del versículo anterior, también éstos *fornicaron* yendo detrás de *otra carne*. Gramaticalmente solo puede aplicarse en este sentido. Algunos entienden que se trata de prácticas homosexuales prohibidas por Dios, aplicando el sentido de *otra carne*, a la que no está en la relación matrimonial establecida por Dios de hombre y mujer. Es interesante apreciar que los hombres de la Pentápolis, trataron de relacionarse con los *varones* que vinieron a casa de Lot y que eran ángeles (Gn. 19:1-11), lo que vendría a confirmar la interpretación de *otra carne* como una referencia al pecado de los ángeles al que se refiere el versículo anterior.

Lo que se destaca en el ejemplo –sea cual sea la interpretación que se le dé– es que del mismo modo que la perversión anterior, estos fueron también tras vicios contra naturaleza. Al pretender mantener relaciones hombres con hombres, pervertían el diseño divino, cometiendo vileza reprobada por Dios, para la sexualidad humana (cf. Lv. 18:22; 20:13; Ro. 1:26-27; 1 Co. 6:9; 1 Ti. 1:9-10). Las prácticas que pretendían los habitantes de aquellas ciudades iban más allá de lo que era propio para los hombres. No hace falta extenderse aquí en poner de manifiesto las perversidades de aquellas ciudades, sin embargo, era tan grave que clamaba al cielo (Gn. 18:20). La perversión en materia moral pasaba entre otras cosas por la práctica de la homosexualidad en una promiscuidad absoluta. Este pecado está puesto de manifiesto, como se ha considerado antes, por cuanto los habitantes de la ciudad pretendían *conocer* a los varones que Lot había recibido en su casa, sin saber que eran ángeles, haciendo gran violencia para tratar de conseguirlo hasta que fueron cegados por la acción de los ángeles (Gn. 19:5 ss.). De este pecado se generó la palabra *sodomía* y sus derivados, que se refiere a vicio contra natura, en muchos países el término fue sustituido por el de homosexualidad.

πρόκειται δεῖγμα πυρὸς αἰωνίου δίκην ὑπέχουσαι, Estas ciudades son puestas como ejemplo de fuego perpetuo que cae sobre los impíos, con certeza y severidad (Mt. 11:23; Ro. 9:29; 2 P. 2:6). Esto es conforme a la enseñanza general de la Escritura en la que el *infierno* se describe como fuego que arde eternamente (Mt. 3:12; 13:42, 50; 25:41), Lugar determinado inicialmente para el *diablo y sus ángeles*, y adonde se enviarán a los hombres que los han seguido, comenzando por *la bestia y el falso profeta* (Ap. 19:20). La descripción que hace el apóstol Juan de ese lugar es muy precisa: *"El diablo que los engañaba fue lanzado en el lago de fuego y azufre, donde estaban la bestia y el falso profeta; y serán atormentados día y noche por los siglos de los siglos"* (Ap. 20:10; comp. Is. 30:33).

Judas expresa la idea de que Dios *condenó* a esas ciudades *reduciéndolas a cenizas,* pero haciendo una precisión al denominar al fuego como *eterno*. La Biblia describe el castigo divino sobre ellas, cuando hizo llover *"azufre y fuego de parte de Jehová desde los cielos; y destruyó las ciudades, y toda aquella llanura, con todos los moradores de aquellas ciudades, y el fruto de la tierra"* (Gn. 19:24b-25). Debido a los tremendos pecados, fueron castigadas de modo que el área donde estaban es improductiva a causa del juicio de Dios, donde las emanaciones bituminosas y de azufre, así como el vapor de las fuentes de agua caliente, presentan la mejor figura del fuego eterno. Filón dice que la tierra de la Pentápolis *"arde todavía"*[20].

---

[20] Filón. *De Abraham*, 140-41.

Ese juicio divino está registrado como ejemplo de lo que deben esperar quienes quieran *vivir* o *actuar impíamente*. Es decir, los que proscriben a Dios de su existencia y viven contraviniendo voluntariamente Sus disposiciones. Algunos hablan de falta de gracia divina para aquellas ciudades, pero Dios estuvo dispuesto a perdonarlas si hubiera encontrado en ellas tan solo diez justos. Esta es una solemne advertencia a los que atrevidos desafían a Dios practicando la injusticia y llevando vidas opuestas a la correcta forma no solo de la moral bíblica, sino de la ética natural propia de los hombres.

Los tres ejemplos citados por Judas, el de *los rebeldes de Israel*, el de los *ángeles* y el de *Sodoma y Gomorra*, son las mejores ilustraciones para advertir que Dios no hace acepción de personas y que los que viven impíamente, rebeldes a Su voluntad, enseñando perversidades contrarias a la revelación bíblica, deben esperar el mismo juicio que se ha manifestado en el tiempo.

Sus errores (vv. 8-11).

8. No obstante, de la misma manera también estos soñadores mancillan la carne, rechazan la autoridad y blasfeman de las potestades superiores.

Ὁμοίως μέντοι καὶ οὗτοι ἐνυπνιαζόμενοι σάρκα μὲν
Sin embargo, ciertamente también estos soñando carne ciertamente
μιαίνουσιν κυριότητα δὲ ἀθετοῦσιν δόξας δὲ
mancillan y autoridad rechazan y de potestades gloriosas
βλασφημοῦσιν.
blasfeman.

Análisis y notas del texto griego.

Análisis: Ὁμοίως, adverbio *sin embargo*; μέντοι, partícula formada por crasis[21] de μέν, partícula afirmativa y τοί, adverbio de afirmación, aquí con sentido de *ciertamente, verdaderamente*; καὶ, adverbio de modo *también*; οὗτοι, caso nominativo masculino plural del pronombre demostrativo *estos*; ἐνυπνιαζόμενοι, caso nominativo masculino plural del participio de presente en voz media del verbo ἐνυπνιάζομαι, *soñar, ver visiones*, aquí *soñando*; σάρκα, caso acusativo femenino singular del nombre común *carne*; μὲν, partícula que hace funciones de afirmación aquí *ciertamente*; μιαίνουσιν, tercera persona plural del presente de indicativo en voz activa del verbo μιαίνω, *contaminar, mancillar*, aquí *mancillan*; κυριότητα, caso acusativo femenino

[21] *Crasis*, palabra griega que equivale a *unión de fuerzas*, en general *unión de elementos*.

singular del nombre común *autoridad*; δὲ, partícula conjuntiva que hace las veces de conjunción coordinante, con sentido de *pero, más bien, y, y por cierto, antes bien, entonces*; ἀθετοῦσιν, tercera persona plural del presente de indicativo en voz activa del verbo ἀθετέω, *rechazar, despreciar*, aquí *rechazan*; δόξας, caso acusativo femenino plural del nombre común *glorias*, en sentido de *potestades gloriosas*; δὲ, partícula conjuntiva que hace las veces de conjunción coordinante, con sentido de *pero, más bien, y, y por cierto, antes bien, entonces*; βλασφημοῦσιν, tercera persona plural del presente de indicativo en voz activa del verbo βλασφημέω, *blasfemar, hablar mal*, aquí *blasfeman*.

Ὁμοίως μέντοι καὶ οὗτοι. Judas comienza el versículo con una referencia a lo que antecede: *igualmente estos*, o *de la misma manera estos*. Todos los *falsos maestros* tienen rasgos comunes en su impiedad, como ocurre con los tres ejemplos anteriores.

ἐνυπνιαζόμενοι. Probablemente estos engañadores, pretendían tener *sueños* con revelaciones, o incluso *visiones*, como expresa la idea del verbo que Judas usa aquí. En la LXX este término se aplica a los *falsos profetas* (Dt. 13:1, 3, 5). Algunos traducen aquí por *delirando*. Judas identifica a estos como *visionarios*. El verbo ἐνυπνιάζομαι, usado aquí solo ocurre en otro lugar del Nuevo Testamento, en el que el apóstol Pedro predicando el evangelio dijo: *"Y en los postreros días, dice Dios, derramaré de mi Espíritu sobre toda carne. Y vuestros hijos y vuestras hijas profetizarán; Vuestros jóvenes verán visiones, Y vuestros ancianos soñarán sueños"* (Hch. 2:17). Estas palabras son referencia a la profecía (Jl. 2:28-32). Los sueños y las visiones se refieren a revelaciones de Dios, que tendrán lugar especialmente durante el tiempo llamado de la *tribulación*. De manera que Él hablará a los hombres por medio de sueños. Sin embargo, no se trata aquí de sueños o visiones reales, sino mentirosas que proclaman haber tenido los *falsos maestros*.

Esta situación se reproduce también en nuestro tiempo, donde *falsos maestros*, *pastores mentirosos*, afirman delante de sus congregaciones que *han tenido visiones del cielo*. Además de mentira, es el medio para falsificar la Escritura, dando a sus supuestas visiones, la autoridad divina y haciendo que el pueblo *crédulo* pero ignorante de la Palabra, atiendan a sus pretensiones y les sigan en sus pecados. Visiones falsas y milagros mentirosos son la forma sutil para el subjetivismo religioso de este tiempo. Quienes utilizan estos métodos abiertamente diabólicos se consideran, como los *falsos maestros* de los tiempos de Judas, instrumentos de la *nueva verdad*, que no es otra cosa que la mentira con apariencia de piedad.

Son personas *atrevidas*, *osadas* y *arrogantes*. El descaro es uno de los factores identificativos de estos. No respetan al Señor, procurando adueñarse de Su rebaño, presentándose osada y arrogantemente como *maestros*, cuando realmente son falsarios que buscan destruir la obra de Dios en provecho personal. Generalmente estos son los que se consideran superiores al resto de los maestros bíblicos y no admiten reproche alguno de nadie, endiosándose a ellos mismos y acarreando la condenación consecuente con sus hechos. En el tiempo actual son los buscadores del espectáculo con apariencia de culto. Aquellos que ofrecen riquezas a cambio de ofrendas; sanidades por su intervención; espectáculo de no poder pasar un determinado lugar, porque está revestidos de poder; los que hacen caer sin razón alguna para manifestar su condición espiritual. Los que luchan contra la enseñanza bíblica y destierran del púlpito la Escritura. Los que van por las iglesias arrastrando a inconstantes. Seguidores de Satanás, pero no de Cristo. Atrevidos, osados, llenos de concupiscencia y lascivia. Los que viven en opulencia mientras muchos creyentes no tienen lo mínimo para sus vidas. Enemigos de la verdad.

σάρκα μὲν μιαίνουσιν. En base a las pretendidas visiones, *mancillan* o *contaminan* la carne. Debe entenderse aquí que se trata de justificar pecados que *corrompen* o *pervierten*, a la persona. Estos *falsos maestros* son abiertamente inmorales, que en ocasiones tapan para que no sea manifiesto en público. Sin duda, al no ser guiados por el Espíritu, no tienen otra opción que vivir en la carne (Gá. 5:19). No tienen control de su lujuria, por lo que los pecados inmorales mancillan su carne, por tanto, *"siguiendo la carne, andan en concupiscencia e inmundicia"* (2 P. 2:10). La verdadera vida cristiana se manifiesta en un compromiso de santidad, que se opone a los poderes carnales, viviendo la espiritualidad propia del que ha nacido de nuevo (Ro. 8:4). El fruto del Espíritu produce el ajuste de la vida al modelo que Dios determinó para el creyente (Gá. 5:22-23). Por el contrario, estos *falsos maestros* expresan visiblemente las obras de la carne que son *"adulterio, fornicación inmundicia, lascivia, idolatría, hechicerías, enemistades, pleitos, celos, iras, contiendas, disensiones, herejías, envidias, homicidios, borracheras, orgías, y cosas semejantes a estas"* (Gá. 5:19-21). Tarde o temprano la inmoralidad se hace manifiesta en la vida de quienes no tienen a Dios.

κυριότητα δὲ ἀθετοῦσιν. Un segundo pecado se determina como quienes *rechazan la autoridad*. La autoridad suprema es Cristo, establecida por Dios sobre todo (Fil. 2:9-11), y dada por Él como cabeza a la iglesia (Ef. 2:22). Las autoridades sobre los creyentes y sobre la iglesia son tres y son divinas: Jesucristo como cabeza, el Espíritu como Vicario de Cristo, la Palabra como única norma de fe y conducta. Estos *falsos maestros* no se someten a la autoridad, desconociendo a Jesús como el Señor supremo, ignorando al Espíritu que conduce la acción de la vida cristiana y de la iglesia, negando y distorsionando la Palabra con sus enseñanzas falsas. Estos apóstatas se niegan a reconocer el señorío de Cristo y, por tanto, se oponen a la autoridad divina. Esto se ha considerado ya antes, cuando se comentó lo que Judas escribía: *"niegan a Dios el único soberano, y a nuestro Señor Jesucristo"* (v. 4)[22]. Esta es una de las consecuencias de no tener el Espíritu, ya que *"nadie puede llamar a Jesús Señor, sino por el Espíritu Santo"* (1 Co. 12:3).

Aparentemente el Señor consiente esta ofensa, pero Dios cumplirá fielmente lo que ha determinado ya que *"en el nombre de Jesús se doblará toda rodilla de los que están en los cielos, y en la tierra y debajo de la tierra; y toda lengua confesará que Jesucristo es el Señor, para gloria de Dios Padre"* (Fil. 2:10-11). Quienes ahora niegan la autoridad de Jesús, doblarán ante Él sus rodillas reconociendo, no de grado, que es el Señor.

Del mismo modo niegan la autoridad de la Palabra. La Escritura es desplazada de la enseñanza falsa y sustituida por otra forma, negando la inspiración plenaria y sustituyendo las verdades bíblicas por otras formas actualizadas que corresponden, según ellos, al mensaje *actual* de la Escritura. Este es otro de los graves problemas del tiempo actual, donde la Palabra de Dios es desplazada de la enseñanza en la iglesia y sustituida por *mensajes motivadores*, que transigen con el pecado en base a una distorsionada forma de entender la gracia. Las verdades sustentadas a lo largo de los siglos de vida de la iglesia, aceptadas y respetadas por los cristianos, son hoy cuestionadas por impíos maestros cuyo objetivo es debilitar y destruir la fe. De estos falsarios habló Jesús: *"Semejantes a sepulcros blanqueados, que por fuera, a la verdad, se muestran hermosos, mas por dentro están llenos de huesos de muertos y de toda inmundicia. Así también vosotros por fuera, a la verdad, os mostráis justos a los hombres, pero por dentro estáis llenos de hipocresía e iniquidad"* (Mt. 23:27-28).

δόξας δὲ βλασφημοῦσιν. Añade ahora una tercera maldad, porque estos *falsos maestros*, hablan mal, *blasfeman* de las *autoridades superiores*. Estos calumnian, o hablan mal de lo que llama Judas, *glorias*, en referencia a los ángeles que tienen misiones de gobierno en asuntos divinos sobre el universo creado. Aunque pudiera tratarse de hablar mal directamente de Dios mismo, el versículo debe entenderse, a la luz de las palabras del apóstol Pedro (2 P. 2:10), como una referencia a los ángeles.

---

[22] Ver comentario al v. 4.

Se trata, sin duda, de ángeles santos, que son ministros de Dios al servicio de Su determinación soberana. Fueron instrumentos de Dios para entregar la ley al pueblo de Israel (Dt. 33:2). Estarán presentes junto al Señor en el tiempo del juicio sobre los malvados, de lo que Judas tratará más adelante (vv. 14-15). En pecaminosa enseñanza despreciaban la dignidad de los ángeles.

La apostasía trae como consecuencia siempre el desprecio de la autoridad, no importa si es la de los ángeles, la de las autoridades o la de los padres en la familia. Esta enseñanza es *doctrina de demonios*, como enseña el apóstol Pablo: *"Pero el Espíritu dice claramente que en los postreros tiempos algunos apostatarán de la fe, escuchando a espíritus engañadores y a doctrinas de demonios"* (1 Ti. 4:1). El peligro está en aquellos que enseñan la mentira, y distorsionan la fe.

9. Pero cuando el arcángel Miguel contendía con el diablo, disputando con él por el cuerpo de Moisés, no se atrevió a proferir juicio de maldición contra él, sino que dijo: El Señor te reprenda.

Ὁ δὲ Μιχαὴλ ὁ ἀρχάγγελος, ὅτε τῷ διαβόλῳ διακρινόμενος
- pero Miguel el arcángel, cuando el diablo resolviendo,
διελέγετο περὶ τοῦ Μωϋσέως σώματος, οὐκ ἐτόλμησεν κρίσιν
discutía acerca del de Moisés cuerpo, no se atrevió juicio
ἐπενεγκεῖν βλασφημίας ἀλλὰ εἶπεν· ἐπιτιμήσαι σοι Κύριος.
proferir de maldición, sino dijo: Reprenda te Señor.

Análisis y notas del texto griego.

Análisis: Ὁ, caso nominativo masculino singular del artículo determinado *el*; δὲ, partícula conjuntiva que hace las veces de conjunción coordinante, con sentido de *pero, más bien, y, y por cierto, antes bien, entonces*; Μιχαὴλ, caso nominativo masculino singular del nombre propio *Miguel*; ὁ, caso nominativo masculino singular del artículo determinado *el*; ἀρχάγγελος, caso nominativo masculino singular del nombre común *arcángel*; ὅτε, conjunción *cuando*; τῷ, caso dativo masculino singular del artículo determinado *el*; διαβόλῳ, caso dativo masculino singular del nombre común *diablo*; διακρινόμενος, caso nominativo masculino singular del participio de presente en voz activa del verbo διακρίνω, que en voz media denota *decidir, determinar, resolver, dudar, vacilar, estar indeciso*, aquí *resolviendo*; διελέγετο, tercera persona singular del imperfecto de indicativo en voz media del verbo διαλέγομαι, *discutir, hablar*, aquí *discutía*; περὶ, preposición propia de genitivo *acerca de*; τοῦ, caso genitivo masculino singular del artículo determinado *el*; Μωϋσέως, caso genitivo masculino singular del nombre propio declinado *de Moisés*; σώματος, caso genitivo neutro singular del nombre común *cuerpo*; οὐκ, forma escrita del adverbio de negación *no*, con el grafismo propio ante una vocal con espíritu suave o una enclítica; ἐτόλμησεν, tercera persona singular del aoristo primero de indicativo en voz activa del verbo τολμάω, *tener el valor de, atreverse*, aquí *se atrevió*; κρίσιν, caso acusativo femenino singular del nombre común *juicio, condenación, castigo*; ἐπενεγκεῖν, segundo aoristo de infinitivo en voz activa del verbo ἐπιφέρω, *hacer recaer, traer, llevar, imponer, proferir*: βλασφημίας, caso genitivo femenino singular del nombre común declinado *de blasfemia, de maledicencia, de maldición*; ἀλλὰ, conjunción adversativa *sino*; εἶπεν, tercera persona singular del segundo aoristo de indicativo en voz activa del verbo εἶπον, forma del aoristo de λέγω, *hablar, decir*, aquí *dijo*; ἐπιτιμήσαι, tercera persona singular del imperfecto del optativo en voz activa del verbo ἐπιτιμάω, *reprender*, aquí *reprenda*; σοι, caso dativo de la segunda persona singular del pronombre personal declinado *a ti, te*; Κύριος, caso nominativo masculino singular del nombre divino *Señor*.

Ὁ δὲ Μιχαὴλ ὁ ἀρχάγγελος, ὅτε τῷ διαβόλῳ διακρινόμενος διελέγετο περὶ τοῦ Μωϋσέως σώματος, Frente a la arrogancia de los *falsos maestros* que despreciaban y se atrevían a hablar mal de los ángeles, Judas pone el ejemplo del arcángel Miguel en relación con Satanás. Se refirió a la discusión o disputa que Satanás tuvo con Miguel sobre el cuerpo de Moisés. Nada se dice de esto en toda la Escritura más que en este lugar. Algunos piensan que esta referencia se ha tomado del libro apócrifo *La asunción de Moisés*, sin embargo, es difícil demostrarlo. Con todo es una ampliación de lo que se relata sobre la muerte del que fue el líder del pueblo de Israel desde la salida de Egipto hasta la llegada a la frontera de Canaán. En el relato bíblico sobre la muerte de Moisés se lee: *"Y murió allí Moisés siervo de Jehová, en la tierra de Moab, conforme al dicho de Jehová. Y lo enterró en el valle, en la tierra de Moab, enfrente de Bet-peor; y ninguno conoce el lugar de su sepultura hasta hoy"* (Dt. 34:5-6). Según Judas, dos altos ángeles, como era el querubín más grande creado por Dios, Satanás, y el arcángel Miguel a cuya custodia estaba el pueblo de Israel, contendían en relación con el cuerpo de un hombre que había muerto. Dios no quería que se conservaran los restos de Moisés, para que no se convirtiesen en objeto de veneración o incluso de adoración, de modo que entregó a Miguel la responsabilidad de enterrarlo, donde nadie pudiera encontrarlo. Bien pudiera ser que Satanás estuviese interesado en que fuese hallado para sus propósitos impíos de conducir al pueblo de Dios en contra de Su voluntad. Esta revelación es totalmente novedosa en la Escritura y, sin duda, fue dada a Judas por el Espíritu. El hecho de que no esté en ningún otro lugar de la Biblia no significa que sea fabulosa o imaginada por el escritor ya que hay otros ejemplos, como las palabras de Jesús que Pablo cita y que no están recogidas en ningún *Evangelio* (Hch. 20:35), o cuando menciona los nombres de los magos de Egipto, aunque no están en los escritos de Moisés (2 Ti. 3:8). En forma semejante Santiago dice que el profeta Elías oró para detener la lluvia durante tres años y medio, pero no está registrado en ningún relato de la vida de Elías (1 R. 17:1; 18:1).

El hecho real es que Satanás se proponía hacer fracasar el propósito de Dios en relación con el cuerpo muerto de Moisés. Acaso quería desviar la atención de los israelitas de la adoración al único Dios, orientándolos hacia los restos de quien había sido su líder indiscutible durante los últimos cuarenta años. Este engaño ha sido practicado por Satanás a lo largo de la historia de la iglesia, con la veneración de reliquias tomadas de cuerpos muertos de mártires, trozos de tela de sus vestidos, el sudario que pretende ser la mortaja inicial del cuerpo de Jesús, los trozos de la cruz, etc. etc. con tal de desviar al hombre de la atención al Creador para ponerla en la criatura. Algunos sugieren que Moisés fue traspuesto luego de su muerte, por lo que no es posible para el hombre encontrar su sepultura. Con todo, no habiendo revelación sobre este asunto, no dejan de ser meras especulaciones con mayor o menor consistencia.

οὐκ ἐτόλμησεν κρίσιν ἐπενεγκεῖν βλασφημίας ἀλλὰ εἶπεν· ἐπιτιμήσαι σοι Κύριος. Lo que Judas pretende es contrastar la actitud de los *falsos maestros*, irrespetuosos contra los ángeles, con la forma en el trato entre dos ángeles, aunque uno de ellos caído en el pecado, no fuese –humanamente hablando– digno de consideración. Judas revela que Miguel utilizó la Escritura para zanjar la contienda con Satanás, sin usar palabra de juicio contra él, le dijo: *"Jehová te reprenda"*. Es la misma expresión que Jehová, en relación con el intercesor del pueblo de Israel, que es Jesús, dijo a Satanás, en relación con el sumo sacerdote Josué: *"Jehová te reprenda, oh Satanás; Jehová que ha escogido a Jerusalén te reprenda. ¿No es éste un tizón arrebatado del incendio?"* (Zac. 3:2). Miguel remite la causa contra Satanás a Dios, sin usar de maldición contra él, mientras que los *falsos maestros* usan palabras impropias y desprecian la dignidad de los ángeles.

Estos falsos maestros en el tiempo actual tienen cierta propensión en insultar a los demonios. Estos hablan despectivamente de asuntos sagrados. El apóstol Pablo habla de estos espíritus: *"Porque no tenemos lucha contra sangre y carne, sino contra principados, contra potestades, contra los gobernadores de las tinieblas de este siglo, contra huestes espirituales de maldad en las regiones celestes"* (Ef. 6:12). No sabemos, por el texto bíblico, en qué consistía el hablar mal de las *potestades superiores*, pero eso es lo de menos, el hecho importante es que lo hacían. Todos los demonios han sido derrotados por Cristo en la Cruz, por tanto, son un ejército vencido y lo único que se pide al creyente que resista sus ataques desde la posición de victoria en que ha sido colocado. Hoy en día muchos de estos *arrogantes* se atreven a desafiar a los demonios, generando en el auditorio manifestaciones ofensivas, como el ruido de pies *pisándolos*, *maldiciéndolos* en el nombre de Jesús, *atándolos*, cuando ya están atados por Cristo. Son irrespetuosos porque son arrogantes y *falsos maestros*.

10. Pero éstos blasfeman de cuantas cosas no conocen; y en las que por naturaleza conocen, se corrompen como animales irracionales.

Οὗτοι δὲ ὅσα μὲν οὐκ οἴδασιν βλασφημοῦσιν,
Pero estos las cosas que ciertamente no conocen blasfeman,
ὅσα δὲ φυσικῶς ὡς τὰ ἄλογα ζῷα ἐπίστανται, ἐν
y de las cosas que por instinto como los irracionales animales entienden, en
τούτοις φθείρονται.
estas cosas se corrompen.

Análisis y notas del texto griego.

Análisis: Οὗτοι, caso nominativo masculino plural del pronombre demostrativo *estos*; δὲ, partícula conjuntiva que hace las veces de conjunción coordinante, con sentido de *pero, más bien, y, y por cierto, antes bien, entonces*; ὅσα, caso acusativo neutro plural del pronombre relativo *los que*, aquí en sentido de *las cosas que*; μὲν, partícula afirmativa que se coloca siempre inmediatamente después de la palabra expresiva de una idea que se ha de reforzar o poner en relación con otra idea y que, en sentido absoluto tiene oficio de adverbio de afirmación, como *ciertamente, a la verdad*; οὐκ, forma escrita del adverbio de negación *no*, con el grafismo propio ante una vocal con espíritu suave o una enclítica; οἴδασιν, tercera persona plural del perfecto de indicativo en voz activa del verbo οἶδα, *saber, conocer*, aquí *han conocido*; βλασφημοῦσιν, tercera persona plural del presente de indicativo en voz activa del verbo βλασφημέω, *hablar mal, maldecir, blasfemar*, aquí *blasfeman*; ὅσα, caso acusativo neutro plural del pronombre relativo *los que*, aquí en sentido de *las cosas que*; δὲ, partícula conjuntiva que hace las veces de conjunción coordinante, con sentido de *pero, más bien, y, y por cierto, antes bien, entonces*; φυσικῶς, adverbio de modo *instintivamente, por instinto*; ὡς, adverbio de modo, *como*, que hace las veces de conjunción comparativa; τὰ, caso nominativo neutro plural del artículo determinado *los*; ἄλογα, caso nominativo neutro plural del adjetivo *irracionales*; ζῷα, caso nominativo neutro plural del nombre común *seres, animales*; ἐπίστανται, tercera persona plural del presente de indicativo en voz media del verbo ἐπίσταμαι, *saber, entender*, aquí *entienden*; ἐν, preposición propia de dativo *en*; τούτοις, caso dativo neutro plural del pronombre demostrativo *estos*, en sentido de *estas cosas*; φθείρονται, tercera persona plural del presente de indicativo en voz pasiva del verbo φθείρω, *corromper, llevar a la ruina*, aquí *se corrompen*.

Οὗτοι δὲ ὅσα μὲν οὐκ οἴδασιν βλασφημοῦσιν, Judas destaca aquí la ignorancia de quienes se consideran maestros, pero hablan mal de las cosas que no conocen. Por el contexto inmediato debe considerarse que su desconocimiento es especialmente sobre los ángeles de quienes hablan mal y no respetan. Del mismo modo la *primera bestia*, el *anticristo* movido por el mismo que impulsa a los *falsos maestros*, que es Satanás, habla mal de *"los que moran en el cielo"* (Ap. 13:6). Estos son indoctos, aunque se hacen pasar por maestros. Ignoran las cosas de las que hablan, por eso se permiten la licencia de hablar mal de ellas. Nada más perjudicial que un necio que se considera sabio, de ahí que *"la boca del necio es calamidad cercana"* (Pr. 10:14). Porque desconocen aquello de que hablan, se cumple en ellos las palabras del sabio: *"la boca de los necios hablará sandeces"* (Pr. 15:2). No hay peor tragedia que la erudición de quien ignora aquello de que habla. Estos han rechazado la verdad de la Escritura, se apartaron de ella para enseñar *"herejías destructoras"* (2 P. 2:1).

ὅσα δὲ φυσικῶς ὡς τὰ ἄλογα ζῷα ἐπίστανται, ἐν τούτοις φθείρονται. Para que los lectores perciban el sentido de la afirmación, los compara con *animales irracionales*, que reconocen las cosas en las que viven por el mero instinto animal. Aunque el verbo ἐπίσταμαι, *saber, conocer*, permite aplicarlo tanto al conocimiento por medio de sentidos fisiológicos que son comunes a todos los animales, puede usarse para el conocimiento alcanzado por las facultades inteligentes del hombre. Pero, en el caso concreto de los *falsos maestros*, su conocimiento es simplemente por vía del instinto, semejante a la experiencia de los animales irracionales. El grave problema de estos es que las experiencias y conocimientos subjetivos, propios del instinto animal, no los practican para el bien, sino para la corrupción. Son personas que abandonando a Dios caen en la degradación moral y en lo aberrante de prácticas sensuales que son expresión del pecado.

11. ¡Ay de ellos! porque han seguido el camino de Caín, y se lanzaron por lucro en el error de Balaam, y perecieron en la contradicción de Coré.

οὐαὶ αὐτοῖς, ὅτι τῇ ὁδῷ τοῦ Κάϊν ἐπορεύθησαν καὶ τῇ πλάνῃ
¡Ay de ellos, que el camino - de Caín siguieron, y al extravío
τοῦ Βαλαὰμ μισθοῦ ἐξεχύθησαν καὶ τῇ ἀντιλογίᾳ τοῦ Κόρε
- de Balaam por lucro se entregaron y en la rebelión - de Coré
ἀπώλοντο.
perecieron!

Análisis y notas del texto griego.

Análisis: οὐαὶ, interjección ¡ay!; αὐτοῖς, caso dativo masculino de la tercera persona plural del pronombre personal declinado *de ellos*; ὅτι, conjunción *que*; τῇ, caso dativo femenino singular del artículo determinado *el*; ὁδῷ, caso dativo femenino singular del nombre común *camino*; τοῦ, caso genitivo masculino singular del artículo determinado *el*; Κάϊν, caso genitivo masculino singular del nombre propio *Caín*; ἐπορεύθησαν, tercera persona plural del aoristo primero de indicativo en voz pasiva del verbo πορεύομαι, *viajar, transitar, seguir*, aquí *siguieron*; καὶ, conjunción copulativa *y*; τῇ, caso dativo femenino singular del artículo determinado declinado *a la*; πλάνῃ, caso dativo femenino singular del nombre común *error, extravío*; τοῦ, caso genitivo masculino singular del artículo determinado *el*; Βαλαὰμ, caso genitivo masculino singular del nombre propio declinado *de Balaam*; μισθοῦ, caso genitivo masculino singular del nombre común *salario, premio, recompensa, lucro*; ἐξεχύθησαν, tercera persona plural del aoristo primero de indicativo en voz pasiva del verbo ἐκχέω, en voz pasiva *tenderse lánguidamente, entregarse, derramarse, abandonarse a*, aquí *se entregaron*; καὶ, conjunción copulativa *y*; τῇ, caso dativo femenino singular del artículo determinado declinado *en la*; ἀντιλογίᾳ, caso dativo femenino singular del nombre común *rebelión*; τοῦ, caso genitivo masculino singular del artículo determinado *el*; Κόρε, caso genitivo masculino singular del nombre propio declinado *de Coré*; ἀπώλοντο, tercera persona plural del segundo aoristo de indicativo en voz media del verbo ἀπόλλυμι, *perecer*, aquí *perecieron*.

οὐαὶ αὐτοῖς, Judas compara a los *falsos maestros* y sus acciones con las de otros tres apóstatas que están registrados en el Antiguo Testamento. Lo hace mediante un *¡ay!* que puesto al inicio del texto es compartido con los ejemplos que menciona. El lamento de Judas, es muy semejante a los ayes que Jesús dirigió a los líderes religiosos de Su tiempo (Mt. 23:13, 14, 15, 16, 23, 25, 27, 29), pero, también los profirieron los profetas contra la situación de personas (Is. 3:9, 11; 5:8-23; 29:15; 30:1; Jer. 22:13; 23:1; Ez. 13:3; 16:23; 34:2; Os. 7:13; Zac. 11:17). El ay del escritor surge a causa de la condenación que espera a los apóstatas de los que está escribiendo.

ὅτι τῇ ὁδῷ τοῦ Κάϊν ἐπορεύθησαν. La primera comparación es con Caín, afirmando que los *falsos maestros* están en ese mismo camino. Son aparentemente tres personajes que no están ligados más que por actos concretos, que no son idénticos entre ellos, pero que causan un final semejante. Caín se presenta en Génesis como trayendo una ofrenda vegetal a Dios (Gn. 4:3). Aparentemente el sacrificio de Caín no fue aceptado, según piensan algunos, porque ya conocía que tipo de sacrificio con derramamiento de sangre debía traer ante Dios. Sin embargo, en la ley se regulan ofrendas vegetales que Dios mismo establece. Lo destacable en el pasaje bíblico sobre la aceptación del sacrificio de cada uno de los hermanos es la condición del corazón: *"Y miróJehová con agrado a Abel y a su ofrenda; pero no miró con agrado a Caín y a la ofrenda suya"* (Gn. 4:4-5). Pudiera ser que Caín hubiese tratado de presentar una ofrenda conforme a su pensamiento, pero no conforme a Dios. Sin embargo, son especulaciones ya que el texto bíblico guarda silencio de la causa en sí, afirmándose en la persona que no era grata a Dios, por tanto, el sacrificio ofrecido por Caín tampoco lo era. Una característica esencial en Caín es que era celoso, por cuanto *"se ensañó en gran manera, y decayó su semblante"* (Gn. 4:5b). El texto bíblico pone a Caín como una persona endurecida ante la reprobación divina (Gn. 4:6, 7). El pecado lo controlaba de tal modo que se convirtió en el primer asesino de la historia humana, matando a su hermano (Gn. 4:8). Se aprecia también que era un hombre irreverente delante de Dios, como lo demuestra la respuesta que dio cuando el Señor le preguntó por su hermano (Gn. 4:9). El juicio divino cayó sobre él (Gn. 4:11-12). Judas pone a Caín como ejemplo de lo que son los *falsos maestros*, en el que se aprecia una total falta de espiritualidad, de respeto por Dios y de afecto por los hermanos. Los que enseñaban doctrina diferente, quienes se introducían solapadamente en las iglesias para arrastrar a los creyentes y desviarlos de Dios, están en un comportamiento semejante al de Caín. Antes Judas hizo notar que están destinados a condenación (v. 4), por tanto, como Caín no se libró del juicio divino, así tampoco estos engañadores escaparán de la justicia de Dios por los males que hicieron.

καὶ τῇ πλάνῃ τοῦ Βαλαὰμ μισθοῦ ἐξεχύθησαν. La segunda comparación la establece en relación con *"el error de Balaam"*. De este personaje se conocen algunas cosas. Era un hombre *famoso* entre las gentes de su tiempo, de modo que los mismos reyes buscaban su colaboración (Nm. 22:5-6). Era obstinado, buscando el cumplimiento de aquello que le podía favorecer y actuando en contra de la voluntad de Dios que conocía desde el principio (Nm. 22:12-22). Era un hombre de doble ánimo, o de doble parecer, conocido como profeta, pero arrogante al tratar de alterar el plan divino en beneficio propio, ya que el rey moabita le había ofrecido riquezas por su colaboración para maldecir al pueblo de Israel (Nm. 22:7, 17). Era un consejero malvado que hizo pecar a muchos israelitas (Nm. 31:16). Su pecado dominante era el de la codicia. Este hombre tenía una motivación y era el amor al dinero. Aparentemente en una lectura superficial pareciera ser un profeta fiel. Dice a los que le buscaban para maldecir a Israel que él se ajustaría a lo que Dios le revelara y no diría nada más que las palabras de Él. Sin embargo, se aprecia que está dispuesto a atender los deseos de Balac, aceptando las ofertas de mayor cantidad de bienes que el rey le ofrecía para conseguir la maldición del pueblo de Dios, todo ello porque *"amó el premio de la maldad"* (2 P.

2:15). Aunque el profeta prometió decir solo las palabras de Jehová, estaba dispuesto a maldecir a Israel, si fuese posible a cambio de dinero. Su corazón le impelía a obrar no por amor a Dios, sino por amor al dinero. Tiempo después sería muerto por el ejército de Israel en la batalla contra los madianitas (Nm. 31:8).

Los *falsos profetas*, actuaban por motivos impíos de avaricia. No se extraviaron, sino que voluntariamente siguieron el camino de Balaam, dejando el del Señor. Estos se comportaban como hizo el mago *Elimas*, que trastornaba los caminos rectos del Señor (Hch. 13:10), así también los *falsos maestros*, se alejaban del camino correcto para seguir el pecaminoso, lo que implica una acción voluntaria en contra de la verdad, por tanto, en contra de Dios. Como a Balaam, también a éstos les atraía el alcanzar riquezas, fama, popularidad, honores, etc. sin importarles el modo para lograrlo.

Es interesante apreciar que el problema ha persistido a lo largo de la historia de la iglesia. Durante siglos la verdad de la Palabra se adulteró, enseñando doctrinas de demonios, mientras el clero se enriquecía desorbitadamente, aunque los que estaban bajo su tutela se empobrecieran por esa causa. En el tiempo actual, miles de personas están sufriendo las artimañas del llamado *evangelio de la prosperidad*. Mientras muchos pierden lo que tienen, los líderes de estos movimientos prosperan, viviendo en mansiones, dilapidando los recursos financieros conseguidos con el engaño, justificando la compra de aviones para sus fines y disponiendo de organizaciones cuyo objetivo no es otro que el de acumular riquezas, a cambio de ofrecer milagros mentirosos y profecías que no vienen de Dios. Falsos apóstoles que siguen el camino de Balaam.

Corazones llenos de avaricia, estaban dispuestos a conseguir riquezas, abandonando el camino justo de Dios, para seguir el perverso de los hombres, lo mismo que Balaam. De igual manera que ocurrió con Balaam que sufrió en sí mismo las consecuencias de su codicia, así también para éstos está, como se dijo antes, reservado el juicio que Dios ha dispuesto para los impíos.

καὶ τῇ ἀντιλογίᾳ τοῦ Κόρε ἀπώλοντο. La tercera comparación la hace con Coré. Éste fue un levita, primo de Moisés (Ex. 6:18-21). Como levita tenía en honroso privilegio de servir a Dios en el santuario (Nm. 1:50-51; 3:6-8; 18:3; Dt. 10:8). Sin embargo, bajo su responsabilidad y conducción, organizó junto con Datán y Abirán, un levantamiento en contra de la autoridad de Moisés y Aarón. No se trataba sólo de desalojar a Moisés de su ministerio con el pueblo, sino que se levantaban contra lo que simbolizaba, el mediador entre Dios y el pueblo, en lo que es figura de Jesucristo. Como dijo antes Judas, hablando de los *falsos maestros*, blasfemaban de las autoridades superiores (v. 8). Coré se atrevió a decir que *"...toda la congregación, todos ellos son santos, y en medio de ellos está Jehová: ¿por qué, pues, os levantáis vosotros sobre la congregación de Israel?"* (Nm. 16:3). Los rebeldes procuraban prescindir el mediador establecido por Dios para llegar hasta Él, en este caso Moisés.

Los *falsos maestros* son comparables con Coré, puesto que *"niegan a Dios el único soberano y a nuestro Señor Jesucristo"* (v. 4). La crisis producida por Coré tuvo un final en el que Dios actuó en juicio contra los rebeldes, cuando *"se abrió la tierra que estaba debajo de ellos. Abrió la tierra su boca, y los tragó a ellos, a sus casas, a todos los hombres de Coré, y a todos sus bienes. Y ellos, con todo lo que tenían, descendieron vivos al Seol, y los cubrió la tierra, y perecieron de en medio de la congregación"* (Nm. 16:31-33). De igual manera el juicio está dispuesto contra los *falsos maestros*, que voluntariamente desprecian la autoridad divina y desobedecen abiertamente a cuanto estableció en Su santa Palabra.

Su perversidad (vv. 12-16).

12. Éstos son manchas en vuestros ágapes, que comiendo impúdicamente con vosotros se apacientan a sí mismos; nubes sin agua, llevadas de acá para allá por los vientos; árboles otoñales, sin fruto, dos veces muertos y desarraigados.

Οὗτοι εἰσιν οἱ ἐν ταῖς ἀγάπαις ὑμῶν σπιλάδες συνευωχούμενοι
Éstos son los en los ágapes de vosotros escollos banqueteando
ἀφόβως, ἑαυτοὺς ποιμαίνοντες, νεφέλαι ἄνυδροι ὑπὸ ἀνέμων
sin respeto a sí mismos apacentando; nubes sin agua por vientos
παραφερόμεναι, δένδρα φθινοπωρινὰ ἄκαρπα δὶς ἀποθανόντα
siendo arrastradas; árboles de fin de otoño sin fruto dos veces muertos
ἐκριζωθέντα,
desarraigados.

Análisis y notas del texto griego.

Análisis: Οὗτοι, caso nominativo masculino plural del pronombre demostrativo *éstos*; εἰσιν, tercera persona plural del presente de indicativo en voz activa del verbo εἰμί, *ser, estar*, aquí *son*; οἱ, caso nominativo masculino plural del artículo definido *los*; ἐν, preposición propia de dativo *en*; ταῖς, caso dativo femenino plural del artículo determinado *las*; ἀγάπαις, caso dativo femenino plural del nombre común *comidas, ágapes*; ὑμῶν, caso genitivo de la segunda persona plural del pronombre personal *vosotros*; σπιλάδες, caso nominativo femenino plural del nombre común *rocas, escollos*; συνευωχούμενοι, caso nominativo masculino plural del participio de presente en voz pasiva del verbo συνευωχέομαι, *participar en una comida, banquetear*, aquí *banqueteando*; ἀφόβως, adverbio de modo *irrespetuosamente, sin respeto*; ἑαυτοὺς, caso acusativo masculino plural del pronombre reflexivo declinado *a sí mismos*; ποιμαίνοντες, caso nominativo masculino plural del participio de presente en voz activa del verbo ποιμαίνω, *apacentar, pastorear*, aquí *apacentando*; νεφέλαι, caso nominativo femenino plural del nombre común *nubes*; ἄνυδροι, caso nominativo femenino plural del adjetivo *sin agua*; ὑπὸ, preposición propia de genitivo *de, por*; ἀνέμων, caso genitivo masculino plural del nombre común *vientos*; παραφερόμεναι, caso nominativo femenino plural del participio de presente en voz pasiva del verbo παραφέρω, *arrastrar, vencer, mover de lado, llevar*, aquí *siendo arrastradas*; δένδρα, caso nominativo neutro plural del nombre común *árboles*; φθινοπωρινὰ, caso nominativo neutro plural del adjetivo *otoñales*; ἄκαρπα, caso nominativo neutro plural del adjetivo *sin fruto*; δὶς, adverbio *dos veces*; ἀποθανόντα, caso nominativo neutro plural del participio del aoristo segundo en voz activa del verbo ἀποθνῄκω, *morir*, aquí *muertos*; ἐκριζωθέντα, caso nominativo neutro plural del participio del aoristo primero en voz pasiva del verbo ἐκριζόω, *arrancar de raíz*, aquí *desarraigados*.

Οὗτοι εἰσιν οἱ ἐν ταῖς ἀγάπαις ὑμῶν σπιλάδες. De las comparaciones pasa a las metáforas, usando cinco, todas ellas tomadas de la naturaleza, para describir el estado en que se encuentran los *falsos maestros*. Cada una de ellas, precisa un aspecto diferente de ellos, ofreciendo una panorámica elocuente de lo que son estas personas que pretenden introducirse en la iglesia. Es interesante la aplicación que les da el Dr. Maxwell Coder y que sirve para examinar de una determinada manera las alegorías que siguen:

"Sin embargo, otras cinco particularidades de la apostasía quedan ilustradas. Las piedras escondidas son síntoma de peligro; las nubes sin agua, son falsas promesas; los árboles de otoño, sin estéril profesión; fieras ondas de la mar, su inútil esfuerzo; estrellas errantes, su trayectoria sin rumbo: Siguiendo el mismo orden distinguimos cinco pensamientos sugiriendo: el egoísmo, la impotencia, la incapacidad, la vergüenza y la falta de esperanza de los apóstatas.

Al leer esta lista, viene a la memoria, por vía de contraste, las características del Señor a quien ellos niegan. Él es la Roca de nuestra salvación; ellos son piedras de tropiezo poniendo en peligro la fe de los hermanos. Él viene en las nubes para confortar a Su pueblo eternamente; éstos son nubes incapaces de traer una sola bendición temporal. Él es el árbol de la vida; éstos son árboles de muerte. Él nos guía junto a aguas de reposo; éstos son como el turbulento y agitado mar. Él es la estrella resplandeciente de la mañana, anunciando la llegada de un nuevo día; éstos son estrellas errantes presagiando la noche de las eternas tinieblas"[23].

La primera metáfora tiene que ver con *escollos*, rocas bajo las aguas. Algunas versiones[24] traducen *manchas*[25], sin embargo, el texto griego escribe *escollos*. Judas dice que es peligrosa la presencia de ellos en los *ágapes*, las comidas de confraternidad que los cristianos solían tener, y que procedían del contexto tanto griego como romano, de aquel tiempo. Lo mismo que los escollos, rocas ocultas bajo el agua que al no verse los barcos podían encallar en ellas y muchas veces hundirse, así también éstos eran un peligro oculto entre los creyentes. Son tropezadero para los cristianos cuando están presentes encubriendo con la disculpa de la convivencia, sus acciones orientadas a hacer zozobrar las verdades que los creyentes asumían, según la enseñanza apostólica.

Lo que aparentemente era buena costumbre, comer juntos compartiendo la cena y aprovechando para mantener comunión unos con otros, trajo ya desde los primeros tiempos, serios problemas al ocultarse en ellas egoísmo, falta de amor, e incluso generando dificultades con la ingesta de alimentos y vino como ocurría en Corinto (1 Co. 11:21). Por esa razón el apóstol Pablo prohibió esas celebraciones en aquella iglesia. Judas reconoce esta situación, pero advierte que, frente a los problemas de egoísmo comunes en aquellas celebraciones, algunos de los *falsos maestros* estaban presentes, lo que acarreaba un problema añadido. Es posible que algunos de ellos incurrieran en los problemas que el apóstol Pablo corregía en relación con los ágapes de la iglesia en Corinto.

συνευωχούμενοι ἀφόβως, ἑαυτοὺς ποιμαίνοντες, Los enemigos de la verdad venían a las celebraciones cristianas, no para comunión con los creyentes y manifestaciones de afecto fraternal que corresponden a hermanos, sino con la ambición personal y el egoísmo que los movía. Eran *pastores* que, en lugar de ocuparse del rebaño, se ocupaban de ellos mismos. Es interesante la figura que claramente se aprecia en el texto griego: *"sin respeto, pastoreándose a sí mismos"*. La ausencia de temor de Dios, traía la consecuencia de la falta de respeto a la razón de ser del ágape cristiano. En esas ocasiones procuraban obtener el mejor provecho para satisfacción personal y logro de sus propósitos. Éstos, como rocas ocultas bajo las aguas, lograban hacer naufragar a otros en la fe y en la moral. Tal vez habían obtenido el puesto de *pastores* en la

[23] S. Maxwell Coder. *Judas, los hechos de los apóstatas*. Grand Rapids, 1968.
[24] Entre otras RV60.
[25] Rocas, σπιλάς; manchas, σπὶλος.

iglesia, pero eran peor que los pastores asalariados (Jn. 10:12, 13); eran lobos que devoraban al rebaño.

νεφέλαι ἄνυδροι ὑπὸ ἀνέμων παραφερόμεναι, La segunda metáfora presenta a los *falsos maestros* como algo semejante a las *nubes sin agua*. Los hombres del tiempo de Judas estaban acostumbrados a mirar al cielo para establecer el tiempo que haría, de modo que el mismo Señor dijo que: *"Cuando veis la nube que sale del poniente, luego decís: Agua viene; y así sucede"* (Lc. 12:54). Pero en alguna ocasión las nubes no derramaban agua sobre la tierra, solo pasaban arrastradas por los vientos. Quienes las veían podían esperar la bendición de la lluvia, pero lo único que recibían era la decepción del engaño de aquello que aparentemente resultaría beneficioso pero que no tenía resultado alguno de lo que se esperaba. De este modo se compara al jactancioso: *"Como nubes y vientos sin lluvia, así es el hombre que se jacta de falsa liberalidad"* (Pr. 25:14). En la aplicación a los *falsos maestros*, algunos ponían esperanza y confiaban en sus enseñanzas y promesas para encontrarse tan solo con la frustración de sus mentiras. Aquellos no podían traer agua, puesto que rechazaban el agua de vida que se obtiene en la aceptación de Cristo y que salta para vida eterna (Jn. 4:10, 14). Estas nubes que no sacian, son amenaza de tormenta para los cristianos. Nubes errantes que además de oscurecer la luz del sol, son un fracaso para las necesidades de una tierra sedienta. Así los que confían en las enseñanzas de los mentirosos.

Judas afirma que estas nubes, figura de los *falsos maestros*, son arrastradas por vientos. En la Escritura, la palabra tiene que ver en ocasiones con los espíritus. La doctrina contraria a la Escritura es impulsada por Satanás y los demonios, que llevan a estos enseñadores mentirosos de un lugar a otro procurando por medio de ellos, como sus instrumentos, hacer daño a la obra de Dios. Lo mismo que son arrastrados por los vientos, la falsa enseñanza arrastra también a los creyentes débiles en el conocimiento de la Escritura, los *niños en Cristo*, causando desviaciones y graves tropiezos en ellos (Ef. 4:14).

δένδρα φθινοπωρινὰ ἄκαρπα δὶς ἀποθανόντα ἐκριζωθέντα, La tercera metáfora los califica de *árboles otoñales sin fruto y desarraigados*. La referencia al otoño aquí es literalmente *del fin del otoño*, el tiempo que antecede al invierno. Es en esa temporada que se pueden recoger los últimos frutos en los árboles, antes de que el invierno los desnude de hojas y queden como muertos hasta la próxima primavera. Sin embargo, otra desilusión se describe en el ejemplo. Pueden parecer grandes árboles con los frutos maduros por el final de verano, pero no tienen nada, son infructuosos. Separados de Jesús, nada podían hacer (Jn.

15:5). Ningún sarmiento puede llevar fruto si no está insertado en la vid, así estos, no fructifican porque no tienen a Cristo.

Les llama *dos veces muertos*. A la metáfora se le dan varias interpretaciones, pero, la condición de muertos en delitos y pecados es lo que corresponde a la vida de los que no han reconocido a Jesús como Salvador y luego lo siguen en obediencia como Señor. Además, nunca fueron plantados por Dios. No son árboles de Su huerto, no son ovejas de Su rebaño, no son hijos en Su familia. Son de gran apariencia, pero están ya muertos. Además, el Señor dijo que: *"Toda planta que no plantó mi Padre celestial será desarraigada"* (Mt. 15:13). Pueden ser, como eran los fariseos, gente de piedad aparente, pero estaban muertos. Éstos que pretendían conocer a Jesús, no eran conocidos por Él (Mt. 7:21-23). Dios actuará en juicio contra ellos, por lo que serán desarraigados y echados al lugar de condenación eterna, que es la *segunda muerte*. En aquel día se cumplirá la advertencia bíblica: *"Mas los impíos serán cortados de la tierra, Y los prevaricadores serán de ella desarraigados"* (Pr. 2:22).

13. Fieras ondas del mar, que espuman su propia vergüenza; estrellas errantes, para las cuales está reservada eternamente la oscuridad de las tinieblas.

κύματα ἄγρια θαλάσσης ἐπαφρίζοντα τὰς ἑαυτῶν
Olas furiosas de mar cubiertas de espuma las de ellos mismos
αἰσχύνας, ἀστέρες πλανῆται οἷς ὁ ζόφος τοῦ σκότους εἰς
vergüenzas, estrellas errantes a las que la oscuridad de la tiniebla para
αἰῶνα τετήρηται.
siempre ha sido guardada.

Análisis y notas del texto griego.

Análisis: κύματα, caso nominativo neutro plural del nombre común *olas*; ἄγρια, caso nominativo neutro plural del adjetivo *agreste, salvaje, no domesticado, feroz, furioso, maligno, enconado*; θαλάσσης, caso genitivo femenino singular del nombre común declinado *de mar*; ἐπαφρίζοντα, caso nominativo neutro plural del participio de presente en voz activa del verbo ἐπαφρίζω, *cubrirse de espuma*, aquí *cubiertas de espuma*; τὰς, caso acusativo femenino plural del artículo determinado *las*; ἑαυτῶν, caso genitivo neutro plural del pronombre reflexivo declinado *de ellos mismos*; αἰσχύνας, caso acusativo femenino plural del nombre común *injurias, vergüenzas, deshonores, oprobios, deshonras*; ἀστέρες, caso nominativo masculino plural del nombre común *estrellas*; πλανῆται, caso nominativo masculino plural del nombre común *errantes*; οἷς, caso dativo masculino plural del pronombre relativo declinado *a los que, para las que*; ὁ, caso nominativo masculino singular del artículo determinado *el*; ζόφος, caso nominativo masculino singular del nombre común *oscuridad*; τοῦ, caso genitivo masculino singular del artículo determinado declinado *del*; σκότους, caso genitivo masculino singular *tiniebla*; εἰς, preposición propia de acusativo *para*; αἰῶνα, caso acusativo masculino singular del nombre común *siglo*, en sentido de *siempre*; τετήρηται, tercera persona singular del perfecto de indicativo en voz pasiva del verbo τηρέω, *guardar, conservar, custodiar*, aquí *ha sido guardada*.

κύματα ἄγρια θαλάσσης ἐπαφρίζοντα τὰς ἑαυτῶν αἰσχύνας, La cuarta imagen trata a los *falsos maestros* como *olas furiosas del mar*, que se muestran *cubiertas de espuma*. Judas está usando como figura lo que ocurre en la realidad del mar. Cuando las olas se encrespan a causa del viento o de la tormenta, se levantan coronadas de espuma. En ocasiones estas olas rompen contra las rocas de la costa, pero, mientras estas permanecen firmes las olas son incapaces de afectarlas moviéndolas de su sitio.

La misma metáfora se usa en la Biblia para referirse a los impíos: *"Pero los impíos son como el mar en tempestad, que no puede estarse quieto, y sus aguas arrojan cieno y lodo. No hay paz, dijo mi Dios, para los impíos"* (Is. 57:20-21). Las olas manifestadas en la tempestad, arrojan objetos y suciedad sobre las playas de la costa. Además, Judas compara la suciedad que arrojan las olas, con la conducta impía y la forma lasciva de los vicios de los *falsos maestros*, que como furiosas olas del mar arrojan sobre los creyentes impurezas y fango espiritual. Estos procuran arrojar sobre los fieles sus perversas doctrinas y su vergonzosa manera de vivir. Sin embargo, Dios ha puesto límites a las acciones de los *falsos maestros*, conducidos e impulsados por Satanás, de modo que sus acciones no pasan más allá de ser una dificultad con la que los creyentes deben enfrentarse (Sal. 104:9). El mismo Señor hizo una promesa a los suyos: *"...nada os dañará"* (Lc. 10:19). Podemos enfrentar la tempestad provocada por los enseñadores de la falsa doctrina que como un mar furioso amenaza la iglesia, con la seguridad de que Dios controla la situación, como dice el Salmo: *"Tú tienes dominio sobre la braveza del mar; cuando se levantan sus ondas, tú las sosiegas"* (Sal. 89:9). Llegará el momento en que las tempestades del mundo se conviertan en la calma absoluta de la presencia de Dios reinando visiblemente, y Su autoridad eliminará toda ola embravecida de los hombres. Mientras tanto, las *fieras olas*, seguirán golpeando. A lo largo de la historia de la iglesia, grandes y violentas olas se manifestaron, pero, se estrellaron contra las rocas sólidas de los creyentes que descansan en Dios y obedecen a Su palabra. Las puertas del infierno no prevalecen contra ella. Jesús la edifica y nadie podrá destruirla. Así será hasta el glorioso día del traslado de la iglesia a la presencia de Dios, y allí tendrá cumplimiento lo que la Escritura anuncia: *"el mar ya no existía más"* (Ap. 21:1).

ἀστέρες πλανῆται οἷς ὁ ζόφος τοῦ σκότους εἰς αἰῶνα τετήρηται. La quinta figura presenta a los *falsos maestros* como *estrellas errantes*. Una magnífica ilustración, porque estos perversos desean ser considerados como *lumbreras*, pero tan solo son extraviados, que alejados de la luz verdadera de Cristo, luchando contra la lámpara de la Palabra, son semejantes a estrellas fugaces, que brillan un instante y desparecen en la oscuridad del firmamento para siempre. Es muy posible que estas *estrellas errantes*, sean el resultado de la observación desde la tierra de lo que hoy se conocen como *meteoritos*. Los apóstatas aparecen de igual manera brillando ante los hombres, pero, del mismo modo desaparecen. Para los tales está reservada la oscuridad definitiva y perpetua de las tinieblas, siendo su destino el infierno (2 P. 2:4, 9, 17). Son aquellos que aborrecen la verdadera luz de Dios, porque aman lo malo y no vienen a la luz para que sus obras no sean reprendidas (Jn. 3:20). Las tinieblas eternas son la esperanza de los que no tienen a Dios, como el Señor dijo: *"... los hijos del reino serán echados a las tinieblas de afuera, allí será el lloro y el crujir de dientes"* (Mt. 8:12). El Señor se refirió a quienes se consideran como hijos del reino, pero no lo son, sino que son engañadores, *falsos maestros*. Los no salvos serán cortados, *tomados* y echados a las tinieblas de afuera, expulsados a la oscuridad de afuera. Los creyentes afligidos por los malos disfrutarán de la presencia del Señor, mientras los engañadores están en las tinieblas de afuera. Mientras en el lugar de la celebración de la eterna comunión en la presencia de Dios habrá luz intensa que permita disfrutar aún en la noche, en el exterior sólo tinieblas que se hacen más notorias por la luz que hay dentro del lugar de la presencia de Dios con los Suyos. Los *falsos maestros*, sin derecho alguno para estar en presencia y comunión de Dios, no les queda otra opción que enfrentarse con las tinieblas *de afuera*, es decir, la esfera de vida en la segunda muerte, lejos de la luz de Dios. Excluidos de la presencia de Dios, no quedará para ellos ni la menor posibilidad de esperanza.

Es posible que muchos de los lectores de la *Epístola* en los tiempos de Judas, y muchos de los de este tiempo y de los venideros, estén siendo golpeados por los *falsos maestros* que con sus torcidas doctrinas procuran quebrantar la firmeza de los verdaderos creyentes. Cuando esto ocurre hay siempre una pregunta sin respuesta: *¿Por qué el creyente es confrontado y los impíos prosperan?* Sin embargo, todo cambia cuando se establece una simple consideración. Mientras que los no creyentes son olas furiosas que espumean amenazantes, los cristianos disfrutan de paz que es como un río y su justicia como las ondas del mar (Is. 48:18). En lugar de nubes sin agua, son fuentes de agua viva (Jn. 7:38). En lugar de árboles sin fruto y muertos, son llamados *"árboles de justicia, plantíos de Jehová"* (Is.

61:3). La oscuridad eterna está reservada para los *falsos maestros*, pero los creyentes brillarán como las estrellas a perpetua eternidad (Dn. 12:3).

14. De éstos también profetizó Enoc, séptimo desde Adán, diciendo: He aquí, vino el Señor con sus santas decenas de millares.

Προεφήτευσεν δὲ καὶ τούτοις ἕβδομος ἀπὸ ᾿Αδὰμ ῾Ενὼχ
Y profetizó también de estos, séptimo desde Adán, Enoc,
λέγων· ἰδοὺ ἦλθεν Κύριος ἐν ἁγίαις μυριάσιν αὐτοῦ[1].
Diciendo: He aquí que vino Señor con santas miríadas de Él.

Análisis y notas del texto griego.

Análisis: Προεφήτευσεν, tercera persona singular del aoristo primero de indicativo en voz activa del verbo προφητεύω, *profetizar*, aquí *profetizó*; δὲ, partícula conjuntiva que hace las veces de conjunción coordinante, con sentido de *pero, más bien, y, y por cierto, antes bien, entonces*; καὶ, adverbio de modo *también*; τούτοις, caso dativo masculino plural del pronombre demostrativo declinado *de éstos*; ἕβδομος, caso nominativo masculino singular del adjetivo numeral ordinal *séptimo*; ἀπὸ, preposición propia de genitivo *desde*; ᾿Αδὰμ, caso genitivo masculino singular del nombre propio *Adán*; ῾Ενὼχ, caso nominativo masculino singular del nombre propio *Enoc*; λέγων, caso nominativo masculino singular del participio de presente en voz activa del verbo λέγω, *hablar, decir*, aquí *diciendo*: ἰδοὺ, segunda persona singular del aoristo segundo de imperativo en voz media del verbo ὁράω, en la forma εἶδον, *mirar, mostrar, ver,* con uso adverbial equivale a *he aquí, sucedió que, ved, ahora, en esto* etc. podría traducirse como una expresión de advertencia enfática como *¡Mira!*, incluso podría leerse a modo de interrogación como *y ¿sabéis?*, es en la práctica como una partícula demostrativa, que se usa para animar el discurso avivando la atención del lector, algunos modernos la identifican como interjección; ἦλθεν, tercera persona singular del segundo aoristo de indicativo en voz activa del verbo ἔρχομαι, *venir*, aquí *vino*; Κύριος, caso nominativo masculino singular del nombre divino *Señor*; ἐν, preposición propia de dativo *con*; ἁγίαις, caso dativo femenino plural del adjetivo *santas*; μυριάσιν, caso dativo femenino plural del nombre común *miríadas*; αὐτοῦ, caso genitivo masculino de la tercera persona plural del pronombre personal *Él*.

Notas. Crítica Textual. Lecturas alternativas.

[1] ἐν ἁγίαις μυριάσιν αὐτοῦ, *con santas miríadas de Él*, según se lee en A, B, 5, 33, 81, 307, 436, 642, 1175, 1735, 2344, 2492, Byz, vg.

ἐν μυριάσιν ἁγίαις αὐτοῦ, *con miríadas santas de Él*, conforme a la lectura en C, 1243, 1448, 1611, 1739.

ἐν ἁγίαις μυριάσιν ἀγγελῶν, *con santas miríadas de ángeles*, como se lee en Ψ.

ἐν ἁγίων μυριάσιν ἀγγελῶν, *con miríadas de ángeles santos*, según ℵ, 88, 442.
ἐν ἁγίαις μυριάσιν, *con santas miríadas*, conforme a 1852.

Προεφήτευσεν δὲ καὶ τούτοις ἕβδομος ἀπὸ Ἀδὰμ Ἑνὼχ λέγων· Judas aludió al castigo que vendrá sobre los *falsos maestros*, de ahí que para reafirmar la enseñanza, cita aquí del libro apócrifo de Enoc[26], en donde se hace referencia al castigo final de los impíos. No significa esto que Judas le diese categoría de *inspirado*, pero, la cita tomada de un *no inspirado*, adquiere aquí autentificación y garantía al estar recogida en un escrito inspirado. El escritor hace precisión de quien es éste del que recoge la profecía sobre el fin de los impíos y para que no se confunda con algún otro de nombre parecido, dice que es el *séptimo* desde *Adán*, conforme al puesto que le corresponde en la cronología bíblica: *Adán, Set, Enos, Cainán, Mahalaleel, Jared, Enoc* (Gn. 5:6-18). La Biblia dice que Enoc caminó con Dios, quedando definido de este modo para todos los tiempos venideros, hasta nuestros días, como el hombre que caminó con Dios. Un dato destacable es que *Dios lo llevó* (He. 11:5).

Judas afirma que este antepasado antediluviano, *profetizó*. Lo que quiere decir es que la profecía original fue pronunciada por Enoc en aquel tiempo y más tarde desarrollada e incorporada al *Libro de Enoc*. La profecía le fue dada por revelación divina, pero, el libro en que se recoge no es inspirado. Enoc pasa a la historia como profeta de Dios, anunciando el juicio venidero sobre los impíos. Algunos consideran que eso se cumplió definitivamente en el diluvio, sin embargo, al citarlo Judas en la *Epístola*, le da proyección escatológica, de modo que sobre los *falsos profetas* se ha determinado un juicio del que ya habló Enoc.

ἰδοὺ ἦλθεν Κύριος ἐν ἁγίαις μυριάσιν αὐτοῦ. La visión profética de Enoc comienza refiriéndose a la gloriosa manifestación de la presencia de Dios, rodeado de *miríadas* de ángeles. El término es un indefinido numérico que se usa para referirse a una gran cantidad de algo. Dios descorrió el velo del futuro delante del profeta para que contemplase lo que ocurrirá en el futuro. Más adelante, milenios después, Juan el apóstol pudo ver la gloria celestial y en ella al Señor seguido de las huestes celestiales (Ap. 19:11-14). La promesa de la *segunda venida* del Señor está presente en la última profecía bíblica (Ap. 22:20). La realidad es que ciertamente viene el Señor. El profeta Enoc lo vio también rodeado de huestes celestiales. Esta es una de las características de la presencia divina, cuando, por alguna razón, se manifestó a los hombres, como ocurrió con

---

[26] I Enoc, 1:9.

la entrega de la ley, de lo que Moisés escribió: *"Jehová vino de Sinaí, y de Seir les esclareció; resplandeció desde el monte de Parán, y vino de entre diez millares de santos, con la ley de fuego a su mano derecha"* (Dt. 33:2). Esta visión de Enoc, concordante también la de Moisés, es afirmada por el profeta: *"...y vendrá Jehová mi Dios, y con él todos los santos"* (Zac. 14:5). Los santos ángeles acompañarán a Jesús cuando vuelva (Mt. 25:31). Sin embargo, los creyentes también le acompañarán cuando se cumpla ese tiempo (Col. 3:4; 1 Ts. 3:13). En las profecías sobre la venida del Señor, se aprecia la presencia de los *ejércitos celestiales* que le acompañarán (Ap. 19:14). Las profecías relacionadas con el juicio de los perdidos, contemplan a los ángeles junto al Señor: *"Un río de fuego procedía y salía de delante de él; millares de millares le servían, y millones de millones asistían delante de él; el Juez se sentó, y los libros fueron abiertos"* (Dn. 7:10). Judas, por tanto, presenta la realidad futura del juicio que está determinado y anunciado sobre los pecadores incrédulos, que incluye a los *falsos maestros.*

15. Para hacer juicio contra todos, y dejar convictos a todos los impíos de todas sus obras impías que han hecho impíamente, y de todas las cosas duras que los pecadores impíos han hablado contra él.

ποιῆσαι κρίσιν κατὰ πάντων καὶ ἐλέγξαι πᾶσαν ψυχὴν[1] περὶ
Para hacer juicio contra todos y convencer a todas personas acerca de
πάντων τῶν ἔργων ἀσεβείας αὐτῶν ὧν ἠσέβησαν καὶ
todas las obras impías de ellos que hicieron impíamente y
περὶ πάντων τῶν σκληρῶν ὧν ἐλάλησαν κατ' αὐτοῦ
acerca de todas las cosas duras que hablaron contra Él
ἁμαρτωλοὶ ἀσεβεῖς.
pecadores impíos.

Análisis y notas del texto griego.

Análisis: ποιῆσαι, aoristo primero de infinitivo en voz activa del verbo ποιέω, *hacer*, aquí *para hacer*; κρίσιν, caso acusativo femenino singular del nombre común *juicio*; κατὰ, preposición propia de genitivo *contra*; πάντων, caso genitivo masculino plural del adjetivo indefinido *todos*; καὶ, conjunción copulativa *y*; ἐλέγξαι, aoristo primero de infinitivo en voz activa del verbo ἐλέγχω, *reprender, amonestar, convencer, avergonzar, sonrojar, reprochar, censurar, acusar, refutar, probar, demostrar*; πᾶσαν, caso acusativo femenino singular del adjetivo indefinido declinado *a toda*; ψυχὴν, caso acusativo femenino singular del nombre común *alma, persona*; περὶ, preposición propia de genitivo *acerca de*; πάντων, caso genitivo neutro plural del adjetivo indefinido *todos*; τῶν, caso genitivo neutro plural del artículo determinado *los*; ἔργων, caso genitivo neutro plural del nombre común *obras*; ἀσεβείας, caso genitivo femenino singular del nombre común *impías*; αὐτῶν, caso genitivo masculino de la tercera persona plural del pronombre personal declinado *de ellos*;

ὧν, caso genitivo neutro plural del pronombre relativo *los que, los cuales, que*; ἠσέβησαν, tercera persona plural del aoristo primero de indicativo en voz activa del verbo ἀσεβέω, *hacer impiedad*, aquí *hicieron impíamente*; καὶ, conjunción copulativa *y*; περὶ, preposición propia de genitivo *acerca de*; πάντων, caso genitivo neutro plural del adjetivo indefinido *todos*; τῶν, caso genitivo neutro plural del artículo determinado *los*, en sentido de *las cosas*; σκληρῶν, caso genitivo neutro plural del adjetivo *duros, severos, difíciles, molestos*; ὧν, caso genitivo neutro plural del pronombre relativo *los que, los cuales, que*; ἐλάλησαν, tercera persona plural del aoristo primero de indicativo en voz activa del verbo λαλέω, *hablar, decir*, aquí *hablaron*; κατ', forma escrita de la preposición de genitivo κατά, *en, contra*, por elisión ante vocal con espíritu suave; αὐτοῦ, caso genitivo masculino singular del pronombre personal *Él*; ἁμαρτωλοὶ, caso nominativo masculino plural del adjetivo *pecadores*; ἀσεβεῖς, caso nominativo masculino plural del adjetivo *impíos*.

Notas. Crítica Textual. Lecturas alternativas.

[1] πᾶσαν ψυχὴν, *todas las personas*, lectura conforme a P[72], ℵ, 1852, sa, bo[mss].

πάντας τοὺς ακσεβεῖς, *a todos los impíos*, según se lee en A, B, C, Ψ, 5, 33, 81, 307, 436, 642, 1243, 1448, 1611, 1735, 2344.

πάντας τοὺς ακσεβεῖς αυτὼν, *a todos los impíos de ellos*, como se lee en 88, 1175, 2492, Byz.

πάντας ακσεβεῖς, *a todos impíos*, conforme a 1739.

ποιῆσαι κρίσιν κατὰ πάντων. La venida del Señor, a la que Judas se refiere aquí, no tiene propósito salvador, como la primera, sino judicial. El escritor ha anunciado ese juicio antes, lo confirmó con los ejemplos de los tres apóstatas registrados en la Escritura, luego lo ilustró con las cinco metáforas tomadas de la vida ordinaria, ahora lo confirma apelando a la profecía que anuncia la acción judicial de Dios contra *todos*. Es algo que ha sido anunciado en los escritos del Nuevo Testamento (He. 9:27). La soberanía divina se pone de manifiesto en todos los aspectos, tanto en el hecho de determinar el modo de salvación, como en cuanto a lo que está establecido inexorablemente para la vida de todos los hombres. El Creador estableció un destino que alcanza por igual a todos los humanos, sin excepción alguna. Esa determinación fue comunicada al hombre en el momento de pecar: *"con el sudor de tu rostro comerás el pan hasta que vuelvas a la tierra, porque de ella fuiste tomado; pues polvo eres, y al polvo volverás"* (Gn. 3:19). Luego del pecado de Adán, Dios reservó a todos los hombres que mueran una sola vez. A causa de la universalidad del pecado todos los hombres mueren (Ro. 5:12), tras de la cual solo queda la resurrección para vida o para muerte. Junto con la muerte establecida para todos, está también el juicio que alcanza a todos, la rendición de cuentas que manifestará la perfecta justicia de Dios en el destino definitivo de los humanos. El resultado del juicio será condenatorio para quienes no hayan recibido la salvación por gracia mediante la fe (Ap. 20:11-15). En el sentido de un juicio para condenación, que se producirá al final de los tiempos para todos los incrédulos, el creyente está exento, puesto que todo su pecado fue juzgado ya en Cristo llevándolo sobre Él a la Cruz (1 P. 2:24). Por Su muerte, nosotros tenemos vida y vida eterna. Sin embargo, la determinación divina se cumple también para los creyentes, no en sentido condenatorio, pero si en el de rendición de cuentas. Esto tiene que ver con el tribunal de Cristo (2 Co. 5:10). Judas afirma que los *falsos maestros*, comparecerán ante el tribunal de Dios.

καὶ ἐλέγξαι πᾶσαν ψυχὴν περὶ πάντων τῶν ἔργων ἀσεβείας αὐτῶν ὧν ἠσέβησαν. La retribución a causa de las obras impías que los hombres perversos hayan cometido, serán puestas de manifiesto en el día del juicio. Todos ellos quedarán convictos, demostrándose la culpabilidad personal en aquello que hicieron. Es de notar que algunos comparecerán buscando la justificación de *buenas obras* que según ellos han hecho durante su vida, cuando digan al Señor: *"Señor, Señor, ¿no profetizamos en tu nombre, y en tu nombre echamos fuera demonios, y en tu nombre hicimos muchos milagros?"*, a estos todos el Juez divino les declarará: *"Nunca os conocí; apartaos de mí, hacedores de maldad"* (Mt. 7:22-23). Entre este tipo de personas estarán los *falsos maestros*, que sin duda usaron *parcialmente* las verdades de la fe cristiana y habrán hablado de Cristo a su manera. Pero, no les quedará otra opción que reconocer las obras impías que hicieron en su vida. Acaso procurarán buscar disculpas a su pecado que les permita escapar al resultado del juicio de Dios. Usaron el nombre de Dios en vano. No debe olvidarse que Judas puso el ejemplo de Balaam que profetizó en el nombre del Señor, pero nunca fue salvo, incluyéndolo entre los réprobos (v. 11). Simplemente se había alquilado como profeta, pero es la expresión del engaño y de la codicia. Acaso usaron el nombre del Señor para dar credibilidad al mensaje, pero nunca fueron enviados por Él para hablar en Su nombre. La presentación de la realidad de sus obras será suficiente para dejarlos convencidos de la justicia divina que actuará entonces contra ellos.

καὶ περὶ πάντων τῶν σκληρῶν ὧν ἐλάλησαν κατ' αὐτοῦ. No sólo serán juzgados por sus obras, sino por sus palabras. Todos ellos usaron *palabras duras* contra el Señor. Son las malas enseñanzas salidas de un corazón perverso. Los *falsos maestros*, enseñaron asuntos contrarios a la verdad bíblica y entre otras cosas, negaban a Dios el único soberano, y a nuestro Señor Jesucristo (v. 4). Toda palabra maligna o maliciosa que hablen los hombres tendrá su juicio delante del tribunal divino (Mt. 12:36). Son simplemente palabras que no han servido para llevar fruto para Dios. El progreso bíblico sobre la impiedad, sigue un hilo conductor, el árbol malo no da buen fruto, el corazón perverso no produce cosas buenas, las palabras perversas son plenamente contrarias a Dios. Esas palabras entran de lleno en el aspecto de las *corrompidas*, que no edifican (Ef. 4:29). Lo que no edifica, destruye. No hay neutralidad en las palabras de los hombres, o son positivas conforme a la voluntad de Dios, o son negativas en oposición a ella. Es el día de la perdición, como Enoc anunció, en el que todos los impíos quedarán manifiestos delante de Dios. El Juez será aquel a quien despreciaron con sus hechos y negaron con sus palabras. Abraham le llamó el *Juez de toda la tierra* (Gn. 18:25). Pero, el Padre a nadie juzga, sino que todo el juicio dio al Hijo (Jn. 5:22). Entonces toda lengua confesará, dobladas las rodillas, que Jesús es el Señor y en esa ocasión, la misma acción judicial de Dios, tributará gloria a Su nombre porque es justo (Fil. 2:9-11).

ἁμαρτωλοὶ ἀσεβεῖς, El versículo concluye con lo que pudiéramos llamar la sentencia judicial. Dios los condenará eternamente porque son *pecadores impíos*. Éstos que no han tenido a Dios en cuenta, están acumulando ira divina para el día del juicio (Ro. 2:5). La sentencia de condenación es justa y todos han de reconocer que su destino de condenación eterna es a causa de la práctica del mal y de la expresión de palabras corrompidas.

16. Éstos son murmuradores, querellosos, que andan según sus propios deseos, cuya boca habla cosas infladas, adulando a las personas para sacar provecho.

Οὗτοι εἰσιν γογγυσταὶ μεμψίμοιροι κατὰ τὰς ἐπιθυμίας
Éstos son murmuradores, querellosos, según los malos deseos
ἑαυτῶν πορευόμενοι, καὶ τὸ στόμα αὐτῶν λαλεῖ ὑπέρογκα,
de ellos mismos andando, y la boca de ellos habla cosas arrogantes
θαυμάζοντες πρόσωπα ὠφελείας χάριν.
adulando a personas por causa de provecho.

Análisis y notas del texto griego.

Análisis: Οὗτοι, caso nominativo masculino plural del pronombre demostrativo *éstos*; εἰσιν, tercera persona plural del presente de indicativo en voz activa del verbo εἰμί, *ser, estar*, aquí *son*; γογγυσταὶ, caso nominativo masculino plural del adjetivo *murmuradores*; μεμψίμοιροι, caso nominativo masculino plural del adjetivo *querellosos*; κατὰ, preposición propia de acusativo *según*; τὰς, caso acusativo femenino plural del artículo determinado *las*; ἐπιθυμίας, caso acusativo femenino plural del nombre común *malos deseos*; ἑαυτῶν, caso genitivo masculino plural del pronombre reflexivo declinado *de ellos mismos*; πορευόμενοι, caso nominativo masculino plural del participio de presente en voz media del verbo πορεύομαι, *caminar, andar* aquí *andando*; καὶ, conjunción copulativa *y*; τὸ, caso nominativo neutro singular del artículo determinado *el*; στόμα, caso nominativo neutro singular del nombre común *boca*; αὐτῶν, caso genitivo masculino de la tercera persona plural del pronombre personal *de ellos*; λαλεῖ, tercera persona singular del presente de indicativo en voz activa del verbo λαλέω, *hablar, decir*, aquí *habla*; ὑπέρογκα, caso acusativo neutro plural del adjetivo *pomposos, arrogantes*, en sentido de *cosas arrogantes*; θαυμάζοντες, caso nominativo masculino plural del participio de presente en voz activa del verbo θαυμάζω, *admirar, maravillar, asombrar, mirar con admiración*, aquí *admirando*, en sentido de *adulando*; πρόσωπα, caso acusativo neutro plural del nombre común *rostros, personas*; ὠφελείας, caso genitivo femenino singular del nombre común *provecho*; χάριν, preposición de genitivo *por causa de*.

Οὗτοι εἰσιν γογγυσταὶ. Judas cierra el párrafo en el que se ocupó de los *falsos maestros*, que están entre *los pecadores impíos* del versículo anterior, dando a los lectores algunas características que les son comunes para que sea posible identificarlos. La primera característica es que son *murmuradores*. Este adjetivo γογγυστής, en esta forma aparece sólo en Judas, para referirse a los que son murmuradores, y por tanto *murmuran*. Este es el término que se usa en la LXX para referirse a las murmuraciones de Israel contra Dios en el desierto (Ex. 16:7-9; Nm. 14:29). Los perversos son siempre dados a la murmuración. Lo mismo que en los tiempos de Jesús, quienes murmuran son adversarios Suyos (Jn. 6:41). Murmurar es hablar entre dientes manifestando disgusto por algo y también es conversar en perjuicio de un ausente, censurando sus acciones. No cabe duda que el sentido primario de la interpretación del término en este versículo se debe aplicar a la murmuración, hablando mal de la ley de Dios, es decir contra la verdad bíblica. Estos perversos *hablaban suavemente*, entre dientes, a los hombres, entre los que se encontraban también los creyentes, para desprestigiar la Escritura torciendo la doctrina. Pero también podría comprender el *hablar contra otro*. De este pecado, común en la iglesia primitiva según el testimonio bíblico, escribe ampliamente Santiago cuando habla de la *lengua*, esto es, de las palabras mal utilizadas. Generalmente los *falsos maestros*, usan el desprestigio para apartar de los creyentes a los verdaderos maestros bíblicos. No les interesa que éstos mantengan la verdad revelada que en muchas ocasiones afecta a los *principios* dogmáticos que sostienen, por lo que es bueno para ellos desprestigiar al maestro para que la palabra de verdad no alcance a otros, derivando en un perjuicio para el engañado. Los judíos de los tiempos de Cristo, especialmente los fariseos, que murmuraban de Jesús, condenaban a los discípulos, formulando una nociva pregunta sobre ellos:

"¿Por qué tus discípulos no andan conforme a la tradición de los ancianos, sino que comen pan con manos inmundas?" (Mr. 7:5). El problema de ellos no era tanto el quebrantamiento de un mandamiento de la ley, sino el no acatamiento a la tradición de los ancianos, a la que daban tanto o más valor que a la Escritura. Esta *condenación* de los fariseos dio ocasión a una de las más duras manifestaciones de Jesús contra el fariseísmo: *"Respondiendo él, les dijo: hipócritas, bien profetizó de vosotros Isaías como está escrito: Este pueblo de labios me honra, mas su corazón está lejos de mí... Porque dejando el mandamiento de Dios, os aferráis a la tradición de los hombres"* (Mr. 7:6, 8). El objeto de la murmuración eran los discípulos, pero el objetivo de ella era el Señor mismo. Quienes están empeñados en murmurar de los creyentes buscando faltas en cada uno para acusarles, están buscando un pretexto contra el Señor de ellos. Quien murmura de un creyente está siendo instrumento del *acusador de los hermanos*, que es Satanás (2 Co. 11:15). Si alguien haciéndose pasar por hermano o llamándose de ese modo es un maledicente, debe ser excluido de una relación de amistad con él (1 Co. 5:11). Los fariseos de los tiempos de Jesús eran *murmuradores* contra Él, y las palabras condenatorias de Cristo contra ellos obedecían a que prescindían de los mandamientos de Dios poniendo en su lugar mandamientos de hombres y tradiciones del sistema religioso. Modificar la Escritura en base a una tradición es una expresión propia de la apostasía, cualquiera que sea la tradición y el valor histórico que se le dé.

Μεμψίμοιροι, Una segunda identificación es que el *falso maestro* es *querelloso*. El sentido del adjetivo es aplicado a quien es disconforme y rencilloso. Son los que salen de sí mismos para luchar con otros, aquellos que *echan la culpa* a otros de cuanto no les gusta. Suspiran por lo que no tienen y desprecian lo que les ha sido dado. El ejemplo de los ángeles caídos que dejaron sus moradas es un ejemplo del querelloso, que no está nunca contento con su situación, para él todo está mal y se quejan de que no se les tiene en cuenta para ser líderes en la obra. El verdadero creyente no se queja del papel que tiene en su vida espiritual e incluso en el mundo, sabiendo que el Señor está en el control de todo. Cualquiera que sea el estado en que se hallen, sienten en ellos el gozo del Señor (Fil. 4:11). En el ámbito eclesial, el querelloso no está conforme con lo que tiene, y critica a los demás creyentes por ser fieles a la fe manifestada en la Escritura, por ser fieles a Dios, contentos con su situación, ayudadores con los hermanos.

μεμψίμοιροι κατὰ τὰς ἐπιθυμίας ἑαυτῶν πορευόμενοι, Añade Judas que éstos *andan conforme a sus concupiscencias*, es decir, son sus deseos personales los que orientan su forma de vida. Alejados de la Palabra, luchadores contra ella, no tienen otra forma de comportamiento que lo que nace de sus propias codicias. Éstos entran de lleno en lo que escribió el apóstol Juan: *"Porque todo lo que hay en el mundo, los deseos de la carne, los deseos de los ojos, y la vanagloria de la vida, no proviene del Padre, sino del mundo"* (1 Jn. 2:16). Podrán ser aparentemente religiosos, pero en realidad son mundanos. Viven en sus propias concupiscencias. Estos rebeldes, al despreciar la verdad revelada, viven siguiendo los deseos naturales del hombre no regenerado, buscando cualquier tipo de placer que satisfaga sus pasiones. La presencia de éstos es una evidencia bíblica sobre los últimos tiempos (Mt. 24:3-5, 11, 23-26). Aprovechaban cualquier motivo para alejarse de Dios y Su Palabra.

καὶ τὸ στόμα αὐτῶν λαλεῖ ὑπέρογκα, Además de esto *su boca habla cosas infladas*, es decir, son conversadores arrogantes. No hace falta mucha explicación a la frase. Son aquellos que se jactan de conocimientos superiores a los que cualquiera de sus oyentes pueda tener. Los que consideran que sólo ellos son capaces de interpretar correctamente la Escritura. Los que no admiten discusión alguna a sus palabras. De otro modo, son aquellos que tienen un lenguaje presuntuoso que pretende cautivar a quienes les escuchan. Muchos de los *falsos maestros* tratan de seducir a los cristianos con promesas de libertad, siendo ellos mismos esclavos de corrupción (2 P. 2:19). Proponen liberar a los creyentes de la esclavitud de las doctrinas bíblicas, para llevarlos a la peor de ellas, la esclavitud de las doctrinas de demonios (1 Ti. 4:1).

θαυμάζοντες πρόσωπα ὠφελείας χάριν. Finalmente, Judas pone al descubierto la razón de ese comportamiento: *son aduladores buscando el provecho propio*. Están buscando su fama y nombre, a costa de alabar a las personas de quienes pudieran obtenerlo. La pasión por el aplauso, los honores personales, la admiración hacia la persona, es característica del apóstata. Retira la gloria a Dios para usurparla él mismo. Estos *falsos maestros*, siguen estando presentes entre los cristianos y calificándose a sí mismos como grandes maestros. Estos se apoderan de la iglesia desplazando el servicio de la vocación que el Espíritu despierta en los verdaderos pastores. Son los que se consideran príncipes de la iglesia, los que actúan como Diótrefes, los que tratan de alabar a las personas para obtener los púlpitos rentables y los puestos más codiciables en las organizaciones religiosas. Hábiles manipuladores para sacar provecho de otros. Cualquier cosa les interesa, menos predicar la Palabra para edificación de quienes los escuchan.

Pudiera ser que transitaran felices, gozándose en sus propios y mundanos logros, pero no debieran olvidar que todos sus pecados serán traídos a juicio como Dios ha determinado. A una vida gloriosa para los hombres sucederá una eternidad angustiosa en el infierno. Cuatro notas han sido suficientes a Judas para hacer una perfecta descripción de estos malvados, a fin de que no sean capaces de engañar a los creyentes.

Judas despierta el interés de los creyentes sobre la venida del Señor para juzgar a los impíos. Puede ser que aparentemente retarde esa venida, pero, en el programa de Dios, el final de los impíos está determinado. Podemos tener segura esperanza, aunque, porque Dios lo ha reservado para Sí, no conozcamos el momento en que se producirá.

Exhortación a los creyentes (vv. 17-23).

Recordar la enseñanza de los apóstoles (vv. 17-19).

17. Pero vosotros, amados, tened memoria de las palabras que antes fueron dichas por los apóstoles de nuestro Señor Jesucristo.

ὑμεῖς δέ, ἀγαπητοί, μνήσθητε τῶν ῥημάτων τῶν προειρημένων
Pero vosotros, amados, recordad las palabras, - fueron dichas antes
ὑπὸ τῶν ἀποστόλων τοῦ Κυρίου ἡμῶν Ἰησοῦ Χριστοῦ
por los apóstoles del Señor de nosotros Jesucristo.

Análisis y notas del texto griego.

Análisis: ὑμεῖς, caso nominativo de la segunda persona plural del pro nombre personal *vosotros*; δέ, partícula conjuntiva que hace las veces de conjunción coordinante, con sentido de *pero, más bien, y, y por cierto, antes bien, entonces*; ἀγαπητοί, caso vocativo masculino plural del adjetivo *amados*; μνήσθητε, segunda persona plural del aoristo primero de imperativo en voz pasiva del verbo μιμνήσκομαι, *recordar*, aquí *recordad*; τῶν, caso genitivo neutro plural del artículo determinado *los*; ῥημάτων, caso genitivo neutro plural del nombre común *dichos, palabras*; τῶν, caso genitivo neutro plural del artículo determinado *los*; προειρημένων, caso genitivo neutro plural del participio perfecto en voz pasiva del verbo προλέγο, *hablar antes, hablar de antemano*, aquí *fueron dichas antes*; ὑπὸ, preposición propia de genitivo *por*; τῶν, caso genitivo masculino plural del artículo determinado *los*; ἀποστόλων, caso genitivo masculino plural del nombre común *apóstoles*; τοῦ, caso genitivo masculino singular del artículo determinado declinado *del*; Κυρίου, caso genitivo masculino singular del nombre divino *Señor*; ἡμῶν, caso genitivo de la primera persona plural del pronombre personal declinado *de nosotros*; Ἰησοῦ, caso genitivo masculino singular del nombre propio *Jesús*; Χριστοῦ, caso genitivo masculino singular del nombre propio *Cristo*.

ὑμεῖς δέ, ἀγαπητοί, μνήσθητε τῶν ῥημάτων τῶν προειρημένων ὑπὸ τῶν ἀποστόλων, Con este versículo entra la *Epístola* en el último párrafo, dedicado a exhortar a los creyentes en algunos aspectos de gran importancia. El primero de ellos tiene que ver con mantener en la mente constantemente las enseñanzas recibidas por medio de los apóstoles.

La exhortación va rodeada de afecto entrañable, dirigiéndose a los lectores con el vocativo *amados*. Éstos deben ser fieles a las enseñanzas recibidas *desde el principio*, por quienes les anunciaron el evangelio y fueron instrumentos para que conociesen a Jesucristo como su Salvador personal. En el contexto inmediato no se refiere tanto a todo el fundamento de la fe, sino a las advertencias que les hicieron sobre los *falsos maestros*, de forma especial los apóstoles Pedro y Juan, se ocuparon de este asunto. Por tanto, no debiera preocuparles la presencia de estos perversos que siembran dudas y hablan mentiras en contra de nuestra santísima fe, porque ya se les había dicho anticipadamente que iba a ocurrir. Es posible que Judas no se esté refiriendo a las cartas apostólicas que advertían sobre la manifestación de los *falsos maestros*, sino a la enseñanza oral que les había sido comunicada por ella. Es de apreciar el uso del término ῥημάτων, *palabras, dichos*, sin referencia alguna a *escritos*. Los apóstoles advirtieron personalmente a los creyentes y especialmente a los líderes de la aparición en el futuro de los engañadores, manifestándoles que muchos de ellos saldrían de las congregaciones e incluso de los que se considerarían líderes en ellas, como Pablo advirtió a los de Éfeso (Hch. 20:29). Pero, también las palabras de los apóstoles están en sus escritos: *"...El Espíritu dice claramente que en los postreros tiempos algunos apostatarán de la fe, escuchando a espíritus engañadores y a doctrinas de demonios"* (1 Ti. 4:1), y también: *"...debes saber esto; que en los postreros días vendrán tiempos peligrosos"* (2 Ti. 3:1). El apóstol Pedro se ocupó extensamente de este problema (2 P. 3:1-3)[27]. Judas amonesta a los lectores, a que tengan en mente estas palabras.

τοῦ Κυρίου ἡμῶν Ἰησοῦ Χριστοῦ. Judas presenta a los apóstoles como *de nuestro Señor Jesucristo*. No hay otros luego de estos con la autoridad que el Señor les delegó. Ellos fueron constituidos por Él sus apóstoles con la misión de predicar el evangelio, establecer iglesias y determinar la doctrina que debe sustentarse en la fe cristiana. El apóstol Pablo afirma en sus escritos que el Señor dio a la iglesia *primeramente* apóstoles (1 Co. 12:28; Ef. 4:11). Este término plural *apóstoles*, comprende el *colegio apostólico* de los Doce, incluido Matías y también

[27] Ver comentario en *Epístolas de Pedro* de esta misma serie.

Pablo, como apóstol especialmente llamado y enviado a los gentiles. En sentido general el término se usa en el griego para hablar de un *enviado* en alguna misión. En este sentido llama *apóstol* a Epafrodito, como enviado de la iglesia en Filipos para llevarle una ofrenda de amor y comunión (Fil. 2:25), pero es notable que no le llama *apóstol de Jesucristo*, sino *vuestro mensajero*, en el griego *apóstol* (Fil. 2:25), era el enviado de la iglesia y usaba ese término propio del idioma griego para referirse a él, pero los *apóstoles* que aquí menciona Judas les llama *"apóstoles de nuestro Señor Jesucristo"*. Sólo ellos recibieron el don y sólo ellos fueron acreditados con señales específicas (2 Co. 12:12). Estos son aquellos a quienes se les llama *santos apóstoles* (Ef. 3:5), receptores de la revelación de Dios, del *misterio* oculto desde siglos. El don de apóstol se daba para establecer –entre otras cosas– lo que es el *fundamento apostólico*, y para escribir el Nuevo Testamento (Ef. 2:20), por tanto, en este sentido el don no está operativo hoy. Quienes pretenden ser *apóstoles* con el mismo don, están apropiándose de algo que no les fue conferido, usándolo para engañar a los creyentes con nuevas revelaciones procedentes de Dios que tienen una pretendida autoridad apostólica. Muchos de éstos, sino todos, son simplemente *falsos profetas*, engañadores de los creyentes, y turbadores de la verdad. A éstos no hay que atender, pero no debemos dejar de prestar atención a las enseñanzas de los verdaderos apóstoles de Jesucristo.

La exhortación es de gran necesidad en el día de hoy, donde la enseñanza bíblica está siendo relegada, cuando no abandonada, en la instrucción de la iglesia. Judas llama individualmente a cada creyente para *recordar* las enseñanzas apostólicas. Es un llamamiento a volver sin condiciones al estudio de la Palabra para vivir conforme a lo que los *apóstoles de Jesucristo* enseñaron en el nombre y con la autoridad del Señor. Grandes problemas y serias dificultades se evitarían las iglesias si se recordara continuamente la enseñanza de los apóstoles.

18. Los que os decían: En el postrer tiempo habrá burladores, que andarán según sus malvados deseos.

ὅτι ἔλεγον ὑμῖν· ὅτι ἐπ' ἐσχάτου τοῦ χρόνου ἔσονται
Que decían os: que a final del tiempo habrá
ἐμπαῖκται κατὰ τὰς ἑαυτῶν ἐπιθυμίας πορευόμενοι τῶν
burladores según las de ellos mismos malos deseos andando de las
ἀσεβειῶν.
impiedades.

Análisis y notas del texto griego.

Análisis; ὅτι, conjunción *que*; ἔλεγον, tercera persona plural del imperfecto de indicativo en voz activa del verbo λέγω, *hablar, decir*, aquí *decían*; ὑμῖν, caso dativo de la segunda persona plural del pronombre personal *os*; ὅτι, conjunción *que*; ἐπ' forma escrita de la preposición de genitivo ἐπί, con el grafismo por elisión de la ι final ante vocal o diptongo sin aspiración, que equivale a *de, para, a, por, sobre*; ἐσχάτου, caso genitivo masculino singular del adjetivo *final*; τοῦ, caso genitivo masculino singular del artículo determinado declinado *del*; χρόνου, caso genitivo masculino singular del nombre común *tiempo*; ἐσονται, tercera persona plural del futuro de indicativo en voz media del verbo εἰμί, *ser, estar, haber*, aquí *habrán*; ἐμπαῖκται, caso nominativo masculino plural del nombre común *burladores*; κατὰ, preposición propia de acusativo, *por, según*; τὰς, caso acusativo femenino plural del artículo determinado *las*; ἑαυτῶν, caso genitivo masculino plural del pronombre reflexivo declinado *de ellos mismos*; ἐπιθυμίας, caso acusativo femenino singular del nombre común *malos deseos*; πορευόμενοι, caso nominativo masculino plural del participio de presente en voz media del verbo πορεύομαι, *andar, caminar, seguir una ruta*, aquí *andando*; τῶν, caso genitivo femenino plural del artículo determinado declinado *de la*; ἀσεβειῶν, caso genitivo femenino plural del nombre común *impiedades*.

ὅτι ἔλεγον ὑμῖν· ὅτι ἐπ ἐσχάτου τοῦ χρόνου ἐσονται ἐμπαῖκται. El mensaje apostólico era una advertencia para que los creyentes estuviesen prevenidos del problema que ocurriría en *el postrer tiempo*, o en *los postreros días*, período que comprende el tiempo actual, en el cual se manifestarían algunos a quienes califica de *burladores*. Este recordatorio al que Judas llama, no es tanto para atemorizarlos de la presencia de este tipo de gentes, sino para que fuesen cautelosos y no se vieran sorprendidos. Estos *burladores*, pudieran estar comprendidos entre los que el apóstol Pedro menciona, como quienes se mofaban del anuncio de la Segunda venida del Señor, poniéndolo en duda (2 P. 3:4). De quienes habla Judas son *burladores* que viven una vida de burla contra la revelación de la verdad de la Segunda venida del Señor, y en general los que, como se lee en Proverbios: *"Los necios se mofan del pecado; mas entre los rectos hay buena voluntad"* (Pr. 14:9). Estos hombres de los últimos días se mofarán de todo, pecando continuamente. Son conocedores de la Palabra, pero se burlan de ella. La burla no es una forma de criticar algo, sino un pecado deliberado contra la revelación de Dios. Sin duda, como se ha considerado antes, estaban presentes en el tiempo de la *Epístola*, pero en el futuro *vendrán*, lo que implica una constancia a través del tiempo. Los burladores tratan despectivamente las verdades de la fe cristiana y manifiestan ese desprecio hacia quien la reveló que es Dios mismo, confirmada también por el Señor Jesús.

κατὰ τὰς ἑαυτῶν ἐπιθυμίας πορευόμενοι τῶν ἀσεβειῶν. Por consiguiente, no pueden caminar más que en sus propias concupiscencias. Estos burladores son pecaminosos, porque viven en sus malos deseos. Siendo rebeldes, al despreciar la verdad revelada, viven siguiendo los deseos naturales del hombre no regenerado, buscando cualquier tipo de placer que satisfaga sus pasiones. La presencia de estos es una evidencia bíblica sobre los últimos tiempos (Mt. 24:3-5, 11, 23-26). Aprovechaban también el hecho de que la promesa del regreso de Jesús no se había efectuado, para burlarse de Dios y de Su Palabra. Caminan en pos de sus impíos sentidos. Son esclavos sin voluntad propia que pueden presumir de libertad y de liberación de todo coto moral, despreciando y murmurando de los creyentes fieles que viven en conformidad con la vida de fe y el temor de Dios, pero son esclavos de la corrupción (2 P. 2:19). Sin respeto alguno por la Palabra, viven bajo la esclavitud de sus propios pecados.

19. Éstos son los que causan divisiones; los sensuales, que no tienen al Espíritu.

Οὗτοι	εἰσιν	οἱ ἀποδιορίζοντες,	ψυχικοί,	Πνεῦμα	μὴ ἔχοντες.
Éstos	son	los que causan divisiones,	sensuales,	Espíritu	que no tienen.

Análisis y notas del texto griego.

Análisis: Οὗτοι, caso nominativo masculino plural del pronombre demostrativo *éstos*; εἰσιν, tercera persona plural del presente de indicativo en voz activa del verbo εἰμί, *ser, estar*, aquí *son*; οἱ, caso nominativo masculino plural del artículo determinado *los*; ἀποδιορίζοντες, caso nominativo masculino plural del participio de presente en voz activa del verbo ἀποδιορίζω, *crear divisiones*, aquí *que crean* o *causan divisiones*; ψυχικοί, caso nominativo masculino plural del adjetivo *natural, que siguen los instintos naturales, sensuales*; Πνεῦμα, caso acusativo neutro singular del nombre divino *Espíritu*; μὴ, partícula que hace funciones de adverbio de negación *no*; ἔχοντες, caso nominativo masculino plural del participio de presente en voz activa del verbo ἔχω, *tener, poseer*, aquí *que tienen.*

Οὗτοι εἰσιν οἱ ἀποδιορίζοντες, Los *falsos maestros* eran causantes de divisiones. Probablemente dividían a las personas en dos clases, los sabios que eran ellos, y los ignorantes que eran todos los demás. Esta era la forma natural de los religiosos de los tiempos de Jesús. Los fariseos eran arrogantes (Lc. 16:15; 18:9, 11), por tanto, se creían superiores al resto de los hombres (Mt. 23:4-5), estos se exaltaban a sí mismos considerándose como una élite especial de gente. Esto causaba divisiones entre las personas. Cuando esto se traslada a la iglesia, se produce lo mismo en la congregación. Son aquellos que rompen los límites que Dios ha puesto en la Palabra, para la vida del creyente y para el testimonio de la iglesia. Como se ha considerado antes, el *falso maestro*, o el apóstata, se burla de la ley de Dios, niega la autoridad de la Escritura y vive fuera de los límites establecidos por Dios en ella. Si consiguen arrastrar a algunos a este camino, se produce inmediatamente una fracción en la iglesia. Todas las divisiones entre creyentes e iglesias en el tiempo presente tienen origen en aquellos que no se sujetan a la Palabra y atraen a sus propuestas seguidores de entre los creyentes. Esto pareciera ser causa de problema y de dificultades, pero visto desde la óptica de la provisión de Dios, se aprecia de otro modo: *"Porque es preciso que entre vosotros haya disensiones, para que se hagan manifiestos entre vosotros los que son aprobados"* (1 Co. 11:19). Falsas doctrinas o perversión de las verdaderas están causando divisiones en el mundo actual, hasta el punto que nombres dignos como es el término *evangélico*, representa un desprestigio para el testimonio en determinados ambientes. Se ha estudiado anteriormente el caso de Diótrefes, que por su condición causaba divisiones en la iglesia donde estaba (3 Jn. 9-10)[28].

ψυχικοί, Los califica de *sensuales*, es decir, de personas que viven conforme a los instintos personales de su propia carne. Los creyentes son *espirituales* cuando viven bajo el control y dirección del Espíritu, obedeciendo la Palabra de Dios (1 Co. 2:15), pueden ser *carnales*, o *niños en Cristo* cuando son débiles en la fe (1 Co. 3:1), pero no son *sensuales*, esto es, que viven siguiendo sus instintos naturales, dominados por la carne y sujetos al yo personal. Estos consideran las cosas del Espíritu como si fuesen locura (1 Co. 2:14). Por consiguiente, la calificación de *sensuales* es una clara referencia a quienes, aunque conviviendo con los creyentes, no lo son ellos, de modo que no pertenecen a la familia de Dios. Acaso puedan entrar en la calificación de *cristianos nominales*. Son aquellos carentes de toda vida espiritual, no regenerados, por consiguiente, viviendo en la corrupción de la carne.

Πνεῦμα μὴ ἔχοντες. La confirmación de cuanto se ha comentado antes, está en esta última frase del versículo: *que no tienen Espíritu*. Sin duda alguna no puede estar refiriéndose al espíritu humano, puesto que sin espíritu el hombre está físicamente muerto. Lo que no tienen es el Espíritu Santo, lo que les hace extraños a Cristo: *"Si alguno no tiene el Espíritu de Cristo, el tal no es de él"* (Ro. 8:9). Será bueno recordar esta verdad, para la que hay engaño manifiesto que conturba y divide a muchos.

---

[28] Ver comentario a los textos en el correspondiente volumen de esta serie.

Al Espíritu a que hace referencia el versículo es el *Espíritu de Dios*, llamado de esta forma por la relación con Dios en la Santísima Trinidad, especialmente en lo que se refiere a ser enviado del Padre. Este Espíritu hace morada en el creyente desde el momento en que cree. Por esa razón quienes tienen el Espíritu de Dios ya no *están en la carne, dado que el Espíritu de Dios mora en ellos* (Ro. 8:9). En la operación salvífica, el Espíritu deviene residente en el cristiano. La señal de la realidad del ser cristiano está en la inhabitación del Espíritu en cada creyente. En esa intimidad el Pneuma divino se aproxima al pneuma humano en diálogo testimonial (Ro. 8:16) y toma a Su cargo la función de éste, para orientarlo, conducirlo y ayudarlo en la consecución de la vida de santificación. Teniendo siempre en cuenta que no supone esto la anulación de la personalidad humana, dicho de otro modo, el Espíritu no desconecta mi mismidad. Esto queda claramente manifestado, puesto que no introduce al creyente en la pasividad, sino en la actividad, ya que cada uno de nosotros somos los que debemos andar en el Espíritu y no en la carne. La acción del Espíritu es de absoluta necesidad en la salvación. La muerte espiritual es el estado de separación del hombre y Dios, la ausencia de vida al no estar en Cristo, autor y comunicador de la vida (Ef. 2:1). Quien está alejado de Dios, fuente de vida, es un muerto espiritual. Este estado es común a todo hombre (Ro. 3:22, 23). La evidencia de este estado de muerte espiritual es el andar en delitos y pecados. Los elementos necesarios en la salvación son el resultado de la acción del Espíritu en el pecador. La convicción de pecado (Jn. 16: 8), la generación de la fe salvífica (Ef. 2:8-9) y la regeneración espiritual (Jn. 3:3, 5), no surgen del hombre, ni pueden proceder de él, sino que son dotación del Espíritu en la capacitación del pecador hacia la salvación. La comunicación de la vida eterna es resultado de la acción del Espíritu en todo aquel que cree. La promesa para el salvo es que tenga vida eterna (Jn. 3:16), que necesariamente ha de ser vida de Dios, puesto que eterno es aquello *atemporal*, esto es, que no tiene principio ni fin, que existe fuera del tiempo. Esta vida está en el Hijo (Jn. 1:4). Él mismo dice que es la vida (Jn. 14:6) y vino al mundo para que el pecador puede tener vida eterna (Jn. 10:10). Mediante la regeneración del Espíritu, Cristo es implantado en el creyente (Col. 1:27). En esta identificación personal con el Hijo de Dios, el creyente experimenta, disfruta y posee la vida eterna, realizada en el creyente mediante la presencia personal de las Personas Divinas, que vienen a hacer en él morada (Jn. 14:23). La tercera Persona Divina es, como se ha considerado antes, el residente divino en el creyente, que lo santifica para una vida en la esfera de la obediencia (1 P. 1:2). Esta manera de vida se produce como resultado de la acción transformadora del Espíritu (1 Co. 6:11). Todos los cristianos somos separados para Dios como un pueblo santo (1 P. 2:9), cuya ocupación no es ya la carne y sus concupiscencias, sino la santificación (Ef. 3:12). El creyente queda convertido en templo de Dios en el Espíritu, siendo inhabitado por las Personas Divinas, en cuyo santuario se hace presente el Espíritu de Dios (1 Co. 6:19). El cuerpo, antes al servicio de la impiedad, es ahora santuario de Dios. La presencia del Espíritu en el cristiano es una verdad revelada. El Espíritu es el gran don de Dios, dado a todos los creyentes sin excepción (Jn. 7:37-39; Hch. 11:16-17; 1 Co. 2:12; 2 Co. 5:5), y derramado por el envío del Padre y del Hijo, en el corazón de cada creyente, saturando el santuario de Dios del amor personal de Dios (5:5). Todo cristiano tiene el Espíritu Santo, que habita en todos, inclusive en los *carnales* (1 Co. 3:3; 6:19). El creyente puede vivir sin la plenitud del Espíritu, pero no puede ser creyente sin el Espíritu. En esta segunda referencia al Espíritu en el versículo, el apóstol enseña que todos los creyentes tenemos Su presencia en nosotros.

El Espíritu, del que habla Judas en el versículo está también vinculado con Cristo: *"Y si alguno no tiene el Espíritu de Cristo, no es de Él"* (Ro. 8:9). La construcción con genitivo determina la vinculación del Espíritu con Cristo. De ahí quien no tiene ese Espíritu, no puede pertenecer a Cristo. La expresión *Espíritu de Cristo* vincula al Espíritu con Cristo, porque también es enviado de Él (Jn. 15:26). La Biblia llama al Espíritu Santo, *"Espíritu de Cristo"*, en varias ocasiones (Hch. 5:9; Ro. 8:9; 2 Co. 3:17; Gá. 4.6; 1 P. 1:11). La misión reveladora en los creyentes que comunica lo que siendo de Cristo debe ser conocido por ellos, es una operación del Espíritu Santo (Jn. 16:14). Por otro lado, la santificación del cristiano tiene que ver con la reproducción del carácter moral de Jesús en él, que no es otra cosa que el fruto del Espíritu (Gá. 5:22-23). La *predestinación* que el Padre estableció para los creyentes es que seamos hechos conformes a la imagen de su Hijo (Ro. 8:29). Mediante esta acción del Espíritu, el mundo puede ver a Jesús en la vida de quienes son Suyos. El testimonio de la vida de santificación no obedece al esfuerzo de los cristianos, sino a la acción poderosa del Espíritu de Cristo en ellos, que les conduce, no tanto a hacer –aunque lo comprende– sino a *andar*, esto es, adoptar un estilo visible de vida, en las obras que Dios preparó de antemano para ello (Ef. 2:10). La santificación, a la que todos somos llamados y ha de ser nuestra principal ocupación (Fil. 2:12), no es asunto de fuerzas del creyente, sino de la fuerza del Espíritu en el creyente (Fil. 2:13).

La fuerza de la última frase está determinada por la afirmación que *no tienen el Espíritu*, por consiguiente, todo el que está en esta situación, quien no tenga el Espíritu de Cristo *"no es de Él"*. Luego, la recepción del Espíritu se produce, necesariamente, en el momento de la conversión. No se trata de experiencias posteriores para recibir primero la salvación o la justificación por la fe y luego el Espíritu. Si alguien no tiene, esto es, no ha recibido el Espíritu no es salvo. Ya se ha dicho bastante sobre la obra del Espíritu en la salvación. La posición de cada creyente como posesión divina es puesta de manifiesta por el *sello* del Espíritu (Ef. 1:13). No es posible salvación sin regeneración y no es posible regeneración sin operación y dotación del Espíritu, que la lleva a cabo (Jn. 3:5). Ningún creyente comienza a agradar a Dios tiempo después de su nuevo nacimiento, sino a partir del instante en que se produce, siendo la vida que agrada a Dios aquella que depende del Espíritu y manifiesta Su fruto en ella (Gá. 5:22-23). El fruto no se opera desde el exterior, sino desde el interior, por lo que la presencia del Espíritu se hace necesaria. La vida victoriosa sobre la carne, de la que el apóstol está ocupándose en esta parte de la *Epístola*, es solo posible por medio del Espíritu Santo (Gá. 5:16). Si alguien manifiesta continuamente evidencias de estar controlado por la carne, mediante la práctica habitual del pecado, tal vez nunca ha recibido el Espíritu, por tanto, no es salvo (1 Jn. 3:6, 8, 9). Sin duda hay una frontera muy sutil entre el creyente *carnal* y el no regenerado, sobre la que no se puede juzgar, sin embargo, no debemos estar engañados, pues incluso una profesión religiosa no es evidencia del nuevo nacimiento (Mt. 7:21-23). No es una profesión, sino la obediencia, aquello que diferencia al salvo del no salvo. Pablo enseña enfáticamente que quien no tiene el Espíritu de Cristo, no es de Él, por tanto, no ha sido salvo, permanece en sus delitos y pecados y está espiritualmente muerto. La verdad paulina es concreta, nadie puede ser de Cristo, sin haber sido dotado del Espíritu de Cristo. No hay segundas experiencias para *recibir* el Espíritu, se recibe y, por tanto, se tiene en el momento en que se deposita la fe salvífica en la Persona de Jesucristo. Esa es la causa de la pregunta del apóstol a los discípulos de Juan: "*¿Recibisteis el Espíritu Santo cuando creísteis?*" (Hch. 19:2). La recepción del Espíritu Santo, como don divino, tiene lugar cuando se cree, por cuya presencia y obra se produce la regeneración.

Judas presenta a los *falsos maestros* como apóstatas no regenerados, por consiguiente, causarán todos los males y dificultades a quienes viviendo una vida de firmeza en la fe, siguen a Cristo en el camino, obedeciendo la Palabra y viviendo en comunión con Dios.

Edificación, oración y esperanza (vv. 20-23).

20. Pero vosotros, amados, edificándoos sobre vuestra santísima fe, orando en el Espíritu Santo.

ὑμεῖς δέ, ἀγαπητοί, ἐποικοδομοῦντες ἑαυτοὺς τῇ ἁγιωτάτῃ
Pero vosotros, amados, edificando sobre a vosotros mismos la santísima
ὑμῶν πίστει, ἐν Πνεύματι Ἁγίῳ προσευχόμενοι,
de vosotros fe, en Espíritu Santo orando.

Análisis y notas del texto griego.

Análisis: ὑμεῖς, caso nominativo de la segunda persona plural del pronombre personal *vosotros*; δέ, partícula conjuntiva que hace las veces de conjunción coordinante, con sentido de *pero, más bien, y, y por cierto, antes bien, entonces*; ἀγαπητοί, caso vocativo masculino plural del adjetivo *amados*; ἐποικοδομοῦντες, caso nominativo masculino plural del participio de presente en voz activa del verbo ἐποικοδομέω, *edificar sobre*, aquí *edificando sobre*; ἑαυτοὺς, caso acusativo masculino plural del pronombre reflexivo declinado *a vosotros mismos*; τῇ, caso dativo femenino singular del artículo determinado *la*; ἁγιωτάτῃ, caso dativo femenino singular del adjetivo superlativo *santísima*; ὑμῶν, caso genitivo de la segunda persona plural del pronombre personal declinado *de vosotros*; πίστει, caso dativo femenino plural del nombre común *fe*; ἐν, preposición propia de dativo *en*; Πνεύματι, caso dativo neutro singular del nombre divino *Espíritu*; Ἁγίῳ, caso dativo neutro singular del adjetivo *Santo*; προσευχόμενοι, caso nominativo masculino plural del participio de presente en voz media del verbo πρσεύχομαι, *orar*, aquí *orando*.

ὑμεῖς δέ, ἀγαπητοί, ἐποικοδομοῦντες ἑαυτοὺς τῇ ἁγιωτάτῃ ὑμῶν πίστει, Los *burladores* causan divisiones y producen quebrantos en la obra de Dios, pero los creyentes *edifican*. De nuevo el afecto del escritor en relación con los destinatarios del escrito se pone de manifiesto al usar otra vez en vocativo *amados*, para dirigirse a ellos. Estos viven literalmente *sobreedificando*, como denota el verbo que Judas usa aquí. El fundamento del edificio es Cristo, la estructura para la edificación es la enseñanza apostólica (Ef. 2:20), pero cada uno de los creyentes sobreedifica en el templo de Dios que es la iglesia de Jesucristo, levantada con piedras vivas que somos los salvos (1 P.2:5). Todos edificamos sobre el fundamento estable que es Cristo (1 Co. 3:10-15). En este caso, Judas orienta al lector hacia una edificación personal, sobre nuestra *santísima fe*. Pedro escribió en su *Epístola* que los creyentes debemos poner diligencia en añadir *sobre la fe* (2 P. 1:5-7). La base del edificio al que se refieren tanto Pedro como Judas tiene que ver con la fe. De modo que todos tenemos la responsabilidad de crecer en la fe, desarrollando nuestro carácter cristiano. Esto lleva gloria a Dios. El uso del participio de presente en el verbo *edificar*, expresa la idea de una continuidad en el tiempo, es decir, la edificación personal durará toda la vida. Es importante notar que Judas está refiriéndose a edificarse a uno mismo, y vincula esta edificación a la *santísima fe*, concordando con las palabras del apóstol Pablo a los ancianos de Éfeso, en la playa de Mileto: *"... hermanos, os encomiendo a Dios, y a la palabra de su gracia que tiene poder para sobreedificaros y daros herencia con todos los santificados"* (Hch. 20:32). La edificación personal consiste en aplicar a la vida individual las enseñanzas de la Palabra. No puede haber crecimiento espiritual fuera de la obediencia a la Palabra. La purificación de nuestros pecados está ligada a la Palabra (Ef. 5:26; Jn. 17:17). La dependencia de ella trae bendiciones (Stg. 1:25). En la obediencia a ella se perfecciona el amor de Dios en el creyente (1 Jn. 2:5). La vida de santidad está en la misma proporción que la obediencia a la Escritura (Sal. 119:9, 11).

ἐν Πνεύματι ἁγίῳ προσευχόμενοι, El segundo elemento para la bendición de la vida es la oración. Aquí se enseña que debe hacerse en el *Espíritu Santo*. El mismo pensamiento está en la enseñanza de Pablo: *"Orando en todo tiempo con toda oración y súplica en el Espíritu, y velando en ello con toda perseverancia y súplica por todos los santos"* (Ef. 6:18). Judas exhortó antes a tener en memoria la enseñanza de los apóstoles y éstos establecieron la oración para el creyente (Ro. 12:12; Ef. 6:18; Col. 4:2). Bueno será aquí recordar algo de las instrucciones apostólicas sobre la oración, obedeciendo al mandato de Judas.

Al creyente se le manda edificarse en la fe, esto requiere una provisión de fuerza para hacerlo ya que, en la vida de santificación, el conflicto con las fuerzas de maldad es un hecho evidente. La batalla es de Dios, el creyente ha de mantenerse firme en el lugar de victoria en que fue colocado. Las fuerzas provienen también de Dios y el creyente buscará el recurso de poder mediante la oración de dependencia. Es Dios el que esfuerza al creyente, porque es Dios quien da las fuerzas: *"Él da esfuerzo al cansado, y multiplica las fuerzas al que no tiene ningunas"* (Is. 40:29). La fortaleza al cansado nace del poder de Dios en él, porque *"Dios es el que en vosotros produce así el querer como el hacer, por su buena voluntad"* (Fil. 2:13). La matemática divina es asombrosamente contraria a la humana; en el campo de los hombres cualquier cantidad, por grande que sea, multiplicada por cero, siempre resulta cero. Pero Dios multiplica el cero de nuestras fuerzas poniendo las Suyas en donde no hay ningunas y conduciéndonos a la victoria. La victoria se alcanza mediante el recurso de la oración de fe. Una ilustración interesante es el modo en que el pueblo de Israel consiguió victoria frente a Amalec, por medio de la oración intercesora de Moisés (Ex. 17:8-16). Las fuerzas personales son un fracaso ante los enemigos más poderosos que son las huestes de maldad en las regiones celestes, a no ser que actúe en todo, la fuerza de Dios (Zac. 4:6).

La oración debe ser practicada, conforme al mandamiento apostólico, *"en todo tiempo"*, es decir, debe ser constante. Se trata de una oración incesante. Cualquier asunto de la vida cristiana debe ser tratado en oración, mucho más cuando se debe vivir una vida consecuente con la fe. Para algunos la oración es asunto de recurso en los momentos de grandes dificultades. Dios establece la oración en todo tiempo. Cristo mismo da ejemplo de oración. Basta la lectura corrida de los evangelios para verificar que Jesús fue un hombre de oración. Él oraba en todo momento. Lo hacía de un modo diferente al ritualismo de los fariseos, de modo que los discípulos le pidieron que les enseñara a orar. Oraba en gratitud (Jn. 11:41), pero lo hacía también en la angustia cuando la oración se hace lágrimas y palabras de clamar. Oraba en la Cruz (Sal. 22:1) y entregaba Su vida en oración (Lc. 23:46). Cristo dedicó tiempo a la oración haciéndolo con verdadera insistencia, de modo que en alguna ocasión pasó toda la noche orando (Lc. 6:12). El Señor buscaba tiempo tranquilo para hacerlo, por tanto, mientras algunos aún dormían, Él se levantaba temprano cuando el día no había comenzado y buscando un lugar aislado oraba (Mr. 1:35). Iba con frecuencia a lugares solitarios para orar (Lc. 5:16). El Señor oraba en los momentos decisivos. Su ministerio comienza rodeado de oración (Lc. 3:21). Él oraba cuando tenía que tomar una decisión importante, como era la elección de los doce discípulos (Lc. 6:12-13). Cuando tenía delante el final del ministerio con cuanto suponía la Cruz, (Lc. 9:28-29). En el momento crucial de la agonía oró intensa y largamente (Lc. 22:42), oración hecha con gran clamor y lágrimas (He. 5:7). Al final de la experiencia de abandono en la Cruz (Mt. 27:46). Jesús oraba conforme a la voluntad de Dios, como Él mismo afirma en la resurrección de Lázaro (Jn. 11:41-42). Oraba confiada pero insistentemente, como ejemplo la oración en Getsemaní. Cristo oraba también en intercesión por los Suyos, a favor de otros, pidiendo asuntos concretos para ellos: *"yo ruego por ellos"* (Jn. 17:9); *"guárdalos en tu nombre, para que sean uno"* (Jn. 17:11); *"guárdalos del mal"* (Jn. 17:15); *"santifícalos en tu verdad"* (Jn. 17:17). Su oración se extendía a todos los creyentes: *"No solo por estos, sino también por los que han de creer en mí por la palabra de ellos"* (Jn. 17:20). El mismo Señor pronunció una parábola para enseñar a los Suyos la necesidad de orar siempre sin desmayar (Lc. 18:1). El ejemplo de Pablo, siguiendo las pisadas del Maestro es también un ejemplo de oración, abriendo la mayor parte de sus escritos recordando su compromiso de oración a favor de los destinatarios (cf. Ro. 1:9; 1 Co. 1:4; Ef. 1:16; Fil. 1:3-4; Col. 1:3; 1 Ts. 1:2; 2 Ts. 1:3; Flm. 4). El creyente debe orar porque Dios mismo lo establece (Jer. 33:3), siendo un mandamiento con promesa (Jer. 29:12). Debemos orar porque Cristo lo enseñó (Lc. 18:1). Es necesario orar porque el mandamiento para hacerlo aparece reiteradamente en el Nuevo Testamento (Ro. 12:12; Ef. 6:18; Col. 4:2). La oración debe hacerse continuamente, *sin cesar*, lo que enseña que el creyente ha de estar continuamente en relación espiritual con el Padre que le permita el diálogo con Él en toda ocasión. No es preciso buscar un determinado lugar para orar, porque se trata de la conversación propia y natural del hijo con el Padre que está en el cielo. El apóstol enseña aquí a orar en cualquier ocasión: ἐν παντὶ καιρω, *"en todo tiempo"*.

Una segunda característica de la oración es la continuidad e insistencia, como enseña el apóstol Pablo *"y para ello velando con toda perseverancia"*. Se trata de una oración incesante. El combate contra las huestes de maldad es un asunto continuo, por tanto, los recursos de poder han de ser obtenidos continuamente. Cristo vuelve a ser ejemplo de oración para los creyentes, pasando, como se ha considerado antes, noches en oración (Lc. 6:12). La misma iglesia de los tiempos apostólicos es también ejemplo de entrega a la oración buscando los recursos de poder para llevar a cabo la misión encomendada aún a costa del riesgo a que se enfrentaban (Hch. 4:24ss). La forma de la oración perseverante es *velando*, como también lo enseña en otro lugar (Col. 4:2). Es posible entender esto también como un tiempo especial e intenso para orar, lo que suelen llamarse *vigilias* de oración, que van unidas al ayuno para dedicar el tiempo de la comida y del descanso a orar insistente e intensamente. Esta insistencia y atención a la oración es un mandato establecido para los creyentes en todos los tiempos. Pablo mismo dice que el oraba *día y noche* por los santos (1 Ts. 3:10). La noche en la cárcel de Pablo y Silas fue aprovechada para orar (Hch. 16:25). ¿En qué estaba pensado Pablo al recomendar la oración? Posiblemente tanto en la necesidad de oración insistente como en tiempos especiales de oración. Lamentablemente la idea del ayuno bíblico para dedicar tiempo a la oración y de reuniones congregacionales para oración especial, insistente y continua, como por ejemplo una noche de oración, no está teniendo lugar en muchas iglesias. Especialmente en lo que suele llamarse el *primer mundo*, no están tan interesados en la oración como en otras actividades eclesiales. Sin oración no hay vida victoriosa y la demanda apostólica es a prestar atención en el campo de la oración.

La oración del creyente debe ser una oración de *súplica*, esto es, de dependencia. No impone ni reclama respuesta, simplemente suplica ante el Trono de gracia que Dios dé el oportuno socorro para el tiempo de la necesidad. Es como una mano vacía que se extiende para recibir la provisión del poder de Dios. La oración que es respondida es la oración de clamor, conforme a la promesa divina: *"Clama a mí, y yo te responderé"* (Jer. 33:3). Las oraciones rituales, conformadas al sistema propio de la forma habitual según la tradición de la oración, pocas veces tendrán respuesta. Es la oración que *clama*, la que vierte el alma delante del Señor, la que va acompañada del reconocimiento de la inutilidad personal para alcanzar la victoria por sí mismo, la que levanta manos limpias pero vacías de poder pidiendo la ayuda divina, la que recibe la respuesta poderosa de Dios. Entrar al trono de gracia para hallar el socorro oportuno requiere revestirse de humildad, aunque siempre se debe hacer con confianza: *"Acerquémonos, pues, confiadamente al trono de la gracia, para alcanzar misericordia y hallar gracia para el oportuno socorro"* (He. 4:16). El admirable recurso para el creyente no está lejos de Él, ni es difícilmente alcanzable, consiste simplemente en *acercarse* al trono de la gracia. Es sorprendente la cercanía del trono de la provisión divina, al que ya hemos accedido todos en algún momento, por lo que el modo verbal *acerquémonos*, se expresa en el texto griego mediante un presente de subjuntivo volitivo, que expresa la idea de *seguir acercándose* al trono de la gracia. El verbo denota *venir cerca de algo*. No sólo el creyente puede acceder, sino que se le exhorta para que lo haga. Además, la aproximación debe efectuarse con *confianza*, una palabra que expresa la idea de *seguridad y presencia de ánimo*, que comunica al cristiano la cancelación del problema y responsabilidad penal del pecado. Antes el trono de Dios era un trono de ira, a causa del pecado, pero, cargado éste sobre Jesús, nuestro Sumo Sacerdote, y extinguida la responsabilidad penal que a causa del pecado recaía sobre el pecador, se convierte en un trono de gracia para todo aquel que está en Cristo. El Sumo Sacerdote hizo la expiación personal por el pecado del creyente (1 Jn. 2:1-2), por tanto, no hay razón de temor, en sentido de miedo ante el Juez supremo porque ya *"no hay condenación para los que estamos en Cristo Jesús"* (Ro. 8:1). La actividad de Dios para Sus hijos es siempre una actividad de bien. El Dios de gracia se dio a Sí mismo al dar a su Hijo, por tanto, con el don supremo se dan también los demás dones (Ro. 8:32). Por otro lado, los dones de la gracia son *perfectos*, es decir, *completos*, abundantes para la superación de la necesidad más acuciante que pueda presentarse. La gracia de Dios siempre es mayor que la mayor de la necesidad del creyente (Stg. 4:6). Dios mismo otorga los dones de la gracia en la dimensión de la gracia misma, que es inagotable. El resultado para el creyente de acercarse al trono de gracia es el *"alcanzar misericordia y hallar gracia para el oportuno socorro"*. Desde ese trono destila el amor que se manifiesta en misericordia, como expresión compasiva hacia la limitación humana y sus miserias que producen sufrimiento. El creyente encuentra allí *misericordia*, expresión de amor en la solución de la miseria. Es la misericordia el amor que movió los brazos del padre del pródigo para estrecharlo firmemente contra su pecho a pesar de su ruina y suciedad. De la misma manera el Padre del cielo abraza al creyente que ha fracasado y caído, restaurándolo, en base a la obra de su Hijo, a plena comunión con Él. Pero también desciende de allí la gracia manifestándose en el *oportuno socorro*. La expresión es sumamente interesante, e indica la *ayuda en el momento justo*, o también la *ayuda en el instante necesario*. De otro modo el auxilio de Dios es poderoso, porque en él está empeñada la gracia, y es oportuno porque llega en el momento necesario, en la hora de la prueba y de la crisis. La gracia de Dios llega en el momento oportuno, pero jamás llega tarde.

Finalmente, Judas indica que la oración debe ser *"en el Espíritu Santo"*. Orar en el Espíritu no es un modo extraordinario de oración, sino la que debiera ser habitual en la vida del creyente. No se trata de expresar la oración con palabras impuestas por el Espíritu, y mucho menos haciéndolo en otras lenguas, como algunos pretenden enseñar. Es una oración hecha por el creyente que está en plena comunión con el Espíritu y que Éste actúa con libertad en él, porque no está contristado ni apagado. El apóstol Pablo enseñó que: *"Y de igual manera el Espíritu nos ayuda en nuestra debilidad; pues qué hemos de pedir como conviene, no lo sabemos, pero el Espíritu mismo intercede por nosotros con gemidos indecibles"* (Ro. 8:26). La debilidad de los creyentes es la limitación propia de quienes están aún en la carne. Todos somos débiles en ese sentido y se evidencia en *"que hemos de pedir como conviene, no sabemos"*, es decir, no estamos seguros en que la oración elevada al Padre concuerde y armonice con Su voluntad. No quiere decir esto que las oraciones de los cristianos no están en sintonía con la voluntad divina. En gran medida tenemos orientaciones para que la oración sea correctamente expresada. El modelo del Padre nuestro, es una de ellas para el que ora. La Biblia enseña a orar por los inconversos, por todos los hombres, por los gobernantes (1 Ti. 2:1-2). Es bueno y conforme a la voluntad de Dios orar por los valores establecidos para la iglesia, por la paz, por la unidad visible del pueblo de Dios, por la santificación de los creyentes, etc. etc. Sin embargo, en algunas ocasiones las peticiones no son conformes con la voluntad de Dios y no recibimos aquello que pedimos. El ejemplo del apóstol Pablo es una muestra, al pedir a Dios que quitara el aguijón de su carne y el Señor no se lo concedió (2 Co. 12:7-9). Entonces ¿en qué sentido debemos entender esta debilidad en la oración? El contexto del pasaje tiene que ver con la esperanza y, por tanto, con las dificultades propias del tiempo de la espera paciente. Las peticiones se realizan con palabras humanas para solicitar algo que tiene que ver con las glorias futuras, por tanto, de cosas invisibles y, en cierta medida, inexpresables por nosotros en nuestro lenguaje humano. En el caso concreto de la *Epístola*, la situación con los *falsos maestros* y en enfrentarse a las dificultades de la firmeza en la fe, justifican la necesidad de orar conforme a la voluntad de Dios, pidiendo lo que conviene. Cada uno de nosotros procuraríamos la liberación de las circunstancias adversas de un modo inmediato, siendo incapaces de dominar nuestros deseos, pero sólo el tiempo de Dios es el correcto en todo. Ese sentido debemos depender del Espíritu para *orar como conviene*. Nuestro entendimiento es limitado, nuestro lenguaje incapaz de expresarse en términos de identidad divina, todavía es el tiempo del sufrimiento, y la liberación de los problemas producidos por los enemigos de la fe son futuros, y están en el conocimiento exclusivo de Dios. En esta *debilidad*, intercede el Espíritu

Santo ante Dios, el destinatario de nuestra oración, a nuestro favor en palabras que son para nosotros como un gemido inexpresable.

Las palabras de la oración del creyente debieran ajustarse a aquello que es *conforme* o mejor *necesario* según Dios. Quiere decir oraciones relacionadas plenamente con la voluntad divina sobre los aspectos concretos de la oración. En esto consiste nuestra dificultad. Pero oramos confiadamente porque el Espíritu *intercede*, por nosotros. El Consolador, actúa como abogado al lado de los santos (1 Jn. 2:1). En ese ministerio traduce al leguaje de Dios las palabras formuladas en el lenguaje de los hombres. Con ello Dios sabe lo que el Espíritu quiere decir expresando nuestro gemido, conforme a la voluntad divina. En el cielo, el intercesor de los creyentes es Cristo (Ro. 8:34; He. 7:25; 1 Jn. 2:1). El Espíritu, como Vicario de Cristo en la tierra, hace la función intercesora a favor de las peticiones de los salvos, como el Señor hizo antes. Lo hace con *gemidos indecibles*, forma del lenguaje para expresar la idea de algo que no se puede decir con palabras humanas, de otro modo, algo que no tiene traducción al lenguaje de los hombres. Dios mismo intercede y gime por los santos. Mientras que la intercesión de Cristo en el cielo se produce *fuera* de los creyentes, la del Espíritu en la tierra se produce *dentro* de ellos. El Espíritu intercede para que las aflicciones y necesidades de los santos sean suplidas conforme a la voluntad de Dios. Como escribe el Dr. MacArthur: *"Cuando oramos en el Espíritu Santo nos sometemos personalmente a Él, descansamos en su sabiduría, buscamos su voluntad y confiamos en su poder (cp. Jn. 14:14-17; 1 Jn. 5:14-15)"*[29].

21. Conservaos en el amor de Dios, esperando la misericordia de nuestro Señor Jesucristo para vida eterna.

ἑαυτοὺς	ἐν	ἀγάπῃ	Θεοῦ	τηρήσατε	προσδεχόμενοι	τὸ
Vosotros mismos	en	amor	de Dios	conservad,	aguardando	la

ἔλεος	τοῦ	Κυρίου	ἡμῶν	Ἰησοῦ Χριστοῦ	εἰς	ζωὴν	αἰώνιον.
misericordia	del	Señor	de nosotros	Jesucristo	para	vida	eterna.

Análisis y notas del texto griego.

Análisis: ἑαυτοὺς, caso acusativo masculino plural del pronombre reflexivo *vosotros mismos*; ἐν, preposición propia de dativo *en*; ἀγάπῃ, caso dativo femenino singular del nombre común *amor*; Θεοῦ, caso genitivo masculino singular del nombre divino declinado *de Dios*; τηρήσατε, segunda persona plural del aoristo primero de imperativo en voz activa del verbo τηρέω, *conservar, guardar, custodiar, observar*, aquí *conservad*; προσδεχόμενοι, caso

[29] John MacArthur. o. c., pág. 719.

nominativo masculino plural del participio de presente en voz media del verbo προσδέχομαι, *esperar, aguardar*, aquí *aguardando*; τὸ, caso acusativo neutro singular del artículo determinado *el*; ἔλεος, caso acusativo neutro singular del nombre común *misericordia*; τοῦ, caso genitivo masculino singular del artículo determinado declinado *del*; Κυρίου, caso genitivo masculino singular del nombre divino *Señor*; ἡμῶν, caso genitivo de la primera persona plural del pronombre personal declinado *de nosotros*; Ἰησοῦ, caso genitivo masculino singular del nombre propio *Jesús*; Χριστοῦ, caso genitivo masculino singular del nombre propio *Cristo*; εἰς, preposición propia de acusativo *para*; ζωὴν, caso acusativo femenino singular del nombre común *vida*; αἰώνιον, caso acusativo femenino singular del adjetivo *eterna*.

ἑαυτοὺς ἐν ἀγάπῃ Θεοῦ τηρήσατε. Conservarse en el amor de Dios es un privilegio y una bendición que el creyente debe experimentar. Al usar el pronombre reflexivo *vosotros mismos*, implica principalmente el mantenerse amando a Dios. Es cierto que el amor con que amamos a Dios es el mismo amor con que Él nos amó a nosotros y que ha sido derramado en nuestros corazones por el Espíritu Santo (Ro. 5:5). Sin embargo, puesto que el amor perfecto procede de Dios, Judas está también exhortando a los creyentes para que permanezcan experimentando el amor divino, como el Señor dijo: *"Como el Padre me ha amado, así también yo os he amado; permaneced en mi amor"* (Jn. 15:9). La responsabilidad es conservarse en la esfera donde el amor de Dios puede bendecirnos, lo que demanda plena comunión con Él (Ro. 8:39; 1 Jn. 4:16). Permanecer en el amor de Dios exige obediencia a Sus mandamientos: *"Si guardareis mis mandamientos, permaneceréis en mi amor"* (Jn. 15:10). La forma de permanecer en la esfera de la relación de amor entre los creyentes y el Señor, está en que aquellos guarden *Sus mandamientos*. Jesús vincula estos dos aspectos en su enseñanza: *"Si me amáis, guardad mis mandamientos... El que tiene mis mandamientos, y los guarda, ese es el que me ama... el que no me ama, no guarda mis palabras"* (Jn. 14:15, 21, 23, 24). Nadie puede decir que permanece en el amor de Dios y desobedecer a lo que Él ha establecido. La enseñanza primera para los convertidos, consiste en enseñarles que *"guarden todas las cosas que os he mandado"* (Mt. 28:20). No es posible permanecer en el amor de Dios en una esfera de desobediencia y esta es simplemente el quebrantar alguno de los *más pequeños* mandamientos. Obediencia parcial, es desobediencia.

προσδεχόμενοι τὸ ἔλεος τοῦ Κυρίου ἡμῶν Ἰησοῦ Χριστοῦ εἰς ζωὴν αἰώνιον. Mientras vivimos en la relación de amor, se nos manda *aguardar* en Su misericordia cuyo resultado es *la vida eterna*. No quiere decir que la vida eterna se alcanza por amar a Dios o por estar en la relación de Su amor con nosotros. La salvación es por gracia mediante la fe (Ef. 2:8-9), pero, el nivel primero de la salvación es la justificación que se alcanza plenamente cuando se cree en Cristo; el segundo la santificación, en donde discurre el tiempo de la vida cristiana, sujeto a dificultades y conflictos; el tercero el definitivo que es la glorificación. Si la salvación inicialmente de debió a la *misericordia* que Dios tuvo con nosotros, el final del proceso es del mismo modo. De manera que se exhorta a estar expectantes ante la venida del Señor para recoger a los Suyos. La vida cristiana es, por tanto, una paciente espera velando para estar preparados: *"Aguardando la esperanza bienaventurada y la manifestación gloriosa de nuestro gran Dios y Salvador Jesucristo"* (Tit. 2:13). El apóstol Pedro dijo esto mismo en una forma muy similar: *"Por tanto, ceñid los lomos de vuestro entendimiento, sed sobrios, y esperad por completo en la gracia que se os traerá cuando Jesucristo sea manifestado"* (1 P. 1:13). Nuestros privilegios son vivir en una esfera de gozosa esperanza, que descansa en el cumplimiento de la promesa de Jesucristo de venir a buscarnos para estar eternamente con Él (Jn. 14:1-4). La misericordia nos fue dada para salvación, nos es multiplicada en el tiempo presente de la santificación, será manifestada en plenitud en el tiempo del regreso de Jesucristo, cuando *"...aparecerá por segunda vez, sin relación con el pecado, para salvar a los que en él esperan"* (He. 9:28). Edificación, oración y esperanza, son los elementos que sustentan la vida cristiana conforme a la voluntad de Dios.

22. A algunos que dudan, convencedlos.

Καὶ	οὓς	μὲν	ἐλεᾶτε	διακρινομένους,
Y	a los que	ciertamente	tened compasión,	que dudan.

Análisis y notas del texto griego.

Análisis: Καὶ, conjunción copulativa *y*; οὓς, caso acusativo masculino plural del pronombre relativo declinado *a los que*; μὲν, partícula afirmativa que se coloca siempre inmediatamente después de la palabra expresiva de una idea que se ha de reforzar o poner en relación con otra idea y que, en sentido absoluto tiene oficio de adverbio de afirmación, como *ciertamente, a la verdad*; ἐλεᾶτε, segunda persona plural del presente de imperativo en voz activa del verbo ἐλέω, *tener compasión*, aquí *tened compasión*; διακρινομένους, caso acusativo masculino plural del participio de presente en voz media del verbo διακρίνω, *dudar*, aquí *que dudan*.

Καὶ οὓς μὲν ἐλεᾶτε διακρινομένους, Antes de la doxología con lo que cerrará la *Epístola*, Judas llama a los lectores despertando la responsabilidad que tienen con aquellos que en su entorno no tienen a Cristo como Salvador y Señor. Algunos *dudan*, esto es, no están convencidos de la verdad. Para éstos la misericordia que Dios ha mostrado con nosotros, debe ser mostrada con ellos.

Algunos están indecisos en cuanto a la verdad. Tal vez los *falsos maestros* sembraron dudas en la mente de los que estaban acercándose a los creyentes y sentían interés por el evangelio. Acaso eran víctimas del sistema idolátrico que estaba asentado en la sociedad. No importa especular sobre esto, lo único cierto es que hay algunos que dudaban. Con ellos debe practicarse la *misericordia*, teniendo compasión de los tales, como de personas que sin Cristo, se pierden eternamente. Los que dudan son también *niños* que espiritualmente hablando fluctúan y son fácilmente llevados de un lugar a otro arrastrados por todo viento de doctrina (Ef. 4:14), a éstos debe mostrase el amor en la expresión intensa de la misericordia. En algunas versiones se traduce como *convencedlos*. En cualquier caso, se trata de ocuparse de ellos llevándolos a la verdad. Por consiguiente, según enseña el apóstol Pedro debemos estar siempre dispuestos para dar razón de la esperanza que está en nosotros (1 P. 3:15).

23. A otros salvad, arrebatándolos del fuego; y de otros tened misericordia con temor, aborreciendo aun la ropa contaminada por su carne.

οὓς δὲ σῴζετε ἐκ πυρὸς ἁρπάζοντες, οὓς δὲ ἐλεᾶτε ἐν
Y a los que salvad de fuego arrebatando, y a los que tened compasión con
φόβῳ μισοῦντες καὶ τὸν ἀπὸ τῆς σαρκὸς ἐσπιλωμένον χιτῶνα.
temor aborreciendo también la de la carne que ha sido manchada túnica.

Análisis y notas del texto griego.

Análisis: οὓς, caso acusativo masculino plural del pronombre relativo declinado *a los que*; δὲ, partícula conjuntiva que hace las veces de conjunción coordinante, con sentido de *pero, más bien, y, y por cierto, antes bien, entonces*; σῴζετε, segunda persona plural del presente de imperativo en voz activa del verbo σῴζω, *salvar*, aquí *salvad*; ἐκ, preposición propia de genitivo *de*; πυρὸς, caso genitivo neutro singular del nombre común *fuego*; ἁρπάζοντες, caso nominativo masculino plural del participio de presente en voz activa del verbo ἁρπάζω, *arrebatar*, aquí *arrebatando*; οὓς, caso acusativo masculino plural del pronombre relativo declinado *a los que*; δὲ, partícula conjuntiva que hace las veces de conjunción coordinante, con sentido de *pero, más bien, y, y por cierto, antes bien, entonces*; ἐλεᾶτε, segunda persona plural del presente de imperativo en voz activa del verbo ἐλέω, *tener compasión*, aquí *tened compasión*; ἐν, preposición propia de dativo *con*; φόβῳ, caso dativo masculino singular del nombre común *miedo, temor, respeto reverente*; μισοῦντες, caso nominativo masculino plural del participio de presente en voz activa del verbo μισέω, *aborrecer, odiar*, aquí *aborreciendo*; καὶ, adverbio de modo *también*; τὸν, caso acusativo masculino singular del artículo determinado *el*; ἀπὸ, preposición propia de genitivo *de*; τῆς, caso genitivo femenino singular del artículo determinado *la*; σαρκὸς, caso genitivo femenino singular del nombre común *carne*; ἐσπιλωμένον, caso acusativo masculino singular del participio perfecto en voz pasiva del verbo σπίλω, *manchar*, aquí *que ha sido manchada*; χιτῶνα, caso acusativo masculino singular del nombre común *túnica*.

οὓς δὲ ἐλεᾶτε ἐν φόβῳ μισοῦντες. Otro grupo no está formado por los que *dudan*, los indecisos, sino por quienes ya han sido alcanzados por la falsa doctrina y están en el camino de la perdición definitiva. No se trata aquí de convencerles sino de *arrancarles*, como se haría con una persona que está rodeada por el fuego y sólo es posible salvarla arrebatándola de alguna manera del incendio. Es mucho más concordante considerar a estos como no creyentes que hacerlo con creyentes que han sido cautivados por los falsos maestros. La Biblia usa la figura de un *lago de fuego*, para referirse al infierno (Ap. 21:8). Hay ejemplos de quienes han sido salvados del fuego, como es el caso de Lot y sus hijas, para lo cual los ángeles tuvieron que apremiarlos para hacerles salir del lugar de destrucción (Gn. 19:15, 16, 24). No dice Judas de quienes se trata, por lo que pueden considerarse tanto pecadores perdidos, como creyentes extraviados, si bien para éstos no existe ya la condenación del infierno porque son salvos, pero puede haber para quien peca voluntariamente un juicio divino con la intensidad comparable con el fuego; *"Porque si pecáremos voluntariamente después de haber recibido el conocimiento de la verdad, ya no queda más sacrificio por los pecados, sino una horrenda expectación de juicio y de hervor de fuego que ha de devorar a los adversarios"* (He. 10:26-27)[30].

La actuación con este tipo de personas es mucho más intensa que la que debe emplearse para quienes necesitan sólo estar convencidos de la verdad. En cualquier caso, nadie puede dudar de la salvación o restauración del pecador más perdido. El evangelio arrebata del infierno a quienes están en el pecado y cuya esperanza no es otra que la muerte eterna en el infierno.

καὶ τὸν ἀπὸ τῆς σαρκὸς ἐσπιλωμένον χιτῶνα. El tercer grupo debe ser tratado con mucho cuidado, precaución y temor. Su estado es peor que el de aquellos que deben ser rescatados del fuego, pero, la relación con ellos es peligrosa para el que intente alcanzarlos para Cristo. Estos están absolutamente contaminados por la carne, estando en el camino de los malos. Sobre el acercamiento a los tales se hace peligroso

---

[30] Ver el comentario al pasaje He. 10:26-39, en el volumen correspondiente de esta serie.

por la facilidad de contaminarse de algún modo con su condición. Una enfermedad infecciosa se puede traspasar de un enfermo a un sano por el simple contacto por proximidad. La Biblia advierte de este peligro: *"No entres por la vereda de los impíos, ni vayas por el camino de los malos. Déjala no pases por ella; apártate de ella, pasa"* (Pr. 4:14-15). Algunos creyentes vieron acabarse su ministerio a causa de la contaminación moral que se produjo cuando intentaron alcanzar a perdidos en su mundo de corrupción. Este tipo de persona no está dispuesto a oír consejos sobre la impureza, ni atienden al llamamiento a la conversión, de ahí que para conseguir su atención algunas veces se desciende a su mundo perverso y el que lo hace queda atrapado en sus mismos problemas. Sin embargo, aun así, debe tenerse misericordia para ellos, pero con *temor* de contaminación, porque sus mismos vestidos, están contaminados por la corrupción. Judas habla de despreciar aun los vestidos, que son las ropas que están sobre el cuerpo del perverso. En ello hay también una figura ya que los vestidos cubren la desnudez y pueden ofrecer una apariencia distinta a los ojos de los hombres. Estos vestidos contaminados por cubrir la corrupción deben ser desechados por los creyentes. Como figura se entiende bien que la ropa en sí no genera ningún problema de pecado, pero espiritualmente hablando se usa por muchos para presentar una apariencia de piedad cuando lo que hay en ellos es corrupción. Esa forma hipócrita de vida debe ser tratada con *temor*, apartándose de ella. Los vestidos *limpios* son figura de pureza (Ap. 19:8); los *vestidos sucios* lo son de impureza (Zac. 3:3 ss: Ap. 3:4). Usando otra figura, la advertencia de Judas sobre la cautela y cuidado que debe tener el que trate de alcanzar a apóstatas y corruptos, está en las palabras de Jesús: *"He aquí, yo os envío como a ovejas en medio de lobos; sed, pues, prudentes como serpientes, y sencillos como palomas"* (Mt. 10:16), No se trata de desconfiar de la protección divina para alcanzar a los perdidos, pero el cuidado tiene que ver con hacer lo que corresponde en cada situación. La comparación del Señor hecha con la serpiente, no está dirigida al sentido de aguardar el paso de la víctima para inocularle el veneno mortal, sino en el continuo estado de alerta para evitar el peligro.

Anunciar el evangelio de la gracia lleva aparejado aborrecer cuanto tenga relación con el pecado que practican aquellos a quienes les anunciamos este mensaje. Si tenemos un profundo respeto por Dios, evitaremos cualquier forma de pecado que pueda contaminarnos. Este cuidado no supone evitar de anunciarles el evangelio, porque la misericordia está presente también para este grupo de personas.

Doxología (vv. 24-25).

24. Y a aquel que es poderoso para guardaros sin caída, y presentaros sin mancha delante de su gloria con gran alegría.

Τῷ δὲ δυναμένῳ φυλάξαι ὑμᾶς ἀπταίστους καὶ στῆσαι
Y al que puede guardar os sin caída y presentar
κατενώπιον τῆς δόξης αὐτοῦ ἀμώμους ἐν ἀγαλλιάσει,
delante de la gloria de Él sin mancha con gran alegría.

Análisis y notas del texto griego.

Análisis: Τῷ, caso dativo masculino singular del artículo determinado declinado *al*; δὲ, partícula conjuntiva que hace las veces de conjunción coordinante, con sentido de *pero, más bien, y, y por cierto, antes bien, entonces*; δυναμένῳ, caso dativo masculino singular del participio de presente en voz media del verbo δύναμαι, *poder, tener poder*, aquí *que puede*; φυλάξαι, aoristo primero de infinitivo en voz activa del verbo φυλάσσω, *guardar, custodiar*; ὑμᾶς, caso acusativo de la segunda persona plural del pronombre personal *os*; ἀπταίστους, caso acusativo masculino plural del adjetivo *sin mancha*; καὶ, conjunción copulativa *y*; στῆσαι, aoristo primero de infinitivo en voz activa del verbo ἵστημι, *sostener en pie, presentar*; κατενώπιον, adverbio que actúa como preposición impropia de genitivo *delante de*; τῆς, caso genitivo femenino singular del artículo determinado *la*; δόξης, caso genitivo femenino singular del nombre común *gloria*; αὐτοῦ, caso genitivo masculino de la tercera persona singular del pronombre personal declinado *de él*; ἀμώμους, caso acusativo masculino plural del adjetivo *sin mancha*; ἐν, preposición propia de dativo *en, con*; ἀγαλλιάσει, caso dativo femenino singular del nombre común *regocijo, gran alegría*.

Τῷ δὲ δυναμένῳ φυλάξαι ὑμᾶς ἀπταίστους, Sin otra despedida, la *doxología* cierra la *Epístola*. A lo largo de ella estuvieron presentes los peligros que acechan la marcha del cristiano y con ello la de la iglesia. Lo imperfecto del hombre hace que no pueda alcanzar la perfección que Dios establece para la vida cristiana. En los últimos versículos, Judas hizo advertencias solemnes sobre el cuidado que debe tenerse en relación con los *falsos maestros*. Todo el entorno pudiera llevar a pensar que es imposible agradar a Dios en la dimensión que exige, manteniendo constantemente la comunión con Él. Incluso alguno pudiera pensar que debido a ello es posible caer de la gracia y con ello perder la salvación. Eso queda desvanecido en la primera oración de la *doxología*. En ella presenta al Padre como el Dios omnipotente, cuya tarea en relación con los salvos es mantenerlos *sin caída*. Esta seguridad está recogida en el Antiguo Testamento: *"Entonces andarás por tu camino confiadamente, y tu pie no tropezará"* (Pr. 3:23). Debido a las debilidades del hombre, no se alcanza aquí un camino sin tropiezo alguno, es más, muchas veces se producen caídas en la vida cristiana, pero, el Dios de la gracia recupera al que ha tropezado. Cae ocasionalmente, pero permanece en la gracia salvadora porque Dios se ocupa de ello. Su omnipotencia está al servicio de los salvos para mantenerlos en la gracia. Deja instrucciones para la vida diaria recogidas en Su Palabra, para que podamos experimentar, obedeciéndolas, una vida sin tropiezos: *"Oye, hijo mío, y recibe mis razones... por el camino de la sabiduría te he encaminado... cuando anduvieres, no se estrecharán tus pasos, y si corrieres, no tropezarás"* (Pr. 4:10-12). Las caídas en el correr del camino, pueden producirse también por el cansancio, pero: *"los que esperan en el Señor tendrán nuevas fuerzas; levantarán alas como las águilas; correrán y no se cansarán; caminarán, y no se fatigarán"*. Pudiera ser, que un creyente tropiece y caiga, pero la promesa divina se cumplirá en su vida: *"Cuando el hombre cayere, no quedará postrado, porque Jehová sostiene su mano"* (Sal. 37:24). Él sabe de nuestras necesidades y conoce nuestros problemas, pero nos ha puesto en la mano de Su Hijo, y Él mismo puso Su mano sobre la de Él protegiendo a los Suyos para que nunca puedan caer de la posición de salvación que eternamente tienen (Jn. 10:27-30). Podremos correr por un camino pedregoso, podrán tropezar nuestros pies en las piedras, pero Dios nos sostiene de la mano, como el padre hace con su hijo pequeño que comienza a dar sus primeros pasos. Dios guarda a los Suyos, de modo que nuestra salvación está garantizada: *Por lo cual puede también salvar perpetuamente a los que por él se acercan a Dios, viviendo siempre para interceder por ellos"* (He. 7:25). Aunque Satanás y los demonios buscan la caída del creyente (Ef. 6:12; 1 P. 5:8), la victoria está en el poder de Dios. No es por las fuerzas de los cristianos que no caen, sino por la omnipotencia divina que los sostiene.

καὶ στῆσαι κατενώπιον τῆς δόξης αὐτοῦ ἀμώμους ἐν ἀγαλλιάσει, Una segunda bendición es la certeza de que Dios, que impide al cristiano caer de la gracia, lo presentará *"sin mancha delante de su gloria con gran alegría"*. Están aquí el eco de las palabras del apóstol Pablo: *"... Cristo amó a la iglesia, y se entregó a sí mismo por ella, para santificarla, habiéndola purificado en el lavamiento del agua por la palabra, a fin de presentársela a sí mismo, una iglesia gloriosa, que no tuviese mancha ni arruga ni cosa semejante, sino que fuese santa y sin mancha"* (Ef. 5:25-27). El amor de Dios se expresó en Cristo, que dio Su vida por cada uno de los creyentes. Ese sacrificio canceló la responsabilidad penal por el pecado. El Hijo de Dios, nuestro Salvador, tomó sobre sí el pecado de cada uno de nosotros y por Su obra redentora canceló la deuda del pecado, permitiendo a cada uno de los que creen tener la certeza de que ya no hay condenación para él (Ro. 8:1). El propósito redentor es *santificar* a la iglesia, esto es, separarla para Dios. Para eso la purifica, limpiándola de todo aspecto negativo y pecaminoso. Dios ha constituido a Cristo, no solo *justificación*, sino también *santificación* (1 Co. 1:30). Posicionalmente en Cristo, la iglesia está sin mancha delante de Dios, por esa razón puede acercarse al trono de la gracia, acceso reservado al que está limpio de pecado. Es cierto que la vida de los creyentes es imperfecta todavía, pero los creyentes han sido predestinados por el Padre para ser hechos conformes a la imagen de su Hijo (Ro. 8:29). Esta imagen de perfección y santidad plena, se va produciendo durante el tiempo de la peregrinación terrenal, mediante la acción del Espíritu Santo que con el fruto reproduce el carácter moral de Jesús en cada cristiano (Gá. 5:22-23). Sin embargo, la perfección plena no se alcanza en la tierra, por cuanto la vieja naturaleza actúa limitando una vida en continua plenitud del Espíritu. El mismo apóstol Pablo dice que él no lo alcanzó pero que prosigue al blanco (Fil. 3:13-14). La perfección plena se alcanzará cuando la iglesia sea trasladada de la tierra al cielo, donde se producirá el tribunal de Cristo (Ro. 14:10; 2 Co. 5:10). En ese momento los ojos como de fuego del Señor, mirarán a la iglesia, eliminando –como quien quema lo que no es válido– todo lo que pudiera afear o contaminarla. El examen ante el tribunal de Cristo, traerá como consecuencia una limpieza absoluta de cada creyente y, por tanto, de la iglesia como cuerpo de creyentes. No habrá ya nada oculto que no salga a la luz (1 Co. 4:5ª), ni nada impuro que no sea eliminado por el fuego divino (Ap. 1:14), ni ninguna intención contraria a la santidad demandada (1 Co. 4:5b). La iglesia recibirá el adorno de las coronas de victoria que correspondan a cada creyente: Corona incorruptible, para los victoriosos sobre el viejo hombre (1 Co. 9:25), de gozo, para los ganadores de almas (1 Ts. 2:19), de vida, para quienes hayan resistido las pruebas (Stg. 1:12), de justicia, para los que aman la venida del Señor (2 Ti. 4:8) y de gloria, para quienes han pastoreado la grey (1 P. 5:4).

La presentación de una iglesia inmaculada será el momento de las Bodas del Cordero y que comprende sólo a Cristo y a la iglesia (Ap. 19:7-8). En ese momento Cristo se presentará a Si mismo a la iglesia, en perfección absoluta. Judas dice que la iglesia será presentada delante del Padre, en Su gloria. Indudablemente esto está también relacionado con la presentación que el Señor mismo hará de su esposa, la iglesia. Judas dice que lo hará *"delante de su gloria"*, por tanto, la misma iglesia será gloriosa, como corresponde ya a su condición celestial. Allí no existirá *mancha*, aquello que ensucia y contamina (2 P. 2:13).

Todo esto estará acompañado de *regocijo*, no solo de los creyentes, sino también de los ángeles y de Dios mismo ya que el gozo de Dios es puesto delante de los ángeles y de los creyentes que también se regocijan con Él. Es la presentación de la iglesia *sin mancha*. El examen más cuidadoso no será capaz de detectar ninguna imperfección ni impureza en ella. La gloria futura de la iglesia está apuntada ya en el Antiguo Testamento: *"Toda gloriosa es la hija del rey en su morada; de brocado de oro es su vestido"* (Sal 45:13). El término ἀμώμους, que usa aquí Judas, tiene que ver con un aspecto legal en el que no hay contaminación de pecado que pueda ser reprobado con la ley. En cierto modo debe entenderse como *sin reproche*. Es la culminación del propósito divino. Dios nos ha escogido para que delante de Él fuésemos santos y sin mancha, es decir, santos irreprochables. Ese proceso está en marcha y no se detendrá hasta alcanzar la perfección. Nada lo puede detener porque es el propósito que el Padre determinó en Su soberanía. El momento culminante llegará y la iglesia será presentada perfecta en la gloriosa presencia de Dios. Nada mejor, para cerrar el comentario de esta parte del versículo que las palabras bíblicas sobre ese glorioso acontecimiento: *"Y oí como la voz de una gran multitud, como el estruendo de muchas aguas, y como la voz de grandes truenos, que decía: ¡Aleluya, porque el Señor nuestro Dios Todopoderoso reina! Gocémonos y alegrémonos y démosle gloria; porque han llegado las bodas del Cordero, y su esposa se ha preparado. Y a ella se le ha concedido que se vista de lino fino, limpio y resplandeciente; porque el lino fino es las acciones justas de los santos"* (Ap. 19:6-8). Quien no se ocupa de la santidad de vida con temor y temblor (Fil. 3:12), no ha entendido nada sobre la doctrina que Judas presentó a lo largo de la *Epístola* y menos la de la presentación en la gloria de una iglesia sin mancha.

25. Al único y sabio Dios, nuestro Salvador, sea gloria y majestad, imperio y potencia, ahora y por todos los siglos. Amén.

μόνῳ Θεῷ Σωτῆρι ἡμῶν διὰ Ἰησοῦ Χριστοῦ τοῦ Κυρίου
A único Dios Salvador de nosotros mediante Jesucristo el Señor
ἡμῶν[1] δόξα μεγαλωσύνη κράτος καὶ ἐξουσία πρὸ παντὸς
de nosotros, gloria, majestad, dominio, y autoridad antes de todo
τοῦ αἰῶνος καὶ νῦν καὶ εἰς πάντας τοὺς αἰῶνας, ἀμήν.
el siglo y ahora y por todos los siglos. Amén.

Análisis y notas del texto griego.

Análisis: μόνῳ, caso dativo masculino singular del adjetivo declinado *a único*; Θεῷ, caso dativo masculino singular del nombre divino *Dios*; Σωτῆρι, caso dativo masculino singular del nombre divino *Salvador*; ἡμῶν, caso genitivo de la primera persona plural del pronombre personal declinado *de nosotros*; διὰ, preposición propia de genitivo *por medio de, por causa de, por, a través de, gracias a, con ayuda de, mediante*; Ἰησοῦ, caso genitivo masculino singular del nombre propio *Jesús*; Χριστοῦ, caso genitivo masculino singular del nombre propio *Cristo*; τοῦ, caso genitivo masculino singular del artículo determinado el; Κυρίου, caso genitivo masculino singular del nombre divino *Señor*; ἡμῶν, caso genitivo de la primera persona plural del pronombre personal *de nosotros*; δόξα, caso nominativo femenino singular del nombre común *gloria*; μεγαλωσύνη, caso nominativo femenino singular del nombre común *grandeza, majestad*; κράτος, caso nominativo neutro singular del nombre común *dominio*; καὶ, conjunción copulativa *y*; ἐξουσία, caso nominativo femenino singular del nombre común *autoridad*; πρὸ, preposición propia de genitivo *ante, delante de, antes de*; παντὸς, caso genitivo masculino singular del adjetivo indefinido *todo*; τοῦ, caso genitivo masculino singular del artículo determinado *el*; αἰῶνος, caso genitivo masculino singular del nombre común *siglo*; καὶ, conjunción copulativa *y*; νῦν, adverbio demostrativo *ahora*; καὶ, conjunción copulativa *y*; εἰς, preposición propia de acusativo *por*; πάντας, caso acusativo masculino plural del adjetivo indefinido *todos*; τοὺς, caso acusativo masculino plural del artículo determinado *los*; αἰῶνας, caso acusativo masculino plural del nombre común *siglos*; ἀμήν, transliteración de la palabra hebrea *amén*.

Notas. Crítica Textual. Lecturas alternativas.

[1] διὰ Ἰησοῦ Χριστοῦ τοῦ Κυρίου ἡμῶν, *mediante Jesucristo el Señor de nosotros*, no aparece en la lectura de P, 642, 1175, 1243, 1448, Byz.

μόνῳ Θεῷ. La *doxología* avanza para centrar la adoración en el *único Dios*, que es también el *Salvador de nosotros*. En primer lugar, está el reconocimiento de que solo Dios es Dios y fuera de Él no hay otro dios verdadero. En esto se asienta la fe cristiana, que Dios es único y singular (Mt. 23:9; Ro. 3:30; 1 Co. 8:4-6; Gá. 3:20; 1 Ti. 2:5; Stg. 2:19). El mismo Señor hizo Suya la profesión fundamental de la fe de los judíos, citando expresamente esta verdad (Mt. 12:29 s.) tomado de la ley (Dt. 6:4 s.). Dios es único y eternamente el mismo, lo fue de Abraham, Isaac y Jacob (Hch. 3:13; 7:32), del pueblo de Israel (Mt. 15:31; Lc, 1:68; Hch, 13;17), y el Dios de Jesucristo (2 Co. 1:3; Ef. 1:3; 1 P. 1:3). Este único Dios, ha elegido a los creyentes en Cristo para propiedad Suya como linaje escogido y pueblo santo (Hch. 14:14; 20:28; He. 11:25;1 P. 2:9). En Él se cree (Ro. 4:3; Gá. 3:6; Tit. 3:8; He, 6:1). En Él se espera (Hch, 24;15; Ro. 4:18; 2 Co. 3:4; 1 P. 3:5). A Él se ora. Esta fe en el único Dios se pone de manifiesto en la doctrina de la unidad de la iglesia (Ef. 4:6). Este Dios único es el Dios viviente y el único verdadero (Ro. 3:30; Gá. 3:20; 1 Ts. 1:9; 1 Ti. 1:17; 2:5). Este es el Dios que no conocen los que se pierden. Judas trata aquí a este único y verdadero Dios, como *nuestro*, de modo que cada uno de los creyentes pueden referirse a él como su Dios personal (Ro. 1:8; 1 Co. 1:4; 2 Co. 12:21; Fil. 1:3; 4:19).

Σωτῆρι ἡμῶν διὰ 'Ιησοῦ Χριστοῦ τπῦ Κυρίου ἡμῶν. El único Dios es también el Salvador. La razón es que la acción salvadora ha partido de Dios, por eso, junto con Cristo, se le llama *Salvador* (1 Ti. 1:1; 2;3; 4:10; Tit. 1;3; 2:13; 3:4). Generalmente el calificativo de Salvador, es aplicado a Jesucristo, pero en el Nuevo Testamento se aplica varias veces al Padre. Dios es, en efecto, el único verdadero Salvador, que nos libra del pecado (Ro. 5:8-10), dándonos triunfo sobre la muerte y la carne (1 Ts. 4:17-18). La Biblia enseña con toda precisión que la *"salvación es de Jehová"* (Sal. 3:8; Jon. 2:9). Fue a Él al que *"agradó salvar a los creyentes por la locura de la predicación"* (1 Co. 1:21). El Padre es quien salva cuando el pecador cree en Jesús, siendo salvos por gracia mediante la fe, que es un don de Dios (Ef. 2:4, 5, 8). Escribiendo a los filipenses el apóstol Pablo les dice que para ellos es *"salvación y esto de Dios"* (Fil. 1:28). Los distintos actos del programa de salvación, son atribuidos al Padre, quien no reservó ni a Su propio Hijo, sino que lo entregó por nosotros, poniéndolo en propiciación por nuestros pecados (Ro. 3:25; 1 Jn. 4:10). Ha sido el Padre quien manifiesta o *encarece* su amor hacia nosotros (Ro. 5:8). Él es quien nos bendijo con toda bendición espiritual en los lugares celestiales en Cristo (Ef.1:3). La presciencia, la elección, el llamamiento, la justificación y la glorificación se le atribuyen a Él (Ro. 8:28-30), que también nos concede Su gracia, siendo la fe un don Suyo (Ef. 2:8-9).

Sin embargo, no solo el Padre es el que salva, puesto que toda la obra salvadora fue hecha por y en *Jesucristo, el Señor nuestro*. La Biblia enseña que Dios envió a Su Hijo para ser el Salvador del mundo (Gá. 4:4-5). El texto de Judas es claro: *Dios nuestro salvador por medio de Jesucristo nuestro Señor*. En algunas versiones que siguen el Receptus, falta la segunda parte que está en los mss más seguros. No solo es el que hizo la obra de salvación dando Su vida, sino que *nadie puede ir al Padre si no es por el Hijo* (Jn. 14:6). Por tanto, Dios es Salvador, sólo por medio de Jesucristo, de ahí las dos verdades unidas en un solo texto: *"Porque hay un Dios, asimismo un Mediador entre Dios y los hombres, Jesucristo hombre"* (1 Ti. 2:5). Dios a nadie salva sin el Hijo, porque *"en ningún otro hay salvación; porque no hay otro nombre bajo el cielo, dado a los hombres, en que podamos ser salvos"* (Hch. 4:12). La salvación es de Dios, por tanto, es también de Jesucristo, puesto que es Dios, en unidad con el Padre y el Espíritu Santo.

Δόξα. Ante el único Dios verdadero, en este texto Padre e Hijo, Judas adora y tributa el honor que solo corresponde a Dios, al que dice: *"sea la gloria"*. El verbo ser se incorpora para hacer más inteligible el deseo expresado en el texto, pero realmente se lee tan solo *gloria*. Esta acepción contiene en ella el resplandor majestuoso de todos los atributos divinos que expresan la infinita grandeza de Dios. De ahí que se hable de *dar gloria a Dios*, tributando acatamiento, adoración y alabanza plena (Lc. 17:18; Hch. 12:23; Ro. 4:20). El creyente debe hacerlo todo para *la gloria de Dios* (Ro. 15:7; 1 Co. 10:31). Ante Dios, el creyente le alaba y glorifica (Mt. 9:8; Ro. 15:6, 9). La Biblia vincula a Dios con la gloria o, tal vez mejor, la gloria procede y se manifiesta en Dios, de ahí que se le llame *"el Dios de la gloria"* (Hch. 7:2), *"el Padre de la gloria"* (Ef. 1:17). De ella se habla como de la magnificencia suprema, como escribe el apóstol Pedro, hablando de la transfiguración de Jesús: *"...le fue enviada desde la magnífica gloria..."*(2 P. 1:17), describiendo con ello el supremo resplandor de la presencia de Dios. Judas tributa reconociendo, toda la gloria al único Dios, nuestro Salvador, y a Jesucristo por quien Dios salva.

Μεγαλωσύνη. Le alaba también tributándole la *grandeza,* que se traduce como *majestad.* La gloriosa dimensión de quien es Rey de reyes y Señor de señores. Es el reconocimiento del único que tiene derecho a gobernar cielos y tierra. No se trata de estar en una posición elevada, sino absoluta que corresponde sólo a Dios. Pero esta gloria corresponde también al Hijo (He. 1:3; 8:1). Dios ha establecido a Jesucristo, el Salvador, como Rey sobre todo el universo (Sal. 2:7-9). El reconocimiento de la grandeza de Dios, hace que se le tribute adoración conforme a lo que Él es.

κράτος. El tercer reconocimiento es *dominio*, reconociendo a Dios como el Señor supremo con autoridad para ejercerlo y omnipotencia para poder llevarlo a cabo sin restricción alguna. En cierto modo está reconociendo y alabando a Dios por Su soberanía. Él no está sujeto a nadie, obrando según Su propósito y de acuerdo con Su consejo, como lo declara: *"Mi consejo permanecerá y haré todo lo que quiero"* (Is. 46:10); *"Y él hace según su voluntad en el ejército del cielo, y en los habitantes de la tierra, y no hay quien detenga su mano"* (Dn. 4:35). Dios está sentado en Su trono dirigiendo y obrando todas las cosas *"según el designio de su voluntad"* (Ef. 1:11). Desde el cielo *domina* sobre todo y *"todo lo que Jehová quiere, lo hace, en los cielos y en la tierra, en los mares y en todos los abismos"* (Sal. 135:6). En ese domino ejerce suprema autoridad en todo el universo y en la gloria donde está Su trono.

καὶ ἐξουσία. De igual modo la alabanza se atribuye a Dios por Su *autoridad*, que también tiene que ver con Su *potencia.* Es el ejercicio de Su irresistible autoridad. Esto sugiere considerarlo desde la perfección de Su omnipotencia. Mientras que el hombre no puede hacer lo que quiere y ejecutar lo que se propone, esto es lo natural en el obrar de Dios. La Biblia enseña que *"que de Dios es el poder"* (Sal. 62:11). No necesita más que una palabra para que todo el universo, los ángeles y los seres vivos vengan a la existencia, cuando antes no existían. Es suficiente con considerar los milagros de Jesucristo. Basta una sola palabra para sanar al leproso y para levantar a Lázaro de los muertos. Baste una sola referencia más para admirarnos de este glorioso Dios, nuestro Dios personal: *"Tuyos son los cielos, tuya también la tierra; El mundo y su plenitud, tú lo fundaste. El norte y el sur, tú los creaste; ... Tuyo es el brazo potente; fuerte es tu mano, exaltada tu diestra"* (Sal. 89:11-13).

πρὸ παντὸς τοῦ αἰῶνος. Judas reconoce que todas estas gloriosas manifestaciones que sólo corresponden a Dios, no tuvieron principio, puesto que como Él es eterno, Sus perfecciones lo son también. De ahí la expresión *antes del siglo*, que tiene que ver con una expresión equivalente al tiempo. Éste nace en la creación, pero no cuenta en la eternidad de Dios. Su omnipotencia, majestad, poder y dominio son connaturales a la deidad. Cuando nació el tiempo, se origina por el poder de autoridad divina que dijo *sea* y fue hecho.

καὶ νῦν καὶ εἰς πάντας τοὺς αἰῶνας, Quien reconoce la gloria de Dios, quien le considera como el Dios único, el que está absorto por Su gloria, desea que ésta se manifieste plenamente en cualquier tiempo. De ahí la expresión final, que comprende también al *ahora* y que se extiende *por los siglos*. De otro modo, a lo largo de todas las edades, las conocidas y desconocidas para los hombres, desde el génesis de todas las cosas hasta que los tiempos desemboquen en la perpetuidad y todo cuanto está anunciado se cumpla, el creyente desea que la gloria de Dios se manifieste, de modo que por todo y en todo sea glorificado.

ἀμήν. ¿Qué más puede añadir? La gloria divina supera cualquier razonamiento humano. La mente del hombre nunca podrá comprender la grandeza de Dios. Pero el corazón puede glorificarle y decir simplemente la palabra con que Judas termina la *Epístola*: *Amén*. Ciertamente deseo adorarte, bendecirte, glorificarte, caer rendido a tus pies, porque Tú eres Dios y sobre todo porque eres mi Dios personal.

La *Epístola* que se ha comentado, deja un cierto atisbo de tristeza al notar las grandes dificultades, peligros y conflictos que debe afrontar la iglesia y, por tanto, el creyente en la tierra. Es cierto que tenemos la advertencia de Jesús: *"En el mundo tendréis aflicción"* (Jn. 16:33). El apóstol Pablo recuerda a uno de sus colaboradores que *"los que quieren vivir piadosamente en Cristo Jesús padecerán persecución"* (2 Ti. 3:12). Sin embargo, las dificultades, aunque con la provisión divina de fuerzas para afrontarlas, suponen siempre una cierta inquietud. Judas ha presentado un panorama de dificultades en la iglesia de su tiempo, que son, con las modificaciones del decurso de los años y el cambio en la sociedad, una advertencia para los creyentes de hoy y los del futuro. La moral, cada vez más corrompida, rodea al creyente de una sociedad pecaminosa y libertina. Esto se introduce también en la iglesia, no tanto en los verdaderos creyentes, pero en quienes están en medio de ella. La vida cristiana se relaja y se aproxima en gran medida, en muchos lugares, a la vida mundana. Es evidente también que, como en tiempos de Judas, la Biblia no está siendo respetada y enseñada. La predicación sistemática de la Escritura está desapareciendo de miles de iglesias. Los elementos constitutivos de la moral social, son en ocasiones, asumidos como propios del tiempo por quienes desconocen o ignoran voluntariamente las enseñanzas bíblicas. Podemos entender, por la *Epístola*, que Dios castigará a los *falsos maestros* que procuran apartar a los creyentes de la verdad, pero esto no justifica, en modo alguno, que no se instruya a cada uno en la Palabra para que se mantengan firmes en la fe frente a las enseñanzas destructivas que entran en las iglesias. De ahí que una de las lecciones que el escrito pone delante de nosotros es la de un retorno sin condiciones a la Biblia. La iglesia no necesita pastores que entretengan a las congregaciones, sino pastores que alimenten a las ovejas puestas bajo su cuidado. Dios llama hoy a poner su Palabra en el centro de toda la enseñanza, entendiendo que Su pueblo viene al culto no para que, principalmente, Dios oiga la voz de los Suyos, sino para que ellos escuchen la voz de Dios.

Sin embargo, quiero quedarme con lo positivo y alentador de la *Epístola*, la certeza segura de quien es nuestro Dios. En la *doxología* se trata de esto. Frente a la falta de fuerzas para enfrentar las situaciones, Él es *poderoso*. Lo ha sido en la historia desde el instante en que, exteriorizándose de Su intimidad trinitaria, pronunció el primer *sea* que trajo a la existencia lo que antes no existía. Lo ha sido en la ejecución de nuestra salvación. Manifestó Su poder en el cumplimiento de Su promesa que garantiza la presencia de la iglesia porque Su compromiso es firme: *"Yo edificaré mi iglesia y las puertas del Hades no prevalecerán contra ella"* (Mt. 16:18). Las fuerzas de maldad procurarán destruirla, pero el *poder de Dios* la mantiene, por eso, puedo ver con esperanza como la obra de Dios se cumple y Su pueblo estará presente siempre en la tierra hasta que sea trasladado al cielo. Siento la bendición de *Su poder* en la seguridad de salvación. El asegura que los que han recibido por fe en Cristo la vida eterna nunca se perderán (Jn. 10:28-30; 1 Co. 1:8-9; Fil. 1:6). Jesús, mi Señor, pagó por completo mi pecado y soy eternamente libre de la culpa delante de Dios. Me sorprende que el destino que Dios ha preparado para mí sea el de estar en Su presencia y disfrutar de Su gloria, participando en ella por toda la eternidad. ¿Cómo es posible entenderlo? ¿Acaso no está escrito que solo el *limpio de manos y puro de corazón* puede estar en Su santo monte? (Sal. 24:4). ¿No dice la Biblia que en la presencia de Dios *"no entrará ninguna cosa inmunda, o que hace abominación y mentira"?* Sí, pero no es menos cierto que en el mismo lugar dice que allí estarán aquellos *"sino solamente los que están inscritos en el libro de la vida del Cordero"* (Ap. 21:27). Tengo la certeza de que por la gracia pertenezco a aquellos registrados allí. Dios ya me ve perfecto y seré sin mancha cuanto esté con Él en la gloria. Dios es poderoso para cumplir Su promesa: *"Voy, pues, a preparar lugar para vosotros. Y si mi fuere y os preparare lugar, vendré otra vez, y os tomaré a mí mismo, para que donde yo estoy, vosotros también estéis"* (Jn. 14:2b-3). Miro a mi entorno con dificultades, conflictos y luchas, pero ya vivo por fe la llegada del Señor para buscarme. Sé que esta *"leve tribulación momentánea produce en mí un cada vez más excelente y eterno peso de gloria"* (2 Co. 4:17). En cualquier caso, puedo sentirme rodeado por Su amor, *"por lo cual estoy seguro de que ni la muerte, ni la vida, ni ángeles, ni principados, ni potestades, ni lo presente, ni lo por venir, ni lo alto, ni lo profundo, ni ninguna otra cosa creada nos podrá separar del amor de Dios, que es en Cristo Jesús Señor nuestro"* (Ro. 8:38-39). No sé cuánto tiempo estaré en el ministerio. No puedo conocer el final de mi carrera, pero desde ahora, quiero dejar de ver las dificultades para ver al Señor. Pronto estaré a Su lado en la ciudad celestial y allí *"no habrá más maldición; y el trono de Dios y del Cordero estará en ella, y sus siervos le servirán, y verán su rostro, y su nombre estará en sus frentes. No habrá allí más noche; y no tienen necesidad de luz de lámpara, ni de luz del sol, porque Dios el Señor los iluminará; y reinarán por los siglos de los siglos"* (Ap. 22:3-5). Ante tanta gracia, solo puedo concluir, de rodillas ante el trono de Dios y del Cordero, con las palabras finales de la *Epístola: "Al único y sabio Dios, nuestro Salvador, sea gloria y majestad, imperio y potencia, ahora y por todos los siglos. Amén"*.

SOLI DEO GLORIA.

BIBLIOGRAFÍA

Alonso, José. *Carta de San Judas*. Editorial BAC. La Sagrada Escritura, Vol. 214. Madrid, 1967*.

Auer, Johann. *Jesucristo Salvador del Mundo*. Editorial Herder. Barcelona, 1990*.

Barnes, A. *Notes on the New Testament, Explanatory and Practical*. Grand Rapids, 1951.

Berkhof, L. *Teología Sistemática*. Editorial T.E.L.L. México D. F. Grand Rapids, 1949.

Brown. Raymond E. *Introducción a la Cristología del Nuevo Tesamento*. Editorial Sígueme. Salamanca, 2001.

Bruce, F. F. *Hombres y movimientos en la iglesia primitiva*. Mundo Bíblico, 2002.

Bruce, F. F. *El canon de la Escritura*. Editorial Clie. Terrassa, 2002.

Calvino, Juan. *Institución de la Religión Cristiana*. Fundación Editorial de Literatura Reformada. Rijswijk, Países Bajos, 1968.

Carson, D. A. y Moo, Douglas J. *Una introducción al Nuevo Testamento*. Editorial Clie. Viladecavalls, 2008.

Chafer, Lewis Sperry. *Teología Sistemática*. Publicaciones Españolas. Georgia, 1974.

Chaine, J. *Les épîtres catholiques: la 2 de Pierre, les evpîtres S. Jean, l'épître de Jude*. París, 1939.

Eusebio de Cesarea. *Historia Eclesiástica*. Editorial Clie. Viladecavalls, 2008.

Farrar. F. W. *History of Interpretation*. Nueva York, 1870.

Fasold, Jaime. *Con precisión*. Edición personal. 2016.

Finney, Charles. *Teología Sistemática*. Bethany House Publishers. Grand Rapids, 2010.

Fountain, Thomas. *Claves de interpretación bíblica*. Casa Bautista, 1977.

González de Cardedal, Olegario. *Dios*. Editorial Sígueme. Salamanca, 2004*.

González de Cardedal, Olegario. *Cristología*. Editorial EDITORIAL. Madrid, 2001*.

Harrison, Everet. *Introducción al Nuevo Testamento*. Subcomisión de Literatura Cristiana. Grand Rapids, Michigan, 1980.

Hodge, Charles. *Teología Sistemática*. Editorial Clie. Terrassa, 1991.

Kistemaker, Simon J. *1 y 2 Pedro y Judas*. Grand Rapids, 1994.

Kistemaker, Simón J. *1-3 Juan*. Grand Rapids, 1992.

Lacueva, Francisco. *La Persona y la Obra de Jesucristo*. Editorial Clie. Terrassa, 1979.

Lacueva, Fancisco. *Comentario Bíblico Matthew Henry, 1, 2, 3 Juan y Judas*. Editorial Clie. Terrassa, 1991.

Ladd. G. *Teología del Nuevo Testamento*. Editorial Clie. Terrassa, 2002.

Lightfoot, J. B. *Los padres apostólicos*. Editorial Clie. Terrassa, 1990.

MacArthur, John. *Comentario del N.T. 1 Pedro-Judas.* Editorial Portavoz. Grand Rapids, 2012.

MacDonald, William. *Comentario al Nuevo Testamento*. Editorial Clie. Terrassa, 1995.

Martínez, José María. *Hermenéutica Bíblica*. Editorial Clie. Terrassa, 1984.

Maxwell Coder, S. *Judas, los hechos de los apóstatas*. Grand Rapids, 1981.

Mayor J. B. *The Epistle of Jude and the Second ep. Of St. Peter.* Londres, 1907.

Millard, J. Erickson. *Teología Sistemática*. Editorial Clie. Viladecavalls, 2008.

Padres de la Iglesia. *La Biblia comentada por los Padres de la Iglesia*. Ciudad Nueva. Madrid, 2002.

Pérez Millos, Samuel. *Síntesis de nuestra Fe*. Editorial Clie. Terrassa, 1995.

Pérez Millos, Samuel. *Hechos*. Editorial Clie. Viladecavalls, 2013.

Randall, Price. *Las Piedras Claman*. Editorial Unilit. Miami, 1997.

Robertson Archibald, Thomas. *Imágenes verbales en el Nuevo Testamento*. Editorial Clie. Terrassa, 1985.

Rodríguez Molero, Francisco J. *Epístolas de Juan*. Editorial BAC, Vol. 214. Madrid, 1967.

Roloff, J. *Neues Testament*. Neukirchen, 1977*.

Salguero, José. *Epístolas Católicas*. Editorial BAC Vol. 249. Madrid, 1965*.

Schenke, L. *Die Urgemeinde. Geschichtliche un theologische Entwicklung*. Stuttgart, 1990*.

Scofield, C. I. *Biblia Anotada*. Spanish Publications, Inc. Miami, 1966.

Seeberg, Reinhold. *Historia de las Doctrinas*. Casa Bautista de Publicaciones, 1968.

Stott, John R. W. *Las Cartas de Juan*. Buenos Aires, 1974.

Strong, Augustus H. *Systematic Theology*. Editorial Pickering. Londres.

Tellería, Juan María. *La Interpretación del Nuevo Testamento a lo largo de la historia.* Editorial Mundo Bíblico. Las Palmas de Gran Canaria, 2014.

Tenney, Merrill C. *Nuestro Nuevo Testamento*. Portavoz Evangélico. Grand Rapids, 1984.

Wuest, Kenneth S. *West's Word Studies*. Editorial Eerdmans. Grand Rapids, 1994.

Yamauchi, Edwin. *Las Excavaciones y las Escrituras*. Casa Bautista de Publicaciones, 1977.

DICCIONARIOS Y MANUALES TÉCNICOS

Analytical Concordance to theHoly Bible. Robert Young, LL.D. United Society for Christian Literature. London, 1977.

Concordancia Analítica Greco-Española del N. T. J. Stegenca, A. E. Tuggy. Editorial Libertador. Maracaibo, 1975.

Chantrailne Dictionnaire Etymologique Grec. Pierre Chantraine. Sorbonne, 1968

Diccionario Bíblico Arqueológico. Editorial Mundo Hispano. 1982.

Diccionario de la Biblia. Editorial Herder. Barcelona, 1981.

Diccionario de Teología. Everett F. Harrison. Editorial T.E.L.L. Grand Rapids, 1985.

Diccionario Exegético del Nuevo Testamento. Horst Balz-Gerhard Schneider. Salamanca, 1998.

Diccionario Expositivo de Palabras del Nuevo Testamento. Vine, W. E. Editorial Clie. Terrassa, 1984.

Diccionario Griego Español. Editorial Ramón Sopena, S.A. Barcelona, 1972.

Gran Diccionario Enciclopédico de la Biblia. Alfonso Ropero. Editorial Clie. Viladecavalls, 2013.

Nuevo Diccionario Bíblico. Editorial Certeza, 1991.

**Catecismo de la Iglesia Católica*. Versión oficial de la Santa Sede, 1992. Editorial Sígueme. Salamanca, 1996.

TEXTOS BÍBLICOS

A Biblia. Editorial SEPT. Vigo, 1992.

Biblia Anotada. Charles Ryrie. Editorial Portavoz. Grand Rapids, 1996.

Biblia de las Américas. Editorial Fundación. Anaheim.

Biblia de Jerusalén. Editorial Desclée de Brouwer. Bilbao, 1975.

Biblia Textual. Sociedad Bíblica Iberoamericana. 1999.

Nuevo Testamento. Biblia Textual. Sociedad Bíblica Iberoamericana. 1999.

Nuevo Testamento Interlineal. Francisco Lacueva. Editorial Clie. Terrassa, 1984.

Sagrada Biblia. Juan Straubinger. Libros Básicos S.A. 1958.

Sagrada Biblia. Cantera-Iglesias. Editorial BAC. Madrid, 1975.

TEXTOS GRIEGOS

A Reader's Greek New Testament. Richard J. Goodrich, Albert L. Lukaszewki. Editorial Zondervan. Grand Rapids, 2003.

Nuevo Testamento Trilingüe. Bover-O'Callaghan. Editorial BAC. Madrid, 1977.

Septuaginta. Deustche Biblgesellschaft Stuttgart. Stuttgart, 1979.

The Greek New Testament. Deutsche Biblelgesellschaft. Stuttgart, 2012.